Eduard Staudinger
Alois Scheucher
Ulrike Ebenhoch
Josef Scheipl

Zeitbilder 7&8

**Geschichte und Sozialkunde
Politische Bildung**

Vom Ende des Ersten Weltkrieges
bis in die Gegenwart

www.oebv.at

Wie arbeite ich mit diesem Buch?

Alle sieben Großkapitel starten mit **Auftaktdoppelseiten.** Großformatige Bilder, übersichtliche Zeitleisten und Einleitungstexte helfen dir beim Einstieg in das Kapitel. Sie wollen deine Neugier und dein Interesse wecken.

Kompetenzboxen zeigen auf, welche Methoden und Arbeitstechniken du in diesem Kapitel trainierst.

Der Online-Code ⊕ verweist auf **Zeitbilder-Online.** Über die Internetseite des öbv www.oebv.at findest du Links und vielfältige Materialien zu Themen, die dich vielleicht interessieren könnten.

Jedes Großkapitel umfasst mehrere Einzelthemen. Sie werden in **überschaubaren Kapiteln** dargestellt. Der Darstellungstext ist übersichtlich strukturiert (im allgemeinen zwei oder vier Seiten). Vielfältige Materialien (Textquellen, Bilder, Karten, Illustrationen) helfen bei der inhaltlichen Auseinandersetzung.

Fragen und Arbeitsaufträge regen dich an, die jeweiligen Themen selbstständig zu bearbeiten.

Auf den Kompetenztrainingsseiten **Methode** lernst du den Umgang mit geschichtlichen Quellen: z.B. Plakate untersuchen, Fotografien und Karikaturen analysieren, die Methode „oral history" anwenden.

Die Kompetenztrainingsseiten **Politische Bildung** vermitteln Grundlagen der Politischen Bildung. Sie beinhalten auch jeweils einen Projektvorschlag. Diesen kann die Gruppe/Klasse gemeinsam umsetzen.

Das **Basiswissen** fasst am Ende jedes Großkapitels die wichtigsten Inhalte zusammen. Grundbegriffe erleichtern das Erlernen von Fachvokabular zu Geschichte und Politik.

Der **Längsschnitt** behandelt die Menschenrechte und ihre Entwicklung im Lauf der Geschichte.

Inhaltsverzeichnis

1 Die Zwischenkriegszeit – Umbrüche und Krisen ... 6

1. Nach 1918: Die Welt hat sich verändert ... 8
2. Russland: Vom Zarismus zur Sowjetunion ... 12
3. **Methode – Kompetenztraining:** Fotografien analysieren: Propaganda in der Sowjetunion ... 14
4. Europa nach dem Krieg ... 16
5. „Goldene" Zwanzigerjahre? ... 18
6. Die USA – die neue Weltmacht ... 22
7. Die Weltwirtschaftskrise und ihre Auswirkungen ... 24
8. Diktatorische Systeme in Europa ... 26
   - 8.1 Faschismus in Italien ... 26
   - 8.2 Der Spanische Bürgerkrieg ... 28
   - 8.3 Stalinismus – Gewaltherrschaft in der Sowjetunion ... 30
   - 8.4 **Politische Bildung – Kompetenztraining:** Gemeinsamkeiten und Unterschiede totalitärer Systeme ... 32
   - **Basiswissen:** Die Zwischenkriegszeit – Umbrüche und Krisen ... 34

2 Österreich I – die Erste Republik ... 36

1. „Rest"-Trauma und Kampf ums Staatsgebiet ... 38
2. Parteien – Sozialgesetzgebung – Verfassung ... 40
3. Immer wieder Wirtschaftskrisen ... 42
4. Die Radikalisierung der Innenpolitik ... 44
5. **Methode – Kompetenztraining:** Plakate untersuchen: Wahlplakate in der Ersten Republik ... 46
6. Die gescheiterte Demokratie ... 48
7. **Politische Bildung – Kompetenztraining:** Gefährdungen der Demokratie ... 50
8. Der austrofaschistische Ständestaat ... 52
9. Das Hakenkreuz über Österreich ... 54
   - **Basiswissen:** Österreich I – die Erste Republik ... 56

3 Nationalsozialismus und Zweiter Weltkrieg ... 58

1. Die Nationalsozialisten – von einer Splitterpartei zur „Machtergreifung" ... 60
2. Nationalsozialistische Weltanschauung ... 64
3. Deutschland unter dem Hakenkreuz ... 68
4. **Politische Bildung – Kompetenztraining:** Eine Propagandarede analysieren ... 72
5. **Methode – Kompetenztraining:** Vergleichende Bildanalyse: „Blut- und Boden-Kunst" und „Entartete Kunst" ... 74
6. Vorstufen des Zweiten Weltkrieges ... 76
   - 6.1 Expansionspolitik Japans ... 76
   - 6.2 Die Expansionspolitik Italiens ... 76
   - 6.3 Deutschlands aggressive Außenpolitik ... 77
7. Der Zweite Weltkrieg ... 80
   - 7.1 Anfangserfolge durch „Blitzkriege" ... 80
   - 7.2 Von der Kriegswende bis zur totalen Niederlage ... 82
8. Vom Antisemitismus zum Holocaust (Shoa) ... 86
9. Freiheits- und Widerstandsbewegungen ... 92
   - **Basiswissen:** Nationalsozialismus und Zweiter Weltkrieg ... 96

4 Österreich – die Zweite Republik — 98

1. Das Wiedererstehen Österreichs 100
2. Der wirtschaftliche Wiederaufbau 104
3. Der Weg zur Souveränität 106
4. Die erste Große Koalition 110
5. Alleinregierungen und die Ära Kreisky 112
6. **Methode – Kompetenztraining:** Karikaturen analysieren:
   Bruno Kreisky in der Karikatur 114
7. Die Koalitionen der 1980er und 1990er Jahre 116
8. Vom EU-Beitritt in die Gegenwart 118
9. **Politische Bildung – Kompetenztraining:** Politik in Theorie und Alltag 122
10. Österreich – eine parlamentarische Demokratie 124
11. Die Bundesverfassung – das Fundament des Staates 127
12. Die Parteien der Zweiten Republik 130
13. Die Sozialpartnerschaft 134
14. Die Verwaltung 136
15. Selbstverwaltung und Zivilgesellschaft 138
16. Die Gerichtsbarkeit 140
17. Die Kontrolle der Staatsgewalten, nationale und internationale Gerichtshöfe 142
    Basiswissen: Österreich – die Zweite Republik 144

5 Die Europäische Union — 146

1. Die Entwicklung der Europäischen Union 148
2. Die institutionellen Grundlagen 152
3. Neue Chancen und Perspektiven 156
4. **Methode – Kompetenztraining:** Zukunftswerkstatt:
   „Was in Europa besser werden muss" 158
5. **Politische Bildung – Kompetenztraining:** EU-Kritik und Problemfelder 160
   Basiswissen: Die Europäische Union 162

6 Internationale Politik seit 1945 — 164

1. Entwicklung und Ende des „Kalten Krieges" 166
   1.1 Der Beginn des „Kalten Krieges" 166
   1.2 Verfestigung, Lockerung und Auflösung der Blöcke 168
   1.3 Von der „Volksdemokratie" zu „Wir sind das Volk" 172
   1.4 Krisen im Zeitalter des Ost-West-Konflikts 174
2. Die UNO, internationales Recht und der Vergleich politischer Systeme 176
   2.1 Die UNO 176
   2.2 Internationales Recht 178
   2.3 Vergleich politischer Systeme 180
3. Weltmächte seit 1945 184
   3.1 Die USA – Land der (un-)begrenzten Möglichkeiten? 184
   3.2 Von der Sowjetunion zu Russland 188
   3.3 China – eine neue Supermacht 192
   3.4 Lateinamerika – ein Kontinent im Aufbruch 196
4. Das Ende kolonialer Herrschaft 200
   4.1 Unabhängigkeitsbewegungen in Asien 200
   4.2 Fallbeispiel Vietnam 202
   4.3 Afrika – ein vielfältiger Kontinent 204
   4.4 Politische Bildung – Kompetenztraining:
   Entwicklungshilfepolitik am Beispiel Afrika 208
5. Konfliktfelder der Gegenwart 210
   5.1 Die NATO und die OSZE 210
   5.2 Dauerkrise im Nahen Osten 212

        5.3 Afghanistan – ein vorübergehender „Gottesstaat"? 214
        5.4 Religion und Öl – die Krise am Golf 216
        5.5 Krisenherd Kaukasus 218
        5.6 Jugoslawien: Sieben neue Staaten 220
        5.7 Revolutionen in der arabischen Welt 222
6. Politische Herausforderungen der Gegenwart 224
        6.1 Fundamentalismus in der modernen Welt 224
        6.2 Terrorismus – eine globale Bedrohung 226
        6.3 Neoliberal – total global 228
        6.4 Die Bevölkerung in der globalisierten Welt 232
        6.5 NGOs – Für die Menschen und die Umwelt 234
        6.6 Politik gegen weltweite Armut 236
        6.7 Politische Bildung – Kompetenztraining: Projekt „Strategieentwicklung 2020" – Zur neuen Armut im reichen Österreich 238
        Basiswissen: Internationale Politik seit 1945 240

Längsschnitt: Die Entwicklung der Menschenrechte **242**

7 Die Vielfalt der sozialen Welt   246

1. Die 1968er-Proteste 248
2. Die „zweite" Frauenbewegung 250
3. Frauenemanzipation in Österreich 252
4. Die Umweltbewegungen 254
5. Anti-Atom-Protest und Friedensbewegung 256
6. Die Entwicklung des Familienbildes 258
7. **Methode – Kompetenztraining:** Oral History – Jugendliche Lebenswelten seit den 1960ern 260
8. Migration und Integration 262
9. Die Medien 266
        9.1 Die Entwicklung von Massenmedien 266
        9.2 Die Medienwelt verändert sich 268
        9.3 Die Medienlandschaft in Österreich 272
        9.4 Politische Bildung – Kompetenztraining: Mediendemokratie 276
        Basiswissen: Die Vielfalt der sozialen Welt 278

Personen und Begriffe 280
Quellen- und Literaturverzeichnis 285
Bildquellennachweis 288

1

1917 Februar- und Oktoberrevolution in Russland
1918–1920/1922 Bürgerkrieg in Russland zwischen „Roten" und „Weißen"
1919 Vertrag von Versailles / Vertrag von Saint-Germain; Völkerbund
1922 Gründung der „Union der Sozialistischen Sowjetrepubliken" (UdSSR); Mussolinis „Marsch auf Rom"
1924 Tod Lenins, Stalin Nachfolger

Die Zwischenkriegszeit – Umbrüche und Krisen

Der Erste Weltkrieg erschütterte Europa grundlegend. Er hinterließ eine „zerbrochene" Welt. Die Besiegten waren enttäuscht und verbittert über die Friedensschlüsse. Dies bestimmte das politische, geistige und soziale Klima der Zwischenkriegszeit stark. Inflation, Arbeitslosigkeit und politische Instabilität führten in vielen Staaten zur Errichtung von vorwiegend rechtsgerichteten Diktaturen.

Ein erster großer Rückschlag für die Demokratie in Europa war die faschistische Machtergreifung Mussolinis in Italien. Auch in Spanien gelangten die Faschisten unter Franco nach einem blutigen Bürgerkrieg an die Macht. Sie waren aktiv unterstützt worden durch die totalitären Regime in Deutschland und Italien. Stalin baute in Russland die neu errichtete Sowjetunion zu einem kommunistischen Einheitsstaat aus. Die Weltwirtschaftskrise führte zu einer verheerenden Massenarbeitslosigkeit. Sie gab extremistischen Gruppierungen Auftrieb. In Deutschland konnten die Nationalsozialisten die triste wirtschaftliche Lage für ihren Machtaufstieg nutzen.

Den USA gelang der Aufstieg zur führenden Weltmacht, der „American way of life" beeinflusste das Leben in den europäischen Großstädten. Auch in der Kunst entstanden neue Stilrichtungen.

■ „Drinnen und Draußen", George Grosz (1893–1959), 1926. Öl auf Leinwand, 80 x 119 cm, Privatsammlung.

1925	1929	1933	Ab 1934	1936–1939
Zerschlagung des parlamentarischen Systems in Italien, Mussolini diktatorischer Regierungschef	Börsensturz, die Weltwirtschaftskrise beginnt	Roosevelt wird amerikanischer Präsident, neue Wirtschaftspolitik „New Deal"; Spanien: General Franco an der Spitze der faschistischen Falange-Partei; Italien: Sieg der Faschisten bei den Wahlen	Russland: Schauprozesse, stalinistische „Säuberungen", Deportationen, Morde	Spanischer Bürgerkrieg, Sieg der Faschisten unter Franco

In diesem Kapitel erhaltet ihr Informationen zu folgenden Fragen:

- Welche Folgen der Erste Weltkrieg hatte.
- Welche Bestimmungen die Pariser Friedensverträge enthielten und wie sie sich auf die besiegten Staaten auswirkten.
- Wie aus dem zaristischen Russland die Sowjetunion entstand.
- Welche Probleme und Entwicklungen Europa nach dem Krieg betrafen.
- Welche neuen Lebens- und Kunstformen in den Großstädten entstanden.
- Warum die USA zur Großmacht aufstiegen und welche Auswirkungen die Weltwirtschaftskrise hatte.
- Wie Italien unter Mussolini zur faschistischen Diktatur wurde.
- Welche Ursachen und Folgen der Spanische Bürgerkrieg hatte.
- Wie Stalin in der Sowjetunion einen kommunistischen Einheitsstaat schuf.

Dazu könnt ihr erfahren und erproben:

- Wie man Fotografien analysiert.
- Welche Gemeinsamkeiten und Unterschiede faschistische und kommunistische totalitäre Systeme aufweisen.

Online-Ergänzungen
j323r3

1. Nach 1918: Die Welt hat sich verändert

■ Der Erste Weltkrieg veränderte die politische Landkarte Europas in hohem Maße.

→ Vergleiche Europas Staatenwelt vor und nach dem Krieg und erläutere, welche Staaten neu entstanden sind.

11. November 1918: In London und Paris läuten die Siegesglocken, Deutschland hat den Waffenstillstandsvertrag unterzeichnet. Zwei Tage zuvor war in Berlin die Republik ausgerufen worden. In Wien verzichtete Kaiser Karl auf jeden Anteil an den Regierungsgeschäften, auch Österreich wurde Republik. Der Krieg war zu Ende, aber der Friede hatte keineswegs begonnen. Es gab zwar militärische Sieger und Besiegte, doch wirtschaftlich hatten mit Ausnahme der USA und Japans praktisch alle den Krieg verloren.

Unvorstellbar sind die Verluste, die der Erste Weltkrieg verursacht hat: 10 Millionen Soldaten wurden getötet, über 20 Millionen verwundet. Enorm hoch waren auch die Opfer unter der Zivilbevölkerung, Sachwerte waren in katastrophalem Ausmaß zerstört worden. Die Hoffnung der meisten Überlebenden auf eine positive Zukunft wurde schon in den ersten Nachkriegsjahren bitter enttäuscht.

Wilsons 14 Punkte

Zu Beginn des Jahres 1918 legte Woodrow Wilson, der Präsident der USA, ein Programm vor, das als Grundlage für den künftigen Frieden dienen sollte. Der Plan sah keine Kriegsentschädigungen vor. Zentrale Forderungen sind das „Selbstbestimmungsrecht der Völker" und die Schaffung einer internationalen Friedensorganisation („Völkerbund").
Er umfasst im Einzelnen:

1. öffentliche Friedensverträge und Abschaffung der Geheimdiplomatie;
2. Freiheit der Schifffahrt;
3. Freiheit des Handels;
4. Rüstungsbegrenzung;
5. Neuordnung der Kolonialfragen;
6. Räumung des russischen Territoriums;
7. Wiederherstellung der belgischen Neutralität;
8. Räumung Frankreichs, Rückgabe von Elsass-Lothringen und Wiederherstellung der zerstörten Gebiete;
9. Grenzziehung Italiens nach dem Nationalitätenprinzip;
10. Selbstbestimmung der Völker Österreich-Ungarns;
11. Wiederherstellung Serbiens, Rumäniens und Montenegros;
12. Selbstbestimmung der Völker des Osmanischen Reiches und freie Durchfahrt durch die Meerengen;
13. Errichtung eines selbstständigen polnischen Staates;
14. Gründung eines Völkerbundes.

Wilson konnte sich die Umsetzung seines Friedensplanes nur unter demokratisch gewählten Regierungen vorstellen. Als in Deutschland und in Österreich-Ungarn 1918 die Monarchien gestürzt wurden und Republiken an ihre Stelle traten, setzten die neuen Regierungen große Hoffnungen auf die 14 Punkte Wilsons.

→ Erkläre, welche Bestimmungen für die Mittelmächte von besonderer Bedeutung waren.

Die Friedensregelung – Grundlage künftigen Friedens?

Im Jänner 1919 eröffneten die Siegerstaaten die Friedenskonferenz von Paris. Da die Friedensverträge in den Schlössern vor Paris abgeschlossen wurden, nennt man sie auch „Vororteverträge".

Die Vertreter der Mittelmächte blieben von den monatelangen Verhandlungen ausgeschlossen. Alle wichtigen Fragen wurden von den Siegerstaaten Frankreich, Großbritannien, Italien und USA entschieden. Bei den Siegermächten bestanden zwar viele gemeinsame Vorstellungen über die Regelung des Friedens, aber es gab auch große Interessensunterschiede. Das Hauptanliegen des amerikanischen Präsidenten Wilson war die Schaffung des Völkerbundes, in anderen Fragen musste er daher Kompromisse schließen. Frankreich setzte seine Interessen in den Friedensverträgen durch, nämlich die wirtschaftliche Schwächung und Entmilitarisierung Deutschlands sowie Entschädigung für das schwer kriegsversehrte Frankreich. Großbritannien versuchte, die französische Haltung zu mildern und Volksabstimmungen durchzusetzen, wo Gebietsabtretungen vorgesehen waren. Italien trachtete danach, Gebiete von Österreich und Jugoslawien zu gewinnen.

Die wichtigsten Bestimmungen der Friedensverträge:

Otto Dix: Triptychon „Der Krieg", Mittleres Tafelbild, 1929/32 (Galerie Neue Meister, Dresden).
Otto Dix nahm freiwillig am Ersten Weltkrieg teil. Diese traumatische Erfahrung bestimmte später sein Werk. Im Nationalsozialismus wurde sein Werk angefeindet, es wurde ihm „Wehrsabotage" und „Verletzung sittlicher Gefühle" vorgeworfen. 1937 wurden einige seiner Bilder in der Ausstellung „Entartete Kunst" gezeigt.

Vertrag von Versailles mit Deutschland:
- Abtretung von Elsass-Lothringen an Frankreich; von Posen, Westpreußen und später auch – trotz Volksabstimmung – von Oberschlesien an Polen;
- Entmilitarisierung des Rheinlandes;
- Völkerbundverwaltung im Saarland; die Kohlengruben fallen an Frankreich;
- Abtretung der Kolonien als Mandatsgebiete an den Völkerbund;
- Abrüstung auf ein Berufsheer von 100 000 Soldaten und Auslieferung des Kriegsmaterials;
- Wiedergutmachung der Kriegsschäden durch Sachlieferungen; später Geldzahlungen festgesetzt.

Vertrag von Saint-Germain mit Österreich:
- Anerkennung der Selbstständigkeit der „Nachfolgestaaten";
- Gebietsabtretungen, darunter deutschsprachige Gebiete: Sudetenland und die deutschbesiedelten Gebiete Böhmens und Mährens, Südtirol, Teile der Untersteiermark, das Kärntner Mießtal, das Seeland und das Kanaltal;
- Verbot des Anschlusses an Deutschland;
- Abrüstung auf ein Berufsheer von 30 000 Soldaten.

Vertrag von Trianon mit Ungarn:
- Abtretung von rund 70 Prozent des Territoriums an die Tschechoslowakei, Jugoslawien und Rumänien;
- Abrüstung auf 35 000 Soldaten.

Vertrag von Neuilly mit Bulgarien:
- Abtretung von Gebieten an Griechenland (= Verlust des Zugangs zur Ägäis);
- Abrüstung auf 20 000 Soldaten.

Vertrag von Sèvres mit der Türkei:
- Verlust der arabischen Gebiete; Abtretung der ägäischen Inseln und Smyrnas an Griechenland, von Rhodos an Italien;
- Internationalisierung der Meerengen.

→ Vergleiche die Bestimmungen der Friedensverträge mit den 14 Punkten Wilsons. An welchen Bestimmungen des Versailler Vertrages sind die französischen Interessen spürbar? Welche Punkte werden Deutschland und Österreich als besondere Härten empfunden haben?
Erläutere, warum die Verlierer die Friedensregelungen auch als „Diktatfrieden" bezeichneten.

In Österreich und Deutschland lösten die Bestimmungen der Verträge große Verbitterung und anhaltende Proteste aus. Forderungen nach Änderungen wurden von den Siegern jedoch abgelehnt. Die Vertreter der neu entstandenen Republiken, die für den Kriegsausbruch politisch nicht verantwortlich waren, mussten die Verträge aber unterschreiben. In Deutschland wurden vor allem die Forderung nach hohen Reparationszahlungen und die Tatsache, dass Deutschland und seinen Verbündeten die alleinige Schuld am Ausbruch des Krieges gegeben wurde, entschieden abgelehnt. Die Revision (Zurücknahme) der harten Bedingungen des Versailler Vertrages war in der Weimarer Republik eine wichtige politische Forderung. Hitler erhob die Revision des „Schanddiktates", wie er den Versailler Vertrag nannte, zu einem seiner wichtigsten Programmpunkte. Der französische Historiker Jaques Bainville schrieb:

Der Vertrag nimmt Deutschland alles, außer der Hauptsache, dem politischen Dasein als Staat (…). Und was die Leidenschaften angeht (…), so enthält der Friedensvertrag alles, wessen es bedarf, um die Deutschen aufs Äußerste zu reizen (…). Der Ver-

trag hinterlässt der Zukunft Streitigkeiten (...) mit Deutschland (...) und zwischen den Alliierten (...).
(Schmid, Fragen an die Geschichte 4, 1988, S. 13)

John Foster Dulles, der den Paragraphen der Alleinschuld Deutschlands entworfen hatte, meinte später:

Q *Es war in allererster Linie die heftige Reaktion des deutschen Volkes auf diesen Artikel des Vertrages, die den Grundstein für Hitler-Deutschland gelegt hat (...).*
(Craig, Geschichte Europas 1815–1980, 1996, S. 96)

Die vielfältigen Folgen des Krieges

Mit dem Ende des Ersten Weltkrieges änderte sich das territoriale Gesicht Europas grundlegend: Vier europäische Großmächte, Österreich-Ungarn, Deutschland, Russland und das Osmanische Reich, zerfielen oder veränderten sich entscheidend. Mehrere 1 000 Kilometer Staatsgrenze wurden neu gezogen. Neue Staaten entstanden auf dem Boden der ehemaligen Habsburgermonarchie und im Nahen Osten. In manchen von ihnen lebten Mehrheiten und Minderheiten eng zusammen. Dies führte teilweise bis heute zu großen nationalen Spannungen. Damals begannen Fluchtbewegungen und Vertreibungen, die vielfach erst lange nach dem Zweiten Weltkrieg beendet wurden.

Schon während des Krieges flohen im Osten Millionen Menschen vor den heranrückenden deutschen Armeen weiter nach Russland. In Russland selbst flüchteten die Turkvölker, als die Regierung sie in stärkerem Maße für den Krieg rekrutieren wollte. Nach der Revolution verließen rund eine Million Revolutionsgegner das Land. Nach Deutschland kamen mit Kriegsende Flüchtlinge aus Polen, Elsass-Lothringen und den ehemaligen Kolonien. Fluchtbewegungen und Vertreibungen vollzogen sich in großem Ausmaß auch im Südosten. Griechen, Bulgaren und Türken konnten vielfach nicht mehr in ihren alten Siedlungsgebieten bleiben und mussten ihre Heimat verlassen.

Im Gebiet des ehemaligen Osmanischen Reiches lebten zudem Minderheiten, deren Hoffnungen auf einen eigenen Staat sich 1918 nicht erfüllten. Dies galt für die Armenier, die während des Krieges grausam verfolgt worden waren, und für die Kurden. Nach dem Krieg entstanden aber auch neue internationale Machtverhältnisse. Europa verlor seine Vormachtstellung. Es wurden zwar einige Demokratien, aber noch mehr Diktaturen begründet. Die Lage Europas war in der Zwischenkriegszeit instabil, die Kolonien begannen abzubröckeln. Die USA stiegen zur führenden Industrienation und zum größten Kreditgeber der Welt auf.

Inflation und politische Unruhen

Einige Länder Europas litten von 1918 bis 1923 unter einer sehr hohen Inflation. Zur Finanzierung des Staatshaushaltes wurde besonders in Österreich und Deutschland immer mehr Geld gedruckt. Dieses verlor rasend schnell an Wert („Hyperinflation"). Dazu kam in diesen Jahren eine hohe Arbeitslosenrate. Besonders viele heimkehrende Soldaten waren davon betroffen. Die wirtschaftliche Dauerkrise führte in Deutschland, wo 1918 eine Republik ausgerufen worden war (nach dem Tagungsort der Nationalversammlung „Weimarer Republik" benannt), zur Radikalisierung in der Politik. Extremistische rechte und auch radikal linke Kräfte verübten Staatsstreiche, Umsturzversuche und politische Morde – auch an Regierungsmitgliedern.

Der Völkerbund

Die Katastrophe des Ersten Weltkrieges führte zu einem Umdenken in der Politik. In Zukunft sollten Konflikte durch internationale Verhandlungen geklärt und militärische Auseinandersetzungen vermieden werden. Die Idee eines umfassenden Modells für den Weltfrieden stammt vom amerikanischen Präsidenten Wilson. Mit der Erfüllung seines Ideals („Make the world safe for democracy") hoffte er, dass dauerhafter Frieden geschaffen und sich weltweit Demokratien etablieren würden. Wilson hatte die Schaffung des Völkerbundes als wichtigsten Bestandteil der Pariser Friedenskonferenz (ratifiziert am 29. April 1919) durchgesetzt. Allerdings traten die USA dem Völkerbund dann gar nicht bei.
In den Satzungen hieß es u. a.:

Q *Art 8: Nationale Abrüstung bis zu einem Minimum, das mit der nationalen Sicherheit (...) vereinbar ist. (...) Art. 10: Gegenseitige Anerkennung der territorialen Integrität [Unversehrtheit der Grenzen, Anm. d. A.] und der politischen Unabhängigkeit der Mitglieder. Im Falle eines Angriffes, einer Bedrohung oder einer Angriffsgefahr trifft der Rat geeignete Sicherheitsmaßnahmen. (...) Art. 12: Ein Streit zwischen Mitgliedern, der den Frieden gefährdet, ist einem Schiedsgericht vorzulegen. Art. 13: Die Mitglieder haben die (...) Entscheidungen (...) anzuerkennen. (...) Art. 16: Ein Mitglied, das Krieg beginnt, befindet sich im Krieg mit allen Mitgliedern des Völkerbundes. Diese brechen sogleich alle Handels- und Finanzbeziehungen mit ihm ab. (...)*
Art. 23: Weitere Aufgaben: (...) Sorge für gute Arbeitsbedingungen, Überwachung des Rauschgift- und

■ Foto einer Massendemonstration im Berliner Lustgarten gegen den Versailler Vertrag 1919. Die Teilnehmer/innen tragen Plakate, auf einem steht „Nieder mit dem Gewaltfrieden".

Waffenhandels, Garantie des freien Handels, Maßnahmen gegen Krankheiten. Art. 25: Das Rote Kreuz und ähnliche Organisationen sind zu unterstützen.

(Die Pariser Völkerbundakte vom 14. Februar 1919. Franz. und engl. Text mit deutschen Übersetzungen. Berlin 1919, Art. 10, 12, 13, 16, 23)

→ Benennt die wichtigsten Bestimmungen der Völkerbund-Satzungen.
Beurteilt die friedliche Streitschlichtung und Friedenssicherung auf gemeinsamer Basis.

Zunächst waren die alliierten und neutralen Staaten Mitglieder. Andere Länder wurden im Laufe der Zeit aufgenommen, Österreich im Jahr 1920. Die europäischen Großmächte, besonders Großbritannien und Frankreich, sicherten sich Vorrechte, vor allem durch die Schaffung einer Reihe von Mandatsgebieten. Zu ihnen zählten u. a. die ehemaligen deutschen Kolonien; der Nahe Osten wurde schließlich zum Mandatsgebiet des Völkerbundes. Um die Juden als Wähler zu gewinnen, erklärte im November 1917 der britische Außenminister Balfour, dass seine Regierung die „Errichtung einer nationalen Heimstätte für das jüdische Volk in Palästina" begrüße (Balfour-Erklärung). Noch war nicht von einem jüdischen Staat die Rede, aber Fragen des arabisch-jüdischen Zusammenlebens gewannen an Bedeutung.

Seit der Entdeckung von Erdölvorkommen hatte der arabische Raum an Bedeutung gewonnen. Als mit Kriegsende das Osmanische Reich zusammenbrach, eroberten die Briten Palästina und das Gebiet des heutigen Irak. Die Franzosen nahmen den Bereich des heutigen Libanon und Syrien in Besitz. Die Araber hingegen pochten bei der Neuordnung des Nahen Ostens auf das nationale Selbstbestimmungsrecht, setzten sich damit jedoch nicht durch. Vielmehr errichtete der Völkerbund britische und französische Mandatsgebiete, die sich nicht nach historisch gewachsenen Grenzen richteten. Damit wurde ein Grundstein für spätere Konflikte gelegt. Nicht zum Mandatsgebiet gehörte Saudi-Arabien, wo Ibn Saud 1926 ein unabhängiges Königreich errichtete; wohl aber der Irak (seit den Dreißigerjahren unabhängig).

Zu den Erfolgen des Völkerbundes gehört seine Vermittler-Rolle bei einigen lokalen Konflikten. Zahlreiche Völkerbundorganisationen wie der Internationale Gerichtshof in Den Haag, das Internationale Arbeitsamt und das Amt für Flüchtlingshilfe leisteten Positives. Für Österreich war die Völkerbundanleihe 1922 eine wichtige Hilfsmaßnahme. Letztlich aber scheiterte der Völkerbund an den praktischen Problemen der Friedenssicherung. Dies hing auch zusammen mit dem Fernbleiben der USA: Dort gewannen nach Kriegsende Anhänger des Isolationismus Einfluss. Sie standen jeder Einbindung der USA in europäische Angelegenheiten ablehnend gegenüber. Als großer Mangel stellte sich auch die Lückenhaftigkeit der Organisation heraus: Von den 63 Mitgliedsstaaten traten bis 1939 14 freiwillig aus. Deutschland, seit 1926 Mitglied, schied 1933 wieder aus, Italien folgte 1937. Die UdSSR trat dem Völkerbund erst 1934 bei, wurde aber 1939 wegen ihres Angriffes auf Finnland wieder ausgeschlossen. Gegen die aggressiven Diktatoren in Deutschland, Japan und Italien erwies sich der Völkerbund als machtlos. Als im März 1938 Österreich von Hitlerdeutschland annektiert wurde, protestierte im Völkerbund nur der Vertreter Mexikos gegen diesen völkerrechtswidrigen Vorgang. Trotz der Existenz des Völkerbundes brach schließlich ein neuer Weltkrieg aus. Der Völkerbund selbst bestand formell noch bis 1946, als mit den Vereinten Nationen bereits eine neue internationale Organisation existierte.

Fragen und Arbeitsaufträge

→ 1. Fasse die wichtigsten territorialen, politischen und wirtschaftlichen Folgen des Ersten Weltkrieges zusammen.

→ 2. Erstellt in Kleingruppen eine Zusammenfassung zum Thema: „Die wichtigsten Bestimmungen der Friedensverträge von Versailles und St. Germain und das 14-Punkte-Programm von Präsident Wilson".

■ Krieg löst keine Probleme: die Krisengebiete nach dem Ersten Weltkrieg.

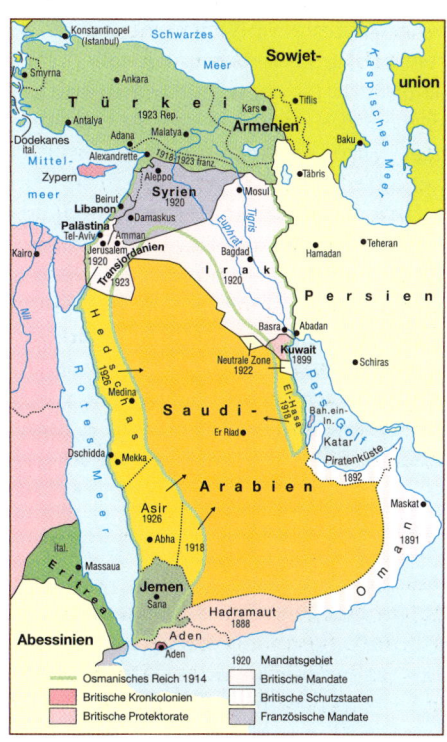

■ Die Völkerbundmandate im Nahen Osten 1920.

2. Russland: Vom Zarismus zur Sowjetunion

Das Zarenreich – ein rückständiger Agrarstaat

Die Oktoberrevolution von 1917 und die Machtergreifung der Kommunisten in Russland gehören zu den wichtigsten historischen Ereignissen in der Geschichte des 20. Jh. Die Ursachen dafür sind die vielen ungelösten Probleme, die das zaristische Russland bereits Jahrzehnte vor der Revolution prägten.

An der Spitze des Staates standen absolutistisch regierende Zaren. Ihre autoritäre Herrschaft sicherten sie sich mithilfe eines gut ausgebauten Polizei- und Spitzelapparates und der orthodoxen Kirche. Obwohl Russland zu den fünf europäischen Großmächten gehörte, blieb es bis ins 20. Jh. sozial und wirtschaftlich rückständig. Zu den großen Problemen gehörten der verbreitete Analphabetismus und der feudalistische Aufbau der russischen Gesellschaft: Die meisten Bauern besaßen keinen eigenen Grundbesitz. Die hohe Steuerbelastung, Zwangsarbeit und die massive Verelendung der Bauern führten immer wieder zu Aufständen. Diese wurden jedoch vom Militär stets mit Gewalt niedergeschlagen. Zwei Drittel des Bodens und damit fast die gesamte wirtschaftliche Macht lag in den Händen einer kleinen Schicht von Großbürgern und privilegierten Adeligen. Die Rückständigkeit Russlands zeigte sich auch in der relativ späten Industrialisierung (ab 1870). Um 1900 machten die Fabriksarbeiter erst ca. 3 % der Gesamtbevölkerung aus. Ihre Lebensumstände waren so miserabel, dass ein Proletariat entstand, das der Regierung gefährlich werden konnte.

In der zweiten Hälfte des 19. Jh. entstanden in Russland unterschiedliche politische Gruppen, die alle den Zarismus bekämpften. Die größte Partei bis 1917 bildeten die Sozialrevolutionäre. Sie waren gemäßigte Sozialisten. Im letzten Drittel des 19. Jh. verbreiteten sich auch die Lehren von Marx und Engels in Russland. Zu den marxistischen Aktivisten gehörte der junge Rechtsanwalt Wladimir Iljitsch Uljanow, der den Decknamen Lenin annahm. Er wurde für seine politischen Aktivitäten nach Sibirien verbannt. Die Vertreter der verschiedenen sozialistischen Gruppierungen gründeten 1898 eine gemeinsame „Russisch Sozialdemokratische Arbeiterpartei". Die Delegierten wurden gleich im Anschluss daran verhaftet. Daher agierte die Partei von nun an im Untergrund und durch die vielen Emigranten im Ausland.

Lenins neue revolutionäre Partei

Lenin und andere Parteimitglieder arbeiteten und lebten seit 1900 außerhalb Russlands, vor allem im Deutschen Reich und in der Schweiz. Seit dem 2. Parteikongress der Russischen Sozialdemokraten in London (1903) nannten sie sich Bolschewiki. Die zahlenmäßig weitaus größere Gruppe waren die Menschewiki, die sozialdemokratische Ideen vertraten. Die bolschewistische Partei blieb bis 1914 ziemlich bedeutungslos.

Während seiner Jahre im Exil gestaltete Lenin die Lehre von Marx und Engels zum Marxismus-Leninismus um. Eine straff geführte Kaderpartei von Berufsrevolutionären sollte das politische Bewusstsein der Arbeiterschaft wecken und die Revolution in Gang setzen.

■ „Lenin verkündet die Sowjetmacht", Gemälde von Wladimir Serow, 1947 (Bildausschnitt). Dieses Gemälde diente in erster Linie propagandistischen Zwecken. Es zeigt Lenin bei einer Rede am II. Allrussischen Sowjetkongress in Petrograd (am 25./26. Oktober 1917 nach dem julianischen Kalender), hinter ihm Stalin.

→ Beschreibe die Bildinhalte. Erläutere, welche politische Aussage damit wohl gemacht werden sollte.

Revolutionen stürzen den Zaren

Im Ersten Weltkrieg schlitterte das schlecht ausgebildete russische Heer in eine Niederlage. Es mangelte an Kriegsmaterial, die Bevölkerung in den Städten hungerte. Seit 1916 brachen immer häufiger Streiks in den Betrieben aus, in denen vergeblich Frieden, Brot und höhere Löhne gefordert wurden.

Am 25. Februar 1917 (nach dem alten Julianischen Kalender) gab der Zar den Befehl, auf wehrlose Demonstrantinnen und Demonstranten zu schießen. Doch das Militär weigerte sich und schloss sich dem Volk an. Zwei Tage nach Ausbruch dieser Revolution („Februarrevolution") übernahm eine aus liberalen Adeligen und Großbürgern gebildete „Provisorische Regierung" die Staatsgeschäfte. Zar Nikolaus II. musste abdanken. Jetzt tauchten auch die verbotenen Petersburger Arbeitervertreter, Sowjets (russ. Sowjets = Räte) genannt, aus dem Untergrund auf. Sie setzten sich aus Menschewiki, Bolschewiki und Sozialrevolutionären zusammen. Sie hatten gemeinsam mit den neu gewählten Soldaten- und bald auch Bauernräten die Volksmassen auf ihrer Seite. Lenin wurde im April 1917 mit etwa 30 Funktionären mit Hilfe der deutschen Heeresleitung aus seinem Exil nach Petersburg gebracht. An die Stelle einer parlamentarischen Republik sollte eine Republik der Sowjets treten, die Provisorische Regierung nicht unterstützt, der Krieg sofort beendet werden. Weiters forderte er in seinen „Aprilthesen" die Enteignung und Verstaatlichung von Grundbesitz, die Kontrolle und Verteilung der gesamten Produktion durch die Arbeiterräte und die Abschaffung von Polizei und Armee. Als nächste Aufgabe sollte die „Diktatur des Proletariats" durchgesetzt werden. Lenin schrieb:

Q *Der Übergang von der kapitalistischen zur kommunistischen Gesellschaft ist unmöglich ohne „politische Übergangsperiode", und der Staat dieser*

Die Zwischenkriegszeit

Periode kann nur die revolutionäre Diktatur des Proletariats sein. Zugleich mit der gewaltigen Erweiterung des Demokratismus (...) bringt die Diktatur des Proletariats eine Reihe von Freiheitsbeschränkungen für die Unterdrücker, die Ausbeuter, die Kapitalisten. Diese müssen wir niederhalten, ihr Widerstand muss mit Gewalt gebrochen werden (...).

(Lenin, Staat und Revolution, Kapitel V; in: Lenin, Werke, Bd. 25, 1972, S. 393)

→ Erkläre, was Lenin unter der „Diktatur des Proletariats" verstand.

■ Kinder im Bürgerkrieg (Fotografie, Oktober 1920). Rund 5 Millionen Menschen fielen der Hungersnot zum Opfer, darunter sehr viele Kinder.

Die Bolschewiki drängten auf ein sofortiges Ende des „imperialistischen Krieges". Die Provisorische Regierung aber wollte den „Krieg bis zum Sieg" fortsetzen. Am 25. Oktober 1917 (nach dem Gregorianischen Kalender der 7. November) besetzten die von Trotzki geführten Petersburger Truppen zusammen mit den Roten Garden (= bewaffnete Arbeiterverbände) die strategisch wichtigsten Punkte der Stadt. Sie stürmten auch das Winterpalais, den Sitz der Regierung, die entmachtet wurde.

Die neue Regierung unter Lenins Vorsitz nannte sich „Rat der Volkskommissare". In den so genannten Umsturzdekreten verkündete Lenin: Sofortiger Austritt Russlands aus dem Krieg, Enteignung aller Gutsbesitzer und Verteilung des Landes an die Bauern, Enteignung der Fabriksbesitzer, Verstaatlichung von Industrie, Handel und Banken, Trennung von Kirche und Staat, Gleichberechtigung der Frauen, Einführung der unentgeltlichen Schulpflicht zur Bekämpfung des weit verbreiteten Analphabetismus. Die Bolschewiki nannten ihre Partei ab 1918 „Kommunistische Partei".

Bolschewistische Alleinherrschaft, Bürgerkrieg und Lenins „Neue Ökonomische Politik"

Als Anfang 1918 bei den Wahlen zur „Verfassungsgebenden Versammlung" die Bolschewiki nur ein Viertel, die anderen sozialistischen Gruppen aber eine deutliche Mehrheit erhielten, ließ Lenin die Versammlung auflösen. Er griff zur Absicherung der alleinigen Macht der Sowjets auch zum Terror. Eine eigene Sicherheitspolizei, die Tscheka, konnte Todesurteile fällen und Menschen in Zwangsarbeitslager verschicken. Lenin hatte die nationale Selbstbestimmung proklamiert. Dies führte zu einer erheblichen Verkleinerung des jungen Sowjetstaates: Im Süden (Kaukasus) und Osten (Sibirien) des ehemaligen Vielvölkerreiches entstanden mehrere nationale, unabhängige Volksrepubliken. Im verlustreichen Frieden von Brest-Litowsk (März 1918) mit dem Deutschen Reich verlor die Sowjetunion Polen, Finnland, die baltischen Länder und die Ukraine. Danach folgte ein grausamer Bürgerkrieg (1918–1920/1922): „Weiße Armeen", bestehend aus zaristischen Offizieren, Großgrundbesitzern, gemäßigten Sozialisten und unterstützt von Westalliierten, bekämpften die kommunistische „Rote Armee". Diese war von Leo Trotzki (1879–1940) aufgebaut worden und siegte schließlich 1920 im europäischen, endgültig erst 1922 im asiatischen Teil Russlands.

Die jahrelangen Wirren hatten das Land zerstört, Landwirtschaft und Industrieproduktion völlig zerrüttet. Millionen Menschen verhungerten, Unruhen von Arbeiterinnen und Arbeitern sowie Bäuerinnen und Bauern folgten. Einen Aufstand von Matrosen der Kriegsmarine gegen die Sowjetregierung in Kronstadt 1921 ließ Lenin niederschlagen. Als Reaktion auf die katastrophale Wirtschaftskrise sah sich Lenin vorerst zur Aufgabe der zentralen, sozialistisch gelenkten Planwirtschaft ohne Privateigentum gezwungen. Mit seiner „Neuen Ökonomischen Politik" (NEP) kehrte man in einigen Bereichen zu kapitalistischen Wirtschaftsformen zurück: Die Bäuerinnen und Bauern konnten nun die Hälfte ihrer Produkte selbst verkaufen, Handwerk, Kleinhandel und Leichtindustrie wurden zum Teil reprivatisiert. Ausländische Firmen (wie Ford mit einer riesigen Traktorenfabrik) wurden eingeladen, in der Sowjetrepublik zu investieren. Nur die Schwerindustrie, der Außenhandel, das Bank- und Verkehrswesen blieben in staatlicher Hand.

Die 1922 gegründete UdSSR (Union der Sozialistischen Sowjetrepubliken) erreichte nun ihre staatsrechtliche Anerkennung bei fast allen europäischen Staaten. Sie festigte die neuen diplomatischen Beziehungen auch durch den Abschluss von Handelsverträgen. Innenpolitisch bedeutsam war die auf dem X. Parteikongress (1922) getroffene Entscheidung, dass von nun an jede von der Parteispitze abweichende Meinung mit dem Parteiausschluss bedroht werde. Die Generallinie der Partei bestimmte ausschließlich das Zentralkomitee (ZK). Seine führenden Mitglieder im Politbüro bildeten die eigentliche Parteispitze. Dazu wurden noch ein Organisationsbüro und das Generalsekretariat geschaffen. Diese vier Körperschaften bildeten die Schlüsselstellungen im kommunistischen Machtapparat, der streng hierarchisch gegliedert war.

Fragen und Arbeitsaufträge

→ 1. Erläutere die Ursachen und Schritte, die von der Zarenherrschaft zur Gründung der Sowjetunion führten. Berücksichtige dabei folgende Faktoren bzw. Ereignisse: Zarismus, Februarrevolution, Lenin, Oktoberrevolution, die Errichtung der bolschewistischen Alleinherrschaft, Bürgerkrieg und Gründung der Sowjetunion.

→ 2. Recherchiere im Internet und erstelle Kurzbiografien über Lenin und Trotzki.

Methode – Kompetenztraining

3. Fotografien analysieren

Propaganda in der Sowjetunion

Nach der Oktoberrevolution 1917 wurde Russland unter Lenin zu einer kommunistischen Diktatur umgebaut. Zu den Mitteln, die verwendet wurden, gehörte auch der Einsatz von Gewalt und Terror. Bereits im Dezember 1917 wurde von Lenin eine Geheimpolizei gegründete. Sie wurde bis 1922 „Tscheka" genannt, dann in GPU und später in KGB umbenannt. Vor allem unter der stalinistischen Herrschaft wurde die Geheimpolizei für Massenerschießungen, Verhaftungen und Folterungen von wirklichen und vermeintlichen „Klassengegnern" und zur Durchführung der Deportationen (gewaltsame staatliche Verbringung von Menschen) von Menschen in Lager (Gulags) eingesetzt.

Kennzeichnend für den Umbau des zaristischen Russland in die kommunistische Sowjetunion ist neben Gewaltmaßnahmen aber auch die massive Entfaltung von politischer Propaganda. Diese Propaganda zielt darauf ab, systematisch Meinungen zu manipulieren und das Verhalten von Menschen im Sinne der herrschenden Ideologie bzw. Partei zu steuern. In der Sowjetunion basierte die politische Propaganda auf der von Lenin entwickelten Lehre des Marxismus-Leninismus. Sie versuchte, diese Linie der kommunistischen Partei im Staat und bei der Bevölkerung mit allen Mitteln durchzusetzen. Dazu gehörten Terror und eine Zensur, die jede oppositionelle oder kritische Haltung gegenüber der Partei unterdrückte. Daneben wurde politische Propaganda durch Zeitungen, Radio und Filme, Literatur und Kunst, in Schulen und durch politische Veranstaltungen verbreitet. Die Propaganda schuf auch das Bild eines „neuen sowjetischen Menschen": Dieser stellte mit Opferbereitschaft und großem Arbeitseifer seine persönlichen Bedürfnisse zurück zugunsten des Aufbaus einer kommunistischen, klassenlosen Gesellschaft.

Die kommunistischen Führer Lenin und Stalin wurden selbst zum Gegenstand politischer Propaganda. Schon zu Lebzeiten wurde Lenin von der Partei zu einem „Übermenschen" erhoben. Nach seinem Tod 1924 organisierte die kommunistische Parteileitung eine geradezu kultische Verehrung. Sein Leichnam wurde einbalsamiert und wird bis heute im „Lenin-Museum" in Moskau ausgestellt. Stalin, den Lenin in seinem politischen Testament als „groben Menschen" kritisiert hatte, wurde sein Nachfolger. Er übertraf ihn an Selbsterhöhung durch einen unglaublichen „Personenkult" (vgl. auch Kapitel 8.3, S. 30 f.).

Zum Einsatz propagandistischer Mittel in den Anfangsjahren der Sowjetunion gehörte auch die gezielte Verbreitung von Fotos mit politischen bzw. ideologischen Botschaften. Einige von ihnen sind bewusste Fälschungen. Dies war allerdings nichts Neues: Fotomanipulationen gibt es fast schon so lange wie die Fotografie selbst. Bereits im Amerikanischen Bürgerkrieg (1861–1865) wurden Fotos gefälscht. Auch Hitler, die chinesische KP und auch die Westalliierten stellten Fotofälschungen her. Frühe technische Mittel waren Bildübermalungen, Bildausschnitte, falsche Untertitel. Auf Fotos und in sowjetischen Filmen wurden auch Szenen nachgestellt und für real ausgegeben. Stalin ließ immer wieder Doppelgänger, oft Schauspieler, an seiner Stelle in Filmen auftreten und auf Fotos abbilden. Eine der häufigsten Techniken bei Fotofälschungen sind Montagen: Ein Foto wird aus zwei oder mehreren Darstellungen zusammengesetzt. Stalin ließ auch in Ungnade gefallene Personen aus gemeinsamen Fotos wegretuschieren (entfernen). Das prominenteste Opfer solcher Bildlügen war Leo Trotzki (1879–1940). Als ein führender Revolutionär in der Oktoberrevolution wurde er Volkskommissar für Auswärtige Angelegenheiten sowie Kriegskommissar und organisierte die „Rote Armee." Nach Lenins Tod brach zwischen Stalin und Trotzki schließlich ein offener Machtkampf aus. Trotzki verlor immer mehr an Einfluss, 1929 musste er ins Exil gehen. Auf Befehl Stalins wurde er 1940 von einem sowjetischen Agenten in Mexiko ermordet. Stalin hatte Trotzkis Namen aus allen offiziellen Dokumenten entfernen lassen. Fotos, die ihn zusammen mit ihm oder Lenin zeigten, wurden retuschiert (verändert). So sollte er aus dem öffentlichen Gedächtnis verschwinden. Auch mit Hilfe von Fotomanipulationen gelang es Stalin also, der Bevölkerung eine gefälschte Version der sowjetischen Geschichte einzuprägen.

Foto 1: Grigori Goldstein machte diese Aufnahme von einer Rede Lenins am 5. Mai 1920 vor dem Bolschoi-Theater in Moskau. Lenin steht auf einem Holzpodium und spricht zu den Truppen. Unter ihm an der Tribüne stehen zwei Männer, die nach ihm noch sprachen: Trotzki (vorne) und Lew. B. Kamenew (1883–1936), sein Schwager und sowjetischer Politiker. Beide fielen unter Stalin in Ungnade. Kamenew wurde 1936 im ersten Schauprozess zum Tod verurteilt und hingerichtet.

Fotografien analysieren 1

Methode

Wissenschafterinnen und Wissenschafter haben festgestellt, dass wir Bildern mehr Glauben schenken als Worten. Fast automatisch nehmen wir als Betrachterin oder Betrachter an, dass auf einem Foto „die Wirklichkeit" abgebildet ist. Dabei ist ein Foto nicht mehr als ein Blick auf die Welt, die in einem kleinen Ausschnitt gezeigt wird. Diesen bestimmt die Fotografin oder der Fotograf durch die Wahl des Motivs, des Standorts, die Farben, den Zeitpunkt des Auslösens. Oft hatten und haben Regierungen und Parteien ein Interesse daran, Ereignisse aus einem bestimmten Blickwinkel zu präsentieren. Es wird daher versucht, Bild- und Textmaterial zu präsentieren, das den eigenen Standpunkt stützt. Im Zeitalter des digitalen Fotografierens, von Fotoshop und anderen Bildbearbeitungsmethoden, sind die technischen Möglichkeiten für Fotofälschungen sehr groß. Manipulationen, auch für jeden Laien, sind einfach und teilweise auch selbstverständlich geworden. Umso wichtiger ist daher ein kritischer Umgang mit Fotos, ganz besonders bei politischen Motiven oder der Darstellung von Kriegsgeschehen.

Fotografien beschreiben

- Beschreibe, wie die Personen abgelichtet sind, in welcher Beziehung bzw. Haltung sie zu einander stehen. Wer steht im Mittelpunkt, wodurch wird dies deutlich? Welche Personen bzw. Ereignisse hebt der Fotograf hervor, welche setzt er zurück?
- Erkläre, welches Geschehen bzw. Motiv im Vordergrund, welches im Hintergrund steht.
- Erläutere die Perspektive (Standort der Fotografin oder des Fotografen), von der aus das Foto aufgenommen wurde. Welcher Moment des Geschehens wurde abgebildet?
- Arbeite die technischen Details des Fotos heraus (Schwarz-weiß, Farbe, Schärfe, Belichtung, Kontraste usw.). Welche Effekte wurden damit erzielt?
- Benenne den Bildausschnitt (Übersicht oder Nahaufnahme).
- Gibt es Spuren einer nachträglichen Bildbearbeitung (oder Informationen darüber) (Retusche, Montage, Bildausschnitt, Kolorierung usw.)?

Fotografien analysieren

- Wann und wo ist das Foto entstanden?
- Wer ist der Fotograf? Lässt sich eine Absicht erkennen, weshalb das Foto aufgenommen wurde? Ist es aus dem Interesse des Fotografen entstanden? In welcher Beziehung steht der Fotograf zum Motiv des Fotos bzw. gab es einen Auftraggeber dafür, handelt es sich dabei um einen zufälligen Schnappschuss oder wurde das Foto bewusst „inszeniert"?
- Wie ist das Foto überliefert worden?

Fotografien interpretieren

- Was ist die Kernaussage des Fotos?
- Welche Wirkung hatte das Foto vermutlich auf die Zeitgenossen? Welche Wirkung wird wohl beabsichtigt gewesen sein? Beschreibe die Wirkung des Fotos auf dich persönlich.

Arbeitsaufträge

- Bearbeite die Bildmaterialien auf diesen Seiten mit Hilfe der Checkliste.
- Stelle auf einer Liste die modernen technischen Möglichkeiten von „visuellen Lügen" zusammen, belege sie auch mit Foto-Beispielen.
- Bearbeite nach dieser Methode weitere Fotos im Schulbuch, bspw. in diesem Kapitel auf Seite 10, 13, 22 und 23.

■ Foto 2: Foto eines unbekannten Fotografen, das ebenfalls am 5. Mai 1920 aufgenommen wurde und dem Bild Goldsteins ursprünglich sehr ähnelte. Auf Stalins Anordnung wurden aber später Trotzki und Kamenew wegretuschiert. Die Lücke füllen Bretter.

4. Europa nach dem Krieg

Neue Verträge und Bündnisse

Deutschland und die Sowjetunion waren nach Kriegsende international isoliert: Deutschland als Kriegsverlierer, die Sowjetunion wegen der kommunistischen Machtübernahme. Dies führte trotz aller ideologischer Gegensätze zu einer Annäherung der beiden Staaten. 1922 schlossen sie im italienischen Rapallo einen Handelsvertrag ab, der wenige Jahre später zu einem Freundschaftsvertrag erweitert wurde. Eine wesentliche Rolle spielte dabei das gemeinsame Interesse an der Zerschlagung Polens.

Frankreich blieb die deutsch-sowjetische Annäherung nicht verborgen. Es nahm daher engere Verbindung zu einigen Staaten im Osten Deutschlands auf, vor allem mit Polen. Deutschland sollte so außenpolitisch umklammert werden, gleichzeitig dem Vordringen des Bolschewismus entgegengewirkt werden. Frankreich versuchte, auch durch kleine Bündnisse mit der Tschechoslowakei und Rumänien („Kleine Entente"), seine Stellung zu festigen.

Frankreich und Deutschland – ein unüberwindbarer Gegensatz?

Frankreichs innenpolitische Situation in der Zwischenkriegszeit war gekennzeichnet von dauernden Wirtschaftskrisen, häufigen Regierungsumbildungen und dem Kampf extrem rechter und linker Parteien.

Die französische Politik gegenüber Deutschland zielte darauf ab, Sicherheit vor einem Angriff zu erhalten. Sie bestand auch darauf, dass Deutschland die festgelegten Kriegsentschädigungen vollständig und pünktlich entrichtete. Als Deutschland Anfang 1923 mit seinen Reparationszahlungen in Form von Sachlieferungen an die Alliierten in Verzug geriet, besetzte Frankreich das Ruhrgebiet. Daraufhin rief die deutsche Regierung zum passiven Widerstand auf, infolgedessen kam es auf beiden Seiten auch zu Gewalttaten. Französische Soldaten schossen auf deutsche Arbeiter, deutsche Saboteure griffen französische Posten an. Dieser Widerstand verursachte Deutschland hohe Kosten, da die Regierung den Streikenden und Ausgewiesenen Unterstützungen zahlen musste. Gleichzeitig fielen die von den Franzosen gesperrten Steuereinnahmen aus dem Ruhrgebiet weg. So druckte die deutsche Regierung laufend neue Banknoten, um die Ausgaben decken zu können. Dies erhöhte die Geldmenge und heizte die Inflation noch weiter an:

> *Der Einzelfahrschein der Berliner Straßenbahn kostete vom 28. Juli bis 27. August 1923 noch 5 Mark. Nach 44 Erhöhungen erreichte er vom 22. bis zum 30. November 1923 den Preis von 150 Milliarden Mark. Für die Beförderung des Fernbriefes verlangte die Reichspost vom 1. Juli bis zum 30. September ein Porto von 6 Mark. Nach 15 Änderungen belief sich der Tarif vom 12. bis zum 30. November auf 10 Milliarden Mark (…). Im Herbst 1923 büßte die Mark ihre letzte Aufgabe ein, nachdem sie von den Landwirten als Tauschmittel zurückgewiesen worden war. Inzwischen lähmten Ruhrkampf und Hyperinflation (…) die industrielle Produktion. Kurzarbeit und Massenarbeitslosigkeit waren die Folge, die nun ihrerseits in Verbindung mit der schlechten Ernährungslage in den Städten Unruhen und Plünderungen auslösten.*
>
> *(Zit. nach: Blaich, Der Schwarze Freitag. Inflation und Wirtschaftskrise, 1990, S. 91)*

→ Beschreibe die sozialen und politischen Auswirkungen der Inflation in Deutschland.

Unter diesen Umständen erklärte die deutsche Regierung im Herbst 1923 den „Ruhrkampf" für beendet. In der Folge brachen die deutschen Staatsfinanzen völlig zusammen. Opfer der rapide fortschreitenden Inflation war die deutsche Mittelschicht, die Lohn- und Gehaltsempfänger. Diese Krise wurde propagandistisch von radikalen politischen Kräften ausgenutzt, es kam zu Putschversuchen von rechts und links: Hitler-Ludendorff-Putsch in München, Umsturzversuche der Kommunisten vor allem in Mitteldeutschland. Die Lage beruhigte sich erst nach der Währungsreform ab 1924.

Neue Hoffnung für mehr politische Stabilität gab 1925 der „Locarno-Pakt". Darin kamen der deutsche Außenminister Stresemann und der französische Außenminister Aristide Briand zu einer Verständigung: Deutschland gab seinen Anspruch auf Elsass-Lothringen auf und erkannte die deutschen Westgrenzen an. Als Gegenleistung forderte Stresemann den Abzug der Ruhrbesetzung. Die Verhandlungen und die Vertragsunterzeichnung fanden in Locarno in der Schweiz statt.

■ Inflation 1923: An der Theaterkasse des Schlossparktheaters in Berlin-Steglitz sind die Preise in Form von Naturalien angeschrieben (Foto vom 19. September 1923, spätere Kolorierung).

Großbritannien und Italien traten diesem Abkommen als Garantiemächte bei. Die Verträge von Locarno sollten den Sicherheitsinteressen Frankreichs dienen und Deutschland außenpolitisch zu einem Partner der Westmächte machen. Deshalb wurden die Verträge auch so eng wie möglich mit dem Völkerbund verknüpft, dem Deutschland nun beitrat. Sowohl in Frankreich als auch in Deutschland stieß das Abkommen von Locarno auf heftigen Widerstand nationaler Gruppierungen. Im deutschen Reichstag kam es zu stürmischen Debatten, erst dann erfolgte die Annahme der Verträge.

Die Reparationen – ein Kernproblem der Politik

Eine große innenpolitische Belastung für die Weimarer Republik stellten die Reparationen dar, zu denen Deutschland laut dem Versailler Vertrag verpflichtet wurde. 1920 wurde die Summe auf 269 Milliarden Goldmark festgelegt. Es gelang der deutschen Regierung jedoch wiederholt, durch Verhandlungen diese Summe zu senken. Es kam zwar zu großen Investitionen vor allem aus den USA und zur Aufnahme hoher Auslandsanleihen. Ein beträchtlicher Teil dieses Geldes floss allerdings als Reparationszahlungen oder als Zinsentilgung wieder ins Ausland zurück. Die Erfüllung der Reparationspflicht brachte die zerrüttete deutsche Wirtschaft immer wieder in große Bedrängnis. Sie wurde auch zur politischen Belastung, da sie von radikalen Rechtsparteien und der KPD eingesetzt wurde, die Regierung heftig anzugreifen. 1929 wurde die Rate nochmals herabgesetzt. 1932 erfolgte die Senkung der Reparationen auf eine endgültige Schlusszahlung von 3 Milliarden Goldmark.

Großbritannien – eine gefestigte Demokratie mit Rissen im Empire

Großbritanniens Stellung als Großmacht blieb nach Ende des Krieges erhalten. Im Inneren traten aber wirtschaftliche Schwierigkeiten zu Tage. Großbritannien hatte schon vor dem Krieg den Anschluss an die führenden Industrienationen USA und Deutschland verloren. Besonders betroffen von Arbeitslosigkeit waren Schottland, Nordengland und Wales. Große Streikbewegungen, wie im Mai 1926, setzten ein. Hungermärsche aus den Industriezentren nach London fanden statt. Trotzdem fanden politische Extremisten keinen besonderen Rückhalt in der Gesellschaft, die Demokratie geriet nie ernsthaft in Gefahr. Neben den Konservativen und Liberalen wurde die Labour Party immer stärker. Sie überholte 1922 die Liberalen und stellte 1924 erstmals den Premierminister. Veränderungen vollzogen sich aber auch im Empire. 1926 kam es zur Gründung einer britischen Nationengemeinschaft, des British Commonwealth of Nations. Seine Mitglieder waren souveräne Staaten mit eigener Regierung und Außenpolitik sowie mit einem eigenen Parlament. Sie anerkannten jedoch die britische Königin oder den britischen König als gemeinsames Oberhaupt. Die besonderen Krisenherde des Empire lagen in Ägypten und Indien, wo unter dem Einfluss Mahatma Ghandis der nationale Widerstand wuchs. In Irland traten die Abgeordneten der irischen Nationalbewegung „Sinn Fein" im Dezember 1918 zu einem eigenen Parlament in Dublin zusammen und bildeten eine Regierung. Es folgte ein förmlicher Krieg zwischen den irischen Nationalisten und englischen Truppen. 1921 erlangte der katholische Süden Irlands seine Unabhängigkeit und wurde Republik. Der mehrheitlich protestantische Norden (Ulster) verblieb jedoch bei Großbritannien.

■ Wahlkampf-Plakat der Deutschnationalen Volkspartei (DNVP) 1924. Diese Partei vertrat ein nationalistisches und antisemitisches Programm. Wie auch andere Gruppierungen machte sie Stimmung mit der „Dolchstoßlegende" – einer Propaganda-Lüge: Im Ersten Weltkrieg „sei das unbesiegte deutsche Heer heimtückisch von Verrätern erdolcht" worden.

→ Beschreibe das Plakat und bewerte seine mögliche Wirkung.

Fragen und Arbeitsaufträge

→ 1. Erkläre, warum es in der Zwischenkriegszeit zu einer deutsch-sowjetischen und einer deutsch-französischen Annäherung kam.

→ 2. Beschreibe die Bedeutung von Ruhrkampf, Inflation, Reparationen und Dolchstoßlegende für die Weimarer Republik.

5. „Goldene" Zwanzigerjahre?

So „golden" waren die Zwanzigerjahre nicht

Wenn man von der Zwischenkriegszeit spricht, fällt oft das Schlagwort von den „Goldenen Zwanzigerjahren". Gemeint ist damit die kurze wirtschaftliche Erholungsphase von 1924 bis zum Einsetzen der Weltwirtschaftskrise 1929: Die Hyperinflation der ersten Nachkriegszeit konnte durch Währungsreformen (Österreich, Deutschland) gestoppt werden. Dadurch kam es nun zu einer leichten wirtschaftlichen Erholung. Auch das politische Klima in Europa beruhigte sich: Putschversuche und bewaffnete Zusammenstöße radikaler Gruppen wurden seltener, eine bessere politische Zusammenarbeit der Staaten machte Hoffnungen auf eine bessere Zukunft. Seit Mitte der Zwanzigerjahre entstanden in Europa durch den Zusammenschluss von Unternehmen große Konzerne. Amerikanische Firmen bauten riesige Produktionsanlagen, vor allem in Deutschland. Diese Großunternehmen rationalisierten ihre Produktionsmethoden und sparten dadurch Arbeitskräfte ein. Dies bedeutete für viele Arbeiter/innen weniger Lohn aufgrund der großen Konkurrenz und noch härtere Arbeitsbedingungen, vor allem durch den Einsatz von Fließbändern. Ein Arbeiter der deutschen Ford-Fabrik beschreibt 1929 die Fließbandarbeit:

> **Q** *Für die Arbeiter ist die Hauptsache das Mitkommen. Das Arbeitsstück fließt weiter, schneckengleich langsam zwar – aber es fließt! Die Verzögerung des einen bringt den ganzen Betrieb in Unordnung, lenkt sofort die Aufmerksamkeit aller Kollegen und Vorgesetzten auf den „Bummler". Kommt ein Arbeiter an einer Stelle nicht recht mit, wird er stillschweigend an eine andere versetzt. Versagt er dort auch, fliegt er ohne jede Förmlichkeit. Das weiß auch jeder und setzt daher den letzten Handschlag daran, dem Tempo des (…) Bandes zu folgen. Da gibt es keinen Raum für nebensächliche Gedanken, keine Zeit, etwa eine Zigarette anzuzünden, ein Wort mit dem Nachbarn zu reden oder gar auszutreten.*
>
> (Zit. nach: Fähnders/Karrenbrock/Rector, Sammlung proletarisch-revolutionärer Erzählungen, 1977, S. 101)

■ In den Familien der Ober- und Mittelschichten hielten nach und nach Elektrogeräte Einzug in den Haushalten. Die Anzeige aus dem Jahr 1929 wirbt für einen Staubsauger der Marke Vampyr, die Frau trägt eine in den Zwanzigerjahren moderne „Bubikopf"-Frisur.

→ Rekonstruiere mit Hilfe der Quelle die Situation der Fließband-Arbeiter/innen in der Zwischenkriegszeit.

■ Der Einsatz von Fließbändern zur Modernisierung bei Produkt und Produktion wurde in Europa mit Verspätung aus den USA übernommen. Das Foto zeigt die Autoproduktion in den Steyr-Werken am Fließband (Österreichische Nationalbibliothek, Bildarchiv, o. J.).

Klein- und Mittelbetriebe, die in Summe mehr Menschen beschäftigten als die Großbetriebe, gerieten wegen der entstandenen Konzerne in Schwierigkeiten. In den Großstädten entstanden Kaufhäuser. Sie lockten die Kundinnen und Kunden durch raffinierte Werbung und Sonderangebote. Der Einzelhandel geriet dadurch unter großen Konkurrenzdruck. Auch die Landwirtschaft war wegen der hohen Kosten für die Technisierung einem Strukturwandel unterworfen – Zwangsversteigerungen von Bauernhöfen nahmen stark zu. Der wirtschaftliche Wandel zeigte sich auch im gesellschaftlichen Bereich: Die Zahl der Angestellten wuchs kontinuierlich an. Diese wollten sich durch die Annahme moderner Lebensgewohnheiten bewusst von den „proletarischen" Arbeiterinnen und Arbeitern unterscheiden.

Neue Möglichkeiten für Frauen

Jahrzehntelang hatten vor allem Frauenorganisationen um das Frauenwahlrecht gekämpft. Während des Krieges arbeiteten Frauen auch in Berufen, die bis dahin als „typisch männlich" galten – in erster Linie, um die kämpfenden oder getöteten Männer in der Rüstungsindustrie zu ersetzen. In den Jahren nach 1918 führten viele Staaten, darunter die USA, Deutschland und Österreich (1918), das Frauenwahlrecht ein. Frauen wurden nun als neuer politischer „Machtfaktor" erkannt. Politische Parteien wandten sich daher verstärkt Frauenbelangen zu, die Wirtschaft warb nun um Konsumentinnen. Frauen rückten in der Werbung in den Vordergrund. Dies hängt auch damit zusammen, dass eine kleine Schicht von Frauen über neue Möglichkeiten verfügte: Mit der Vergrößerung der Betriebe wuchs der Dienstleistungsbereich an; damit auch die Zahl der Angestellten. Junge Frauen mit einer guten Ausbildung fanden nun vermehrt Arbeit als Sekretärinnen, Stenotypistinnen und Telefonistinnen. Diese vorwiegend in den Städten lebenden Frauen orientierten sich an der Modeindustrie und an den damals neuen Illustrierten. Sie stellten den neuen Frauentypus dar: berufstätig, selbstbewusst, wirtschaftlich unabhängig.

Das äußere Erscheinungsbild mancher Frauen änderte sich in den Zwanzigerjahren: Kurze Haare (Bubikopf), kürzere Röcke, Rauchen und Trinken in der Öffentlichkeit, die Teilnahme an Vergnügungen aller Art ohne Männerbegleitung und die Ausübung von Sport schockierten viele Zeitgenossen. Für die meisten Frauen aber änderte sich im Vergleich zur Vorkriegszeit wenig: Bäuerinnen und Arbeiterinnen mussten weiterhin schwere körperliche Arbeit verrichten, viele waren als Mütter zudem mehrfach belastet. Von einer wirklichen

■ Selbstporträt der berühmten polnischen Art-Deco-Künstlerin Tamara de Lempicka (1898–1980). Sie malte es 1929 im Auftrag des Berliner Frauenmagazins „Die Dame".

→ Beschreibe das Bild oben. Erkläre, warum sich die Künstlerin wohl in einem Auto dargestellt hat.

Gleichstellung mit den Männern war jedoch auch beim neuen „Typ" der berufstätigen Städterin keine Rede: Berufliche Aufstiegschancen boten sich kaum, ihr Lohn lag weit unter dem ihrer männlichen Kollegen.
Eine Wiener Sekretärin schreibt 1931:

> Q Oh, dieses ewige Zimmeraufräumen, diese quälende, klebende, tägliche Hausarbeit der hundert Handgriffe. Niemand zählt sie, aber Millionen Minuten müssen ihnen geopfert werden. Und dann – Sorgen über Sorgen – die ewige Kleiderfrage. Die Mehrzahl der weiblichen Angestellten muss allein für die Instandsetzung der Garderobe sorgen. Strümpfe stopfen, Wäsche flicken, Kleider ändern oder sogar nähen. Kein Mann braucht diese Nebenarbeit zu leisten, für die Frau aber wird dieses Muss ein Argument für ihre Minderbezahlung ausgenützt – sie kann dadurch billiger leben (…) Wer für die Freiheit der Frau kämpft, der muss sie lehren, an ihr Leben Ansprüche zu stellen! Erst dann wird sie nicht mehr billiger arbeiten können als der Mann. Sie soll es auch nicht.
>
> (Österreichische Angestelltenzeitung 1931, Nr. 279, zit. nach: Appelt, Von Ladenmädchen, Schreibfräulein und Gouvernanten. 1985, S. 86)

■ Ausschnitt aus dem Gemälde „City Activities" des Amerikaners Thomas H. Benton, 1931. Mit seinen Werken wollte er die eigene amerikanische Kultur und Lebenswelt darstellen. Sie sollten daher möglichst unbeeinflusst von europäischen Kunstrichtungen und Traditionen sein.

→ Analysiere die Situation von weiblichen Angestellten anhand der Quellenstelle oben. Welche Gründe werden für die geringere Bezahlung von Frauen angeführt?

„Amerikanisierung" des Lebens in den Großstädten

In den Zwanzigerjahren entstand in den europäischen Großstädten eine neue Lebensart: Man orientierte sich am „American way of life". Dieser ist gekennzeichnet durch höhere Mobilität in Beruf und Freizeit, durch Massenkonsum und vielfältige Freizeitangebote. Unter den Metropolen verkörperte besonders Berlin diese moderne Welt.

Die Infrastruktur der Großstädte wurde verbessert, man baute neue Schulen und Krankenhäuser. Viele Menschen begeisterten sich nun am Sport. Es wurden daher Schwimmbäder und große Fußballstadien (Wembley, Prater) gebaut. Eine Weltstadt wie Berlin bot denjenigen, die es sich leisten konnten, unendliche Vergnügungsmöglichkeiten: Tausende Bars, Nachtclubs, Varietétheater, Warenhäuser und Tanzpaläste entstanden. Kulturelle Importe aus den USA eroberten die „alte Welt": In den großen Kinos wurden Hollywoodfilme gezeigt, die Jazzmusik fand Liebhaber und entschiedene Gegner. Neue Modetänze wie der Charleston, Tango und Foxtrott lösten ein regelrechtes „Tanzfieber" aus. Moderne Massenkommunikationsmittel gewannen schnell an Bedeutung: Die Anzahl der Radios in Deutschland steigerte sich von 1500 Geräten im Jahr 1924 auf 2,2 Millionen vier Jahre später. Schallplatten, Kino, Illustrierte, Boulevardzeitungen erreichten und beeinflussten Millionen Menschen.

Die ungezwungenere Lebensweise und die neuen Unterhaltungs- und Konsummöglichkeiten konnten neben den wohlhabenden Bürgerinnen und Bürgern nun zunehmend auch Facharbeiterinnen und Facharbeiter und Angestellte nutzen, sofern mehr als ein Familienmitglied zum Einkommen beitrug. Für die meisten Menschen blieb das Leben aber ein harter und mühsamer Kampf ums Überleben. Die ländlichen Gebiete wurden von der „Amerikanisierung" des Alltags ohnehin kaum betroffen.

Der Schriftsteller Leonhard Frank schreibt in seinen Lebenserinnerungen über das Berlin der Zwanzigerjahre:

> **Q** Riesige Summen amerikanischen Privatkapitals wurden ins Land gepumpt (...). Ein neues Deutschland hatte sich herausgeschält. Eine Art Märchen vom Aschenbrödel war für eine ganze Nation Wirklichkeit geworden. Diese Zeit war ein Beweis dafür, dass Wirtschaftskraft und -aufstieg auch das geistige und künstlerische Schaffen befruchten. Selbst der junge Maler hungerte nicht mehr, er malte nicht nur, er verkaufte. Mäzene besonnten sein Leben. Die Bücherproduktion war größer als je. Die neue expressionistische Richtung, in Deutschland entstanden, beeinflusste die europäische Dichtung. Theater, Oper und Konzertsäle waren überfüllt. Europäische Künstler aus Paris, London, Rom, die nach Berlin kamen, waren begeistert und wollten nicht mehr fort. Die Luft in Berlin war elektrisch geladen.
>
> (Frank, Links, wo das Herz ist, 1963, S. 113 f.)

→ Beschreibt in eigenen Worten, wie der Schriftsteller das Berlin der Zwanzigerjahre erlebte.
Diskutiert darüber, in welchem Umfang und in welchen Bereichen unser Leben heute amerikanisiert ist.

Neue Ausdrucksformen in der Kunst

Auf kulturellem Gebiet, besonders in der Malerei, war die Weimarer Republik tonangebend. Von Deutschland aus verbreiteten sich neue Stilrichtungen, die sich teilweise experimenteller Ausdrucksformen bedienten.
Thematisiert wurden nun die leidvolle Erfahrung des Ersten Weltkrieges, die gesellschaftlichen Veränderungen und die politischen Spannungen danach. Es gab eine Tendenz zur abstrakten Darstellung. Die Stilrichtung des Expressionismus, die schon vor dem Ersten Weltkrieg entstanden war, stellte den vereinsamten, entwurzelten Menschen in den Vordergrund. Es ging den Künstlerinnen und Künstlern dieser Richtung weniger um das Motiv, vielmehr wollten sie im Betrachter starke Gefühle erwecken.
Dadaisten verstanden ihre Werke als „Antikunst". Sie gestalteten diese als Collagen, montierten Bild-, Text- und Wortfetzen. Mit ihren Themen und Ausdrucksformen wollten sie bewusst die bürgerliche Gesellschaft provozieren.
Die Surrealisten waren beeinflusst von Sigmund Freuds Theorien über das Unterbewusstsein. In ihren Bildern zeigen sich oft beängstigende Traumwelten.
In Berlin und Dresden hatte sich um 1919 eine Stilrichtung entwickelt, die wegen ihrer direkten und realistischen Darstellungsart „Neue Sachlichkeit" genannt wurde. In den Werken von berühmten Kunstschaffenden

■ Die Faszination an der Technik zeigte sich jetzt auch in der Kunst. Das Gemälde „Radiohörer" von Max Radler (1904–1971) entstand 1930.

■ „Großstadt", linke und mittlere Tafel eines Triptychons des deutschen Malers Otto Dix (1891–1969), 1928 (Kunstmuseum Stuttgart).

wie George Grosz und Otto Dix wurden Szenen der modernen Großstadt, die großen sozialen Gegensätze zwischen den reichen und armen Stadtbewohnern auf eine plakative, grelle Art dargestellt. Die „Neue Sachlichkeit" blieb nicht auf die Malerei beschränkt, sie zeigte sich als Stil auch in der Stadtplanung, dem Wohnungsbau, der Wohnkultur und in der Mode. Architektinnen und Architekten, Malerinnen und Maler, Bildhauerinnen und Bildhauer und Kunsthandwerkerinnen und Kunsthandwerker entwickelten ab 1919 den Bauhaus-Stil: Er ist gekennzeichnet durch eine klare Architektur und eine praktische Gestaltung von Gebrauchsgegenständen, Möbeln und Wohnräumen.

Pessimistische Kritik an der Moderne

Der Philosoph Oswald Spengler veröffentlichte 1918 sein aufsehenerregendes Werk „Der Untergang des Abendlandes". Mit seiner pessimistischen Kritik an der kulturellen Entwicklung traf er eine Grundstimmung seiner Zeit: Viele Menschen empfanden die rasche Modernisierung, die alle Lebensbereiche umfasste, als beängstigend. Sie reagierten darauf unsicher und verwirrt, manchmal auch radikal ablehnend.
Richard Korherr, später SS-Statistiker, schrieb 1929/30:

Q (Die) Zersetzung geht durch den Großteil der Berliner Bühnenstücke, durch Filme, Romane, durch alles, was dieser Berliner Geist erzeugt. Das sind Zeichen einer seelischen und geistigen Sterilität, wie sie schauerlicher nicht gedacht werden kann. Diese erbärmliche Literatur, diese fratzenhafte Kunst, die Verniggerung, der Kampf gegen Religion und Volk und alles Heilige in unserer Kultur, die Verhöhnung jeden Ideals (...). Die Neuberliner Dame, emanzipiert, frei, auch in sexueller Beziehung, sinkt durch die gewollte Loslösung vom weiblichen Wesen immer tiefer herab. Sie ist nicht mehr Weib, kann aber auch nicht Mann sein (...). Das alles kündet einen Verfall, einen Niedergang der Frau an, wie er von den größten Pessimisten des vergangenen Jahrhunderts nicht erwartet wurde.

(Korherr, Die neue Weltstadt; in: Süddeutsche Monatshefte, Jg. XXVII, Berlin 1929/30, S. 391 und 410)

→ Analysiert Inhalt und Sprache der Quelle: Welche neuen Zeiterscheinungen bzw. Kunst- und Lebensformen der Zwischenkriegszeit kritisiert Korherr? Was könnte er mit Begriffen wie „seelische und geistige Sterilität", „fratzenhafte Kunst", „Verniggerung" u. a. gemeint haben? Welche ideologische Haltung spricht aus seiner Kritik?

Fragen und Arbeitsaufträge

→ 1. Erkläre mit Hilfe des Autorentextes, der Quellen und der Bilder in diesem Kapitel, welche Veränderungen das Leben in einer Großstadt für Menschen, speziell auch für Frauen, haben konnte. Berücksichtige dabei die Bereiche: Arbeit, Freizeit, Mode, Sport, Technik, Medien.

→ 2. Wählt euch eine der vielen Kunstrichtungen der 20er- und 30er Jahre aus. Recherchiert darüber im Internet und stellt den Kunststil mit Hilfe eines charakteristischen Kunstwerkes der Klasse vor.

6. Die USA – die neue Weltmacht

Isolationismus und Wohlstand für viele

Der Eintritt der USA in den Ersten Weltkrieg trug ganz wesentlich zum Sieg der Westmächte bei.
Ein Motiv für das militärische Eingreifen auf Seiten der Entente lag einerseits darin, der Demokratie weltweit zum Durchbruch zu verhelfen. Andererseits hatten die USA aber auch große wirtschaftliche Interessen: Während des Krieges hatte die amerikanische Wirtschaft ihre Produktionskapazität beträchtlich gesteigert. An Frankreich, Großbritannien, Belgien und Italien waren Kredite in Milliardenhöhe vergeben worden. Ein wichtiges Interesse der USA bestand darin, dass die ehemaligen europäischen Kriegspartner ihre Schulden bezahlen und amerikanische Unternehmen möglichst viel nach Europa exportieren konnten.
Die USA traten der Pariser Friedensordnung nicht bei. Sie schlossen später mit den „Verliererstaaten" eigene Verträge ab, worin sie auf Reparationen verzichteten. Ab 1920 bestimmten die Befürworter des „Isolationismus" die amerikanische Politik. Diese traten für eine Außenpolitik ein, die amerikanische Interessen in den Mittelpunkt stellte. Trotz isolationistischer Politik blieben die USA aber wirtschaftlich und finanziell eng mit Europa verflochten. In Mittel- und Südamerika wurde das Wirtschaftsleben immer stärker von US-Kapital durchdrungen. Die wirtschaftlichen Impulse kamen allerdings kaum den lateinamerikanischen Staaten selbst zugute. Einer kleinen, aber reichen Oberschicht, der fast das gesamte Land gehörte, stand die Masse der Bevölkerung gegenüber. Sie lebte am Rand des Existenzminimums. Gestützt auf das Militär und die Hilfe der USA konnten alle Erhebungen gegen diese Gesellschaftsordnung bis zum Zweiten Weltkrieg niedergehalten werden.
Im ersten Jahrzehnt nach Kriegsende boomte die amerikanische Wirtschaft. Man nennt diese Zeit daher auch „prosperity" (Wohlstand). Die riesigen Kriegsgewinne ermöglichten die verstärkte Einführung modernster Produktionsmethoden. Die Wirtschaft der USA wurde rationalisiert, mechanisiert und elektrifiziert. Für die Massenproduktion von Autos setzte Henry Ford in seinem Werk in Detroit als erster Fließbänder ein. Neben Autos wurden Konsumgüter wie Kühlschrank, Waschmaschine, Radio oder Telefon für weite Kreise der amerikanischen Bevölkerung erschwinglich.

Börsenkrach und Wirtschaftskrise

Der Wirtschaftsaufschwung in den Zwanzigerjahren war verbunden mit einem rasanten Anstieg der Aktienkurse. Immer mehr Menschen kauften Aktien, für die sie oft nur eine Anzahlung leisten mussten. Den Restbetrag finanzierten die Banken. Diese behielten aber die Aktien als Sicherheit zurück. 1928/29 sanken wegen der Überproduktion zuerst die Preise für Getreide. Viele Farmer gerieten in wirtschaftliche Schwierigkeiten. Auch bei den Konsumgütern stockte der Absatz. Dies führte zu Einschränkungen der Produktion, zu Kurzarbeit und Entlassungen. Nun befürchteten viele Aktienbesitzer einen raschen Wertverlust ihrer Papiere. Sie stießen diese daher schnell ab, auch unter ihrem Wert. Der Sturzflug der Kurse begann. Innerhalb einer Woche fielen die Aktienkurse auf einen nie gekannten Tiefstand. Je mehr aber die Kurse sanken, umso hektischer wollten immer mehr Menschen verkaufen. Panik breitete sich aus. Am 24. Oktober 1929 brach an der New Yorker Wall Street der Aktienmarkt zusammen. An diesem „Black Thursday" (in Europa aufgrund der Zeitverschiebung meist als „Schwarzer Freitag" bezeichnet) wurden fast 13 Millionen Aktien verkauft, wobei die Besitzer etwa 5 Milliarden Dollar verloren. Noch höher waren die Verluste in den nächsten Tagen. Anzahlungen und Bankanteile gingen verloren. Zahlreiche Banken mussten ihre Zahlungsunfähigkeit erklären und die Schalter schließen. Der Bankier James P. Warburg schreibt über diese Tage in seiner Autobiografie:

> **Q** *Während des Zusammenbruchs des Aktienmarktes arbeiteten wir Tag und Nacht und versuchten, so viele Kunden wie möglich zu halten. Tag für Tag wurden weitere Maklerfirmen zahlungsunfähig. Zweimal habe ich Männer aus Fenstern der Wall Street springen sehen. Andere erschossen sich, hatten Nervenzusammenbrüche oder Herzattacken.*
>
> (Zit. nach: Treue, Deutschland in der Weltwirtschaftskrise in Augenzeugenberichten, 1976, S. 20)

Die Folgen von Börsenkrach und Wirtschaftskrise waren katastrophal: Durch die Produktionseinschränkungen kam es bald in fast allen Industriezweigen zu Massenentlassungen. Da es keine Arbeitslosenversicherung gab, erhielten die Betroffenen auch keine Unterstützung. Das Absinken von Nachfrage, Preisen und Löh-

■ Eine zweiunddreißig Jahre alte Mutter von sieben Kindern in einem Lager für Wanderarbeiter/innen, die als Erbsenpflücker/innen arbeiten (Nipomo, Kalifornien, USA). Sie und ihr Mann haben ihr Zelt verkauft, um Lebensmittel zu kaufen. Foto von Dorothea Lange, 1936.

Die Zwischenkriegszeit

■ Das Foto der sozial engagierten amerikanischen Künstlerin Margaret Bourke-White (1904–1971) zeigt obdachlose Menschen, die sich nach einer Flutkatastrophe in Louisville, Kentucky 1937 vor einem Werbeplakat der US-Regierung für den „American way of life" um Essen anstellen.

New Deal: Die Regierung greift in die Wirtschaft ein

Massenarbeitslosigkeit und tiefe wirtschaftliche Depression bestimmten den amerikanischen Präsidentenwahlkampf 1932. Der Sieger, der Demokrat Franklin D. Roosevelt, hatte sich für ein neues Programm, „New Deal" („Neuverteilung der Spielkarten"), ausgesprochen. Seine Regierung griff nun mit einer Reihe von staatlichen Maßnahmen in die bis dahin freie, ungelenkte Wirtschaft ein. Die Farmer bekamen Prämien zur Verringerung der Anbauflächen, um die Agrarpreise zu heben. Ihre Darlehen wurden in günstigere Bundesanleihen umgewandelt. Über Banken und Börsen übte der Staat nun eine gewisse Kontrolle aus und garantierte auch die Sicherheit kleiner Bankguthaben. Ein freiwilliger Arbeitsdienst wurde geschaffen. Über öffentliche Aufträge wurden neue Gebäude, Straßen und Brücken gebaut. Das größte Projekt bildete in diesem Zusammenhang die Gründung einer Gesellschaft, der Tennessee Valley Authority, die entlang des Tennessee und seiner Nebenflüsse Staudämme und Kraftwerke errichtete. Gleichzeitig setzte die Regierung neue Sozialgesetze durch. Zu ihnen zählten erste Ansätze einer staatlichen Arbeitslosen- und Altersversicherung. Roosevelts Politik fand in weiten Teilen der Bevölkerung Zustimmung, stieß aber auch auf großen Widerstand. Vertreter der Großindustrie lehnten vor allem die Stärkung der Gewerkschaften und jene staatlichen Eingriffe ab, die Preis- und Lohnkontrollen ermöglichen sollten. Roosevelt wurde 1936 mit noch größerer Mehrheit als 1932 in seinem Amt bestätigt. Die Not vieler Menschen in den USA war noch immer enorm. Die Auswirkungen der Wirtschaftskrise waren keineswegs überwunden. Die Zahl der Arbeitslosen konnte aber immerhin von über 12 Millionen im Jahr 1933 auf rund 6 Millionen (1938) gesenkt werden. Auch die Lage der Farmer hatte sich gebessert. Besonders aber trugen die Maßnahmen des New Deal dazu bei, dass extremistische Bewegungen nicht Fuß fassen konnten und die demokratische Ordnung der Gesellschaft ungefährdet blieb.

nen hielt an und ein Ende dieser Spirale war nicht zu sehen. Hunderttausende Farmer mussten ihre Farmen verlassen. 1932 verzeichneten die USA über 12 Millionen Arbeitslose, das war fast ein Viertel aller Beschäftigten.

> Q *Eine Stichprobe in zwölf Wohnungen der Stadt Benton zeigte: kein Geld, abgetragene Kleidung, von „unnötigem" Mobiliar entblößte Häuser, aus Mehl bereitete Gerichte, abgezehrte Eltern, unterernährte Kinder, unbezahlte Mieten und eine durchschnittliche Verschuldung der Familien von 300 Dollar für Lebensmittel und Arztrechnungen (…). So geht es von einer Stadt zur anderen und hinaus in die Fabriksstädte und Bergwerksdörfer und weiter zu den Farmen, wo die Häute einer Wagenladung Vieh kaum ein Paar Schuhe erbringen und die Traktoren auf den Feldern verrosten. Die Schwierigkeit bei solchen Tatsachen ist, dass sie in der Masse aufhören, etwas zu besagen.*
> *Die wiederholte Feststellung, dass Hunderttausende von Menschen sich (…) vor dem Verhungern sehen, erzeugt lediglich Ungläubigkeit (…). Es stimmt, sie kommen irgendwie zurecht. Aber wie sie eben zurechtkommen (…). Eine Frau lieh sich 50 Cents, kaufte altbackenes Brot zu 3 1/2 Cents den Laib, und die Familie lebte elf Tage davon (…). Wenn jemand von der Familie hungrig war, aß er so wenig wie möglich. Eine andere sammelte an den Docks entlang verdorbenes Gemüse, und die Familie aß es, außer an drei Tagen, die ganz ohne Essen blieben (…). Eine andere Familie lebte von Löwenzahn, eine andere von Kartoffeln. Eine andere hatte 2 1/2 Tage lang kein Essen. Und je eine unter diesen Frauen war schwanger und je eines von drei Kindern im Stillalter (…).*
> („Fortune", Sept. 1932; in: Angermann, Die Vereinigten Staaten von Amerika seit 1917, 1987)

Fragen und Arbeitsaufträge

→ 1. Erkläre, wie den USA der Aufstieg zur Weltmacht gelang. Erläutere dabei auch die Begriffe „prosperity" und „Isolationismus".

→ 2. Arbeite – auch unter Berücksichtigung der schriftlichen und bildnerischen Quellen – die Ursachen und Folgen der Weltwirtschaftskrise heraus. Trage dazu Stichworte in dein Heft ein.

7. Die Weltwirtschaftskrise und ihre Auswirkungen

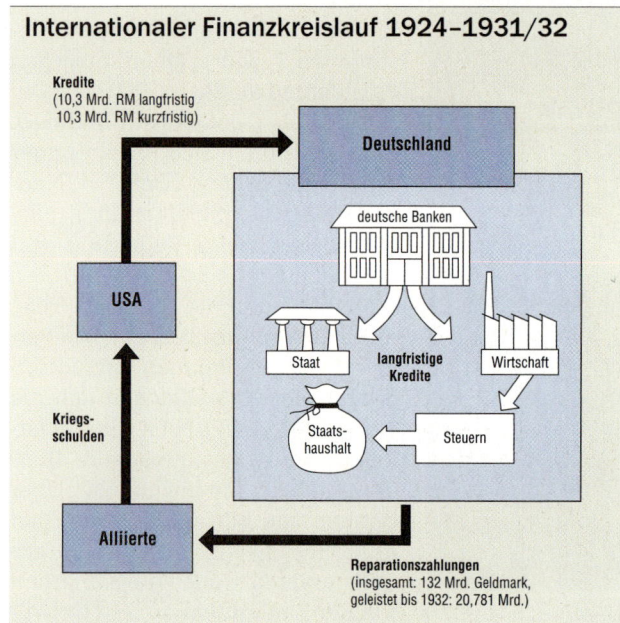

privaten Verbrauchs. Das traf den gewerblichen Mittelstand und die Bauern. Zwangsversteigerungen in der Landwirtschaft stiegen sprunghaft an. Über die Auswirkungen der Arbeitslosigkeit:

> Die materielle Not wog schwer. Aber noch schwerer war zu ertragen, dass für die Arbeitslosen und ihre Familien das (...) gewohnte Leben aus den Fugen geriet. Das zeigte sich besonders an vier Erscheinungen: der Hoffnungslosigkeit, die von der verbreiteten Jugendarbeitslosigkeit ausging; dem Verlust jedes Zeitgefühls, der als Folge der Dauerarbeitslosigkeit auftrat; der Verödung der Lebenswelt, die sich im Gefolge der Massenarbeitslosigkeit ausbreitete; dem Verschwinden von Lebenswillen und Selbstwertgefühl bei den Betroffenen (...).

(Peukert, „Wir leben provisorisch, die Krise nimmt kein Ende". Die Erfahrungen der Weltwirtschaftskrise 1929 bis 1933; in: Jahrhundertwende. Der Aufbruch in die Moderne 1880–1930, hg. v. Nitschke u. a., 1990)

→ Fasse die Auswirkungen von Dauerarbeitslosigkeit, die in der Literaturstelle genannt werden, mit eigenen Worten zusammen.

Weltweite Auswirkungen

Die weltweit engen wirtschaftlichen und finanziellen Verflechtungen führten dazu, dass sich die Krise von 1929 von den USA aus rasch ausbreitete. Schlimme Auswirkungen spürte auch Großbritannien; ebenso Frankreich, wo die Krise etwas später einsetzte. Sie war begleitet von inneren politischen Spannungen. In kurzen Abständen folgte eine Regierung der anderen. 1934/35 stand das Land sogar am Rande eines Bürgerkrieges zwischen linken und rechten politischen Kräften.
Neben Deutschland wurde auch Österreich schwer betroffen. 1931 brachen mehrere österreichische Banken, davon als wichtigste die Bodenkreditanstalt, zusammen, deutsche Bankhäuser folgten. Eine Kettenreaktion setzte ein: Firmenzusammenbrüche, Arbeitslosigkeit, schwindende Kaufkraft, weitere Firmenzusammenbrüche ... 1932 waren in den Industrienationen ca. 30 Millionen Menschen arbeitslos. Auch in außereuropäischen Ländern waren die wirtschaftlichen Folgen verheerend.

Weimarer Republik – Demokratie wird zerstört

Auch Deutschland traf die Auswirkungen der Weltwirtschaftskrise mit voller Wucht. Der leichte Wirtschaftsaufschwung ab 1924 beruhte zum Großteil auf Krediten aus den USA. Sie wurden kurzfristig zurückgerufen, als im Herbst 1929 in den USA die Krise einsetzte. Viele Unternehmen gerieten in Schwierigkeiten. Fehlender Absatz führte zu Rückgängen in der Produktion. Die Arbeitslosigkeit betrug 1928 knapp mehr als 6 Prozent. 1932 belief sie sich schon auf rund 30 Prozent. Dies bedeutete, dass etwa 5,5 Millionen Menschen arbeitslos waren. Zusammen mit den Angehörigen lebten 1932 über 23 Millionen Deutsche von Arbeitslosengeld und Sozialhilfe, die meist nicht das Existenzminimum deckten. Steigende Arbeitslosigkeit, Kurzarbeit, sinkende Gehälter und Löhne verminderten die Kaufkraft der Bevölkerung und führten zu einem Rückgang des

Die Wirtschaftskrise in Deutschland hatte dramatische politische Folgen. Diese war im Wesentlichen durch vier Faktoren gekennzeichnet: Abbau des Sozialstaates, Zurückdrängung des Parlaments und Zunahme autoritärer Regierungsgewalt, rigorose Sparpolitik und Erstarken radikal rechter und linker Parteien, vor allem der KPD und der NSDAP. Ab 1930 verstärkte sich die politische Instabilität: Wechselnde Regierungen stützten sich auf Notverordnungen. Aufgrund der Sparmaßnahmen wurden Sozialleistungen und Beamtengehälter gesenkt, um den Staatshaushalt auszugleichen. Damit verschärfte sich jedoch die Krise.
Bei den Neuwahlen 1930 büßten die SPD und die bürgerlichen Parteien Stimmen ein. Mit 18,3 Prozent rückten die Nationalsozialisten an die zweite Stelle vor. Ihnen folgten die Kommunisten mit 13,1 Prozent. Damit gewannen die radikalen politischen Kräfte an Gewicht. Die Weimarer Koalition zerbrach, eine regierungsfähige Mehrheit kam nie mehr zustande. Bürgerkriegsähnliche Zustände entwickelten sich: Bei den Straßenkämpfen 1931/32 zwischen NSDAP und KPD gab es Tote und Verletzte, wobei besonders vonseiten der NSDAP Terror

Die Industrieproduktion von 1924 bis 1932 (1929 = 100)

Jahr	USA	Großbritannien	Frankreich	Deutschland
1924	89	89	78	68
1929	100	100	100	100
1932	54	83	72	53

Die Zwischenkriegszeit

(v.l.n.r.) Wahlplakat der NSDAP 1932, Farblithographie, 121,8 x 86 cm, Entwurf: Hans Schweitzer; Wahlplakat der KPD 1932, Steindruck, 1,6 x 62,3 cm, Herstellung: Ernst Schneller.

bewusst eingesetzt wurde. Dass die Regierung auch in den folgenden Monaten die schrecklichen Auswirkungen der Weltwirtschaftskrise nicht in den Griff bekam, trug wesentlich zum Aufstieg des Nationalsozialismus bei (vgl. S. 60ff.).
In einer Denkschrift über die Ursachen des Anwachsens der nationalsozialistischen Bewegung heißt es:

Wahlergebnisse von KPD und NSDAP sowie Arbeitslosigkeit zwischen 1924 und 1933

Arbeitslose (in Mio.)

Wahlergebnisse in Prozent
- NSDAP
- KPD

Datum	NSDAP	KPD
7.12.1924	3,00	9,00
20.5.1928	2,60	10,60
14.9.1930	18,30	13,10
31.7.1932	37,30	14,30
6.11.1932	33,10	16,90

Q Das rasche und stetige Anwachsen der nationalsozialistischen Bewegung hat in erster Linie seine Ursache in der katastrophalen Verschlechterung der wirtschaftlichen Lage weitester Kreise der Bevölkerung (...). Es ist bezeichnend, dass gerade der (...) allmählich verelendende Mittelstand in den kleinen Städten, die kleinen Handel- und Gewerbetreibenden, ferner die von der Arbeitslosigkeit betroffenen oder bedrohten Angestellten und schließlich die (...) jeder Aussicht auf späteren Broterwerb baren Kreise des akademischen Nachwuchses, die Studenten und Hochschüler, das Gros der nationalsozialistischen Anhängerschaft bilden (...). Im Gegensatz zum Arbeiter, der in dieser Lage eher den Parolen des Kommunismus zuneigt.

(Vierteljahreshefte für Zeitgeschichte, München 1960, S. 30)

Fragen und Arbeitsaufträge

→ 1. Erkläre in eigenen Worten die weltweiten Auswirkungen des Börsenkrachs. Berücksichtige dabei auch den Inhalt des Schaubildes „Internationaler Finanzkreislauf 1924–1931/32". Vgl. dazu „Schaubilder interpretieren", Zeitbilder 5/6, S. 27.

→ 2. Fasse die sozialen, wirtschaftlichen und politischen Folgen der Weltwirtschaftskrise in der Weimarer Republik zusammen. Zeige dabei auch den Zusammenhang mit der politischen Radikalisierung auf.

→ 3. Diskutiert in der Klasse: Soll ein Staat in Zeiten von Wirtschaftsproblemen regulierend in die Wirtschaft eingreifen? Listet Pro- und Contra-Argumente auf.

8. Diktatorische Systeme in Europa

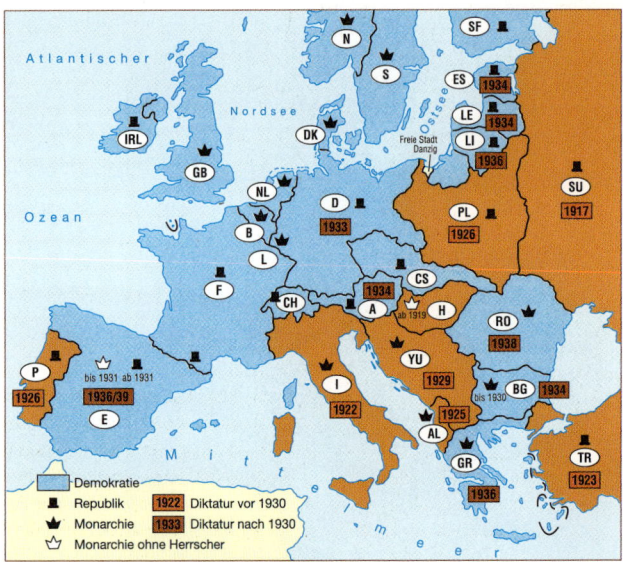

Diktaturen in Europa 1917–1938.

→ Benenne mit Hilfe der Karte die jeweiligen Herrschaftsformen in den abgebildeten Staaten.

Nach dem Ersten Weltkrieg änderte sich in vielen Ländern Europas die Regierungsform. Die ersten Diktaturen entstanden 1922 in Italien, 1926 in Polen und Portugal und 1929 in Jugoslawien. Im Gefolge der Weltwirtschaftskrise zeigte sich dann ab 1930 ein allgemeiner Trend zu Diktaturen bzw. diktaturähnlichen Staatsformen: In Deutschland und Österreich kamen 1933, in den baltischen Ländern Estland und Lettland 1934 (Litauen bereits 1926) und in Spanien 1936 bis 1939 rechtsgerichtete Diktaturen an die Macht. Demokratisch blieben die westeuropäischen Staaten Frankreich, Großbritannien, die Benelux-Länder, Skandinavien und die Schweiz. In diesen Staaten hatte das jeweilige politische System bereits vor 1914 bestanden.

→ Zähle Staaten auf, in denen heute noch demokratische Einrichtungen eingeschränkt oder unvollständig sind.

8.1 Faschismus in Italien

Italien nach dem „verlorenen Frieden"

Italien hatte den Ersten Weltkrieg zwar gewonnen, der Krieg hatte jedoch das Land in eine katastrophale Lage versetzt: 750 000 Soldaten waren gefallen, für über eine Million Invalide musste der Staat jährlich Renten zahlen. 500 000 Menschen, viele von ihnen heimkehrende Soldaten, waren arbeitslos. Durch den Wegfall der Rüstungsindustrie geriet die schwache italienische Wirtschaft in eine schwere Krise. Die meisten Italiener/innen fühlten sich durch die Westmächte um den Preis des Sieges geprellt. Die Friedensverträge sprachen ihnen nämlich nur das Trentino mit Südtirol, Triest und Istrien zu, nicht jedoch die übrigen beanspruchten Gebiete (z. B. Rijeka an der dalmatinischen Küste sowie einen Anteil an den ehemaligen deutschen Kolonien).

So entstand das Schlagwort vom „verlorenen Frieden". Dass die sozialistische Partei 1915 den Kriegseintritt Italiens abgelehnt hatte, verhalf ihr 1919 bei den Parlamentswahlen zur Mehrheit. Sie fand aber keine geeigneten Maßnahmen zur Bekämpfung der Arbeitslosigkeit und der Misere der Arbeiter/innen. Streiks und Fabriksbesetzungen waren die Folge. Großgrundbesitzer und Industrielle sahen in Benito Mussolini und seiner faschistischen Partei die politischen Kräfte, die sie gegen das bäuerliche und industrielle Proletariat in Nord- und Mittelitalien schützen sollte.

Mussolini und die faschistische Machtergreifung

Benito Mussolini, vor dem Ersten Weltkrieg ein bekannt radikaler Sozialist, gründete 1919 in Mailand die „Faschistischen Kampfbünde" (Fasci italiani di combattimento). Die Faschisten stellten sich auf die Seite der Großgrundbesitzer und der Industriellen und bekämpften mit Gewaltmaßnahmen die gegnerischen Parteien, vor allem die sozialistische und kommunistische. Sie versuchten sich mit Erfolg als Streikbrecher; sie bedrohten alle organisierten Arbeiter/innen und beschädigten oder zerstörten ihre Einrichtungen, Überfälle und Morde waren an der Tagesordnung.
Erkennbar waren diese Schlägertrupps an ihren schwarzen Hemden („Schwarzhemden"). Sie setzten sich aus ehemaligen Frontkämpfern, Nationalisten, Kleinbürgern und Opportunisten zusammen. Dabei wurden sie vom bürgerlich-konservativen Staatsapparat geduldet, weil dieser mehr Angst vor dem Sozialismus als vor Mussolini hatte.
1921 gelang der faschistischen Partei der Einzug ins Parlament, trotzdem drohte Mussolini mit Gewaltanwendung. Entschlossen, die Macht in Italien an sich zu reißen, planten die Faschisten einen gewaltsamen Marsch auf Rom. Im Oktober 1922 standen die faschistischen Kampfgruppen in der Umgebung Roms bereit. Da die übrigen politischen Kräfte des Landes kapitulierten, ernannte der italienische König Mussolini zum Ministerpräsidenten. Die Faschisten konnten daher ohne Kampf in die italienische Hauptstadt einrücken.

Italien wird faschistischer Einheitsstaat

Mussolini arbeitete als Ministerpräsident weiter am Ausbau der faschistischen Macht. Er brachte zum Beispiel 1923 ein Wahlgesetz durch, das seine Partei begünstigte. Bei den Parlamentswahlen ein Jahr später stimmten 65 Prozent der Wähler/innen für die Faschisten. Als der sozialistische Abgeordnete Matteotti Mussolini des Wahlbetrugs und der Anwendung von Gewalt bezichtigte, wurde er von einem faschistischen Kommando entführt und ermordet. Die Empörung über diese Tat war in der italienischen Öffentlichkeit groß. Die Untätigkeit der Oppositionsparteien und die stillschweigende Duldung des Königs verschafften den Faschisten aber wieder einen Vorteil. Bei der Wiedereröffnung des Parlaments nahm Mussolini die Verantwortung für die Ermordung Matteottis auf sich und verkündete die Diktatur seiner Partei:

Die Zwischenkriegszeit

Mussolini (im Anzug) mit seinen Anhängern beim so genannten Marsch auf Rom (Fotografie, 28. Oktober 1922). Wie Hitler ließ er sich „Führer", italienisch „Duce", nennen.

> Q *Wenn der Faschismus eine Verbrecherbande ist, dann bin ich eben der Anführer dieser Verbrecherbande. Wenn zwei Elemente in Streit miteinander geraten und beide unbeugsam sind, dann ist die Lösung Gewalt. Die Regierung ist stark genug, um endgültig und völlig mit der Rebellion des Aventin (= Oppositionsparteien) zu brechen. Seid versichert, dass in den 48 Stunden, die auf meine Rede folgen, die Lage auf der ganzen Ebene geklärt sein wird.*
>
> (Luna, Mussolini, 1978, S. 75)

Drei Tage später waren alle nicht faschistischen politischen Gruppen verboten und ihre Parteilokale gesperrt. Im ganzen Land gab es Hausdurchsuchungen und Verhaftungen von politischen Gegnern. Dies bedeutete das Ende aller Oppositionsparteien und den Beginn des faschistischen Einparteienstaates. In den folgenden Jahren ließ Mussolini Schritt für Schritt die bürgerlichen Grundrechte einschränken: Verbot der oppositionellen Presse, des Streikrechtes und der Betriebsräte, Aufbau einer Geheimpolizei, Deportation von Gegnern in abgelegene Gebiete, Verbot nichtfaschistischer Parteien. Mit einer Änderung des Wahlrechtes 1928, nach der nur mehr die faschistische Einheitsliste wählbar war, hatte sich der Umbau Italiens zu einem totalitären, faschistischen Einheitsstaat vollzogen.

Mussolini 1939 über den faschistischen Staat:

> Q *Der faschistische Staat ist Wille zur Macht und Herrschaft, die römische Überlieferung ist ihm eine Idee des Antriebes. In der Lehre des Faschismus bedeutet Herrschaft nicht nur Land, Soldaten oder Handel, sondern Geist. Man kann sich sehr wohl vorstellen, dass eine Nation andere unmittelbar oder mittelbar anführt, ohne dass es nötig wäre, einen einzigen Quadratkilometer zu erobern. Im Faschismus ist die Neigung zum Imperialismus, das heißt zur nationalen Entfaltung, eine Offenbarung der Lebenskräfte. Sein Gegensatz ist Verfall; Völker, die steigen oder wieder aufsteigen, sind von imperialistischer Gesinnung; nur niedergehende Völker können verzichten. Der Faschismus ist die angemessenste Lehre für die Seelenstimmungen eines Volkes, welches, wie das italienische, sich nach vielen Jahrhunderten der Ohnmacht und der Fremdherrschaft erhebt.*
>
> (Meyer, Weltgeschichte im Aufriss III, 1961, S. 99)

Faschismus ist gekennzeichnet:

> L *1. durch eine Ideologie, die die bäuerliche und kleingewerbliche Lebensform verherrlicht, den Nationalismus entfacht, Demokratie, Sozialismus und Liberalismus bekämpft und den Hass der Massen auf Minderheiten (Juden, Kommunisten, Intellektuelle ...) lenkt;*
> *2. durch ein Herrschaftssystem, das die Vorrechte der Besitzenden schützt, jede Opposition verbietet und in allen Lebensbereichen das Führerprinzip durchsetzen will;*
> *3. durch Kampf- und Herrschaftsmethoden, die Terror und Propaganda verbinden, um politische Gegner auszuschalten, die Massen zum Gehorsam zu bringen und fanatische Kampfbereitschaft zu erwecken.*
>
> (Kühnl, Faschismus. Zur Problematik eines politischen Begriffes, 1972)

Fragen und Arbeitsaufträge

→ 1. Beschreibe stichwortartig die Ursachen und den Umbau Italiens zu einer faschistischen Diktatur.

→ 2. Diskutiert in der Klasse: Wo seht ihr Ursachen und Gründe, dass es heute noch Menschen gibt, die eine faschistische Weltanschauung besitzen?

8.2 Der Spanische Bürgerkrieg

Ursachen und Beginn des Bürgerkrieges

Der Spanische Bürgerkrieg war ein Krieg mit einer europäischen bzw. internationalen Dimension. Die Wurzeln dieses Konfliktes lagen in den großen ungelösten Problemen Spaniens nach dem Ersten Weltkrieg: Wirtschaftskrisen, Armut und das Scheitern einer Agrar- und Sozialreform. 1923 war Spanien mit Zustimmung des Königs eine Militärdiktatur geworden; 1931 errangen die Republikaner und Sozialisten einen Wahlsieg. Der König musste das Land verlassen, Spanien wurde Republik. Allerdings gelang es auch den Republikanern nicht, das Land zu befrieden: Arbeiteraufstände, Putschversuche der Militärs, kommunistische und anarchistische Unruhen erschütterten Spanien. General Franco strebte als Führer der faschistischen Falange-Partei die Umgestaltung Spaniens in einen totalitären Staat an. Zum Wahlkampf 1936 traten zwei sich heftig bekämpfende Lager an: Der rechtsgerichteten „Nationalen Front" stand die „Volksfront" gegenüber. Diese umfasste so unterschiedliche Gruppen wie liberale Demokraten und Sozialisten unterschiedlicher Ausrichtungen. Die Volksfront siegte, konnte aber nicht verhindern, dass radikale Linke und rechtsextremistische Falange ein Klima von Gewalt und Angst verursachten.

Die Unruhen nahmen die Falangisten für einen schon lange geplanten Putsch als Vorwand: Er ging im Sommer 1936 von Garnisonen in Spanisch-Marokko aus. Von dort wurden gleich zu Beginn des Bürgerkrieges spanische Truppen mit deutscher Hilfe von Afrika nach Europa verlegt. Hitler und Mussolini erkannten die von Franco gebildete nationalspanische Gegenregierung an und unterstützten sie auch militärisch. Der Spanische Bürgerkrieg hatte begonnen.

Die Haltung der europäischen Mächte

Entsetzt, aber hilflos schaute die europäische Öffentlichkeit der Tragödie zu. Die Westmächte wollten das eigene Land vor einem möglichen Krieg mit Deutschland und Italien bewahren. Sie beschlossen daher, sich in die Angelegenheiten Spaniens nicht einzumischen. Der britische Premierminister Chamberlain in einer Rede 1938:

Q *Unsere Politik ist durchgängig an einer Zielsetzung ausgerichtet, der Erhaltung des Friedens in Europa durch die Lokalisierung des Krieges auf Spanien. Die Situation ist ernst, aber nicht hoffnungslos. Obwohl es wahr sein mag, dass verschiedene Länder oder verschiedene Regierungen das Bestreben haben, die eine oder andere Seite in Spanien siegen zu sehen, so gibt es doch kein Land in Europa, das einen europäischen Konflikt riskieren will (...). Durch Vorsicht und Geduld und Zurückhaltung können wir noch immer den Frieden in Europa bewahren.*
(Zit. nach: Praxis Geschichte 52, 1992, S. 37)

Italien und Deutschland dagegen sympathisierten mit Franco und leisteten entscheidende militärische Hilfe. Die italienische Regierung schickte Franco schon zu

■ „Was tust du, um das zu verhindern", Plakat (1937) der Volksfront zu den Angriffen der deutschen Luftwaffe „Legion Condor" auf Madrid, das Frauen und Kinder als Opfer der Luftangriffe zeigt.

Beginn des Bürgerkrieges 21 Bombenflugzeuge, später Truppen von 60 000 bis 70 000 Mann. Hitler stellte 18 Transportflugzeuge, eine Jagdstaffel und eine Flugabwehrkanonen-Batterie zur Verfügung, zudem etwa 6000 Freiwillige der deutschen Legion Condor.
Hermann Göring im Nürnberger Kriegsverbrecherprozess 1946:

Q *Als der Bürgerkrieg ausbrach, sandte Franco einen Hilferuf nach Deutschland und bat um Unterstützung, insbesondere um Luftunterstützung. Franco war mit seinen Truppen in Afrika stationiert und konnte nicht übersetzen, weil sich die Flotte in der Hand der Kommunisten befand. Der entscheidende Punkt war es also, seine Truppen nach Spanien zu transportieren. Der Führer stellte dazu Überlegungen an. Ich empfahl ihm, auf jeden Fall seine Unterstützung zu gewähren: erstens, um eine weitere Ausbreitung des Kommunismus zu verhindern; zweitens, um meine neue Luftwaffe in technischer Hinsicht einer Überprüfung zu unterziehen.*
(Zit. nach: Praxis Geschichte 52, 1992, S. 37)

Stalin glaubte zwar nicht an die Möglichkeit der Errichtung eines kommunistischen Staates in Spanien. Er leistete der Republik aber Hilfe durch Entsendung von militärischen Beratern und der Lieferung von Kriegsmaterial.

→ Arbeite die Motive heraus, welche die Westmächte bewogen, in den Spanischen Bürgerkrieg nicht einzugreifen. Was bewog Hitler, Franco massiv militärisch zu unterstützen?

Die Internationalen Brigaden

Aus allen europäischen Ländern, auch aus Österreich, und den USA meldeten sich Freiwillige (rund 60 000). Sie waren bereit, an der Seite der Republikaner gegen die spanischen Faschisten zu kämpfen. Unter diesen

Die Zwischenkriegszeit

■ „Guernica", monumentales Gemälde des spanischen Malers Pablo Picasso, 1937. Öl auf Leinwand, 349,3 x 776,6 cm, Standort: Museo Nacional Centro de Arte Reina Sofia, Madrid.

→ Beschreibt und analysiert die Bildinhalte. Erörtert die möglicherweise beabsichtige Aussage Picassos.

waren zahlreiche Intellektuelle, vor allem Schriftsteller, beispielsweise Ernest Hemingway und George Orwell.

Q *Bei Nacht und Nebel, in Wind und Kälte, tagelang hungernd und frierend, so kamen die ersten Freiwilligen der spanischen Republik zu Hilfe. Deutsche und italienische Emigranten, die, vertrieben aus ihrer Heimat, seit Jahren von einem Land zum andern irrten und von der Behörde von einer Grenze zur anderen abgeschoben wurden, sahen plötzlich eine Aufgabe, eine Gelegenheit, ihr Leben für die Sache der Freiheit und der Menschlichkeit in die Waagschale zu werfen. Aus England, Frankreich, Holland, den skandinavischen Ländern und aus der Schweiz strömten sie zu den Internationalen Brigaden.*

(Wullschleger, Freiwillige in Spanien, o. J.)

Schreckensbilanz des Spanischen Bürgerkrieges

Politischem Mord fielen zum Opfer	
durch die Republikaner	86 000
durch die Nationalen	40 000
Verluste der kämpfenden Truppen	
auf republikanischer Seite	175 000
auf nationaler Seite	110 000
Durch Luftangriffe kamen an Zivilpersonen ums Leben	
im republikanischen Gebiet	14 000
im nationalen Gebiet	1 000
Im Zuge der Kampfhandlungen fanden an Zivilpersonen insgesamt den Tod	25 000
Gesamtzahl der Toten des Spanischen Bürgerkrieges	436 000

(Hugh, Der Spanische Bürgerkrieg, 1962)

Das Grauen des Bürgerkrieges

Von Beginn an tobte der Bürgerkrieg mit unvorstellbarer Grausamkeit. Dem Terror der Rechten stand der Terror der Linken gegenüber. Auch nur irgendwie Verdächtige wurden oft wahllos ermordet. Franco begriff sein Vorgehen als „Kreuzzug gegen den Kommunismus". Er ließ öffentliche Massenerschießungen durchführen, um die Bevölkerung einer Stadt nach deren Einnahme einzuschüchtern. Meistens genügte den Nationalisten schon ein Hinweis, dass der Beschuldigte ein Sympathisant der Volksfront sei, um eine Hinrichtung anzuordnen.

Republikaner wandten sich in ihren Ausschreitungen vor allem gegen die konservative katholische Kirche: Tausende Priester und Nonnen wurden ermordet, Kirchen niedergebrannt.

Am 26. April 1937 wurde das baskische Städtchen Guernica durch einen Terrorangriff deutscher Bombenflugzeuge zerstört. Der spanische Maler Pablo Picasso schrieb:

Q *Guernica, eine kleine friedliche Stadt von einigen tausend Einwohnern (...). Guernica ist weit weg von der Front; Guernica hat keine Garnison; Guernica ist eine offene Stadt, offen wie ein Grab. Am Nachmittag des 26. April 1937, an einem Markttag, vernichten die deutschen Geschwader der Legion Condor die Stadt in aufeinander folgenden Wellen. Drei Viertelstunden Bombardierung. Weiter nichts als ein Unternehmen strategischer Vivisektion (wörtlich: „Eingriff am lebenden Wesen") an 10 000 Zivilisten, darunter 3 000 Flüchtlingen.*

(Bauer, Widerstand gegen die Staatsgewalt, Dokumente der Jahrtausende, 1965, S. 55)

Sieg der faschistischen Diktatur

Trotz des erbitterten Widerstandes der republikanischen Truppen und der Internationalen Brigaden war der Krieg für sie am 1. April 1939 verloren. Mit deutscher und italienischer Hilfe gelang es General Franco, die rechtmäßige spanische Republik zu besiegen und an deren Stelle eine Diktatur zu errichten. Deutschland und Italien hatten schon 1936 die Regierung Franco anerkannt, 1939 folgten die USA, England und Frankreich. Erst nach Francos Tod 1975 kehrte Spanien zur Demokratie zurück.

Fragen und Arbeitsaufträge

→ 1. Skizziere in Schlagworten Ursachen, Gegner, Verlauf und Ende des Spanischen Bürgerkrieges.

→ 2. Erkläre, inwiefern der Spanische Bürgerkrieg eine „europäische bzw. internationale Dimension" hatte.

8.3 Stalinismus – Gewaltherrschaft in der Sowjetunion

Aus den Machtkämpfen des Politbüros nach Lenins Tod 1924 ging der Generalsekretär der kommunistischen Partei, Josef Stalin, siegreich hervor. Gegner und ehemalige Verbündete ließ er aus der kommunistischen Partei ausschließen oder in Schauprozessen hinrichten. Bis 1929 wurde er so zum totalen Beherrscher des Parteiapparates und mächtigsten Mann der Sowjetunion. Sein Ziel war der Ausbau des „Sozialismus in einem Lande", nämlich der Sowjetunion, unabhängig von der Ausbreitung einer kommunistischen Weltrevolution. Seine Auffassung erklärte er 1925 so:

> **Q** Es gibt zwei Generallinien: Die eine geht davon aus, dass unser Land noch lange ein Agrarland bleiben müsse, dass es landwirtschaftliche Erzeugnisse ausführen und Maschinen einführen, dass es dabei bleiben und sich auch in der Zukunft in der gleichen Bahn weiterentwickeln müsse.
> Es gibt eine andere Generallinie, die davon ausgeht, dass wir alle Kräfte aufbieten müssen, um unser Land zu einem wirtschaftlich selbstständigen, unabhängigen, auf dem inneren Markt basierenden Land zu machen, zu einem Land, das zum Anziehungsfeld für andere Länder wird, die nach und nach vom Kapitalismus abfallen und in die Bahnen der sozialistischen Wirtschaft einlenken werden. Diese Linie erfordert maximale Entfaltung unserer Industrie, jedoch nach Maßgabe und im Einklang mit den Hilfsquellen, die uns zur Verfügung stehen. Sie lehnt die Politik der Verwandlung unseres Landes in ein Anhängsel des kapitalistischen Weltsystems entschieden ab.
>
> (Altrichter/Heiko, Die Sowjetunion, 1987, S. 89)

→ Erläutere die ideologischen Gründe für den Ausbau einer eigenen Industrie in dieser Erklärung.

Kollektivierung der Landwirtschaft, Vernichtung der Kulaken

Stalin wollte mit allen Mitteln eine rasche Industrialisierung und radikale Kollektivierung und Modernisierung der Landwirtschaft durchsetzen. Ab 1927 wurden daher alle Formen der Marktwirtschaft zugunsten einer zentral gelenkten Wirtschaft aufgegeben. Die vielen kleinen, unrentabel arbeitenden Bauernhöfe wurden zu größeren Produktionseinheiten zusammengelegt. Sie wurden nun von Dorfgemeinschaften kollektiv bewirtschaftet. Damit rentierte sich auch der Einsatz landwirtschaftlicher Maschinen. Über 100 Millionen Bauern verloren aber ihre privaten Klein- und Mittelbetriebe. Zwangsgenossenschaften (Kolchosen) und große staatliche Musterbetriebe (Sowchosen) traten an ihre Stelle. Die Bauern, vor allem die Kulaken (die bäuerliche Mittelschicht), wehrten sich gegen die Kollektivierung: Sie verbrannten Getreide und schlachteten das Vieh. Die GPU (Geheime Staatspolizei) brach ihren Widerstand mit brutaler Gewalt. Millionen Bauernfamilien wurden nach Sibirien deportiert, wo Männer, Frauen und Kinder

■ „Im Namen des Kommunismus", so lautete der Titel dieses Propagandaplakates, das für den Bau von Kraftwerken warb:
❶ Kubischtschew-Elektrizitätswerk, ❷ Stalingrad-Elektrizitätswerk,
❸ Friede siegt, ❹ Elektrizitätswerke der CCCP (= UdSSR),
❺ Hauptturkmenischer Kanal Amu Dar, ❻ Wüste Karakum.

unter grauenhaften Bedingungen Zwangsarbeit leisten mussten. Die meisten verloren dabei ihr Leben, ebenso wie Millionen Sowjetbürger/innen während einer großen Hungersnot 1931/32. Die stalinistische Agrarpolitik forderte insgesamt ca. 11 Millionen Tote.

Auf dem Weg zum Industriestaat

Mit dem ersten Fünfjahresplan 1928 begann die Entwicklung der Sowjetunion vom rückständigen Agrarstaat zum zweitgrößten Industriestaat der Erde. Stalin förderte in der Folge besonders die Schwerindustrie. Alte Kohle-, Erdöl- und Erzvorkommen wurden besser genutzt, neue erschlossen. Es entstanden riesige Industriewerke, die diese Rohstoffe verarbeiteten. Für den Betrieb dieser Fabriken erschien die Erzeugung von elektrischer Energie besonders wichtig („Sozialismus = Sowjetmacht plus Elektrifizierung"). An allen größeren Flüssen ließ Stalin gigantische Staudämme errichten.
Die Verkehrswege wurden stark ausgebaut, so wurde z.B. eine Bahnlinie von Turkestan im Süden des Landes nach dem nördlichen Sibirien gebaut, um den Austausch von Baumwolle, Getreide und Holz zu erleichtern. Im Zweiten Weltkrieg sollte sich der Ausbau von Industriezentren im Ural und in Sibirien als wichtiger strategischer Vorteil erweisen.
Da im eigenen Land ein Mangel an Technikern und Ingenieuren herrschte, verpflichtete Stalin ausländische Experten; junge Sowjetbürger wurden für höher qualifizierte Posten ausgebildet. Damit entstand neben der Klasse der Arbeiter und Bauern die neue privilegierte Gesellschaftsschicht der „Intelligentsija". Die Höhe der Löhne zwischen diesen Fachleuten und Arbeiterinnen und Arbeitern klaffte oft im Verhältnis von 1 : 30 auseinander.
In hohem Maß wurde die menschliche Arbeitskraft mobilisiert und ausgebeutet. Mit Zwang und härtesten

Maßnahmen versuchte man, die Arbeitsmoral zu heben. Stalin appellierte aber auch mit Erfolg an die patriotischen Gefühle der Russen: Erfolgreiche Arbeiterinnen und Arbeiter wurden als „Helden der Arbeit" gefeiert und mit dem Leninorden ausgezeichnet.
Durch die Bevorzugung der Schwerindustrie wurde die Erzeugung von Konsumgütern stark vernachlässigt. Lebensstandard und Löhne der Menschen in der Sowjetunion waren sehr niedrig, Wohnraum war äußerst knapp. Anfang der 1930er-Jahre konnten Lebensmittel nur auf Karten bezogen werden. Trotzdem war die zentrale Verteilerorganisation nicht imstande, die Menschen mit den notwendigen Lebensmitteln zu versorgen.

Schauprozesse – „Säuberungen", Terror und Personenkult

Jede Abweichung von den Richtlinien der kommunistischen Partei wurde von der Geheimpolizei verfolgt und hart bestraft.
1934 erließ Stalin ein Gesetz, das Eltern und Kinder verpflichtete, sich gegenseitig wegen antisozialistischer Meinung bei den Behörden anzuzeigen. Verstöße gegen dieses Gesetz wurden meist mit Zwangsarbeit in Lagern (Gulags) in Sibirien bestraft. Viele Millionen Menschen starben dort im Laufe der folgenden zwei Jahrzehnte an den unmenschlichen Arbeitsbedingungen. Stalin stellte ab 1934 Mitglieder einer angeblichen „trotzkistischen Opposition" als Konter-Revolutionäre vor Gericht. Die Geständnisse und Selbstbezichtigungen der Angeklagten in den öffentlich geführten „Schauprozessen" wurden durch vorhergehende Folterungen erzwungen. Von den Terrormaßnahmen Stalins waren altgediente Partei-Funktionäre, hohe Offiziere, aber auch Menschen betroffen, die sich nicht politisch betätigten. Es entstand ein Klima der Angst und des gegenseitigen Misstrauens, das zu ungerechtfertigten Anzeigen führte. Ein Augenzeuge berichtet, wie im Gefängnis von unschuldigen Menschen „Geständnisse" erpresst wurden:

> Q *Er lag auf dem Boden. Seine Hosen waren aufgetrennt, die Beine verbunden. Er hatte viereinhalb Tage „Stoika" hinter sich. Stoika ist die erschwerte Form von Fließband. Fließband bedeutet pausenloses Verhör mehrere Tage hindurch (...). Bei der Stoika wird der Untersuchungshäftling gezwungen die ganze Zeit zu stehen. Wenn er sich nicht mehr auf den Beinen halten kann, stützen ihn zwei Polizisten unter den Achseln. Fließband und Stoika wurden damals systematisch angewandt. Kurz ehe der (Mann) das Bewusstsein verlor, fühlte er, dass im Bein etwas platzte – eine Vene. Die Beine waren wie Holzklötze angeschwollen, um sie zu verbinden, mussten die Hosen aufgeschnitten werden.*
> (Jakir, Kindheit in Gefangenschaft, 1972, S. 6)

■ Stalins Personenkult äußerte sich in riesengroßen Fotografien, Plakaten und Stalinstatuen. Oft ließ er sich mit Kindern darstellen, wie auf diesem Gemälde von Wassili Swarog, 1939.

→ Beschreibe die Bildinhalte (Personen, Hintergrund, Farben etc.). Erläutere, welche politische Absicht Stalin mit diesem Gemälde verfolgt haben mag.

Auf dem Höhepunkt der „Säuberungen" in den Jahren 1936 bis 1938 befanden sich 8 bis 9 Millionen (5 bis 6 Prozent der Bevölkerung) sowjetische Bürgerinnen und Bürger in den Gefängnissen der russischen Staatspolizei. Schätzungen besagen, dass der stalinistische Terror mindestens 20 Millionen Menschen das Leben kostete.
1938 ließ Stalin eine neue Geschichte der Kommunistischen Partei der Sowjetunion schreiben. Sie sollte beweisen, dass Stalin der einzige Schüler und engste Freund Lenins gewesen sei. Alle anderen bolschewistischen Führer wurden als Abtrünnige und Verräter bezeichnet. Um von Terror und Gewaltmaßnahmen abzulenken, ließ sich Stalin bis zu seinem Tod 1953 in einem beispiellosen Personenkult als „großer und genialer Führer und Lehrer" feiern.

■ Millionen Menschen wurden in Lager (Gulags) deportiert, die meisten starben an den unmenschlichen Arbeitsbedingungen. Das Foto zeigt Zwangsarbeiterinnen bei der Holzarbeit in einem Lager in der Nähe von Archangelsk.

Fragen und Arbeitsaufträge

→ 1. Beschreibe die Merkmale der Gewaltherrschaft des Stalinismus. Erkläre in diesem Zusammenhang auch die Begriffe: Kulaken, Kollektivierung, „Sozialismus=Sowjetmacht plus Elektrifizierung", Schauprozesse und „Säuberungen".

→ 2. Erläutere, was man unter „Personenkult" versteht und diskutiert darüber in der Gruppe, welche Wirkung er auf Menschen haben kann.

Politische Bildung – Kompetenztraining

8.4 Gemeinsamkeiten und Unterschiede totalitärer Systeme

	Faschismus (rechts)	Nationalsozialismus (rechts)	Stalinismus (links)
Ursachen	Ablehnung d. parlamentarischen Systems, Ruf nach dem starken Mann, wirtschaftliche u. soziale Krise nach dem 1.WK	Ablehnung d. parlamentarischen Systems, Ruf nach dem starken Mann, wirtschaftliche, soziale u. politische Krisen nach dem 1.WK u. nach der Weltwirtschaftskrise	Ablehnung d. parlamentarischen Systems, Russische Revolutionen, Angst vor Konterrevolution u. innerparteilichen Konkurrenten
Ideologie	Technischer Fortschritt als Ziel; Führerprinzip, Verherrlichung der Volksgemeinschaft, übersteigerter Nationalismus, Befürwortung v. Gewalt als Mittel der Politik; Militarismus, Imperialismus; Rassismus/Antisemitismus, Antisozialismus bzw. -marxismus	Technischer Fortschritt als Ziel; Führerprinzip, Verherrlichung der Volksgemeinschaft, übersteigerter Nationalismus, Befürwortung v. Gewalt als Mittel der Politik; Militarismus, Imperialismus; extremer Rassismus/ Antisemitismus (Holocaust)	Technischer Fortschritt als Ziel; dogmatische Vereinfachung d. Marxismus-Leninismus, Sozialismus in einem Land statt Weltrevolution, Kollektivierung von Industrie u. Landwirtschaft, Pflege des russischen Patriotismus
Schlagwort	Glauben, kämpfen, gehorchen – Duce	Führer befiehl, wir folgen dir! Ein Volk, ein Reich, ein Führer!	Sozialismus in einem Land, Väterchen Stalin
Gründer	Benito Mussolini (1883–1945)	Adolf Hitler (1889–1945)	Josef Stalin (1879–1953)
Symbol	Römisches Rutenbündel	Hakenkreuz	Hammer und Sichel
Machtübernahme	1922 – von König Viktor Emmanuel II. mit Regierungsbildung beauftragt	1933 – von Reichspräsident Hindenburg zum Kanzler bestellt	1924 – nach Lenins Tod durch Ausschaltung der innerparteilichen Konkurrenten
System	Einparteiensystem, Diktator an der Spitze, Informationsmonopol in den Medien (Propaganda); Machtausübung, -erhalt durch Staatsterror / großer (Geheim-)Polizeiapparat, Politik der „Gleichschaltung" aller gesellschaftlichen Kräfte, paramilitärischer Verband (Schwarzhemden)	Einparteiensystem, Diktator an der Spitze, Informationsmonopol in den Medien (Propaganda); Machtausübung, -erhalt durch Staatsterror / großer (Geheim-)Polizeiapparat, Politik der „Gleichschaltung" aller gesellschaftlichen Kräfte, paramilitärische Verbände (SA, SS); totale Erfassung der Bevölkerung durch NSDAP und NS-Organisationen	Einparteiensystem, Diktator an der Spitze, Informationsmonopol in den Medien (Propaganda); Stalin u. die elitäre kommunistische Kaderpartei bestimmen Politik u. Gesellschaft
Wirtschaftsform	Privatkapitalismus / Ausschaltung der Gewerkschaften	Privatkapitalismus / Ausschaltung der Gewerkschaften, Produktion und Arbeitsmarkt auf Kriegswirtschaft ausgerichtet	Staatliche Planwirtschaft – Verbot des Privateigentums an Produktionsmitteln
Stellung zur Kirche	Toleranz gegenüber der Kirche	Ablehnung der katholischen Kirche	kirchenfeindlich
Außenpolitik	Sieger im 1. WK; imperialistische	Verlierer im 1. WK; imperialistisch	Verlierer im 1. WK; imperialistisch

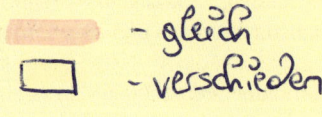
– gleich
– verschieden

rechtsextrem heute: NPD
Rassemblement National
Jobbik (Ungarn)
Lega Nord (Italien)

Gemeinsamkeiten und Unterschiede totalitärer Systeme

Totalitäre und autoritäre Systeme

Totalitäre Systeme haben keine demokratischen Standards. Sie unterscheiden sich von autoritären Systemen dadurch, dass sie versuchen die gesamten politischen, sozialen und gesellschaftlichen Bereiche einer Gesellschaft zu bestimmen. Oft ist mit einer totalitären Herrschaft der Anspruch verbunden, einen „neuen" Menschen – entsprechend einer bestimmten Ideologie – zu formen. Als am stärksten ausgeprägte Systeme von Totalitarismus gelten der Nationalsozialismus und der Stalinismus. Autoritäre Systeme waren kommunistische (z.B. Jugoslawien unter Tito) und faschistische (z.B. Italien unter Mussolini, Ständestaat in Österreich, Spanien unter Franco). In diesen werden nicht alle gesellschaftlichen Bereich kontrolliert, es gibt kleine Freiheiten für Bürgerinnen und Bürger sowie für einzelne Institutionen. Wie totalitäre Systeme auch üben sie Terror aus und unterdrücken politische Gegnerinnen und Gegner. Auch heute gibt es noch autoritäre Systeme (z.B. China, Kuba, Saudiarabien). Das politische Gegenmodell dazu ist der demokratische Rechtsstaat. Er garantiert durch Grundrechte, Gewaltenteilung und Verfassung die Freiheit der Staatsbürger/innen.

Der Begriff „Totalitarismus" tauchte erstmals 1923 zur Bezeichnung des von Mussolini geschaffenen Herrschaftssystems auf. Während die Antifaschisten mit dem Begriff vor einer absolutistischen Herrschaft warnen wollten, besetzten die Faschisten den Begriff positiv. In Deutschland sprachen die Nationalsozialisten von einem „totalen Staat".

Totalitarismus-Theorie

Bereits in den 1920er Jahren gab es Ansätze zu einer Totalitarismus-Theorie. Sie vergleicht die Systeme des Faschismus mit dem Stalinismus. Ausgangspunkt ist die Feststellung, dass die beiden Ideologien neben etlichen Unterschieden auch zahlreiche gemeinsame Merkmale aufweisen. Die Totalitarismus-Theorie blieb jedoch nicht unwidersprochen: In den 1980er Jahren entwickelte sich in Deutschland darüber ein Historikerstreit. Manche Wissenschafter/innen lehnten nämlich einen Vergleich dieser politischen Systeme überhaupt ab. Einige Historiker/innen warnten zum Beispiel davor, dass das in der Geschichte einzigartige Verbrechen des Holocausts durch einen Vergleich mit den stalinistischen Massenmorden relativiert werden könnte.

■ Der Hammer steht seit dem 19. Jahrhundert für die Arbeit in der Industrie, die Sichel für die Landwirtschaft. Im Wappen der Sowjetunion (1924) symbolisieren die beiden Werkzeuge den kommunistischen Arbeiter- und Bauernstaat.

■ Mussolini bezog sich in der faschistischen Symbolik immer wieder auf die imperiale Größe des Römischen Reiches. Die „fasces" waren im antiken Rom mit Lederriemen und einem Beil umschnürte Rutenbündel. Sie waren das Zeichen der Amts- und Strafgewalt der höchsten römischen Magistrate. 1926 wurden die „fasces" durch Gesetze zum offiziellen Staatssymbol Italiens.

■ SS-Leibstandarte Adolf Hitler erhält ein neues Feldzeichen, 1940. Kreuzsymbole (Swastika), auch Sonnenräder genannt, gibt es seit etwa 6000 Jahren in Europa, Asien und Afrika. Sie können glückbringende oder unheilbringende Bedeutung haben. Die Nationalsozialisten verwendeten seit 1920 ein Hakenkreuz als Symbol einer angeblich arischen Rasse. 1935 wurde es zum zentralen Bestandteil der Flagge des Deutschen Reiches.

Arbeitsaufträge

- Lest das Schema auf der gegenüberliegenden Seite genau durch.
- Fragt bei Unklarheiten (Zusammenhänge, Begriffe, Namen, Ereignisse) eure Lehrerin/euren Lehrer oder recherchiert im Internet.
- Markiert die Gemeinsamkeiten der 3 Systeme mit einer Farbe, die Unterschiede mit einer anderen Farbe.
- Erstellt eine Liste zum Thema „Unterschiede" und „Gemeinsamkeiten" bezüglich der Ursachen, Ideologie, Wirtschaftsform, Stellung der Kirche und Außenpolitik, eine zweite Liste mit den Begriffen „Gründer", „Schlagwort", „Symbol" und „Machtübernahme".
- Macht dabei jeweils 3 (leere) Spalten für die totalitären Systeme „Italienischer Faschismus", „Nationalsozialismus" und „Stalinismus".
- Füllt die 2 Listen gemeinsam mit eurer Banknachbarin/eurem Banknachbarn aus.
- Diskutiert in der Klasse: Kennt ihr heutige Staaten, die Merkmale von Totalitarismus aufweisen?

Projektvorschlag

Initiiert ein Projekt zu modernen Formen des politischen Extremismus
- Informiert euch über nationale und internationale Formen des politischen Extremismus.
- Stellt in Gruppen jeweils eine extremistische Bewegung vor, beachtet dabei v.a. folgende Kriterien: Ideologie, Mittel, Ziele, Symbole, Verhältnis zum demokratischen Verfassungsstaat.
- Bewertet das Verhältnis der extremistischen Bewegungen zueinander.
- Erkundigt euch, wie Staaten, internationale Organisationen und Institutionen auf diese Bewegungen reagieren.
- Diskutiert, welche Möglichkeiten die Zivilgesellschaft, ein/e jede/r von euch hat, Formen des politischen Extremismus zu bekämpfen.

Basiswissen

Die Zwischenkriegszeit – Umbrüche und Krisen

Veränderungen nach 1918

- 11. November 1918: Ende des Ersten Weltkrieges. 10 Millionen Soldaten wurden getötet, über 20 Millionen verwundet. Der enorme Verlust an Sachwerten und die große Zahl der Opfer unter der Zivilbevölkerung gehören zur erschreckenden Bilanz des Krieges.
- Der amerikanische Präsident Wilson präsentierte im Jänner 1918 sein Friedensprogramm in „14 Punkten". Zentrale Forderungen waren die Erfüllung des „Selbstbestimmungsrechtes der Völker" und die Schaffung eines Völkerbundes, einer internationalen Friedensorganisation.
- Vertreter der siegreichen Entente-Staaten trafen sich Anfang 1919 in Paris zu Friedensverhandlungen. Sie legten die Bestimmungen der Friedensverträge fest. Die besiegten Staaten waren von den Verhandlungen ausgeschlossen.
- Frankreich konnte sich mit seinen harten Friedensbedingungen Deutschland gegenüber im „Versailler Vertrag" (Gebietsabtretungen, Entmilitarisierung, Zahlung hoher Reparationen und der Zuschreibung der alleinigen Verantwortung Deutschlands und seiner Verbündeten am Kriegsausbruch) am besten durchsetzen. Der Vertrag von Saint-Germain mit Österreich enthielt u. a. das Anschlussverbot an Deutschland, Gebietsabtretungen und die grundsätzliche Reparationspflicht.
- Die harten Friedensbedingungen lösten in Österreich und Deutschland heftige Abwehrreaktionen aus. Die „Revision" des Versailler Vertrages wurde zu einem wichtigen politischen Anspruch in der Weimarer Republik. Hitler machte sie zu einer zentralen Forderung.
- Obwohl die Schaffung des Völkerbundes als internationale Friedenssicherungsorganisation auf den amerikanischen Präsidenten Wilson zurückgeht, traten die USA dem 1919 gegründeten Völkerbund nicht bei. Dieser konnte trotz einiger Erfolge die großen politischen Probleme der Zwischenkriegszeit nicht wirksam lösen.
- Die Großreiche Deutschland, Österreich-Ungarn, Russland und das Osmanische Reich zerfielen oder veränderten sich entscheidend. Neue Staaten entstanden vor allem in Südosteuropa, nationale Spannungen blieben bestehen. Europa verlor seine Vormachtstellung, die USA stiegen zur Weltmacht auf.
- Hohe Arbeitslosenzahlen und die extreme Inflation machten vor allem Österreich und Deutschland schwer zu schaffen. Die 1918 entstandene „Weimarer Republik" wurde durch Putschversuche und politische Gewalttaten von radikal rechten und extrem linken Gruppierungen erschüttert.

Russland: Vom Zarismus zur Sowjetunion

- Infolge der ungelösten politischen, sozialen und wirtschaftlichen Probleme wurde die Zarenherrschaft durch die Februarrevolution von 1917 beendet. Als Folge der Oktoberrevolution desselben Jahres kam es zur Errichtung einer kommunistischen Diktatur unter Lenin.
- Zwischen 1918 und 1922 tobte in Russland ein Bürgerkrieg zwischen Anhängern und Gegnern der Kommunisten. Diese blieben siegreich. 1922 entstand durch den Zusammenschluss von Sowjetrepubliken die „Union der Sozialistischen Sowjetrepubliken" (UdSSR). Unter dem Eindruck einer verheerenden Wirtschaftskrise führte Lenin 1921 den marktwirtschaftlichen Versuch der „Neuen Ökonomischen Politik" ein. Nach Lenins Tod 1924 kehrte der neue Machthaber Stalin zum alten Kollektivsystem zurück.

Europa nach dem Krieg

- Im Vertrag von Rapallo 1922 näherten sich Deutschland und die Sowjetunion an.
- Im Pakt von Locarno 1925 kam es zu einer Verständigung zwischen Frankreich und Deutschland. Durch Bündnisse zwischen Frankreich und der Tschechoslowakei und Rumänien („Kleine Entente") sollten die Interessen Frankreichs abgesichert werden.

„Goldene" Zwanzigerjahre?

- Europäische Metropolen, vor allem Berlin, wurden zu einem Anziehungspunkt für viele. Freizeit- und Konsumangebote waren in den etwas stabileren Jahren zwischen 1924 und 1929 („Goldene Zwanzigerjahre") auch den städtischen Mittelschichten zugänglich.
- Moderne Massenkommunikationsmittel wie Radio und Filme beeinflussten Millionen.
- Neue Chancen für Frauen eröffnete das Frauenwahlrecht, ungezwungenere Lebensformen, neue Berufe und mehr Selbstständigkeit wurden nun für eine kleine Schicht von gut ausgebildeten Städterinnen möglich.

Die Weltwirtschaftskrise und ihre Auswirkungen

- Mit dem Eintritt in den Ersten Weltkrieg aufseiten der Entente hatten die USA ihren weiteren Aufstieg zur Weltwirtschaftsmacht noch beschleunigt. Die USA wurden zum größten Gläubiger der europäischen Staaten. Das erste Jahrzehnt nach dem Krieg bescherte den Amerikanerinnen und Amerikanern einen Wirtschaftsboom und Wohlstand für viele.
- Gestoppt wurde diese Entwicklung durch eine konjunkturelle Überhitzung, die Ende Oktober 1929 zu einem gigantischen Börsenzusammenbruch an der New Yorker Wall Street führte. Die entstehende Massenarbeitslosigkeit versuchte Präsident Roosevelt durch eine neue Wirtschaftspolitik („New Deal"), die staatliche Eingriffe ins Wirtschaftsleben ermöglichte, einzudämmen.
- Als die USA ihre Investitionstätigkeit in Europa aufgrund ihrer wirtschaftlichen Schwierigkeiten einstellten und einen Teil ihrer Kredite kurzfristig zurückverlangten, gerieten auch die europäischen Staaten in den Sog der Krise. Diese entwickelte sich so zu einer gewaltigen Weltwirtschaftskrise. Die wirtschaftliche Not aufgrund des rasanten Anstiegs der Arbeitslosenzahl führte, vor allem in Deutschland, zu einer Radikalisierung des politischen Lebens. Dass die Regierungen der Weimarer Republik dieser schweren Krise hilflos gegenüberstanden, konnten die Nationalsozialisten propagandistisch auszunutzen; Hitlers Weg zur Macht war damit geebnet.

Diktatorische Systeme in Europa

- Nach dem Weltkrieg konnten in Europa zahlreiche Republiken oder Königreiche mit demokratischen Regierungen gegründet werden. Bereits ab 1922 (Italien) wurden die ersten Diktaturen errichtet. Rechte Parteien und Bewegungen setzten nach 1930 in vielen europäischen Staaten faschistische Diktaturen durch. Erhalten werden konnte die Demokratie in den west- und nordeuropäischen Staaten.

- In Italien gründete Mussolini 1919 die „Faschistischen Kampfbünde". Er konnte die Unzufriedenheit vieler Italiener/innen mit dem Ergebnis der Friedensschlüsse und die wirtschaftliche Dauerkrise ausnutzen. Als er 1922 in seinem „Marsch auf Rom" die faschistische Machtübernahme forderte, ernannte der König ihn zum Ministerpräsidenten. Mussolini schaltete in Folge alle politischen Gegner aus und errichtete Schritt für Schritt eine faschistische Militärdiktatur.
- 1936 brach in Spanien ein mit großer Grausamkeit ausgetragener Bürgerkrieg aus: Republikaner, Sozialisten und Kommunisten wurden von „Internationalen Brigaden" unterstützt. Sie kämpften für die Erhaltung der Republik. Ihre Gegner waren Nationalisten, die in der faschistischen Falange-Partei unter General Franco die Errichtung einer Militärdiktatur anstrebten. Franco wurde von Hitler und Mussolini militärisch unterstützt, sodass er 1939 den Bürgerkrieg für sich entscheiden konnte. Bis zu seinem Tod 1975 blieb Spanien eine Militärdiktatur.
- Unter Stalin erfolgte in der Sowjetunion die radikale Kollektivierung der Landwirtschaft, der Millionen Bauern zum Opfer fielen. In hohem Tempo wurde die Industrie modernisiert, was auf Kosten des Lebensstandards der Sowjetbürger ging. In den „Säuberungen" der Dreißigerjahre ließ Stalin Millionen Gegner umbringen. Um vom Terror abzulenken, entfaltete er einen ungeheuren Kult um seine eigene Person.

Grundbegriffe

Bolschewismus ist die Bezeichnung für eine Richtung des Marxismus/Kommunismus. Auf dem 2. Parteitag der „Sozialdemokratischen Arbeiterpartei Russlands" 1903 in London errang eine radikale revolutionäre Mehrheit unter Führung Lenins bei einer Abstimmung die Mehrheit. Sie nannten sich deshalb fortan „Bolschewiki" (russ. für „Mehrheitler") – im Gegensatz zur zahlenmäßig weit stärkeren, gemäßigten Gruppe der SDAPR, die von nun an als „Menschewiki" (russ. für „Minderheitler") bezeichnet wurden. Die Bolschewiki übernahmen schließlich 1917 mit Unterstützung der Arbeiter- und Soldatenräte die Macht. 1918 wurde die Partei in „Kommunistische Partei Russlands", später der Sowjetunion (KPdSU) umbenannt.
Die Nationalsozialisten hefteten dem Begriff „Bolschewismus" ein antisemitisches Vorzeichen an, die Begriffe „Bolschewist" und „Jude" wurden nahezu synonym verwendet.

Falange Das spanische Wort „Falange" leitet sich von einem griechischen Wort ab und bedeutet so viel wie „Schlachtreihe" oder „Walze". 1933 wurde in Madrid die radikal rechtsgerichtete, nationalistische und antikommunistische Bewegung „Falange Espanola" gegründet. Im Spanischen Bürgerkrieg kämpften die falangistischen Milizen auf der nationalistischen Seite unter General Franco. Nach dem Bürgerkrieg bildete die Falange den Kern der Staatspartei „Movimiento nacional" des faschistischen Franco-Regimes.

Faschismus Der Begriff „Faschismus" lässt sich ableiten vom lateinischen Wort „fasces". Das waren mit Lederriemen umwickelte Rutenbündel mit einem Beil, Symbol für die Amts- und Strafgewalt der höchsten römischen Beamten. Ursprünglich war Faschismus die Selbstbezeichnung jener rechtsgerichteten Bewegung, die Italien unter Benito Mussolini von 1922–1943 beherrschte. Schon in den 1920er Jahren weiteten Gegner den Begriff „Faschismus" auf andere nationalistische, autoritäre, antisozialistische und antikommunistische Systeme und Parteien aus. Versteht man im engeren Sinn also „Faschismus" als eine Ideologie in einer bestimmten historischen Epoche, so wird der Begriff im weiteren Sinn auch verwendet für ideologische Konzepte und Gruppierungen mit rechtsgerichteten, nationalistischen, autoritären, totalitären, gelegentlich auch rassistischen Ideen nach 1945.

New Deal Der aus dem Englischen stammende Begriff bedeutet „Neuverteilung der Spielkarten". Man versteht darunter eine Reihe von Wirtschafts- und Sozialreformen in den USA. Sie setzten 1933 ein mit dem Amtsantritt des amerikanischen Präsidenten Franklin Delano Roosevelt. Zum „New Deal" gehörten die Einführung eines Sozialversicherungssystems, massive Arbeitszeitverkürzung und progressive Besteuerung. Der amerikanische Staat tätigte massive Investitionen, vor allem in den Ausbau der öffentlichen Infrastruktur, beispielsweise durch den Bau gewaltiger Energieprojekte.

UdSSR Die „Union der Sozialistischen Sowjetrepubliken" war ein zentralistisch regierter, föderativer, kommunistischer Einparteienstaat. Sie wurde am 30. Dezember 1922 gegründet und durch die Alma-Ata-Deklaration am 21. Dezember 1991 als Union aufgelöst. Ihr Territorium erstreckte sich über Osteuropa und den Kaukasus bis nach Zentral- und Nordasien. Das Kerngebiet der UdSSR war die „Russische Sowjetrepublik". Sie ging im Zuge der Oktoberrevolution 1917 aus dem Zarenreich hervor. Die „Kommunistische Partei der Sowjetuniion" (KPdSU) als einzige Partei bestimmte die Politik.

Stalinismus Die Bezeichnung wird meist verwendet für die Herrschaft von Josef Stalin (1878–1953) in der UdSSR von 1924 bis 1953. Oft wird „Stalinismus" auch gleichgesetzt mit der von Totalitarismus und Gewalt geprägten Machtpolitik Stalins: In der von ihm ausgebauten kommunistischen Diktatur ließ Stalin im Rahmen von „Säuberungen" vermeintliche und tatsächliche Gegner verhaften, in Schau- und Geheimprozessen zu Zwangsarbeit verurteilen oder hinrichten. Millionen Menschen wurden in sibirische Lager (Gulags) deportiert. Ein Merkmal des Stalinismus ist auch der ungeheure Personenkult, den Stalin entfachte.

Volksfront (spanisch „Frente Popular"): Wahlbündnis von linken und liberalen Politikern, das sich in Spanien vor den Neuwahlen zu Beginn des Jahres 1936 gebildet hatte. Es umfasste Republikaner, Sozialisten und Kommunisten. Bei den Wahlen 1936 siegte die Volksfront knapp vor der „Nationalen Front" („Frente Nacional"), den Rechtsparteien. Es gelang der Volksfront in den folgenden Monaten jedoch nicht, die schwere wirtschaftliche Krise in den Griff zu bekommen. Im Juli 1936 kam es daher zu einem Militärputsch der Rechten unter General Franco und zum Ausbruch des Spanischen Bürgerkrieges, in dem sich die Mitglieder und Sympathisanten der „Volksfront" und Anhänger der „Nationalen Front", zu der auch die Falangisten gehörten, bekämpften.

Zarismus Der Begriff bezeichnet die gesellschaftlichen und politischen Merkmale in der Zeit der Herrschaft der russischen Zaren. Kennzeichnend war die autokratische Regierung der Zaren, die den Bürgerinnen und Bürgern keine verfassungsmäßigen Rechte zugestand. Dazu kam eine zentralisierte Form des Feudalismus. Der Zarismus endete mit der Absetzung des letzten Zaren Nikolaus II. aus der Dynastie der Romanows anlässlich der Februarrevolution 1917. Nikolaus II. und seine Familie wurden 1918 mit Billigung der bolschewistischen Partei von den sie bewachenden Truppen in Jekaterinburg ermordet.

2

12. November 1918 Proklamation der Republik Deutschösterreich
1919 Friedensvertrag von St. Germain-en-Laye
1920/29 Verfassung
1926 Linzer Programm der Sozialdemokratie
1927 Schattendorf und Justizpalast-Brand
1930 „Korneuburger Eid" der Heimwehr

Österreich I – die Erste Republik

Nicht einmal 20 Jahre – vom November 1918 bis zum März 1938 – bestand die Erste Republik in Österreich. Ihre Grenzen wurden von den Siegermächten nach dem Ersten Weltkrieg festgelegt. An das Leben in einem Großreich gewohnt, bezweifelten die meisten Bewohnerinnen und Bewohner die „Lebensfähigkeit" des neu entstandenen Kleinstaates. Auch wegen der katastrophalen Wirtschaftslage nach Kriegsende wünschten sich die meisten Menschen, aber auch die politischen Parteien einen Anschluss an Deutschland.
Für die Spielregeln einer Demokratie fehlte den meisten Österreicherinnen und Österreichern – ebenso wie ihren politischen Führern – das Verständnis. Dies führte zu einer Radikalisierung des politischen Lebens. Schließlich schaltete der christlichsoziale Bundeskanzler Dollfuß das Parlament aus. Im Februar 1934 folgte ein Bürgerkrieg. Kurz darauf wurde nach italienischem Vorbild der austrofaschistische Ständestaat errichtet. Ein außenpolitischer Hauptgegner war das nationalsozialistische Deutschland. Der wachsende Druck Hitlers führte im März 1938 zum „Anschluss". Für die folgenden sieben Jahre hörte Österreich auf als selbstständiger Staat zu existieren. Land und Menschen wurden Teil der nationalsozialistischen Diktatur als Opfer wie auch als Täter.

◾ Die Ausrufung der Republik, 12. November 1918

Februar 1934 Bürgerkrieg
März 1933 Ausschaltung des Parlamentes
1. Mai 1934 Proklamation des Ständestaates (austrofaschistische Diktatur)
1934 „Juliputsch" der Nationalsozialisten – Ermordung von Bundeskanzler Dollfuß
12. März 1938 Einmarsch der deutschen Truppen

In diesem Kapitel erhaltet ihr Informationen zu folgenden Fragen:

- Wie sich die politischen und wirtschaftlichen Anfänge der Ersten Republik und der Kampf ums Staatsgebiet gestalteten.
- Welche Bedeutung die Parteien, die Sozialgesetzgebung und die Verfassung hatten.
- Wie sich die Wirtschaftsprobleme der Republik auswirkten.
- Wie und warum es zur Radikalisierung der Innenpolitik kam.
- Warum die Demokratie scheiterte.
- Wie es zur Errichtung des austrofaschistischen Ständestaates kam.
- Welche Folgen die nationalsozialistische Diktatur in Österreich hatte.

Dazu könnt ihr erfahren und erproben:

- Wie man politische Plakate untersucht.
- Welchen Gefährdungen die Demokratie ausgesetzt ist.

Online-Ergänzungen
w88j57

1. „Rest"-Trauma und Kampf ums Staatsgebiet

Ein Großreich zerfällt

Im November 1916 starb Kaiser Franz Joseph nach 68-jähriger Herrschaft. Nach seinem Tod waren viele Soldaten der slawischen Nationalitäten, aber auch viele Ungarn nicht mehr bereit, für die Erhaltung des „Völkerkerkers" weiterzukämpfen.
Der Nachfolger Franz Josephs, Kaiser Karl I., gab im Oktober 1918 ein Manifest (= Absichtserklärung) heraus: Die Doppelmonarchie sollte in einen Bundesstaat umgewandelt werden. Zu spät – die einzelnen Nationen erklärten ihre Unabhängigkeit: Im Oktober 1918 wurde die Tschechoslowakische Republik ausgerufen, im November die Ungarische Republik und im Dezember 1918 das Königreich der Serben, Kroaten und Slowenen (der so genannte SHS-Staat, ab 1929 „Königreich Jugoslawien").

Die Republik Deutschösterreich wird ausgerufen

Wien, 21. Oktober 1918: Die bei den letzten Wahlen 1911 gewählten deutschsprachigen Reichsratsabgeordneten erklärten sich zur „Provisorischen Nationalversammlung von Deutschösterreich". Der Sozialdemokrat Karl Renner wurde mit der Ausarbeitung einer provisorischen Verfassung betraut. Das dringendste Problem bestand jedoch darin, sicherzustellen, dass alle deutschsprachigen Gebiete der Monarchie im nun neu entstehenden Staat (Deutsch-)Österreich verbleiben werden. Und so lautete der erste Beschluss der Provisorischen Nationalversammlung:

> Q *Das deutsche Volk in Österreich ist entschlossen, seine künftige staatliche Ordnung selbst zu bestimmen, einen selbstständigen Staat Deutsch-Österreich zu bilden und seine Beziehungen zu den anderen Nationen durch freie Vereinbarungen mit ihnen zu regeln. Der deutschösterreichische Staat beansprucht die Gebietsgewalt über das ganze deutsche Siedlungsgebiet, insbesondere auch in den Sudetenländern (...).*
>
> (Zit. nach: Jochum, Die Erste Republik in Dokumenten und Bildern, 1983, S. 8)

→ Benenne die wichtigsten Ziele der provisorischen Nationalversammlung.

Am 30. Oktober 1918 trat die kaiserliche Regierung zurück. Gleichzeitig wurde eine provisorische Verfassung angenommen und damit der selbstständige Staat Deutschösterreich gegründet. Renner wurde Staatskanzler einer Konzentrationsregierung (Staatsrat). Zwar wurde am 3. November 1918 der Krieg beendet, die neuen Grenzen wurden dem jungen Staat aber erst ein knappes Jahr später im Friedensvertrag von Saint-Germain auferlegt.
Am 11. November 1918 dankte Kaiser Karl I. zwar nicht formell ab, er verzichtete aber auf seinen Anteil an den Regierungsgeschäften. Schon am nächsten Tag, dem 12. November 1918, wurde die Republik ausgerufen: Die Nationalversammlung beschloss nämlich:

> Q *Art. 1. Deutschösterreich ist eine demokratische Republik. Alle öffentlichen Gewalten werden vom Volke eingesetzt.*
> *Art. 2. Deutschösterreich ist ein Bestandteil der Deutschen Republik.*
>
> (Zit. nach: Schausberger, Der Griff nach Österreich, 1978, S. 53)

„Die Republik ist nicht lebensfähig!"

Von der Großmacht mit mehr als 50 Millionen Einwohner/innen war 1918 nur eine kleine Republik mit etwa 6,5 Millionen übrig geblieben. Gleich nach der Gründung des neuen Staates sprach man vom „Staat, den keiner wollte" und von „Rest-Trauma" und „Rumpf-Österreich". Dies drückte die Zweifel an der wirtschaftlichen und staatlichen Lebensfähigkeit des geschrumpften Staates mit seinen unsicheren Grenzen aus. Die angebliche „Lebensunfähigkeit" des neuen Kleinstaates wurde hauptsächlich von österreichischen Politikern verwendet. Sie versuchten mit diesem Argument bei den Friedensverhandlungen in St. Germain bessere Bedingungen und den Anschluss an Deutschland zu erreichen. Viele Österreicher/innen aber glaubten an die fehlende Lebensfähigkeit des neuen Kleinstaates, zumal sie persönlich schwer unter Hunger und Erkrankungen, Arbeitslosigkeit und Wohnungsnot litten.
Tatsächlich traten nach dem Ersten Weltkrieg durch die Umstrukturierung vom Großreich in einen Kleinstaat wirtschaftliche Schwierigkeiten auf: Teilweise gab es Probleme bei der Energieversorgung, einige landwirtschaftliche Überschussgebiete der Monarchie lagen jetzt außerhalb des Staates. Auch gingen Absatzmärkte verloren, neue Exportmärkte mussten erschlossen werden, der aufgeblähte Verwaltungsapparat verursachte hohe Kosten.
Aus heutiger Sicht werden die wirtschaftlichen Möglichkeiten der Ersten Republik aber viel günstiger be-

■ Gebietsansprüche Deutschösterreichs.

→ Erkläre mit Hilfe der Karte den Kampf ums Staatsgebiet.

Österreich I – die Erste Republik

■ Links: Plakat zur Kärntner Volksabstimmung am 10. Oktober 1920, Lithographie, 69,5×52 cm (Österreichische Nationalbibliothek, Wien). Rechts: Plakat zur Ödenburger Volksabstimmung am 14. Dezember 1921. Farbdruck, Entwurf: Ernst Kutzner (Burgenländisches Landesmuseum).

→ Beschreibe die Bildinhalte der Plakate. Analysiere ihre Symbolik (Geigenspieler). Erläutere die mögliche beabsichtigte Wirkung.

urteilt als damals. Es gab nämlich Erze, Magnesit, Graphit, Salz, Holz und Wasserkraft und eine recht hohe industrielle Kapazität im neuen Kleinstaat.

→ Erläutere die unmittelbaren wirtschaftlichen Probleme in der Anfangsphase der Republik. Inwiefern ist der Satz „Wirtschaft ist in Wirklichkeit Psychologie" für die Erste Republik zutreffend?

Die Legende von der „Lebensunfähigkeit" der Republik Österreich hielt sich auch in den kommenden Jahren hartnäckig. Sie verhinderte bei vielen Menschen, dass sie sich mit dem neu entstandenen Staat identifizierten.

Festigung der Republik

Schon am Tage ihrer Ausrufung kam es in Wien zu einem kommunistischen Putschversuch. Er scheiterte jedoch schon nach wenigen Stunden: Die Volkswehr unter der Führung des Sozialdemokraten Julius Deutsch leistete entschlossenen Widerstand. Nach den Wahlen vom Februar 1919, bei denen zum ersten Mal auch Frauen wahlberechtigt waren, kam es zu einer Regierungskoalition von Sozialdemokraten und Christlichsozialen unter der Führung von Staatskanzler Renner und Vizekanzler Fink. Im September 1919 wurde der Friedensvertrag von St. Germain unter Protest von der österreichischen Delegation unterzeichnet. Damit verbunden war auch die Änderung des Staatsnamens in „Republik Österreich" und das Verbot des Anschlusses an das Deutsche Reich (weitere Bestimmungen vgl. S. 9).

Der Kampf ums Staatsgebiet

Beim Friedensschluss in Saint-Germain konnte Österreich das Selbstbestimmungsrecht der Völker nicht durchsetzen. Die deutsch besiedelten Gebiete Böhmens und Mährens wurden unter Berufung auf die alten Kronlandgrenzen in die neu errichtete Tschechoslowakei eingegliedert.

Italien erhielt den ausschließlich deutschsprachigen Teil Südtirols. Die überwiegend gemischtsprachige Untersteiermark kam an das Königreich der Serben, Kroaten und Slowenen, das spätere Jugoslawien. Dazu musste noch das Kanaltal an Italien und das Mießtal an Jugoslawien abgetreten werden. Jugoslawien beanspruchte darüber hinaus auch noch Südkärnten mit Villach, Klagenfurt und dem Zollfeld. Gegen den Einmarsch von slowenischen Freischärlern setzten sich Kärntner Abwehrkämpfer, unterstützt von Freiwilligen aus anderen Bundesländern, erfolgreich zur Wehr. Als jedoch reguläre serbische Truppen in das Gebiet einmarschierten, musste der militärische Widerstand aufgegeben werden. Österreich konnte daraufhin beim Völkerbund eine Volksabstimmung durchsetzen, die in zwei Abstimmungszonen durchgeführt werden sollte. Da die Abstimmung im Oktober 1920 in der Südzone schon eine eindeutige Mehrheit für Österreich brachte, musste in der Nordzone um Klagenfurt nicht mehr abgestimmt werden. Zum mehrheitlichen Bekenntnis zu Österreich haben auch viele slowenisch sprechende Kärntner/innen beigetragen.

Als der deutschsprachige Teil Westungarns – was dem heutigen Burgenland entspricht – Österreich zuerkannt wurde, kam es auch hier zu Kämpfen zwischen ungarischen Soldaten und den einrückenden österreichischen Gendarmerie- und Zollwacheeinheiten. Die Siegermächte bestanden auf einer kampflosen Übergabe. Sie stimmten jedoch einer Volksabstimmung im Raum Ödenburg (Sopron) zu. Ihre korrekte Durchführung wurde von österreichischer Seite in Zweifel gezogen. Sie ergab eine Mehrheit für Ungarn. Im Jänner 1922 wurde Ödenburg offiziell an Ungarn übergeben.

Dass die Österreicher/innen damals kein Vertrauen in die Zukunft ihres Staates entwickelt hatten, zeigte sich in verschiedenen Anschlussbewegungen: In mehreren Bundesländern versuchte man durch Volksabstimmungen Anschluss an andere Staaten zu gewinnen. In Tirol und Salzburg ergab sich eine große Mehrheit für einen Anschluss an Deutschland. In Vorarlberg gab es eine starke Anschlussbewegung an die Schweiz. Eine Abstimmung wurde aber nicht durchgeführt.

Fragen und Arbeitsaufträge

→ 1. Erkläre stichwortartig die politische und wirtschaftliche Situation des neu entstandenen österreichischen Kleinstaates. Erläutere in diesem Zusammenhang auch die Begriffe „Rest-Trauma", „Staat, den keiner wollte", die Legende von der „Lebensunfähigkeit", Anschlussbestrebungen und Anschlussverbot.

2. Parteien – Sozialgesetzgebung – Verfassung

Die Sozialdemokratie

In Österreich kam die Sozialdemokratie nach dem Zusammenbruch der Monarchie erstmals zu politischer Bedeutung. Sie hatte als einzige politische Gruppe fertige Konzepte für die neue Zeit. Es war vor allem Karl Renner, der die Gestaltung eines neuen Österreich maßgeblich bestimmte. Die ideologische Grundlage der österreichischen Sozialdemokratie bildeten die Lehren von Karl Marx. Innerhalb der Partei existierten allerdings zwei Richtungen: Renner, der Führer des pragmatischen bzw. gemäßigten Flügels, war zu einer breiten Zusammenarbeit mit allen demokratischen Parteien bereit. Dabei versuchte er vor allem über neue Sozialgesetze die Situation der Menschen, vor allem der Arbeiterinnen und Arbeiter, zu verbessern. Die Vertreter des dogmatischen, radikaleren Flügels wurden auch „Austromarxisten" genannt, da sie in Schriften und Abhandlungen marxistisches Gedankengut eigenständig weiterentwickelten. Otto Bauer war der wichtigste Vertreter des Austromarxismus. Er strebte im Sinne von Marx eine radikale Änderung der Gesellschaftsordnung an. Allerdings akzeptierte er Gewalt nur als letztes Mittel zur Eroberung der Staatsmacht; er befürwortete die demokratische Vorgangsweise in der politischen Auseinandersetzung. Otto Bauer war sowohl gegen die Zwangsformen des russischen Kommunismus als auch gegen die Beteiligung an einer Regierung unter der Führung bürgerlicher Parteien, in denen er die „Vertreter des ausbeuterischen Kapitalismus" sah.

Die Christlichsoziale Partei

In ihren Anfangszeiten war die Christlichsoziale Partei durch ein starkes soziales Engagement geprägt. Deswegen gelang es ihr auch in Konkurrenz mit den Sozialdemokraten, Anhänger in der Arbeiterschaft zu gewinnen. Doch unter dem Einfluss der Gewerbetreibenden, die zu ihren Hauptwählern wurden, verwandelte sie sich später in eine bürgerlich-konservative Partei. Obwohl sich die Funktionäre weiterhin der christlichen Soziallehre verpflichtet fühlten, wurde diese in der Realität immer weniger umgesetzt. Wie bei anderen Parteien, waren auch bei den Christlichsozialen starke antisemitische Tendenzen vorhanden.

Die meisten ihrer Funktionäre entstammten dem katholischen Vereinswesen, vor allem an den Hochschulen. Auffallend war die große Zahl der Priester, die in der Partei mitarbeiteten. Auch dies verschärfte die Gegnerschaft zwischen Christlichsozialen und Sozialdemokraten, die häufig kirchenkritisch eingestellt waren und eine politische Betätigung von Geistlichen ablehnten. Die Wählerinnen und Wähler der christlichsozialen Partei waren zunächst vor allem Bäuerinnen und Bauern und Gewerbetreibende. Aber auch Arbeiterinnen und Arbeiter, besonders aus Kleinbetrieben, in denen die persönliche Verbindung zwischen Unternehmer und Belegschaft extremes Klassendenken ausschloss, wählten christlichsozial. So war die Partei schon ihrer Zusammensetzung nach keine fest gefügte Einheit.

Auch unter ihren Führern gab es verschiedene Ansichten über das Programm und die politische Taktik. Am Beginn der Republik traten der Vorarlberger Jodok Fink und der oberösterreichische Geistliche Hauser als gemäßigte Politiker hervor. Sie arbeiteten erfolgreich mit den Sozialdemokraten zusammen. Später wurde die „Wiener Richtung" der Partei bestimmend, die als Opposition im „Roten Wien" kämpferischer und unduldsamer war. Dieser Gruppe gehörte auch der bedeutendste Politiker der Partei an: Ignaz Seipel. Er war Universitätsprofessor und Prälat (= Titel für einen höheren Geistlichen).

Die kleinen Parteien

Neben der Christlichsozialen Partei wurden noch zwei kleine als „bürgerliche Parteien" bezeichnet: Aus verschiedenen deutschnationalen Gruppen hatten sich 1920 die Großdeutsche Volkspartei und der Landbund (eine liberale Bauernpartei) gegründet. Für beide Parteien war das politische Hauptziel der Anschluss an Deutschland. Bei Wahlen erzielten sie nur kleine Stimmenanteile. Mit den von 1920 bis 1933 regierenden Christlichsozialen gingen sie aber verschiedene Koalitionsvarianten („Bürgerblock") ein. Sie hatten daher als „Zünglein an der Waage" einen größeren Einfluss als ihren Wahlergebnissen entsprochen hätte.

Die 1918 gegründete Kommunistische Partei blieb immer klein und hatte wenig politischen Einfluss.

Die Wahlen von 1920 machten die Christlichsozialen zur stärksten Fraktion. Sie stellten ab nun den Bundeskanzler. Die Koalition mit den Sozialdemokraten wurde nicht mehr erneuert. Die Sozialdemokraten blieben als knapp zweitstärkste Partei (bei den Wahlen 1930 erreichten sie sogar die relative Mehrheit) bis zum Ende der Ersten Republik von der Regierungsteilnahme ausgeschlossen. Dadurch gerieten große Teile der Bevölkerung in ständige Opposition zu den Regierungen.

■ Der „Karl-Marx-Hof" in Wien (Foto, 2008). Der Wiener soziale Wohnbau wurde in der Zwischenkriegszeit für ganz Europa zum Vorbild.
Wien – die Hochburg der Sozialdemokratie – wurde 1922 als eigenes Bundesland aus Niederösterreich herausgelöst. Es stand als „Rotes Wien" den bürgerlich regierten Bundesländern gegenüber.

Die Wahlergebnisse der Ersten Republik in Mandaten:

Wahljahr	1919	1920	1923	1927	1930
Christlichsoziale	69	85	82	85*	66
Sozialdemokraten	72	69	68	71	72
Großdeutsche	26	28	10	–	–
Landbund	–	–	5	9	–
Schoberblock**	–	–	–	–	19
Heimatblock	–	–	–	–	8
Sonstige	3	1	–	–	–

* Einheitsliste von Christlichsozialen und Großdeutschen
** Nationaler Wirtschaftsblock und Landbund

→ Vergleiche die Parteienlandschaft der Ersten Republik mit der gegenwärtigen Situation. Welche Veränderungen sind feststellbar?

Das sozialpolitische Gesetzeswerk der „Rot-Schwarzen" Koalitionsregierung 1918–1920

24. 3. 1920	Gesetz über die Arbeitslosenversicherung
28. 2. 1920	Errichtung von Kammern für Arbeiter und Angestellte
18. 12. 1919	Gesetz über Einigungsämter und Kollektivverträge
17. 12. 1919	Gesetz über den achtstündigen Normalarbeitstag
30. 7. 1919	Arbeitsurlaubsgesetz
15. 5. 1919	Gesetz über die Errichtung von Betriebsräten
14. 5. 1919	Verbot der Nachtarbeit von Frauen und Jugendlichen
25. 4. 1919	Invalidenentschädigungsgesetz
4. 2. 1919	Gesetz über die Enteignung zu Wohnzwecken
25. 1. 1919	Abschaffung der Arbeitsbücher und Bestrafung des Kontraktbruchs – Errichtung eines staatlichen Wohnungsförderungsfonds
20. 11. 1918	Staatliche Arbeitslosenunterstützung für Angestellte
19. 11. 1918	Erweiterung der Gewerbeinspektion – Gesetz über den 8-stündigen Arbeitstag fabriksmäßig betriebener Gewerbeunternehmungen – Gesetz über die Heimarbeit
6. 11. 1918	Invalidenfürsorge – staatliche Unterstützung der Arbeitslosen
4. 11. 1918	Aufstellung der industriellen Bezirkskommissionen zur Organisation der Arbeitsvermittlung – Errichtung von Einigungsämtern

→ Erörtere die Gründe für die entscheidenden Fortschritte der Republik auf diesem Gebiet. Nenne Sozialgesetze, die in der Tabelle fehlen, heute aber selbstverständlich sind.

Die Verfassung von 1920/1929

Der Wiener Völkerrechtsprofessor Hans Kelsen wurde von der Nationalversammlung mit der Ausarbeitung einer Verfassung beauftragt. Dabei musste ein Ausgleich zwischen föderalistischen Bestrebungen, welche die Christlichsozialen und die Länder vertraten, und den zentralistischen Bestrebungen der Sozialdemokraten gefunden werden.

Das Bundes-Verfassungsgesetz (B-VG) wurde schließlich am 1. Oktober 1920 von der Nationalversammlung angenommen. Mit einigen Novellierungen (Abänderungen) blieb diese Verfassung bis zur Proklamation des Ständestaates (1. Mai 1934) gültig. Nach dem Zweiten Weltkrieg wurde sie am 1. Mai 1945 wieder in Kraft gesetzt. Sie ist im Wesentlichen auch heute die Verfassung unserer (Zweiten) Republik.

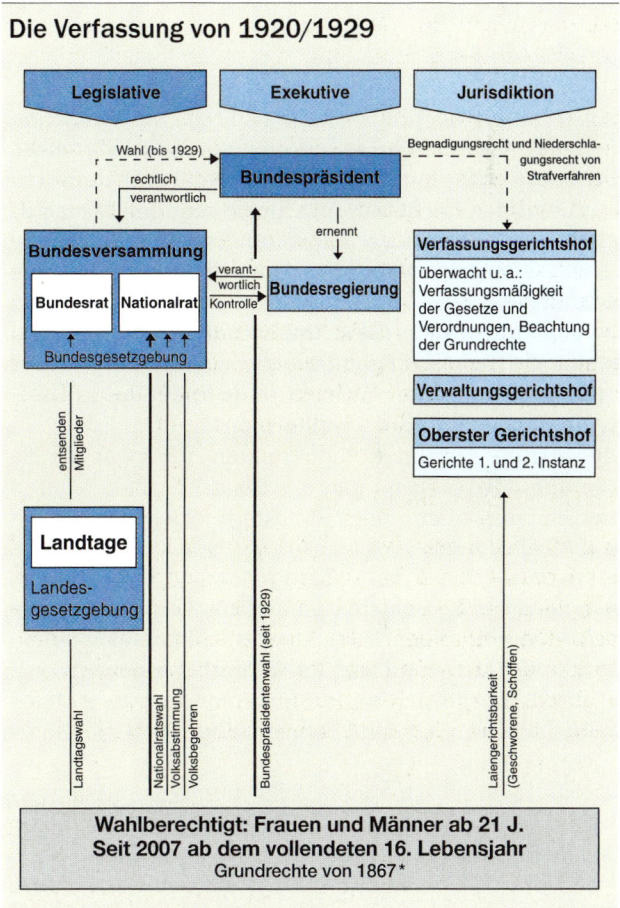

*Es gelten die Staatsgrundgesetze aus dem Jahr 1867.

Fragen und Arbeitsaufträge

→ 1. Erstelle einen kurzen Überblick über die Erste Republik.

→ 2. Erkläre mit Hilfe des Verfassungsschaubildes die Grundzüge der Verfassung von 1920/29.

3. Immer wieder Wirtschaftskrisen

Die wirtschaftliche Dauerkrise

Das Scheitern der Ersten Republik hat mehrere Ursachen. Ein zentraler Grund liegt aber sicherlich an den großen wirtschaftlichen Schwierigkeiten, welche die österreichische Politik nicht lösen konnte. Bereits während und unmittelbar nach dem Ersten Weltkrieg gab es eine drastische Nahrungsmittelknappheit. Vor allem Kinder und Jugendliche litten an Hunger und Unterernährung. Tausende geschwächte Menschen starben an Tuberkulose und Grippe. Ausländische Organisationen errichteten Suppenküchen und spendeten Nahrungsmittel, um die krasseste Not abzuwenden. Die herrschende Arbeitslosigkeit nach Kriegsende wurde noch verschärft durch die zurückkehrenden Soldaten und durch über 100 000 deutschsprachige Beamte, die aus allen Teilen der Monarchie nach Wien strömten.

Inflation und „Völkerbund-Anleihe"

Auch die ungeheure Inflation als Folge des wirtschaftlichen Zusammenbruchs wurde zu einer schweren Belastung für die junge Republik. Gelder aus dem Ausland wurden nicht nur zur Belebung der Wirtschaft gebraucht, sondern vor allem um die immer rascher an Wert verlierende Währung („Hyperinflation") zu sanieren. Im Mai 1922 war Ignaz Seipel zum Bundeskanzler ernannt worden. Sein Ziel war die Erlangung einer Anleihe, d.h. eines Krediters, vom Völkerbund. In den „Genfer Protokollen" vom Oktober 1922 wurde Österreich die gewünschte Anleihe zugesagt. Damit verbunden waren allerdings Bedingungen, die zwar die Sanierung der Währung und des Staatshaushaltes garantierten, auf Dauer jedoch die österreichische Wirtschaft stark belasteten:

- Österreich musste sich (neuerlich) verpflichten, keinen Anschluss an Deutschland anzustreben.
- Zur Sicherstellung der Rück- und Zinsenzahlungen musste Österreich seine Einnahmen aus den Staatsforsten, dem Salz- und Tabakmonopol und den Zöllen verpfänden.
- Österreich musste einen Völkerbundkommissär, welcher jede Ausgabe von Geld aus der Anleihe genehmigen musste, anerkennen.
- Ein drastisches Sparprogramm bei den Staatsausgaben wurde beschlossen: Dazu gehörten die Auflassung von Dienststellen, Auflösung von sozialen Einrichtungen, Abbau von Beamtinnen und Beamten, Verringerung der Anzahl der Mittelschulen, Erhöhung der Schulgelder usw.

→ Fasse die Bestimmungen zusammen, welche den Handlungsspielraum der österreichischen Regierungen einschränkten.

Die Sozialdemokratische Partei stimmte im Nationalrat gegen die Genfer Protokolle. Dies geschah nicht nur deshalb, weil der von ihr angestrebte Anschluss an Deutschland neuerlich verboten wurde. Die Sozialdemokraten fürchteten vor allem wegen der drastischen Sparmaßnahmen einen massiven Abbau der Sozialgesetze, die sie eben erst durchgesetzt hatten. Dies hätte die sozialen Gegensätze in der Gesellschaft verschärft. Die Gegnerschaft zwischen Christlichsozialen und Sozialdemokraten vertiefte sich durch die „Völkerbundanleihe", auch die Sprache in der Politik wurde radikaler. Dennoch wurde die Sanierung des Staatshaushaltes rasch durchgezogen. Im Dezember 1924 kam der Schilling: 10 000 Papierkronen wurden gegen einen Schilling umgetauscht. In der Folgezeit richteten die Regierungen ihr Hauptaugenmerk auf die Stabilität der Währung und ein ausgeglichenes Budget. Um einer neuerlichen Inflation vorzubeugen, wurde der Geldumlauf niedrig gehalten („Deflation"). Der Abbau von einem Drittel der Beamtinnen und Beamten verringerte die Ausgaben des Staates, neue Steuern erhöhten seine Einnahmen. Tatsächlich war der Schilling in der Zwischenkriegszeit eine überaus harte Währung; er wurde scherzhaft auch als „Alpendollar" bezeichnet.

Die Sparpolitik wirkte sich jedoch negativ auf die Wirtschaft aus. Besonders die neu eingeführte Umsatzsteuer verursachte eine starke Teuerung: Dies bewirkte einen Rückgang im Konsum, was wiederum einen Rückgang der Produktion zur Folge hatte. Damit verbunden war ein Einbruch bei den Exporten, da österreichische Erzeugnisse auf dem Weltmarkt zu teuer wurden. Viele Betriebe mussten zusperren. Die ohnehin schon vorhandene strukturelle Arbeitslosigkeit nahm weiter zu und wurde zu einer Dauererscheinung in Österreich, auch in der Zeit bis 1929, in der überall in Europa und der Welt gute Konjunktur herrschte:

> L Nach der Währungsstabilisierung 1922 nahm (...) die Arbeitslosigkeit rasch zu und schwankte auch in den relativ guten Jahren um die 9 %. Selbst 1929, im wirtschaftlich besten Jahr der Zwischenkriegszeit, hatte man eine Arbeitslosenrate von 8,8 %, die in der Folgezeit auf über 25 % anstieg. Nach 1922 war die österreichische Wirtschaft ständig unterbeschäftigt und der Arbeitsmarkt durch eine chronische Arbeitslosigkeit gekennzeichnet (...). Bis 1929 konnte praktisch jeder Arbeitslose noch mit einer Unterstützung rechnen, 1937 nur mehr jeder Zweite.
>
> (Stiefel, Der Arbeitsmarkt in Österreich. Studia Germanica et Austriaca 2/2002, S. 4 f.)

Arbeitslosigkeit als Dauer- und Massenerscheinung

In den Jahren 1931/32 kam es in Österreich als Folge der Weltwirtschaftskrise zu einer drastischen Zuspitzung der Arbeitsmarktsituation: Die Arbeitslosenzahlen stiegen sprunghaft an. Besonders von Erwerbslosigkeit betroffen waren Jugendliche. 1933, auf dem Höhepunkt der Krise, wies die offizielle Statistik 557 000 Arbeitslose aus. Rechnet man die Ausgesteuerten (nach der Entlassung gab es Arbeitslosengeld und darauf Notstandshilfe; nach einem Jahr wurde auch diese eingestellt, man

Österreich I – die Erste Republik

war „ausgesteuert") und Jugendliche, die noch nie gearbeitet hatten, hinzu, müsste sich diese Zahl um etwa 200 000 erhöhen; dies bedeutete eine Arbeitslosenrate von unfassbaren 38 Prozent!

Die „Kronen Zeitung" berichtete am 8. Dezember 1933:

> Q Gestern abend ist in der Schüttaustraße die 37jährige Paula Prokop infolge vollständiger Entkräftung und Unterernährung auf offener Straße bewußtlos zusammengestürzt und mußte durch die Rettungsgesellschaft nach Hilfeleistung in das Franz-Josefsspital gebracht werden. Die Frau, Mutter von vier minderjährigen Kindern, lebte mit ihrem arbeitslosen Gatten, der keinerlei Unterstützung mehr bezieht, (...) in den kümmerlichsten Verhältnissen und litt bitterste Not.
> (Klusacek, Stimmer (Hg.): Dokumentation zur Österreichischen Zeitgeschichte 1928-1938,1982, S. 313)

→ Beschreibe Ursachen und Folge der wirtschaftlichen Lage der Frau.

Die miserable materielle und soziale Situation vieler Menschen war einerseits eine Folge der Wirtschaftskrise, andererseits ein Versagen der österreichischen Wirtschaftspolitik: Auch dem autoritären Ständestaat ab 1933 gelang es nicht, die dramatische Situation zu entschärfen. Die Spirale von Arbeitslosigkeit – weniger Volkseinkommen – Konsumrückgang – Produktionsrückgang – Entlassungen drehte sich immer weiter. Eine verhängnisvolle politische Auswirkung davon war, dass die Wirtschafts- und Arbeitsmarkpolitik der Nationalsozialisten ab 1933 in Deutschland auf viele Österreicher/innen attraktiv wirkte.

Zahl der Arbeitslosen in Österreich 1919-1937

	Gesamtzahl der Arbeitslosen
1919	355 000
1920	79 000
1921	28 000
1922	103 000
1923	212 000
1924	188 000
1925	220 000
1926	244 000
1927	217 000
1928	183 000
1929	192 000
1930	243 000
1931	334 000
1932	468 000
1933	557 000
1934	545 000
1935	515 000
1936	515 000
1937	464 000

■ Stiefel, Arbeitslosigkeit, 1979, S. 29.

■ Ausspeisungsaktion in Steyr, Fotografie des österreichischen Pressefotografen Lothar Rübelt, 1932.

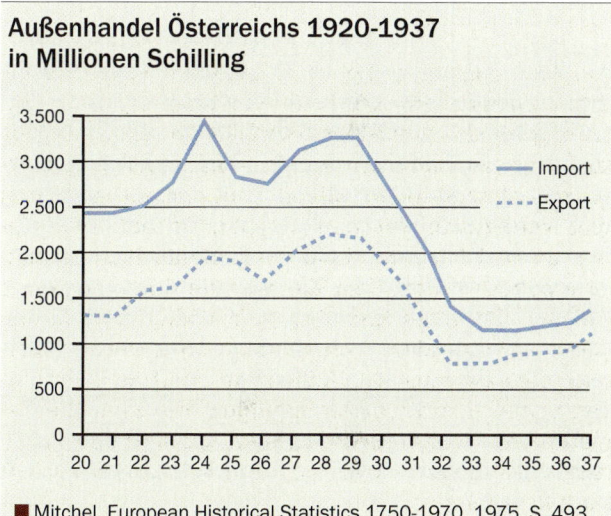

■ Mitchel, European Historical Statistics 1750-1970, 1975, S. 493.

■ Die Inflation wurde gestoppt durch die Einführung des Schillings im Dezember 1924. Für 10 000 Kronen bekam man einen Schilling. Österreichische Gemeinden druckten ihr eigenes Notgeld, um die wirtschaftlichen Schwierigkeiten zu überwinden (Geldmuseum der OeNB).

Fragen und Arbeitsaufträge

→ 1. Fasse zusammen, mit welchen wirtschaftlichen Schwierigkeiten die Republik in den ersten Jahren ihres Bestehens zu kämpfen hatte. Gehe dabei auch auf die „Völkerbund-Anleihe" und ihre Folgen ein.

→ 2. Erläutere, welche Bedeutung die Arbeitslosigkeit in Österreich in der Zwischenkriegszeit hatte. Berücksichtige dabei auch die Materialien in diesem Kapitel.

4. Die Radikalisierung der Innenpolitik

■ Jeden Sonntag marschierten die Wehrformationen: Heimwehr (l.) u. Republikanischer Schutzbund (r.). Die Aufmärsche wurden als Demonstrationen der Stärke oft in Wohngebiete mit überwiegend feindlich gesinnter Bevölkerung verlegt. Das Bild links zeigt einen Heimwehraufmarsch in Wiener Neustadt 1928, das Bild rechts einen Aufmarsch des Republikanischen Schutzbundes in Eisenstadt 1932. Beide Fotografien wurden vom österreichischen Pressefotografen Albert Hilscher aufgenommen.

Politische Gegensätze verhärten sich

Die Erste Republik war ab 1920 zunehmend geprägt von der politischen Auseinandersetzung zwischen den Christlichsozialen und den Sozialdemokraten. Jede der beiden großen Parteien wollte ihre „höchsten Werte" mit aller Kraft verteidigen. Für die Christlichsozialen waren dies Glaube, Vaterland und die bestehende Gesellschaftsordnung. Für die Sozialdemokraten war es der Fortschritt der Menschheit zu einer von der Vernunft bestimmten klassenlosen Gesellschaft. Dabei standen sich die beiden Parteien zunehmend feindlich gegenüber. Es kam so zu einer starken Radikalisierung der gesamten Innenpolitik. Die fanatische Sprache der Politiker wurde von den Anhängern der Gegenparteien wörtlich genommen. Dies führte dazu, dass sie sich in ihrer persönlichen und beruflichen Existenz bedroht fühlten. Die Spaltung des österreichischen Volkes in zwei gegnerische Lager gewann dadurch noch an Gefährlichkeit, dass sich beide Seiten auf uniformierte und bewaffnete „Selbstschutzverbände" stützten.

Heimwehr und Republikanischer Schutzbund

Die Ursprünge der Selbstschutzverbände gehen auf die Umbruchstage des Jahres 1918 zurück. Damals entstanden im ganzen Land Bauern- und Arbeiterwehren. Sie sollten in jener chaotischen Phase die innere Ordnung aufrechterhalten. Auch im Kampf um die Grenzen (Kärnten, Burgenland) wurden sie eingesetzt. Nach dem Ende der Abwehrkämpfe behielten sie zumeist ihre Waffen oder versteckten sie in geheimen Lagern.
Die Sozialdemokratie gründete 1923 den „Republikanischen Schutzbund". Dieser brachte es bis auf 80 000 Mitglieder. Die bürgerlichen Gruppen fürchteten die bessere Organisation der Sozialdemokraten. Auch waren ihre in Ballungszentren arbeitenden und wohnenden Anhänger rasch verfügbar.
Auf bürgerlicher Seite wurde 1924 die „Heimwehr" bzw. der „Heimatschutz" als nicht direkt an eine Partei angelehnte Formation gebildet. Sie sollten ein Gegengewicht zum Republikanischen Schutzbund bilden. Die Heimwehren waren nach Bundesländern organisiert. Sie waren aber nie so einheitlich wie der Schutzbund und kamen auf etwa 120 000 Mann.
Ein Grund für diese hohen Mitgliederzahlen dürfte auch in der wirtschaftlichen Situation zu suchen sein: Für viele Arbeitslose war die (geringe) Entschädigung, die sie für ihre Mitarbeit in den Wehrverbänden erhielten, eine Überlebensfrage.

„Linzer Programm" der Sozialdemokratie

In dieser gespannten Situation beschlossen die sozialdemokratischen Parteifunktionäre auf ihrem alljährlichen Parteitag das „Linzer Programm" (1926). Es fasste die Ideen des „Austromarxismus" zusammen und war deutlich von der Sprache des radikalen Flügels der Partei geprägt:

> Q *Die Sozialdemokratische Arbeiterpartei erstrebt die Eroberung der Herrschaft in der demokratischen Republik, nicht um die Demokratie aufzuheben, sondern um sie in den Dienst der Arbeiterklasse zu stellen, den Staatsapparat den Bedürfnissen der Arbeiterklasse anzupassen und ihn als Machtmittel zu benützen, um dem Großkapital und dem Großgrundbesitz die in ihrem Eigentum konzentrierten Produktions- und Tauschmittel zu entreißen und sie in den Gemeinbesitz des ganzen Volkes zu überführen.*
> *Die Sozialdemokratische Arbeiterpartei wird die Staatsmacht in den Formen der Demokratie ausüben. Wenn sich aber die Bourgeoisie gegen die gesellschaftliche Umwälzung, die die Aufgabe der Staatsmacht der Arbeiterklasse sein wird, durch planmäßige Unterbindung des Wirtschaftslebens, durch gewaltsame Auflehnung, durch Verschwörung mit ausländischen gegenrevolutionären Mächten widersetzen sollte, dann wäre die Arbeiterklasse gezwungen, den Widerstand der Bourgeoisie mit den Mitteln der Diktatur zu brechen.*
> (Zit. nach: Frass, Quellenbuch zur österreichischen Geschichte 4, 1967, S. 97ff.)

Österreich I – die Erste Republik

Der brennende Justizpalast, Fotografie, 1927.

→ Arbeite die Ziele der Sozialdemokratie in diesem Programm heraus. Erkläre den Begriff „Mittel der Diktatur der Arbeiterklasse". Erörtere, welchen Eindruck dieses Programm auf den politischen Gegner gemacht haben könnte.

Otto Bauer erklärte noch auf dem Linzer Parteitag, die angedrohte Gewalt sei rein defensiv zu verstehen. Trotzdem glaubte die bürgerliche Seite nun die wahren Absichten der Sozialdemokratie zu kennen: den gewaltsamen Umsturz. Auch die sozialdemokratische Parteibasis nahm die Worte des „Linzer Programms" ernst. Beide Seiten rüsteten für den zu erwartenden Kampf.

Schattendorf und der Brand des Justizpalastes

Selbst in kleinen Orten organisierten die Wehrverbände Aufmärsche und provozierten den politischen Gegner. Am 30. Jänner 1927 maschierten Schutzbundabteilungen durch die burgenländische Gemeinde Schattendorf. Sie provozierten rechtsgerichtete Frontkämpfer, die in einem Gasthaus zusammensaßen. Diese schossen daraufhin auf den Demonstrationszug der Schutzbündler und töteten einen Kriegsinvaliden und ein achtjähriges Kind.
Ein Wiener Geschworenengericht sprach die Frontkämpfer jedoch frei. Der leidenschaftliche Protest der Arbeiterzeitung zeigte Wirkung: Die Wiener Arbeiterinnen und Arbeiter legten spontan die Arbeit nieder, zogen zum Justizpalast und setzten ihn in Brand.
Sozialdemokratische Parteiführer versuchten die empörte Menge erfolglos zu beruhigen. Daraufhin setzte Polizeipräsident Schober bewaffnete Polizei ein, die in die Menge schoss. 89 Tote (darunter 4 Polizisten) und 1057 Verwundete waren die blutige Bilanz jenes 15. Juli 1927.
Anstatt nun eine gegenseitige Annäherung zu suchen, verschärfte sich die Konfrontation weiter: Bundeskanzler Seipel weigerte sich, den bei der Demonstration verhafteten Arbeiterinnen und Arbeitern Amnestie zu gewähren. Von der Arbeiterzeitung wurde er daraufhin als „Prälat ohne Milde"* bezeichnet und eine Welle von Kirchenaustritten setzte ein.

*Kirchenmann

Die Wiener „Arbeiterzeitung" schrieb Jahrzehnte später über den Brand des Justizpalastes:

L Er ist das Schlüsselereignis der Ersten Republik, die Wende zwischen Demokratie und Faschismus. An diesem blutigen Freitag ging mehr in Trümmer als der Justizpalast: die Arbeiterklasse verlor ihr Vertrauen in den Rechtsstaat, die Sozialdemokratie den Glauben an die Allmacht ihrer Organisation. Die Ausschaltung des Parlamentes 1933, die Auflösung der Sozialdemokratie 1934 waren nur noch die letzten Konsequenzen dieser großen Niederlage der jungen Demokratie.

(Steininger, 12. November 1918 bis 13. März 1939, in: Österreich im 20. Jahrhundert, 1997, S. 120 f.)

„Korneuburger Eid" der Heimwehr

Die Sozialdemokraten boten nun Verhandlungen über die Abrüstung der Selbstschutzverbände an. Das bürgerliche Lager war jedoch nicht bereit, auf die Heimwehr zu verzichten. Diese wurden in der Folge politisch immer eigenständiger und unter dem Einfluss Mussolinis, der sie mit Waffen und Geld versorgte, immer faschistischer.
Am 18. Mai 1930 versammelten sich in Korneuburg 800 Delegierte zur Generalversammlung der niederösterreichischen Heimwehr. Der österreichische Bundesführer Richard Steidle verlas ein Grundsatzprogramm, auf das die Delegierten einen „heiligen Eid" schworen:

Q • Wir wollen Österreich von Grund aus erneuern!
• Wir wollen den Volksstaat des Heimatschutzes.
• Wir wollen nach der Macht im Staate greifen und zum Wohle des gesamten Volkes Staat und Wirtschaft neu ordnen.
• Wir verwerfen den westlichen demokratischen Parlamentarismus und den Parteienstaat.
• Wir kämpfen gegen die Zersetzung unseres Volkes durch den marxistischen Klassenkampf und liberalkapitalistische Wirtschaftsgestaltung.
• Jeder Kamerad fühle und bekenne sich als Träger der neuen deutschen Staatsgesinnung;
 er sei bereit, Gut und Blut einzusetzen,
 er kenne die drei Gewalten:
 den Gottesglauben,
 seinen eigenen harten Willen,
 das Wort seiner Führer.

(Zit. nach: Jochum, Die Erste Republik in Dokumenten und Bildern, 1983, S. 92f., gekürzt)

→ Benenne die faschistischen Elemente des „Korneuburger Eides".

Fragen und Arbeitsaufträge

→ 1. Erkläre die Rolle der beiden großen politischen Parteien in der Ersten Republik. Gehe dabei auch auf die Wehrverbände ein.

→ 2. Skizziere die zunehmende Radikalisierung der Innenpolitik. Erläutere in diesem Zusammenhang auch die folgenden Begriffe bzw. Ereignisse: Linzer Programm, Brand des Justizpalastes, Korneuburger Eid.

Methode – Kompetenztraining

5. Plakate untersuchen

Wahlplakate in der Ersten Republik

Wahlplakate von politischen Parteien stellen eine aufschlussreiche Geschichtsquelle dar. Sie geben einerseits Auskunft über die politischen Inhalte und Pläne einer Partei. Oft thematisieren Parteien in ihren Wahlplakaten auch gesellschaftliche und wirtschaftliche Probleme und versuchen Lösungen anzubieten. Man erfährt so, welche Hoffnungen und Sorgen Menschen bewegen. Außerdem bekommt man einen Einblick, wie und mit welchen sprachlichen und bildnerischen Mitteln Parteien und politische Gruppierungen zu verschiedenen Zeiten für sich Wahlpropaganda betrieben haben.

Plakate haben eine lange Geschichte. Bereits im antiken Rom wurden Gesetzestexte und behördliche Kundmachungen an öffentlichen Plätzen angeschlagen. Im 16. Jahrhundert, während der Befreiungskriege gegen Spanien, wurden in den Niederlanden antispanische Flugblätter mit Klebstoff an Häuserwände „geplackt". Daraus entstand das Wort „Plakat". In der Folgezeit entwickelten sich auch Bildplakate: Sie setzen neben Texten auch bildliche Darstellungen ein. Als Warenplakate warben sie für Produkte oder als Anwerbungsplakate für Soldaten. Erste politische Plakate entstanden im 19. Jahrhundert. Auch im Ersten Weltkrieg verwendeten die kriegführenden Staaten Plakate als Propagandamittel.
In keiner anderen Phase der österreichischen Geschichte hatten politische Plakate eine so große Bedeutung wie in der Ersten Republik. In einer Zeit, in der das Radio noch nicht massenhaft verbreitet war, boten nur gedruckte Medien die Möglichkeit, Menschen in Wort und Bild anzusprechen. Entsprechend warben die Parteien vor allem vor Wahlen mit Plakaten, die an Mauern, Häuserfassaden und Bäumen angebracht wurden, um Wählerstimmen. Betrachtet man diese Plakate, so erhält man Informationen über die Stilmittel, mit denen damals politische Propaganda betrieben wurde. Außerdem geben sie auch einen Einblick in die politischen und gesellschaftlichen Fragestellungen in Österreich zwischen 1918 und 1938.

> **Methode**
>
> Mit Hilfe von Wahlplakaten oder politischen Plakaten wird politische Propaganda gemacht. Das bedeutet, dass das Verhalten, z. B. das Wahlverhalten, der Zielgruppe beeinflusst werden soll. Die Betrachter/innen des Plakates sollen sich angesprochen fühlen, zum Nach- oder Umdenken und zum gewünschten Handeln gebracht werden. Häufig sind politische Plakate eine Kombination aus Bildelementen und einem kurzen Text. Komplexe Themen werden dabei vereinfacht oder verfremdet. Ein Plakat soll auffallen und die Betrachter/innen im Vorbeigehen oder Vorbeifahren fesseln. Um die Absichten und die Botschaften politischer Parteien zu erkennen, sollten die Bild- und Wortsprache von Plakaten kritisch analysiert und reflektiert werden.

■ Wahlplakat 1: Das Plakat der Sozialdemokraten (1923) stellt die Sanierung der Währung durch die „Völkerbund-Anleihe" dar. Grafiker: Mihály Biró, 95 x 126 cm.

Plakate untersuchen

Plakate beschreiben

- Beschreibe die Personen, die auf dem Plakat abgebildet sind. Wie sind die Personen dargestellt (Größe, Aussehen, Bekleidung, Gesichtszüge, Körpersprache, Farbgebung...)?
- Benenne die Gegenstände, Gebäude, Situationen, die man erkennen kann.
- Erkläre die Symbole, die man erkennen kann. Wofür stehen sie? Welche Funktion könnten sie haben?
- Beschreibe Text, Farben, Schriftzüge des Plakates. Wurden bestimmte Wörter oder Begriffe besonders hervorgehoben?
- Stelle fest, welche sachlichen Informationen das Plakat bietet.

Plakate analysieren

- Nenne die Person bzw. Personengruppe, von der / von denen das Plakat stammt.
- Stelle fest, wann und wo das Plakat entstanden ist.
- Finde heraus, aus welchem Grund das Plakat in Auftrag gegeben wurde.
- Untersuche den Text des Plakates. Welche Wirkung soll damit möglicherweise erzielt werden? Was lässt sich über Wortwahl und sprachliche Merkmale des Textes sagen?
- Erörtere die Wirkung des Plakates: Wirkt das Plakat originell, interessant, aufrüttelnd?

Plakate interpretieren

- Ordne das Plakat in den historischen Zusammenhang ein.
- Erörtere, was deiner Meinung nach die Hauptaussage des Plakates ist.
- Überlege, welche Wirkung der Auftraggeber des Plakates möglicherweise zu erreichen versuchte.
- Beurteile, wie es auf die Anhänger der Partei, wie auf die Gegner gewirkt haben könnte. Begründe deinen Standpunkt.

Arbeitsaufträge

- Analysiere die drei hier abgebildeten Plakate mit Hilfe der Aufgabenstellungen oben.
- Vergleiche die Wahlplakate der Ersten Republik mit Wahlplakaten der letzten Nationalratswahlen (recherchiere diese im Internet).
- Halte stichwortartig die Unterschiede fest. Diskutiert in der Klasse, worauf diese zurückzuführen sind.
- Bearbeite mit Hilfe der Aufgabenstellungen oben weitere Plakate im Schulbuch, bspw. auf S. 52, 61, 62, 110, 167.

■ Wahlplakat 2: Der bekannte Karikaturist Fritz Schönpflug gestaltete dieses Plakat für die Christlichsozialen. Wien 1919, 95 x 63 cm.

■ Wahlplakat 3: Wahlplakat der Großdeutschen Volkspartei von 1923. Grafiker: Ernst Ludwig Franke, 95 x 63 cm.

6. Die gescheiterte Demokratie

Die letzten freien Wahlen

Die Folgen der Weltwirtschaftskrise in den Jahren nach 1929 trafen auch Österreich mit voller Wucht. Große österreichische Bankinstitute (Unionbank, Bodenkreditanstalt, Creditanstalt) brachen zusammen. Die Arbeitslosenrate stieg kontinuierlich an.

Während der großen Krise fanden im November 1930 Wahlen statt – die letzten freien Nationalratswahlen bis 1945. Der Wahlkampf wurde mit großer Härte geführt. Auch die katholische Kirche mischte sich ein: Die Bischöfe veröffentlichten einen Hirtenbrief, in dem sie die Gläubigen zur Stimmabgabe für die Christlichsozialen aufriefen. Die Nationalsozialisten erhielten bei dieser Wahl 100 000 Wählerstimmen. Die Sozialdemokraten wurden zwar zur stärksten Partei, blieben aber in Opposition, da neuerlich eine Bürgerblockregierung (Christlichsoziale, Großdeutsche, Landbund) gebildet wurde. Auch diese Regierung scheiterte bald an den wirtschaftlichen Schwierigkeiten.

Dollfuß und die Ausschaltung des Parlamentes

Im Mai 1932 wurde der Christlichsoziale Engelbert Dollfuß Bundeskanzler. Seine Regierung hatte sich mittlerweile eng an das faschistische Italien angelehnt. Im Nationalrat besaß sie nur eine hauchdünne Mehrheit von einer Stimme.

Bei einer Abstimmung am 4. März 1933 unterlag die Regierungskoalition mit 80 zu 81 Stimmen. Als die Abstimmung wegen eines Fehlers wiederholt werden musste, legte der sozialdemokratische Erste Nationalratspräsident Karl Renner sein Amt nieder. Dies ermöglichte ihm nämlich, seine Stimme für seine Partei abzugeben. Aber sowohl der Christlichsoziale Zweite als auch der Großdeutsche Dritte Präsident des Nationalrats legten daraufhin ihre Funktion zurück. Ein solcher Vorgang war in der Geschäftsordnung des Nationalrats nicht vorgesehen. Die Abgeordneten gingen auseinander, ohne dass die Sitzung formell geschlossen wurde.

Dollfuß sah nun seine Chance, sich der „Fesseln des Parlamentarismus" zu entledigen: Eine neuerliche Zusammenkunft der Abgeordneten ließ er durch ein Aufgebot von Kriminalbeamten und Polizei, die das Parlamentsgebäude umstellten, verhindern. In einem Aufruf „An Österreichs Volk" erklärte er das Parlament für gelähmt und ausgeschaltet. Dollfuß und seine Regierung stützten sich dabei auf eine Notverordnung aus dem Ersten Weltkrieg, das so genannte „Kriegswirtschaftliche Ermächtigungsgesetz" (1917). Es war nie aufgehoben worden und erlaubte einer Regierung in Notzeiten auch ohne Parlamentsbeschluss an Stelle des Parlamentes Verordnungen zu erlassen. Damit verbunden waren eine Pressezensur und ein Versammlungsverbot. Bundespräsident Miklas hätte die Bundesregierung entlassen und eine neue ernennen können, er griff jedoch nicht ein. Damit war das Ende der Demokratie in Österreich gekommen. Trotz heftiger Proteste, vor allem seitens der Sozialdemokraten, begann Dollfuß den autoritären Ständestaat zu errichten.

■ Der österreichische Bundeskanzler Dr. Engelbert Dollfuß (li.) auf einer Kundgebung der Vaterländischen Front in Tulln 1934. Rechts neben Dollfuß der Justizminister und spätere Bundeskanzler Dr. Kurt Schuschnigg, zwischen den beiden Landeshauptmann Josef Reither.

Zunehmender Einfluss des Auslandes

Die Sozialdemokraten kamen nun in einen immer schärferen Gegensatz zur Regierung. Aber auch die Nationalsozialisten verstärkten ihren Druck. Sie spürten nach der „Machtergreifung" Hitlers in Deutschland (1933) starken Aufwind und hatten ihre Hoffnungen vergeblich auf Neuwahlen gesetzt. Nun begannen sie, das Land mit einer Welle von Terror- und Sabotageakten zu überziehen. Die Regierung reagierte mit dem Verbot der NSDAP (Juni 1933). Darauf verstärkten die Nationalsozialisten ihren Terror gegen Personen, Verkehrseinrichtungen und Gebäude weiter.

Zur Unterstützung der österreichischen Nationalsozialisten hatte Hitler schon im Mai 1933 die „1 000-Mark-Sperre" verfügt: Deutsche, die nach Österreich reisen wollten, mussten eine Gebühr von 1 000 Mark zahlen (das würde heute mehr als 3 000 Euro entsprechen). Dies schädigte die ohnehin geschwächte österreichische Wirtschaft zusätzlich: Der Fremdenverkehr aus Deutschland kam dadurch praktisch zum Stillstand.

Gegen diesen Druck der Nationalsozialisten suchte Dollfuß außenpolitische Absicherung beim faschistischen Italien. Mussolini verlangte als Gegenleistung die rasche Durchsetzung einer faschistischen Ordnung in der österreichischen Innenpolitik: Die dauernde Ausschaltung des Parlaments und der Sozialdemokratischen Partei (die Kommunistische Partei war schon verboten) sowie die Förderung der (faschistischen) Heimwehr.

Die Gründung der „Vaterländischen Front"

In der 1931 erschienen Enzyklika (=päpstliches Rundschreiben) „Quadragesimo anno" von Papst Pius XI. sah Dollfuß eine Grundlage und Legitimierung des autoritären Ständestaates. Wichtige Schritte zu seinem Aufbau waren die Aufhebung bzw. das Verbot von Parteien und die Gründung der „Vaterländischen Front" im Mai 1933. Diese verstand sich nicht als Partei, sondern als eine überparteiliche Massenorganisation nach Art der faschistischen Parteien. In ihr sollte das österreichische Nationalbewusstsein vertieft werden. Von allen Staatsbeamten wurde der Beitritt zur „Vaterländischen Front" erwartet, viele Organisationen und Vereine traten geschlossen über, nicht alle freiwillig.

Österreich I – die Erste Republik

■ 12. Februar 1934: Bild links: Die Regierung ließ Artillerie gegen Arbeiterwohnungen einsetzen. Das Foto zeigt Soldaten des Bundesheeres vor dem Karl Marx-Hof in Wien (unbek. Fotograf). Bild rechts: Zerschossene Küche im Karl Marx-Hof (Fotografie von Albert Hilscher).

Dollfuß erklärte in der berühmt gewordenen „Trabrennplatzrede" im September 1933:

> Ich will heute all das, was insbesondere in unserem Parlament und in der sogenannten Demokratie gesündigt worden ist, nicht im einzelnen anführen (…). Dieses Parlament (…) wird und darf nie wiederkommen. Im Kampf gegen den Marxismus, der rascher als jemand zu hoffen wagte, zurückgedrängt werden konnte, ist uns unter der Fahne des Nationalsozialismus eine Bewegung in den Rücken gefallen, und so war die Regierung gezwungen, in einem Zweifrontenkrieg die Führung des Staates fest in die Hand zu nehmen (…). Ständiger Aufbau ist die Aufgabe, die uns in diesen Herbstmonaten gestellt ist. Der Berufsstand ist die Ablehnung klassenmäßiger Zusammenfassung des Volkes. Berufsauffassung besagt die gemeinsame Arbeit, die die Menschen einigt (…). Im Bauernhause, wo der Bauer mit seinen Knechten nach gemeinsamer Arbeit abends am gleichen Tisch, aus der gleichen Schüssel seine Suppe isst, da ist berufsständige Zusammengehörigkeit, berufsständige Auffassung.
>
> (Berchtold: Österreichische Parteiprogramme 1868-1967, zit. nach: Stationen 3, S. 131)

→ Analysiere anhand der „Trabrennplatzrede" die Ideologie der Vaterländischen Front und die Grundzüge des Ständestaates.

Bürgerkrieg in Österreich

Nun ging die Regierung gezielt gegen die Sozialdemokraten vor. Der Republikanische Schutzbund war bereits im März 1933 aufgelöst worden. In der Folge war es immer wieder zu provokanten Waffensuchaktionen in sozialdemokratischen Parteilokalen durch die Polizei und die Heimwehr gekommen. Regierung und Heimwehr waren fest entschlossen, die Sozialdemokratie auszuschalten. Als am 12. Februar 1934 eine große Waffensuchaktion begann, ließ der Linzer Schutzbundkommandant Richard Bernaschek die Polizei mit Schüssen empfangen – der Bürgerkrieg war ausgebrochen. Die Wiener Parteiführung proklamierte für ganz Österreich den Generalstreik und rief den Schutzbund zu den Waffen. Allerdings wurde der Streikaufruf kaum befolgt, nur ein kleiner Teil der Schutzbundangehörigen beteiligte sich an den Kampfhandlungen. Gekämpft wurde vor allem in Wien um die Gemeindebauten, in den Industriezentren des Wiener Beckens, in Linz, Graz, in der Obersteiermark, aber auch in einigen Orten Westösterreichs, wie z. B. in Wörgl. Die Regierung setzte alle ihre Macht ein: Polizei, Bundesheer, Gendarmerie und Heimwehr.

Nach zwei Tagen brach der Widerstand des Schutzbundes zusammen, am 15. Februar 1934 war der Bürgerkrieg zu Ende. Allein der Wiener Schutzbund hatte weit mehr als 1 000 Tote und Verwundete zu beklagen. Innerhalb der Zivilbevölkerung gab es 109 Tote und 233 Verwundete und auf Seiten der Regierungstruppen 47 Tote und 123 Verwundete. Gegen die „verantwortlichen Führer" wurde mit unerbittlicher Härte vorgegangen: Neun von ihnen wurden von Standgerichten zum Tode verurteilt und hingerichtet. Prominente sozialdemokratische Führer, darunter Otto Bauer, flohen. Hunderte Schutzbündler und sozialdemokratische Funktionäre wurden in „Anhaltelager" – das größte war Wöllersdorf – gebracht. Diese hatte die Regierung nach dem deutschen Vorbild der Konzentrationslager ab Herbst 1933 für Regimegegner, hauptsächlich Nationalsozialisten und Kommunisten, eingerichtet.

Der Bürgerkrieg vom Februar 1934 belastete auch noch nach 1945 das Verhältnis zwischen den beiden Großparteien SPÖ und ÖVP.

→ Selbst heute noch wird die Person Dollfuß in Österreich sehr unterschiedlich bewertet. Die Einschätzung seiner politischen Rolle schwankt zwischen „Arbeitermörder", „Kämpfer gegen den Nationalsozialismus", „Patriot" und „Austrofaschist". Versuche dich – z.B. im Internet – über die hier vorgelegten Informationen hinaus zu informieren und dir eine Meinung zu bilden.

Fragen und Arbeitsaufträge

→ 1. Gestalte eine Zusammenfassung zum Thema „Dollfuß und die Ausschaltung des Parlamentes". Trage dazu Stichworte ins Heft ein.

→ 2. Erläutere, welche Bedeutung die folgenden Ereignisse bzw. Begriffe haben: „Tausend-Mark-Sperre", „Vaterländische Front", „Bürgerkrieg".

Politische Bildung – Kompetenztraining

7. Gefährdungen der Demokratie

In einer Demokratie zu leben, ist für die meisten Menschen in Österreich selbstverständlich. Sie kennen nichts anderes. Der erste Versuch mit der Demokratie scheiterte in unserem Land schon nach wenigen Jahren mit ihrer Zerschlagung 1933. Danach folgten Diktaturen. Die Demokratie hat also in Österreich noch keine so gefestigte Tradition. Gefährdungen sind nach wie vor nicht ausgeschlossen. In den letzten Jahren wurde aufgrund von sinkenden Wahlbeteiligungen und steigender Politikverdrossenheit diskutiert, wie es mit der „Demokratie-Zufriedenheit" in Österreich bestellt ist. Sicher ist jedenfalls, dass die Erhaltung der Demokratie zu wichtig ist, um sie nur an eine bestimmte Gruppe, z.B. an Politikerinnen und Politiker, abzuschieben. Jede und jeder profitiert von der Demokratie, alle sind aber auch für ihre Erhaltung verantwortlich. Nur wer Entwicklungen, welche die Demokratie gefährden, rechtzeitig erkennt, kann ihnen auch mit demokratischen Mitteln entgegentreten.

Im Folgenden sind einige mögliche Gefahren für eine Demokratie stichwortartig aufgelistet. Daneben stehen Karikaturen, die sich auf die einzelnen Aspekte beziehen.

Methode

Siehe dazu „Methode: Karikaturen analysieren" auf S. 114 f. in diesem Band.

Arbeitsauftrag

- Bildet 6 Gruppen und besprecht und analysiert jeweils einen Aspekt (und 1 Karikatur).
- Macht euch Notizen, stellt eure Überlegungen anschließend der Klasse vor.
- Geht bei der Analyse der Karikaturen nach den Fragen und Anleitungen im Kapitel „Karikaturen analysieren" (S. 114 f.) vor.

Recherche

- Recherchiert (Internet, Medien, Fachliteratur...) wichtige Fakten und Erkenntnisse über die jeweiligen Aspekte, stellt sie der Klasse ebenfalls vor.

Projektvorschlag

„Stärkung der Demokratie"

Erarbeitet in Gruppen Vorschläge, inwieweit jede und jeder von euch die Demokratie stärken kann.
Überlegt dabei, inwieweit ihr euch selbst demokratisch beteiligen könnt (Demokratie in der Schule, Wählen ab 16 auf Gemeinde-, Landes-, Bundes- u. EU-Ebene).
Plant dabei auch einen Besuch in einen der Landtage bzw. in den Nationalrat in Wien ein.

Extremistische und terroristische Gruppen bekämpfen die Demokratie

■ Kostas Koufogiorgos, „Terrorismus"/toonpool.com.

Rechtsextremistische Einstellungen in der Bevölkerung

■ Kostas Koufogiorgos, „Extremismus"/toonpool.com.

Gefährdungen der Demokratie

Politik- und Parteien-Verdrossenheit

■ HSB-Cartoon, „Jungwähler"/toonpool.com.

Große soziale Gegensätze

■ harm, „Bildungschipkarte"/toonpool.com.

Wirtschaftskrisen

■ Mattiello, „Geldentwertungsautomaten"/toonpool.com.

Populismus in der Politik

■ penapai, „promises"/toonpool.com.

8. Der austrofaschistische Ständestaat

Stände statt Parteien

Während des Bürgerkrieges war die Sozialdemokratische Partei verboten, ihre prominenten Führer – soweit sie nicht geflohen waren – verhaftet worden. Die Opposition war gelähmt. Nun ging Dollfuß an die Neuordnung des Staates in seinem Sinne. Das Ergebnis war ein antidemokratischer, autoritärer Staat mit einem Führerprinzip, ähnlich dem faschistischen Italien und dem nationalsozialistischen Deutschland.

Am 1. Mai 1934 wurde von der Regierung eine neue Verfassung verkündet („Maiverfassung"): An die Stelle der Parteien trat die Vaterländische Front, welche alle Österreicher/innen erfassen sollte (vgl. S. 48f.). Selbst die Christlichsoziale Partei musste ihre Auflösung beschließen. Ihre Führungskräfte übernahmen die Spitzenpositionen in der Vaterländischen Front. Vertreter der Berufsstände sollten den Willen des Volkes zum Ausdruck bringen. Der Bundespräsident sollte von nun an nicht mehr durch das Volk, sondern von den Bürgermeistern gewählt werden. Bürgermeister wurden aber nur noch Angehörige der Vaterländischen Front. Die römisch-katholische Kirche erhielt einen sehr großen Einfluss auf Schulwesen, Familienrecht und Ehebestimmungen. Die Bezeichnung „Republik" wurde ausnahmslos ersetzt durch die Worte „Bundesstaat" oder „Österreich".

Der Juliputsch

Im Frühsommer 1934 inszenierten die Nationalsozialisten eine neue Welle von Sprengstoffanschlägen. Sie planten einen gewaltsamen Umsturz. Am 25. Juli drang eine Gruppe von Nationalsozialisten in Uniformen des Bundesheeres in das Kanzleramt ein. Sie schossen auf Dollfuß und verletzten ihn so schwer, dass er bald darauf starb. Der Umsturzversuch aber scheiterte. Kurt Schuschnigg erhielt vom Bundespräsidenten den Auftrag, die Regierungsgeschäfte zu übernehmen. Die Anführer wurden vor Gericht gestellt, einige Todesurteile vollstreckt. Hitler griff nicht ein. Mussolini zeigte seine Unterstützung, indem er Truppen auf dem Brenner aufmaschieren ließ.

Das „Juliabkommen"

Kurt Schuschnigg blieb bis zum „Anschluss" Österreichs 1938 an das Deutsche Reich Bundeskanzler. Er bemühte sich um den Erhalt der Unabhängigkeit Österreichs. Angebote der (illegalen) Sozialdemokraten, eine Einheitsfront gegen die aggressive Politik Hitlers zu schaffen, griff er nicht auf.

Mussolini gab jedoch seine Schutzposition dem österreichischen Ständestaat gegenüber auf: Sein Überfall auf Abessinien und die darauf folgende politische Isolierung bewirkte nämlich eine Annäherung Italiens an Deutschland. Hitler forderte als Gegenleistung die Preisgabe Österreichs. Als Schuschnigg im März 1936 nach Rom reiste, um sich der weiteren Unterstützung Mussolinis zu versichern, riet ihm dieser zu einer Verständigung mit Hitler. Die österreichische Regierung gab nach, und Verhandlungen führten zum „Juliabkommen" mit dem Deutschen Reich. In ihm anerkannte Hitler die Unabhängigkeit Österreichs, das dafür die deutsche Außenpolitik unterstützen sollte. Das sah nach einem Sieg Schuschniggs aus. In einem geheimen Zusatzabkommen musste er jedoch einer Amnestie für verhaftete oder nach Deutschland geflüchtete Nationalsozialisten zustimmen. Darüber hinaus verpflichtete er sich, Vertrauensleute der NSDAP in die Regierung aufzunehmen. Damit kam es zur Unterwanderung Österreichs durch den Nationalsozialismus.

■ Ideale im Ständestaat. Das Kruckenkreuz der Vaterländischen Front war das Symbol der „Erneuerung" Österreichs im Sinne des Austrofaschismus.
Wien 1936, 99 × 62 cm, Wienbibliothek im Rathaus, Signatur P-93.

Schuschnigg in Berchtesgaden

Hitler hatte die Wiederaufrüstung Deutschlands massiv vorangetrieben. Er war nun entschlossen, Österreich, wenn notwendig auch mit militärischer Gewalt, an Deutschland anzuschließen. Für den 12. Februar 1938 befahl er den österreichischen Bundeskanzler zu sich nach Berchtesgaden. Schuschnigg selbst schrieb ein Protokoll dieser Unterredung:

> Hitler: „(...) Ich sage Ihnen, ich werde die ganze so genannte österreichische Frage lösen, und zwar so oder so! (...)"
>
> Hitler: „Ich brauche nur einen Befehl zu geben, und über Nacht ist der ganze lächerliche Spuk an der Grenze zerstoben. Sie werden doch nicht glauben, dass Sie mich nur eine halbe Stunde aufhalten können? Wer weiß – bin ich über Nacht einmal in Wien; wie der Frühlingssturm! Dann sollen Sie etwas erleben! (...)"
>
> (Schuschnigg, Ein Requiem in Rot-Weiß-Rot, 1949, S. 37 ff.)

Schuschnigg gab den Forderungen Hitlers nach. Er musste den Nationalsozialisten Arthur Seyß-Inquart zum „Sicherheitsminister mit voller und unbeschränkter Polizeikompetenz" ernennen. Von nun an unternahm die Polizei fast nichts mehr gegen die nationalsozialistischen Demonstrationen und Übergriffe.

Das Ende Österreichs

Schuschnigg wollte dem nationalsozialistischen Druck durch eine kurzfristig angesetzte Volksbefragung für den 13. März 1938 begegnen. In ihr sollte die österreichische Bevölkerung entscheiden, ob sie für oder gegen ein freies Österreich sei. Da selbst die emigrierten sozialdemokratischen Politiker ihren Anhängern in Österreich rieten, mit „Ja" zu stimmen, schien eine große Mehrheit für die Selbstständigkeit Österreichs gesichert.

Unter militärischen Drohungen forderte Hitler aber die Absetzung der Volksbefragung, den Rücktritt Schuschniggs und die Ernennung des Nationalsozialisten Seyß-Inquart zum Bundeskanzler. Da Schuschnigg weder bei den Westmächten noch bei den Nachbarn Hilfe fand, trat er am Abend des 11. März 1938 zurück. In einer Rundfunkrede gab er dies bekannt:

> Q *Der Herr Bundespräsident beauftragt mich, dem österreichischen Volk mitzuteilen, dass wir der Gewalt weichen. Wir haben, weil wir um keinen Preis deutsches Blut zu vergießen gesonnen sind, unserer Wehrmacht den Auftrag gegeben, für den Fall, dass der Einmarsch durchgeführt wird, ohne Widerstand sich zurückzuziehen. So verabschiede ich mich in dieser Stunde von dem österreichischen Volk mit einem deutschen Wort, einem Herzenswunsch: Gott schütze Österreich!*
>
> (Frass, Quellenbuch zur österreichischen Geschichte 4, 1967, S. 238, gekürzt)

→ Arbeite in dieser Rede Ausdrücke heraus, die auf den ideologischen Hintergrund Schuschniggs verweisen. Erörtere den möglichen Zweck der Rede.

Bundespräsident Miklas erfüllte nach langem Widerstand die Forderung, Seyß-Inquart zum Bundeskanzler zu ernennen. Trotzdem begann in der Nacht zum 12. März 1938 der Einmarsch deutscher Truppen.
Ein Vorauskommando unter dem Reichsführer der SS und Chef der deutschen Polizei, Heinrich Himmler, sicherte sich die Gold- und Devisenvorräte der Österreichischen Nationalbank, einen Schatz von über 90 Tonnen Gold. Insgesamt profitierte das Deutsche Reich im Jahre 1938 von 2,7 Milliarden Goldschilling durch den Anschluss Österreichs. Diese riesige Geldmenge war der österreichischen Bevölkerung durch die Sparpolitik der vergangenen Jahre buchstäblich „vom Mund abgespart" worden. Sie ermöglichte die weitere militärische Aufrüstung Deutschlands, dessen Devisenreserven zu diesem Zeitpunkt schon fast erschöpft waren.

Die Besetzung Österreichs verlief unblutig. Die bis dahin illegalen Anhänger der NSDAP und weite Bevölkerungskreise bereiteten den einmarschierenden Soldaten und dem bald nachfolgenden Hitler einen „jubelnden Empfang". Zehntausende Österreicher/innen, darunter auch Bundeskanzler Schuschnigg, wurden jedoch schon in den ersten Wochen nach dem Einmarsch in Konzentrationslager gebracht. Gleichzeitig begannen die Verhaftungen, Misshandlungen und Demütigungen von Jüdinnen und Juden. Uniformierte Parteiangehörige, aber auch Zivilisten raubten Geld, Schmuck und andere Wertgegenstände. So viele österreichische Jüdinnen und Juden wie möglich sollten damit zur Auswanderung gezwungen werden.

Schon am 13. März 1938 verkündete Hitler mit dem „Gesetz über die Wiedervereinigung Österreichs mit dem Deutschen Reich" den Anschluss Österreichs an das Deutsche Reich. Am 10. April ließ er dies durch eine von der NSDAP kontrollierte Volksabstimmung bestätigen. Viele bekannte Persönlichkeiten, darunter auch der Sozialdemokrat Karl Renner und Kardinal Innitzer, sprachen sich für ein „Ja" aus. Das Ergebnis brachte 99,6 Prozent Ja-Stimmen bei einer Stimmbeteiligung von 99,7 Prozent.

Für sieben Jahre gab es nun kein Österreich mehr.

> L *Der Einmarsch der deutschen Wehrmacht am 12. März 1938, dem kein Widerstand entgegengesetzt wurde, beendete endgültig die Kleinstaatlichkeit. An die 200 000 Menschen jubelten am Heldenplatz Adolf Hitler als „Befreier" zu. Gleichzeitig begannen erste Verhaftungswellen; 50 000 Österreicher/innen, politische Gegner/innen sowie Jüdinnen und Juden waren Opfer dieser Terroraktionen. Damit wurde auch bereits der Rahmen der Volksabstimmung vom 10. April 1938 abgesteckt, die über den „Anschluß" befinden sollte und deren fast hundertprozentige Zustimmung (99,6 Prozent) ein Ergebnis von Opportunismus, ideologischer Überzeugung, massivem Druck und perfekter Propaganda sowie punktueller Wahlfälschungen war.*
>
> (Rathkolb, Die paradoxe Republik. Österreich 1945 bis 2010, 2011, S. 16)

→ Erläutere die Gründe, die in dieser Textstelle für die breite Zustimmung zum „Anschluss" Österreichs angeführt werden.

Fragen und Arbeitsaufträge

→ 1. Diskutiert in der Klasse, welche grundlegenden Faktoren schlussendlich zum Scheitern der Ersten Republik beigetragen haben.

■ Bei einer Großkundgebung auf dem Heldenplatz in Wien rief Hitler am 15. März 1938 der unter ihm versammelten Menge zu: „Als Führer und Kanzler der Deutschen Nation des Reiches melde ich vor der deutschen Geschichte nunmehr den Eintritt meiner Heimat in das Deutsche Reich" (Fotografie, 15.3.1938).

9. Das Hakenkreuz über Österreich

Die so genannten „positiven" Erinnerungen …

Selbst heute gibt es noch Menschen – oft ehemalige Nationalsozialisten oder deren durch das Elternhaus geprägte Kinder und Enkel –, die von „positiven Seiten" der nationalsozialistischen Diktatur in Österreich sprechen. Offenbar überwiegen bei diesen Menschen persönliche positive Erinnerungen oder Interpretationen, sodass selbst die Berichte der Opfer über ihre Leiden und die wissenschaftlichen Tatsachen über die Verbrechen der Nationalsozialisten nichts daran ändern.

> Nach der Befreiung durch die Alliierten (…) standen aber nicht die eigene Verantwortung und Mitwirkung an Holocaust und Krieg im Zentrum gesellschaftlicher Debatten, sondern die Situation als Opfer, als Kriegsgefangene, Bombenopfer und Verfolgte von NS-Repressionen. Selbst die Leiden der jüdischen Bevölkerung – rund 130 800 Juden und Jüdinnen waren ins Exil getrieben worden, rund 65 000 ermordet oder ums Leben gekommen – wurden rasch von den Hinweisen auf eigene Leiden und Schicksalsschläge verdrängt.
>
> (Rathkolb, Die paradoxe Republik. Österreich 1945 bis 2010, 2011, S. 16)

→ Erörtere, inwieweit sich ein solches Verhalten mit den Mitteln der Psychologie erklären lässt.

An erster Stelle der positiven Bewertung des Nationalsozialismus steht die scheinbare Beseitigung der Arbeitslosigkeit. Kurzfristig brachte dies für Hunderttausende Menschen die Befreiung aus ihrer jahrelangen Notlage. Für viele Bauern bedeuteten Umschuldungsaktionen die Befreiung vom schwersten Existenzdruck.

Die so genannten „Arisierungen" (Zwangsenteignungen)

Vorangetrieben wurde auch der Wohnbau. Die Wohnungsnot, besonders in Wien, wurde auf Kosten der jüdischen Bürgerinnen und Bürger (ca. 70 000 „Arisierungen" – Enteignungen) einigermaßen beseitigt. Dem Schicksal der aus ihren Wohnungen vertriebenen Menschen standen viele gleichgültig gegenüber. Diese Vorgangsweise bildete später eine schwere Belastung für die Zweite Republik. Nach 1945 kam es wegen der Rückgabe der „arisierten" Vermögenswerte zu schweren Differenzen zwischen den früheren Eigentümern – sofern sie das NS-Inferno überlebt hatten und Anspruch auf Rückerstattung ihres Eigentums erhoben –, den „Ariseuren" und den Parteien. Die ersten sprachen von Raub, die zweiten verwiesen auf eventuelle – meist lächerlich geringe – Ablösen und die dritten fürchteten um Wählerstimmen.
Insgesamt wurde diese Frage nur sehr zögerlich behandelt. Erst im Jahr 2001 wurde das „Gesetz für die Einrichtung eines Allgemeinen Entschädigungsfonds" für die Opfer des Nationalsozialismus geschaffen.

■ Nationalsozialistische Propaganda-Postkarte „13. März 1938 Ein Volk Ein Reich Ein Führer" für die Volksabstimmung am 10. April 1938. Entwerfer: Richard Klein, 14,8 × 10,4 cm, Karton/Tiefdruck, Verleger: Heinrich Hoffmann, München, 1938.

■ Sofort nach dem Anschluss setzte der Terror gegen die Jüdinnen und Juden ein. Ein Kind wird gezwungen, „Jud" an die Wand eines jüdischen Geschäftes zu schreiben. Fotografie von Albert Hilscher, März 1938.

Selten wurde damals gefragt, mit welchen Mitteln und auf wessen Kosten die Nationalsozialisten ihre „Erfolge" und „Verbesserungen" erzielten. Die nationalsozialistische Propaganda stellte sie wirksam heraus und ver-

Österreich I – die Erste Republik

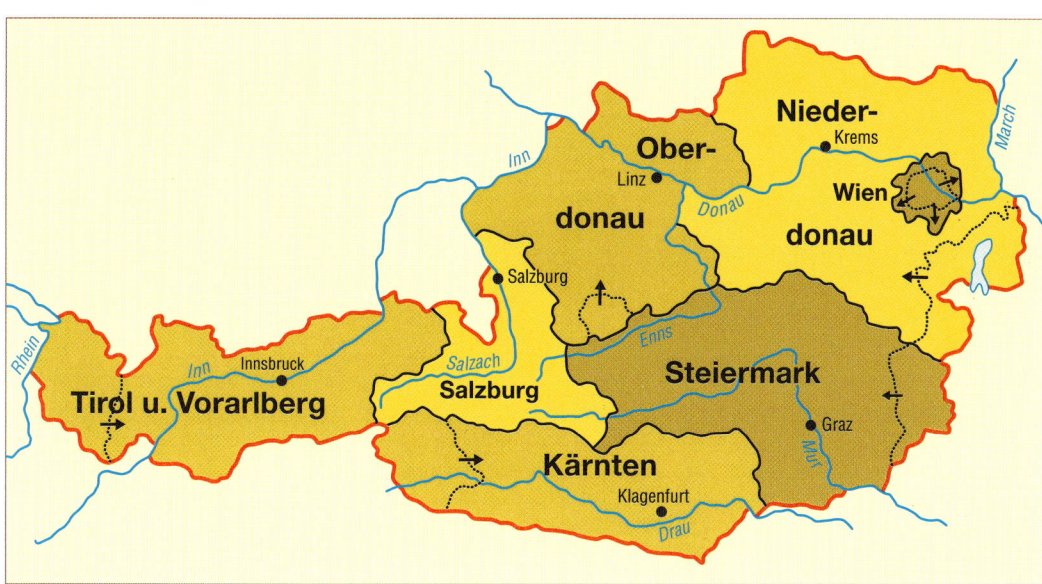

■ Nationalsozialistische Gaueinteilung.
Der Name „Österreich" sollte für immer ausgelöscht werden: Nach dem Anschluss musste für das Land die Bezeichnung „Ostmark" verwendet werden. Vorarlberg wurde als Verwaltungseinheit aufgelöst, der Name „Burgenland" verschwand. Die übrigen sieben wurden Reichsgaue, die direkt Berlin unterstanden. Aber selbst der Name „Ostmark" schien noch zu sehr an Österreich zu erinnern, weshalb ab 1942 nur mehr die Bezeichnung „Alpen- und Donaugaue" verwendet werden durfte.

sprach noch größere Erfolge in der Zukunft. Ihre Nichteinlösung wird heute noch von manchen Menschen auf den verlorenen Krieg zurückgeführt.

Die Grundlagen dieser Politik waren jedoch:

• Massive Aufrüstung:
Sofort nach dem „Anschluss" wurde die österreichische Industrie in die Kriegsvorbereitungen eingebunden: Die Textilindustrie produzierte fast nur mehr Uniformen, die Schwerindustrie wurde auf Rüstungsproduktion umgestellt. Neue Industrien entstanden, wie z. B. die Reichswerke Hermann Göring (die heutige voestalpine), die Stickstoffwerke in Linz, das Aluminiumwerk Ranshofen.

• Rassismus:
Zunächst kam es zu Ausgrenzung, Enteignung („Arisierungen") und Vertreibung, später zu systematischer Vernichtung der Jüdinnen und Juden – auch dies ließ Arbeitsplätze und Wohnungen frei werden.

• Zwangsarbeit (nicht nur in den Konzentrationslagern):
Die Einberufungen zum Reichsarbeitsdienst schöpften den Arbeitskräfteüberschuss ab; darüber hinaus forderte die Wehrmacht für ihre Eroberungspolitik immer mehr Soldaten, sodass schon ab Ende 1939 ein echter Arbeitskräftemangel bestand und Frauen – entgegen der NS-Ideologie – den häuslichen Herd mit dem Fließband in der (Rüstungs-)Fabrik eintauschen mussten.

Fragen und Arbeitsaufträge

→ 1. Fasse stichwortartig zusammen, welches die Grundlagen der nationalsozialistischen Politik nach dem „Anschluss" waren.

→ 2. Diskutiert über mögliche Gründe, warum sich dagegen kein Widerstand erhob.

Eine – unvollständige – Bilanz der sieben Jahre NS-Herrschaft in Österreich

247 000 zum deutschen Militär eingezogene **Österreicher und Österreicherinnen** kehrten nicht zurück, davon wurden nach dem Krieg 76 200 als dauernd vermisst gemeldet.

200 000 Österreicher und Österreicherinnen blieben Wochen bis Jahre in Kriegsgefangenschaft.

117 000 sind aus dem Krieg als **Invalide** zurückgekehrt.

112 976 Frauen haben ihre Männer verloren.

136 721 Kinder haben ihre Väter verloren.

4 500 Kinder haben beide Eltern verloren.

24 300 österreichische Zivilisten und Zivilistinnen sind bei Luftangriffen und anderen Kriegshandlungen ums Leben gekommen.

65 459 österreichische Juden und Jüdinnen wurden im Zuge der „Endlösung" ermordet. Dazu kommen noch die Opfer unter den Roma und Sinti, Homosexuellen und Zeugen Jehovas sowie der slowenischen Minderheit.

20 000 Österreicher und Österreicherinnen wurden Opfer der „Euthanasie" genannten Vernichtungsaktionen gegen Menschen mit geistiger und körperlicher Behinderung.

2 700 Österreicher und Österreicherinnen wurden als aktive Widerstandskämpfer zum Tode verurteilt und hingerichtet.

16 493 Österreicher und Österreicherinnen kamen in Konzentrationslagern ums Leben.

16 100 Österreicher und Österreicherinnen starben in Gestapo-Haft.

100 000 Österreicher und Österreicherinnen waren zwischen drei Monaten und sieben Jahren in Kerkern oder Konzentrationslagern.

5,58 % der österreichischen Bevölkerung starben aufgrund der Folgen des Rassenwahns bzw. der Kriegsereignisse.

76 000 Wohnungen wurden ganz zerstört.

101 000 Wohnungen wurden teilweise zerstört.
An den Bodenschätzen und Rohstoffen war ein beispielloser Raubbau betrieben worden.

Nach: Malina/Spann, 1938–1988. S. 26; Danimann, S. 240.

Österreich I – die Erste Republik

„Rest-Trauma" und Kampf ums Staatsgebiet

- Kaiser Franz Joseph starb im November 1916. Er hatte als Symbolfigur den Vielvölkerstaat zusammengehalten. Nach seinem Tod waren der Zusammenbruch der Front und das Auseinanderbrechen der Donaumonarchie nicht mehr aufzuhalten. Versuche des letzten Kaisers Karl I., durch einen Umbau die Monarchie noch zu retten, scheiterten.
- Noch vor Kriegsende wurde am 30. Oktober 1918 der selbstständige Staat „Deutschösterreich" gegründet. Karl Renner wurde Staatskanzler einer Konzentrationsregierung.
- Einen Tag nach der Verzichterklärung Kaiser Karls I. wurde am 12. November 1918 die demokratische Republik Deutschösterreich – als Bestandteil der Deutschen Republik – ausgerufen.
- Die Wirtschaftslage nach Kriegsende war katastrophal. Hunger, Krankheiten, Wohnungsnot, Inflation und Arbeitslosigkeit prägten die Situation nach Kriegsende. Viele Österreicher/innen beurteilten deshalb ihren neuen (Klein-) Staat als nicht lebensfähig. Trotz vieler wirtschaftlicher Schwierigkeiten waren die Voraussetzungen für eine positive Entwicklung Österreichs aber durchaus vorhanden. Die Legende von der mangelnden „Lebensfähigkeit" des neuen Kleinstaates hielt sich aber hartnäckig und verhinderte bei vielen Menschen eine Identifizierung.
- Eine große Herausforderung stellten die offenen Grenzfragen dar: Die deutsch besiedelten Gebiete Böhmens und Mährens kamen an die neu errichtete Tschechoslowakei. Kärnten blieb nur durch einen Abwehrkampf gegen Slowenen und Serben bzw. durch eine Volksabstimmung ungeteilt erhalten. Um das Burgenland kam es zu Kämpfen zwischen ungarischen Truppen und der österreichischen Gendarmerie – es kam zu Österreich. Südtirol fiel nach dem Willen der Sieger an Italien. Darüber hinaus kam es infolge des fehlenden Nationalbewusstseins zu Anschlussbewegungen an Deutschland und die Schweiz.

Parteien – Sozialgesetzgebung – Verfassung

- Das politische Leben in der Zwischenkriegszeit war durch die Verhärtung der Standpunkte zwischen „Rot" (Sozialdemokratie) und „Schwarz" (Christlichsoziale) geprägt.
- In der Sozialdemokratischen Partei gab es einen gemäßigten (Karl Renner) und einen radikalen (Otto Bauer) Flügel („Austromarxismus"). Ab 1920 war die Partei in der Opposition.
- Die Christlichsoziale Partei war bürgerlich-konservativ ausgerichtet. Sie war ideologisch und personell eng mit der katholischen Kirche verbunden – ihr bedeutendster Führer war Prälat Ignaz Seipel.
- Zu den bürgerlichen Parteien gehörten auch die Großdeutsche Partei und der Landbund. Sie waren nach 1920 an Koalitionen mit den Christlichsozialen beteiligt.
- Zwischen 1918 und 1920 wurde die Sozialgesetzgebung von der Rot-Schwarzen Koalitionsregierung stark ausgebaut.
- Der Wiener Völkerrechtsprofessor Hans Kelsen arbeitete eine Verfassung aus. Sie trat 1920 in Kraft und ist auch heute noch im Wesentlichen die Verfassung der Zweiten Republik.

Immer wieder Wirtschaftskrisen

- Die wirtschaftlichen Dauerkrisen waren ein zentrales Problem in der Ersten Republik. Besonders die Hyperinflation bis 1922 stellte eine große wirtschaftliche und politische Belastung dar.
- Mithilfe einer Völkerbundanleihe 1922 („Genfer Protokolle") gelang Bundeskanzler Seipel die Sanierung der Währung (Schilling 1924) und des Staatshaushaltes. Infolge eines radikalen Sparprogramms gelang die Sanierung der Wirtschaft jedoch nicht.
- Die hohe Arbeitslosigkeit wurde zu einer Dauererscheinung und erhöhte sich noch einmal drastisch als Folge der Weltwirtschaftskrise in den Jahren nach 1929.

Radikalisierung der Innenpolitik, die Demokratie scheitert

- Der verbale Radikalismus wurde von den Anhängern der jeweiligen Gegenseite als Bedrohung empfunden. Um sich zu schützen errichtete man militaristische „Selbstschutzverbände":
  – Republikanischer Schutzbund (1923) – Sozialdemokratie;
  – Heimatschutz bzw. Heimwehr (1924) – bürgerliches Lager.
- Das Linzer Programm von 1926 (Androhung der „Mittel der Diktatur"), die Ereignisse um den Brand des Justizpalastes (1927) und der „Korneuburger Eid" der Heimwehr (1930) vergifteten das politische Klima vollständig.
- Bundeskanzler Dollfuß (seit 1932) bekämpfte mit Unterstützung des faschistischen Italien (Mussolini) die Sozialdemokratie und den Nationalsozialismus. 1933 schaltete er das Parlament aus.
- Ständige Provokationen (z. B. Waffensuchaktionen) der Sozialdemokraten durch Heimwehr und Regierung führten im Februar 1934 zum Bürgerkrieg, in dem die Sozialdemokratie unterlag und verboten wurde.

Austrofaschismus und „Anschluss"

- Die „Maiverfassung" 1934 errichtete den austrofaschistischen Ständestaat mit der „Vaterländischen Front" als Einheitspartei. Deren Bundesführer Bundeskanzler Dollfuß wurde im „Juliputsch" 1934 von Nationalsozialisten ermordet.
- Die Kanzlerschaft Kurt Schuschniggs (1934–1938) war vor allem geprägt vom Ringen um Österreichs Unabhängigkeit.
- Nach der Annäherung zwischen Hitler und Mussolini fiel die italienische Unterstützung gegen Hitler weg. Das Juliabkommen 1936 war de facto eine Kapitulation vor dem Nationalsozialismus.
- Schuschnigg setzte für den 13. März 1938 eine Volksabstimmung an, in der die österreichische Bevölkerung entscheiden sollte, ob sie für oder gegen ein freies Österreich sei.
- Am 12. März 1938 erfolgte jedoch der Einmarsch der deutschen Truppen. Schon am nächsten Tag verkündete Hitler die „Wiedervereinigung Österreichs mit dem Deutschen Reich", die er am 10. April 1938 in einer fragwürdigen Volksabstimmung bestätigen ließ.

- In der „Ostmark" (ab 1942 „Alpen- und Donaugaue") setzte sofort die Verfolgung von politischen Gegnerinnen und Gegnern und Minderheiten (Jüdinnen und Juden, Roma und Sinti u. v. a. m.) ein.
- Grundlagen der nationalsozialistischen Politik nach dem „Anschluss" waren die massive Aufrüstung und Umstellung der Industrie auf die kriegsvorbereitende Rüstungsproduktion, die Zwangsarbeit und der Rassismus, der zu Ausgrenzung, Enteignung („Arisierungen") und Vertreibung, später zu systematischer Vernichtung der Jüdinnen und Juden führte.

Grundbegriffe

Austrofaschismus Das antidemokratische, antiparlamentarische, autoritäre Herrschaftssystem in Österreich zwischen 1933 und 1938 wird auch als Austrofaschismus bezeichnet. Die ideologische Basis waren die ständestaatliche Ordnung (siehe unten), der Antimarxismus, das Führerprinzip an Stelle eines Parlamentes mit mehreren Parteien, die Schaffung der „Vaterländischen Front" als Massenorganisation und die Legitimierung durch die katholische Soziallehre, besonders durch die päpstliche Enzyklika „Quadragesimo anno" von Pius XI (1931). Wesentlichen Einfluss übten auch die Heimwehren aus. Sie hatten bereits im so genannten „Korneuburger Eid" im Jahre 1930 faschistisches Gedankengut aufgenommen und Demokratie und westlichen Parlamentarismus verworfen.

Heimwehr Die Bezeichnung „Heimwehr" (regional und lokal auch Heimatwehr, Heimatschutz etc.) wird zusammenfassend verwendet für den Wehrverband der Christlichsozialen Partei in der Ersten Republik. Ursprünglich entstand die Heimwehr aus den überparteilichen Selbstschutzverbänden in der Übergangsphase vom Zusammenbruch der Monarchie bis zur Herausbildung des neuen Staates Deutschösterreich. Solche Verbände wurden in den Bundesländern gegründet als Bürger- und Ortswehren, Frontkämpfer- und Kameradschaftsvereinigungen. In Tirol und anderen Alpenländer wurden sie zuerst organisatorisch zusammengeschlossen. Unterstützt wurden die Heimwehren von Industriellen, die in ihnen ein Gegengewicht zur sozialdemokratisch organisierten Arbeiterschaft sahen. Ihre Bewaffnung stammt teilweise aus den Beständen des Weltkrieges, als Uniformen trugen sie Landestrachten. Auf Grund ihres Hutes, einer Feldmütze mit Spielhahnstoß, wurden sie umgangssprachlich auch „Hahnenschwanzler" genannt. Ab etwa 1930 nahmen die Heimwehren immer stärker faschistisches Gedankengut auf. Im austrofaschistischen Ständestaat gehörten sie zu den Stützen des Regimes.

Das „Rote Wien" Damit wird die österreichische Bundeshauptstadt Wien in der Zeit von 1918-1934 bezeichnet. In dieser Zeit errang die Sozialdemokratische Arbeiterpartei bei Gemeinde- und Landtagswahlen in Wien wiederholt die absolute Mehrheit. Geprägt war die sozialdemokratische Gemeindepolitik vom umfassenden sozialen Wohnbau – das berühmteste Beispiel ist der Karl Marx-Hof –, aber auch vom Ziel, durch eine intensive Sozial-, Gesundheits- und Bildungspolitik der Arbeiterschaft bessere gesellschaftliche Möglichkeiten zu bieten. Es entstanden zahllose Nebenorganisationen, viele davon waren Arbeiterbildungsvereine. In Wien wurde auch die erste Arbeiterhochschule gegründet. Der sozialdemokratische Politiker Otto Glöckel reformierte das Schulwesen. Das „Rote Wien" erfuhr auch international große Beachtung. Es endete 1934, als der sozialdemokratische Bürgermeister Karl Seitz infolge des Bürgerkrieges seines Amtes enthoben und verhaftet wurde.

Ständestaat Man bezeichnet damit die autoritäre Staatsform Österreichs von 1934 (mit der Verfassung vom 1. Mai) bis zum „Anschluss" Österreichs im März 1938 an das nationalsozialistische Deutschland.
Im Mittelalter bezeichnete man als Stände bestimmte Gruppen, die sich einander zugehörig fühlten (z.B. der Stand des Adels, des Bürgertums, der Bauern, der Geistlichkeit usw.) Von einem Ständestaat spricht man, wenn Stände bzw. ihre Vertreter an der politischen Herrschaft beteiligt waren (vom 13. bis 18. Jahrhundert). Die Idee des Ständestaates tauchte im 19. Jahrhundert bei katholischen Politikern wieder auf, sie wurde auch 1931 in der Enzyklika „Quadragesimo anno" von Papst Pius XI. vertreten. An die Stelle von Parteien sollten Berufsstände treten. Die faschistischen Regime in der Zwischenkriegszeit – z.B. Mussolini in Italien und Franco in Spanien – beriefen sich auf die Idee eines Ständestaates ebenso wie der austrofaschistische Ständestaat unter Dollfuß und Schuschnigg.

Merkmale des autoritären Ständestaates in Österreich sind der Kampf gegen den Marxismus und Nationalsozialismus, das Verbot von politischen Parteien, die Ausschaltung des Parlamentarismus und die Verankerung des Führerprinzips.

Vaterländische Front Der christlichsoziale Bundeskanzler Engelbert Dollfuß gründete 1933 die „Vaterländische Front" (VF). Nach der Ausschaltung des Parlamentes und der Auflösung aller politischen Parteien war sie eine überparteiliche Massenorganisation. Alle regierungstreuen Kreise sollten in ihr zusammengefasst werden. Öffentliche Bedienstete waren daher zum Beitritt verpflichtet. Ihre Grundlage hatte sie auf der berufsständischen Ordnung, sie richtete sich gegen den Nationalsozialismus, unterstützte daher die Herausbildung eines patriotischen Österreich-Bewusstseins und betonte die staatliche Selbstständigkeit Österreichs. Als ihr Symbol diente das Kruckenkreuz. Dollfuß war der erste Bundesführer der Vaterländischen Front, sein Nachfolger wurde Starhemberg, ab 1936 Schuschnigg. Als die Heimwehr 1936 aufgelöst wurde, führte die „Frontmiliz" der Vaterländischen Front ihre Tradition weiter. Nach dem Anschluss Österreichs wurde die Vaterländische Front aufgelöst.

Republikanischer Schutzbund Wehrverband der Sozialdemokratischen Partei, gebildet aus den Arbeiterwehren in den Jahren 1923/24. Der Republikanische Schutzbund verstand sich als Gegengewicht zur Heimwehr. Er entstand aber auch als Reaktion auf den Austritt der Sozialdemokraten aus der Regierung und sollte die verlorene Kontrolle der Sozialdemokraten über das Bundesheer ersetzen. Die Mitglieder des Schutzbundes waren bewaffnet und einheitlich uniformiert. Die innenpolitische Bedeutung schwächte sich Anfang der 30er Jahre ab. Nach der Ausschaltung des Parlamentes 1933 wurde er von Dollfuß aufgelöst. Der Republikanische Schutzbund blieb aber illegal bestehen und bekämpfte im Bürgerkrieg 1934 die Regierung des autoritären Ständestaates.

3

1920 Gründung der Nationalsozialistischen Deutschen Arbeiterpartei (NSDAP)

19. 8. 1934 Ernennung Hitlers zum „Führer und Reichskanzler"

15. 9. 1935 Entrechtung der deutschen Juden durch die „Nürnberger Gesetze"

12. 3. 1938 Einmarsch deutscher Truppen in Österreich, „Anschluss" Österreichs

15. 3. 1939 Einmarsch deutscher Truppen in die Tschechoslowakei

Nationalsozialismus und Zweiter Weltkrieg

Die Machtübernahme der Nationalsozialisten im Deutschen Reich im Jahr 1933 bedeutete den Beginn einer großen Katastrophe für Europa und die Welt. Hitler und seine NSDAP errichteten eine Diktatur, die den totalen Anspruch an den Menschen stellte: „Wer nicht für uns ist, ist gegen uns!", lautete die Devise. Jede Gegnerschaft wurde von den Nationalsozialisten mit ihrem durchorganisierten Partei- und Polizeiapparat ausgeschaltet. Mit einem rassistisch-nationalistischen Programm wollten sie das „Deutsche Reich" zu neuer Größe führen: „Heute gehört uns Deutschland, morgen die ganze Welt!", lautete die Propaganda der Nationalsozialisten.

Mit Japan und Italien als Bundnispartner entfachte Hitler-Deutschland den Zweiten Weltkrieg, der zwischen 1939 und 1945 mehr als 50 Millionen Opfer forderte. Die Zivilbevölkerung war davon ebenso betroffen wie die Soldaten, die an den verschiedenen Kriegsschauplätzen ihr Leben verloren. Einzigartig in der Geschichte der Menschheit und besonders verabscheuungswürdig war die Vernichtungspolitik der Nationalsozialisten gegenüber den Juden: Millionen von ihnen wurden umgebracht!

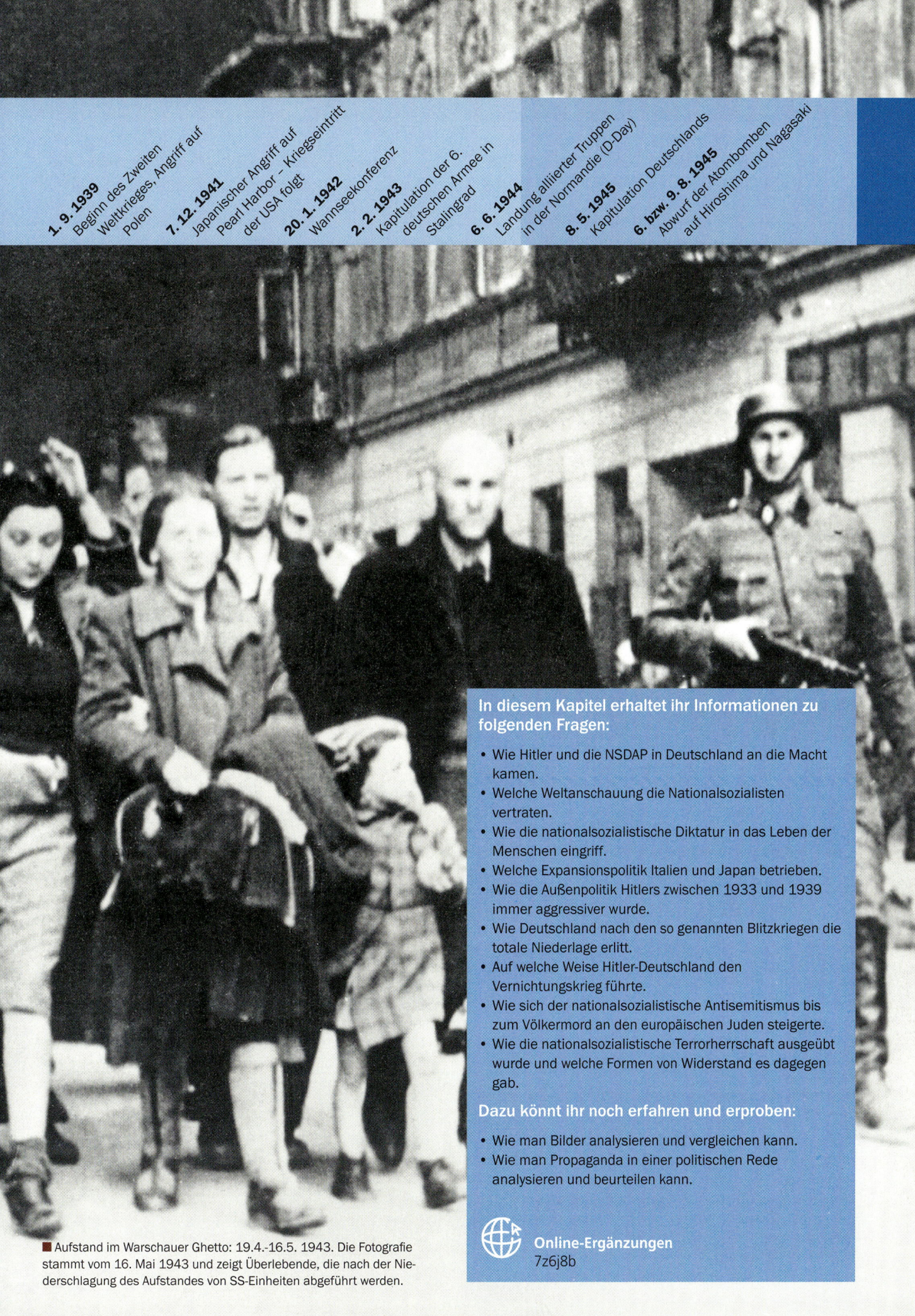

- **1.9.1939** Beginn des Zweiten Weltkrieges, Angriff auf Polen
- **7.12.1941** Japanischer Angriff auf Pearl Harbor – Kriegseintritt der USA folgt
- **20.1.1942** Wannseekonferenz
- **2.2.1943** Kapitulation der 6. deutschen Armee in Stalingrad
- **6.6.1944** Landung alliierter Truppen in der Normandie (D-Day)
- **8.5.1945** Kapitulation Deutschlands
- **6. bzw. 9.8.1945** Abwurf der Atombomben auf Hiroshima und Nagasaki

In diesem Kapitel erhaltet ihr Informationen zu folgenden Fragen:

- Wie Hitler und die NSDAP in Deutschland an die Macht kamen.
- Welche Weltanschauung die Nationalsozialisten vertraten.
- Wie die nationalsozialistische Diktatur in das Leben der Menschen eingriff.
- Welche Expansionspolitik Italien und Japan betrieben.
- Wie die Außenpolitik Hitlers zwischen 1933 und 1939 immer aggressiver wurde.
- Wie Deutschland nach den so genannten Blitzkriegen die totale Niederlage erlitt.
- Auf welche Weise Hitler-Deutschland den Vernichtungskrieg führte.
- Wie sich der nationalsozialistische Antisemitismus bis zum Völkermord an den europäischen Juden steigerte.
- Wie die nationalsozialistische Terrorherrschaft ausgeübt wurde und welche Formen von Widerstand es dagegen gab.

Dazu könnt ihr noch erfahren und erproben:

- Wie man Bilder analysieren und vergleichen kann.
- Wie man Propaganda in einer politischen Rede analysieren und beurteilen kann.

Online-Ergänzungen
7z6j8b

■ Aufstand im Warschauer Ghetto: 19.4.-16.5. 1943. Die Fotografie stammt vom 16. Mai 1943 und zeigt Überlebende, die nach der Niederschlagung des Aufstandes von SS-Einheiten abgeführt werden.

1. Die Nationalsozialisten – von einer Splitterpartei zur „Machtergreifung"

Von den Anfängen der NSDAP

Nach dem Ende des Ersten Weltkrieges bildeten sich in Deutschland mehrere politische Gruppierungen mit rechtsextremem Gedankengut. Sie waren entschiedene Gegner der jungen demokratischen Republik, welche nach dem verlorenen Krieg die Monarchie abgelöst hatte. Diese extremen „Rechten" gaben den „Linken" und den Juden die Schuld am verlorenen Krieg. Sie machten diese aber auch verantwortlich für den Frieden von Versailles, den die rechtsextremen Gruppierungen als „Schandfrieden" bezeichneten. Aus einer dieser Gruppen entstand 1920 in München die Nationalsozialistische Deutsche Arbeiterpartei (NSDAP). Deren Führung übernahm schon im Jahr darauf der aus Österreich gebürtige, freiwillige Weltkriegsteilnehmer Adolf Hitler. Er fiel von Anfang an durch eine besondere Rednergabe auf. Nach dem Vorbild Mussolinis schuf er uniformierte Verbände: zuerst die „Sturmabteilung" (SA) in braunen, später die „Schutzstaffel" (SS) in schwarzen Uniformen. Offizielle Aufgabe der SA war der Schutz von Parteiveranstaltungen, die SS sollte Hitler persönlich schützen. Bald aber dienten diese paramilitärischen Organisationen der Einschüchterung, Terrorisierung und später der Vernichtung aller Gegner der Nationalsozialisten.
Schon 1923 war die kleine, radikale Gruppe auf 20 000 Mitglieder angewachsen, die nun gewaltsam die Macht an sich reißen wollte. Vom Beispiel Mussolinis angeregt (s. S. 26 f.), unternahm sie noch im selben Jahr einen Putschversuch in München, der aber kläglich scheiterte. Hitler wurde zu fünf Jahren Haft verurteilt, doch schon nach weniger als einem Jahr wieder freigelassen.

Der Aufstieg der NSDAP

Nach dem Putsch war die Partei verboten worden und die ehemaligen Funktionäre waren untereinander zerstritten. Daher gründete Hitler nach seiner Freilassung 1925 die Partei neu. Doch die NSDAP blieb bis zum Ausbruch der (Welt-)Wirtschaftskrise (vgl. S. 24 f.) eine unbedeutende Splitterpartei.
Erst dann begann ihr großer Aufschwung. Die große Masse der Arbeitslosen hatte zu wenig Einsicht und Verständnis für die schwierige Entwicklung in Politik und Wirtschaft. Sie nahm viel eher die einfachen Schlagworte der Nationalsozialisten auf. Diese forderten die Aufhebung des Vertrages von Versailles und lehnten die alleinige Kriegsschuld Deutschlands sowie die damit verbundenen Wiedergutmachungszahlungen ab.
Die Not war so entsetzlich, dass viele mit der Meinung „Schlechter kann es nicht mehr werden" ihre Hoffnungen auf Hitler setzten. Dazu zählten viele Menschen der unteren Mittelschicht (Kleinhandwerker und -kaufleute, Arbeiter, Angestellte und Beamte) sowie nationalkonservativ eingestellte Menschen. Außerdem erhielt die Partei kostenlose Propaganda-Unterstützung durch die konservative Presse und spätestens seit 1933 auch finanzielle Unterstützung durch große Teile der Wirtschaft. Die deutsche Großindustrie erwartete sich von

■ Über Hitlers Rednergabe urteilte ein Parteifreund: „Er sprach über zweieinhalb Stunden, oft von geradezu frenetischen Beifallsstürmen unterbrochen, und man hätte ihm weiter, immer weiter zuhören können. Er sprach sich alles von der Seele und uns alles von der Seele ..."
Fotografie, Berlin, 14. September 1930, Wahlfeier der NSDAP im Sportpalast.

Hitler ein Zurückdrängen der Arbeiterbewegung und eine Vergrößerung der Rüstungsaufträge – und beide Erwartungen erfüllten sich!
Schon 1930 waren die Nationalsozialisten nach den Sozialdemokraten zur zweitstärksten Partei im deutschen Reichstag geworden. Auch bei verschiedenen Landes- und Kommunalwahlen wuchs ihr Stimmenanteil beträchtlich. Im Jahr 1931 schlossen sich nach einer Tagung in Bad Harzburg Nationalsozialisten, Deutschnationale und der aus ehemaligen Frontsoldaten bestehende Bund „Stahlhelm" zur „Harzburger Front" zusammen. Ihre Vertreter verachteten die Demokratie, die Parteien und den Parlamentarismus. Sie waren vom deutschen Sendungsbewusstsein und vom Herrenmenschentum überzeugt. Aus diesen Gruppen bildete sich auch die „Regierung der nationalen Konzentration" vom 30. Jänner 1933 mit Hitler als Reichskanzler.

30. Jänner 1933 – Hitler wird Reichskanzler

„Deutschland ist im Erwachen!", jubelte NS-Propagandachef Joseph Goebbels. An diesem Tag nämlich wurde sein Parteiführer Adolf Hitler vom greisen Reichspräsidenten Paul Hindenburg zum Reichskanzler der „Regierung der nationalen Konzentration" ernannt. Außer Hitler waren nur noch zwei weitere nationalsozialistische Minister in dieser konservativen Regierung vertreten. Daher glaubten jene Politiker, die sich für Hitler als Kanzler eingesetzt hatten, Hitler als Regierungschef kontrollieren und für ihre Zwecke nützen zu können. Doch sie sollten sich gründlich täuschen...
In seiner Regierungserklärung sprach Hitler noch von einer „nationalen Erhebung", um so die bürgerlichen, konservativen und monarchistischen Anhänger zu beruhigen. Aber schon am Tag darauf setzte er die Auflö-

Nationalsozialismus und Zweiter Weltkrieg

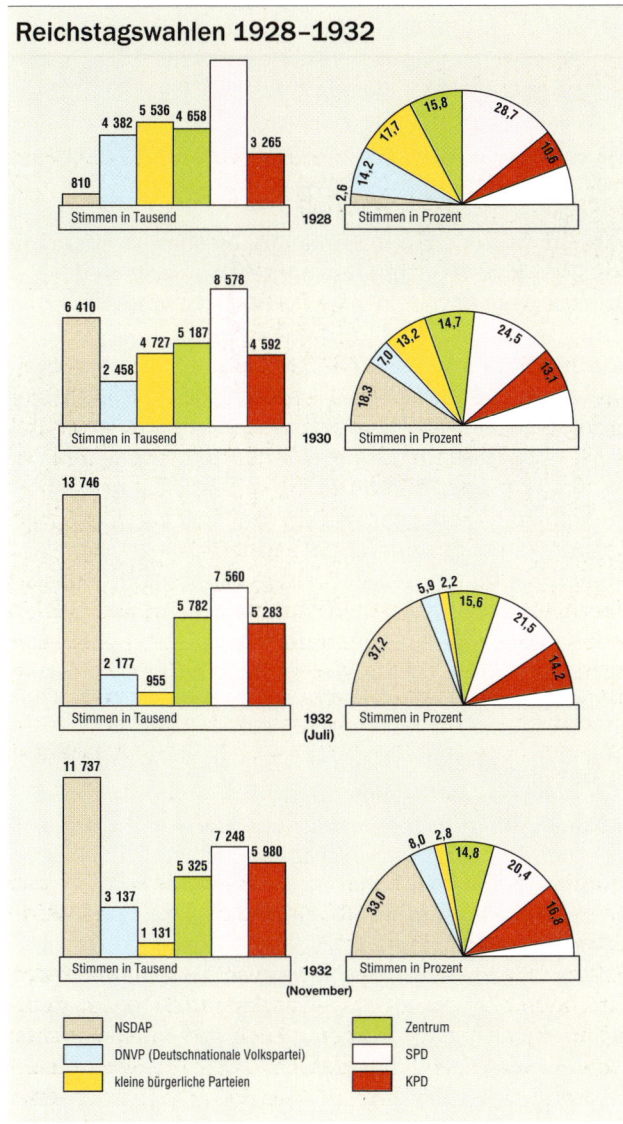

→ Interpretiere diese Grafik hinsichtlich des Verhältnisses „rechte" und „linke" Parteien und solche der politischen „Mitte".

sung des Reichstags und Neuwahlen durch. Denn noch hoffte er, so zur absoluten Mehrheit zu gelangen.

Der Reichstagsbrand – Ausschaltung der Kommunisten

In der Vorwahlzeit terrorisierten SA und SS (zusammen ca. 600 000 Mann) die politischen Gegner. Der nationalsozialistische Innenminister für Preußen, Hermann Göring, duldete dies und stellte zusätzlich 40 000 Mann von SA und SS als Hilfspolizisten an. Dieser staatlich geduldete Terror erreichte nach dem Brand des Reichstagsgebäudes am 27. Februar 1933 seinen Höhepunkt. Die Nationalsozialisten bezichtigten sofort die Kommunisten nicht nur der Brandlegung sondern auch eines Umsturzversuchs. Andere Gruppen schrieben den Nationalsozialisten die Tat zu, die übrigens bis heute nicht vollständig aufgeklärt ist.
Die Nationalsozialisten begannen jedenfalls mit einer sofortigen Verhaftungswelle – neben Tausenden kommunistischen Funktionären waren auch andere politische Gegner davon betroffen. Die Presse der Linksparteien wurde verboten, die damit auch in der Wahlwerbung stark eingeschränkt wurden.

Das Ende der bürgerlichen Freiheiten und des Rechtsstaates

Bereits am Tag nach dem Reichstagsbrand veranlasste Hitler den Reichspräsidenten Hindenburg zur „Verordnung zum Schutz von Volk und Staat" (28. Februar 1933). Sie sollte der „Abwehr kommunistischer staatsgefährdender Gewalttaten" dienen:

> **Q** §1: Es sind daher Beschränkungen der persönlichen Freiheit, des Rechtes der freien Meinungsäußerung, einschließlich der Pressefreiheit, des Vereins- und Versammlungsrechtes, Eingriffe in das Brief-, Post-, Telegrafen- und Fernsprechgeheimnis, Anordnungen von Hausdurchsuchungen und von Beschlagnahme sowie Beschränkungen des Eigentums auch außerhalb der sonst hierfür bestimmten gesetzlichen Grenzen zulässig.
>
> (Reichsgesetzblatt 1933, S. 83; in: Dehlinger, Systematische Übersicht über 76 Jg. RGBl. 1867–1942, 1943)

→ Arbeite heraus, gegen welche allgemeinen Rechte diese Verordnung verstößt.
Wo sind diese Rechte heute festgeschrieben?

■ Wahlplakat der SPD zur Reichstagswahl am 6. November 1932. Entwurf: Karl Geiss.

→ Interpretiere die Aussage dieses Plakats.

Plakat der NSDAP zur Reichstagswahl am 5. März 1933. Die NSDAP wurde die stärkste Partei. Für ihre Wahlwerbung nutzte sie geschickt die Empörung aus, die der Reichstagsbrand in der Bevölkerung ausgelöst hatte.

Diese Verordnung hatte zwar den Vermerk „bis auf weiteres", wurde aber bis zum Ende der NS-Herrschaft nie mehr aufgehoben. Das gab den Nationalsozialisten nun ganz offen die Möglichkeit, noch brutaler gegen ihre Gegner vorzugehen, auch mit der neu geschaffenen „Geheimen Staatspolizei" (GESTAPO). Trotz des Verbots der Kommunistischen Partei (bis dahin mit 17 Prozent drittstärkste Partei) und der Einschüchterung der Sozialdemokraten (mit 20 Prozent zweitstärkste Partei) sowie der anderen kleinen Parteien, verfehlten die Nationalsozialisten bei den Wahlen im März 1933 mit nur 44 Prozent der Stimmen klar die absolute Mehrheit.

Das Ermächtigungsgesetz – Ausschaltung des Parlaments

Hitler verzichtete nun auf eine Mehrheitsbeschaffung im Reichstag und strebte direkt diktatorische Vollmachten für die nächsten vier Jahre an. Dazu legte er dem Reichstag einen Gesetzesentwurf „zur Behebung der Not von Volk und Staat" vor:

> Q Artikel 1: Reichsgesetze können (...) auch durch die Reichsregierung beschlossen werden (...).
> Artikel 2: Die von der Reichsregierung beschlossenen Gesetze können von der Reichsverfassung abweichen (...).
> (http://www.ns-archiv.de/system/gesetze/1933/ermaechtigungsgesetz/index.php, 14.6.2011)

→ Erläutere, welchem wichtigen Grundsatz einer demokratischen Verfassung dieses Gesetz widerspricht. Diskutiert gemeinsam in der Klasse, ob es eurer Meinung nach Situationen gibt, die die Aufhebung der bürgerlichen Freiheiten bzw. ein solches Ermächtigungsgesetz rechtfertigen.

Diesem so genannten Ermächtigungsgesetz stimmten am 24. März 1933 mit Ausnahme der sozialdemokratischen Abgeordneten alle Parteien zu und sicherten Hitler so die notwendige Zweidrittelmehrheit. Zum einen fürchteten sich etliche Abgeordnete vor weiteren Gewalttaten (inzwischen waren auch schon SPD-Abgeordnete auf der Flucht bzw. misshandelt oder verhaftet worden), zum anderen argumentierten sie mit Machtlosigkeit. Wieder andere glaubten, durch ihre Zustimmung Schlimmeres verhindern und sich mit den Nationalsozialisten arrangieren zu können.

SS und SA hatten den Ordnerdienst um den Reichstag übernommen und schüchterten auf diese Weise auch viele oppositionelle Abgeordnete ein. Der Führer der Sozialdemokraten, Otto Wels, sprach sich im Reichstag dennoch mutig gegen das Gesetz aus:

> Q (...) Freiheit und Leben kann man uns nehmen, die Ehre nicht. Nach den Verfolgungen, die die Sozialdemokratische Partei in der letzten Zeit erfahren hat, wird billigerweise niemand von ihr verlangen oder erwarten können, dass sie für das hier eingebrachte Ermächtigungsgesetz stimmt (...). Noch niemals, seit es einen Deutschen Reichstag gibt, ist die Kontrolle der öffentlichen Angelegenheiten durch die gewählten Vertreter des Volkes in solchem Maße ausgeschaltet worden, wie es jetzt geschieht (...).
> (http://www.dhm.de/lemo/html/dokumente/wels/index.html; 14.6.2011)

Als nächsten Schritt beschloss die nunmehr schon nationalsozialistisch gelenkte Regierung die „Gleichschaltung der Länder mit dem Reich": Alle Landtage und Gemeinderäte wurden aufgelöst und entsprechend dem Ergebnis der Reichstagswahlen neu zusammengesetzt. Hitler setzte in den Ländern „Reichsstatthalter" ein, die mit diktatorischen Vollmachten regierten.

Kommunisten und Sozialdemokraten nach der Verhaftung im April 1933 in der SA-Kaserne Friedrichstraße in Berlin.

Nationalsozialismus und Zweiter Weltkrieg 3

■ Abgeordnete der NSDAP marschieren in SA-Uniform am 23. März 1933 in die Berliner Krolloper, die nach dem Brand des Reichstagsgebäudes als Sitzungssaal des Reichstages genutzt wurde.

→ Diskutiert in der Klasse, welche Wirkung die Uniformen auf die Abgeordneten der anderen Parteien ausüben sollten.

Verbot aller Parteien – die „Machtergreifung" ist vollzogen

Als Nächstes ging Hitler daran, alle noch bestehenden Parteien zu vernichten. Sie lösten sich entweder selbst auf oder wurden, wie die Sozialdemokratische Partei (mit all ihren Organisationen), am 22. Juni einfach verboten. Die Begründung war: hochverräterische Unternehmungen gegen Deutschland und seine Regierung. Sozialdemokratische Zeitungen wurden verboten, das Vermögen der Partei eingezogen.

Nach nicht einmal sechs Monaten, am 6. Juli 1933, konnte Hitler in einer öffentlichen Rede erklären:

> Q *Die politischen Parteien sind jetzt endgültig besiegt. Dies ist ein geschichtlicher Vorgang, dessen Bedeutung und Tragweite man sich vielleicht noch gar nicht bewusst geworden ist. Wir müssen jetzt die letzten Überreste der Demokratie beseitigen, insbesondere auch die Methoden der Abstimmungen und Mehrheitsbeschlüsse, wie sie heute noch vielfach in den Kommunen, in wirtschaftlichen Organisationen und Arbeitsausschüssen vorkommen (...).*
>
> (Conze, Der Nationalsozialismus I, 1979, S.69 f.)

Hitler lässt die SA-Führer ermorden

Hitlers unbeschränkte Macht schien in den folgenden Monaten nur durch unzufriedene Kräfte aus den eigenen Reihen gefährdet. Der Führer der SA, Ernst Röhm, ein Gefährte Hitlers aus der Gründungszeit der „nationalsozialistischen Bewegung", wollte endlich die Durchführung einer „zweiten nationalsozialistischen Revolution". Mit ihr sollte auch die konservative bürgerliche Gesellschaft entmachtet und enteignet werden. Außerdem wünschte sich Röhm die Verschmelzung seiner 4,5 Millionen starken „SA-Armee" mit der Reichswehr zu einer großen „braunen" Volksarmee unter seinem Oberbefehl. Auf diese Weise hätte er jedoch eine außerordentliche Machtstellung bekommen.

Hitler aber wollte weder eine soziale Revolution noch einen gefährlichen Konkurrenten aus den eigenen Reihen, der ihm seine Machtposition streitig macht. Außerdem brauchte er das kapitalkräftige Bürgertum für den Aufbau einer autarken Wirtschaft und die Reichswehr für die geplanten Eroberungskriege. Daher ließ Hitler in der „Nacht der langen Messer", am 30. Juni 1934, die Führungsspitze der SA festnehmen und danach ermorden (ca. 100 Personen). Zwei Wochen später verteidigte Hitler die Mordaktion „gegen die Verräter" in einer Reichstagsrede so:

> Q *Wenn mir jemand den Vorwurf entgegenhält, weshalb wir nicht die ordentlichen Gerichte zur Aburteilung herangezogen hätten, dann kann ich ihm nur sagen: In dieser Stunde war ich verantwortlich für das Schicksal der deutschen Nation und damit des Deutschen Volkes oberster Gerichtsherr! (...) Ich habe den Befehl gegeben, die Hauptschuldigen an diesem Verrat zu erschießen (...).*
>
> (Benz, Geschichte des Dritten Reiches, 2003, S. 56)

Neben der SA-Führung wurden auch andere, politisch missliebige Personen (darunter zwei Generäle) ermordet. Die Vertreter des Großbürgertums und der Reichswehr billigten diese Vorgangsweise bzw. schwiegen dazu – wie auch die Vertreter der Kirchen.

Die SA verlor unter einer neuen Führung nicht nur ihre Rolle als „Revolutionsarmee", sondern innerhalb eines Jahres auch fast die Hälfte ihrer Mitglieder. Die SS jedoch, bis dahin der SA untergeordnet, stieg unter ihrem Chef Heinrich Himmler zu einer eigenen, direkt dem Führer unterstellten Parteiorganisation auf. Die SS hatte die Mordaktion durchgeführt, sie wurde auch zum wichtigsten Terrorapparat der folgenden NS-Herrschaft.

Führer und Reichskanzler

Kaum war der alte und nicht mehr handlungsfähige Reichspräsident Hindenburg am 2. August 1934 gestorben, machte sich Hitler zu seinem Nachfolger als Staatsoberhaupt: Das offizielle Amt des Reichspräsidenten wurde zwar aufgelöst, aber Hitler führte nun den Titel „Führer und Reichskanzler". Damit hatte er die unumschränkte Diktatur endgültig vollendet. Noch am selben Tag ließ er die Wehrmacht auf seine Person vereidigen.

Fragen und Arbeitsaufträge

→ 1. Fasse im Überblick den Aufstieg der NSDAP bis zum Jahr 1933 zusammen. Aus welchen Bevölkerungsgruppen kommen ihre Anhänger?

→ 2. Beschreibe und fasse die verschiedenen Maßnahmen zusammen, mit denen die Nationalsozialisten im Jahr 1933 die Demokratie ausschalteten.

2. Nationalsozialistische Weltanschauung

NS-„Rassenlehre" teilt Menschen ein in:
„Herrenmenschen", „Untermenschen" und „Parasiten"

Während seiner Haft schrieb Hitler das Buch „Mein Kampf". Darin legte er seine Ideologie und seine politischen Ziele offen. In Anlehnung an frühere „Rassentheoretiker" herrschte für ihn zwischen den „Völkern und Rassen" das „Gesetz des ewigen Kampfes". Alles weltgeschichtliche Geschehen war „nur die Äußerung des Selbsterhaltungstriebes der Rassen", die in wertvolle und minderwertige unterschieden wurden. Daher durften sie sich auch nicht miteinander vermischen. Diese „Theorie" bildet die Grundlage des so genannten Sozialdarwinismus, der wissenschaftlich völlig unhaltbar ist. Er überträgt nämlich die Darwinsche Lehre auf das Leben der Menschen und Völker. Die „Rassenlehre" der Nationalsozialisten, in der die Deutschen natürlich eine besondere Rolle spielten, wurde 1933 so beschrieben:

> **Q** Das allgemeine unerbittliche Gesetz des Lebens ist nun Kampf um sein Dasein und seine Entfaltung, Kampf der Rassen um ihren Lebensraum. Von grundlegender Bedeutung (...) ist hier nun die Art, wie Rassen und Völker diesen Kampf um ihren Lebensraum bestehen.
> Die einen suchen diesen Kampf durch Bedürfnislosigkeit, Fügsamkeit, Zähigkeit, vielfach auch Fleiß und allmähliches unmerkliches Eindringen in schon bevölkerte Räume auszufechten. Diese Rassen zeichnen sich durchgehend durch eine außerordentliche Fruchtbarkeit aus, aber vermeiden möglichst den offenen Kampf zur Sicherung des Lebensraumes für ihre Nachkommen. Zu diesen „Kuli- oder Fellachenrassen" gehört die Überzahl der Bevölkerung des Erdballs, das Gros der farbigen Menschen Asiens und Afrikas und das (...) Volkstum Russlands.
> Ein kleiner, aber mächtiger Teil der Erdbevölkerung wählte den Weg der Parasiten. Die bekannteste und gefährlichste Art dieser Rasse ist das Judentum.
> Die dritte Gruppe endlich führt den Kampf offen, mit Wagemut und selbstbewusstem Einsatz rassischer Kraft. Sie umfasst die ausgesprochenen Herren- und Kriegerrassen. Die bedeutsamste unter ihnen ist die nordische geblieben, das Vorvolk (führende Volk) dieser Rasse aber ist das deutsche.
>
> (Zimmermann, Die geistigen Grundlagen des Nationalsozialismus, 1933, S. 73 ff.)

→ Sammelt Argumente gegen diese rassistische Theorie. Erkundigt euch im Biologieunterricht über die Entwicklung und Verwendung des biologischen Begriffs „Rasse".

Nach Meinung der Nationalsozialisten waren Juden die gefährlichsten Feinde der „nordischen Arier". Als Jüdin oder Jude galt, wer jüdische Eltern oder Großeltern hatte. Nach dieser Definition lebten 1933 etwa 500 000 Jüdinnen und Juden in Deutschland. Deshalb forderte schon das NS-Parteiprogramm von 1920 für die deutschen Juden den Entzug ihrer staatsbürgerlichen Rechte:

■ Der ewige Jude. Plakat von 1937. Alle im Bild dargestellten Einzelheiten sollten die Juden diskriminieren: das Gesicht, die Kleidung, das Geld in der Hand, die Peitsche, das Zeichen der Kommunisten in der Landkarte.

> **Q** 4. Staatsbürger kann nur sein, wer Volksgenosse ist. Volksgenosse kann nur sein, wer deutschen Blutes ist, ohne Rücksichtnahme auf Konfession. Kein Jude kann daher Volksgenosse sein.
>
> (http://www.dhm.de/lemo/html/dokumente/nsdap25/index.html, 14.6.2011)

■ Boykott jüdischer Geschäfte. SA-Männer stehen am 1. April 1933 als Boykottposten vor einem Kaufhaus in Berlin. Die Parteileitung der NSDAP hatte angeordnet, sämtliche jüdische Geschäfte zu boykottieren. Es gehörte viel Mut dazu, den Parolen der gewaltbereiten SA-Männer nicht zu folgen.

Militarismus und Imperialismus: „Kampf um den Lebensraum"

Um das Deutsche Reich wieder „zu Macht und Größe" zu führen, forderten die Nationalsozialisten die Aufhebung des von ihnen so bezeichneten „Schandfriedens von Versailles" und den „Zusammenschluss aller Deutschen" zu einem „Großdeutschland". Auch der spätere, vor allem gegen Osteuropa gerichtete Eroberungskrieg gehörte als „Kampf um den Lebensraum" zu Hitlers außenpolitischem Programm. Das konnte man ebenso schon vom Parteiprogramm des Jahres 1920 ableiten:

> Q 3. Wir fordern Land und Boden (Kolonien) zur Ernährung unseres Volkes und Ansiedlung unseres Bevölkerungsüberschusses (...).
> (Deutscher Bundestag, Fragen an die deutsche Geschichte, 1983, S. 292)

Nach nationalsozialistischer Vorstellung sollten die unterworfenen slawischen „Untermenschen" der deutschen (= arischen) „Herrenrasse" als Knechte dienen. Um dieses Vorhaben zu verwirklichen, brauchte man allerdings ein schlagkräftiges Heer:

> Q 22. Wir fordern die Abschaffung der Söldnertruppe und die Bildung eines Volksheeres.
> (Deutscher Bundestag, Fragen an die deutsche Geschichte, 1983, S. 292)

Die Forderung des Parteiprogramms von 1920 wurde mit der Einführung der allgemeinen Wehrpflicht im Jahr 1935 verwirklicht. Hand in Hand damit erfolgte eine ungeheure Aufrüstung, um im Anschluss die kriegerische Außenpolitik verwirklichen zu können: Zuerst „alle Deutschen heim ins Reich" holen, dann „Lebensraum im Osten" gewinnen und zuletzt die „Weltherrschaft" erringen...

■ Organisation „Kraft durch Freude" (KdF), Werbeprospekt, 1939: Für rund tausend gesparte Reichsmark wurde den „Volksgenossen" ein eigener Wagen versprochen, doch nur wenige wurden ausgeliefert. Das VW-Werk entwickelte sich zu einem der größten Lieferanten der Wehrmacht.

Volksgemeinschaft und Sündenböcke

Voraussetzung für das nationalsozialistische Programm der „Volksgemeinschaft" war die „nationale Einheit". Die Rede vom „gesunden Volksempfinden" und von „Recht ist, was dem Volk nützt!", waren Ausdruck dieses übersteigerten Nationalismus. Er sollte auch die Interessensgegensätze zwischen den verschiedenen gesellschaftlichen Gruppen übertünchen. Hitler forderte das Zurückstellen der eigenen Interessen zugunsten der „Erhaltung der Gemeinschaft" sowie ein Leben „in Armut und Bescheidenheit":

> Q Jeder Arbeiter, jeder Bauer, jeder Erfinder, Beamte usw., der schafft, ohne selber je zu Glück und Wohlstand gelangen zu können, ist ein Träger dieser hohen Idee, auch wenn der tiefere Sinn seines Handelns ihm immer verborgen bliebe (...).
> (Hitler, Mein Kampf, 1939, S. 327)

■ Der Einzelne und der Aufmarschblock; Reichsparteitag in Nürnberg, Propagandafoto der NSDAP, 1936.

→ Erkläre anhand des Fotos, welchen Stellenwert der/die Einzelne in der nationalsozialistischen Ideologie hat.

■ Am 10. Mai 1933 organisierte das Propagandaministerium eine groß angelegte Bücherverbrennung (hier eine Szene aus Berlin). In ganz Deutschland wurden, begleitet von Kundgebungen, Bücher berühmter Schriftsteller/innen und Denker/innen verbrannt, die die Nationalsozialisten als ihre Gegner ansahen: Ernst Bloch, Bertolt Brecht, Thomas Mann, Heinrich Mann, Stefan Zweig, Anna Seghers und viele, viele andere.

sowie jene, die von den Nationalsozialisten für die politische und wirtschaftliche Krise dieser Zeit verantwortlich gemacht wurden (z. B. die Jüdinnen und Juden).

Führerprinzip statt Parteien und Parlament

Schon während der Haft war Hitlers Plan gereift, die Macht nicht mehr ausschließlich mit Gewalt zu „ergreifen", sondern dafür auch das von ihm abgelehnte demokratische System zu benutzen. Entsprechend der faschistischen Idee übernahm Hitler in „Mein Kampf" für die „Nationalsozialistische Bewegung" das Führerprinzip und für sich den absoluten Führungsanspruch. Das sollte sich auf den Staat wie folgt auswirken:

> **Q** Die Bewegung vertritt im Kleinsten wie im Größten den Grundsatz der unbedingten Führerautorität, gepaart mit höchster Verantwortung (...). Der erste Vorsitzende einer Ortsgruppe wird durch den nächsthöheren Führer eingesetzt (...). Immer wird der Führer von oben eingesetzt und gleichzeitig mit unbeschränkter Vollmacht und Autorität bekleidet (...). Es ist eine der obersten Aufgaben der Bewegung, dieses Prinzip zum bestimmenden nicht nur innerhalb ihrer eigenen Reihen, sondern auch für den gesamten Staat zu machen (...). Damit ist die Bewegung aber antiparlamentarisch

Die nationalsozialistische Volksgemeinschaftsideologie verlangte nicht nur die Unterordnung des Einzelnen unter das „Volksganze". Sie richtete sich vor allem auch gegen die Forderung der Marxisten, die für die Arbeiterinnen und Arbeiter das „Recht auf vollen Arbeitsertrag" beanspruchten. Außerdem verstand der Marxismus den Kampf der Arbeiterschaft gegen den Kapitalismus als internationale Bewegung.

Wer in dieser Volksgemeinschaft die erwünschte Leistung nicht erbringen konnte, gehörte zu den Feindbildern der nationalsozialistischen Gesellschaft. Dazu zählten z. B. alle Menschen mit Behinderung, die nach Ansicht der Nationalsozialisten ein „lebensunwertes Leben" führten. Diese unmenschliche Haltung zeigte sich in Gesetzen zur Zwangssterilisierung (ab 1933), zum Eheverbot für geistig Behinderte (ab 1935) und gipfelte schließlich in der planmäßigen Vernichtung von etwa 70 000 Menschen mit Behinderung durch die so genannte Aktion T4 in den Jahren 1940/41. Als „Volksschädlinge" zählten aber auch all jene Menschen, die gegen die nationalsozialistische Weltanschauung und deren Politik auftraten (gegnerische Politiker, Intellektuelle, Kunstschaffende)

■ Berlin, 10. Nov. 1933: Letzte Wahlrede Hitlers vor Arbeitern des Siemens-Dynamowerkes (Reichstagswahl und Volksabstimmung über den Austritt Deutschlands aus dem Völkerbund am 12. Nov. 1933). Das Regime warb mit allen Mitteln der Propaganda um Zustimmung. Fotograf/in: unbekannt.

und selbst ihre Beteiligung an einer parlamentarischen Institution kann nur den Sinn einer Tätigkeit zu deren Zertrümmerung besitzen.
(Hitler, Mein Kampf, 1939, S. 378 f.)

Dieses Führerprinzip wollte Hitler auch in den Unternehmen einführen. Damit schuf er sich Sympathien bei den Vertretern der (Groß-)Industrie, die die gesetzlichen Mitbestimmungsrechte der Gewerkschaften in den Betrieben ablehnten. Welche Auswirkungen dieses Führerprinzip auf die Politik haben sollte, erklärte Rudolf Heß, Hitlers Stellvertreter, 1934 in einer Rundfunkansprache:

Q *Mit Stolz sehen wir: Einer bleibt von aller Kritik ausgeschlossen, das ist der Führer. Das kommt daher, dass jeder fühlt und weiß: Er hatte immer Recht, und er wird immer Recht haben. In der kritiklosen Treue, in der Hingabe an den Führer, die nach dem Warum im Einzelfall nicht fragt, in der stillschweigenden Ausführung seiner Befehle liegt unser aller Nationalsozialismus verankert. Wir glauben daran, dass der Führer einer höheren Berufung zur Gestaltung deutschen Schicksals folgt. An diesem Glauben gibt es keine Kritik.*
(Dokumente der deutschen Politik, Bd. 2, 1938, S. 18)

→ Analysiere diese Aussage kritisch: Mit welchen Argumenten wird der (absolute) Verzicht auf Kritik am Führer gefordert? Gibt es für dich Lebensbereiche, die eine solche Einstellung rechtfertigen? Begründe deine Meinung.

Mit Propaganda „dem Volk die Lehre aufzwingen"

Wie nie zuvor setzten die Nationalsozialisten die Propaganda ein, mit dem Ziel, „eine Lehre dem ganzen Volk aufzuzwingen". In „Mein Kampf" beschrieb Hitler, wie sie funktionieren sollte:

Q *Jede Propaganda hat volkstümlich zu sein und ihr geistiges Niveau einzustellen nach der Aufnahmefähigkeit des Beschränktesten unter denen, an die sie sich zu richten gedenkt. Damit wird ihre rein geistige Höhe umso tiefer zu stellen sein, je größer die zu erfassende Masse der Menschen sein soll (...). Gerade darin liegt die Kunst der Propaganda, dass sie (...) den Weg zu Aufmerksamkeit und weiter zum Herzen der breiten Masse findet (...). Die Aufnahmefähigkeit der großen Masse ist nur sehr beschränkt, das Verständnis klein, dafür jedoch die Vergesslichkeit groß.*
(Hitler, Mein Kampf, 1939, S. 197 f.)

→ Analysiere und beurteile Hitlers Vorstellung von einer wirksamen Propaganda.

Diese Art Propaganda für die breite Masse sollte nur „Positives oder Negatives, Liebe oder Hass, Recht oder Unrecht, Wahrheit oder Lüge" kennen. Zuständig für ihre Durchführung war der Minister für „Volksaufklärung und Propaganda" – Joseph Goebbels.

Der Rundfunk wurde zum wichtigsten Propagandainstrument der Nationalsozialisten. Schon im Jahr ihrer Machtübernahme (1933) ließen sie ein einfaches Radiogerät herstellen. Noch im selben Jahr besaßen bereits 25 Prozent aller Haushalte einen solchen billigen „Volksempfänger", 1939 schon 70 Prozent. Er war so konstruiert, dass man damit normalerweise nur deutsche, aber keine ausländischen Sender empfangen konnte.

Die Zeitungen jedoch gelangten nicht so schnell in die Hände der Nationalsozialisten: Ihrem Kampfblatt, dem „Völkischen Beobachter", der schon seit 1923 täglich erschien, standen 1933 noch 3400 andere Tageszeitungen gegenüber. Gleich nach der Machtübernahme wurde jedoch kritischen Journalistinnen und Journalisten die Berufsausübung verboten. Vor Kriegsbeginn 1939 gehörten schon mehr als 13 von 20 Millionen täglicher Zeitungsexemplare zur NS-Presse.

Propagandaplakat für den „Volksempfänger": „Ganz Deutschland hört den Führer mit dem Volksempfänger", Plakat nach Leonid, 119,4 x 84,4 cm, 1936. Goebbels ließ den Volksempfänger entwickeln, um seine Propaganda in jeden Haushalt zu tragen. Mit diesem Gerät konnten normalerweise nur deutsche Sender empfangen werden.

Fragen und Arbeitsaufträge

→ 1. Fasse die wesentlichen Merkmale der nationalsozialistischen Weltanschauung zusammen und unterziehe sie mit Hilfe der Text- und Bildquellen einer kritischen Analyse.

3. Deutschland unter dem Hakenkreuz

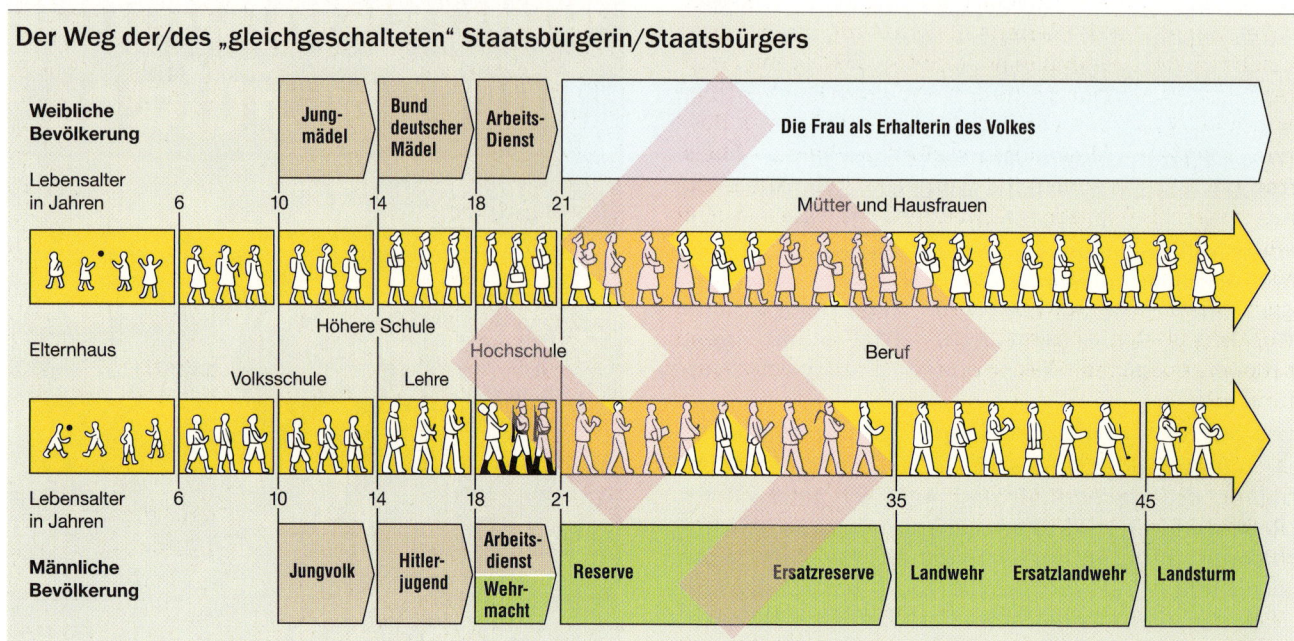

Der Weg der/des „gleichgeschalteten" Staatsbürgerin/Staatsbürgers

Der totale Anspruch auf die Menschen

Nachdem die Nationalsozialisten im Jahr 1933 die Macht errungen hatten, gingen sie daran, jede einzelne Staatsbürgerin/jeden Staatsbürger in ihr diktatorisches Herrschaftssystem einzugliedern:

> Q *Die Revolution, die wir gemacht haben, ist eine totale. Sie hat die Gebiete des öffentlichen Lebens erfasst und von Grund auf umgestaltet. Sie hat die Beziehungen der Menschen untereinander, die Beziehungen der Menschen zum Staat und zu den Fragen des Daseins vollkommen geändert und neu geformt. Es war in der Tat der Durchbruch einer jungen Weltanschauung (...).*
> *Wenn der Liberalismus vom Individuum ausging und den Einzelmenschen in das Zentrum aller Dinge stellte, so haben wir das Individuum durch Volk und Einzelmensch durch Gemeinschaft ersetzt. Freilich musste dabei die Freiheit des Individuums insoweit eingegrenzt werden, als sie sich mit der Freiheit der Nation stieß oder im Widerspruch befand.*
> (Reichspropagandaminister Goebbels; zit. nach: Hofer, Der Nationalsozialismus, 1957)

Wie sich dieser Anspruch auf das Leben der Menschen auswirken sollte, beschrieb der Chef der Deutschen Arbeitsfront (DAF), Robert Ley:

> Q *In Deutschland gibt es keine Privatsache mehr! Wenn du schläfst, ist das deine Privatsache, sobald du aber wach bist und mit anderen Menschen in Berührung kommst, musst du eingedenk sein, dass du Soldat Adolf Hitlers bist und nach seinem Reglement zu leben hast (...). Die Zeit, in der jeder tun und lassen konnte, was er wollte, ist vorbei (...).*
> (Ley, Soldaten der Arbeit, 1938, S. 31)

→ Erörtere, welche Leistungen und Verpflichtungen deiner Meinung nach der Staat gegenüber seinen Staatsbürgerinnen und Staatsbürgern zu erbringen hat bzw. umgekehrt der einzelne Mensch der staatlichen Gemeinschaft gegenüber.

Die „Gleichschaltung" der Menschen

Um das Ziel einer nationalsozialistischen „Volksgemeinschaft" zu verwirklichen, mussten die Deutschen von Kindheit an Mitglied einer nationalsozialistischen Organisation sein. Hitler meinte:

> Q *Diese Jugend, die lernt ja nichts anderes als deutsch denken, deutsch handeln. Und wenn nun diese Knaben (...) mit zehn Jahren in unsere Organisation kommen (...), dann kommen sie vier Jahre später vom Jungvolk in die Hitlerjugend (...), dann kommen sie in den Arbeitsdienst (...), dann übernimmt sie die Wehrmacht zur weiteren Behandlung auf zwei Jahre (...), dann nehmen wir sie (...) in die SA, SS und so weiter. Und sie werden nicht mehr frei, ihr ganzes Leben, und sie sind glücklich dabei (...).*
> (Huber, Jugend unterm Hakenkreuz, 1982, S. 61 ff.)

Gleichzeitig wurde auch die Partei straff organisiert: vom Gau- und Kreisleiter abwärts über die Ortsgruppenleiter bis zu den Blockwarten. So konnten die Menschen bis in den familiären Bereich hinein überwacht werden. Schon geringste Kritik an der nationalsozialistischen Politik konnte zur Verhaftung und damit auch zur Einlieferung in ein Konzentrationslager führen.

→ Recherchiere im Internet die Begriffe Gau-, Kreis- und Ortsgruppenleiter bzw. Blockwart.

Nationalsozialismus und Zweiter Weltkrieg

Hitlerjugend (HJ) und Bund deutscher Mädel (BdM)

Die politische und vormilitärische Erziehung der deutschen Jugend setzte bereits im Alter von zehn Jahren ein: Die Buben begannen beim „Jungvolk" (den „Pimpfen") und kamen mit 14 zur Hitlerjugend. Die Mädchen traten mit 14 Jahren von den „Jungmädel" in den BdM über, wo sie vor allem auf ihre künftige Rolle als Hausfrau und Mutter vorbereitet werden sollten. Alle anderen Jugendorganisationen mussten sich auflösen oder wurden verboten.

Viele Jugendliche nahmen gerne an den Veranstaltungen von HJ und BdM teil, nur wenige konnten oder wollten sich den Angeboten dieser staatlichen Organisationen entziehen. Was wurde dabei als positiv empfunden?

> Q *Diese Kameradschaft, das war es auch, was ich an der Hitlerjugend liebte. Als ich mit zehn Jahren in die Reihen des Jungvolkes eintrat, war ich begeistert. Denn welcher Junge ist nicht entflammt, wenn ihm Ideale, hohe Ideale wie Kameradschaft, Treue und Ehre entgegengehalten werden. Ich weiß noch, wie tief ergriffen ich dasaß, als wir die Schwertworte des Pimpfen lernten: „Jungvolkjungen sind hart, schweigsam und treu (...)." Und dann die Fahrten! Gibt es etwas Schöneres, als im Kreis von Kameraden die Herrlichkeit der Heimat zu genießen?*
> (Conze, Der Nationalsozialismus 1934–1945, 1979, S. 88)

Neben positiven gab es aber auch negative Eindrücke:

> Q *Und es ist immer wieder ein tiefer Eindruck, abends in der freien Natur um ein kleines Feuer zu sitzen und Lieder zu singen (...). Diese Stunden waren wohl die schönsten, die uns die Hitlerjugend geboten hat (...).*
> *Später allerdings, als ich Führer im Jungvolk wurde, traten auch die Schattenseiten stark hervor. Der Zwang und der unbedingte Gehorsam berührten mich unangenehm (...). Am liebsten wurde gesehen, wenn man keinen eigenen Willen hatte und sich unbedingt unterordnete (...).*
> (Huber, Jugend unterm Hakenkreuz, 1982, S. 61 ff.)

Frau und Mutter

Das folgende Heiratsinserat erschien 1940:

> Q *Zweiundfünfzig Jahre alter, rein arischer Arzt, Teilnehmer an der Schlacht von Tannenberg (Erster Weltkrieg), der auf dem Lande zu siedeln beabsichtigt, wünscht sich männlichen Nachwuchs durch eine standesamtliche Heirat mit einer gesunden Arierin, jungfräulich, jung, bescheiden, sparsame Hausfrau, gewöhnt an schwere Arbeit, breithüftig, flache Absätze, keine Ohrringe, möglichst ohne Eigentum.*
> (Münchner Neueste Nachrichten, 25. Juli 1940, Inseratenteil)

→ Analysiere dieses Inserat: Welche Erwartungshaltung bzw. Einstellung Frauen gegenüber kommt hier zum Ausdruck?

■ Ab 1936 war die Mitgliedschaft bei der Hitlerjugend gesetzliche Pflicht (Plakat, 1935).

→ Beschreibe und interpretiere die Aussage des Plakats. Wie mag es auf die Jugendlichen damals gewirkt haben, wie wirkt es auf dich heute?

Nach nationalsozialistischer Weltanschauung sollte die Frau möglichst unter der Obhut des Mannes verbleiben. Sie sollte daheim den Haushalt führen und viele Kinder gebären. Der Staat stiftete sogar ein „Ehrenkreuz für die deutsche Mutter". Für vier oder mehr Kinder gab es das Kreuz in Bronze, für sechs und sieben in Silber und ab acht Kindern in Gold. Hitler sah die Rollenverteilung zwischen Mann und Frau wie folgt:

> Q *Was der Mann einsetzt an Heldenmut auf dem Schlachtfeld, setzt die Frau ein in ewig geduldiger Hingabe, in ewig geduldetem Leid und Ertragen. Jedes Kind, das sie zur Welt bringt, ist eine Schlacht, die sie besteht für das Sein oder Nichtsein ihres Volkes.*
> (Hitler an die Frauen; in: Reden an die deutsche Frau, Reichsparteitag, Nürnberg, 8. September, 1934, S. 5 ff.)

Wie Hitler die Arbeit von (akademisch gebildeten) Frauen im Öffentlichen Dienst einschätzte, erklärte er im „Völkischen Beobachter" so:

> Q Wenn heute eine weibliche Juristin noch so viel leistet und nebenan eine Mutter wohnt mit fünf, sechs, sieben Kindern (…), dann möchte ich sagen: Vom Standpunkt des ewigen Wertes unseres Volkes hat die Frau, die Kinder bekommen hat (…), mehr geleistet, mehr getan!
>
> (Völkischer Beobachter vom 13. September 1936)

Bereits 1933 wurde der Anteil der Studentinnen an den Hochschulen mit zehn Prozent begrenzt. Seit 1934 wurden alle verheirateten Beamtinnen entlassen. Und ab 1936 wurden Frauen nicht mehr als Richterinnen oder Anwältinnen zugelassen. Damit gab es neue Arbeitsplätze für Männer.

Der Staat gewährte großzügig Ehestandskredite, wenn die Frauen ihre Arbeit aufgaben. Für schlecht bezahlte Hilfsarbeiten aber waren die Frauen gut genug. So mussten ab dem Jahr 1938 alle Frauen unter 25 Jahren ein Pflichtjahr in Familien oder auf dem Land verrichten und dort nur gegen Verpflegung und Quartier Hilfsdienste leisten. Erst danach durften sie in der Land- oder Hauswirtschaft eine voll bezahlte Arbeit annehmen. Kurz nach Kriegsbeginn im September 1939 wurde der Reichsarbeitsdienst auch für Frauen im Alter von 17 bis 25 Jahren eingeführt. Im weiteren Verlauf des Krieges wurden sie überall dort eingesetzt, wo Männer fehlten – in den Rüstungsbetrieben wie im öffentlichen Verkehr. Schließlich dienten sie auch bei der Deutschen Wehrmacht als Nachrichten- oder Flakhelferinnen.

■ Fertigung von Granaten in einem Rüstungsbetrieb in Deutschland, 1940.
Als mit dem Beginn des Krieges zunehmend Arbeitskräfte gebraucht wurden, war das Frauenbild der Nationalsozialisten nicht mehr zu halten. Vor allem die Rüstungsindustrie warb um weibliche Arbeitskräfte.

„Gleichschaltung" der Kultur im Dritten Reich

Die „totale Revolution" der Nationalsozialisten erfasste auch Kunst und Kultur. Die eigens eingerichtete „Reichskulturkammer" überwachte ab 1933 das gesamte Kulturleben. Wer nicht einer ihrer Teilorganisationen angehörte, konnte in Deutschland nicht als Künstler/in arbeiten.

Vor allem die neuen Stilrichtungen in Literatur und bildender Kunst sowie die atonale Musik und der Jazz wurden als „entartete Kunst" abqualifiziert und aus der Öffentlichkeit verbannt. In der Malerei betraf es z. B. die Werke von Van Gogh, Gauguin, Kandinsky, Picasso, Kokoschka ebenso wie jene der deutschen Maler Klee, Grosz oder Dix (vgl. S. 74 f.). Insgesamt 16 000 Gemälde verschwanden aus deutschen Museen und Sammlungen. Die Nationalsozialisten machten „die zerstörende Wirkung des jüdischen Geistes" für diese von ihnen so bezeichnete „entartete Kunst" verantwortlich. Am 10. Mai 1933 organisierten die Nazis in ganz Deutschland Bücherverbrennungen:

> Q Deutsche Studenten, wir haben unser Handeln gegen den undeutschen Geist gerichtet, übergebt alles Undeutsche dem Feuer!
> Gegen Klassenkampf und Materialismus, für Volksgemeinschaft und idealistische Lebensauffassung. – Ich übergebe dem Feuer die Schriften von Karl Marx und Trotzki. Gegen Dekadenz und moralischen Verfall, für Zucht und Sitte in Familie und Staat. – Ich übergebe dem Feuer die Schriften von Heinrich Mann, Ernst Gläser, Erich Kästner. Gegen seelenzersetzende Überschätzung des Trieblebens, für den Adel der menschlichen Seele. – Ich übergebe dem Feuer die Schriften der Schule Sigmund Freuds (…).
>
> („Feuersprüche" von Studenten – Auszug der Rundfunkübertragung von der Bücherverbrennung in Berlin; zit. nach Grube/Richter, Alltag im Dritten Reich, 1982)

„Heil Hitler" und die neuen Feiertage …

Auch im Sprachgebrauch gab es auffallende Änderungen: Als Grußformel verwendete man nicht mehr „Grüß Gott", „Guten Tag" oder in Briefen „Mit freundlichen Grüßen" sondern „Heil Hitler". Wer diesen „Deutschen Gruß" nicht leistete, galt als politisch verdächtig.

Die Nationalsozialisten beanspruchten auch neue Feiertage für sich: Der 1. Mai wurde zum „Tag der nationalen Arbeit" umfunktioniert, der Geburtstag Adolf Hitlers am 20. April wurde ähnlich gefeiert wie seinerzeit der Geburtstag des Kaisers. Der 9. November wiederum erinnerte an den missglückten Putschversuch in München im Jahr 1923.

Die Nationalsozialisten versprechen „Arbeit und Brot"

Mit dieser Wahlwerbung in der Zeit der Weltwirtschaftskrise weckten die Nationalsozialisten große Hoffnungen bei vielen Deutschen. Mit der „Machtergreifung" mussten sie beweisen, dass sie die große Zahl der Arbeitslosen deutlich verringern konnten. Dabei kam ihnen zugute, dass der Höhepunkt der Krise bereits überschritten war und schon ein Wirtschaftsaufschwung einsetzte.

Nationalsozialismus und Zweiter Weltkrieg

Die nationalsozialistische Wirtschaftspolitik verfolgte dazu den Weg des „deficit spending": Sie nahm von Anfang an große Schulden zur Arbeitsbeschaffung für öffentliche Großaufträge in Kauf. Bei der Errichtung von Autobahnen, Kraftwerken, Partei-Prunkbauten und im Wohnungsbau fanden viele Arbeiter Beschäftigung und erhielten dafür ein zwar geringes, aber sicheres Einkommen. Außerdem wurde auf den Einsatz von Maschinen weitgehend verzichtet. Das war zwar nicht wirtschaftlich, schuf aber Arbeitsplätze.

Eine starke Entlastung des Arbeitsmarktes erfolgte durch die Einführung der allgemeinen Wehrpflicht und den verpflichtenden Reichsarbeitsdienst im Jahr 1935. Frauen wurden außerdem aus der Erwerbsarbeit gedrängt.

Die Aufrüstung – „Kanonen statt Butter"

„Kanonen und Butter" hatte Minister Göring den Deutschen versprochen, doch schon ab 1935 hatte die Rüstungsproduktion absoluten Vorrang vor der Konsumgüterproduktion.

Hilfsbedürftige erhielten zwar Unterstützung durch das staatliche „Winterhilfswerk", das aus Spenden von Privatleuten und Firmen finanziert wurde. Arbeiter bekamen Kündigungsschutz und einen Mindesturlaub zugesprochen. Doch die niedrigen Löhne wurden nicht erhöht, obwohl die Wirtschaft stark gewachsen war. Die

Zahl der Arbeitslosen	
Februar 1932	6,2 Millionen
Jänner 1933	6,0 Millionen
Dezember 1933	4,0 Millionen
Jahresdurchschnitt 1934	2,7 Millionen
Jahresdurchschnitt 1935	2,2 Millionen
1936: Vollbeschäftigung in Bau- und Metallindustrie	
1937/38: zum Teil Arbeitskräftemangel	

■ Nach: Benz, Geschichte des Dritten Reiches, 2003, S. 97.

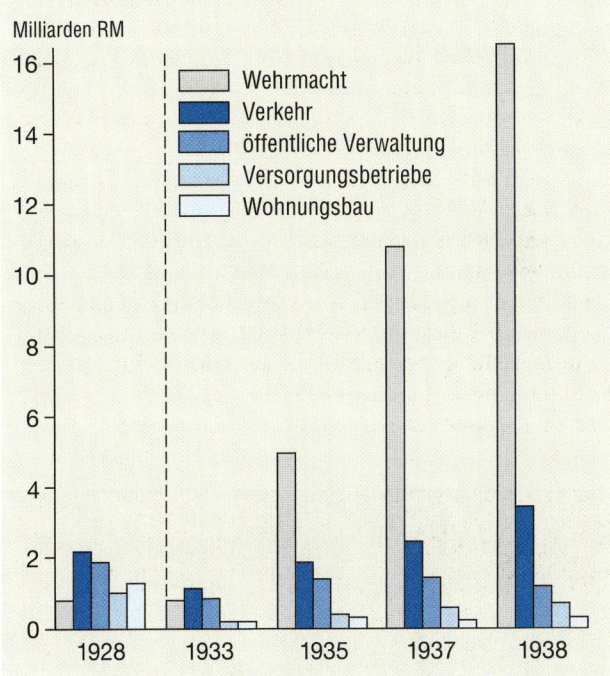

Die öffentlichen Investitionen in Deutschland 1928, 1932–1938 (in Mio. Reichsmark)

→ Beschreibe die Veränderung der öffentlichen Investitionen zwischen 1928 und 1938. Analysiere und interpretiere die daraus erkennbare NS-Wirtschaftspolitik.

■ Plakat, abgedruckt in einem NS-Ausstellungskatalog, 1938.

→ Erläutere, welche verschiedenen Botschaften dieses Plakat vermitteln soll.

freien Gewerkschaften waren seit 1933 verboten. In der neu gegründeten Deutschen Arbeitsfront (DAF) hatten die Parteifunktionäre und die Unternehmer und nicht die Arbeitnehmer(-vertreter) das Sagen.

Die öffentlichen Ausgaben, vor allem für die Rüstungsindustrie und die Kriegsvorbereitung, führten zu einer immer höheren Staatsverschuldung (1933: 12,9 Mrd. Reichsmark, 1938: 31,5 Mrd. Reichsmark). Bereits 1938 war der Staat praktisch bankrott und hatte keine Gold- und Devisenreserven mehr. Die holte er sich durch Beraubung fremder Staaten – angefangen bei der österreichischen Nationalbank nach dem „Anschluss" im März 1938.

Fragen und Arbeitsaufträge

→ 1. Erläutere, wie sich die nationalsozialistische Herrschaft vor dem Zweiten Weltkrieg auf das Alltagsleben der Menschen sowie auf die Wirtschafts- und Kulturpolitik auswirkte.

4. Eine Propagandarede analysieren

Die „Sportpalastrede" von Joseph Goebbels

18. Februar 1943, Berlin: Fast 15 000 Menschen haben sich im so genannten Sportpalast, einer großen Veranstaltungshalle, eingefunden. Sie warten mit Spannung auf die angekündigte Rede von Reichspropagandaminister Joseph Goebbels. Er hat die 109 Minuten dauernde Rede genau vorbereitet und inszeniert. Das Publikum der Massenveranstaltung ist von den NS-Parteiorganisationen sorgfältig ausgewählt und kurzfristig einberufen worden. Die Anwesenden sind Parteigenossen, Schauspieler, verwundete Soldaten, Krankenschwestern, alle überzeugte Nationalsozialisten. Einige, vor allem höhere Parteimitglieder und bekannte Personen, hatte man sogar eigens mit Autos und Chauffeuren von zu Hause abgeholt. Fotografen und Kameraleute hatten den Auftrag erhalten, besonders den zu erwartenden Jubel der Zuhörerinnen und Zuhörer in Nah- und Großaufnahmen ins Bild zu setzen.

Goebbels „Sportpalastrede" fand zu einem Zeitpunkt statt, an welchem sich die Niederlage Deutschlands im Zweiten Weltkrieg bereits abzeichnete: Die Situation der deutschen Truppen in Nordafrika war aussichtslos, vom katastrophalen Ende der Schlacht um Stalingrad hatten die Deutschen zwei Wochen vorher erfahren. Die Stimmung im Volk war schlecht, der Glaube an den „Endsieg" bei vielen erschüttert. Goebbels Rede sollte die Deutschen daher aus ihrer Niedergeschlagenheit und ihren Zweifeln reißen und Optimismus verbreiten. Mit der Proklamation des „totalen Krieges" forderte er von jeder und jedem Einzelnen rücksichtslosen Einsatz für den Krieg. Damit wurde indirekt auch die Einführung der Zwangsverpflichtung von Frauen in Rüstungsbetrieben angekündigt. Zudem wollte Goebbels seine eigene politische Stellung mit der Rede festigen.

Die „Sportpalastrede" gilt als ein „Musterbeispiel" einer Propagandarede. Die Zuschauerinnen und Zuschauer zeigten jedenfalls die von Goebbels gewünschten Reaktionen: Sie brachen nach jeder rhetorischen Frage in begeisterte „Ja"- und „Heil-Hitler"-Rufe aus. Besonders Goebbels Frage: „Wollt ihr den totalen Krieg?" entfesselte eine regelrechte Massenhysterie, der zustimmende Jubel nahm kein Ende. Die Rede wurde im Radio ausgestrahlt und später in den „Wochenschauen" der Kinos gezeigt. So erreichte sie ein Millionenpublikum und sollte im In- und Ausland Wirkung zeigen.

> **Q** Ihr also, meine Zuhörer, repräsentiert in diesem Augenblick die Nation. Und an euch möchte ich zehn Fragen richten, die ihr mir mit dem deutschen Volke vor der ganzen Welt, insbesondere aber vor unseren Feinden, die uns auch an ihrem Rundfunk zuhören, beantworten sollt:
>
> Die Engländer behaupten, das deutsche Volk habe den Glauben an den Sieg verloren. Ich frage euch: Glaubt ihr mit dem Führer und mit uns an den endgültigen Sieg des deutschen Volkes? Ich frage euch: Seid ihr entschlossen, mit dem Führer in der Erkämpfung des Sieges durch dick und dünn und unter Aufnahme auch schwerster persönlicher Belastungen zu folgen?
>
> Zweitens: Die Engländer behaupten, das deutsche Volk ist des Kampfes müde. Ich frage euch: Seid ihr bereit, mit dem Führer als Phalanx der Heimat hinter der kämpfenden Wehrmacht stehend, diesen Kampf mit wilder Entschlossenheit und unbeirrt durch alle Schicksalsfügungen fortzusetzen, bis der Sieg in unseren Händen ist?
>
> Drittens: Die Engländer behaupten, das deutsche Volk hat keine Lust mehr, sich der überhandnehmenden Kriegsarbeit, die die Regierung von ihm fordert, zu unterziehen. Ich frage euch: Seid ihr und ist das deutsche Volk entschlossen, wenn der Führer es befiehlt, zehn, zwölf und – wenn nötig – vierzehn und sechzehn Stunden täglich zu arbeiten und das Letzte herzugeben für den Sieg?
>
> Viertens: Die Engländer behaupten, das deutsche Volk wehrt sich gegen die totalen Kriegsmaßnahmen der Regierung. Es will nicht den totalen Krieg, sondern die Kapitulation. Ich frage euch: Wollt ihr den totalen Krieg? Wollt ihr ihn, wenn nötig, totaler und radikaler, als wir ihn uns heute überhaupt noch vorstellen können?
>
> Fünftens: Die Engländer behaupten, das deutsche Volk hat sein Vertrauen zum Führer verloren. Ich frage euch: Ist euer Vertrauen zum Führer heute größer, gläubiger und unerschütterlicher denn je? Ist eure Bereitschaft, ihm auf allen seinen Wegen zu folgen und alles zu tun, was nötig ist, um den Krieg zum siegreichen Ende zu führen, eine absolute und uneingeschränkte?
>
> Ich frage euch sechstens: Seid ihr bereit, von nun ab eure ganze Kraft einzusetzen und der Ostfront die Menschen und Waffen zur Verfügung zu stellen, die sie braucht, um dem Bolschewismus den tödlichen Schlag zu versetzen?
>
> Ich frage euch siebtens: Gelobt ihr mit heiligem Eid der Front, dass die Heimat mit starker Moral hinter ihr steht und ihr alles geben wird, was sie nötig hat, um den Sieg zu erkämpfen?
>
> Ich frage euch achtens: Wollt ihr, insbesondere ihr Frauen selbst, dass die Regierung dafür sorgt, dass auch die deutsche Frau ihre ganze Kraft der Kriegsführung zur Verfügung stellt, und überall da, wo es nur möglich ist, einspringt, um Männer für die Front frei zu machen und damit ihren Männern an der Front zu helfen?
>
> Ich frage euch neuntens: Billigt ihr, wenn nötig, die radikalsten Maßnahmen gegen einen kleinen Kreis von Drückebergern und Schiebern, die mitten im Kriege Frieden spielen und die Not des Volkes zu eigensüchtigen Zwecken ausnutzen wollen? Seid ihr damit einverstanden, dass, wer sich am Krieg vergeht, den Kopf verliert?
>
> Ich frage euch zehntens und zuletzt: Wollt ihr, dass, wie das nationalsozialistische Programm es gebietet, gerade im Kriege gleiche Rechte und gleiche Pflichten vorherrschen, dass die Heimat die schwersten Belastungen solidarisch auf ihre Schultern nimmt und dass sie für hoch und niedrig und arm und reich in gleicher Weise verteilt werden?
>
> Ich habe euch gefragt; ihr habt mir eure Antworten gegeben. Ihr seid ein Stück Volk, durch euren Mund

Eine Propagandarede analysieren

hat sich damit die Stellungnahme des deutschen Volkes manifestiert. (...) Der Führer hat befohlen, wir werden ihm folgen. (...) Und darum lautet die Parole: Nun, Volk, steh auf und Sturm brich los!

(aus: Fetscher: Goebbels im Berliner Sportpalast 1943 „Wollt ihr den totalen Krieg", 1998 [Redeausschnitt])

Methode

Eine Propagandarede ist eine Form der Appellativen Rede. Ziel ist die Änderung einer Gesinnung, eines Verhaltens. Die Zuhörerin/der Zuhörer soll also manipuliert werden, einen Impuls für ein bestimmtes Tun erhalten. Eine kritische Einstellung gegenüber Appellativen Reden ist daher wichtig. Propagandareden bzw. Politische Reden werden oft über (die je verfügbaren) Massenmedien wie Zeitungen, Rundfunk, Fernsehen oder Internet verbreitet. Sie zielen also nicht nur auf das anwesende Publikum, sondern auch auf die breite Masse der Leser/innen, Zuhörer/innen oder Zuschauer/innen. Die Argumentation der Rednerin/des Redners richtet sich meist an das Gefühl, weniger an den Verstand. Eingesetzt werden eine bestimmte Mimik, Gestik, eine emotionale Sprechweise. Eine große Rolle spielen meist auch rhetorische Mittel: Übertreibungen (Hyperbeln), Ausrufe, Anreden, Wortwiederholungen, das Wiederholen von gleichen Satzanfängen (Anaphern), Vergleiche, bildhafte Darstellungen etc. Um die Rede abschließend bewerten zu können, ist es notwendig, auf die Wertvorstellungen der Rednerin/des Redners einzugehen und diese mit den eigenen Wertmaßstäben abzugleichen.

Inhalte untersuchen und deuten

- Beschreibt den Anlass der Rede und ihren historischen Hintergrund.
- Fasst den sachlichen Inhalt der Rede zusammen.
- Benennt Ziele, Zweck und Adressaten.
- Beschreibt den Einsatz der oben genannten rhetorischen Mittel und gebt jeweils die Stelle in der Rede an. Welche Wirkung sollte damit erzeugt werden?
- Erörtert, welchen Eindruck Goebbels erwecken wollte, indem er die im Saal versammelten Parteigänger/innen als „Ausschnitt aus dem ganzen Volk" erklärte. Wofür konnte die Sportpalastrede dadurch ausgegeben werden?
- Benennt die von Goebbels angeführten „Feindbilder". Welche Funktionen könnten sie in der Rede haben?
- Erläutert, welche Drohungen, welche Versprechen gemacht werden. An welche Adressaten richten sie sich?
- Erörtert, welche Ausdrücke in den Bereich von Religion und Glaube verweisen und welche Gefühle damit bei den Zuhörerinnen und Zuhörern ausgelöst worden sein könnten.
- Analysiert, welche Interessen der Redner hatte, die Zuschauerinnen und Zuschauer zu überzeugen (vgl. auch den Einleitungstext). Appelliert er stärker an ihr Gefühl oder an ihren Verstand? Bringt Beispiele aus der Rede.
- Seht/hört euch eine Aufnahme der Sportpalastrede an. Welche zusätzlichen Beobachtungen ergeben sich daraus (Mimik, Gestik, Art des Sprechens (Tonlage, Betonung), Reaktion des Publikums, Inszenierung...)?
- Sprecht abschließend darüber, warum Goebbels Sportpalastrede als ein „Musterbeispiel" einer Propagandarede gilt.

Projektvorschlag

Eine politische Rede analysieren

Sucht im Internet eine Rede einer Politikerin oder eines Politikers aus der jüngeren Vergangenheit als Filmdokument und in schriftlicher Form. Beschreibt und analysiert die Rede dann mit Hilfe des Fragenkataloges.

■ Berliner Sportpalast, Fotografie vom 18. Februar 1943.
Die Wand des großen Saales im Sportpalast war geschmückt mit dem Spruchband „Totaler Krieg – kürzester Krieg".

■ Der spätere Reichspropagandaminister Joseph Goebbels bei einer Rede in Bernau, Fotografie 1928.

→ Vergleiche seine Gestik und Mimik mit jener Hitlers auf S. 60.

Methode – Kompetenztraining

5. Vergleichende Bildanalyse

„Blut- und Boden-Kunst" und „Entartete Kunst"

In der Weimarer Republik entfaltete sich ein reichhaltiges Kunstleben. Neue Stile und Richtungen entstanden und stießen international auf große Beachtung. Dies endete mit der Machtergreifung Hitlers 1933. Am 22. September 1933 wurde die Reichskulturkammer unter dem Vorsitz von Reichspropagandaminister Joseph Goebbels gegründet. Diese umfasste das gesamte kulturelle Leben, Personen ohne ausreichenden Ariernachweis und nicht-regimekonforme Künstlerinnen und Künstler (z. B. „Kulturbolschwisten") wurden nicht aufgenommen. Die Nichtaufnahme bzw. der Ausschluss hatte faktisch ein Berufs- und Veröffentlichungsverbot zur Folge. Kunst und Kultur waren in den Dienst des NS-Regimes zu stellen. Die Nationalsozialisten versuchten die Menschen durch die bildende Kunst, vor allem durch Malerei und Bildhauerei, ideologisch zu beeinflussen. Sie propagierten daher die „Blut- und Boden-Kunst". Diese bezieht sich auf die NS-Ideologie, welche die Abstammung („Blut") und den zu bearbeitenden Lebensraum („Boden") als wesentliche Grundlage sieht. Entsprechend wählten die so genannten „Nazikünstler" Motive und Themen, welche diesem offiziellen NS-Kunstideal entsprachen: Die harmonische „arische" Großfamilie, fleißige deutsche Bauern, tapfere deutsche Soldaten, fruchtbare deutsche Frauen. Die Darstellung sollte konservativ und gegenständlich sein. Moderne Kunstrichtungen wie Expressionismus, Dadaismus, Neue Sachlichkeit, Surrealismus, Kubismus etc. lehnten die Nationalsozialisten als „Entartete Kunst" ab. Sie bezeichneten diese als „artfremd", weil sie von Pazifismus und Pessimismus geprägt seien. „Entartet" bedeutete in der Propagandasprache der Nationalsozialisten „politische und rassische Unreinheit". Maler und Bildhauer, deren Werke dem vorgegebenen Kunstideal nicht entsprachen oder die laut NS-Definition Juden oder Kommunisten waren, wurden verfolgt. 1936 kam es zum Verbot jeglicher Kunst der Moderne. Kunstwerke, die von den Nationalsozialisten zur Moderne gezählt wurden, entfernte man aus den Museen. Viele großartige Werke wurden auch beschlagnahmt oder ins Ausland verkauft. Die Künstlerinnen und Künstler wurden – sofern sie nicht schon emigriert waren – mit Berufs- und Ausstellungsverboten belegt.

Die Ausstellung „Entartete Kunst" in München (Eröffnung: 19. Juli 1937) zeigte 650 konfiszierte Kunstwerke aus 32 deutschen Museen. Sie sollte bei den Besucherinnen und Besuchern Abscheu und Beklemmungen erregen, moderne Kunst sollte als „entartete" und als Verfallserscheinung verstanden werden.

Einen Tag vor Beginn der Ausstellung „Entartete Kunst" eröffnete Adolf Hitler die „Große Deutsche Kunstausstellung" im Münchner „Haus der Deutschen Kunst". In dieser Ausstellung sollte dem Volk „seine" Kunst näher gebracht werden. Es waren dort nur Werke deutschstämmiger Künstlerinnen und Künstler vertreten, die mit den Propagandazielen der Nationalsozialisten vereinbar waren.

■ Bild 1: Max Beckmann (geb. 1884 in Leipzig, gest. 1950 in New York) gilt als einer der bedeutendsten deutschen Künstler des 20. Jahrhunderts. In der Weimarer Republik war er anerkannt und berühmt. Die Nationalsozialisten sahen in ihm einen Vertreter der „Entarteten Kunst", 1933 wurde ihm der Lehrauftrag in Frankfurt entzogen, 1937 beschlagnahmten die Nationalsozialisten 509 seiner Werke aus deutschen Museen. Mit seiner Frau emigrierte Beckmann 1937 nach Paris, später nach Amsterdam, 1939 in die USA. Sein „Familienbild" (Öl auf Leinwand, 65 x 100 cm) entstand 1920 und hängt heute im „Museum of Modern Art" in New York.

3 Vergleichende Bildanalyse

Methode

Schon immer gab es Maler/innen, die ihre Kunst in den Dienst einer Herrschaft und ihrer Politik stellten. Besonders umfassend geschah dies in Diktaturen. Häufig propagierten diese nämlich eine ganz bestimmte Kunstauffassung, die der Verherrlichung ihrer Ideologie bzw. ihres Führers diente, während andere Kunstauffassungen und kritische Künstler/innen verfolgt und vernichtet wurden. Betrachtet und deutet man nun Kunstwerke, die dasselbe Thema behandeln, aber unterschiedlichen Stilrichtungen angehören, so lassen sich interessante Schlüsse über die Zeitumstände und die ideologische Einstellung der Künstler/innen ziehen.
Die Fragen bei der folgenden vergleichenden Bildanalyse beziehen sich auf die beiden Bilder (B1 und B2).

Bildinhalte beschreiben

- Betrachtet beide Bilder und notiert euch erste Eindrücke.
- Stellt Fragen an die Bilder und notiert sie ebenfalls.

Bildinhalte untersuchen

- Beschreibt die dargestellten Personen:
  Welche Funktionen als Familienmitglieder lassen sich jeweils erkennen? Was lässt sich über die Haltung der dargestellten Figuren, ihren Gesichtsausdruck, ihre Gestik aussagen? Welche Kleidung tragen sie, bei welchen Tätigkeiten werden sie dargestellt? Wie lässt sich ihr Äußeres beschreiben? In welcher Anordnung sind die Figuren aufeinander bezogen?
- Beschreibt die Möbel und Gegenstände:
  Wo genau befinden sie sich, wie sind sie angeordnet, welche sind auf die dargestellten Personen bezogen?
- Beschreibt jeweils die Bildkomposition, Farben und die Maltechnik.

Bildinhalte deuten, kritisch auswerten und vergleichen

- Erörtert, ob man auf die jeweilige soziale Lage der Familie bzw. auf die Berufe der Personen schließen kann.
- Erklärt, welche Vorstellung von „Familie" ihr im jeweiligen Bild dargestellt seht. Welche Atmosphäre strahlt das jeweilige Bild aus, wodurch wird sie erzeugt?
- Diskutiert, welche (symbolische oder auch reale) Bedeutung die abgebildeten Gegenstände haben könnten.
- Vergleicht Technik, Farben, Deutungsmöglichkeiten der beiden Gemälde.
- Ordnet ein Bild der „Blut- und Boden-Kunst" zu, das andere der von den Nationalsozialisten als „entartete Kunst" bezeichneten Richtung zu. Begründet euer Urteil.

Recherche

- Informiert euch über das Leben und Werk der beiden Maler.
- Recherchiert über die Ausstellungen „Entartete Kunst" und die „Große Deutsche Kunstausstellung" in München 1937.

■ Bild 2: Paul Mathias Padua (geb. 1903 in Salzburg, gest. 1981 in Bayern) gehörte zu den von Hitler geschätzten Malern. Er schuf Werke, die der „Blut- und Boden-Kunst" entsprechen. Sein bekanntestes NS-Propagandabild ist das Ölgemälde „Der Führer spricht", es entstand 1939.

6. Vorstufen des Zweiten Weltkrieges

6.1 Expansionspolitik Japans

Von der Friedenspolitik zur Eroberungspolitik

Nach dem Ersten Weltkrieg betrieb Japan zunächst eine friedliche Außenpolitik. Die Wirtschaftskonzerne (aus Industrie, Banken und Großhandel) hatten großen Einfluss auf die Regierungen. Sie erwirkten eine Verringerung der Heeresstärke und eine Verkleinerung des Heeresbudgets. 1922 unterzeichneten Japan und die USA ein Flottenabkommen, in dem die Stärke der US-Marine zur japanischen im Verhältnis von 5:3 festgelegt wurde. Damit konnte Japan die USA nicht wirksam angreifen. Aber auch die amerikanische Flottenstärke reichte nicht aus, um eine militärische Aktion gegen Japan zu riskieren.

Die bürgerlichen Regierungen arbeiteten zwar gut mit dem Großkapital zusammen, lösten aber die sozialen Probleme nicht. So entstand eine allgemeine Unzufriedenheit, die durch die Weltwirtschaftskrise noch gesteigert wurde. Breite Bevölkerungsschichten waren vom parlamentarischen System enttäuscht und erwarteten von einer autoritären starken Macht die Lösung der politischen Probleme. Das brachte extrem nationalistischen Parteien starken Zulauf und führte zum Wiedererstarken des Militärs. Es entstanden ultranationale militärische Geheimbünde, die sogar Regierungsmitglieder ermordeten. Die Täter kamen mit geringen Strafen davon, weil die Richter ihre „patriotische" Einstellung als Milderungsgrund werteten. Die Nationalisten wollten die wirtschaftlichen Schwierigkeiten durch eine expansive Politik gegenüber China lösen.

Besetzung der Mandschurei

Einen selbst inszenierten Zwischenfall nahm die japanische Armee zum Anlass, um im September 1931 in das zu China gehörige Gebiet der Mandschurei einzumarschieren und es zu besetzen. Schon im März 1932 rief Japan den „unabhängigen" Staat Mandschukuo aus und setzte den letzten chinesischen Kaiser als Marionettenherrscher ein. Als der Völkerbund diesen Staat nicht anerkannte, trat Japan 1933 aus dem Völkerbund aus. Nach der Besetzung der Mandschurei gewährten die Westmächte China militärische und wirtschaftliche Hilfe. Doch waren sie nicht bereit, den japanischen Eroberern mit eigenen Truppen aktiv entgegenzutreten.
Nach der Einnahme der Mandschurei besetzte die japanische Armee auch die chinesische Provinz Dschehol. Als sie anschließend versuchte, in die Provinz Hopei einzudringen, stieß sie auf einen erfolgreichen chinesischen Widerstand. Ein darauf abgeschlossener Waffenstillstand legte eine entmilitarisierte Zone nördlich von Peking fest.

Japanisch-chinesischer Krieg

Doch Japans Ziel war nicht nur die Eroberung Chinas, sondern des gesamten ostasiatischen Raumes. Die dazu nötige Aufrüstung und Modernisierung der Armee hatte auch eine kräftige Erhöhung des Militärbudgets zur Folge (1931/32: 31 %; 1936/37: 47 %; 1937/38: 71 % des Staatshaushaltes). 1936 schloss Japan mit Deutschland den Antikomintern-Pakt ab (vgl. S. 77).
1937 nahm die japanische Armeeführung eine Schießerei an der Marco-Polo-Brücke am Rande von Peking zum Anlass, um den Angriff auf China zu starten. Die überlegenen Japaner eroberten in kurzer Zeit die chinesische Küste mit Nanking, Kanton und Hankau. Sie führten diesen Krieg mit großer Grausamkeit und verübten dabei zahlreiche Verbrechen vor allem an der weiblichen Zivilbevölkerung. 1940/41 besetzten sie Indochina. Dem japanischen Angriff auf die US-amerikanische Kriegsflotte in Pearl Harbor auf Hawaii im Dezember 1941 folgte die US-amerikanische Kriegserklärung an Japan und wenige Tage später jene Deutschlands und Italiens an die USA. Damit hatte sich dieser Krieg endgültig zu einem Weltkrieg ausgeweitet (vgl. S. 80f.).

6.2 Die Expansionspolitik Italiens

Mussolini und das Imperium Romanum

Mussolinis außenpolitisches Ziel war es, Italien eine Vormachtstellung im Mittelmeer zu verschaffen. Bewusst knüpfte er an altrömische Traditionen an. Er ließ in Rom vier Marmortafeln aufstellen, die zeigten, wie Rom von einem kleinen Stadtstaat zur Beherrscherin des gesamten Mittelmeeres aufgestiegen war.
Die Entente-Mächte hatten Italien für den Eintritt in den Ersten Weltkrieg (1915) neben Südtirol auch Dalmatien, einen Teil der türkischen Küste und deren vorgelagerte Inseln (Dodekanes) versprochen. Doch in den Pariser Friedensverträgen hatte Italien außer Südtirol nichts davon erhalten. Auch bei der Aufteilung der ehemals deutschen Kolonien in Afrika ging Italien leer aus. Als Ersatz dafür eroberte Mussolini in mehreren Feldzügen die nordafrikanische Küste, die Italien schon einmal besessen hatte: 1934 wurde daraus die Kolonie Libyen.

Eroberung von Abessinien

Italien besaß seit dem Ende des 19. Jahrhunderts an der ostafrikanischen Küste auch die Kolonien Somaliland und Eritreia. Das Nachbarland Abessinien (Äthiopien) in Besitz zu nehmen, war schon lange ein Ziel Italiens. Mussolini schloss deshalb 1928 mit dem Negus (= König) von Abessinien einen Freundschafts- und Handelsvertrag ab. Dieser sollte es Italien ermöglichen, das Land auf „kaltem" Wege zu besetzen. Der Negus durchschaute aber die Absichten Mussolinis und verhinderte vorerst eine Festsetzung der Italiener in seinem Land. Mussolini gab seinen Plan nicht auf: Italien verzichtete 1935 in einem Abkommen mit Frankreich auf koloniale Gebietsansprüche in Tunesien und erwartete dafür die Duldung seines Angriffskrieges gegen Abessinien.

Abessinien hatte sich schon einmal, im Jahr 1896, erfolgreich gegen einen italienischen Angriff zur Wehr gesetzt. In den Jahren 1935/36 hatte es aber gegen die modern ausgerüstete italienische Armee keine Chance. Italiens Heeresleitung setzte schonungslos Bomben und Giftgas gegen die Zivilbevölkerung ein. So brach der abessinische Widerstand im Frühjahr 1936 rasch zusammen. Mussolini verkündete die Annexion Abessiniens und setzte den italienischen König Viktor Emmanuel III. als Kaiser von Äthiopien ein. Der Negus Haile Selassie hatte das Land verlassen.

Der Völkerbund verurteilte den Mitgliedsstaat Italien und verhängte wirtschaftliche Sanktionen. In dieser Situation bot das außenpolitisch bereits isolierte, nationalsozialistische Deutschland dem faschistischen Italien seine Hilfe an und lieferte kriegswichtige Güter. Von nun an waren die beiden Staaten durch einen Freundschaftsvertrag, „die Achse Berlin–Rom", miteinander verbunden (1936). Ein Jahr später trat Italien aus dem Völkerbund aus.

Albanien wird italienisch

Albanien wurde nach dem Ersten Weltkrieg ein selbstständiger Staat. Nach längeren inneren Kämpfen setzte sich Achmed Zogu mit Unterstützung Jugoslawiens als Präsident durch. 1928 nahm er den Königstitel an.

Albanien musste sich immer wieder gegen Ansprüche seiner Nachbarstaaten Jugoslawien, Griechenland und Italien zur Wehr setzen. Als Gegengewicht zu Jugoslawien schloss Albanien mit Italien einen Freundschaftsvertrag. Mussolini benutzte diesen, um über Albanien eine Schutzherrschaft zu errichten. Den letzten Rest von Souveränität beseitigten die Italiener, als sie 1939 in Albanien einmarschierten.

Viktor Emanuel III., italienischer König und Kaiser von Äthiopien, wurde nunmehr auch zum König von Albanien ausgerufen.

6.3 Deutschlands aggressive Außenpolitik

Hitler setzt sich über den Versailler Vertrag hinweg

Den Friedensvertrag von Versailles (1919) lehnte die Mehrheit der Deutschen ab. Vor allem die Nationalsozialisten forderten bei jeder Gelegenheit die Rücknahme des „Versailler Schandvertrages".

Als 1933 bei einer Abrüstungskonferenz die deutsche Forderung nach militärischer Gleichberechtigung nicht erfüllt wurde, trat das Deutsche Reich aus dem Völkerbund aus. Ab diesem Zeitpunkt begann in Deutschland die geheime Wiederaufrüstung. Als die Nationalsozialisten im Jahr 1935 wieder die allgemeine Wehrpflicht einführten, gab es zwar scharf formulierte Proteste der Westmächte, aber keine weiteren Maßnahmen. Ähnlich waren die Reaktionen, als die deutsche Wehrmacht 1936 das entmilitarisierte Rheinland besetzte.

Großbritannien verfolgte weiter seine Appeasement (= Beschwichtigungs)-Politik und war zu diesem Zeitpunkt noch gegen jede militärische Aktion. Und Frankreich wagte kein alleiniges militärisches Vorgehen.

■ Die Sonntagsbeilage des „Corriere della Sera" berichtet am 9. Februar 1936 vom Vormarsch der italienischen Armee in Abessinien. Deutlich ist der Einsatz italienischer Bomber zu erkennen.

Die Bündnispolitik Hitlerdeutschlands

Deutschland geriet außenpolitisch durch seine Vertragsbrüche in eine isolierte Lage. Doch diese Situation änderte sich durch Hitlers Hilfe für Mussolini. Sie führte zur Partnerschaft der beiden ideologisch verwandten Systeme.

Der im Sommer 1936 ausgebrochene Bürgerkrieg in Spanien verstärkte diese Zusammenarbeit und mündete in die „Achse Berlin–Rom" (Oktober 1936). Schon im November 1936 schloss Hitler mit Japan den so genannten Antikominternpakt (der Antikommunistische-Internationale-Pakt) ab, dem ein Jahr später auch Italien beitrat. Er war vor allem gegen die Sowjetunion gerichtet.

Hitler redet von Frieden und will den Krieg

Hitler betrieb außenpolitisch immer ein Doppelspiel. In einer Reichstagsrede verkündete er im Mai 1935:

> **Q** *Das nationalsozialistische Deutschland will den Frieden aus tiefinnersten weltanschaulichen Überzeugungen (...). Was könnte ich anderes wünschen als Ruhe und Frieden?*
>
> (Hofer, Der Nationalsozialismus, 1957, S. 179)

In einer geheimen Besprechung erklärte Hitler im November 1937 jedoch vor seinen höchsten Offizieren:

Q *Das Ziel der deutschen Politik sei die Sicherung und Erhaltung der Volksmasse und deren Vermehrung. Somit handle es sich um das Problem des Raumes (…). Zur Lösung der deutschen Frage könne es nur den Weg der Gewalt geben, dieser könne niemals risikolos sein (…).*

(Schönbrunn, Geschichte in Quellen, Bd. 5, 1979, 3. Auflage, S. 367f.)

In dieser Besprechung, die von seinem Adjutanten Oberst Hoßbach protokolliert wurde, nannte Hitler Österreich und die Tschechoslowakei als erste Kriegsziele. Spätestens für 1943 bis 1945 war die „Lösung der deutschen Raumfrage", also der Kriegsbeginn, vorgesehen.

„Heim ins Reich" – mit Österreich und dem Sudetenland

Am 12. März marschierten deutsche Truppen in Österreich ein. Hitler brauchte Österreich aus strategischen Überlegungen (als Ausgangsbasis gegen die Tschechoslowakei und den Balkan) und auch aus wirtschaftlichen Gründen: die Goldreserven der Nationalbank sowie die Rohstoffe (Erze, Holz und das für die Rüstung unentbehrliche Erdöl). Die Westmächte reagierten auf die von Hitler ausgerufene „Heimkehr der Ostmark ins Reich" ohne nachhaltigen Protest.

Nach dem „Anschluss" Österreichs begannen die Nationalsozialisten mit der „Zerschlagung der Tschechoslowakei". Dort erhielt die sudetendeutsche Minderheit den Auftrag, der tschechoslowakischen Regierung immer mehr Forderungen zu stellen. Als die Regierung in Prag die Forderung nach einer Autonomie ablehnte, verlangte Hitler, offen mit Krieg drohend, die Abtretung des sudetendeutschen Gebietes.

Doch vorerst ließ sich ein Krieg noch abwenden: Durch Mussolinis Vermittlung kam es zu einem Gipfeltreffen in München. Dort stimmten am 29. September 1938 Großbritannien, Frankreich und Italien im „Münchner Abkommen" einer Abtretung der sudetendeutschen Gebiete an das Deutsche Reich zu. Daher blieb auch der tschechoslowakischen Regierung nichts anderes übrig, als diese Regelung ebenso anzuerkennen. Bereits am

"The Nation", New York, Frühjahr 1933

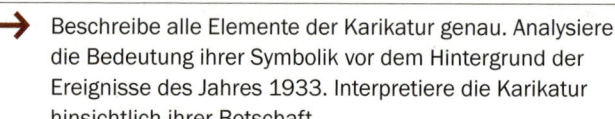

■ Der „Friedensredner" Hitler: „Hinter der SA und der SS lauert der Krieg". Zeichnung von Georges, aus „The Nation", New York, Frühjar 1933.

→ Beschreibe alle Elemente der Karikatur genau. Analysiere die Bedeutung ihrer Symbolik vor dem Hintergrund der Ereignisse des Jahres 1933. Interpretiere die Karikatur hinsichtlich ihrer Botschaft.

1. Oktober besetzte die deutsche Wehrmacht den zukünftigen „Reichsgau Sudetenland".

Die Vernichtung der Tschechoslowakei

Trotz aller Friedensbeteuerungen gab Hitler schon wenige Wochen später der deutschen Wehrmachtsführung den Auftrag, die Besetzung der so genannten Rest-Tschechoslowakei zu planen. Daneben setzte die Berliner Regierung slowakische Politiker unter Druck: Sie sollten Deutschland um Schutz bitten und die Slowakei als selbstständigen Staat ausrufen. Am 15. März 1939 wurde der tschechoslowakische Staatspräsident Hacha zu einer Unterredung nach Berlin bestellt. Nach massiver Einschüchterung – Luftwaffenchef Göring drohte Prag zu bombardieren – konnte der „Völkische Beobachter" folgendes Abkommen verlautbaren:

Q *Auf beiden Seiten ist übereinstimmend die Überzeugung zum Ausdruck gebracht worden, dass das Ziel aller Bemühungen die Sicherung von Ruhe, Ordnung und Frieden in diesem Teile Mitteleuropas*

■ Zwölf-Pfennig-Briefmarke mit Doppelporträt Adolf Hitler und Benito Mussolini; „Zwei Völker und ein Kampf" aus dem Jahr 1938.

sein müsse. Der tschechoslowakische Staatspräsident hat erklärt, dass er, um diesem Ziele zu dienen und um eine endgültige Befriedung zu erreichen, das Schicksal des tschechischen Volkes und Landes vertrauensvoll in die Hände des Führers des Deutschen Reiches lege.

(Völkischer Beobachter, 16. März 1939)

Noch am selben Tag marschierten die deutschen Truppen in der Tschechoslowakei ein. Das Land wurde zum „Protektorat Böhmen und Mähren" umgewandelt. Die hitlerfreundliche Slowakei erklärte sich „selbstständig" und unterstellte sich dem Schutz des „Großdeutschen Reiches".

Der britische Botschafter in Berlin berichtete noch am selben Tag seinem Außenminister:

Q *Ein Kommentar gegen das Vorgehen Deutschlands in der Tschechoslowakei erscheint überflüssig (...). Wenn auch verwerflich in der Form und unwillkommen als Tatsache, so war die Eingliederung Österreichs und der Sudetendeutschen in das Reich im Prinzip keine unnatürliche Entwicklung, kein unedles Streben für die Deutschen (...). Beide, die Ostmark und das Sudetengebiet, sind von einer Bevölkerung bewohnt, die völlig deutsch ist und die an die Grenzen Deutschlands anstößt. Ihre Eingliederung in das Reich geschah daher in Übereinstimmung mit dem Recht der Selbstbestimmung. Die Annexion von Böhmen und Mähren (...) kann nicht (...) gerechtfertigt werden (...). Sie widerspricht völlig dem Recht der Selbstbestimmung und ist absolut unmoralisch.*

(Zit. nach: Zentner, Illustrierte Geschichte des Dritten Reiches, 1965, S. 441 f.)

→ Analysiere und beurteile diesen Bericht aus heutiger Sicht. In welchen Punkten gibst du dem Botschafter recht, in welchen nicht?

Das Ende der Appeasement-Politik

Mit der Annexion des tschechischen Staatsgebietes war den Westmächten klar geworden, dass Hitler das Selbstbestimmungsrecht der Deutschen („Heim ins Reich") nur als Vorwand für seine imperialistischen Ziele benutzte. Die englischen und französischen Politiker mussten zur Kenntnis nehmen, dass Hitler rücksichtslos Verträge schloss und wieder brach, Erklärungen abgab und ihnen gleich danach zuwiderhandelte. Seiner Gewalt konnte offenbar nur mit Gewalt entgegengetreten werden.

Nun erhielten die nach britischer Meinung am meisten gefährdeten Staaten (Polen, Rumänien, Griechenland) eine britisch-französische Garantieerklärung. Hitler sollte durch die Drohung eines allgemeinen Krieges von weiteren Gewalttaten abgehalten werden. Die Nationalsozialisten überraschte das nicht. Sie hatten mit einem militärischen Eingreifen der Westmächte früher oder später ohnedies gerechnet.

Die nationalsozialistische Regierung bereitete längst einen nächsten Angriff – auf Polen – vor. Um sich abzusichern, schloss Hitler, der sich selbst immer wieder als „Retter des Abendlandes vor dem Bolschewismus" bezeichnete, trotz des Antikomintern-Paktes einen Nichtangriffspakt mit der Sowjetunion (August 1939). In einem geheimen Zusatzvertrag vereinbarten die beiden Diktaturen die Aufteilung Polens. Außerdem stimmte Hitler dem Anspruch der Sowjetunion auf Bessarabien, die baltischen Staaten und auch auf Finnland zu.

■ Einmarsch der Deutschen in Prag am 15. März 1939 – Zorn und Trauer auf den Gesichtern der Prager Bevölkerung, Fotografie von Karel Novák.

Fragen und Arbeitsaufträge

→ 1. Fasse die kriegerisch-aggressive Außenpolitik Japans, Italiens und Deutschlands zusammen.

→ 2. Analysiere und beurteile die Beschwichtigungspolitik der Westmächte hinsichtlich ihrer (friedenserhaltenden) Wirkung.

7. Der Zweite Weltkrieg

7.1 Anfangserfolge durch „Blitzkriege"

> Fasse den deutschen Angriffskrieg mit Hilfe der Karte chronologisch zusammen.

■ Der Zweite Weltkrieg 1939-1942.

Der Krieg gegen Polen

Der Nichtangriffspakt mit der Sowjetunion schützte Hitler vorerst vor einem großen Zweifrontenkrieg. Sein Entschluss, Polen anzugreifen, war endgültig, denn die Westmächte hielt er noch immer für unentschlossen („Unsere Gegner sind kleine Würstchen. Ich sah sie in München"). Hitler verlangte von Polen die Rückgabe der Freien Stadt Danzig und den Bau einer exterritorialen Auto- und Eisenbahn durch den „polnischen Korridor" nach Ostpreußen. Polen lehnte diese Forderungen ab. Eine Zustimmung hätte Polen allerdings ebenso wenig genützt, wie die Abtretung des Sudetenlandes die Tschechoslowakei vor ihrer Vernichtung bewahrt hatte. Schon im Mai 1939 hatte Hitler in einer Besprechung mit den höchsten Offizieren seine wahren Absichten erklärt:

> Q Danzig ist nicht das Objekt, um das es geht. Es handelt sich für uns um Arrondierung (Abrundung) des Lebensraumes im Osten und Sicherstellung der Ernährung (...). Lebensmittelversorgung ist nur von dort möglich, wo geringe Besiedlung ist (...). In Europa ist keine andere Möglichkeit zu sehen.
>
> (Schmundt-Mitschrift; in: Hofer, Die Entfesselung des Zweiten Weltkrieges, 1967, S. 61 f.)

Wenige Tage vor dem Angriff teilte Hitler der Wehrmachtsführung mit:

> Q Ich werde propagandistischen Anlass zur Auslösung des Krieges geben, gleichgültig, ob glaubhaft. Der Sieger wird später nicht danach gefragt, ob er die Wahrheit gesagt hat oder nicht(...) Der Stärkere hat das Recht.
>
> (Schönbrunn, Geschichte in Quellen, Bd. 5, 1979, 3. Auflage, S. 441)

> Erörtert die Rolle der Propaganda heute bei Kriegen, wozu wird sie eingesetzt? Beurteilt die Aussage: „Der Stärkere hat das Recht". Diskutiert darüber in der Klasse.

Als „propagandistischen Anlass" für den Krieg inszenierten die Deutschen einige Grenzzwischenfälle: Unter anderem überfielen SS-Männer, die polnische Zivilisten darstellen sollten, den deutschen Radiosender Gleiwitz. Daraufhin marschierten deutsche Truppen am 1. September 1939 ohne Kriegserklärung in Polen ein. Die deutsche Armee war der polnischen weit überlegen. Schon am 27. September kapitulierte die Hauptstadt Warschau und am 6. Oktober erlosch der letzte Widerstand. Hitler hatte seinen ersten „Blitzkrieg" gewonnen. Die westlichen Provinzen wurden „Großdeutschland" eingegliedert, der Rest des Landes zum besetzten „Generalgouvernement". Die Sowjetunion besetzte den vertraglich festgesetzten östlichen Teil Polens.

„Blitzkrieg" im Norden und Westen

Großbritannien und Frankreich hatten zwar nach dem Einmarsch Deutschland den Krieg erklärt, Polen aber in seinem Kampf allein gelassen. Im Frühjahr 1940 dachten die Engländer daran, Norwegen zu besetzen, um Deutschland von der schwedischen Erzzufuhr abzuschneiden. Aber Hitler kam ihnen zuvor und ließ durch die deutsche Wehrmacht Dänemark und Norwegen besetzen (April bis Juni 1940). Am 10. Mai 1940 begann der „Westfeldzug": Nach dem Überfall auf die neutralen Staaten Belgien, Luxemburg und Niederlande drangen die deutschen Truppen in Frankreich ein. Bereits am 22. Juni musste die französische Regierung einen Waffenstillstand unterzeichnen: Elsass-Lothringen musste an Deutschland abgetreten werden; der nördliche Teil Frankreichs blieb besetzt und kam unter deutsche Verwaltung, für den Süden wurde in Vichy eine deutschfreundliche, autoritäre Regierung (Vichy-Frankreich) eingesetzt. Hitler-Deutschland war am Höhepunkt seiner Macht.

■ Zerstörungen nach einem deutschen Luftangriff in der englischen Stadt Coventry, Fotografie, 1940.

Großbritannien kämpft allein weiter

Nun stand Großbritannien den siegreichen deutschen Armeen allein gegenüber. Ein Friedensangebot Hitlers wurde vom neuen Premierminister Winston Churchill aber abgelehnt. In seiner ersten Rede vor dem Unterhaus wies er die Briten schonungslos auf die kommenden Jahre hin:

> **Q** I have nothing to offer but blood, toil, tears and sweat. We have before us an ordeal of the most grievous kind. We have before us many, many long months of struggle and of suffering. You ask, what is our policy? I will say: It is to wage war, by sea, land and air, with all our might and with all the strength that God can give us; to wage war against a monstrous tyranny, never surpassed in the dark, lamentable catalogue of human crime. That is our policy. You ask, what is our aim? I can answer in one word: Victory – victory at all costs, victory in spite of all terror, victory, however long and hard the road may be; for without victory there is no survival.
>
> (Sir Winston Churchill an das Unterhaus am 13. Mai 1940; in: http://www.winstonchurchill.org/learn/speeches/speeches-of-winston-churchill/92-blood-toil-tears-and-sweat, 28.6.2011)

Die Briten waren bereit, ihr Land mit allen Mitteln zu verteidigen. Hitler befahl, eine Invasion in England vorzubereiten. Doch dazu benötigte er die Herrschaft über den englischen Luftraum. Die deutschen Kampfflugzeuge flogen täglich Luftangriffe und legten ganze Stadtviertel in Schutt und Asche (wie z. B. Coventry). Doch die englischen Jagdflieger schlugen die deutschen zurück. Die Nationalsozialisten gaben den Invasionsplan auf und begannen eine Seeblockade. Obwohl deutsche U-Boote viele Schiffe versenkten, erhielten die Briten von den USA immer wieder neue Schiffe. Der Einsatz von Radar auf alliierter Seite machte den U-Boot-Krieg bald bedeutungslos.

„Blitzkrieg" auf dem Balkan

Nach der Niederlage Frankreichs trat Italien an der Seite Deutschlands in den Krieg ein. Im Herbst 1940 marschierten italienische Truppen von Albanien aus in Griechenland ein. Die Griechen konnten jedoch mit britischer Unterstützung die italienische Armee zurückwerfen. Nun griff Hitler selbst auf dem Balkan ein. Ungarn, Rumänien und Bulgarien konnte er als Bündnispartner gewinnen, nicht aber Jugoslawien. Im April 1941 ließ er ohne Vorwarnung Belgrad bombardieren. Innerhalb von zehn Tagen besiegte die kriegserprobte deutsche Wehrmacht die jugoslawische Armee. Das Land wurde geteilt: Das östliche Slowenien (die ehemalige Untersteiermark) wurde in das Deutsche Reich eingegliedert, der westliche Teil und Dalmatien fielen an Italien und Serbien kam unter deutsche Militärverwaltung. Kroatien wurde ein selbstständiger faschistischer Staat. Schon drei Tage nach Jugoslawien kapitulierte auch Griechenland.

7.2 Von der Kriegswende bis zur totalen Niederlage

→ Rekonstruiere mit Hilfe der Geschichtskarte den Verlauf des Zweiten Weltkrieges bis zur deutschen Kapitulation am 9. Mai 1945.

■ Der Zweite Weltkrieg 1942–1945.

Der Vernichtungskrieg gegen die Sowjetunion

Durch den „Balkanfeldzug" im April 1941 verzögerte sich die Vorbereitung für den Krieg gegen die Sowjetunion (Deckname „Fall Barbarossa"). Am 22. Juni 1941 marschierte ein mehr als 3 Mio. starkes deutsches Heer in die Sowjetunion ein – trotz des Nichtangriffspaktes und ohne Kriegserklärung.

Vorerst schien es, als würde auch in der Sowjetunion eine schnelle Kriegsentscheidung zugunsten der deutschen Wehrmacht fallen. Es gelang ihr mehrmals, große Teile der Roten Armee in „Kesselschlachten" zu vernichten. Bis Ende des Jahres 1941 gelangten 3,35 Mio. Sowjetsoldaten in deutsche Kriegsgefangenschaft. Im Herbst 1941 standen die deutschen Armeen vor Moskau und hatten Leningrad eingeschlossen. Doch für den (frühen) Wintereinbruch war das deutsche Heer nur schlecht gerüstet. Da der Bündnispartner Japan trotz deutschen Drängens die Sowjetunion in Ostasien nicht angreifen wollte, konnte die sowjetische Heeresführung sibirische Truppen in der Schlacht um Moskau einsetzen. Erstmals wurde der deutsche Vormarsch gestoppt, die Zahl der Menschen, die ihr Leben verloren, nahm sehr stark zu.

Für den Sommer 1942 hatte sich die deutsche Heeresleitung zwei Ziele gesetzt: den Vorstoß bis zum Kaukasus inklusive Einnahme der Erdölfelder von Baku sowie die Eroberung der Industriestadt Stalingrad. Dort kam der Vormarsch der 6. Armee zum Stehen. Nach monatelangen Kämpfen um die Stadt an der Wolga konnte die Rote Armee die deutschen Truppen einschließen und schließlich zur Kapitulation zwingen (Februar 1943). Etwa 100 000 Deutsche waren gefallen, fast ebenso viele in Gefangenschaft geraten. Nur etwa 6 000 davon kehrten nach dem Krieg zurück. Stalingrad bedeutete die Wende des Krieges in Osteuropa. Von diesem Zeitpunkt an drängten die sowjetischen Streitkräfte die deutschen langsam, aber unaufhaltsam nach Westen zurück.

■ Deutsche Soldaten erschießen im Zweiten Weltkrieg sowjetische Zivilisten. Fotografie 1942.

Verbrechen von SS und Wehrmacht

> L Die deutsche Kriegsführung gegen die Sowjetunion verstieß gegen jedes Völkerrecht – der „slawische Untermensch" durfte keine Gnade erwarten; Millionen sowjetische Kriegsgefangene kamen um.
>
> (Wette, Erobern, zerstören, auslöschen; in: Zeitpunkte, 1995, S. 13)

Tatsächlich wurde der Krieg gegen die Sowjetunion anders geführt als etwa der Krieg gegen Frankreich. Er war auch von der deutschen Wehrmachtsführung als rassistischer „Vernichtungskrieg" geplant.

Nationalsozialismus und Zweiter Weltkrieg

> Q (...) Hier im Osten (kämpfen) zwei innerlich unüberbrückbare Anschauungen gegeneinander: Deutsches Ehr- und Rassegefühl (...) gegen asiatische Denkungsart und ihre (...) primitiven Instinkte (...). Mitleid und Weichheit gegenüber der Bevölkerung ist völlig fehl am Platz. Rote Soldaten haben unsere verwundeten Kameraden viehisch ermordet; sie haben Gefangene misshandelt und getötet. Daran wollen wir uns erinnern, wenn die Bevölkerung (...) uns jetzt mit Freundlichkeit und Unterwürfigkeit für sich einnehmen will (...).
>
> (Aus dem Armeebefehl des Oberbefehlshabers der 17. Armee, Generaloberst Hoth vom 17. 11. 1941; in: Kößler, Vernichtungskrieg, 1997, S. 45)

Hitler hatte als Oberster Befehlshaber der Wehrmacht schon am 13. Mai 1941 mit einem „Kriegsgerichtsbarkeitserlass" den Soldaten einen „Freibrief" bei der Kriegsführung und der Behandlung der unterworfenen Bevölkerung ausgestellt:

> Q Behandlung der Straftaten von Angehörigen der Wehrmacht und des Gefolges gegen Landeseinwohner:
> 1. Für Handlungen, die Angehörige der Wehrmacht und des Gefolges gegen feindliche Zivilpersonen begehen, besteht kein Verfolgungszwang, auch dann nicht, wenn die Tat zugleich ein militärisches Verbrechen oder Vergehen ist.
>
> (Zit. nach Kößler, Vernichtungskrieg, 1997, S. 43)

Mit einem eigenen „Kommissarbefehl" vom Chef des Oberkommandos der Wehrmacht, Generalfeldmarschall Keitel, wurden die Soldaten angewiesen, die „politischen Kommissare" in der Roten Armee „grundsätzlich sofort mit der Waffe zu erledigen", egal ob „im Kampf oder Widerstand ergriffen".
Der Krieg in der Sowjetunion wurde besonders brutal geführt. Die großen Verbrechen fanden allerdings hinter der Front in den besetzten Gebieten statt. Sonderkommandos der SS und der Sicherheitsdienst ermordeten, teilweise unter Mithilfe von Wehrmachtsangehörigen, Millionen von Zivilisten, darunter vor allem Juden, Kommunisten, Partisanen und Kriegsgefangene.

In den letzten Jahren des 20. Jh. bildete die so genannte Wehrmachtsausstellung ein heftig diskutiertes Thema in Deutschland und Österreich. Sie beendete mit einem umfangreichen Quellenmaterial, vor allem mit vielen belastenden Fotos, den Mythos von der „sauberen Wehrmacht". Dieser Mythos bestand – als Gegenpol zur „verbrecherischen SS" – schon seit Kriegsende. Denn die Wehrmacht hätte von Anfang an versucht, „die Spuren ihrer Verbrechen zu verwischen". Die Aussage der Historikerinnen und Historiker, „dass die Wehrmacht an allen diesen Verbrechen aktiv und als Gesamtorganisation beteiligt war", wurde vor allem von konservativen Politikerinnen und Politikern und den Kameradschaftsbünden heftig kritisiert. Sie sahen darin eine Pauschalverurteilung aller Soldaten, was wiederum von den Historikerinnen und Historikern zurückgewiesen wurde: „Die Ausstellung will kein verspätetes und pauschales Urteil über eine ganze Generation ehemaliger Soldaten fällen. Sie will eine Debatte eröffnen ..." (Ausstellungskatalog: Verbrechen der Wehrmacht. Vernichtungskrieg, 1997, S. 7).

Der Krieg in Ostasien

Um die Expansion Japans in Ostasien einzudämmen, verhängten die USA gegen Japan einen Wirtschaftsboykott und sperrten die japanischen Bankguthaben in den USA. Japan entschloss sich deshalb zum Krieg. Ohne Kriegserklärung zerstörten im Dezember 1941 japanische Streitkräfte einen Großteil der amerikanischen Flotte im Hafen von Pearl Harbor (Hawaii), was den Kriegseintritt der USA zur Folge hatte.
Anfang 1942 eroberten die Japaner große Teile Südostasiens und auch der pazifischen Inseln. Als sie im Juni 1942 die Midwayinseln angriffen, kam es zu einer gewaltigen Seeschlacht gegen die USA. Sie endete mit einer schweren Niederlage für die japanischen Streitkräfte. Es war der Wendepunkt im pazifischen Krieg: Jetzt gingen die Amerikaner zum Angriff über und eroberten in schwierigen und verlustreichen Kämpfen Insel um Insel in Richtung asiatische Küste zurück.

Krieg in Afrika – Landung in Süditalien

Italienische Truppen griffen von ihrer Kolonie Libyen aus Ägypten an, um eine Nachschublinie Großbritanniens zu unterbinden. Auch hier kamen ihnen deutsche Streitkräfte zu Hilfe und stießen bis 100 km vor Alexandria vor. Den Briten gelang es schließlich das deutsche Afrikakorps entscheidend zu schlagen. Als dann noch Briten und Amerikaner in Tunis landeten, gerieten die Truppen der Achsenmächte in einen Zweifrontenkrieg, der mit ihrer Kapitulation endete.
Im September 1943 landeten die Alliierten in Sizilien und Unteritalien. Zuvor war schon am 25. Juli Mussolini vom faschistischen „Großen Rat" abgesetzt und verhaftet worden. Sein Nachfolger als Regierungschef wurde Marschall Badoglio. Dieser schloss im September einen Waffenstillstand mit den Alliierten.

Im Dezember 1941 überfielen japanische Streitkräfte die amerikanische Flotte im Hafen von Pearl Harbor auf Hawaii. Nun traten auch die USA in den Weltkrieg ein. Fotografie vom 7. Dezember 1941.

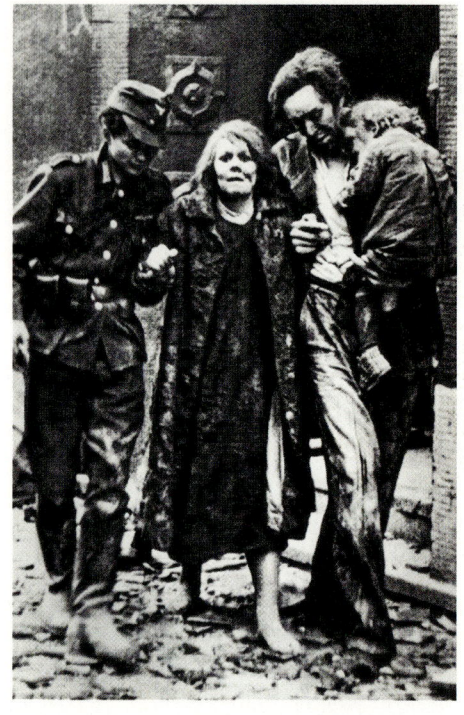
„Ausgebombt" – Mannheim 1944 (Fotografie). Bei einem einzigen nächtlichen Bombenangriff auf Dresden im Februar 1945 starben, laut neuen Forschungsergebnissen, etwa 25 000 Menschen. Deutschland wurde eine Trümmerlandschaft.

Der Luftkrieg gegen Deutschland

Im Jahre 1942 begannen die Briten und Amerikaner einen erbarmungslosen Luftkrieg gegen deutsche Städte. Während die US-Luftwaffe ihre Angriffe vor allem auf Verkehrs- und Industrieanlagen richtete, bombardierte die Royal Air Force nicht nur einzelne Ziele, sondern systematisch große Flächen („Bombenteppiche"). Damit sollte einerseits die Rüstungsindustrie zerstört und andererseits auch die Zivilbevölkerung demoralisiert werden.
Viele deutsche Städte wurden zerstört, und die Zivilbevölkerung hatte viele Tausende Tote und Verwundete zu beklagen. Die von den Alliierten geplante Wirkung blieb aber aus. Die Rüstungsindustrie brach nicht zusammen, die Leiden der Zivilisten bewirkten zu wenig Widerstand gegen Hitler.

Die Kriegsziele der Alliierten

Der britische Premier Churchill und der amerikanische Präsident Roosevelt formulierten im August 1941 in der „Atlantikcharta" ihre Kriegsziele: Sie wollten keinerlei territoriale Veränderungen nach dem Krieg, sondern strebten vor allem eine Beendigung der Naziherrschaft und danach einen dauerhaften Frieden durch Abrüstung an. Auf den Konferenzen von Moskau, Teheran (beide 1943) und Jalta (1945) trafen Roosevelt und Churchill mit dem sowjetischen Führer Stalin zusammen. Die Sowjetunion erwartete die Garantie der Grenzen vom 22. Juni 1941, d. h. auch die Anerkennung aller ihrer bis dahin erzielten Gebietseroberungen. Um Polen zu entschädigen, sollte die deutsch-polnische Grenze an der Linie Oder-Neiße verlaufen und Ostpreußen zwischen Polen und der Sowjetunion geteilt werden. Im Jänner 1943 vereinbarten Roosevelt und Churchill in Casablanca, den Krieg nur mit einer bedingungslosen Kapitulation Deutschlands zu beenden.

Der „totale Krieg" der Nationalsozialisten

Als Antwort auf die alliierte Forderung nach bedingungsloser Kapitulation und nach dem Schock von Stalingrad erklärte Propagandaminister Goebbels im Februar 1943 unter dem Jubel Tausender nationalsozialistischer Funktionäre den totalen Krieg (vgl. S. 72f.). Das Arbeits- und Privatleben der Menschen wurde noch weiter eingeschränkt; mit Einschüchterungen, „Schutzhaftbefehlen" und strengen Gerichtsurteilen sollte jeder aufkeimende Widerstand gegen das Regime gebrochen werden. Immer mehr Frauen, aber auch Millionen von so genannten Fremdarbeitern (= Zivilpersonen, die aus den besetzten Gebieten nach Deutschland verschleppt wurden) und Kriegsgefangenen sowie KZ-Häftlinge wurden in der Rüstungsindustrie und in der Landwirtschaft eingesetzt.

Das Ende des Krieges in Europa

Im Juni 1944 gelang den Alliierten die Landung an der französischen Küste (= D-Day). Somit rückten sie nun von drei Seiten gegen „Großdeutschland" vor. Als sie dessen Grenzen überschritten, mobilisierten die Nationalsozialisten die letzten Reserven. Im September 1944 wurde der „Volkssturm" (alle Männer zwischen 16 und 60 Jahren), ab Februar 1945 auch Frauen zu Hilfsdiensten für dieses letzte Aufgebot einberufen. Doch die Überlegenheit der Alliierten an Rohstoffen, Bewaffnung und Menschen war erdrückend. Trotzdem war Hitler nicht bereit, den Kampf aufzugeben. Er versuchte noch eine Wendung des Krieges durch den Einsatz von „Wunderwaffen" herbeizureden. Tatsächlich erfanden deutsche Techniker die V(ergeltungswaffe) 1 und 2. Das waren unbemannte mit Sprengköpfen versehene Flugkörper, die aber wegen ihrer geringen Treffsicherheit keine Rolle spielten.
Im März 1945 befahl Hitler, alle militärischen, Verkehrs-, Nachrichten-, Industrie- und Versorgungsanlagen zu zerstören. Auf den Protest seines eigenen Rüstungsministers, Albert Speer, antwortete Hitler, der sich selbst als „Retter des deutschen Volkes" sah:

> **Q** Wenn der Krieg verloren geht, wird auch das Volk verloren sein. Es ist nicht notwendig, auf die Grundlagen, die das deutsche Volk zu seinem primitiven Weiterleben braucht, Rücksicht zu nehmen. Im Gegenteil ist es besser, selbst diese Dinge zu zerstören. Denn das Volk hat sich als das Schwächere erwiesen, und dem stärkeren Ostvolk gehört ausschließlich die Zukunft. Was nach diesem Kampf übrig bleibt, sind ohnehin nur die Minderwertigen, denn die Guten sind gefallen.
> (Speer, Erinnerungen, 1969, S. 446)

→ Erörtere die Einstellung Hitlers gegenüber seiner eigenen Bevölkerung. Welche psychologische Komponente steckt dahinter?

Als die Sowjettruppen Berlin eroberten, erschoss sich Hitler in seinem Bunker und gab davor Auftrag, seine Leiche zu verbrennen. Ebenso hatte er vorher Admiral Dönitz zu seinem Nachfolger bestimmt. Dieser unterschrieb die Kapitulationserklärung Deutschlands am 9. Mai 1945. Damit endete der Zweite Weltkrieg in Europa.

Abwurf der Atombombe – Ende des Zweiten Weltkrieges

Nach schweren Kämpfen und erbittertem Widerstand der japanischen Armee befanden sich die US-Truppen 1945 vor dem japanischen Kernland. Bei einem Angriff auf das Mutterland rechneten die Amerikaner mit großen Menschenopfern. Doch in den USA war während des Krieges eine neue, übermächtige Waffe entwickelt worden – die Atombombe. Mit ihrem Einsatz wollte der amerikanische Präsident die Japaner zum Frieden zwingen. Am 6. August 1945 fiel die erste Atombombe auf Hiroshima. Die Wirkung war entsetzlich. Von 320 000 Einwohnerinnen und Einwohnern starben etwa 80 000 sofort, 19 000 wurden verletzt, 14 000 galten als vermisst und mehr als 100 000 starben noch in den folgenden Monaten und Jahren. Von 90 000 Häusern wurden 62 000 zerstört. Drei Tage später erfolgte ein zweiter Atombombenabwurf auf die Stadt Nagasaki, der ebenfalls unmittelbar etwa 70 000 Tote verursachte. Nun kapitulierte auch die japanische Regierung.

Noch im Jahr 1981 lebten 400 000 „Hibakusha" (= explosionsgeschädigte Opfer), von denen mehr als die Hälfte krank oder körperbehindert war. Auch noch Nachkommen der dritten Generation sind durch die strahlenbedingte Schädigung der Erbmasse betroffen.

Die Folgen des Krieges

Der Zweite Weltkrieg forderte etwa 55 Millionen Tote und Vermisste. Die Zahl der zivilen Opfer war fast gleich hoch wie die der Soldaten.
Weite Teile Europas waren durch die Kriegsführung schwer geschädigt. Die alliierten Luftangriffe hatten viele große deutsche Städte in Ruinen verwandelt. Nur mühsam konnten die Überlebenden ein geregeltes Le-

■ Überlebende in Hiroshima glaubten noch einmal mit dem Leben davongekommen zu sein. Sie wussten nicht, dass sie an einer schweren Strahlenkrankheit leiden würden (Fotografie, 6. August 1945).

Gefallene Soldaten	
UdSSR	13 600 000
Italien	330 000
Deutschland	4 200 000
(davon Österreich	230 000)
Großbritannien	326 000
Polen	320 000
Japan	1 200 000
Jugoslawien	410 000
Frankreich	340 000
USA	259 000

■ Am 6. August 1945, um 8.16 Uhr, explodierte die erste Atombombe über Hiroshima. Foto: Rue des Archives.

ben aufbauen. Der Mangel an Nahrungsmitteln und die schlechten Wohnverhältnisse forderten weitere Opfer. Deutschland wurde in vier Besatzungszonen aufgeteilt, die Hauptstadt Berlin von den vier Alliierten gemeinsam verwaltet. Der Zweite Weltkrieg war systematisch von der nationalsozialistischen Regierung Deutschlands vorbereitet und durch den Überfall auf Polen ausgelöst worden. Die Kriegsschuld lag eindeutig bei ihr. In einem großen „Kriegsverbrecherprozess" vor einem internationalen Militärgericht in Nürnberg (1945/46) wurden einige der ehemaligen nationalsozialistischen Machthaber angeklagt. Es gab 12 Todesurteile, lange bis lebenslange Gefängnisstrafen für sieben Angeklagte und drei Freisprüche. NSDAP, SS, Gestapo und Sicherheitsdienst wurden als verbrecherische Organisationen eingestuft.

Fragen und Arbeitsaufträge

→ 1. Fasse die wesentlichen Kriegsereignisse zwischen 1939 und 1943 sowie zwischen 1943 und 1945 zusammen.

→ 2. Der Einsatz der Atombombe forderte Hunderttausende Opfer. Lässt sich der Einsatz atomarer Waffen (wie heute manchmal gefordert) überhaupt rechtfertigen? Listet Pro- und Kontra-Argumente auf und diskutiert darüber in der Klasse.

8. Vom Antisemitismus zum Holocaust (Shoa)

■ Auschwitz. Kinder in Lagerkleidung am Zaun des Vernichtungslagers, aufgenommen nach der Befreiung (Fotografie, Ende Jänner 1945).

Die Stellung der Juden vor 1933

Seit dem Zeitalter der Aufklärung wurden in Europa viele Einschränkungen gegen Jüdinnen und Juden aufgehoben. Im Laufe des 19. Jh. erhielten sie in den meisten Staaten das volle Bürgerrecht – so auch im Deutschen Reich (1871) und in der Habsburger Monarchie (1867). Viele von ihnen verstanden sich als Deutsche, Österreicher oder Franzosen jüdischer Konfession und waren eng mit ihren jeweiligen Heimatländern verbunden. Mit dem zunehmenden Antisemitismus strebten einige jedoch auch die Errichtung eines eigenen „Judenstaates" in Palästina (Zionismus) an.

Am Ende des 19. Jh. verstärkte sich die rassistische Begründung des Antisemitismus, die eine Zughörigkeit der Jüdinnen und Juden zu den europäischen Nationen in Frage stellte.

Für viele deutsche Jüdinnen und Juden war dieser immer wieder aufkeimende Antisemitismus aber kein Grund, ihr Land zu verlassen. Dies beweist auch der Aufruf des israelitischen Gemeindevorstands in Frankfurt noch am 30. März 1933:

> Q *Nichts kann uns die tausendjährige Verbundenheit mit unserer deutschen Heimat rauben, keine Not und Gefahr kann uns den von unseren Vätern ererbten Glauben abspenstig machen. (...) Wenn keine Stimme sich für uns erhebt, so mögen die Steine dieser Stadt für uns zeugen, die ihren Aufschwung zu einem guten Teil jüdischer Leistung verdankt. (...) Verzagt nicht! Schließt die Reihen! Kein ehrenhafter Jude darf in dieser Zeit fahnenflüchtig werden.*
>
> (Schmid u. a., Juden unterm Hakenkreuz, Bd. 1, 1983, S. 72)

1933–1935: Die gesellschaftliche Ächtung der Juden

Jüdinnen und Juden galten den Nationalsozialisten als die größten Feinde des deutschen Volkes. Sie waren die willkommenen Sündenböcke, denen man die Schuld an Not und Elend der Zwischenkriegszeit anlastete. Mit der Machtübernahme Hitlers wurde der Antisemitismus zur Leitlinie der Regierung. Ein erstes unübersehbares Zeichen war der offizielle Aufruf zum Boykott (= Ausschluss vom Einkauf) jüdischer Geschäfte am 1. April 1933. Seit diesem Tag kam es immer wieder zu Plünderungen und Zerstörungen jüdischer Geschäfte sowie zu körperlichen Angriffen gegenüber jüdischen Bürgerinnen und Bürgern ohne irgendwelche Folgen für die Täterinnen und Täter. Schon in den folgenden Monaten wurden die Jüdinnen und Juden aus allen öffentlichen Ämtern entlassen, für eine Zulassung als Ärztin oder Arzt beispielsweise wurde der Nachweis nichtjüdischer Abstammung verlangt (Ahnenpass). Damit waren Jüdinnen und Juden an den Rand der Gesellschaft gedrängt.

Vom Verlust des Bürgerrechts bis zur Isolation (1935–1938)

Nach der gesellschaftlichen Diskriminierung begannen die Nationalsozialisten die Jüdinnen und Juden durch Gesetze auszugrenzen. Im Reichsbürgergesetz vom 15. September 1935 hieß es:

> Q *Reichsbürger ist nur der Staatsangehörige deutschen oder artverwandten Blutes, der durch sein Verhalten beweist, dass er gewillt und geeignet ist, in Treue dem deutschen Volk und Reich zu dienen.*
>
> (Reichsgesetzblatt 1935; in: Dehlinger, Systematische Übersicht über 76 Jg. RGBl. 1867–1942, Stuttgart 1943)

Damit verloren die deutschen Juden das Staatsbürgerrecht und waren Ausländern gleichgestellt. Wenig später wurde das Gesetz „zum Schutze des deutschen Blutes und der deutschen Ehre" erlassen:

> Q *§ 1. Eheschließungen zwischen Juden und Staatsangehörigen deutschen oder artverwandten Blutes sind verboten.*

■ Wegen Vergehen gegen die „Nürnberger Gesetze" wurden Menschen als „Rassenschänder" öffentlich gedemütigt. Fotografie 1933, Cuxhaven (Deutschland).

Nationalsozialismus und Zweiter Weltkrieg

§ 2. Außerehelicher Verkehr zwischen Juden und Staatsangehörigen deutschen oder artverwandten Blutes ist verboten. (...)
§ 5. Wer dem Verbot der § 1 und 2 zuwiderhandelt, wird mit Gefängnis oder Zuchthaus bestraft.
(Reichsgesetzblatt 1935; in: Dehlinger, Systematische Übersicht über 76 Jg. RGBl. 1867–1942, Stuttgart 1943)

Im Jahr 1938 nahm der Antisemitismus immer schlimmere Formen an: An Ortseingängen wurde plakatiert „Juden unerwünscht!", auf Parkbänken stand zu lesen „Nur für Arier!". Jüdinnen und Juden durften auch keine öffentlichen Einrichtungen mehr benutzen. Außerdem mussten sie seit dem Sommer Zwangsvornamen annehmen (Sarah, Israel) und in ihren Pass wurde ein „J" gestempelt.

Vom Novemberpogrom bis zur Deportation (1938–1941)

Als ein junger polnischer Jude in Paris einen Angehörigen der deutschen Botschaft ermordete, nahmen dies Nationalsozialisten zum Anlass, um am 9. November 1938 eine landesweite, bis dahin unvorstellbare Judenverfolgung durchzuführen (Novemberpogrom). Die Nationalsozialisten bezeichneten dieses Pogrom verniedlichend als „Reichskristallnacht" und sprachen von einem „spontanen Sühneakt" des deutschen Volkes. In Wirklichkeit waren alle Aktionen von der Partei organisiert und angeordnet. Aus einem Bericht der Sicherheitspolizei geht hervor, dass 191 Synagogen in Brand gesteckt und weitere 76 vollständig demoliert wurden. Rund 20 000 Jüdinnen und Juden wurden festgenommen.

■ Brennende Synagoge am Tag der Reichspogromnacht (Bamberg, 9. November 1938).

■ Selbstbildnis mit Judenpass, Gemälde von Felix Nussbaum, 1943. Nussbaum, ein jüdischer Deutscher, floh 1933 nach Belgien, wo er nach dem Einmarsch der deutschen Truppen illegal bei Freunden lebte. 1944 wurde er verhaftet, in ein Vernichtungslager geschleppt und ermordet. Auf seinem Bild trägt er den „Judenstern", den alle Jüdinnen und Juden tragen mussten, und er zeigt seinen belgischen „Judenpass", in dem seit Jänner 1939 verpflichtend für alle jüdischen Deutschen ein weiterer Vorname eingetragen wurde (Sarah für Frauen, Israel für Männer), außerdem erhielt jede Kennkarte zudem den Buchstaben J (Jude).

Dazu wurden noch Tausende Geschäfte und Wohnhäuser zerstört oder in Brand gesteckt. Die jüdische Bevölkerung musste eine kollektive „Sühneabgabe" von einer Milliarde Reichsmark zahlen. Nun begann auch die „Arisierung" (= erzwungene Enteignung) jüdischer Geschäfte und jüdischen Grundbesitzes. Wer das Land verlassen wollte, konnte dies unter Verzicht auf sein Vermögen („Reichsfluchtsteuer") noch tun. Allerdings waren viele Staaten nicht bereit, Jüdinnen und Juden aufzunehmen.

Ab dem Frühjahr 1939 durften Jüdinnen und Juden nur noch isoliert von der übrigen Bevölkerung in eigenen Häusern bzw. Wohnungen leben. Mit Kriegsbeginn wurden die Maßnahmen weiter verschärft: Der Besitz von Autos, Rundfunkgeräten, später auch von Telefonanschlüssen wurde ebenso untersagt wie das Halten von Haustieren. Es gab Ausgangsverbote, Lebensmittel durften nur noch in bestimmten Geschäften gekauft werden. Seit Herbst 1941 begannen die Nationalsozialisten mit der systematischen, verniedlichend „Umsiedlung" genannten Deportation der Jüdinnen und Juden in die nationalsozialistischen Vernichtungslager auf besetztem polnischem Gebiet. Ihr gesamtes Vermögen fiel an das Deutsche Reich.

Juden in Osteuropa müssen ins Ghetto (ab 1940)

Schon Anfang 1940 richtete die deutsche Besatzungsmacht überall in Polen größere und kleinere Ghettos ein. Mehr als zwei Mio. polnischer Jüdinnen und Juden wurden gezwungen, streng isoliert von der übrigen Bevölkerung ihr Leben zu fristen. Das Zusammenleben fand auf engstem Raum unter katastrophalen sanitären Bedingungen statt. Dies führte zusammen mit der ständigen Unterernährung (z. B. teilten die Deutschen im Warschauer Ghetto täglich nur 200 Kalorien pro Person zu) bald zu einem Massensterben. Davon waren auch viele Kinder betroffen, wie die Krankenschwester Adina Blady Szwajger aus dem Kinderkrankenhaus im Ghetto berichtet:

> Q *Nach drei Wochen ging ich wieder (...) an meine Arbeit in der Typhusstation, wo wenigstens keine Kinder starben. Nur hatten wir nicht genügend Betten für sie, sodass sie zu zweit, bisweilen gar zu dritt in einem Bett lagen, jedes mit einem kleinen Stück Heftpflaster auf der Stirn, das eine Nummer trug, damit wir die kleinen Patienten voneinander unterscheiden konnten. Glühend vor Fieber, riefen sie in einem fort und verlangten zu trinken. Doch am Fleckfieber starben sie nicht. Wir entließen sie, (...) denn täglich nahmen wir ein Dutzend neuer Kinder auf, so musste dieselbe Anzahl entlassen oder von „Verdacht" auf „Sicher" umgeschrieben werden, und die Krankenblätter der Typhusstation kamen schließlich in die Hände der Deutschen. Wir entließen die kleinen Patienten, damit sie zu Hause an Hunger sterben oder mit aufgedunsenem Leib wiederkommen konnten, um hier die Gnade eines sanften Todes zu erfahren. So war es jeden Tag.*
>
> (Szwajger, Die Erinnerung verlässt mich nie, 1993, S. 44)

Auch in den später besetzten Gebieten Osteuropas wurde die jüdische Bevölkerung in Ghettos zusammengepfercht. Hierher wurden auch Jüdinnen und Juden aus Österreich und Deutschland deportiert. Für viele dieser Menschen war dies aber nur eine Zwischenstation auf dem Weg in die Vernichtungslager (ab 1942).

Die Vernichtung der Juden in Osteuropa

Bei einer Besprechung am 24. Februar 1941 erteilte Hitler Himmler und seiner SS den Auftrag, alle nötigen Vorbereitungen für die Vernichtung der Juden nach dem Einmarsch in die Sowjetunion zu treffen. Seit dem Sommer 1941 begannen spezielle Einsatzgruppen und Sonderkommandos von SS und Polizei in den besetzten Gebieten mit der systematischen Vernichtung der osteuropäischen Juden (bis Ende 1942: 910 000 Opfer). Auch Roma und Sinti sowie politische Kommissare fielen diesen Massenmorden – hauptsächlich durch Erschießung – zum Opfer.

Zur gleichen Zeit lief in Polen die „Aktion Reinhardt" an: Unter strenger Geheimhaltung wurden unter Leitung des Österreichers Globocnik die Vernichtungslager errichtet. Da die bisher praktizierte Vernichtung durch Erschießungskommandos oder in Gaswagen zu umständlich erschien, wurde im September 1941 erstmals das Giftgas „Zyklon B" an 600 sowjetischen Kriegsgefangenen „ausprobiert". Es wurde schließlich zum am häufigsten eingesetzten Tötungsmittel.

■ Warschau 1943. Vor dem Abtransport in die Vernichtungslager erhoben sich die Frauen und Männer des Warschauer Ghettos. Deutsche Einheiten schlugen den Aufstand nieder. Der Bericht eines SS-Befehlshabers nennt 56 065 „nachweislich vernichtete Juden". Er enthält auch dieses Bild. „Mit Gewalt aus den Bunkern hervorgeholt", steht unter dem Bild (hier nicht abgedruckt).

Bei einer Besprechung am 20. Jänner 1942 in einer Villa am Berliner Wannsee („Wannsee-Konferenz") gab der Chef der Sicherheitspolizei, Reinhardt Heydrich, die Richtlinien für die Durchführung des Völkermordes an den europäischen Jüdinnen und Juden bekannt:

> Q *Die Federführung bei der Bearbeitung der Endlösung der Judenfrage liege ohne Rücksicht auf geographische Grenzen zentral beim Reichsführer SS und Chef der Deutschen Polizei (...). Anstelle der Auswanderung ist nunmehr als weitere Lösungsmöglichkeit nach entsprechender vorheriger Genehmigung durch den Führer die Evakuierung der Juden nach dem Osten getreten (...). Unter entsprechender Leitung sollen im Zuge der Endlösung die Juden in geeigneter Weise im Osten zum Arbeitseinsatz kommen (...). Unter Trennung der Geschlechter werden die arbeitsfähigen Juden straßenbauend in diese Gebiete geführt, wobei zweifellos ein Großteil durch natürliche Verminderung ausfallen wird. Der allfällig endlich verbleibende Restbestand wird, da es sich bei diesem zweifellos um den widerstandsfähigsten Teil handelt, entsprechend behandelt werden müssen, da dieser, eine natürliche Auslese darstellend, bei Freilassung als Keimzelle eines neuen jüdischen Aufbaues anzusprechen ist.*
>
> (http://www.ns-archiv.de/verfolgung/wannsee/wannsee-konferenz. php; 30.6.2011)

Der „Reichsführer SS", Heinrich Himmler, verdeutlichte an anderer Stelle die „Endlösung" folgendermaßen:

> Q *Wie ist es mit den Frauen und Kindern? – Ich habe mich entschlossen, auch hier eine ganz klare Lösung zu finden. Ich hielt mich nämlich nicht für berechtigt, die Männer auszurotten – sprich also*

umzubringen oder umbringen zu lassen – und die Rächer in Gestalt der Kinder für unsere Söhne und Enkel groß werden zu lassen. Es musste der schwere Entschluss gefasst werden, dieses Volk von der Erde verschwinden zu lassen.

(Himmler-Rede am 6. Oktober 1943 in Posen; in: Graml, Reichskristallnacht. Antisemitismus und Judenverfolgung im Dritten Reich, 1988, S. 264)

Das Todesurteil für Millionen von Jüdinnen und Juden im „Großdeutschen Reich" und allen anderen besetzten Gebieten war auf höchster Regierungsebene schon lange vorher gefallen. Die Wannsee-Konferenz diente nur noch dazu, mit den höchsten Beamten die Durchführung dieser so genannten „Endlösung" abzustimmen. Der Österreicher Adolf Eichmann wurde mit der logistischen Abwicklung beauftragt. Seit 1942 rollten unzählige Viehwaggons mit alten und jungen Jüdinnen und Juden in die Vernichtungslager des „Generalgouvernements Polen".

Die tschechoslowakische Jüdin Judith Jaegermann wurde 1943 als Dreizehnjährige gemeinsam mit ihren Eltern und ihrer älteren Schwester nach Auschwitz geschickt:

Q In Viehwaggone hat man uns hineingestoßen, in Anwesenheit von Eichmann mit den gespreizten, gestiefelten Beinen in tadelloser Uniform (…), niemandem wäre es auch nur eingefallen sich zu weigern oder sich zu sträuben, in die Waggone einzusteigen. Es ging alles so unmenschlich schnell vor sich mit Geschrei: „Na los, los ihr Saujuden" und Gebelle von Hunden aus allen Richtungen. Hauptsache war, dachte ich, wieder mit meiner Familie zusammen zu sein. Zusammen zu sein war für mich das Allerwichtigste. Die ewige Angst vor dem Ungewissen oder dass man uns auseinanderreißt, das war für mich die Hölle (…). In den Viehwaggonen hörte man nichts anderes als Stöhnen und Weinen und ein Geflüster, dass dieser Transport nach Auschwitz gehen würde. Natürlich wusste absolut niemand etwas Bestimmtes, aber alle hatten ein böses Vorgefühl. Ich weiß heute gar nicht mehr, wie lange wir eigentlich von Theresienstadt nach Auschwitz gefahren sind, aber eine meiner ärgsten Erinnerungen, die mir bis heute noch unvergesslich geblieben ist, war, dass man mitten im Waggon einen „Scheißkübel" aufgestellt hatte, der als Toilette für Männer, Frauen und Kinder dienen sollte. Es war unmenschlich und entwürdigend.
Als wir schon ziemlich nahe an diese mörderische Todesmaschine Auschwitz gekommen waren, hat mein Papa durch eine kleine Öffnung einen Bahnbeamten gefragt, ob von hier auch Transporte woanders hingingen, woraufhin der Beamte nur mit dem Daumen hinauf zum Himmel zeigte und sagte: „Ja, nach da oben durch den Kamin, der 24 Stunden brennt. Dorthin gehen die Transporte."
Ich habe dies zufällig mitgehört, und mein armer Papa, als er das hörte, hat sofort Bauchkrämpfe und Durchfall bekommen. Ich habe zusehen müssen, wie mein großer starker Papa, der für mich der Mutigste und Stärkste auf der Welt war, sich auf diesen Scheißkübel setzte, mit großer Scham sich die Hose auszog und vor allen Menschen auf diese erniedrigende Weise aufs Klo ging. Für mich brach die Welt zusammen. Mein Gedanke war sofort, dass wir ins Gas gehen, aber auf welche Weise? Wie würde man uns quälen, bis wir sterben? Schüttelfrost packte mich und auch meinen Papa. Er war sehr deprimiert von jenem Moment an, als er diese Auskunft mit dem Finger nach oben erhielt (…).

(Jaegermann, Meine Erinnerungen, 1985, S. 3 f.)

Neben ausschließlichen Vernichtungslagern (Treblinka, Sobibor u. a.) erreichte das Arbeits- und Vernichtungslager Auschwitz-Birkenau traurige Berühmtheit. Der Kommandant dieses Lagers, Rudolf Höß, berichtete über den Tötungsvorgang:

Q Die zur Vernichtung bestimmten Juden wurden möglichst ruhig – Männer und Frauen getrennt – zu den Krematorien geführt. Im Auskleideraum wurde ihnen durch die dort beschäftigten Häftlinge des Sonderkommandos in ihrer Sprache gesagt, dass sie hier nur zum Baden und zur Entlausung kämen, dass sie ihre Kleider ordentlich zusammenlegen sollten und vor allem den Platz zu merken hätten, damit sie nach der Entlausung ihre Sachen schnell wieder finden könnten (…). Nach der Entkleidung gingen die Juden in die Gaskammer, die mit Brausen und Wasserleitungsröhren versehen, völlig den Eindruck eines Baderaumes machte. Zuerst kamen die Frauen mit den Kindern hinein, hernach die Männer (…). Dies ging fast immer ganz ruhig, da die Ängstlichen und das Verhängnis vielleicht Ahnenden von den Häftlingen des Sonderkommandos beruhigt wurden

■ Jüdische Frauen und Kinder stehen vor den Viehwaggons, in denen sie nach Auschwitz verschleppt wurden. Die Deutsche Reichsbahn machte ein gutes Geschäft mit den Transporten: Sie stellte der SS genau aufgeschlüsselte Rechnungen über die Kosten der Deportation – die Vernichtung der europäischen Juden war bis ins Detail geregelt. Fotografie (Ausschnitt), o. J., United Archives/picturedesk.com.

■ Tor des Vernichtungslagers Auschwitz. Wie bei allen Konzentrationslagern stand über dem Eingangstor „Arbeit macht frei" (Fotografie vom 1. Februar 1995).

Neben 6 Millionen europäischen Jüdinnen und Juden fielen auch Hunderttausende Angehörige anderer Menschengruppen der nationalsozialistischen Vernichtung zum Opfer, wie z.B. Roma und Sinti, Polen, Russen, politische Gegner (darunter besonders viele Kommunisten), die Zeugen Jehovas, die konsequent den Wehrdienst verweigerten, sowie Homosexuelle.

Das erste Vernichtungsprogramm wurde von den Nationalsozialisten bereits seit 1939 durchgeführt: Es betraf die „Ausmerzung unwerten Lebens", die als Euthanasie (= Sterbehilfe) getarnte Ermordung von ca. 100 000 Menschen mit Behinderung sowie unheilbar Kranken jeglichen Alters. In Österreich wurde sie in großem Ausmaß in Schloss Hartheim (Oberösterreich), aber auch in so genannten Genesungsheimen oder Krankenhäusern, wie am berühmt-berüchtigten Spiegelgrund in Wien, durchgeführt.

(...). Die Tür wurde nun schnell zugeschraubt und das Gas [das Blausäurepräparat Zyklon B] sofort (...) in die Einwurfluken durch die Decke der Gaskammer in einen Luftschacht bis zum Boden geworfen. Dies bewirkte die sofortige Entwicklung des Gases (...). Man kann sagen, dass ungefähr ein Drittel sofort tot war. Die anderen fingen an zu taumeln, zu schreien und nach Luft zu ringen. Das Schreien ging aber bald in ein Röcheln über und in wenigen Minuten lagen alle. Nach spätestens 20 Minuten regte sich keiner mehr (...). Eine halbe Stunde nach dem Einwurf des Gases wurde die Tür geöffnet und die Entlüftungsanlage eingeschaltet. Es wurde sofort mit dem Herausziehen der Leichen begonnen (...). Den Leichen wurden nun durch die Sonderkommandos die Goldzähne entfernt und den Frauen die Haare abgeschnitten. Hiernach (wurden sie) durch den Aufzug nach oben gebracht vor die inzwischen angeheizten Öfen (...).
(Höß, Autobiographische Aufzeichnungen, 1963, S. 133 f.)

Roma und Sinti –
die Vernichtung einer (fast) vergessenen Minderheit

Die Minderheit der Roma und Sinti zählt in der Gegenwart etwa 12 Millionen Angehörige, verteilt auf ganz Europa. Diese Volksgruppen sind schon seit dem Mittelalter aus Indien abgewandert. In Österreich, wo sich Roma bereits seit dem 14. Jahrhundert urkundlich nachweisen lassen, gab es vor 1938 drei Gruppen: die Burgenland-Roma, die schon im 18. Jh. unter Maria Theresia zur Sesshaftigkeit gezwungen wurden; die Lovara, die im 19. Jh. aus Ungarn und der Slowakei zugezogen sind; die Sinti, die vor dem Ersten Weltkrieg aus Deutschland zugezogen sind.

Als so genannte „Zigeuner" waren sie schon jahrhun-

■ Nach der Befreiung durch amerikanische Soldaten 1945 im Lager Mauthausen (Oberösterreich).

■ Eine Gruppe von Roma und Sinti im Konzentrationslager Belzec (Polen), Foto um 1942.

dertelang der Diskriminierung und Verfolgung ausgesetzt. Immer wieder wurden sie beschuldigt, nicht erziehbar, arbeitsscheu und asozial zu sein; aber auch ihre zum Teil nomadisierende Lebensweise wurde ihnen zum Vorwurf gemacht. Grausamer Höhepunkt dieser Verfolgung war das Vernichtungsprogramm der Nationalsozialisten: Bis zu einer halben Million Roma und Sinti kamen in eigens errichteten „Zigeunerlagern", in Ghettos und in den Vernichtungslagern ums Leben. Von den etwa 11 000 österreichischen Roma und Sinti haben nur knapp ein Drittel überlebt. Ihr Schicksal ist insgesamt nur schlecht dokumentiert, weil die Roma und Sinti bis vor kurzem ihre Geschichte nur mündlich überliefert haben. Sie trugen diese nie nach außen, nicht zuletzt aus Angst und Scheu vor einer zum Teil feindlich eingestellten Öffentlichkeit.

Erst nach 1980 wurden den Roma und Sinti Gedenkstätten errichtet. Denn die Vorurteile und Ablehnung diesen Volksgruppen gegenüber blieben aufrecht. Sie wurden lange Zeit nicht einmal als Opfergruppe anerkannt und erhielten daher auch keine finanzielle „Wiedergutmachung" für ihr erlittenes Leid.

■ Verbrennungsöfen in Auschwitz, Fotografie 1995. Das Vernichtungslager vermittelt noch heute Besucherinnen und Besuchern aus aller Welt ein Bild des Grauens.

„Auschwitzlüge"...

Die Ermordung von Millionen Jüdinnen und Juden in den Gaskammern der Vernichtungslager Auschwitz-Birkenau, Treblinka, Sobibor u. a. erscheint unfassbar und unvorstellbar. Es ist jedoch eine bittere Wahrheit, die durch viele Quellen bezeugt ist. Der KZ-Kommandant von Auschwitz, Rudolf Höß, stellte eine Rechnung auf, dass er mittels Gaskammern und Verbrennungsanlagen 10 000 Menschen in einem Zeitraum von 24 Stunden umbringen könne.

Etwa seit 1970 gibt es eine Gruppe angeblicher Historiker (so genannte Revisionisten), die diese entsetzlichen Tatsachen verharmlosen, beschönigen oder überhaupt leugnen. Dieser Revisionismus ist international – französische, britische, amerikanische Autoren zählen ebenso dazu wie deutsche und österreichische. So erklärt der Franzose Robert Faurisson: „Es hat nie Vernichtungs-Gaskammern bei den Deutschen gegeben, weder in Auschwitz noch in irgendeinem anderen Lager (...). Der Historiker Henri Amouroux hat wiederholt gesagt, dass bezüglich der Geschichte des 2. Weltkrieges Lügen, viele Lügen verbreitet wurden. Ich kann ihm darin nur zustimmen. Die Legende der Gaskammern ist eine schlechte Lüge." (Honsik, Freispruch für Hitler?, 1988, S. 43 ff.)

Schon die SS-Männer versuchten, die Spuren ihrer ungeheuren Verbrechen zu vernichten – allerdings erfolglos. Denn es konnten von den ehemaligen Häftlingen eindeutige Dokumente vor der Vernichtung gerettet werden. Dazu kommen noch die vielen mündlichen Berichte der Überlebenden aus den verschiedenen Lagern. Eine andere Gruppe von Verteidigern des Nationalsozialismus behauptet, die Gaskammern und Krematorien seien erst nachträglich von den Russen erbaut worden. Eine absurde Idee! Allein schon deshalb, da die Sowjets gegenüber dem besiegten Deutschland keine Propaganda nötig hatten. Außerdem existieren exakte Pläne über die Vernichtungsanlagen.

... „Mauthausenlüge"

Im Jahr 1987 wurde in einer österreichischen, neonazistischen Zeitschrift ein angebliches „Dokument" eines „Militärpolizeilichen Dienstes" aus dem Jahr 1948 veröffentlicht. Darin wird behauptet: „Die Alliierten Untersuchungskommissionen haben bisher festgestellt, dass in folgenden Konzentrationslagern keine Menschen mit Giftgas getötet wurden: Bergen-Belsen, Buchenwald, Dachau (...), Mauthausen und Nebenlager ..." (Bailer-Galanda, Das sogenannte Lachout-„Dokument"; in: Amoklauf gegen die Wirklichkeit. NS-Verbrechen und „revisionistische" Geschichtsschreibung, 2. Aufl. 1992, S. 76). Österreichische Zeithistoriker/innen wiesen eindeutig nach, dass das vom Wiener Emil Lachout vorgelegte „Dokument" ein plumper Fälschungsversuch war. Sein Ziel war offensichtlich: nämlich die Leugnung der nationalsozialistischen Verbrechen!

Dieses „Dokument" gegen die „Mauthausenlüge" wurde dennoch in verschiedenen rechtsextremen Zeitschriften und Flugblättern weiterhin für neonazistische Propaganda verwendet: „Die Mauthausenlüge hatte den Zweck, den Anschluss vom 13. März 1938 zu kriminalisieren. Jenen Tag, da die Liebe über die Zwietracht siegte! Da der uralte Traum aller politischen Lager Österreichs in Erfüllung ging. Nämlich die Heimkehr ins Reich (...).Wir dürfen es nicht zulassen, dass die Erinnerung an diesen Tag mit der Mauthausenlüge beschmutzt wird." (Wodak/de Cillia, Sprache und Antisemitismus, 1988, S. 18)

Fragen und Arbeitsaufträge

→ 1. Beschreibe den rassischen Antisemitismus der Nationalsozialisten und seine Ausformungen von Diskriminierung bis zur industriellen Vernichtung der jüdischen Bevölkerung in Europa.

→ 2. Erkläre die Begriffe „Auschwitzlüge", „Mauthausenlüge", Revisionisten.

9. Freiheits- und Widerstandsbewegungen

Formen des Widerstandes

Der österreichische Historiker Gerhard Jagschitz unterscheidet fünf Typen von Widerstand:
- Unpolitische Gegnerschaft: Unmutsäußerungen z. B. über die wirtschaftlichen Mangelerscheinungen.
- Politisch motivierte Gegnerschaft: (passive) Abwehrhaltung gegen das System aus religiöser oder politischer Überzeugung; dazu zählt u. a. das verbotene Abhören ausländischer Rundfunksendungen oder die Weitergabe unzensurierter Informationen.
- Ziviler Widerstand: aktive individuelle Widerstandshandlungen im unmittelbaren Arbeits- oder Lebensbereich. Damit sollte das System des Nationalsozialismus mitsamt seinen Funktionären sowie die Wirksamkeit der angeordneten Maßnahmen geschwächt werden; dazu zählen u.a. die Weitergabe von Flüsterwitzen und Untergrundinformationen.
- Organisatorisch abgesicherter Widerstand: Konspiration der illegalen politischen Parteien bzw. kirchlicher Gruppen; auch die Arbeit der Emigrantinnen und Emigranten im Ausland gegen das Nazi-Regime zählt dazu.
- Militärischer Widerstand: Sabotage; Partisanentätigkeit in den besetzten Ländern (in Österreich: vor allem in Kärnten und der Steiermark); Widerstandshandlungen im Rahmen der deutschen Wehrmacht.

„Schutzhaftbefehl" und Konzentrationslager

Für die Nationalsozialisten galt der Grundsatz „Wer nicht für uns ist, ist gegen uns". Jede abweichende Gesinnung zählte als Hochverrat. Dementsprechend hart waren auch die Reaktionen der Machthaber. Sie reichten von der „Schutzhaft" in den Gefängnissen der Gestapo über die Einweisung in Konzentrationslager bis zur Hinrichtung. Dennoch entstand sowohl in Deutschland als auch in allen von Hitlerdeutschland besetzten Ländern Widerstand gegen die nationalsozialistischen Machthaber. Kleine Gruppen und Einzelpersonen leisteten von Anfang an geheimen Widerstand. Es waren vor allem Kommunisten, Sozialisten und Katholiken.

Als Verhaftungsgrund genügte die Zugehörigkeit zu einer früheren Partei, eine Anzeige oder (falsche) Beschuldigung durch einen nationalsozialistischen Funktionär, manchmal auch nur ein (unbedachtes) kritisches Wort. Im Krieg gehörte dann auch das Abhören eines ausländischen Senders zu diesen Delikten. Nach einem Verhör durch die Geheime Staatspolizei (Gestapo) wurden die Verhafteten ohne jedes Gerichtsverfahren auf unbestimmte Zeit in Konzentrationslager eingeliefert. Diese Konzentrationslager wurden in Selbstverwaltung durch die Häftlinge unter Bewachung der SS-Totenkopfverbände geführt. Offiziell sprach man von einer Umerziehung im nationalsozialistischen Geist. In Wahrheit sollte der Widerstandswille der Menschen durch schwerste Arbeit, durch körperliche und seelische Misshandlungen und durch ständige Todesdrohungen gebrochen werden.

Jedes Vergehen gegen die überstrenge Lagerordnung wurde mit brutaler Prügelstrafe, die viele Häftlinge nicht überlebten, geahndet. Üblich waren auch Kollektivstrafen: Dazu zählte häufig der Entzug des Essens, das schon im Normalfall nicht ausreichend war. Hermann Lein, der wegen seines Eintretens für die katholische Kirche ins KZ Mauthausen kam, berichtet über seinen Alltag als Häftling:

> **Q** *Ich musste aus dem Bett, obwohl es noch stockdunkel war. Rasch ordnete ich mein Bett und lief in den Waschraum, um Gesicht und Hände mit eiskaltem Wasser notdürftig zu reinigen. Eilig präparierte ich meine schweren Arbeitsschuhe mit stinkendem Tran und stellte mich zur Ausgabe des Kaffees an. Dieses Getränk hatte mit Kaffee nichts zu tun (...). Leider hatte ich am Vortag meinen Hunger nicht bezähmen können. So blieb mir für dieses „Frühstück" nicht ein Bissen Brot. Das schwarze Getränk schuf bloß die Einbildung eines vollen Magens. Wir hatten heute immerhin Glück, denn kein SS-Dienstgrad beunruhigte uns durch sein Geschrei, seine Schläge und Fußtritte. Langsam hellte sich der Himmel auf, und wir marschierten zum Appellplatz. Wir stellten uns in Zehnerreihen auf, um leichter gezählt zu werden. Heute hatte ich Glück, denn es gelang mir, einen Platz in der Mitte der angetretenen Häftlinge zu gewinnen. Ich war dort ein wenig von den anderen Häftlingsleibern vor dem eisigen Wind geschützt. „Mützen ab" – ein SS-Dienstgrad meldete dem Lagerführer die Zahl der Schutzhäftlinge – „Mützen auf" – „Abrücken". Die Arbeitskommandos stellten sich zu Gruppen zusammen. Mir blieb noch das Privileg einer leichteren Arbeit versagt, ich musste in den Steinbruch. Von bewaffneter SS bewacht, verließen wir nun in Fünferreihen das Lager. Knapp vor der Stiege, die in den Steinbruch führt, lief plötzlich ein Häftling aus der Reihe. Der begleitende SS-Dienstgrad griff sofort zur Pistole, steckte sie aber kurz darauf mit einer erleichterten Geste in die Tasche zurück. Der Häftling war einige Schritte gelaufen, um sich über eine Felswand hinunterzustürzen. Er hatte die Qualen des Lagers nicht mehr ertragen und seinem Leben ein Ende gemacht. Die Arbeit im Steinbruch erwies sich oft als sinnlos (...). Heute bekamen wir die Aufgabe, Steinblöcke von einem Ende des Steinbruches zum anderen zu tragen (...).*
> *Der Mittagseintopf war für mich heute eine traurige Angelegenheit: nur Suppenwasser, wenig Steckrüben, keine Fleischbröckchen. Der Tag dehnte und dehnte sich und schien kein Ende zu nehmen (...). Endlich ertönte der Pfiff zum Antreten. Jeder schulterte einen nicht zu kleinen Steinbrocken und stieg mit einiger Anstrengung die 186 Stufen zum Lager hinauf. Wieder Zählappell! Dann konnten wir in die Baracken gehen. Da hatte ich wieder Glück! Mein Kamerad Hans Eis genoss das Privileg, im Revier zu arbeiten. Er brachte mir ein zusätzliches Stück Brot. Dann suchte ich die grausame Wirklichkeit im Schlaf zu vergessen (...).*
>
> (Hermann Lein, ehemaliger Autor der Zeitbilder-Reihe)

Nationalsozialismus und Zweiter Weltkrieg

Konzentrationslager mit den wichtigsten Nebenlagern von Mauthausen und Dachau.

→ Stelle aufgrund der Karte fest, ob es in der Nähe deines Wohnortes ein Nebenlager des KZs Mauthausen oder des KZs Dachau gegeben hat.

Das erste Konzentrationslager errichteten die Nationalsozialisten im März 1933 in Dachau bei München, das erste in Österreich im August 1938 in Mauthausen. Diese Konzentrationslager spannten sich über die von den Deutschen beherrschten Gebiete wie ein Spinnennetz.

→ Informiert euch bei www.mauthausen-memorial.at und www.doew.at/ausstellung über die Geschichte und heutige Gedenkstätte des ehemaligen KZ Mauthausen.

Widerstand in Deutschland: die „Weiße Rose"

1942 gründeten die Geschwister Hans und Sophie Scholl in München die Studentengruppe „Die weiße Rose". Ihre Mitglieder riefen in mehreren Flugblättern das Volk zum Widerstand gegen die Nationalsozialisten auf. Doch bald wurde die Gruppe verraten und die Geschwister Scholl hingerichtet.

Q *Inge Scholl berichtet über ihre Geschwister:*
An einem sonnigen Donnerstag, es war der 18. Februar 1943, war die Arbeit so weit gediehen, dass Hans und Sophie, ehe sie zur Universität gingen, noch einen Koffer mit Flugblättern füllen konnten. Sie waren beide vergnügt und guten Mutes, ehe sie sich mit dem Koffer auf den Weg zur Universität machten. Kaum hatten die Geschwister die Wohnung verlassen, klingelte ein Freund an ihrer Tür, der ihnen eine dringende Warnung überbringen sollte. Da er aber nirgends erfahren konnte, wohin die beiden gegangen waren, wartete er.

Mittlerweile hatten die beiden die Universität erreicht. Und da in wenigen Minuten die Hörsäle sich öffnen sollten, legten sie rasch entschlossen die Flugblätter in den Gängen aus und leerten den Rest ihres Koffers vom obersten Stock in die Eingangshalle der Universität hinab. Erleichtert wollten sie die Universität verlassen. Aber die Augen des Hausmeisters hatten sie erspäht. Alle Türen der Universität wurden sofort geschlossen. Damit war das Schicksal der beiden besiegelt.
Die rasch alarmierte Gestapo brachte meine Geschwister in das Gefängnis. Und nun begannen die Verhöre. Tage und Nächte, Stunden um Stunden. Abgeschnitten von der Welt, ohne Verbindung mit Freunden und im Ungewissen, ob einer von ihnen ebenfalls ihr Schicksal teilte. Alle, die in jenen Tagen noch mit ihnen in Berührung kamen, die Mitgefangenen, die Gefängnisgeistlichen, die Gefangenenwärter, ja selbst die Gestapobeamten waren von ihrer Tapferkeit aufs höchste betroffen. Der Scharfrichter sagte, so habe er noch niemanden sterben sehen. Hans, ehe er sein Haupt auf den Block legte, rief laut, dass es durch das große Gefängnis hallte: „Es lebe die Freiheit!"

(Scholl, Die Weiße Rose, 1993)

Militärischer Widerstand – das Attentat vom 20. Juli 1944

Schon vor dem Krieg gab es auch in hohen Militärkreisen Widerstand gegen Hitler und seine Kriegspläne.

Doch diese Offiziere bekamen weder Unterstützung aus dem Ausland, noch konnten sie sich innerhalb der Wehrmacht durchsetzen.

Erst als im Sommer 1944 die alliierten Armeen an den Grenzen Deutschlands standen, entschlossen sich hohe Offiziere der deutschen Wehrmacht zum Staatsstreich („Operation Walküre"). Sie wollten dem Krieg, der nicht mehr zu gewinnen war, ein Ende bereiten und damit weitere Opfer an Menschenleben und weitere Zerstörungen verhindern. Oberst Stauffenberg gelang es am 20. Juli 1944, im streng bewachten Führerhauptquartier „Wolfschanze" in Ostpreußen, bei einer Besprechung mit Hitler eine Tasche mit einer Zeitbombe zu hinterlegen. Nachdem Stauffenberg nach Berlin zurückgekehrt war, wurden sofort wichtige nationalsozialistische Funktionäre gefangen genommen und militärische Schaltstellen besetzt. Doch Hitler wurde bei der Explosion nur leicht verletzt und nahm sofort telefonischen Kontakt mit Goebbels auf. Dieser ließ die Verschwörer – unter ihnen auch einen engen Mitarbeiter Stauffenbergs, den Linzer Oberstleutnant Bernardis – durch das loyal gebliebene Wachbataillon sofort verhaften. Ein Teil der Verschwörer wurde noch am gleichen Tag standrechtlich erschossen, der andere Teil zum Tode verurteilt, gefoltert und an Fleischerhaken aufgehängt. Durch die Niederschlagung dieses Widerstandes war es auch nicht mehr möglich, den Krieg früher zu beenden. Erst in der Endphase 1945 konnte vor allem österreichischer Widerstand wirksam werden.

Widerstand in Österreich

In den von Nazi-Deutschland besetzten Ländern bestand gegenüber den Deutschen ein klares Feindbild. Kollaborateure waren isoliert und geächtet.

> L *In Österreich hingegen hatten die Widerstandskämpfer nicht zuletzt Österreicher zum Gegner, in einer von Denunzianten und fanatischen Regimeanhängern durchsetzten Umwelt zu wirken, gegen einen perfekt organisierten Terrorapparat und eine gigantische Propagandamaschinerie anzukämpfen.*
> (Neugebauer, Zwischen Kollaboration und Widerstand, o. J., S. 28)

Nach der kampflosen Besetzung Österreichs durch die deutsche Wehrmacht im März 1938 war die Organisierung eines Widerstandes schwierig:

> L *Der nazistische Siegestaumel hatte (...) breite, weit über die NS-Sympathisanten hinausgehende Kreise der Bevölkerung erfasst. Auch viele, die dem Nationalsozialismus ablehnend gegenüberstanden und später in den Widerstand gingen, wollten erst abwarten, was das neue Regime in der Praxis bringt.*
> (Neugebauer, Widerstand und Opposition, 2002, S. 189)

Außerdem wollten die Nationalsozialisten nach dem „Anschluss" alle mutmaßlichen Gegner möglichst schnell ausschalten: Innerhalb weniger Wochen wurden etwa 50 000 bis 75 000 Funktionäre der Vaterländischen Front, Kommunistinnen und Kommunisten, Sozialistinnen und Sozialisten, bekannte „Antinazis" sowie Jüdinnen und Juden verhaftet. Während ein Großteil der niederen Funktionäre bald entlassen wurde, wurden die wichtigeren politischen Gegner sowie die Jüdinnen und Juden in die Konzentrationslager eingeliefert. Tausende weitere Gegner entzogen sich der Naziherrschaft durch (erzwungene) Flucht und konnten aktiven Widerstand höchstens aus dem Exil leisten.

→ Erkläre, weshalb beim österreichischen Widerstand das nationale Motiv lange Zeit nur eine untergeordnete Rolle spielte.
Welche Widerstandskräfte gegen den Nationalsozialismus bestanden schon vor 1938?

Widerstand der Frauen

Häufig wird der weibliche Anteil am Widerstand vergessen. Nicht selten haben junge Mädchen an der Seite ihrer Väter oder Brüder, verheiratete Frauen oft mit ihren Ehegatten am Widerstand teilgenommen. Vor Gericht waren Frauen und Männer derselben gnadenlosen Justiz ausgeliefert, die „unerbittlich zu vernichten" und nicht zu richten hatte. Das Todesurteil über die Salzburger Näherin Rosl Hofmann steht für viele andere:

> Q *Die Angeklagte hat in einer für eine Frau außerordentlich fanatischen und gefährlichen Weise versucht, auf den Geist der deutschen Soldaten Einfluss zu gewinnen. (...) Sie muss, damit das deutsche Volk lebt, (...) fallen.*
> (Spiegel, Frauen und Mädchen im österreichischen Widerstand, 1967, S. 10)

Der „Fall Jägerstätter"

Wie die Mitmenschen auf offene Gegner des Nationalsozialismus reagierten, zeigt die Geschichte des Innviertlers Franz Jägerstätter. Bei der „Anschluss"-Volksabstimmung am 10. April 1938 stimmte er als einziger seines Dorfes mit „Nein" und wurde damit sofort zum Außenseiter:

■ Der Innviertler Wehrdienstverweigerer Franz Jägerstätter (undatierte Aufnahme).

> Q Sein Stimmzettel verschwand, den Franz hielten die Dorfbewohner fortan für nicht ganz normal, und als er sich 1943 auch noch weigerte, den Einberufungsbefehl an die Front zu befolgen, weil er Hitler für einen „Anti-Christen" und dessen Krieg für einen „ungerechten Angriffskrieg" hielt, lautete das Urteil im Dorf endgültig: Spinner, Glaubensfanatiker, Bibelforscher, Feigling. Dem Dorf-Urteil folgte bald das Todesurteil der Nationalsozialisten.
> (Nach Sagmeister, Mein Mann wird ein Heiliger, 1991, S. 22)

Bald wurde diese Rolle auf seine Angehörigen übertragen, wie die Witwe Jägerstätters erzählt:

> Q „Das Schwerste", sagt sie, und der klare Blick ihrer Augen verschwimmt hinter Tränen, „war mit den Leuten (...)."
> Mit den Leuten, die nur Hass und Verachtung übrig hatten für die Hinterbliebenen eines Kriegsdienstverweigerers und Feiglings. Manche Stalingradkämpfer denken auch heute noch so. Schreiben verbitterte Leserbriefe an die Kirchenzeitung, dass sie eine Heiligsprechung Jägerstätters als eine Beleidigung für alle Kriegsversehrten empfinden und dass sie aus der Kirche austreten werden. „Dass der Franz nach seinem Gewissen gehandelt hat, verstehens halt nicht (...)."
> (Nach Sagmeister, Mein Mann wird ein Heiliger, 1991, S. 23)

Militärischer Widerstand

Schon seit Juni 1944 kämpften Österreicher in der jugoslawischen Volksarmee Titos. Ihre Motive waren sehr unterschiedlich. Geeint hat sie die Gegnerschaft zum Nationalsozialismus. Da ihr Kampf auch vielen unschuldigen Menschen das Leben kostete, ist ihre Beurteilung in der Bevölkerung bis heute umstritten. Anfang 1945 begannen auch in Österreich bewaffnete Aktionen. Schwerpunkte waren Wien, Innsbruck, Teile der Steiermark sowie Südkärnten, wo vor allem Kärntner Slowenen Widerstand leisteten.
Der Plan des Major Szokoll, der schon beim gescheiterten Staatsstreich Stauffenbergs aktiv mitgewirkt hatte, in Wien die Macht zu übernehmen, scheiterte an Verrat. Er wollte die Stadt kampflos der Roten Armee übergeben. Dennoch konnte eine Belagerung verhindert werden. Ein hoher Offizier meldete im April an Hitler:

> Q Wien ist nicht zu halten, da der Widerstand derartig groß ist, dass er nicht zu brechen ist. Der Volkssturm ist in Wien nicht eingerückt. Ich glaube, man kann ihn auch gar nicht einberufen, weil er sofort auf die SS schießen würde.
> (Görlich, Grundzüge der Geschichte der Habsburgermonarchie und Österreichs, 1970, S. 318)

Noch immer wird da und dort die Meinung vertreten, der österreichische Widerstand wäre im Nachhinein aufgebläht worden, um bei den Staatsvertragsverhandlungen eine bessere Position zu haben. Der Zeithistoriker Jagschitz bewertet dies so:

■ Erhängte Mitglieder der Gruppe um Major Carl Szokoll (Heeresstreife Wien im Wehrkreiskommando XVII). Die Gruppe wurde verraten und Major Carl Biedermann, Hauptmann Alfred Huth und Oberleutnant Rudolf Raschke am 8. April 1945 öffentlich am Floridsdorfer Spitz gehängt.

> Q Es ist nicht angebracht, diesen österreichischen Widerstand zu bagatellisieren. Vor den Sondergerichten (...) wurden etwa 17 000 Österreicher aus politischen Gründen angeklagt. Dazu kommen noch etwa 20 000–30 000 Häftlinge in Konzentrationslagern und mehrere hundert Fälle vor dem Berliner Volksgericht. Allein im Wiener Landesgericht wurden etwa 1 000 Personen hingerichtet, in ganz Österreich waren es etwa 1 300, wozu noch die vollzogenen kriegsgerichtlichen Todesurteile gegen österreichische Wehrmachtangehörige kommen. Noch nicht eindeutig geklärt ist die Zahl der in den Konzentrationslagern Umgekommenen – hier werden etwa 15 000 angegeben – und in Gestapogefängnissen Ermordeten – wofür die Zahl von nahezu 10 000 genannt wird (...). Unklar ist auch die Zahl der in den letzten Kriegstagen von fliegenden Standgerichten erschossenen, doch beträgt sie sicher einige Tausend.
> (Jagschitz, Der österreichische Widerstand gegen das nationalsozialistische Regime 1938 – 1945, 1978, S. 69 f.)

→ Erörtere die Aussage des Historikers und versuche eine eigene Bewertung.

Fragen und Arbeitsaufträge

→ 1. Fasse die verschiedenen Formen des Widerstandes zusammen und führe dafür konkrete Beispiele an.

Basiswissen

Nationalsozialismus und Zweiter Weltkrieg

Der Aufstieg der Nationalsozialisten und ihr Herrschaftssystem

- 1921 wurde der gebürtige Österreicher Adolf Hitler mit diktatorischen Vollmachten ausgestatteter Vorsitzender der Nationalsozialistischen Deutschen Arbeiterpartei (NSDAP). Sturmabteilung (SA) und Schutzstaffel (SS) waren ihre paramilitärischen Verbände. Ein Putschversuch der Nationalsozialisten 1923 in München scheiterte kläglich. In der darauf folgenden Haft begann Hitler mit dem Verfassen von „Mein Kampf", in dem er die Ideologie und die Ziele seiner Partei ausführlich beschrieb.
- Am 30. Jänner 1933 erfolgte Hitlers Ernennung zum Reichskanzler. Innerhalb eines halben Jahres schalteten die Nationalsozialisten jede Opposition im Deutschen Reich aus: Nach dem Reichstagsbrand kam es zur Verfolgung und Ausschaltung kommunistischer Reichstagsabgeordneter, danach zur Abschaffung der bürgerlichen Freiheiten; es folgte die Ausschaltung des Parlaments („Ermächtigungsgesetz") und die Selbstauflösung bzw. das Verbot aller Parteien mit Ausnahme der NSDAP. Im Juni 1934 entledigte sich Hitler durch die Ermordung der gesamten SA-Spitze auch jeder innerparteilichen Opposition. Mit dem Tod des Reichspräsidenten Hindenburg (August 1934) übernahm Hitler als „Führer und Reichskanzler" auch offiziell die unumschränkte Macht im Staat.
- Die Herrschaft der Nationalsozialisten war auf die totale Beherrschung der Menschen ausgerichtet. Als Mitglied der „Volksgemeinschaft" sollte man von Kindheit an in das System und seine verschiedenen Organisationen (HJ, BdM, Reichsarbeitsdienst, Wehrmacht etc.) eingebunden sein. Frauen sollten ihre Rolle als Hausfrau und Mutter („Mutterkreuz") wahrnehmen und wurden aus dem Berufsleben gedrängt. Es kam neben der „Gleichschaltung" der Menschen zur „Gleichschaltung" in der Kultur. Moderne Strömungen in allen Bereichen der Kunst wurden als „entartet" verboten, die Werke jüdischer Wissenschafter/innen und Schriftsteller/innen öffentlich verbrannt.
- „Arbeit und Brot" verhieß die Propaganda der Nationalsozialisten. Zur Arbeitsbeschaffung für öffentliche Großaufträge wurden von Anfang an hohe Schulden gemacht (deficit spending), ab 1935 stiegen die Ausgaben für die Aufrüstung und die Staatsschulden ungeheuer an; 1938 hatte der Staat keine Gold- und Devisenreserven mehr.

Vorstufen des Zweiten Weltkrieges

- In den 1920er-Jahren gewannen in Japan das Militär und extrem nationalistische Parteien großen Einfluss auf die Politik. Ihr Ziel war eine Expansion auf dem asiatischen Kontinent.
- Im Jahr 1931 besetzten die Japaner die Mandschurei und proklamierten dort das Kaiserreich „Mandschukuo".
- 1937 begann Japan den Krieg gegen China und eroberte in kurzer Zeit die chinesische Küste. Nach der Eroberung Indochinas (Vietnam) im Jahr 1940/41 zerstörten die Japaner im Dezember 1941 die US-amerikanische Kriegsflotte in Pearl Harbour. Es hatte den Eintritt beider Staaten in den Weltkrieg zur Folge.
- Auch Italien unter Mussolinis Herrschaft betrieb Eroberungspolitik: Es besetzte die nordafrikanische Küste und errichtete die Kolonie Libyen (1934).
- 1935/36 wurde Abessinien von Italien erobert und annektiert. Nach der Verurteilung und Verhängung wirtschaftlicher Sanktionen durch den Völkerbund näherte sich Italien Hitler-Deutschland an (Achse Berlin–Rom). 1939 wurde auch Albanien annektiert.
- Das erste außenpolitische Ziel Hitler-Deutschlands war die Zurücknahme des Versailler Vertrages von 1919. Als die deutschen Forderungen nach militärischer Gleichberechtigung nicht erfüllt wurden, trat es aus dem Völkerbund aus (1933). Als Deutschland die Allgemeine Wehrpflicht wieder einführte (1935) und das entmilitarisierte Rheinland besetzte (1936), reagierten die Westmächte nur zurückhaltend. Diese „Appeasement-Politik" behielten sie auch bei, als Deutschland Österreich (März 1938) sowie das Sudetenland (Oktober 1938) annektierte und die „Rest-Tschechoslowakei" (März 1939) besetzte.
- Trotz des Antikomintern-Paktes mit Japan und Italien schlossen Deutschland und die Sowjetunion im August 1939 einen Nichtangriffspakt ab.

Der Zweite Weltkrieg (1939–1945)

- Mit dem Einmarsch deutscher Truppen in Polen (September 1939) begann der 2. Weltkrieg, da nun Frankreich und Großbritannien ihre „Appeasement-Politik" aufgaben und Deutschland den Krieg erklärten.
- Den deutschen Truppen gelang es in „Blitzkriegen", Polen, im Frühjahr 1940 Dänemark, Norwegen und Frankreich zu besetzen. Der (Luft-)Krieg gegen England scheiterte. Im Frühjahr 1941 besetzten deutsche Truppen Jugoslawien und Griechenland und begannen den Krieg gegen die Sowjetunion.
- Der rasche Vorstoß kam auf der Linie Leningrad – Moskau und später Stalingrad durch die Rote Armee zum Stehen. Nach der Niederlage der Deutschen in Stalingrad (Februar 1943) kam es zur Kriegswende: Die deutschen Truppen befanden sich von dort weg auf dem Rückzug.
- Nach Niederlagen der Deutschen in Afrika landeten die Alliierten im Herbst 1943 in Süditalien, im Juni 1944 an der französischen Küste. Gleichzeitig führten sie einen Luftkrieg gegen Deutschland.
- Die Nationalsozialisten wollten mit einem „totalen Krieg" die Niederlage abwenden: Millionen von Zwangsarbeiterinnen und Zwangsarbeitern und Kriegsgefangenen mussten wie die Frauen für die Rüstung und Versorgung der deutschen Armeen arbeiten. 16- bis 60-Jährige Männer wurden zum „Volkssturm" einberufen.
- Am 8./9. Mai 1945 endete der Krieg in Europa mit der totalen Kapitulation Deutschlands. Der Krieg in Ostasien, bei dem die Japaner seit 1942 von den USA immer weiter aus dem Pazifik zurückgedrängt wurden, endete nach dem Atombombenabwurf auf Hiroshima und Nagasaki am 9. August 1945 mit der totalen Kapitulation Japans.
- Der Krieg forderte etwa 55 Millionen Tote (davon die Hälfte Zivilistinnen und Zivilisten) und richtete größten materiellen Schaden an (vor allem durch die Luftbombardements).
- Gleichzeitig mit den Kriegsereignissen betrieben die Nationalsozialisten eine unvorstellbare Vernichtungspolitik: Millio-

nen von Menschen (Jüdinnen und Juden, Kriegsgefangene, Kommunistinnen und Kommunisten, Partisanen) wurden in Osteuropa ermordet. Weitere Millionen von Jüdinnen und Juden aus Deutschland und dem besetzten Europa wurden von der SS in den Konzentrations- und Vernichtungslagern in Polen umgebracht.
- Es gab vielerlei Formen von Widerstand gegen das Nazi-Regime. Er kam von politischen Gegnern (Parteifunktionären), kirchlichen oder weltanschaulich oppositionellen Gruppen, Einzelpersonen (mit unterschiedlichen Motiven) und aus den Reihen des Militärs (z. B. der Umsturzversuch am 20. Juli 1944). Die Nationalsozialisten versuchten, mit ihrem Terrorsystem jeden kleinsten Widerstand mit Gewalt zu ersticken. Er reichte von der Anwendung körperlicher Gewalt (z. B. Folter) und Gefängnisstrafe bis zum „Schutzhaftbefehl" und damit zur Einweisung in ein Konzentrationslager.

Grundbegriffe

Euthanasie (griech.: schöner o. leichter Tod): andere Bezeichnung für Sterbehilfe; man bezeichnet heute damit eine bewusst von einer Person erbetene Hilfe zur Herbeiführung des eigenen Todes. Im Nationalsozialismus verstand man darunter die im Sinne der „Rassenhygiene" geplante systematische Ermordung von mindestens 70 000 Menschen mit psychischen Erkrankungen und geistiger Behinderung, darunter ca. 5 000 (Klein-)Kinder ab 1939 (= Aktion T4).

Konzentrationslager (KZ) In diese ab 1933 von den Nationalsozialisten zusätzlich zu den Gefängnissen errichteten Lager wurden v.a. all jene Personen gebracht, die ohne gerichtliches Verfahren in „Schutzhaft" genommen wurden. Darunter waren vermeintliche und wirkliche politische Gegnerinnen und Gegner, Homosexuelle, Wehrdienstverweigerer (z. B. die Zeugen Jehovas), unangepasste Jugendliche, (auch) kriminelle Straftäterinnen und Straftäter, Roma und Sinti und vor allem Jüdinnen und Juden, später auch noch Kriegsgefangene. Ab 1934 wurden die KZ der SS unterstellt. Es gab bis 1945 22 Hauptlager und mehr als 1 200 Nebenlager, in denen Hunderttausende Häftlinge unter unmenschlichen Bedingungen leben mussten bzw. ihr Leben verloren. Außerdem gab es auf dem Gebiet des besetzten Polen 7 Vernichtungslager, in denen ab 1942 Hunderttausende Roma und Sinti sowie mehrere Millionen Jüdinnen und Juden planmäßig industriell vernichtet wurden. Das größte dieser Vernichtungslager war Auschwitz-Birkenau.

„Mein Kampf" Hitlers grundlegendes Werk, dessen ersten Band er 1924 während seiner Haft in Landsberg schrieb. Der 2. Band wurde 1926 veröffentlicht. Ab 1930 erschienen beide Teile gemeinsam in ständig neuen Auflagen, immer wieder inhaltlich und stilistisch korrigiert und in 16 Sprachen übersetzt (Gesamtauflage: ca. 10 Millionen). Inhaltliche Schwerpunkte sind die antisemitischen Ausführungen, der Antiparlamentarismus, der Antimarxismus und -bolschewismus sowie Hitlers Vorstellungen vom Kampf um den „Lebensraum im Osten".

Nationalsozialismus Die 1903 im damals österreichischen Sudetenland gegründete „Deutsche Arbeiterpartei" verwendet erstmals diesen Begriff und übernimmt ihn 1918 auch in ihren neuen Namen „Deutsche Nationalsozialistische Arbeiterpartei" (DNSAP). Aber auch die 1919 gegründete Deutsche Arbeiterpartei (DAP) ändert 1920 ihren Namen um in „Nationalsozialistische Deutsche Arbeiterpartei" (NSDAP). Dieser Name sollte als Programm stehen für einen „nationalen Sozialismus" im Gegensatz zur „Sozialdemokratie" und zum „internationalen Sozialismus".
Tatsächliche Merkmale der nationalsozialistischen Weltanschauung waren eine sozialdarwinistische Rassentheorie („Herrenmenschen", „Untermenschen", „Parasiten"); eine imperialistische Außenpolitik („Kampf um den Lebensraum im Osten") durch Aufrüstung (Militarisierung); ein antidemokratisches Führerprinzip (statt Parlamentarismus und Parteienstaat); eine gleichgeschaltete „Volksgemeinschaft", die die Verantwortung für alles Negative auf „Sündenböcke" abschiebt (politische Gegnerinnen und Gegner, Jüdinnen und Juden etc.) sowie der totale Einsatz von Propaganda (Massenveranstaltungen, Volksempfänger etc.) und Machtmitteln (z B. Staatsterror) zur Aufrechterhaltung der Macht.

Revisionismus (von lat. revidere: wieder hinsehen): Allgemein bezeichnet man damit den Versuch, ein anerkanntes historisch-politisches Ereignis / eine wissenschaftliche Erkenntnis neuerlich zu überprüfen und unter Umständen neu zu bewerten. Die (Geschichts-)revisionisten im Zusammenhang mit dem Nationalsozialismus und dem Zweiten Weltkrieg bestreiten nicht nur die Verbrechen der Deutschen Wehrmacht im 2. Weltkrieg, sondern sie leugnen vor allem auch die Planung, Durchführung und das Ausmaß des Holocaust (= Shoa). Beides zusammen bildet u.a. eine wesentliche geistige Grundlage des neuen Rechtsextremismus.

Sozialdarwinismus Damit wird eine in der 2. Hälfte des 19. Jh. entstandene pseudowissenschaftliche philosophische Strömung bezeichnet, welche die Evolutionstheorie von Charles Darwin betreffend natürlicher Auslese in der Pflanzen- und Tierwelt auch auf die menschlichen Gesellschaften anwendet: Demnach würden sich im „Kampf ums Dasein" die Stärksten d.h. die höchstentwickelten Nationen und „Rassen" gegenüber den schwächeren, unterentwickelten durchsetzen. Der Sozialdarwinismus war ideologischer Wegbereiter für die nationalsozialistische „Rassenlehre" mit ihren Forderungen nach „Erbgesundheit" und „Rassenhygiene". In weiterer Folge war sie Rechtfertigung für den Imperialismus und Militarismus („Lebensraum im Osten"), für die NS-Euthanasie, für die Zwangssterilisationen, für den Genozid / Völkermord an der jüdischen Bevölkerung in Europa.

Volksempfänger Radiogerät, das es auf Grund seines geringen Preises im Jahr 1941 in $2/3$ der deutschen Haushalte gab. Mit dem Gerät konnten die Nationalsozialisten ihre Propaganda bestens verbreiten. Allerdings war es – mit einigen „Verbesserungen" – auch möglich, mit einem solchen Gerät „Feindsender" zu hören, was mit schweren Strafen (bis zur Todesstrafe) bedroht war.

4

1943 Moskauer Deklaration
1945 Unabhängigkeitserklärung der Provisorischen Regierung (27.4.), Ende des Zweiten Weltkrieges in Europa (8.5.)
1947 Große Koalition (ÖVP/SPÖ) (bis 1966); Beginn der Sozialpartnerschaft
1955 Unterzeichnung des Staatsvertrages (15.5.); Neutralitätsgesetz (26.10.); UNO-Mitgliedschaft (14.12.)
1966–1970 ÖVP-Alleinregierung (Klaus)

Österreich – die Zweite Republik

Nach der nationalsozialistischen Herrschaft und den Schrecken des Zweiten Weltkrieges setzte sich nach 1945 der Glaube an ein selbstständiges und lebensfähiges Österreich durch. Die Anfänge der Zweiten Republik gestalteten sich sehr schwierig: Staat und Wirtschaft mussten praktisch aus dem Nichts wieder aufgebaut werden. Eine Große Koalition von ÖVP und SPÖ hat in dieser Zweiten Republik mehrmals und am längsten das Land regiert: Unter ihr erhielt Österreich 1955 mit dem Staatsvertrag seine Souveränität zurück und beschloss die „immerwährende Neutralität". Sie führte Österreich 1995 auch in die EU und bildete seit 2007 wieder die Regierung. In der Ära der sozialistischen Alleinregierung unter Kreisky (1970–

1971–1983 SPÖ-Alleinregierungen (Kreisky)
1978 Volksabstimmung (über Kernkraftnutzung) und Atomsperrgesetz
1986–1999 Große Koalition (SPÖ/ÖVP; Vranitzky, Klima)
1995 Österreich ist EU-Mitglied; Beitritt zur „Nato-Partnerschaft für den Frieden"
2000–2006 Kleine Koalition (ÖVP/FPÖ; Schüssel)
2002 Einführung des Euro
2007 – ? Fortsetzung Große Koalition (SPÖ/ÖVP: Gusenbauer/Faymann...)

1983) wurden in Österreich zukunftsweisende Reformen durchgeführt. Seither kämpften die jeweiligen Regierungen immer wieder mit ähnlichen Problemen: Budgetdefizit, Staatsschuld, Wirtschaftswachstum, Arbeitslosigkeit...

Die Bundesrepublik Österreich ist eine parlamentarische Demokratie nach westlichem Muster. Nach dem Verhältniswahlrecht konkurrieren mehrere Parteien um die Sitze im Nationalrat. Wie in jedem modernen Rechtsstaat unterliegt auch in Österreich das gesamte öffentliche und private Leben festgelegten Rechtsnormen.

Insgesamt ist die Geschichte der Zweiten Republik eine „Erfolgsstory": Österreich ist ein geschätztes Mitglied der internationalen Staatengemeinschaft und eines der reichsten Länder der Erde.

Demonstration gegen die Inbetriebnahme des Atomkraftwerkes Zwentendorf am 12.6.1977 in Zwentendorf.

In diesem Kapitel erhaltet ihr Informationen zu folgenden Fragen:

- Unter welch schwierigen Bedingungen Österreich nach dem Zweiten Weltkrieg wiedererstanden ist.
- Wie Österreich 1955 unabhängig wurde und was Staatsvertrag und Neutralität bedeuten.
- Mit welchen Reformen Österreich in der Ära Kreisky modernisiert wurde.
- Wie sich Österreich bis zum EU-Beitritt politisch und wirtschaftlich veränderte.
- Wie sich Österreich als EU-Mitglied entwickelte und welche Stellung es in der Welt einnimmt.
- Welche grundlegenden Merkmale das politische System in Österreich aufweist.
- Wie sich die Parteienlandschaft in der Zweiten Republik veränderte.
- Welche wesentliche Merkmale Verwaltung und Justiz in Österreich aufweisen.
- Wie sich die Zivilgesellschaft und die Bürger/innenmitbestimmung entwickelten.

Dazu könnt ihr erfahren und erproben:

- Wie man Karikaturen analysiert.
- Wie sich Politik in Theorie und Praxis zeigt.

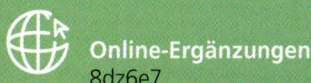 Online-Ergänzungen
8dz6e7

1. Das Wiedererstehen Österreichs

Der Wille zu Österreich

Noch während des Zweiten Weltkrieges beschäftigten sich die Regierungen der alliierten Mächte mit der neuen Ordnung in Europa nach dem Sieg über die Achsenmächte. Bei einer Außenministerkonferenz in Moskau besprachen Hull (USA), Eden (GB) und Molotow (UdSSR) auch die Zukunft Österreichs. Das Ergebnis war die „Moskauer Deklaration" vom 30. Oktober 1943:

> Q *Die Regierungen des Vereinigten Königreiches, der Sowjetunion und der Vereinigten Staaten von Amerika sind darin einer Meinung, dass Österreich, das erste freie Land, das der typischen Angriffspolitik Hitlers zum Opfer fallen sollte, von deutscher Herrschaft befreit werden soll.*
> *Sie betrachten die Besetzung Österreichs durch Deutschland am 13. März 1938 als null und nichtig. (...) Sie erklären, dass sie wünschen, ein freies, unabhängiges Österreich wieder errichtet zu sehen. (...) Österreich wird aber auch daran erinnert, dass es für die Teilnahme am Krieg an der Seite Hitler-Deutschlands eine Verantwortung trägt, der es nicht entrinnen kann, und dass anlässlich der endgültigen Abrechnung Bedachtnahme darauf, wie viel es selbst zu seiner Befreiung beigetragen haben wird, unvermeidlich sein wird.*
>
> (Frass, Quellenbuch zur österreichischen Geschichte, Bd. 4, 1967, S. 256)

Da die Alliierten in der Folge von diesem Beschluss nicht mehr abrückten, stellt er ohne Zweifel ein Grunddokument der Zweiten Republik dar. Darüber hinaus erhielt der österreichische Widerstand durch diese Erklärung großen Auftrieb. Den Österreicherinnen und Österreichern selbst war zu diesem Zeitpunkt durch die (Kriegs-)Politik Hitlers die „Liebe zum Reich" schon weitgehend abhanden gekommen.

Das Kriegsende in Österreich

Ende März 1945 griffen die Kämpfe im mittleren Burgenland auf das Gebiet des heutigen Österreich über. Die Rote Armee drängte die Verbände der Deutschen Wehrmacht immer weiter zurück und rückte gegen Graz vor. Dabei kam es zu besonders schweren Gefechten in der Oststeiermark.
Gleichzeitig kämpften sich andere Verbände der Roten Armee in Richtung Wien vor. Geheim geführte Verhandlungen einiger Offiziere über eine kampflose Übergabe der Stadt wurden von der SS aufgedeckt. In der „Schlacht um Wien" vom 6. bis zum 13. April wurde die ohnehin schwer bombengeschädigte Stadt noch mehr verwüstet. Ende April stießen französische Truppen über Vorarlberg bis nach Tirol vor. US-amerikanische Truppen besetzten Anfang Mai von Bayern kommend Innsbruck, Salzburg und Oberösterreich, wo sie am 5. Mai auch das KZ Mauthausen befreiten. Schließlich ging am 8. Mai 1945 durch die bedingungslose deutsche Kapitulation der Krieg auch in Österreich zu Ende.

■ „O5" – dieses Zeichen des Widerstandes tauchte ab Herbst 1944 wiederholt an den Hauswänden auf. Es bedeutete Österreich („O" und „5" für „e" als der fünfte Buchstabe des Alphabets). Das Widerstandszeichen ist am Stephansdom (Bild) noch heute zu sehen.

Die Neugründung der Parteien

Schon vorher gingen – vor allem in den von der Roten Armee besetzten Gebieten – Patrioten an die Wiederherstellung des demokratischen Lebens. Eine wichtige Rolle spielte dabei Karl Renner. Der damals bereits 75-jährige erste Staatskanzler der Ersten Republik nahm schon Anfang April das sowjetische Angebot an, eine Konzentrationsregierung zu bilden. Dazu mussten allerdings erst die politischen Parteien wieder erstehen.
– Die Sozialistische Partei Österreichs (SPÖ) entstand am 14. April im Wiener Rathaus durch die Vereinigung der ehemaligen Sozialdemokraten mit den Revolutionären Sozialisten. Die Partei war marxistisch ausgerichtet und hatte das Ziel, alle demokratisch-sozialistischen Wählerschichten der Bevölkerung anzusprechen. Ihre Vorsitzenden waren Karl Renner und Adolf Schärf.
– Die Österreichische Volkspartei (ÖVP) wurde am 17. April im Schottenstift in Wien von christlichsozialen Politikern gegründet. Sie distanzierte sich von der autoritären und klerikalen Politik der Vaterländischen Front und verstand sich als Volkspartei aller demokratisch-nichtsozialistischen Österreicherinnen und Österreicher. Leopold Kunschak und Felix Hurdes übernahmen die Führung.
– Die Kommunistische Partei Österreichs (KPÖ) organisierte sich neu unter der Führung von Johann Koplenig, der aus dem Moskauer Exil eingeflogen wurde. Ihr Ziel war die Errichtung einer Volksdemokratie in Österreich.

Der politische Wiederaufbau

Alle drei Parteien bekannten sich zu einem unabhängigen Österreich. Sie wollten es gemeinsam wieder aufbauen. Andere Parteien waren von der sowjetischen Besatzungsmacht nicht zugelassen. Auch die Widerstandsbewegung „O5" wurde von den Parteien und den Sowjets von der politischen Verantwortung ausgeschlossen.
Renner bildete eine provisorische Regierung, der Vertreter aller drei Parteien angehörten (Konzentrations-

regierung). Schon in dieser Regierung war ein neues politisches Klima spürbar. Angesichts der außerordentlich schwierigen politischen und wirtschaftlichen Probleme unter alliierter Verwaltung traten nämlich die ideologischen Feindschaften aus der Ersten Republik in den Hintergrund. Mit gegenseitiger Achtung und Toleranz, die z. T. auch aus der gemeinsamen KZ-Erfahrung („Geist der Lagerstraße") gewonnen wurden, wurde der Wiederaufbau in demokratischer Zusammenarbeit in Angriff genommen.

Aus der Vergangenheit hatten auch die Vertreter der Arbeitnehmer gelernt. Gab es in der Ersten Republik nur parteipolitisch ausgerichtete „Richtungsgewerkschaften", so wurde noch im April 1945 der Österreichische Gewerkschaftsbund (ÖGB) als überparteiliche Organisation gegründet. In ihm sollten die weltanschaulichen Grundsätze aller drei Parteien zur Geltung kommen.

Der Wiederaufbau des Staates

Nach ihrer Anerkennung durch die sowjetische Besatzungsmacht trat die provisorische Regierung am 27. April 1945 mit einer Unabhängigkeitserklärung – der „Geburtsurkunde" der Zweiten Republik – an die Öffentlichkeit:

■ „Trümmerfrauen", Foto des österreichischen Pressefotografen Franz Blaha im Mai 1946. „Trümmerfrauen" war urspr. die Bezeichnung für Frauen, die als „minderbelastete Nationalsozialistinnen" gezwungen wurden, Aufräumungsarbeiten durchzuführen. Erst später wurden dann alle Frauen, die beim Wiederaufbau geholfen haben, so bezeichnet. Viele Frauen meldeten sich freiwillig zum Schuttaufräumen, anderen blieb gar nichts anderes übrig, weil ihr eigenes Zuhause betroffen war.

> **Q** Art. I: Die demokratische Republik Österreich ist wiederhergestellt und im Geiste der Verfassung von 1920 einzurichten.
> Art. II: Der im Jahre 1938 dem österreichischen Volke aufgezwungene Anschluss ist null und nichtig.
> Art. III: Zur Durchführung dieser Erklärung wird unter Teilnahme aller antifaschistischen Parteirichtungen eine provisorische Staatsregierung eingesetzt und vorbehaltlich der Rechte der besetzenden Mächte mit der vollen Gesetzgebungs- und Vollzugsgewalt betraut.
>
> Art. IV: Vom Tage der Kundmachung dieser Unabhängigkeitserklärung sind alle von Österreichern dem Deutschen Reiche und seiner Führung geleisteten militärischen, dienstlichen oder persönlichen Gelöbnisse nichtig und unverbindlich.
> (http://www.ris.bka.gv.at/Dokumente/gBlPdf/1945_1_0/1945_1_0.pdf; gekürzt, 10.8.2011)

Mit dieser Unabhängigkeitserklärung war jedoch noch nicht die Einheit des Landes erreicht. Die Westalliierten hielten die provisorische Regierung für eine Marionettenregierung der sowjetischen Besatzungs-

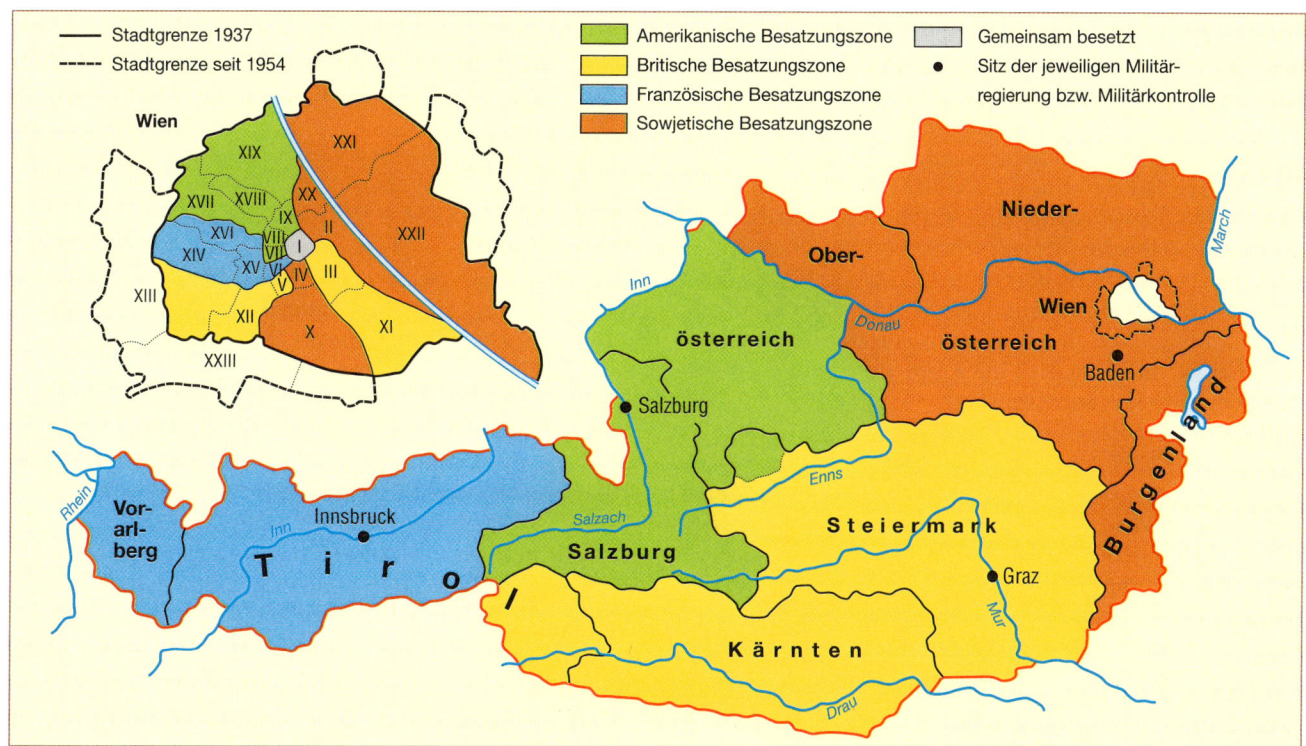
■ Die Besatzungszonen in Österreich und Wien.

macht und verweigerten ihr zunächst die Anerkennung. Anfang Juli 1945 wurde durch das Erste Kontrollabkommen eine „Alliierte Kommission für Österreich" eingesetzt. Sie setzte sich aus den vier militärischen Befehlshabern der Besatzungsmächte zusammen und war die „oberste Gewalt" in Österreich. Zu dieser Beschränkung der österreichischen Regierung kamen noch die Erschwernisse durch die Aufteilung des Landes in die vier Besatzungszonen. Der Güter- und Personenverkehr zwischen den westlichen Zonen war bald unbehindert. Die sowjetische Zonengrenze dagegen konnte erst später und nur mit einem streng kontrollierten viersprachigen „Identitätsausweis" überschritten werden. Der Eiserne Vorhang schien das Land zu zerschneiden – eine Teilung Österreichs drohte.

Auf Initiative Karl Renners kamen im Herbst 1945 mehrere Länderkonferenzen zustande. Dort legten Politiker aller drei Parteien aus allen Bundesländern ein eindeutiges Bekenntnis zum Gesamtstaat ab. Nun anerkannten auch die Westmächte die Wiener Zentralregierung. Damit war die Gefahr einer Teilung Österreichs gebannt.

Nicht nur Opfer – auch Täter/innen

Sofort nach der militärischen Befreiung Österreichs begannen die Alliierten mit der „Entnazifizierung". Schon am 8. Mai, dem Tag der Kapitulation, wurden mit einem Verfassungsgesetz die NSDAP, alle ihre Wehrverbände (wie z. B. SA, SS) und anderen Organisationen verboten (= Verbotsgesetz). Wenig später folgte auch ein „Kriegsverbrechergesetz". Dazu mussten sich alle ehemaligen Nationalsozialisten (Parteimitglieder und Angehörige der Wehrverbände) registrieren lassen. Je nach ihrer Einstufung als Kriegsverbrecherinnen und Kriegsverbrecher oder gerichtlich zu verfolgende Personen, als belastete und minderbelastete Nationalsozialisten hatten sie mit „Sühnefolgen" zu rechnen: mit Sühneabgaben, Beförderungshemmung, zeitweiligem Berufsverbot oder fristloser Entlassung vom Arbeitsplatz (davon waren besonders viele im Beamtendienst betroffen); in ca. 26 000 Fällen auch mit Verhaftung oder Internierung in einem Anhaltelager. Auch die Minderbelasteten wurden bis 1949 vom Wahlrecht ausgeschlossen.

Ab Februar 1946 wurde die Entnazifizierung nur noch von der österreichischen Regierung durchgeführt. So genannte Volksgerichte sprachen bis zum Jahr 1955 13 600 Verurteilungen (darunter 43 Todesurteile und 34 lebenslängliche Haftstrafen) aus. Doch geriet die Entnazifizierung bald zu einer bürokratischen Formalität und endete im Jahr 1948 mit einer umfassenden Amnestie für alle Minderbelasteten:

> Ab 1947/48 verstärkte sich der Trend, einen Schlußstrich unter die Vergangenheit zu ziehen, merklich. Selbst (…) bei den Volksgerichten stieg 1948 die Zahl der Freisprüche auf 52 Prozent (…). Gleichzeitig diskutierten die beiden großen politischen Parteien ÖVP und SPÖ offen ein wahlstrategisches Problem (…). Das bedeutete, daß nach der Amnestie für Minderbelastete 1948 fast 500 000 neue Wähler die politische Landschaft doch sehr deutlich verändern konnten (…). Die beiden großen politi-

■ In Nürnberg und anderswo: „Er hat mir's doch befohlen!" Karikatur, Neues Österreich, 20. Juli 1946.

→ Beschreibe den Inhalt dieser Karikatur. Interpretiere sie im Zusammenhang mit der Durchführung der Entnazifizierung.

> schen Kräfte versuchten (…) die Stimmen der „Ehemaligen" zu gewinnen, auch um den Preis des Verzichts der Entnazifizierung.

(Rathkolb, Die paradoxe Republik, 2011, S.307)

Es gab aber auch andere Gründe, warum im Bewusstsein vieler Menschen keine „Entnazifizierung" stattfand:

> Es unterblieb die notwendige tiefere Auseinandersetzung mit den gesellschaftlichen und politischen Ursachen des NS-Problems. Konzentriert auf die strafrechtliche Verfolgung wurde die Aufarbeitung der weiterwirkenden Reste der NS-Ideologie vernachlässigt und ihr Weiterleben in Kauf genommen. Dazu kam, dass die „Kleinen" oft stärker bestraft wurden als die „großen" Täter, die es verstanden haben, sich der Verantwortung zu entziehen, und sehr bald wieder ihre früheren Positionen in Wirtschaft, Industrie und teilweise auch im Staatsdienst einnehmen konnten. Das Ergebnis war bei jenen, die sich nur als unbeteiligte „Mitläufer" betrachteten, ein tiefes Gefühl, ungerecht behandelt worden zu sein. (…) An die Stelle von Einsicht und Umdenken traten Trotz und Verharren im Unrecht, und viele ehemalige Anhänger des Nationalsozialismus verweigerten eine offene Auseinandersetzung mit der Vergangenheit.

(Malina/Spann, 1938–1988, 1988, S. 30)

Auch die Entschädigungsfragen der NS-Opfer blieben viele Jahre ungelöst; vor allem deshalb, weil die österreichischen Regierungen ausschließlich am österreichischen „Opfermythos" festhielten. Erst im Jahre 1991 gab der damalige Bundeskanzler Vranitzky im Nationalrat eine in aller Welt beachtete Erklärung ab. Erstmals wurde von Regierungsseite offiziell die „Täterrolle" vieler Österreicherinnen und Österreicher während der NS-Herrschaft angesprochen:

> Q Es ist unbestritten, dass Österreich im März 1938 Opfer einer militärischen Aggression mit furchtbaren Konsequenzen geworden war: Die unmittelbar einsetzende Verfolgung brachte hunderttausende Menschen unseres Landes in Gefängnisse und Konzentrationslager, lieferte sie der Tötungsmaschinerie des Nazi-Regimes aus, zwang sie zu Flucht und Emigration. Hunderttausende fielen an den Fronten oder wurden von den Bomben erschlagen. Juden, Zigeuner, körperlich oder geistig Behinderte, Homosexuelle, Angehörige von Minderheiten, politisch oder religiös Andersdenkende – sie alle wurden Opfer einer entarteten Ideologie und eines damit verbundenen totalitären Machtanspruchs. Dennoch haben auch viele Österreicher den Anschluss begrüßt, haben das nationalsozialistische Regime gestützt, haben es auf vielen Ebenen der Hierarchie mitgetragen. Viele Österreicher waren an den Unterdrückungsmaßnahmen und Verfolgungen des Dritten Reichs beteiligt, zum Teil an prominenter Stelle. Über eine moralische Mitverantwortung für Taten unserer Bürger können wir uns auch heute nicht hinwegsetzen. (...) Wir bekennen uns zu allen Daten unserer Geschichte und zu den Taten aller Teile unseres Volkes, zu den guten wie zu den bösen; und so wie wir die guten für uns in Anspruch nehmen, haben wir uns für die bösen zu entschuldigen – bei den Überlebenden und bei den Nachkommen der Toten.
>
> (www.parlament.gv.at/PAKT/VHG/XVIII/NRSITZ/NRSITZ_00035/imfname_142026.pdf; Stenogr. Protokoll, S. 3282f.; 5.8.2011)

Internationaler Druck trug dazu bei, dass im Jahr 2000 ein mit 436 Millionen Euro dotierter „Versöhnungsfonds" für noch lebende Zwangsarbeiterinnen und Zwangsarbeiter eingerichtet wurde. Im Jahr 2001 verpflichtete sich die österreichische Bundesregierung, mit der Schaffung des „Entschädigungsfonds" 210 Millionen US-Dollar für die Rückgabe von enteignetem jüdischen Vermögen und eine bessere soziale Versorgung der Holocaust-Opfer aufzubringen.

Erste freie Wahlen und Allparteienkoalition

Im November 1945 fanden die ersten Nationalratswahlen seit 1930 statt. Da die Mehrzahl der Kriegsgefangenen zu dieser Zeit noch nicht heimgekehrt war und die ehemaligen Nationalsozialisten nicht wählen durften, waren von den fast 3,5 Millionen Wahlberechtigten 64 Prozent Frauen. Die ÖVP erreichte mit 85 Sitzen die absolute Mehrheit im Nationalrat, die SPÖ erhielt 76 Mandate und die KPÖ nur 4 von 165 Mandaten.
Um dem Druck der Besatzungsmächte besser standhalten zu können, wurde wieder eine Konzentrationsregierung gebildet. Entsprechend dem Wahlergebnis wurde ÖVP-Obmann Leopold Figl Bundeskanzler und Adolf Schärf, der Vorsitzende der SPÖ, Vizekanzler. Für die schwer geschlagene KPÖ übernahm Karl Altmann das Ministerium für Elektrifizierung und Energiewirtschaft. Noch 1945 wurde Karl Renner von der Bundesversammlung (Nationalrat und Bundesrat) einstimmig zum Bundespräsidenten gewählt. Auf eine Volkswahl verzichtete man aus Kostengründen.

Auch diese Regierung war in ihrer Handlungsfreiheit stark eingeengt. Noch fast ein ganzes Jahr lang konnte aufgrund des Ersten Kontrollabkommens das nunmehr frei gewählte Parlament kein Gesetz ohne einstimmige Genehmigung durch den Alliierten Kontrollrat rechtskräftig beschließen. Es war ein großer Fortschritt, als das Zweite Kontrollabkommen vom Juni 1946 diesen strengen Kontrollmechanismus nur noch für Verfassungsgesetze vorsah. Für alle anderen Gesetze genügte von nun an die einfache Mehrheit im Kontrollrat. Damit wurde die Autorität der österreichischen Bundesregierung weitgehend anerkannt. Der harte Griff der Besatzung lockerte sich immer mehr: Die Kontrollen an den Zonengrenzen wurden schrittweise abgeschafft, die Besatzungskosten, für die Österreich aufzukommen hatte, ermäßigt und schließlich gestrichen.

■ Besatzungsalltag 1946: Amerikanische Kontrolle an der Brücke zwischen Linz und dem von der Sowjetarmee kontrollierten Urfahr 1946.

Fragen und Arbeitsaufträge

→ 1. Fasse die wesentlichen Aussagen der Moskauer Deklaration zusammen.

→ 2. Erkläre mögliche Gründe für die Bildung der Konzentrationsregierungen im Jahr 1945 und überlege die Vor- und Nachteile einer solchen Regierungsform.

→ 3. Stelle zusammenfassend die Maßnahmen der Entnazifizierung dar und recherchiere dazu auch die weitere Entwicklung des Verbotsgesetzes (bis zur Novelle 1992). Welche politischen und gesellschaftlichen Probleme waren (sind) damit verbunden?

2. Der wirtschaftliche Wiederaufbau

Der Kampf gegen den Hunger

Aus der dem damaligen Bundeskanzler Leopold Figl zugeschriebenen Weihnachtsansprache 1945:

> Q *Ich kann euch zu Weihnachten nichts geben. Ich kann euch für den Christbaum, wenn ihr überhaupt einen habt, keine Kerzen geben, kein Stück Brot, keine Kohle zum Heizen, kein Glas zum Einschneiden. Wir haben nichts. Ich kann euch nur bitten, glaubt an dieses Österreich.*
> (http://www.austria-lexikon.at/af/Wissenssammlungen/Zitate/Figl; 11.8.2011)

So rasch der politische Neuanfang erste Erfolge zeigte, so trist war die wirtschaftliche Situation zu Kriegsende und in den ersten Jahren danach. Besonders der Osten Österreichs war von den direkten Kriegseinwirkungen gezeichnet. Hier betrug der tägliche Kaloriensatz der streng rationierten Lebensmittel im Extremfall (Mai 1945) nur 350 Kalorien (das entspricht etwa dem Nährwert einer Semmel mit 7 dag Extrawurst). Todesfälle infolge Hungers häuften sich, besonders in Wien und den niederösterreichischen Industriebezirken. Obwohl in den westlichen Bundesländern die Ernährungssituation besser war, wurde auch hier die Lage durch hunderttausende Flüchtlinge (DP = Displaced Persons) verschärft. Hilfsprogramme der Besatzungsmächte (sowjetische Nahrungsmittelspende zum 1. Mai 1945, CARE-Pakete aus den USA) und europäischer Staaten, wie der Schweiz, Schwedens, der Niederlande und Dänemarks, sowie Sachlieferungen der UNRRA (United Nations Relief and Rehabilitation Administration) linderten die ärgste Not. Dies bewahrte in der ersten Zeit nach dem Krieg tausende Österreicherinnen und Österreicher vor dem Hungertod. Nach und nach konnte der Kaloriensatz erhöht werden, ab November 1947 betrug er 1 700 Kalorien.

■ Der amerikanischer Schauspieler Joseph Cotton verteilt Care-Pakete an Kinder (Fotografie, Albert Hilscher, 1950).

Schwarzmarkt und Währungsreform

Der allgemeine Versorgungsmangel führte zur Entstehung eines Schwarzmarkts: Im Schleichhandel konnte man praktisch alles, jedoch zu gigantischen Preisen, erhalten. Lieferanten für diesen Markt waren häufig alliierte Soldaten, die Lebensmittel, Nylonstrümpfe oder Zigaretten für viel Geld verkauften, aber auch gegen Wertgegenstände (Uhren, Fotoapparate usw.) eintauschten.

Die Regierung reagierte auf den Schwarzmarkt und die sich immer schneller drehende Lohn-Preis-Spirale mit der Währungsreform des Jahres 1947: Pro Kopf der Bevölkerung wurden 150 Schilling im Verhältnis 1:1 umgetauscht, der Rest des Barvermögens wurde um zwei Drittel entwertet, d. h. für drei alte Schillinge bekam man einen neuen. Dies bewirkte eine Verringerung des Geldumlaufs um rund 60 Prozent. Dadurch wurde die Nachkriegsinflation beendet.

Gegen dieses Gesetz, das vor allem für die Arbeitnehmer/innen bzw. Kleinverdiener/innen eine große Härte darstellte, wandte sich die KPÖ mit dem Rücktritt ihres einzigen Ministers. Sie bildete nun bis zum Einzug des Verbandes der Unabhängigen (VdU) in den Nationalrat (1949) die einzige Opposition. Das bedeutete aber auch das Ende der Konzentrationsregierung und die Gründung der Großen Koalition zwischen ÖVP und SPÖ, welche bis 1966 regierte.

Wirtschaftlicher Neuanfang

Nicht nur die Landwirtschaft, auch die Industrie befand sich in der ersten Nachkriegszeit in einer fast aussichtslosen Situation. Viele Betriebe wiesen schwere Kriegsschäden auf. Am härtesten trafen sie jedoch die umfangreichen Demontagen von Produktionseinrichtungen (vor allem durch die sowjetische Besatzungsmacht).

Bestand an Werkzeugmaschinen (in Stück)			
	Dezember 1937	April 1945	Jänner 1946
Elektroindustrie	12 038	19 327	7 896
Fahrzeugindustrie	13 508	21 043	8 777
Maschinenindustrie	8 868	18 096	7 276
Eisen- und Metall-Warenindustrie	23 693	29 471	23 681
Eisen- und Stahlbau		2 624	4 296

■ Schausberger, Österreich, 1980, S. 73.

Dazu kam der (Reparations-)Anspruch der Sowjets auf jene Betriebe in ihrer Zone, die ehemals deutsches Eigentum gewesen waren. Sie wurden beschlagnahmt und der USIA (Uprawlenije Sowjetskowo Imuschtschestwa Awstrii = Verwaltung sowjetischer Güter in Österreich) als eigenem Wirtschaftskörper unterstellt.

Österreich – die Zweite Republik

■ Einer von etwa 200 USIA-Läden (Fotografie 1953). Die USIA bildete bis 1955 einen von Österreich nicht kontrollierten Wirtschaftskörper mit eigenen Verkaufsläden, in denen Waren weit unter dem einheimischen Preisniveau verkauft wurden. Dies war deshalb möglich, weil die USIA weder Steuern noch Zölle zahlte. Dadurch erwuchs der österreichischen Volkswirtschaft schwerer Schaden.

> Damit übernahm die Sowjetunion 30 Prozent der Produktion in der von ihr besetzten Zone, insgesamt 252 Industriebetriebe und 140 landwirtschaftliche Betriebe mit 55 000 Beschäftigten. Die gesamte Erdölindustrie in Zistersdorf gehörte ebenso dazu wie die Dampfschifffahrtsgesellschaft, Siemens & Halske, Siemens-Schuckert, Mannesmann, Trauzl, Berndorfer Metallwarenfabrik, St. Ägyd, AEG-Union, die Wiener Elin-Werke, Wiener Brückenbau AG, Glanzstoff St. Pölten, Österreichische Unilever, Die Wiener Werke von Brown-Boveri, Simmering-Graz-Pauker und viele andere.
>
> (Göhring/Stadlmann, Aufbruch aus dem Nichts, o. J., S. 20)

Um weiteren Enteignungen durch die Besatzungsmächte zuvorzukommen, beschloss das österreichische Parlament mit den Stimmen aller drei Parteien 1946 und 1947 zwei Verstaatlichungsgesetze: Durch sie wurden die Großbanken (CA-BV, Länderbank, ÖCI), der Kohlebergbau, die Hütten-, Eisen- und Metallindustrie, die Erdölindustrie und die Elektrizitätswirtschaft verstaatlicht. Während die westlichen Alliierten diese Beschlüsse anerkannten, protestierten die Sowjets dagegen und erklärten, dass die Verstaatlichungsgesetze in ihrer Zone keine Gültigkeit hätten.

Von entscheidender Bedeutung für den wirtschaftlichen Wiederaufbau wurde schließlich von 1948 bis 1951 die Einbeziehung Österreichs in den Marshallplan (ERP = European Recovery Program). Dieses US-Hilfsprogramm, benannt nach dem US-Außenminister George Marshall, sah kostenlose Warenlieferungen in Höhe von ca. 14 Milliarden Dollar in die europäischen Länder vor. Pro Kopf gerechnet erhielt Österreich dabei nach Norwegen die zweithöchste Unterstützung (knapp 1 Milliarde Dollar). Den Erlös aus dem Verkauf dieser Waren vergab die Regierung als günstige Kredite für notwendige Investitionen an Betriebe. Mit diesem Geld wurden aber auch Wasserkraftwerke errichtet, Straßen und Brücken gebaut, Kohlengruben und Eisenbahnanlagen modernisiert.

Mit dem Marshallplan schufen sich die USA nicht nur neue Märkte, er sollte auch verhindern, dass der sowjetische Einfluss auf Osteuropa beschränkt bleibt. Wegen der ablehnenden Haltung der Sowjets kam die US-Hilfe anfangs daher nur den westlichen Besatzungszonen zugute, wodurch sich deren wirtschaftlicher Vorsprung gegenüber dem Osten Österreichs weiter vergrößerte. Insgesamt kam es jedoch infolge des Marshallplans zu einem bedeutenden Wirtschaftsaufschwung.

Fragen und Arbeitsaufträge

→ 1. Fasse die wirtschaftliche Situation der Nachkriegsjahre zusammen.

→ 2. Erörtere, welche Vor- bzw. Nachteile eine Verstaatlichung von wichtigen Unternehmen haben kann.

→ 3. Erörtere, welche Auswirkungen eine Währungsreform wie jene von 1947 auf den Staat bzw. auf die Bevölkerung haben kann.

3. Der Weg zur Souveränität

Die Außenpolitik eines besetzten Kleinstaates

In der „Moskauer Deklaration" des Jahres 1943 legten die Alliierten die Wiederherstellung Österreichs als eines ihrer Kriegsziele fest (vgl. S. 100). Zu diesem Zeitpunkt einigte sie noch die gewaltige Kriegsanstrengung gegen Hitler-Deutschland. Je näher der Sieg über den Nationalsozialismus rückte, desto größer wurde das Misstrauen gegeneinander, das schließlich im „Kalten Krieg" mündete. In diesem Interessengegensatz zwischen Ost und West wurde Österreich schließlich zu einem Spielball und Faustpfand der Politik der Großmächte. Obwohl es als befreites Land bezeichnet wurde, dauerte es zehn Jahre, bis die Besatzungsmächte bereit waren, Österreich die volle Souveränität zuzugestehen.

Trotz der Beschränkungen durch die Besatzungsmächte bemühte sich schon die erste österreichische Regierung um eine eigenständige Außenpolitik. Als ein Erfolg dabei kann die mit westlicher Hilfe gelungene Abweisung jugoslawischer Gebietsansprüche in Kärnten (einschließlich Klagenfurt und das südliche Villach) und in der Steiermark gewertet werden. Nach dem Bruch Titos mit Moskau im Jahre 1948 verlor Jugoslawien auch die Unterstützung der UdSSR in dieser Frage.

Die „Südtirolfrage"

Österreichs Ansprüche an Italien – die Rückgabe des deutschsprachigen Südtirol – wurden jedoch von den Siegermächten abgelehnt. Allerdings erreichte Österreich ein Abkommen mit Italien über den Schutz der Deutsch sprechenden Bevölkerung. Dieses 1946 in Paris unterzeichnete „Gruber-de-Gasperi-Abkommen" bestimmte u.a.:

> **Q** 1. Den deutschsprachigen Einwohnern der Provinz Bozen und der benachbarten zweisprachigen Ortschaften der Provinz Trient wird volle Gleichberechtigung mit den italienischsprachigen Einwohnern (…) zum Schutz des Volkscharakters und der kulturellen und wirtschaftlichen Entwicklung des deutschsprachigen Bevölkerungsteiles zugesichert werden.
> (…) den Staatsbürgern deutscher Sprache [wird] insbesondere folgendes gewährt werden:
> a) Volks- und Mittelschulunterricht in der Muttersprache;
> b) Gleichstellung der deutschen und italienischen Sprache in den öffentlichen Ämtern und amtlichen Urkunden sowie bei den zweisprachigen Ortsbezeichnungen;
> c) das Recht, die in den letzten Jahren italienisierten Familiennamen wiederherzustellen;
> d) Gleichberechtigung hinsichtlich der Einstellung in öffentliche Ämter (…)
> 2. Der Bevölkerung der oben erwähnten Gebiete wird die Ausübung einer autonomen regionalen Gesetzgebungs- und Vollzugsgewalt gewährt werden (…).
>
> (Steininger, Die Südtirolfrage, Dokument 1, 1997, S. 497)

→ Analysiere, welche Bedeutung solche Rechte für eine Minderheit in einem Staat haben. Recherchiere, in welchen Staaten der Erde gegenwärtig um solche Regelungen gerungen wird.

Das Pariser Abkommen wurde von Italien aber nur schleppend und unzureichend erfüllt. In den 1960er-Jahren eskalierte deshalb der Konflikt, es erfolgten terroristische Anschläge auf italienische Einrichtungen (u.a. wurden Leitungsmasten gesprengt). Erst 1969 gelang es schließlich, das „Südtirolpaket", das die Autonomie genau umschrieb, auszuhandeln. Die Verhandlungen um seine Erfüllung durch Italien wurden Anfang 1992 abgeschlossen.

Das Ringen um den Staatsvertrag

Das für die österreichische Außenpolitik wichtigste Problem blieb allerdings der Abzug der Besatzungsmächte und die Erlangung der vollen Souveränität. Obwohl sich österreichische Politiker schon ab 1946 darum bemühten, „froren" im Zuge des Kalten Krieges auch diese Verhandlungen ein. Erst der Tod Stalins (1953) schien die starren Fronten aufzuweichen und leitete eine „Tauwetterperiode" ein.

Auf der Berliner Außenministerkonferenz im Jahr 1954 versuchte die österreichische Regierung die neue Situation zu nützen. Außenminister Figl bot als Gegenleistung für die Wiedererlangung der Souveränität Folgendes an: den Verzicht auf die Gewährung ausländischer militärischer Stützpunkte auf österreichischem Gebiet sowie den Verzicht auf jegliche Militärbündnisse. Der

■ Besatzungsalltag 1946: „Vier im Jeep", internationale Patrouille in Wien, aufgenommen am 25. 9. 1945 (Österreichische Nationalbibliothek).

sowjetische Außenminister Molotow wollte eine solche Neutralisierung Österreichs im Staatsvertrag verankert wissen. Das wiederum lehnten die Westmächte strikt ab. Außerdem bestand Molotow auf der weiteren Stationierung alliierter Truppen über den Staatsvertrag hinaus bis zum Inkrafttreten eines Friedensvertrages mit Deutschland. Durch dieses „Junktim" (= Verbindung zweier Fragen) schien der Staatsvertrag wieder in weite Ferne gerückt zu sein. Der deutsche Bundeskanzler Adenauer lehnte nämlich im Jänner 1955 das sowjetische Angebot für freie gesamtdeutsche Wahlen in einem bündnisfreien Deutschland ab. Und wenige Wochen später beschloss es sogar den NATO-Beitritt, was die endgültige Teilung Deutschlands bedeutete.

Dennoch kam es am 8. Februar 1955 im Zusammenhang mit einer Regierungsumbildung in der Sowjetunion zu einer überraschenden Wende. Außenminister Molotow erklärte vor dem Obersten Sowjet in einer außenpolitischen Grundsatzrede, dass eine weitere Verzögerung eines Staatsvertrages mit Österreich nicht gerechtfertigt sei. Wenige Tage später erklärte er außerdem, dass die Sowjetunion nun zur Aufgabe des Junktims bereit sei und das von Figl in Berlin unterbreitete Angebot annehme. Allerdings müssten wirksame Garantien gegen einen Wiederanschluss Österreichs an Deutschland geschaffen werden. Noch am selben Tag gab Bundeskanzler Raab die von Molotow gewünschte Erklärung ab. Daraufhin wurde die österreichische Regierung zu Verhandlungen in Moskau eingeladen. Dort wurde mit dem Moskauer Memorandum vom 15. April 1955 der Durchbruch zum Staatsvertrag erzielt. Es enthielt neben den Bestimmungen über die Ablöse für die sowjetischen Unternehmungen in Österreich (u. a. 150 Millionen Dollar in Waren für die USIA-Betriebe, 2 Millionen Dollar in bar für die Donaudampfschifffahrtsgesellschaft und 10 Millionen Tonnen Erdöl für die Ölfelder und Ölraffinerien) ein politisches Tauschgeschäft:
– Die Sowjetunion verspricht den Abschluss des Staatsvertrages und den Abzug der Truppen aus Österreich.
– Österreich verspricht, immer während eine Neutralität zu üben, wie sie von der Schweiz gehandhabt wird.

Die Staatsvertragsverhandlungen mit sowjetischen Generälen und Politikern im Kreml: Außenminister Figl zum Zither spielenden Bundeskanzler Raab: „Und jetzt, Raab – jetzt noch d´Reblaus, dann sans waach." Berühmte Karikatur von Hanns Erich Köhler im Münchener Simplicissimus aus dem Jahr 1955.

→ Beschreibe und interpretiere die Karikatur auch in Bezug auf die den österreichischen Politikern zugeschriebene Verhandlungsstrategie.

Nachdem der österreichische Nationalrat diese Abmachungen anerkannt hatte und auch die westlichen Besatzungsmächte zugestimmt hatten, konnte der Vertrag am 15. Mai 1955 im Wiener Belvedere unterzeichnet werden. Nun war das Ziel erreicht. Figl hat es unmittelbar nach seiner Unterschriftsleistung im Festsaal des Belvedere ausgedrückt: „Österreich ist frei!"

Staatsvertrag und „immerwährende Neutralität"

Am 15. Mai 1955 nach der Unterzeichnung des österreichischen Staatsvertrages auf dem Balkon des Wiener Belvedere: Leopold Figl und (von links nach rechts) die Außenminister der Signatarstaaten Pinay (Frankreich), Dulles (USA), Macmillan (Großbritannien) und Molotow (Sowjetunion).

L Im Staatsvertrag ist von der Neutralität nicht die Rede. Der Zusammenhang zwischen Staatsvertrag und Neutralität ist ein historisch-politischer – mit Blick auf Moskau –, kein rechtlicher. In Artikel 1 heißt es, daß „Österreich als ein souveräner, unabhängiger und demokratischer Staat wiederhergestellt" sei; in Artikel 2 wurde die Wahrung der Unabhängigkeit Österreichs durch die Alliierten und Assoziierten Mächte anerkannt; in Artikel 3 wurde die Anerkennung der Unabhängigkeit Österreichs durch Deutschland bestimmt; der Artikel 4 enthielt das Verbot des Anschlusses von Österreich an Deutschland; in Artikel 5 wurden die Grenzen von Österreich festgeschrieben; in Artikel 6 verpflichtete sich Österreich, die Menschenrechte umfassend einzuhalten; in Artikel 7 wurden die slowenischen und kroatischen Minderheitenrechte festgelegt.
(Steininger, 15. Mai 1955: Der Staatsvertrag, 1997, S. 238f.)

■ Die UNO-City, seit 1979 Amtssitz der Vereinten Nationen, genießt exterritorialen Status (Fotografie, Mai 2007).

Die Neutralität Österreichs ist also nicht, wie viele meinen, im Staatsvertrag festgeschrieben. Die Neutralitätserklärung, obwohl Vorbedingung der Sowjetunion für den Staatsvertrag, sollte von Österreich freiwillig erfolgen, d. h. erst nach Abzug der Besatzungsmächte. Am 26. Oktober 1955 beschloss daher der Nationalrat einstimmig das Bundesverfassungsgesetz über die Neutralität der Republik Österreich:

Q *(1) Zum Zwecke der dauernden Behauptung seiner Unabhängigkeit nach außen und zum Zwecke der Unverletzlichkeit seines Gebietes erklärt Österreich aus freien Stücken seine immer währende Neutralität. Österreich wird diese mit allen ihm zu Gebote stehenden Mitteln aufrechterhalten und verteidigen.*
(2) Österreich wird zur Sicherung dieser Zwecke in aller Zukunft keinen militärischen Bündnissen beitreten und die Errichtung militärischer Stützpunkte fremder Staaten auf seinem Gebiete nicht zulassen.
(Bundesgesetzblatt für die Republik Österreich, Jahrgang 1955, 57. Stück, 211)

Das Völkerrecht unterscheidet zwischen einer „temporären", also zeitlich begrenzten Neutralität in einer bestimmten Konfliktsituation, und einer „dauernden" Neutralität, welche besondere Verpflichtungen beinhaltet:
– Das Verbot, einen Krieg zu beginnen und dadurch seine Neutralität von sich aus zu beenden.
– Das Verbot der Teilnahme an Kriegen zwischen dritten Staaten.
– Die Pflicht zur Erhaltung und Verteidigung der Unabhängigkeit, territorialen Integrität und der Neutralität sowie zur Anschaffung der dazu notwendigen Mittel.
– Die Pflicht, jedes Verhalten zu vermeiden, das ihn in der Zukunft vielleicht in Konflikt mit seinen Neutralitätspflichten bringen könnte.

„Westintegration" trotz Neutralität

Die wirtschaftliche und politische Anbindung Österreichs an die westlichen Alliierten war schon mit Beginn des Kalten Krieges deutlich: Wirtschaftlich besonders bedeutend war dabei die Einbeziehung Österreichs in den Marshallplan und die Ausrichtung des Außenhandels nach „Westen". Politisch bedeutend war sowohl die antikommunistische Haltung der beiden Großparteien als auch die einer großen Bevölkerungsmehrheit. In diesem Sinn kommentierte wohl auch Bundeskanzler Raab am 26. Oktober 1955 das gerade beschlossene Neutralitätsgesetz im Nationalrat: Die Neutralität sei militärisch und nicht ideologisch zu verstehen, sie verpflichte den Staat, aber nicht die Staatsbürgerin oder den Staatsbürger.

Dennoch blieben auch nach 1955 geheime Waffenlager des US-Geheimdienstes CIA und des britischen Geheimdienstes MI6 in ihren früheren Besatzungszonen bestehen. Außerdem gab es von österreichischer Seite immer wieder Kontakte zur NATO. Im Ernstfall erhoffte man sich vom österreichischen Bundesheer, die Nord-Süd-Verbindung zwischen den NATO-Staaten Italien und Deutschland gegen einen Vorstoß der kommunistischen Warschauer Pakt-Truppen zu verteidigen.

Neutralitätspolitik und umfassende Landesverteidigung

Am 14. Dezember 1955 wurde Österreich als „dauernd neutraler" Staat in die Vereinten Nationen aufgenommen. In den Jahren nach 1955 fanden die österreichischen Regierungen sehr bald zu einer eigenständigen Neutralitätspolitik mit verschiedenen Zielsetzungen:
- eine aktive Außenpolitik der „guten Dienste": z.B. durch Vermittlung in Konflikten, Übernahme internationaler Aufgaben zur Friedenssicherung (österreichische Soldaten im Einsatz für die UNO), Gastgeber für internationale Organisationen (Wien als drittes UNO-Zentrum) und Konferenzen usw.
- eine Stärkung der Abwehrbereitschaft und Abwehrfähigkeit Österreichs. Dazu wurde 1975 die „Umfassende Landesverteidigung" beschlossen:

> **Q** B-VG Art. 9a (1) Österreich bekennt sich zur umfassenden Landesverteidigung. Ihre Aufgabe ist es, die Unabhängigkeit nach außen sowie die Unverletzlichkeit und Einheit des Bundesgebietes zu bewahren, insbesondere zur Aufrechterhaltung und Verteidigung der immer während Neutralität. (...)
> (2) Zur umfassenden Landesverteidigung gehören die militärische, die geistige, die zivile und die wirtschaftliche Landesverteidigung.
> (3) Jeder männliche österreichische Staatsbürger ist wehrpflichtig. Wer aus Gewissensgründen die Erfüllung der Wehrpflicht verweigert und hievon befreit wird, hat einen Ersatzdienst zu leisten. Das Nähere bestimmen die Gesetze.

- eine ausgewogene Wirtschaftspolitik, um die Abhängigkeit von anderen Staaten möglichst klein zu halten.

Seit dem Endes des Kalten Krieges (vgl. S. 171), stärker noch seit dem Beitritt zur EU im Jahr 1995 wird in Österreich, zum Teil sehr heftig, über die Abschaffung der Wehrpflicht und die Einführung eines Freiwilligen- bzw. Berufsheeres diskutiert. Im Jahr 2010 sprach sich erstmals auch ein amtierender Verteidigungsminister (Norbert Darabos, SPÖ) für ein Berufsheer aus.

Neutralität im Wandel

> **L** Bis Mitte der achtziger Jahre blieb die Neutralität Österreichs unter österreichischen Völkerrechtsexperten unumstritten; (...) Als Doktrin galt, dass ein Beitritt zur Europäischen Wirtschaftsgemeinschaft (EWG, später EG) jedoch die Neutralität Österreichs gefährden würde (...)
> Nie zuvor ist soviel über die Neutralität Österreichs diskutiert worden wie in den Jahren vor dem Beitritt zur Europäischen Union und in den Jahren unmittelbar vor der Jahrtausendwende. Während die Neutralitätsbefürworter still geworden sind, wurde die Diktion der Neutralitätsgegner, die in den neunziger Jahren den sofortigen NATO-Beitritt forderten, immer radikaler (...).
>
> (Rathkolb, Die paradoxe Republik, 2011, S. 203f.)

■ Österreichische „Blauhelme" (UNO-Soldaten) auf den Golan-Höhen (Fotografie 2008).

Mehr als zwei Drittel der österreichischen Bevölkerung waren auch noch 2010 für die Beibehaltung der österreichischen Neutralität. Sie wurde im Laufe der Zeit zu einem wesentlichen Merkmal der österreichischen Identität: Sie gilt als wichtiger Faktor sowohl für den wirtschaftlichen Aufstieg zu einem der reichsten Staaten der Welt als auch für den inneren und äußeren Frieden unseres Landes.

Kritische Rechtsexpertinnen und Rechtsexperten allerdings betrachten die österreichische Neutralität seit dem Beitritt zur Europäischen Union und der Zustimmung zu einer gemeinsamen Außen- und Sicherheitspolitik als völlig ausgehöhlt. Dennoch ist sie noch immer gültiges Verfassungsgesetz (Stand: 2012).

Fragen und Arbeitsaufträge

→ 1. Fasse die wesentlichen Artikel des Staatsvertrages zusammen. Arbeite den formalrechtlichen Unterschied zwischen Staatsvertrag und Neutralitätsgesetz heraus.

→ 2. Erkläre den Zweck der Neutralität. Welche Interpretationen lässt der Passus „mit allen ihm zu Gebote stehenden Mitteln" deiner Meinung nach zu?

→ 3. Erörtere Argumente für die allgemeine Wehrpflicht bzw. für ein Berufsheer. Welche Meinungen gibt es in der Klasse zum Wehrersatzdienst („Zivildienst")?

→ 4. Führt eine Klassendiskussion: „Österreichische Neutralität heute – pro und contra."

4. Die erste Große Koalition

Vom VdU zur FPÖ

Mit den Wahlen im Jahre 1949 zog eine vierte Partei in den Nationalrat ein: Der erst im selben Jahr gegründete VdU (= Verband der Unabhängigen) schaffte auf Anhieb 16 Mandate. Sein relativ hoher Stimmenanteil von 12 Prozent erklärt sich damit, dass bei diesen Wahlen erstmals auch die ehemaligen „minderbelasteten" Nationalsozialisten (ca. eine halbe Million Personen) stimmberechtigt waren. Und diese neue Partei war das Sammelbecken des „nationalen Lagers".

Bereits im Jahr 1955 kam das Ende des VdU: Denn sein Programm „Österreich ist ein deutscher Staat. Seine Politik muss dem ganzen deutschen Volk dienen" war mit dem Staatsvertrag und dem Neutralitätsgesetz nicht vereinbar. Aus den Resten der VdU entstand zu Beginn des Jahres 1956 die Freiheitliche Partei Österreichs (FPÖ). Sie bekannte sich zwar auch zur „deutschen Volks- und Kulturgemeinschaft", aber ebenso uneingeschränkt zur „Eigenstaatlichkeit Österreichs".

Große Koalition und Beginn der „Sozialpartnerschaft"

Zwar hatten bei den Wahlen 1949 die Kommunisten ihr bestes Resultat in der gesamten Zweiten Republik erzielt (fünf Mandate), blieben damit aber im Parlament bedeutungslos. Kanzler Leopold Figl als Vertreter der mandatsstärksten Partei (ÖVP) und Vizekanzler Adolf Schärf (SPÖ) führten die 1947 begonnene Große Koalition weiter fort.

Trotz der Währungsreform (vgl. S. 104) war die Inflation nach wie vor ein großes Problem für die österreichische Wirtschaft. Dazu kam noch, dass die Lebenshaltungskosten deutlich höher stiegen als die Löhne. Dies führte zu einer noch stärkeren Bindung von ÖVP und SPÖ: Ab 1947 kam es zur Zusammenarbeit zwischen dem Österreichischen Gewerkschaftsbund (ÖGB) und der Bundeswirtschaftskammer (BWK). Die beiden Präsidenten Johann Böhm (ÖGB) und Julius Raab (BWK) vereinbarten ein „1. Preis- und Lohn-Abkommen" zur Stabilisierung der Wirtschaft und begründeten damit die bis heute bestehende „Sozialpartnerschaft" (vgl. S. 134 f.).

Der drohende Generalstreik – ein Putschversuch?

Ende September 1950 war zur Inflationsbekämpfung bereits das „4. Preis- und Lohn-Abkommen" beschlossen worden. Es bedeutete eine neuerliche Belastung für die Arbeitnehmer/innen, da die „Preis-Lohn-Schere" immer größer wurde. Mehr als 100 000 Arbeitnehmer/innen nahmen an Streiks und Protestdemonstrationen teil, in Ostösterreich gab es auch Straßen- und Eisenbahnblockaden. Schließlich riefen die Kommunisten für den 4. Oktober zum Generalstreik auf. Regierung und ÖGB-Führung erklärten den Streikaufruf als Versuch, „die Demokratie zu stürzen".

Polizei und gewerkschaftliche Gegengruppen unter Führung des späteren Innenministers Franz Olah räumten vor allem in Wien und Niederösterreich die von kommunistischen Streikkommandos und Störtrupps errichteten Barrikaden, die besetzten Elektrizitätswerke und Bahnhöfe. Bereits nach zwei Tagen war der Streik

→ Bearbeite die beiden Plakate nach der Methode „Plakate untersuchen" auf S. 46 f.

■ Links: Wahlplakat der ÖVP 1949 (Fritz Kern/Österr. Nationalbibliothek/picturedesk.com); Rechts: Wahlplakat der SPÖ 1949 (Wienbibliothek im Rathaus, Plakatsammlung, Signatur P-1290).

zusammengebrochen, denn auch die sowjetische Besatzungsmacht unterstützte die kommunistische Streikbewegung nur teilweise. Es wurden ja die sowjetisch verwalteten USIA-Betriebe durch den Streik wirtschaftlich am meisten geschädigt.

Während Olah noch im Jahr 2005 von einem „kommunistischen Putschversuch" überzeugt war, beurteilte der Historiker Ernst Hanisch schon 1994 dieses Ereignis politisch so:

> Sie [die KPÖ] sah die Chance, über Massenunruhen wieder ins politische Spiel zu kommen, verlorene Positionen in der Gewerkschaft und in der Regierung zurückzuerobern. Genau das aber war auch die Chance von Regierung und Gewerkschaft. Sie antworteten auf die KPÖ-Agitation mit der Parole: Die Kommunisten planen einen Putsch; sie wollen in Österreich eine Volksdemokratie einführen. (…) Der Putschvorwurf war nicht nur eine geschickte Gegenpropaganda; die dahinter stehenden Ängste waren sehr real – lag doch der kommunistische Putsch in Prag erst zwei Jahre zurück.
>
> (Hanisch, Der lange Schatten des Staates, 1994, S. 445)

Und Oliver Rathkolb stellte dazu im Jahr 2011 fest:

> Alle vorhandenen Quellen und die beinahe einheitliche Meinung der entsprechenden wissenschaftlichen Analysen schließen eine derartige Planrichtung [= einen Putschversuch] als unrealistisch aus, doch der „Putschversuch" von 1950 bleibt ein Mythos, der aus (…) der Nachkriegsgeneration nicht wegzudenken ist.
>
> (Rathkolb, Die paradoxe Republik, 2011, S. 26)

→ Charakterisiere, welche Bedingungen und welche Merkmale einen Putsch kennzeichnen. Welche Putschversuche sind dir aus der jüngeren Gegenwart bekannt? Erkundige dich über die Ereignisse in Prag im Jahr 1948.

Das kleine österreichische „Wirtschaftswunder"

Zu Beginn der fünfziger Jahre war es um Österreichs Wirtschaft noch schlecht bestellt: Die Marshallplanhilfe lief aus, die Währung musste stabilisiert und die negative Handelsbilanz ausgeglichen werden. Während die SPÖ durch große öffentliche Investitionen eine Vollbeschäftigungspolitik anstrebte, verfolgte der ÖVP-Finanzminister Reinhard Kamitz (ähnlich wie in der Ersten Republik) eine strenge staatliche Sparpolitik. Die Folge waren geringe Produktionsziffern und ein Heer von Arbeitslosen, das im Februar 1954 auf einen bis zum Jahr 2004 unerreichten Rekordstand von 308 000 Menschen anwuchs.

Doch ab 1953 begann der Wirtschaftsaufschwung, beeinflusst auch von einer weltweiten Konjunkturbelebung. Jetzt konnte auch die Lebensmittelrationierung endgültig aufgehoben werden. Es folgte ein riesiges Investitionsprogramm: Die Wasserkraft wurde ausgebaut (z. B. das Speicherkraftwerk Kaprun), die Eisenbahn auf den wichtigsten Strecken elektrifiziert, der Autobahnbau (Salzburg–Wien) vorangetrieben. Davon profitierte auch die Verstaatlichte Industrie, die in der Stahlproduktion das neue LD-Verfahren (LD = Linz-Donawitz) entwickelte und weltweit die Lizenzen dafür verkaufen konnte. Zehn Jahre nach Kriegsende konnte die Regierungskoalition eine stolze Bilanz vorweisen: Die Wirtschaft hatte sich erholt, innenpolitisch herrschte Friede, hinzu kam noch der lang ersehnte Staatsvertrag.

Krise und Ende der Großen Koalition

Am Beginn der 1960er-Jahre leistete die Große Koalition noch gute Arbeit. Die Arbeitslosigkeit sank erstmals unter 100 000; mit dem Schulgesetz 1962 wurde eine einheitliche Schulorganisation geschaffen und in jedem österreichischen Bezirk eine höhere Schule errichtet. Die Koalitionsregierung konnte mit ihrer breiten parlamentarischen Mehrheit auch große staats- und wirtschaftspolitische Aufgaben lösen.

Dennoch zeichnete sich ihr Ende immer deutlicher ab. Mitte der 1960er-Jahre waren die Nachkriegspolitiker der ersten Stunde gestorben (Raab, Figl, Schärf). Die nächste Politikergeneration war in ihrer Haltung zur Koalition schon sehr gespalten. Die Wahlen im Jahr 1966 brachten der ÖVP die absolute Mehrheit. Sie stellte nun die erste Alleinregierung der Zweiten Republik. Die SPÖ ging in die Opposition.

Bruno Kreisky, Außenminister der letzten Koalitionsjahre, beschrieb später den Niedergang der Koalition so:

> Die Große Koalition, die nach der Auffassung vieler ihre Funktion mit dem Staatsvertrag erfüllt hatte, war schon Anfang der sechziger Jahre ins Wanken geraten. Die eine Regierungspartei trat als Opposition der anderen auf; dies wirkte auf die Menschen unaufrichtig und raubte dem Parlamentarismus seine Glaubwürdigkeit.
>
> (Kreisky, Im Strom der Politik, 1988, S. 382)

Hermann Withalm, langjähriger Generalsekretär der ÖVP, meinte rückblickend:

> Wenn letzten Endes das Ziel (…) nicht erreicht werden konnte, dann lag das nicht an dem mangelnden guten Willen einzelner Akteure, sondern an dem Umstand, dass die Koalition der Jahre 1963/64 nur mehr ein Schatten dessen war, was man vor dem Abschluss des Staatsvertrages unter Zusammenarbeit verstanden hatte.
>
> (Withalm, Aufzeichnungen, 1974, S. 118)

Fragen und Arbeitsaufträge

→ 1. Fasse die Leistungen der Großen Koalition bis 1966 zusammen.

→ 2. Vergleiche und bewerte die Aussagen der beiden Politiker Kreisky und Withalm bezüglich des Scheiterns der Großen Koalition.

5. Alleinregierungen und die Ära Kreisky

Den Anfang macht die ÖVP (1966–1970)

Während in einigen westlichen Demokratien diese Form des Regierens lange Tradition hatte, mussten die beiden Großparteien in ihre neuen Rollen erst hineinwachsen. Die Regierung Klaus, der mit Grete Rehor erstmals eine Frau als Ministerin (für Soziale Verwaltung) angehörte, wollte beweisen, dass sie ohne Koalitionspartner wesentlich wirksamer arbeiten konnte. Ihre wichtigsten Reformen waren:

- die Herabsetzung des aktiven Wahlalters von 21 auf 19 Jahre,
- ein neues Rundfunkgesetz, das den Einfluss der beiden (Groß-)Parteien auf den ORF verringern sollte,
- die stufenweise Einführung der 40-Stunden-Woche.

Ein außenpolitischer Erfolg war die mit Italien erzielte Einigung in der Frage der Südtiroler Autonomie (1969). Die gemeinsame Verurteilung des Einmarsches der Warschauer-Pakt-Truppen in die CSSR (im August 1968; vgl. S. 173) bewies, dass Regierung und Opposition in staatspolitisch wichtigen Fragen durchaus eine gemeinsame Haltung einnehmen konnten.

Dieses Ereignis schwächte die moskautreue KPÖ weiter, die seit 1959 ohnedies nicht mehr im Nationalrat vertreten war: Viele Mitglieder verließen die Partei; Funktionäre, welche die Invasion verurteilten, wurden aus der Partei ausgeschlossen.

SPÖ – von der Klassenpartei zur „linken Volkspartei"

Die SPÖ zog aus der Wahlschlappe von 1966 auch personelle Konsequenzen: Bruno Kreisky wurde 1967 neuer Parteiobmann. Er wollte die SPÖ moderner und offener ausrichten:

> **Q** So vertrat ich etwa die Auffassung, dass der Gebrauch des Wortes „Arbeiterklasse" nicht mehr zeitgemäß sei. (...) Betrug der Anteil der Arbeiter unter den Lohnabhängigen zunächst weit mehr als die Hälfte, so hat sich dieses Verhältnis umgekehrt. (...) Wollte die sozialistische Partei in Österreich neue Wählerschichten erschließen, musste dieser Entwicklung Rechnung getragen werden. (...) Die Partei musste sich öffnen, freilich nicht nur in Richtung auf die Angestellten. Es galt, auch anderen gesellschaftlichen Gruppen verstärkte Aufmerksamkeit zuzuwenden, vor allem den Bauern.
> (Kreisky, Im Strom der Politik, 1988, S. 400 f. u. 405 f.)

Auch die Gegnerschaft Kirche und SPÖ war längst begraben: Schon 1945 hatte die Bischofskonferenz erklärt, sich nicht mehr – wie in der Ersten Republik – an eine politische Partei zu binden. Im Sozialhirtenbrief des Jahres 1956 wurden sogar die Leistungen der gemäßigten Sozialisten für eine gerechtere Gesellschaftsordnung gewürdigt. Umgekehrt las man im SPÖ-Programm von 1958: „Jeder religiöse Mensch kann gleichzeitig auch Sozialist sein." Diese breite Öffnung der Partei sollte der SPÖ bei den Wahlen 1970 ebenso zugute kommen wie ein „Wahlzuckerl" für alle männlichen Jungwähler: Die Verkürzung der Wehrdienstzeit von neun auf sechs Monate plus 60 Tage Waffenübungen.

Die Minderheitsregierung Kreisky – ein Einzelfall (1970/71)

Die Wahlen von 1970 bedeuteten für die ÖVP nach 25 Jahren Kanzlerschaft Abschied nehmen vom Regieren. Nur mit einer relativen Mehrheit ausgestattet bildete Bruno Kreisky mit Duldung der FPÖ die erste und bisher einzige Minderheitsregierung seit Bestehen der Republik Österreich. Für diese Unterstützung bekam die kleine Oppositionspartei FPÖ eine Wahlrechtsreform: Die Anzahl der Abgeordnetenzahl wurde von 165 auf 183 erhöht, wodurch auch kleinere Parteien leichter in den Nationalrat einziehen bzw. mehr Mandate erreichen konnten. Da aber ein Minderheitskabinett nur beschränkt handlungsfähig ist, drängte der Kanzler auf „klare Verhältnisse" durch Neuwahlen im Jahre 1971.

„Lasst Kreisky und sein Team arbeiten" – 12 Jahre sozialistische Alleinregierung

Die SPÖ feierte bei den Neuwahlen einen bis dahin nie erreichten Erfolg – die absolute Mandatsmehrheit im Nationalrat. Es gelang Kreisky, diesen Erfolg noch zweimal zu wiederholen (1975, 1979). Nun konnte er das groß angekündigte Programm der Neugestaltung Österreichs und den Aufbruch zur „Europareife" in Angriff nehmen.
Als wichtigste Reformen der siebziger Jahre gelten:

■ Pressekonferenz anlässlich der Wiener Gespräche zwischen Bruno Kreisky (2.v.r.), Anwar al Sadat (2.v.l.), Shimon Peres (r.) und dem Präsidenten der Sozialistischen Internationale Willy Brandt (l.) am 9. Juli 1978 (Fotograf: Rudolf Semotan).

Österreich – die Zweite Republik

Es gab viele öffentliche Diskussionen und auch Demonstrationen der Kernkraftgegner/innen: Hier mit Transparenten mit den Aufschriften „Wir wollen kein Atomkraftwerk, dem muss sich Kreisky beugen" und „Keine Inbetriebnahme des AKWs Zwentendorf", Fotografie, 1977.

Der Streit um das AKW Zwentendorf

Ein großes innenpolitisches Streitthema bildete im Jahre 1978 das neu errichtete, 700 Millionen Euro teure Kernkraftwerk im niederösterreichischen Zwentendorf. SPÖ, ÖVP, führende Vertreter von Gewerkschaft und Industrie waren, dem damaligen internationalen Trend entsprechend, für die Nutzung der Kernenergie. Doch spontan gebildete Bürgerinitiativen, die Vorläufer der „Grünen" und engagierte AKW-Gegner/innen aus allen Parteien, bezweifelten die Nützlichkeit und Sicherheit von Atomkraftwerken und brachten eine breite öffentliche Diskussion darüber in Gang.

Der Streit führte zu einer Volksabstimmung über die Kernkraftnutzung, bei der die Atomkraftgegner/innen mit 50,5 Prozent knapp siegten. Daraufhin beschloss der Nationalrat ein „Atomsperrgesetz" im Verfassungsrang, das die Nutzung der Kernenergie in Österreich verbietet.

- die Einführung einer Geburten- und Heiratsbeihilfe;
- die Einführung von Schüler/innenfreifahrt, kostenlosen Schulbüchern sowie die Abschaffung der Studiengebühren;
- ein demokratisches Schulunterrichts- und Universitätsorganisationsgesetz;
- ein Arbeitsverfassungsgesetz, das die betriebliche Mitbestimmung der Arbeitnehmer/innen durch die Betriebsräte verbesserte;
- das Gleichbehandlungsgesetz, das Frauen gleichen Lohn wie Männern bei gleicher Tätigkeit garantieren soll;
- der Ausbau des Bundesheeres zum Milizheer sowie die Einführung des Zivildienstes;
- die Einführung des vierwöchigen Mindest- und eines Pflegeurlaubs;
- die Einführung der Volksanwaltschaft als Kontrollorgan;
- ein Konsumentenschutzgesetz, das üble Verkaufspraktiken verhindern soll;
- die Fusion der gesamten staatlichen Industrie;
- ein neues Familienrecht, das den Frauen die volle Gleichberechtigung in der Ehe brachte;
- ein neues Scheidungsrecht.

Der größte Teil der neuen Gesetze wurde im Nationalrat einstimmig beschlossen. Das neue Strafrecht aber lehnten ÖVP und FPÖ ab. Streitpunkt war die Einführung der „Fristenlösung". Sie sieht unter gewissen Bedingungen den straffreien Schwangerschaftsabbruch während der ersten drei Schwangerschaftsmonate vor. Auch das Volksbegehren der „Aktion Leben" (mit fast 900 000 Unterschriften) führte zu keiner Änderung dieses Gesetzes, das auch heute noch Rechtskraft hat.

„Lieber ein paar Milliarden Schulden als Arbeitslose"

Als nach Jahren der Hochkonjunktur ein „Ölpreisschock" (1973) zu einer weltweiten Wirtschaftskrise führte, lautete Kreiskys Motto zur Behebung der Krise in Österreich: „Lieber Schulden als Arbeitslose!" Diese Wirtschaftspolitik, später als „Austro-Keynesianismus" bezeichnet, war klar auf Vollbeschäftigung ausgerichtet. Dabei wurden bewusst ein steigendes Budgetdefizit sowie eine höhere Staatsverschuldung (1970: 3,42 Mrd., 1979: 16,78 Mrd. Euro) in Kauf genommen (= deficit spending). Dafür aber wies Österreich in den 1970er-Jahren gemeinsam mit der Schweiz die geringste Arbeitslosenrate in Europa auf (ca. 2%). Dazu hatte es eine harte Währung, eine geringere Inflation und ein höheres Wirtschaftswachstum als die anderen europäischen Industriestaaten. Gemessen am Bruttoinlandsprodukt (BIP) je Einwohner/in lag Österreich 1980 bereits an der 16. Stelle der Weltrangliste (1988: 18.). Nach einem neuerlichen Wirtschaftseinbruch 1980/81 stiegen das Budgetdefizit (1981: 2,6%; 1986: 5,1%) und damit auch die Staatsschulden deutlich an.

Fragen und Arbeitsaufträge

→ 1. Fasse die wesentlichen Reformen Kreiskys in seiner Partei und in der Regierung zusammen.

→ 2. Erörtere auch mit Hilfe des Internets die wesentlichen Unterschiede zwischen keynesianischer und (neo-)liberaler Wirtschaftspolitik.

Methode – Kompetenztraining

6. Karikaturen analysieren

Bruno Kreisky in der Karikatur

Der bekannte österreichische Karikaturist Gustav Peichl („Ironimus") schrieb über den langjährigen österreichischen Bundeskanzler Bruno Kreisky: „Er war vielleicht der erste, der für die Karikaturisten so interessant war: durch das Gesicht, durch sein Auftreten, durch seine Bildung, durch seine Eloquenz (=Redebegabung). Das waren lauter Dinge, die Bruno Kreisky ausgezeichnet haben und daher wurde er auch so oft gezeichnet." Kreisky wurde in hunderten Karikaturen dargestellt. Schließlich war er, weit über die Landesgrenzen hinaus, einer der bekanntesten österreichischen Politiker des 20. Jahrhunderts.

Bruno Kreisky wurde am 22. Jänner 1911 in Wien als Sohn einer wohlhabenden jüdischen Familie geboren. Schon in seiner Mittelschulzeit engagierte er sich politisch bei der Sozialistischen Arbeiterjugend. Wegen illegaler Tätigkeiten für die verbotene sozialdemokratische Partei wurde Kreisky im austrofaschistischen Ständestaat zu einer einjährigen Haftstrafe verurteilt. Unmittelbar vor dem „Anschluss" 1938 konnte er noch sein Jus-Studium abschließen, danach musste er Österreich verlassen. Kreisky verbrachte 12 Jahre im Exil in Schweden. Ende 1950 kehrte er nach Österreich zurück und wurde zunächst Berater des damaligen Bundespräsidenten Körner. Als Staatssekretär für auswärtige Angelegenheiten (1953–1959) übernahm Kreisky eine wichtige Rolle bei den Verhandlungen für den Staatsvertrag, von 1959 bis 1966 war er als Außenminister tätig. 13 Jahre lang, von 1970–1983, hat Kreisky als Bundeskanzler die österreichische Politik geprägt.

Kreiskys außenpolitische Initiativen, besonders im Nahen Osten, brachten dem Kleinstaat Österreich internationale Anerkennung ein. In den Jahren der sozialistischen Alleinregierung reformierten und modernisierten er und sein Regierungsteam Österreich: Es wurde der Wohlfahrtsstaat ausgebaut, das Familienrecht liberalisiert und die Gesellschaft durch zahlreiche neue Gesetze im Bildungsbereich und der Arbeitswelt „demokratisiert" (vgl. dazu Kap. 5, S. 112 f.).

Wegen seiner jahrelangen unbestrittenen Führungsposition als Partei- und Regierungschef, seiner Popularität und seines erfolgreichen Auftretens in der Öffentlichkeit nannte man ihn gelegentlich den „roten Monarchen" oder „Sonnenkönig". Auf Grund seiner großen Begabung im Umgang mit der Presse wurde Kreisky auch als „Medienkanzler" bezeichnet. Wie kein anderer Politiker vor ihm verstand er es, die Medien für seine Politik zu nutzen. Von seinen Vorgängern als Bundeskanzler erhielten Journalistinnen und Journalisten Informationen über innenpolitische Themen meist nur in Form trockener schriftlicher Berichte. Direkte Fragen an Politiker waren unüblich und unerwünscht. Kreisky jedoch pflegte einen sehr intensiven, teilweise sogar persönlichen Umgang mit ihnen: Er führte das bis heute bestehende „Pressefoyer" nach dem wöchentlichen Ministerrat ein, wo er den Journalistinnen und Journalisten direkt Rede und Antwort stand.

Kreisky erkannte auch schon früh die Bedeutung des neuen Mediums Fernsehen, das im Laufe der 1960er Jahre in den österreichischen Wohnzimmern immer häufiger anzutreffen war. Fernsehgeschichte schrieben die damals gerade aufkommenden Live-Diskussionen zwischen Kreisky und den jeweiligen ÖVP-Kanzlerkandidaten. Mit seiner Fähigkeit, komplizierte Dinge verständlich auszudrücken und seiner Schlagfertigkeit beendete er diese frühen TV-Duelle stets als Sieger.

Als die SPÖ 1983 bei den Nationalratswahlen keine absolute Mehrheit erreichte, zog sich Kreisky aus der Politik zurück. Er starb im Jahr 1990. Anhänger, aber auch Gegner und Kritiker sehen heute in ihm einen der wichtigsten politischen Gestalter der Zweiten Republik.

■ Karikatur 1: Manfred Deix, „Bruno Kreisky hat immer recht", undatiert, Sammlung des Landes Niederösterreich © Manfred Deix.

■ Karikatur 2: Erich Sokol, „Taus und Kreisky im Fernsehduell", 1977 © Erich Sokol Privatstiftung, Mödling. Links zu sehen ist der damalige Bundesparteiobmann der ÖVP Josef Taus (1975–1979).

Die auf dieser Doppelseite abgedruckten Karikaturen befinden sich im Bestand der Sammlung des Landes Niederösterreich und werden immer wieder in Wechselausstellungen des Karikaturmuseums Krems der Öffentlichkeit zugänglich gemacht.

Karikaturen analysieren 4

Methode

Der Begriff „Karikatur" lässt sich ableiten vom lateinischen Wort „carrus", was „Karren" oder „Überladung" bedeutet. Das italienische Verb „caricare" lässt sich übersetzen mit „überladen", „übertreiben". Unter einer Karikatur versteht man also die komisch überzeichnete Darstellung von Menschen, gesellschaftlichen Zuständen oder Ereignissen. Die meisten Karikaturen haben einen sozialen oder politischen Hintergrund. Wenn man diesen nicht kennt, kann man eine Karikatur kaum interpretieren.

Karikaturen werden auch als eine visuelle Form der Satire bezeichnet. Merkmale sind eine bewusste Übertreibung oder Verzerrung der Darstellung eines Ereignisses oder einer Person. Dadurch wird ein Kontrast zur Wirklichkeit dargestellt oder ein Widerspruch zu dieser aufgezeigt. Die Betrachterinnen und Betrachter sollen so zum Nachdenken angeregt werden. Karikaturen thematisieren häufig aktuelle Ereignisse oder wollen Eigenheiten oder Fehler einer dargestellten Person (z.B. eines Politikers) oder eines Objektes humoristisch aufdecken oder sogar der Lächerlichkeit preisgeben.

Schon in der Antike finden sich Darstellungen, die man als „Karikaturen" bezeichnen kann. Ab dem 18. Jahrhundert wurden die bis dahin im Deutschen gebräuchlichen Begriffe „Spottbild" und „Zerrbild" durch „Karikatur" ersetzt.

Zu den wichtigsten Stilmitteln der Karikaturisten gehören:
- Übertreibung (Hyperbel): Durch eine übertriebene Darstellung soll das Charakteristische unterstrichen werden.
- Verallgemeinerung und Typisierung: Einzelne Aspekte oder Eigenschaften einer Person werden herausgestellt und verallgemeinert.
- Metapher: Der dargestellte Vergleich soll das Wesentliche veranschaulichen.
- Zitat: Die inhaltliche Aussage eines bekannten Zitates wird auf das karikierte Bild übertragen.
- Wort-Bild-Verknüpfung: Die Verbindung von verbalen und bildnerischen Inhalten.

Karikaturen beschreiben
- Benenne das Thema, welches sich aus dem Titel bzw. der Bildunterschrift der Karikatur ableiten lässt.
- Erkläre, wann und wo die Karikatur entstand und wo sie erstmals erschienen ist.
- Recherchiere Informationen über die Künstlerin oder den Künstler.
- Erkläre, welche Situation bzw. welches Ereignis dargestellt ist.
- Arbeite heraus, wie die Person bzw. die Personen gezeichnet ist/sind: Größe, räumliche Anordnung, Mimik, Gestik, Hervorhebung von speziellen Eigenheiten (körperliche Merkmale, Kleidung...), Vordergrund, Hintergrund, Gegenstände, die eventuell symbolischen Charakter haben.
- Erkläre die zeichnerische Technik, die angewendet wurde (Bleistift-Kohle-Zeichnung, Aquarell, Kreide, Ölgemälde ...).
- Beschreibe die Schrift bzw. Text-Elemente auf der Karikatur. Wie lauten sie, in welcher Beziehung stehen sie zu den gezeichneten Darstellungen?
- Erkläre die Stilmittel, die angewendet wurden (Hyperbel, Verallgemeinerung, Metapher, Zitat, Wort-Bild-Verknüpfung ...).

Karikaturen analysieren
- Erörtere den Adressatenkreis, der vermutlich angesprochen werden soll.
- Erkläre, was die Adressatin oder der Adressat wissen muss, um die Karikatur verstehen zu können.
- Arbeitet heraus, welche politische Aussage bzw. Kritik man möglicherweise in der Karikatur erkennen kann (bezieht auch den Einleitungstext in eure Überlegungen mit ein).

Karikaturen interpretieren
- Diskutiert, welche Wirkung die Karikatur auf Sympathisanten und Gegner der dargestellten Person(en) haben könnte.
- Erörtere, wie die Karikatur auf dich persönlich wirkt (witzig, boshaft, langweilig, beleidigend ...). Wie wirkt sie auf andere in deiner Klasse? Begründet euer Urteil.

Arbeitsaufträge
- Beschreibt und analysiert mit Hilfe der vorgeschlagenen Arbeitsschritte die hier abgedruckten Karikaturen.
- Recherchiert über Personen und Ereignisse, die in den Karikaturen dargestellt werden.
- Diskutiert darüber, welche der Karikaturen ihr für gelungen haltet. Begründet euer Urteil.
- Sucht im Internet oder Tageszeitungen Karikaturen, die sich auf politische Personen oder Ereignisse der letzten Zeit beziehen.
- Bearbeitet nach dieser Methode weitere Karikaturen im Schulbuch, bspw. auf S. 170, 174 und 189.

■ Karikatur 3: IRONIMUS, „König und Kronprinzen", 1974 © VBK Wien 2012. Die linke Puppe stellt den damaligen Finanzminister (von 1970–1981) und Vizekanzler (1976–1981) Hannes Androsch dar, die rechte den Unterrichtsminister (1970/71) und Wiener Bürgermeister (1973–1984) Leopold Gratz.

7. Die Koalitionen der 1980er und 1990er Jahre

Erstmals eine Kleine Koalition SPÖ/FPÖ

> In den 1980er-Jahren überlagerten sich die Krisen: Krise des Sozialsystems, Krise der Verstaatlichten Industrie, Krise des politischen Systems (Skandale und Korruption). Der bereits schwer kranke Bruno Kreisky versuchte, das Steuer noch einmal herumzureißen. (…) Vergeblich.
>
> (Hanisch, Der lange Schatten des Staates, 1994, S. 474)

Drei wirtschaftspolitische Themen beherrschen 1983 den Wahlkampf, der zum Ende der „Ära Kreisky" führte: die Arbeitsplatzsicherung, mögliche neue Steuern und die „Verschwendungspolitik" der Regierung. Eine Analyse der Wählerstimmung ergab:

> 1983 liegt die „offizielle" Arbeitslosigkeit zweieinhalbmal so hoch [wie 1979]; drei Viertel der Bevölkerung zeigen sich um die Arbeitsplätze ernsthaft besorgt. Kann die SPÖ 1979 ihre Problemlösungskompetenz diesbezüglich sogar noch steigern, so erleidet sie 1983 einen deutlichen Vertrauensschwund. (…) die Volkspartei überholt hingegen die Regierungspartei in den Bereichen „Steuerreform" und „Entbürokratisierung" und kann ihren Kompetenzvorsprung bei der „Verhinderung von Verschwendung" stark ausbauen.
>
> (Plasser/Ulram, Wahlkampf und Wählerentscheidung, 1983, S. 278f.)

Kreisky trat nach dem Verlust der absoluten Mehrheit zurück. Das Amt des Regierungschefs übernahm sein bisheriger Vizekanzler Fred Sinowatz. Dieser bildete mit der FPÖ erstmals eine Kleine Koalition.

„Grünbewegung" und Kampf um die Hainburger Au

Zu den Nationalratswahlen 1983 trat erstmals die „Grünbewegung" an, und gleich mit zwei Parteien. Ihre Anhänger/innen kamen aus verschiedenen ideologischen Lagern. Sie waren zum Teil mit der Politik der traditionellen Parteien unzufrieden („Protestwähler/innen"), zum Teil vertraten sie besonders Natur- und Umweltschutzinteressen oder alternative Werthaltungen (vor allem gegen ein uneingeschränktes Wachstumsdenken). Doch es gelang den „Grünen" 1983 noch nicht, in den Nationalrat einzuziehen.

Ein „Grünthema" führte jedoch im Jahr 1984 zu einer schweren Belastungsprobe für die Regierung: Als die staatliche Donaukraftwerks AG in der Hainburger Au mit dem Bau eines neuen Donaukraftwerks beginnen wollte, besetzten in den Vorweihnachtstagen 1984 großteils jüngere Natur- und Umweltschützer/innen wochenlang die Au. Selbst der massive Einsatz von Polizei und Gendarmerie bewog die Aubesetzer/innen nicht zum Aufgeben. Als die Auseinandersetzungen zu eskalieren drohten, gab die Regierung schließlich nach – in der Au wurde nicht gebaut. Gerhard Heiligenbrunner, damals Sprecher des Volksbegehrens zur Erhaltung der Hainburger Au und später Berater im Umweltministerium, meinte zu den Vorgängen um Hainburg:

> Niemand hat geglaubt, dass es zu einer so großen Protestbewegung kommen würde. Am Höhepunkt der Auseinandersetzungen waren damals Tag und Nacht mehr als 3 000 Leute bei etlichen Minusgraden in der Au. Beeindruckend war die breite Solidarität mit der Bevölkerung. Wir konnten oft die vielen Lebensmittelspenden gar nicht anbringen. (…) Diese Auseinandersetzung war in der Zweiten Republik einmalig. Es hat sich zum ersten Mal gezeigt, dass aufgrund eines friedlichen und passiven Widerstandes einiges in diesem Land möglich ist und dass der Staat mit dem Bürger nicht machen kann, was er will.
>
> (Klement, Zeitstrom einer Epoche, 1989, S. 172f.)

Wieder eine Große Koalition (1986–1999)

Die Kleine Koalition hielt nur drei Jahre: In der SPÖ wurde Fred Sinowatz 1986 von Franz Vranitzky abgelöst. In der FPÖ wurde Vizekanzler Norbert Steger von Jörg Haider als Parteiobmann gestürzt. Vranitzky nahm dies zum Anlass, aus der Kleinen Koalition auszusteigen.

Die SPÖ blieb bei den vorgezogenen Wahlen 1986 zwar stärkste Partei, verlor aber weiter an Stimmen – deutlich mehr als die ÖVP. Gewinner dieser Wahl waren die „Kleinen": Die Haider-FPÖ, seit 1986 im politischen Aufwind, konnte ihre Stimmen fast verdoppeln. Die diesmal gemeinsam kandidierende Grün-Alternative-Liste schaffte erstmals den Sprung in den Nationalrat.

Nach zwanzigjähriger Pause kam es unter Kanzler Vranitzky wieder zu einer Großen Koalition. Denn Vranitzky weigerte sich, mit der stärker national ausgerichteten Haider-FPÖ eine Koalition einzugehen. Außerdem wollte er eine stabile Regierung zur Lösung der immer größer werdenden wirtschaftlichen Probleme.

Tatsächlich gelang bis 1990 die wirtschaftliche Sanierung: Es beschleunigte sich das Wirtschaftswachstum deutlich, das Budgetdefizit und die Arbeitslosigkeit wurden geringer. Auch die Verstaatlichte Industrie

■ Dezember 1984: Polizei umringt die Besetzer/innen der Hainburger Au.

Österreich – die Zweite Republik

Ergebnisse der Nationalratswahlen in Österreich 1945 bis 2013

	Wahlbet. (%)	SPÖ %St	SPÖ M	ÖVP %St	ÖVP M	FPÖ (VdU) BZÖ LIF %	FPÖ (VdU) BZÖ LIF M	KPÖ %St	KPÖ M	Grüne %St	Grüne M	FRANK %St	FRANK M	NEOS %St	NEOS M	Sonstige %St
1945	94,3	44,6	76	49,8	85			5,4	4							0,2
1949	96,8	38,7	67	44,0	77	11,7	16	5,1	5							0,5
1953	95,8	42,1	73	41,3	74	10,9	14	5,3	4							0,4
1956	96,0	43,0	74	46,0	82	6,5	6	4,4	3							0,1
1959	94,2	44,8	78	44,2	79	7,7	8	3,3								0
1962	93,8	44,0	76	45,4	81	7,1	8	3,0								0,5
1966	93,8	42,6	74	48,3	85	5,4	6	0,4								3,3
1970	91,8	48,4	81	44,7	78	5,5	6	0,9								0,3
1971	92,4	50,0	93	43,1	80	5,5	10	1,4								0,04
1975	92,9	50,4	93	43,0	80	5,4	10	1,2								0,03
1979	92,2	51,0	95	41,9	77	6,1	11	1,0								0,05
1983	92,6	47,7	90	43,2	81	4,98	12	0,7		(1,4/1,9)						0,2
1986	90,5	43,1	80	41,3	77	9,7	18	0,7		4,8	8					0,22
1990	86,1	42,8	80	32,1	60	16,6	33	0,6		4,8	10					3,3
1994	81,9	34,9	65	27,7	52	22,5 *6	42 *11	0,3		7,3	13					1,42
1995	86,0	38,1	71	28,3	53	21,9 *5,5	40 *10	0,3		4,8	9					1,14
1999	80,4	33,2	65	26,9	52	26,9 *3,7	52	0,5		7,4	14					1,5
2002	84,3	36,5	69	42,3	79	10,0 *1,0	18	0,6		9,5	17					0,2
2006	78,5	35,3	68	34,3	66	11,0 *4,1	21 *7	1,0		11,1	21					3,1
2008	78,8	29,3	57	26,0	51	17,5 *10,7 *2,1	34 *21	0,8		10,4	20					3,2
2013	74,9	26,8	52	24,0	47	20,5 *3,5	40	1,0		12,4	24	5,7	11	5,0	9	1,0

Legende: 1949 und 1953 trat als Vorläufer der FPÖ der VdU (Verband der Unabhängigen) an. Grüne: 1983 traten die Alternative Liste Österreichs und die Vereinten Grünen Österreichs (VGÖ) getrennt an; ab 1986 mit einer gemeinsamen Liste. 1990 trat ein Teil der VGÖ erfolglos gesondert an (hier unter „Sonstige" verbucht), die Listenbezeichnung der im Nationalrat vertretenen Grünen schwankte.
* LIF=Liberales Forum (ursprünglich 1993 eine Abspaltung von 5 Abgeordneten von der FPÖ). 2013: Teil der Wahlplattform NEOS.
* 2006, 2008, 2013: BZÖ.

→ Werte die Wahlergebnisse in Bezug auf die Wahlbeteiligung bzw. auf die Entwicklung von ÖVP, SPÖ und FPÖ aus.

(ÖIAG) kam nach einer völligen Neuorganisation im Jahr 1989 seit langem wieder in die Gewinnzone. Doch dieses „Gesundschrumpfen" kostete 20 000 Arbeitsplätze und etwa 4,5 Milliarden Euro an Steuergeldern. Vranitzky leitete als Bundeskanzler fünf SPÖ-ÖVP-Regierungen, ehe er 1997 das Amt des Regierungschefs und auch den Vorsitz in der SPÖ an Viktor Klima abgab.

Österreichs Bundespräsidenten

1945 wurde der Chef der Provisorischen Regierung, Karl Renner, entgegen der Verfassung von 1929, noch von der Bundesversammlung (National- und Bundesrat) gewählt. Seit 1951 aber wählte das Volk: Nachfolger Renners wurde der Wiener Bürgermeister Theodor Körner, ihm folgte Vizekanzler Schärf (1957), dann wurde wieder ein Wiener Bürgermeister, nämlich Franz Jonas, in das höchste Staatsamt gewählt (1965, Wiederwahl 1971). Von 1974 bis 1986 übte der parteilose Außenminister der Regierung Kreisky, Rudolf Kirchschläger, das Präsidentenamt aus.

Ein sehr emotionaler Wahlkampf wurde 1986 geführt: Daraus ging der parteilose ÖVP-Kandidat Kurt Waldheim, von 1971 bis 1981 Generalsekretär der UNO, als Sieger hervor. Er hatte über seine Vergangenheit während des NS-Regimes und als Offizier im Zweiten Weltkrieg Tatsachen verschwiegen und selbst alle Anschuldigungen zurückgewiesen („Ich habe nur meine Pflicht getan!"; „Ich habe nichts bewusst verschwiegen!"). Waldheim konnten keine Kriegsverbrechen nachgewiesen werden. Trotzdem setzte ihn die US-Regierung auf die so genannte Watchlist, was einem Einreiseverbot in die USA gleichkommt.

Nach seiner Wahl zum Bundespräsidenten blieb Waldheim außenpolitisch weitgehend isoliert. Die „Waldheim-Affäre" wirkte aber auch gesellschaftspolitisch in Österreich nach: Ein Teil der Bevölkerung forderte (nicht zum ersten Mal) einen endgültigen Schluss der Debatte über die nationalsozialistische Vergangenheit. Auf der anderen Seite gab es nun erstmals eine breiter und offener geführte Diskussion über die Täterrolle von Österreicherinnen und Österreichern während der NS-Herrschaft (vgl. auch S. 102 f.).

Waldheims Nachfolger wurde 1992 wieder ein ÖVP-Kandidat, der Spitzendiplomat Thomas Klestil, der wenige Tage vor Ablauf seiner zweiten Amtszeit starb. Ihm folgte 2004 der langjährige SPÖ-Nationalratspräsident Heinz Fischer, der im Jahr 2010 wiedergewählt wurde.

Fragen und Arbeitsaufträge

→ 1. Erörtere die Möglichkeiten eines Staates, mit zivilem „Ungehorsam" wie in der Hainburger Au umzugehen.

→ 2. Recherchiere die wesentlichen Befugnisse, die der Bundespräsident durch die österreichische Bundesverfassung erhält.

8. Vom EU-Beitritt in die Gegenwart

Eine klare Bevölkerungsmehrheit will in die EU

Österreich konnte aus Neutralitätsgründen nicht der 1957 gegründeten Europäischen Wirtschaftsgemeinschaft (EWG) beitreten. Die UdSSR, aber auch Frankreich sahen darin einen im Staatsvertrag von 1955 ausdrücklich verbotenen „Anschluss" an (die Bundesrepublik) Deutschland. Daher schloss sich Österreich 1960 mit anderen Ländern zur Europäischen Freihandelsassoziation (EFTA) zusammen. Deren Hauptziel war ein Abbau der zwischenstaatlichen Zollschranken.
Dagegen verfolgte die aus EWG und EG 1993 weiter entwickelte Europäische Union (EU) einen völligen Zusammenschluss ihrer Länder (vgl. S. 152 f.). Dazu gehört nicht nur die 1994 erfolgte Errichtung eines gemeinsamen Wirtschaftsraumes (EWR), sondern auch eine umfassende politische Gemeinschaft. Diese erfordert jedoch eine Unterordnung verschiedener nationaler Interessen.
Seit Mitte der 1980er-Jahre suchte die österreichische Außenpolitik aktiv den Anschluss an die EG, denn sie war – insbesondere die Bundesrepublik Deutschland – Österreichs wichtigster Wirtschaftspartner. Da nun auch die Sowjetunion kein Veto mehr einlegte, stellte Österreich im Jahr 1989 den Beitrittsantrag. Dieser erfolgte allerdings mit dem von der SPÖ geforderten Vorbehalt, auch als EG-(EU-)Mitglied die Neutralität beibehalten zu können. Nachdem das Europäische Parlament in Straßburg im Mai 1994 der Erweiterung der EU zugestimmt hatte, gab es in Österreich am 12. Juni 1994 eine Volksabstimmung über den Beitritt zur Europäischen Union: Nach einem „heißen" Wahlkampf (SPÖ, ÖVP und LIF waren für, FPÖ und Grüne gegen den Beitritt) stimmten schließlich 66,58 Prozent mit Ja. Seit 1. Jänner 1995 ist Österreich daher Mitglied der EU.

„Sparpakete" – Voraussetzung für die Währungsunion

Um die Voraussetzungen für die am 1. Jänner 1999 durchgeführte Währungsunion (mit dem gemeinsamen Euro ab 2002) erfüllen zu können, mussten die letzten Regierungen der Großen Koalition „Sparpakete" schnüren. Das österreichische Wirtschaftswachstum war nämlich – wie in der gesamten EU und in den OECD-Ländern – im Jahr 1993 dramatisch auf unter Null gesunken. Gleichzeitig stiegen das Budgetdefizit und die Gesamtstaatsschuld stark an. Wegen der Uneinigkeit über die Art der Einsparungen zerbrach die Koalitionsregierung Vranitzky IV schon nach einem Jahr (1995). Nach den Neuwahlen einigten sich die beiden Regierungsparteien schließlich doch auf ein gemeinsames „Sparpaket" (Regierung Vranitzky V; ab 1997: Bundeskanzler Viktor Klima): Es bestand aus einer Mischung aus zusätzlichen Einnahmen (z. B. durch den Wegfall von Steuerbegünstigungen) und Sparen bei den Ausgaben. Dies führte vor allem zu Kürzungen bei den öffentlichen Ausgaben. Dadurch konnten die von der EU geforderten strengen Konvergenzkriterien für die Teilnahme an der Währungsunion (wie auch von den meisten anderen Mitgliedstaaten) erfüllt werden.

Die „Großen" verlieren – der Aufstieg der FPÖ

Die Große Koalition wurde also bis 1999 fortgeführt, obwohl die beiden Großparteien bei jeder Wahl empfindliche Verluste erlitten (s. S. 130 f.). Die ÖVP sank von 41 Prozent (1986) bis zum Jahr 1999 auf einen historischen Tiefstand von 27 Prozent ab; die SPÖ von 43 Prozent (1986, 1990) auf 33 Prozent (1999) – ebenfalls ihr schlechtestes Wahlergebnis seit 1945.
Die FPÖ mit ihrem Obmann Jörg Haider dagegen gewann bei jeder Wahl Stimmen und Mandate: Ihr Stimmenanteil wuchs von 5 Prozent (1983) auf 27 Prozent (1999) an. Damit war die FPÖ erstmals zweitstärkste Partei im Nationalrat – sie hatte 416 Wählerstimmen mehr als die ÖVP erhalten. Dieses Ergebnis war umso bemerkenswerter, da sich 1993 der liberale Flügel der FPÖ abgespalten und eine eigene Partei, das Liberale Forum (LIF), gegründet hatte. Erstmalig in Österreich mit einer Frau an der Parteispitze (Heide Schmidt) zog das LIF 1994 mit 6 Prozent der Stimmen ebenfalls in den Nationalrat ein, konnte sich aber nur bis 1999 behaupten. Die Grünen dagegen festigten seit 1994 ihre Position als Kleinpartei und übersprangen 2006 erstmals die 10-Prozentmarke.
Die ÖVP hatte bei Bundeswahlen nur 1996 ein Erfolgserlebnis: Bei der direkten Wahl der Abgeordneten ins Europaparlament erhielt sie, erstmals seit dreißig Jahren, mehr Stimmen als die SPÖ. Die FPÖ wurde 1989 erstmals bei Landtagswahlen zur stimmenstärksten Partei, Jörg Haider erster freiheitlicher Landeshauptmann der Zweiten Republik (in Kärnten).

Die politische Wende: eine ÖVP-FPÖ-Koalition

Die Nationalratswahlen von 1999 brachten das Ende von 14 Jahren Großer Koalition. Die Koalitionsverhandlungen zwischen der geschwächten, aber immer noch mandatsstärksten SPÖ und der von der FPÖ überholten ÖVP waren gescheitert. Dennoch stellte die ÖVP seit dem Jahr 2000 mit Wolfgang Schüssel nach 30 Jahren wieder den Bundeskanzler. Denn sie einigte sich mit der FPÖ, gegen den Widerstand des Bundespräsidenten Klestil, erstmals auf eine gemeinsame Koalitionsregierung. Mit Susanne Riess-Passer wurde (erstmals) eine Frau Vizekanzlerin, die wenig später Jörg Haider auch als „Parteiobmann" der FPÖ ablöste. Die SPÖ musste nach 30 Jahren Abschied von der Regierung nehmen. Viktor Klima trat daraufhin als Parteivorsitzender zurück, sein Nachfolger wurde Alfred Gusenbauer.

Die FPÖ als Regierungspartei: Absturz und Spaltung

Schon im Spätsommer 2002 zerbrach die ÖVP-FPÖ-Koalition nach FPÖ-internen Konflikten. Die vorgezogenen Neuwahlen brachten der ÖVP unter Kanzler Schüssel einen Riesenerfolg – sie wurde erstmals seit 1966 wieder stärkste Partei im Nationalrat (mit 42 %). Auch SPÖ (37 %) und Grüne (9 %) konnten Stimmen gewinnen, doch das war für eine Rot-Grüne-Koalition zu wenig. Die ÖVP erneuerte ihre Regierungskoalition mit der FPÖ, die jedoch mit einem Minus von 17 Prozent

Österreich – die Zweite Republik

Großdemonstration in Wien am 13. 5. 2003, organisiert vom ÖGB, GÖD und anderen Teilgewerkschaften gegen die geplante Pensionsreform der ÖVP/FPÖ-Regierung.

wieder zu einer Kleinpartei (10 Prozent Stimmenanteil) herabsank.

Auch bei den folgenden Landtags- und Gemeinderatswahlen verlor die FPÖ, mit Ausnahme Kärntens, massiv Wählerstimmen und Mandate. Nach innerparteilichen Richtungskämpfen kam es daher im Jahr 2005 in der FPÖ zu einer Spaltung: Unter Haiders Führung wurde das „Bündnis Zukunft Österreich" (BZÖ) gegründet, dem sich auch alle FPÖ-Regierungsmitglieder und die meisten Nationalratsabgeordneten anschlossen. Übrig blieb eine national ausgerichtete FPÖ unter dem neuen Obmann Heinz-Christian Strache.

Der „neoliberale" Sparkurs

Die Verringerung des Budgetdefizits und der Gesamtstaatsschuld war auch das Hauptproblem der beiden ÖVP-FPÖ/BZÖ-Koalitionen (2000–2002/2006). Allein schon deshalb, weil allen Ländern der Währungsunion bei Nichteinhaltung der Budgetrichtlinien beträchtliche Strafzahlungen angedroht wurden. Zur Erreichung dieses Ziels schlug die ÖVP-FPÖ-Koalition einen „neoliberalen" Sparkurs ein: Ein „Schlankwerden" des Staates durch Einsparung von Arbeitsplätzen im Öffentlichen Dienst (in der Verwaltung, durch Zusammenlegung von Gendarmerie und Polizei, durch Schließung von Kasernen) sowie durch weitere Privatisierung bzw. Verkauf von Staatsbetrieben (z. B. Austria Tabak, Telekom, VA-Tech usw.). Dieser Sparkurs beinhaltete auch, die in den letzten Jahrzehnten stark gestiegenen staatlichen Ausgaben für die Sozialversicherung zu senken. Daher beschloss die Regierung Schüssel II die gänzliche Abschaffung der Frühpensionen sowie die Neugestaltung der Pensionsberechnung, die zu deutlichen Kürzungen künftiger Pensionen führen wird. Im Sinne der neoliberalen Politik sollen sich die Bürgerinnen und Bürger in Zukunft mit mehr Eigenverantwortung um ihre Zukunftsvorsorge kümmern, wenn sie ihren Lebensstandard halten wollen.

Während die Regierung versicherte, den Staatshaushalt sozial gerecht zu sanieren, wurde sie von SPÖ, Grünen und den Arbeitnehmervertretungen (Gewerkschaft, Arbeiterkammern) beschuldigt, diese Sparmaßnahmen vor allem auf Kosten der sozial Schwachen durchzuziehen. Der Regierung gelang es jedenfalls, im Jahr 2001 erstmals ein positives Budget zu erstellen. In den Jahren danach gab es bis 2006 wieder Defizite in gewohnter Höhe. Die Gesamtstaatsverschuldung konnte ebenfalls erst 2007 unter den Stand von 1993 gebracht werden (s. beide Grafiken).

Die Wende zur „Konfliktdemokratie"

Die Regierungen Schüssel I und II setzten ihr politisches Programm konfliktbereit gegen den Willen der Oppositionsparteien und ohne die gewohnte Einbindung der Sozialpartner (vgl. S. 134 f.) durch. Diese in Österreich bisher ungewöhnliche Form, die Regierungspolitik durchzusetzen, bezeichnen die Politikwissenschafter/innen als Übergang von einer „konsensorientierten Verhandlungsdemokratie" zu einer „konfliktorientierten Wettbewerbsdemokratie". Sie führte zu schärferen

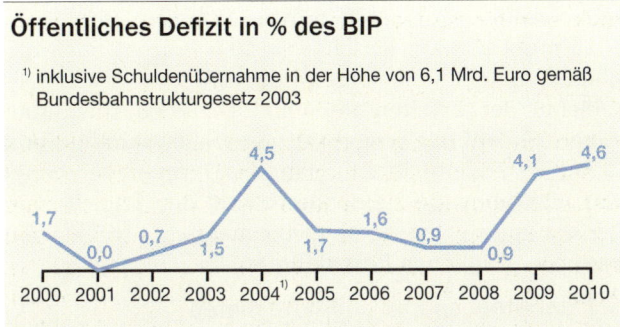

Öffentliches Defizit in % des BIP

1) inklusive Schuldenübernahme in der Höhe von 6,1 Mrd. Euro gemäß Bundesbahnstrukturgesetz 2003

Statistik Austria. In: Österreichs Wirtschaft im Überblick 2011/2012, S. 68.

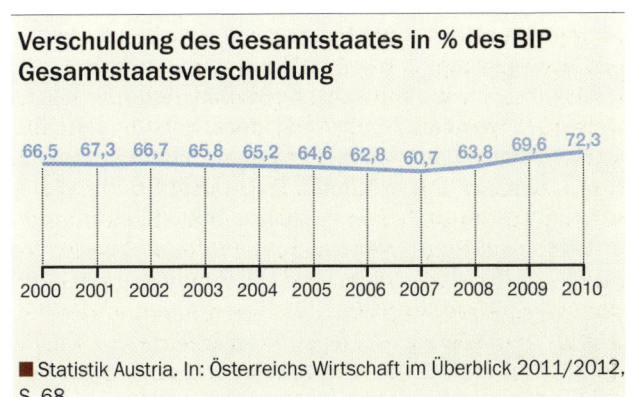

Verschuldung des Gesamtstaates in % des BIP — Gesamtstaatsverschuldung

Statistik Austria. In: Österreichs Wirtschaft im Überblick 2011/2012, S. 68.

politischen Auseinandersetzungen zwischen den politischen Gegnern (z. B. auch zur Zunahme von Streiks) und zu einer stärkeren „Politisierung" in der Bevölkerung: Es nahm sowohl das politische Interesse zu als auch die Bereitschaft zu (Protest-)Aktionen (z. B. Teilnahme an Kundgebungen, Demonstrationen).

Ab 2007: Fortsetzung der Großen Koalition

Die Nationalratswahlen 2006 führten zur Bildung einer Großen Koalition: Die SPÖ war mit leichten Verlusten mandatsstärkste Partei, die ÖVP im Vergleich zu 2002 wieder auf Platz 2 „abgestürzt" (- 8 %). Die Strache-FPÖ lag etwa gleichauf mit den Grünen bei 11 %, während das BZÖ mit 4,1 % gerade noch den Einzug schaffte. Bundeskanzler Alfred Gusenbauer (SPÖ) und Vizekanzler Willhelm Molterer (ÖVP) waren sich aber in vielen Sach- und politischen Themen nicht einig. Schon nach zwei Jahren beendete die ÖVP die Zusammenarbeit.

Bei den Neuwahlen 2008, für die erstmals auch die Sechzehnjährigen wahlberechtigt waren, verloren beide Regierungsparteien wieder. Während auch die Grünen geringe Verluste einfuhren, legten sowohl die FPÖ (17,5 %) als auch das BZÖ (10,7 %) sehr stark zu. Dennoch setzten SPÖ (29 %) und ÖVP (26 %) mit dem neuen Bundeskanzler Werner Faymann die große Koalition fort.

Bei den Nationalratswahlen 2013 – die Legislaturperiode war von vier auf fünf Jahre verlängert worden – erzielten SPÖ (mit 26,8 %) und ÖVP unter Obmann Michael Spindelegger (mit 24 %) ihr schlechtestes Ergebnis seit Beginn der Zweiten Republik. Während die FPÖ (20,5 %) und die Grünen (12,4 %) Stimmen gewinnen konnten, schaffte das BZÖ (3,5 %) den Wiedereinzug in den Nationalrat nicht. Das Team Stronach (Liste FRANK), das bei der letzten Wahl nicht angetreten, aber durch Parteiübertritte im Parlament vertreten war, kam auf 5,7 %, die NEOS zogen mit 5 % erstmals in den Nationalrat ein.

Wohlstand und Chancengerechtigkeit in Österreich

Der Wirtschafts- und Sozialhistoriker Roman Sandgruber zog 1995 über Österreichs Entwicklung folgende Bilanz:

> Nie vorher hat es einen derart raschen Einkommenszuwachs und gesellschaftlichen Wandel gegeben wie in der zweiten Hälfte des 20. Jahrhunderts. Ein halbes Jahrhundert hat sich die Lebenssituation der Menschen gründlicher verändert als Jahrtausende in früherer Zeit. Die Knappheitsgesellschaft wurde zur Überflussgesellschaft, die „Alleszusammensammelgesellschaft" wandelte sich zur „Wegwerfgesellschaft". (...) Österreich ist in die Spitzengruppe der wohlhabendsten Staaten dieser Welt vorgestoßen. (...) 1950 zählte Österreich unter den späteren OECD-Ländern zu denen mit der niedrigsten Pro-Kopf-Produktion. 1992 stand es hinter den USA, der Schweiz, Deutschland, Frankreich und Japan in der Spitzengruppe.
>
> (Sandgruber, Ökonomie und Politik, 1995, S. 529 f.)

Einkommen und Arbeitszeit eines ungelernten Wiener Industriearbeiters pro Woche, 1870 bis 1990

	durchschnittliches Einkommen/Woche, zeitgenössische Daten	Brotpreis pro kg	für einen Wochenlohn erhält man kg Brot	Arbeitszeit/Woche, Stunden	Einkommen/Woche in Schilling, Kaufkraft 1989
1870	6 (Gulden ÖW)	0,16	37,5	78,0	563,6
1930	56 (Schilling)	0,55	101,8	44,0	1 410,6
1950	231 (Schilling)	2,40	96,3	50,3	1 360,6
1970	961 (Schilling)	6,10	157,5	44,3	2 354,5
1990	5 010 (Schilling)	21,55	232,5	37,7	5 010,0

■ Roman Sandgruber, Was kostet die Welt? Geld und Geldwert in der österreichischen Geschichte; in: Geld. 800 Jahre Münzstätte Wien. Hg. von W. Häusler. Wien 1994, S. 183, 192. – Angaben 1870 in Gulden Österreichischer Währung, ab 1930 in Schilling.

Bei weitem nicht alle Österreicherinnen und Österreicher haben Anteil an diesem Wohlstand (vgl. S. 238 f.). Vor allem die rein statistische Vermögensaufteilung macht deutlich, warum bei den jungen Menschen in Österreich der Wunsch nach Chancen- und Verteilungsgerechtigkeit besteht:

> 2002 verfügten in Österreich die reichsten 10 Prozent über 69 Prozent des Privatvermögens. Für die „unteren" 90 Prozent blieben 31 Prozent; die durchschnittlichen Pro-Kopf-Vermögen des obersten Prozent waren fast hundertmal höher als die von 90 Prozent der Bevölkerung.
>
> (Rathkolb, Die paradoxe Republik, 2011, S. 318)

Unternehmensgewinne und Besitzeinkommen stiegen seit den 1990er Jahren im Vergleich deutlich höher an als die Löhne der Arbeitnehmerinnen und Arbeitnehmer. Doch die Einführung neuer Steuern (z. B. auf Vermögen oder Erbschaft) fand bisher keine politische Mehrheit (Stand: 2014).

Auch die Arbeitslosen haben kaum Anteil am Wohlstand. Seit Mitte der 1980er-Jahre lag die Arbeitslosenrate bei etwa 5 Prozent und pendelte sich zwischen 1995 und 2010 bei etwa 7 Prozent ein (s. Grafik, S. 121). Österreichs Arbeitslosenquote betrug im Jahr 2014 nach EU-Berechnungsmethode „nur" 4,9 Prozent und hat damit im internationalen Vergleich nach Deutschland die zweitniedrigste in der EU. In absoluten Zahlen erreichte die Arbeitslosigkeit in Österreich im Jänner 2015 mit 472 539 Menschen (= 10,5 Prozent nach nationaler Berechnung) einen neuen Rekord in der Geschichte der Zweiten Republik. Daneben stieg aber auch die Zahl der Erwerbstätigen (Selbstständige und Unselbstständige) Jahr für Jahr an. Darin eingerechnet war allerdings die steigende Anzahl der Teilzeit- und geringfügig Beschäftigten (2009: mehr als 1 Million von knapp 4,1 Millionen Beschäftigten).

Soll der Staat sparen oder investieren?

Das Problem jedes Finanzministers (zwischen 2011 und 2013: erstmals einer Finanzministerin) sind die Staats-

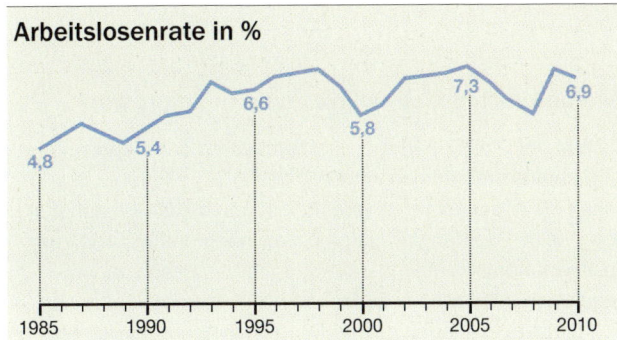

AMS. Berechnung nach nationaler Methode. In: Österreichs Wirtschaft im Überblick 2011/2012, S. 10.

ausgaben. Der Anteil der öffentlichen Ausgaben am BIP hat, ebenso wie in den anderen westlichen Industrieländern, seit den 1950er-Jahren stark zugenommen (1960: 36 %, 2010: 53 % des BIP).

Seit den 1960er-Jahren wurden die Ausgaben verstärkt für den Ausbau eines Systems der sozialen Sicherheit verwendet. 70 Prozent der gesamten Staatsausgaben fließen in Sozialleistungen (Familienbeihilfen, Kinder- und Pflegegeld, vor allem Pensionen etc.), Subventionen (z. B. an die Landwirtschaft), Wohn- und Pendlerbeihilfen und die Zinszahlungen auf die Staatsschulden (ca. 6 %). Knapp 30 Prozent des Budgets verschlingt der so genannte Sach- und Personalaufwand des Bundes, der mit den wachsenden Aufgaben im Laufe der Zweiten Republik entsprechend angestiegen ist. Dennoch hat der Beschäftigtenstand im öffentlichen Dienst seit der Jahrtausendwende stark abgenommen: 2009 waren Bund, Länder und Gemeinden Arbeitgeber für 350 000 Beschäftigte (im Bildungs- und Gesundheitswesen, in der Verwaltung, bei Justiz, Militär und Exekutive etc.) – deutlich unter dem Schnitt der übrigen OECD-Länder.

Die weltweite Finanz- und Wirtschaftskrise der Jahre 2007/08 hat auch Österreich getroffen. Es kam zu so genannten Banken-Rettungspaketen und sogar zu Notverstaatlichungen von Banken (z. B. die Hypo-Group-Alpe-Adria). Andererseits sollten mit Sparprogrammen im Staatshaushalt (2010) Überschuldungen wie in Griechenland oder Portugal verhindert werden.

Die internationale Stellung Österreichs

Mit dem Erringen des Staatsvertrages und der anschließenden Neutralitätserklärung (1955) begann für Österreich eine neue Periode der Außenpolitik. Seit dem Beitritt zur UNO (noch im selben Jahr) und zum Europarat (1956) betrieb Österreich eine aktive Neutralitätspolitik. Es engagierte sich in der Entspannungspolitik, vor allem im Ost-West-Konflikt. So fand in Wien das erste Gipfeltreffen nach dem Zweiten Weltkrieg zwischen einem amerikanischen Präsidenten (Kennedy) und einem sowjetischen Regierungschef (Chruschtschow) statt (1961).

Österreich leistete vorbildliche humanitäre Hilfe im Dienste der UNO und anderer internationaler Organisationen. Schon 1956 bekam Österreich internationale Anerkennung als Asylland: Als sowjetische Truppen einen Aufstand in Ungarn niederschlugen, fanden etwa 200 000 Flüchtlinge Aufnahme. Zwölf Jahre später, als die Warschauer-Pakt-Truppen in die Tschechoslowakei einmarschierten, bekamen etwa 100 000 Tschechen und Slowaken in Österreich Asyl. Seit den 1960er-Jahren sind bis heute österreichische Soldaten im Dienste der UNO zur Friedenserhaltung in Krisengebieten tätig (z. B. Kongo, Kosovo, Tschad, Golanhöhen).

Anerkennung fand diese Politik auch bei der UNO, die neben New York und Genf in Wien ihre dritte Heimat fand (1979). Die Konferenzstadt Wien ist Sitz der Internationalen Atomenergie-Agentur (IAEO) und der Organisation für Industrielle Entwicklung (UNIDO). Von 1971 bis 1981 war der spätere Bundespräsident Kurt Waldheim sogar Generalsekretär der Vereinten Nationen, in dessen Sicherheitsrat Österreich in den Jahren 2009/10 Sitz und Stimme hatte. Wien ist seit 1965 auch Sitz der OPEC (= Organisation of the Petroleum Exporting Countries).

Österreich war als neutraler Staat aktiv am Ausbau einer „Sicherheitsarchitektur" in Europa nach dem Kalten Krieg beteiligt. Es führte 1999/2000 den Vorsitz in der OSZE (= Organisation für Sicherheit und Zusammenarbeit in Europa; vgl. S. 210f.), die ihren Sitz ebenfalls in Wien hat.

Österreich und die EU

Mit dem EU-Beitritt bekam Österreich Beobachterstatus im Defensivbündnis „Westeuropäische Union" (WEU), im selben Jahr trat es auch der „Nato-Partnerschaft für den Frieden" bei (1995). Erstmals übernahm Österreich im Jahr 1998 die EU-Ratspräsidentschaft, ein zweites Mal dann im Jahr 2006.

Dazwischen gab es im Jahr 2000 einige Monate lang eine ernste Verstimmung zwischen Österreich und den 14 EU-Staaten wegen der Regierungsbeteiligung der FPÖ, der rechtsradikales und ausländerfeindliches Verhalten vorgeworfen wurde. Die EU-Staaten reagierten einheitlich mit „Sanktionen", die vor allem aus einer Reduzierung der bilateralen (= zwischenstaatlichen) Kontakte zu Österreich bestanden.

Die Einstellung der österreichischen Bevölkerung zur EU unterlag Schwankungen: Vor allem die Erweiterungen (2004, 2007) bewirkten eine stärkere EU-Skepsis bzw. Ablehnung. 2010 jedoch war die Zustimmung zur Mitgliedschaft höher als vor dem Beitrittsjahr 1995. Vor allem jüngere Menschen und da besonders jene mit Matura oder Hochschulabschluss waren in sehr hohem Maß EU-Befürworter/innen. Ein Grund für die positive Einstellung war auch die Überlegung, dass man sich die Bewältigung der Finanz- und Wirtschaftskrise eher in einem gemeinsamen Europa vorstellen konnte.

Fragen und Arbeitsaufträge

→ 1. Fasse die wichtigsten innenpolitischen Entwicklungen seit dem EU-Beitritt zusammen.

→ 2. Skizziere die internationale Stellung Österreichs seit 1955.

→ 3. Führt in der Klasse eine Umfrage zur EU-Mitgliedschaft durch und listet die Pro- und Contra-Argumente auf.

Politische Bildung – Kompetenztraining

9. Politik in Theorie und Alltag

Wie unterschiedlich wir Politik wahrnehmen ...

Wir alle machen tagtäglich in unserer persönlichen Lebenswelt Erfahrungen, die man als „politisch" bezeichnen kann. Was aber jede/jeder Einzelne unter „Politik" versteht, darüber gehen die Meinungen oft weit auseinander. Ebenso sind auch die politischen Einstellungen, die wir vertreten, unterschiedlich. Dies hängt einerseits von unserer persönlichen Entwicklung ab: wie wir durch unser Elternhaus, unsere nächste Umgebung (Schule, Arbeitsplatz, Freundeskreis) geprägt worden sind. Andererseits werden gerade unsere politischen Werthaltungen stark von Massenmedien, die uns mit politischer Information versorgen, beeinflusst.

Wie Politik im letzten Jahrhundert definiert wurde (Beispiele)

Politik ist die Lehre von den Staatszwecken und den besten Mitteln zu ihrer Verwirklichung.
(Brockhaus, Bd. 13, 1903)

Politik heißt: Streben nach Machtanteil oder nach Beeinflussung der Machtverteilung, sei es zwischen Staaten oder innerhalb eines Staates zwischen den Menschengruppen, die er umfasst.
(Weber, 1926)

Politik ist Kampf um die rechte Ordnung. (Suhr, 1950)

Unter Politik verstehen wir den Begriff der Kunst, die Führung menschlicher Gruppen zu ordnen und zu vollziehen.
(Bergsträsser, 1961)

Politik ist die Kunst, Leute zu veranlassen, sich um das zu kümmern, was sie angeht.
(Noack, 1974)

Politik ist der Kampf der Klassen und ihrer Parteien, der Staaten und der Weltsysteme um die Verwirklichung ihrer sozialökonomisch bedingten Interessen und Ziele.
(Klaus/Buhr, 1975)

Politik ist der Kampf um die Veränderung oder Bewahrung bestehender Verhältnisse.
(von Krockow, 1976)

Politik betrifft alle, und dennoch ist der Kreis derjenigen, die Politik betreiben, klein.
(von Beyme, 1985)

Politik ist öffentlicher Konflikt von Interessen unter den Bedingungen von Macht und Konsensbedarf (...). Es ist nicht alles politisch in der Gesellschaft; aber fast alles kann politisch relevant werden (...).
(von Alemann, 1994)

Wie unterschiedlich Politik heute definiert wird ...

Auch in der (Politik-)Wissenschaft gibt es für den Begriff „Politik" zahlreiche Definitionen. Dies deshalb, weil dieser Begriff sehr viele Aspekte in sich vereint. Als wesentliche Bestandteile von „Politik" werden von vielen Expertinnen und Experten angesehen: Konflikt, Macht und Knappheit an Ressourcen. Sie gehen nämlich davon aus, dass Konflikte deshalb entstehen, weil die verschiedenen gesellschaftlichen Gruppen sich über die Verteilung der nur begrenzt vorhandenen materiellen Güter nicht einig sind. Zudem herrscht auch Uneinigkeit über ideelle Interessen (z. B. Werte). Aufgabe der Politik ist es daher, Konflikte nach bestimmten verbindlichen Regeln auszutragen. Und um in einem Konflikt die eigenen Interessen gegen die anderer durchzusetzen, benötigt man Macht. In einer Demokratie kann man diese Macht durch periodisch wiederkehrende Wahlen erlangen. Daraus ergibt sich eine Vielzahl von politischen Gestaltungsmöglichkeiten.

Die „Dimensionen des Politischen"

Die jüngere Politikwissenschaft hat es aufgegeben, eine enge und verbindliche Definition von „Politik" zu suchen. Sie versteht Politik als komplexes Geschehen innerhalb der Gesellschaft. Dieses wird in drei miteinander eng verbundenen Dimensionen sichtbar:

- Polity = die Form bzw. der Ordnungsrahmen, in dem sich Politik vollzieht. Er ist festgelegt durch Verfassung, Rechtsordnung und Tradition. Regierungen, Parlamente, Gerichte, Ämter, Schulen u. a. sind deren sichtbare Institutionen. Auch die Grundsätze der politischen Willensbildung und der Handlungsspielraum der politischen Akteure werden dadurch festgelegt (Wahlen, Parteien, Grundrechte etc.).

- Policy = die Inhalte von Politik, ihre Ziele und Aufgaben (Programme, Wertvorstellungen, Lösungsvorschläge etc.). In dieser Dimension kommen die unterschiedlichen Interessen der Gesellschaft zum Ausdruck – die „Konfliktstoffe".

- Politics = Politik als Prozess politischer Willensbildung und Entscheidungsfindung, der zwischen den politischen Akteurinnen/ Akteuren sowie den Betroffenen ständig stattfindet. Diese Dimension bezeichnet den Raum, in dem die verschiedenen Interessen artikuliert und die Konflikte ausgetragen sowie durch Konsens (Kompromiss) oder Machteinsatz geregelt werden.

Dimensionen	Kategorien	Schlüsselfragen
Polity (Form)	Internationale Abkommen und Regelungen	Welche internationale Abkommen sind wirksam?
Politischer Handlungsrahmen	Verfassungsprinzipien	Welche Verfassungsprinzipien müssen berücksichtigt werden?
	Politische Institutionen	Welche Institutionen sind an politischen Entscheidungen beteiligt?
	Gesetze und Rechtsnormen	Welche Gesetze und Rechtsnormen spielen eine Rolle?
Policy (Inhalt)	Politisches Problem	Um welches Problem geht es?
Inhaltliche Handlungsprogramme	Programme, Ziele, Lösungen	Welche Ziele sollen erreicht werden? Welche Lösungsvorschläge gibt es?
	Ergebnisse der Politik	Zu welchen Ergebnissen hat die Politik geführt?
	Bewertung der Politik	Wie werden die Ergebnisse bewertet?
Politics (Prozess)	Politische Akteure, Beteiligte, Betroffene	Welche politischen Akteure stehen im Mittelpunkt? Wer ist beteiligt, wer ist betroffen?
	Partizipation	Welche Chancen der Mitwirkung werden genutzt?
	Konflikte	Wie verlaufen die Konfliktlinien?
	Kampf um Macht	Welche Machtstrukturen gibt es?
	Interessen, ihre Vermittlung und Durchsetzung	Welche Interessen gibt es, wie werden sie vermittelt und durchgesetzt?
	Mehrheitssicherung, Verhandlungen (Kompromiss etc.)	Wie werden Mehrheiten gefunden, Zustimmung gesucht?

In der jüngeren Politikwissenschaft wird in Zusammenhang mit dem Begriff „Politik" häufig von den „Dimensionen des Politischen" gesprochen: Polity-Policy-Politics.

■ nach: Dachs, unveröffentlichtes Manuskript, vgl. auch Dachs, Fassmann, Politische Bildung 2002, S. 8.

Fragen und Arbeitsaufträge

1. Was sind in deiner persönlichen Erinnerung die frühesten politischen Ereignisse bzw. die politische Persönlichkeiten der österreichischen und der internationalen Politik? Notiere stichwortartig je drei Beispiele dazu.

2. Stellt danach in Kleingruppen alle Ergebnisse auf einer Zeitleiste (Plakat) dar und diskutiert über Gemeinsamkeiten und Unterschiede. Im Anschluss könnten alle Gruppen ihre Zeitleiste im Plenum vorstellen.

3. Welche der angeführten Definitionen („Wie Politik im letzten Jahrhundert definiert wurde") kommt deinem Politikverständnis am nächsten, welche lehnst du ab? Begründe deine Meinung.

4. Was verstehst du persönlich unter Politik? Versuche deine Vorstellung davon schriftlich auszuformulieren (in wenigen Sätzen).

5. Die „Dimensionen des Politischen (Polity-Policy-Politics)" treffen nicht nur auf die „hohe Politik" zu, sie gelten auch für „kleine Gemeinschaften". Erstellt in Kleingruppen eine Rangordnung von politischen Themen entsprechend ihrer Wichtigkeit in eurem Schüler/innenalltag (z. B. Schüler/innen-Mitbestimmung, Jugendschutz, Wahlalter etc.). Vergleicht eure Gruppen-Ergebnisse und tauscht euch darüber aus.

Projektvorschlag

Führt eine Befragung zum Thema „Politik" durch

Befragt eure Eltern und Großeltern bzw. ältere Verwandte zum Thema „Meine frühen Erinnerungen an politische Ereignisse bzw. politische Persönlichkeiten der österreichischen und der internationalen Politik".
Tipp: Lest vor der Befragung die Hinweise in Kapitel 7, Methode: Oral History durch (vgl. S. 260f.).

Vorgangsweise:

- Stellt euren Eltern und Großeltern die Fragen 1 und 4. Macht euch Notizen zu ihren Angaben.
- Recherchiert dann im Internet noch zusätzlich über die von ihnen genannten Personen und Ereignisse, druckt eventuell auch Fotos und Bilder dazu aus.
- Stellt dann in Kleingruppen alle Ergebnisse (eventuell mit Fotos und Bildern) der Eltern auf einer Zeitleiste (Plakat), auf einer zweiten Zeitleiste die Ergebnisse der Großeltern dar. Diskutiert die Ergebnisse im Plenum.
- Schreibt auf einem weiteren Plakat die Definitionen eurer Eltern und Großeltern von „Politik" auf. Nehmt Stellung dazu.

10. Österreich – eine parlamentarische Demokratie

Eine Demokratie nach „westlichem" Muster

Die Demokratie ist in Österreich formal schon dadurch garantiert, dass klare Regeln der Machtbestellung, der Machtkontrolle und der Machtablösung bestehen. Die Regierenden werden von den Regierten bestellt. (...) Die Beherrschten bestimmen selbst, wer sie auch tatsächlich beherrscht. Zumindest theoretisch bestimmen sie, nach welchen Regeln und mit welchen Zielen dies geschieht.
In diesem Sinn ist Österreich eine Demokratie. In diesem Sinn gibt es freilich auch Machtverhältnisse; gibt es mächtige Gruppen und mächtige Personen. Und deshalb gibt es auch ohnmächtige Gruppen und ohnmächtige Personen.
(Pelinka, Das politische System Österreichs, 1981, S. 282)

Da gibt es auf der einen Seite ein liberal-demokratisches Subsystem, bei dem Demokratie vor allem in Form eines Parteienwettbewerbs verwirklicht wird. Der Kampf um die Stimmen entscheidet. Auf der anderen Seite gibt es ein liberal-kapitalistisches Subsystem, das in erster Linie nach ökonomischen Erfolgen ausgerichtet ist. Hier wird der Grundsatz des Privateigentums an Produktionsmitteln prinzipiell beibehalten. Und als Grundsatz gilt: Wer mehr hat, zählt auch mehr.
(Pelinka, Das politische System Österreichs, 1981, S. 281 f.)

→ Erkläre, wer die Regierenden in Österreich, wer die Regierten, wer die Mächtigen, wer die Ohnmächtigen sind.

Das politische System Österreichs orientiert sich an den parlamentarischen Demokratien mit kapitalistischen Wirtschaftsformen, die sich seit dem Ersten Weltkrieg im „Westen" herausgebildet haben:

Der politische Wettbewerb und sein Funktionieren sind nur in den Grundzügen durch die Verfassung(sgesetze) geregelt. Er findet innerhalb, aber auch außerhalb der verfassungsmäßig vorgesehenen Organe statt.

Österreich – ein Bundesstaat und EU-Mitglied

Die politischen Entscheidungen werden in einem Bundesstaat wie Österreich auf verschiedenen Ebenen getroffen: Die wichtigsten fallen sicher in der Bundeshauptstadt Wien. Dort haben die höchsten Verfassungsorgane ihren Sitz. Politik wird auch auf der Ebene der Bundesländer und Gemeinden gemacht: Doch sind die österreichischen Landtage und Landesregierungen mit viel weniger Kompetenz (= Machtbefugnis) ausgestattet als z. B. die US-Bundesstaaten oder die Länder der Bundesrepublik Deutschland.

Mit dem Beitritt zur Europäischen Union (1995) gilt in Österreich das EU-Recht und damit auch ein übergeordnetes politisches System. Das schränkt den autonomen, also nationalstaatlichen Handlungsspielraum ein. Dafür besteht als Mitgliedsstaat die Möglichkeit zur politischen Mitbestimmung und Mitgestaltung auf EU-Ebene.

Parlament und Regierung

Im Bundes-Verfassungsgesetz von 1920 wurde in Artikel 1 festgelegt: „Österreich ist eine demokratische Republik. Ihr Recht geht vom Volk aus." Deshalb ist auch die Regierung dem Nationalrat, der direkt vom Volk gewählten Kammer des Parlaments, verantwortlich. Formell wird die Regierung vom Bundespräsidenten ernannt. Doch die Verfassungswirklichkeit zeigt: Nur jene Partei/en, die bei den Wahlen zum Nationalrat die Mehrheit der 183 Mandate erreicht/erreichen, stellt/stellen im Normalfall auch die Bundesregierung (Ausnahme: eine „Minderheitsregierung" wie 1970/71; vgl. S. 112).

■ Die Abgeordneten zum Nationalrat sowie Bundesregierung und Präsidium im Rahmen einer Nationalratssitzung 2011.

Der Parlamentarismus ist also gekennzeichnet vom Kampf der Parteien um die Sitze im Nationalrat und damit gleichzeitig um die Regierung(-sbeteiligung). Dieser (Wahl-)Kampf wird öffentlich und mit populären Mitteln ausgetragen (= Konkurrenz-Demokratie).

Verhältniswahlrecht und Vorzugsstimmen

Nationalratswahlen finden spätestens alle fünf Jahre statt. Es gilt der Grundsatz des allgemeinen, gleichen, direkten, persönlichen und geheimen Verhältniswahlrechts. Im Nationalrat sind alle jene Parteien vertreten, die entweder in einem der 43 Regionalwahlkreise ein Grundmandat oder zumindest 4 Prozent der gültigen Stimmen im gesamten Bundesgebiet bekommen haben. Grundsätzlich werden Parteilisten gewählt, auf denen die Kandidatinnen und Kandidaten der Parteien gereiht sind. Um das Prinzip der Persönlichkeitswahl zu verstärken, können die Wählerinnen und Wähler die Abgeordneten in den Regional- und Landeswahlkreisen mithilfe von Vorzugsstimmen umreihen und so direkt in den Nationalrat wählen. Allerdings sind dazu so viele Stimmen erforderlich, dass bisher nur die Spitzenkandidatinnen und Spitzenkandidaten der Parteien und keine Regionalpolitikerinnen und Regionalpolitiker ein Vorzugsstimmenmandat erringen konnten.

Theoretisch: freies Mandat – praktisch: Klubzwang

Plenarsitzungen und Abstimmungen im „Hohen Haus" sind öffentlich und werden seit vielen Jahren auch im ORF übertragen. Welche Haltung die Abgeordneten dabei jeweils vertreten bzw. wie sie abstimmen, das wird vorher in den vertraulichen Sitzungen der Parteien in ihren „Parlamentsklubs" festgelegt. Obwohl die Abgeordneten grundsätzlich nur ihrem Gewissen verpflichtet sind (die Verfassung garantiert ihnen das so genannte freie Mandat), stimmen sie normalerweise im Sinne des „Klubzwangs" immer geschlossen nach Parteien ab.

Unter Ausschluss der Öffentlichkeit finden auch die Sitzungen der vielen parlamentarischen (Unter-)Ausschüsse statt. Dort werden die einzelnen Gesetzesanträge diskutiert, verhandelt und unter Umständen auch abgeändert. Immer wieder kommt es zu Kompromissen zwischen den fachlich spezialisierten Mandataren der Parteien.

Funktionen des Parlaments: Gesetzgebung …

Gemäß Artikel 24 des Bundes-Verfassungsgesetzes ist das Parlament für die Gesetzgebung zuständig. Damit ist das Volk durch seine gewählten Vertreterinnen und Vertreter, also indirekt, die bestimmende Kraft im Staat – das zentrale Merkmal jeder parlamentarischen Demokratie.

Doch im politischen Alltag fallen die wichtigen Entscheidungen für das Entstehen neuer Gesetze oder für die Anpassung alter (= Gesetzesnovellen) bereits im „vorparlamentarischen" Raum. Dieser wird beherrscht von den Parteien, den Verbänden und anderen Interessengruppen (Lobbies), den einzelnen Ministerien und ihren Beamtinnen und Beamten (s. die Grafik).

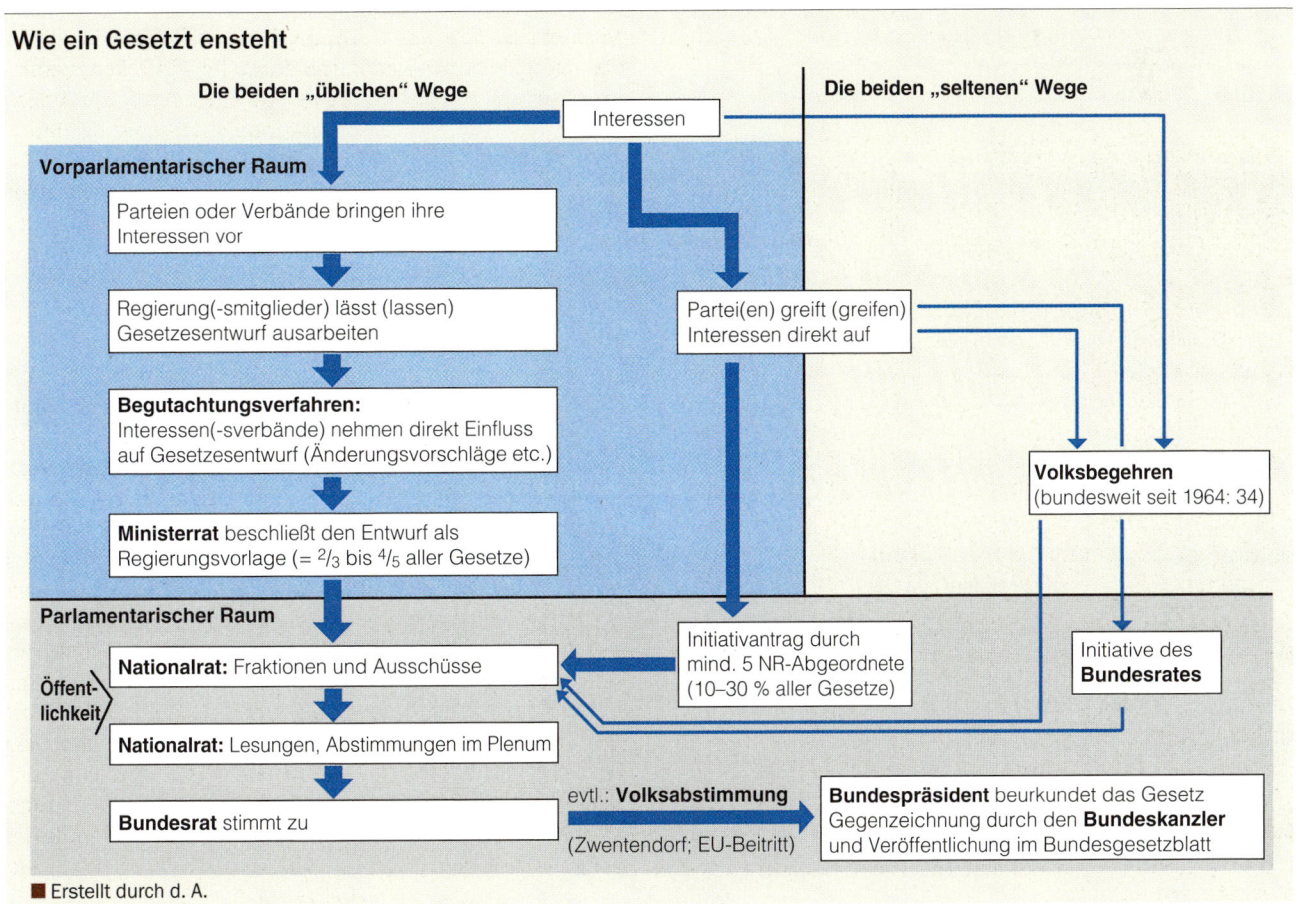

Wie ein Gesetzt ensteht

Erstellt durch d. A.

Erst abschließend geschieht die Gesetzgebung im Parlament. In Zeiten der Großen Koalition (1947–1966, 1986–1999, seit 2007) trat das Parlament als Ort politischer Entscheidungen noch mehr in den Hintergrund: Es war oftmals nur noch Vollzugsorgan der beiden großen Parteien, die ihre Entscheidungen längst vorher schon anderswo (z. B. in gemeinsamen Arbeitsausschüssen) getroffen hatten. Seit dem Betritt zur Europäischen Union hat der Nationalrat jedoch einen großen Teil seiner Gesetzgebungskompetenz an die EU-Organe (Rat, Parlament) abtreten müssen.

... und Kontrolle der Regierung

Entsprechend der österreichischen Verfassung gilt zwischen Legislative (= Parlament) und Exekutive (= Regierung) das Prinzip der Gewaltenteilung. Doch in der Verfassungswirklichkeit treten Regierung und die Mehrheit des Parlaments immer als Einheit auf. Daher ist in der politischen Praxis die Kontrolle der Regierung durch das Parlament kaum gegeben. Denn die Regierung stützt sich ja – außer bei Minderheitsregierungen – immer auf eine parlamentarische Mehrheit. Daher müssen die Oppositionsparteien die Rolle des „Regierungskontrollors" im Parlament übernehmen. Für diese wichtige Aufgabe bekommen sie neben den gesetzlich garantierten Kontrollrechten auch Unterstützung durch den Rechnungshof, die Volksanwaltschaft (vgl. S. 143) und die Medien (vgl. S. 266f.).

Die Kontrollrechte des Nationalrates gegenüber der Regierung sind im Bundes-Verfassungsgesetz festgelegt:

> **Q** *Artikel 50. (1) Politische Staatsverträge (...) dürfen nur mit Genehmigung des Nationalrates abgeschlossen werden. (...)*
> *Artikel 51. (1) Dem Nationalrat ist spätestens zehn Wochen vor Ablauf des Finanzjahres von der Bundesregierung ein Voranschlag der Einnahmen und Ausgaben des Bundes für das folgende Finanzjahr vorzulegen. (...)*
> *Artikel 52. (1) Der Nationalrat und der Bundesrat sind befugt, die Geschäftsführung der Bundesregierung zu überprüfen (...) sowie ihren Wünschen über die Ausübung der Vollziehung in Entschließungen Ausdruck zu geben.*
> *(2) Jedes Mitglied des Nationalrates und des Bundesrates ist befugt, in den Sitzungen des Nationalrates oder des Bundesrates kurze mündliche Anfragen an die Mitglieder der Bundesregierung zu richten. (...)*
> *Artikel 53. (1) Der Nationalrat kann durch Beschluss Untersuchungsausschüsse einsetzen. (...)*
> *Artikel 74. (1) Versagt der Nationalrat der Bundesregierung oder einzelnen ihrer Mitglieder durch ausdrückliche Entschließung das Vertrauen, so ist die Bundesregierung oder der betreffende Bundesminister des Amtes zu entheben. [= Misstrauensvotum]*
> *(Bundes-Verfassungsgesetz in der Fassung von 1929)*

→ Welche Parteien nützen normalerweise die „Fragestunde" im Parlament? Welche Untersuchungsausschüsse des Nationalrates sind euch aktuell oder aus der Vergangenheit bekannt?
Warum erhalten die so genannten Misstrauensanträge im Nationalrat praktisch nie eine Mehrheit?

Landtage und Landesregierungen

Ähnlich wie auf Bundesebene funktioniert das parlamentarische System auf der Ebene der neun Bundesländer. Die Gesetzgebungsperiode dauert ebenso fünf Jahre (in Oberösterreich sogar sechs).

Auf unterschiedliche Weise erfolgen jedoch die Regierungsbildungen in den Bundesländern: In Vorarlberg, Salzburg, Tirol und seit 2012 auch in der Steiermark werden die Landesregierungen, ähnlich wie auf Bundesebene, nach den Landtagswahlen in freien Koalitionsverhandlungen gebildet. In den anderen Bundesländern gibt es laut Landesverfassung die Verpflichtung zum „Proporz": Das bedeutet, dass jede Partei ab einer bestimmten Größe in der Landesregierung vertreten sein muss. Eine Mischform gibt es in Wien: Zwar müssen auch hier alle Parteien nach dem Proporzsystem in der Stadtregierung (= Stadtsenat) vertreten sein, doch nicht alle Stadträte haben einen Aufgabenbereich. Die amtsführenden Stadträte können mit einfacher Mehrheit bestellt werden.

Regierungschefin oder Regierungschef ist die Landeshauptfrau oder der Landeshauptmann, sie oder er wird von den Mitgliedern des Landtages mit einfacher Mehrheit gewählt.

→ Erörtere die Vor- und Nachteile von frei gewählten Koalitions- bzw. verpflichtenden Proporzregierungen.

Fragen und Arbeitsaufträge

→ 1. Analysiere den so genannten Klubzwang bei Abstimmungen: Welche Vor- und Nachteile hat er für die Regierungen bzw. die Parteien?

→ 2. Arbeite mit Hilfe des Schaubildes „Wie ein Gesetz entsteht" die wesentlichen Stationen einer „Gesetzwerdung" heraus.

→ 3. Fasse die verfassungsmäßigen Kontrollrechte des Nationalrates zusammen und erstelle eine Rangliste hinsichtlich ihrer Wichtigkeit.

11. Die Bundesverfassung – das Fundament des Staates

Was die „Verfassung" regelt …

Fragt man Jugendliche in den Maturaklassen oder Studierende an den Universitäten, was sie unter „Verfassung" verstehen, gibt es die unterschiedlichsten Antworten. Der Rechtsexperte Hans Kelsen, der 1919 mit der Ausarbeitung der österreichischen Bundesverfassung beauftragt wurde, formulierte es so:

> **Q** *Wie immer man den Begriff der Verfassung definiert hat, stets tritt er mit dem Anspruch auf, das Fundament des Staates zu begreifen, auf dem sich die übrige Ordnung aufbaut.*
> (Zit. nach: Gerlich/Müller, Grundzüge des politischen Systems Österreichs, 1988, S. 25)

Das bedeutet: Die österreichische Verfassung bzw. die Bundesverfassungsgesetze bilden die rechtliche Grundordnung unseres Staates. In ihr sind festgelegt
– die Staatsform (Republik),
– die Struktur des Staates (Bundesstaat),
– die Bestellung und Aufgaben der Staatsorgane sowie die Festlegung des Regierungssystems,
– Organisation, Wirkungskreis und Verfahrensgrundsätze der Staatsgewalten (Gesetzgebung, Verwaltung, Rechtsprechung),
– die Grundrechte.

Im hierarchischen System der österreichischen Rechtsordnung nimmt das Verfassungsrecht den höchsten Rang ein. Um diese Grundlage unseres gesamten Rechtssystems zu schützen, können Verfassungsgesetze nur mit einer qualifizierten Mehrheit (= Zweidrittelmehrheit) bei Anwesenheit von mindestens der Hälfte aller Abgeordneten beschlossen werden.

EU-Recht hat Vorrang vor nationalem Recht

Durch den Beitritt in die Europäische Union ist Österreich seit 1995 in ein übergeordnetes politisches und rechtliches System eingetreten. Seither gelten in Österreich zwei Rechtsordnungen, wobei das EU-Recht Vorrang vor dem nationalen Recht hat und der Europäische Gerichtshof zur höchsten Rechtsprechungsinstanz geworden ist. Österreichisches Recht muss daher auf jeder Stufe mit dem „Gemeinschaftsrecht" vereinbar sein. Das bedeutet einerseits, dass EU-Richtlinien und Verordnungen in nationales Recht umgesetzt werden, und andererseits, dass nationale Gesetze nötigenfalls den EU-Richtlinien und Verordnungen angepasst werden müssen. Über dem EU-Recht stehen jedoch die „Grundprinzipien der Bundesverfassung" (vgl. Grafik, S. 129).

Die Grundprinzipien der Bundesverfassung

Die leitenden Prinzipien (Grundprinzipien) unserer Verfassung stehen im Stufenbau der Rechtsordnung an oberster Stelle. Sie genießen als „Baugesetze" unserer Staatsordnung besonderen Schutz: Will man sie ändern oder beseitigen, kommt das einer Gesamtänderung der Bundesverfassung (und damit unserer Staatsordnung) gleich und bedarf einer Volksabstimmung – wie das mit dem Beitritt Österreichs zur Europäischen Union der Fall war.

Die Bundesverfassung ist durch folgende Prinzipien gekennzeichnet:

– Das republikanische Prinzip

> **Q** *Art. 1 B-VG Österreich ist eine demokratische Republik. Ihr Recht geht vom Volk aus.*

Entsprechend diesem Prinzip steht an der Spitze des Staates ein auf eine begrenzte Amtszeit gewählter und dem Volk gegenüber politisch verantwortlicher Bundespräsident (im Gegensatz zu einem durch Erbfolge legitimierten Monarchen mit unbegrenzter Amtsdauer). Der Bundespräsident kann nur durch eine Volksabstimmung, welche die Bundesversammlung (Nationalrat und Bundesrat) verlangen muss, abgesetzt werden. Durch die Verfassungsnovelle 1929 wurde die Stellung des Bundespräsidenten gestärkt. Seither wird er nicht mehr durch die Bundesversammlung auf vier Jahre, sondern direkt durch das Volk für eine Amtszeit von sechs Jahren gewählt. Der Bundespräsident vertritt offiziell den Staat nach außen, ernennt und entlässt die Bundesregierung, hat den Oberbefehl über das Bundesheer, beurkundet die Bundesgesetze, kann Verurteilte begnadigen und gerichtliche Verfahren niederschlagen (s. vor allem Art. 60–69 B-VG).

– Das demokratische Prinzip

Es ist neben der grundsätzlichen Bestimmung des Artikel 1 (s. oben) auch in vielen anderen Verfassungsbestimmungen sichtbar, wie z. B.:

> **Q** *Art. 26 (1) B-VG Der Nationalrat wird vom Bundesvolk (…) nach den Grundsätzen der Verhältniswahl gewählt. (…)*
> *Art. 43 B-VG Einer Volksabstimmung ist jeder Gesetzesbeschluss des Nationalrates (…) zu unterziehen, wenn der Nationalrat es beschließt oder die Mehrheit der Mitglieder des Nationalrates es verlangt. (…)*
> *Art. 91 (1) B-VG Das Volk hat an der Rechtsprechung mitzuwirken.*

Die demokratischen Rechte der Staatsbürgerinnen und -bürger sind vielfältig. Sie wählen den Bundespräsidenten, den Nationalrat, die Landtage, die Gemeinderäte und z. T. auch direkt die Bürgermeister/innen. In Volksabstimmungen entscheiden sie, ob ein vorgeschlagenes Gesetz in Kraft treten soll oder nicht. Ein erfolgreich durchgeführtes Volksbegehren zwingt die Volksvertreter/innen, sich im Nationalrat damit auseinanderzusetzen. Als Laienrichter/innen müssen ausgewählte Staatsbürger/innen auch an der Rechtsprechung (als Schöffinnen und Schöffen und Geschworene) mitwirken.

– Das bundesstaatliche Prinzip

> **Art. 2 (1) B-VG** *Österreich ist ein Bundesstaat.*
> *(2) Der Bundesstaat wird gebildet aus den selbstständigen Ländern. (...)*
> **Art. 15 (1) B-VG** *Soweit eine Angelegenheit nicht ausdrücklich durch die Bundesverfassung der Gesetzgebung oder auch der Vollziehung des Bundes übertragen ist, verbleibt sie im selbstständigen Wirkungsbereich der Länder.*

Dieses Prinzip bedeutet die Aufteilung der Staatsgewalten (Gesetzgebung und Vollziehung) zwischen Bund und Ländern. Die Gerichtsbarkeit jedoch ist ausschließlich Bundessache. Die Länder haben über die zweite Kammer des Parlaments, den Bundesrat, ein sehr geringes Mitwirkungsrecht an der Bundesgesetzgebung – nämlich in Form eines aufschiebenden Vetos gegen Gesetzesbeschlüsse des Nationalrates. Auch sonst liegt das Übergewicht beim Bund (z.B. äußere Angelegenheiten, Bundesfinanzen, Banken- und Kreditwesen, Polizei- und Verkehrs-, Schul- und Vereinswesen). Die Kompetenzen (= Zuständigkeiten) der Länder sind bescheiden. Ihre wichtigsten sind: Raumplanung, Bauwesen, Sozialwesen, Natur- und Jugendschutz.

– Das rechtsstaatliche Prinzip

> **Art. 18 (1) B-VG** *Die gesamte staatliche Verwaltung darf nur aufgrund der Gesetze ausgeübt werden.*

In einem Rechtsstaat ist der Gesetzgeber an die Verfassung gebunden. Die Vollziehung (= Verwaltung und Gerichtsbarkeit) wiederum ist an die bestehenden Gesetze gebunden. Die Einhaltung dieses so genannten Legalitätsprinzips überwachen als oberste Kontrollinstanzen der Verfassungsgerichtshof und der Verwaltungsgerichtshof (vgl. S. 142). Die/der einzelne Bürger/in hat zur Durchsetzung ihrer/ seiner Rechte die Möglichkeit, gegen Entscheidungen (= Bescheide) der Verwaltungsbehörden (z.B. Finanzamt, Bezirkshauptmannschaft, Landes- oder Stadtschulrat) und Urteile der Gerichte Rechtsmittel (Beschwerde, Berufung) zu ergreifen.

– Das Prinzip der Gewaltentrennung

> **Art. 94 B-VG** *Die Justiz ist von der Verwaltung in allen Instanzen getrennt.*

Schon seit der Aufklärung wird die Trennung der drei klassischen Staatsgewalten Gesetzgebung (Legislative), Verwaltung (Exekutive) und Gerichtsbarkeit (Judikative) gefordert. Sie soll die Bürgerinnen und Bürger vor der Übermacht und Willkür des Staates schützen. Die Gewaltentrennung wird in der österreichischen Verfassung nicht lückenlos durchgeführt. Vor allem widerspricht ihr die politische Praxis, dass jene politischen Entscheidungsträger (Parteien), die die Verwaltung (Regierung) leiten, auch die Mehrheit in der Gesetzgebung (Nationalrat) bilden. Die Gerichtsbarkeit wird von unabhängigen Richterinnen und Richtern ausgeübt.

Verfassung und Verfassungswirklichkeit

Die Entwicklung in der Zweiten Republik hat dazu geführt, dass die Verfassung aus dem Jahr 1920 die politischen Prozesse der Gegenwart (= Verfassungswirklichkeit) nur noch teilweise regeln kann. Denn diese Verfassung ist noch stark beeinflusst vom gesetzlichen Regelwerk der Monarchie. Deshalb wird sie in unserem gegenwärtigen Parteien- und Verbändestaat von anderen, nicht in der Verfassung verankerten Regeln und Mechanismen ergänzt. In der Realpolitik wird in vielen Fällen der Verfassung nur noch im formalen Ablauf entsprochen – wie die folgenden Beispiele zeigen.

– In der Gesetzgebung:

> **Art. 41 (1) B-VG** *Gesetzesvorschläge gelangen an den Nationalrat als Anträge seiner Mitglieder, des Bundesrates oder eines Drittels der Mitglieder des Bundesrates sowie als Vorlagen der Bundesregierung.*
> *(2) Jeder von 100 000 Stimmberechtigten (...) gestellte Antrag (Volksbegehren) ist von der Bundeswahlbehörde dem Nationalrat zur Behandlung vorzulegen.*

Die Bundesverfassung sieht für die Gesetzwerdung nur die Zusammenarbeit der Bundesregierung mit dem Nationalrat, die Initiative einzelner Abgeordneter, Anträge des Bundesrates oder die Initiative durch ein Volksbegehren vor. Tatsächlich aber gehen die Gesetzesanträge vor allem von der Regierung aus (ca. 80 Prozent). Außerdem sind die Verbände und politischen Parteien ganz wesentlich an der Gesetzgebung beteiligt.

– Bei der Bestellung der Bundesregierung:

> **Art. 70 (1) B-VG** *Der Bundeskanzler und auf seinen Vorschlag die übrigen Mitglieder der Bundesregierung werden vom Bundespräsidenten ernannt. Zur Entlassung des Bundeskanzlers oder der gesamten Bundesregierung ist ein Vorschlag nicht erforderlich.*

Nach diesem Wortlaut kann der Bundespräsident jederzeit und völlig frei den Bundeskanzler sowie die Bundesregierung ernennen und entlassen. In der politischen Wirklichkeit fanden in der Zweiten Republik Regierungsbildungen normalerweise immer im Anschluss an Nationalratswahlen statt (abgesehen vom Wechsel einzelner Minister/innen und Bundeskanzler auch während einer Gesetzgebungsperiode, wenn sie aus persönlichen oder innerparteilichen Gründen stattfanden). Es hat bis heute kein Bundespräsident eine Regierung von sich aus entlassen.
Auch bei der Auswahl des Bundeskanzlers ist der Bundespräsident in der Verfassungswirklichkeit an die Ergebnisse der Nationalratswahlen gebunden: Erhält eine Partei die absolute Mehrheit, so ist er faktisch gezwungen, den Kanzlerkandidaten dieser Partei auch zu ernennen. Bis zum Jahr 2000 stellte immer jene Partei den Bundeskanzler, die im Nationalrat die (relative) Mehrheit an Abgeordneten hatte. 2000 wurde erstmals der Kanzlerkandidat der drittstärksten Partei, Wolfgang Schüssel (ÖVP), zum Bundeskanzler

einer ÖVP-FPÖ-Koalitionsregierung ernannt, obwohl diese offensichtlich vom damaligen Bundespräsidenten Thomas Klestil nicht erwünscht war. Trotz seiner verfassungsrechtlich garantierten Ernennungsfreiheit musste er diese Koalition akzeptieren. Eine andere hätte nämlich keine Mandatsmehrheit im Nationalrat zustande gebracht. Allerdings lehnte Klestil damals die Ernennung zweier, vom Bundeskanzler vorgeschlagener FPÖ-Minister ab, die dann durch andere Personen ersetzt wurden.

Nach Artikel 70 könnte sich ein neuer Bundeskanzler allein seine Minister/innen aussuchen. In der politischen Wirklichkeit aber wird sich der Bundeskanzler bei der Auswahl seiner Minister/innen mit den einflussreichsten Funktionären in der eigenen Partei absprechen müssen. Noch weniger Einflussmöglichkeit hat er auf die Auswahl der Regierungsmitglieder bei seinem (möglichen) Koalitionspartner. Alle diese Entscheidungen sind aber durch die Verfassung nicht geregelt.

> Art. 26 (1 u. 4) B-VG Der Nationalrat wird vom Bundesvolk aufgrund des gleichen, unmittelbaren, geheimen und persönlichen Wahlrechts der Männer und Frauen, die spätestens am Tag der Wahl das 16. Lebensjahr vollendet haben, nach den Grundsätzen der Verhältniswahl gewählt. (...) Wählbar sind alle zum Nationalrat Wahlberechtigten, die am Stichtag die österreichische Staatsbürgerschaft besitzen und am Wahltag das 18. Lebensjahr vollendet haben.

– Bei der Wahl zum Nationalrat:

Dieser Verfassungsartikel ist offenbar bewusst kurz gehalten. Er lässt völlig offen, wie ein/e Wahlberechtigte/r wirklich Mitglied des Nationalrates werden kann. Ebenso lässt er den politischen Parteien freie Hand, auf welche Weise sie zur Aufstellung und Reihung ihrer Kandidatinnen und Kandidaten auf den Nationalrats-Wahllisten gelangen.

→ Recherchiere, wie die Kandidatenlisten der einzelnen Parteien in euren Bundesländern für Gemeinderats-, Landtags- und Nationalratswahlen bzw. für die EU-Wahlen erstellt werden.

Die Verfassung und ihre vielen Ergänzungen

„Die Bundesverfassung ist eine Ruine – innerlich und äußerlich." Tatsächlich besteht die österreichische Verfassung nicht nur aus dem „Bundes-Verfassungsgesetz von 1920 in der Fassung von 1929", sondern auch aus einer Vielzahl anderer Rechtsquellen. Sie reichen teilweise in die Monarchie zurück (z. B. die Grund- und Freiheitsrechte) oder wurden im Laufe der Zweiten Republik beschlossen (z. B. Neutralitäts-, Zivildienst-, Datenschutz-, Umweltschutzgesetz). Dazu kamen immer wieder Änderungen und Ergänzungen (= Novellen).

Die bedeutendste Novelle des Bundes-Verfassungsgesetzes wurde durch den EU-Beitritt notwendig (1994, Bundesgesetzblatt 113). Sie regelt u. a. die Wahlen der österreichischen Abgeordneten zum Europäischen Parlament und die Mitsprache- und Einflussmöglichkeiten des Parlaments, der Länder und Gemeinden auf die österreichischen Ratsmitglieder. Sie verpflichtet die österreichische Bundesregierung zur umfassenden Information des Parlaments über die EU-Politik. In der Praxis sind das durchschnittlich 20 000 Dokumente pro Jahr.

Keine politische Einigung auf eine neue Verfassung

Die Reformbedürftigkeit der österreichischen Verfassung führte im Jahr 2003 zur Bildung des „Österreich-Konvents", der sich aus Vertretern der verschiedenen politischen Körperschaften und Expertinnen und Experten zusammensetzte. Sein Ziel war, Vorschläge für eine grundlegende Staats- und Verfassungsreform auszuarbeiten, die Verfassung also neu zu formulieren. Der im Jahr 2005 vorgelegte Verfassungsentwurf erhielt jedoch keine Mehrheit im Parlament. Zu unterschiedlich waren die politischen Standpunkte bei vielen Themenbereichen (z. B. stärkere Kontrollrechte für das Parlament, verpflichtende Volksabstimmung nach erfolgreichen Volksbegehren, etc.), vor allem auch bei der Kompetenzverteilung zwischen Bund und Ländern.

Fragen und Arbeitsaufträge

→ 1. Fasse die Grundprinzipien der österreichischen Bundesverfassung zusammen.

→ 2. Erkläre den Unterschied zwischen Verfassung und Verfassungswirklichkeit am Beispiel der Gesetzgebung und der Regierungsbildung.

■ Urbanek, Materialpaket Politische Bildung, 2002, S. 3.

12. Die Parteien der Zweiten Republik

Die Vielfalt der Parteien garantiert die Demokratie

Q *Die moderne Demokratie beruht geradezu auf den politischen Parteien, deren Bedeutung umso größer ist, je stärker das demokratische Prinzip verwirklicht ist (...). Nur Selbsttäuschung und Heuchelei kann vermeinen, daß Demokratie ohne politische Parteien möglich sei. Die Demokratie ist notwendig und unvermeidlich ein Parteienstaat.*
(Kelsen, Vom Wesen und Wert der Demokratie, 1929, 19f.)

Obwohl die Vertreter der politischen Parteien sowohl für die Gründung der Ersten wie auch der Zweiten Republik verantwortlich waren, wurden die Parteien erst 1975 gesetzlich verankert:

Q *Artikel I (Verfassungsbestimmung).*
§ 1 (1) Die Existenz und Vielfalt politischer Parteien sind wesentliche Bestandteile der demokratischen Ordnung der Republik Österreich. (...)
(3) Die Gründung politischer Parteien ist frei. (...) Ihre Tätigkeit darf keiner Beschränkung durch besondere Rechtsvorschriften unterworfen werden.
Artikel II
§ 2 (1) Jeder politischen Partei sind für Zwecke der Öffentlichkeitsarbeit auf ihr Verlangen Förderungsmittel (...) zuzuwenden.
(„Parteiengesetz" vom 2. Juli 1975, Bundesgesetzblatt Nr. 404)

Bezüge der Politiker (gültig von 2008 bis 2011)

die neuen Bezüge	In % vom Bezug einer/s Nationalratsabgeordneten	Betrag in €
für den Bundespräsidenten	280	22 848
für den Bundeskanzler	250	20 400
für den Vizekanzler bei Betrauung mit der Leitung eines Ressorts	220	17 952
für den Präsidenten des Nationalrates	210	17 136
für eine/n Bundesminister/in	200	16 320
für ein Mitglied des Nationalrates	100	8 160
für ein von Österreich entsandtes Mitglied des Europäischen Parlaments	100	8 160
für ein Mitglied des Bundesrates	50	4 080
für eine/n Landeshauptfrau/Landeshauptmann	200	16 320
für ein Mitglied der Landesregierung	170	14 688
für einen Abgeordneten zum Landtag	80	6 528

■ „Amtsblatt zur Wiener Zeitung", 13. Mai 2008.

Über die innere Organisation einer Partei sagt das „Parteiengesetz" nichts aus: In ihrer Grundstruktur sind die Parteien demokratisch aufgebaut. Normalerweise werden die Funktionäre von den Parteimitgliedern gewählt, und die Parteispitze stellt sich regelmäßig an Parteitagen der Wahl. Doch gerade an der Parteispitze bilden sich immer wieder Gruppierungen heraus, deren „Machtausübung" von den Mitgliedern an der Basis nur schwer kontrolliert werden kann. Diese Funktionärselite kann nämlich durch die gesetzlich garantierten öffentlichen „Förderungsmittel" ziemlich eigenständig handeln. Das macht sie weniger von Mitgliedsbeiträgen und Spenden abhängig.

Parteienförderung und Politikergehälter

Die Höhe der staatlichen Förderung ist abhängig von der jeweiligen Anzahl der Abgeordneten, die für ihre Parteien im Parlament und in den Landtagen sitzen. Die Parteienfinanzierung durch Bund und Länder hat sich in den letzten Jahrzehnten vervielfacht (1979: 31 Mio. Euro; 2009: 185 Mio. Euro) und ist im Vergleich mit anderen europäischen Ländern ein Spitzenwert. Dennoch reichen diese Gelder normalerweise nicht aus, um die Ausgaben für Personalkosten, Wahlkämpfe, Öffentlichkeitsarbeit, Parteiakademien etc. zu decken. Gerade für die „Mitgliederparteien" ÖVP und SPÖ (gilt nicht für FPÖ/BZÖ und Grüne) sind daher die regelmäßigen Beiträge ihrer Mitglieder eine wichtige Einnahmequelle. Auch die Abgeordneten selbst finanzieren ihre eigenen Parteien mit, indem sie einen Teil ihres Politikereinkommens als „Parteisteuer" abliefern. Schließlich gibt es noch Parteispenden von Unternehmen und Verbänden. Alle diese Zuwendungen ermöglichen es den Parteien, ihre Kosten abzudecken.

Seit Jahrzehnten werden die Politikergehälter, die vielen Menschen zu hoch erscheinen, öffentlich kritisiert. Seit 1997 gibt es eine einheitliche „Bezügepyramide", welche die Gehälter der Landes- und Bundespolitiker/innen regelt (s. Grafik). Wegen der Wirtschaftskrise 2008 wurden die Politikerbezüge bis 2011 „eingefroren". Normalerweise steigen sie gleich wie die Pensionen oder werden der jährlichen Inflation angepasst. Führungskräfte in der Wirtschaft werden im Vergleich deutlich höher entlohnt als (Spitzen-)Politiker/innen. Daher wird es auch immer schwieriger, Spitzenkräfte für politische Ämter zu gewinnen.

ÖVP und SPÖ – die großen Mitglieder-Parteien

Während die SPÖ eine zentralistische Organisationsstruktur aufweist, ist die ÖVP in Bünde (Bauern-, Wirtschafts-, Arbeiter- und Angestellten-, Seniorenbund, Frauenbewegung, Junge Volkspartei) gegliedert. Beide Parteien haben eine Fülle von Vorfeldorganisationen bzw. ihnen nahe stehenden Vereinigungen (z. B. Bund Sozialistischer Akademiker, Sozialistische Jugend, Kinderfreunde, Rote Falken sowie ASKÖ [Arbeitsgemeinschaft für Sport und Körperkultur Österreichs], ARBÖ [Auto-, Motor- und Radfahrverbund Österreichs], Naturfreunde bzw. Österreichischer Akademikerbund, Schülerunion sowie die Sport-UNION).

Die beiden Großparteien weisen im internationalen Vergleich auch heute noch einen überdurchschnittlich hohen Organisationsgrad (= Anteil der Mitglieder an den Wählerstimmen in Prozent) auf. Doch die Parteimitgliedschaften haben in den letzten drei Jahrzehnten fast um die Hälfte abgenommen. Im Jahr 2006 waren etwa 900 000 Personen (ca. 15 % der Wahlberechtigten) Mitglieder einer politischen Partei – davon war ein Drittel älter als 60 Jahre.

Die Gründe für die hohe Zahl der Mitgliedschaften lagen einerseits im historisch gewachsenen politischen „Lagerdenken", andererseits im Faktor „Protektion":

> **L** *In Österreich werden führende Positionen in vielen, nicht unmittelbar politischen Bereichen (Wirtschaft, Schule, Kultur etc.) direkt oder indirekt von den Parteien besetzt.*
>
> (Pelinka, Das politische System Österreichs, 1981, S. 294)

Der „Parteien-Proporz"

Seit dem Beginn der Zweiten Republik, verstärkt noch seit Bildung der ersten Großen Koalition (1947) sicherten sich ÖVP und SPÖ ihren Einfluss in allen staatlichen und staatsnahen Bereichen. Sie teilten alle Führungspositionen untereinander auf oder besetzten sie doppelt (= Proporzdemokratie), auch um sich gegenseitig kontrollieren zu können.

Schon Bundeskanzler Klaus kritisierte 1971 im Rückblick jedoch die Auswüchse dieses Systems:

> **Q** *Im Proporz fand die Praxis der totalen Machtergreifung im Staat durch die Koalitionsparteien ihre Fortsetzung, Stellenbesetzungen, Subventionen, ja sogar Regierungs- und Beamtendelegationen, die ins Ausland reisten, mußten im Verhältnis 1:1 besetzt werden.*
>
> (Klaus, Macht und Ohnmacht in Österreich, zit. nach Rathkolb, Die paradoxe Republik, 2011, S. 53f.)

Besonders auffällig wurde der Proporz bei der Besetzung der Führungspositionen im ORF, was zum ersten Volksbegehren der Zweiten Republik führte (1964). Dieses Proporzsystem setzte sich auch nach „unten" fort: In verschiedenen Institutionen bzw. Betrieben ist z. T. bis heute zumindest eine Parteinähe auch für Anstellungen in mittleren und niedrigen Positionen erforderlich. Das Ende der Großen Koalition 1999 bedeutete nicht das Ende des Proporzsystems. So meinte der Historiker Oliver Rathkolb:

> **L** *In der ÖVP-FPÖ-Koalition 2000 bis 2006 war „Proporz neu" angesagt; das heißt, daß vor allem Beamte, die der SPÖ zugerechnet werden, Kompetenzverluste zu gewärtigen haben. In Aufsichtsräten und Vorständen der ÖIAG wurden umfassende Personalwechsel durchgeführt. Zum Unterschied von den 1970er Jahren (...) wurde nun eine starke politische Partei, die SPÖ, deutlich ausgeklammert (...) unabhängige Manager/innen ohne ÖVP- oder FPÖ-Sympathien werden (...) kaum berücksichtigt. In diesem Zusammenhang spielt die Frage des Parteibuchs weniger eine Rolle als die konkrete ideologische Nähe.*
>
> (Rathkolb, Die paradoxe Republik, 2011, S. 55)

Die Parteienkonzentration nimmt ab – wohin steuern Österreichs Parteien?

Außergewöhnlich hoch im europäischen Vergleich war zwischen 1956 bis 1983 die Konzentration der Wählerstimmen auf SPÖ und ÖVP: „Rot" und „Schwarz" erhielten zusammen zwischen 89 und 93 Prozent. Im Jahr 1986, als die Grün-Alternativen den Einzug in den Nationalrat schafften, nahm der Stimmenanteil der Großparteien erstmals merklich ab (84 %). Er sank bei den Nationalratswahlen 1994 zum ersten Mal unter die Zweidrittelmarke (63 Prozent), im Jahr 1999 weiter auf 60 Prozent und erreichte 2013 mit 50,8 Prozent einen absoluten Tiefstand seit der Gründung der Zweiten Republik.

Die ÖVP war dabei vom Stimmenrückgang stärker betroffen als die SPÖ: 1999 lag sie mit 27 Prozent erstmals nur an 3. Stelle. Nach einem großen Wahlerfolg im Jahr 2002 erlebte die Volkspartei 2013

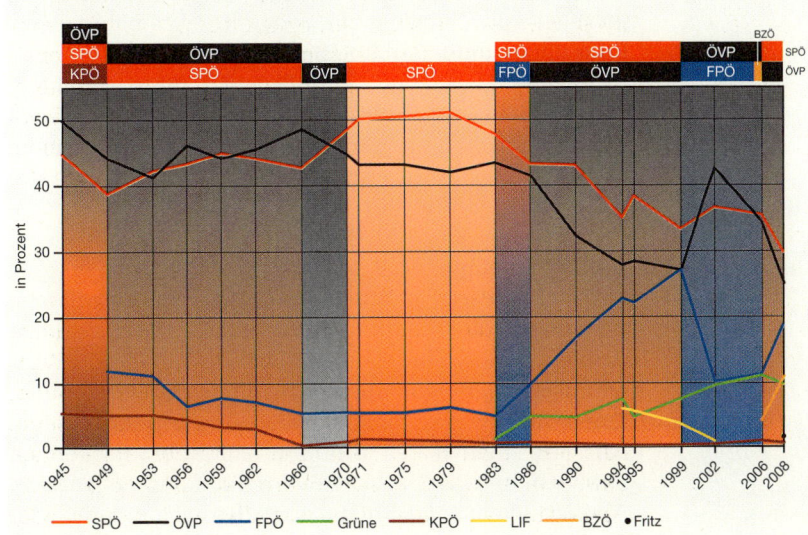

Nationalratswahl-Ergebnisse und Regierungskonstellationen in Österreich 1945 bis 2008

mit 24 Prozent das schlechteste Wahlergebnis seit ihrer Gründung. Auch die SPÖ verlor seit 1990 fast bei allen Nationalratswahlen und erreichte 2013 gerade noch knapp 27 Prozent. Profitiert hat aus dieser Entwicklung vor allem die FPÖ, die zwischen 1986 und 1999 bei jeder Wahl Mandate dazu gewann. Sie erzielte 1999 mit 27 Prozent einen historischen Höchststand, obwohl sich 1993 das Liberale Forum (LIF) von ihr abspaltete. Als Regierungspartei erlebte die FPÖ einen deutlichen Absturz. Doch trotz einer neuerlichen Parteispaltung durch die Neugründung des „Bündnis Zukunft Österreich" (BZÖ) im Jahr 2005 konnte sie bei den Wahlen 2008 und 2013 dazugewinnen. Das BZÖ jedoch ist seit 2013 ebenso wie das LIF (seit 1999) nicht mehr im Nationalrat vertreten. Die Grünen sind seit ihrem Einzug in den Nationalrat 1986 als „Kleinpartei" in der österreichischen Parteienlandschaft fest verankert. Dagegen erhält die KPÖ, einstmals „vierte Kraft" im Land, bei Nationalratswahlen seit den 1980er-Jahren nicht einmal mehr ein Prozent der Stimmen. Allerdings ist sie immer wieder in einigen österreichischen Gemeinderäten (z. B. auch in der Stadtregierung von Graz) und seit 2005 auch im steirischen Landtag vertreten.

Seit 2013 sind jedoch zwei neue Parteien in den Nationalrat eingezogen: die Liste FRANK, die vom austrokanadischen Unternehmer Frank Stronach gegründet wurde, und die Liste NEOS, die von Matthias Strolz angeführt wird.

Zur Entwicklung der österreichischen Parteienlandschaft meinte schon 1993 der Politikwissenschafter Anton Pelinka:

> *Österreich wird immer weniger Österreich, wenn Österreich heißt, dass Politik nichts anderes als SPÖ und ÖVP sowie die Sozialpartnerschaft zweier Präsidenten bedeutet. (...) Österreich hat sich vielmehr in allen nachvollziehbar messbaren Werten Westeuropa angenähert. Die Wahlbeteiligung nimmt von einer österreichischen Höhe ab und geht in die Richtung einer westeuropäischen Normalität. Die Zahl der im Parlament vertretenen Parteien ist noch immer gering – aber es spricht mehr Wahrscheinlichkeit dafür, dass im Parlament des Jahres 2000 sechs (...), als dass drei Parteien sitzen werden.*
>
> (Pelinka, Die Studentenbewegung ...; in: Wendepunkte und Kontinuitäten, 1998, S. 157)

→ Beurteile, welche Voraussagen des Politologen eingetroffen sind bzw. wo er sich geirrt hat.

Das österreichische Meinungsforschungsinstitut IMAS kam im Jahr 2011 aufgrund einer Umfrage zu diesem Ergebnis:

> *Hauptgründe für die spätestens ab 1990 total veränderte Parteienlandschaft sind zum einen das breiter gewordene Spektrum der politischen Mitbewerber, mindestens so sehr aber auch die völlig anders gestalteten Rahmenbedingungen und Problemstellungen der Politik. Überalterung, Globalisierung, Wanderungsbewegungen, ethnische Vermischung, digitale Revolution, neue Informationstechnologien, europäische Verklammerung, Klimawandel, konfessionelle Vielfalt etc. haben grundlegend neue Fragen aufgeworfen. Es geht heute nicht mehr um Verteilungskämpfe allein, sondern um ein ganzes Bündel neuer Probleme (...)*
>
> *(...) die Gesellschaft, wie sie von Karl Marx (...) beschrieben wurde, gibt es heute nicht mehr. Wir haben es jetzt mit einer Wählerschaft zu tun, die ihre Klassenbindung (...) verloren hat. Die Volksparteien traditionellen Zuschnitts leiden zugleich am Absterben ihrer Kernmilieus [= Stammwählerschichten].*
>
> *Ein Reflex der Parteien auf die Schwierigkeit, Gegenwartsprobleme zu lösen, besteht augenscheinlich darin, politische Entscheidungen in Form von Volksabstimmungen zunehmend den Wählern selbst zu überantworten. Zwar befürworten 38 Prozent der Österreicher vorbehaltlos die Mitwirkung aller Bürger bei politischen Entscheidungsprozessen, doch gibt es (...) nur eine begrenzte Zahl von Problemen, bei denen ein wirklich spontanes Verlangen besteht, persönlich mitzureden. Was die Bevölkerung im Grunde mehr wünscht, als eine Ja-Nein-Demokratie, sind klare Orientierungen, politischer Vorausblick und die Erkennbarkeit von Konzepten.*
>
> (IMAS International, Abschied von Wählern und Milieus, Nr.2, 2011, S. 2)

→ Fasse in eigenen Worten zusammen, welche neuen politischen und gesellschaftlichen Fragestellungen sich in den letzten Jahrzehnten ergeben haben.
Nimm Stellung dazu: Sollte es über politische Fragen / Probleme öfter Volksabstimmungen geben oder sollten die gewählten Politiker/innen darüber entscheiden?

„Allerweltsparteien" statt Lagerparteien

Die Wählerbasis der österreichischen (Groß-)Parteien hat sich durch die tief greifenden gesellschaftlichen Veränderungen in der zweite Hälfte des 20. Jh. deutlich geändert. Bäuerinnen und Bauern, Gewerbetreibende und die Industriearbeiterschaft gingen zahlenmäßig stark zurück. Eine neue Mittelschicht der Angestellten (im Dienstleistungs- und öffentlichen Sektor) wuchs kräftig an. Das bedeutete aber für die ehemaligen „Lagerparteien" der Ersten Republik einen massiven Rückgang ihrer Stammwähler/innen aus den Kernschichten (ÖVP: Bäuerinnen und Bauern, Selbstständige; SPÖ: Arbeiter/innen). Diese neue Mittelschicht fühlt sich ideologisch nicht mehr eng an eine Partei gebunden. Deshalb nimmt auch die Gruppe der Wechselwähler/innen weiter zu. Die Wechselwähler/innen, von denen sich viele erst in den letzten Tagen vor einer Wahl für eine Partei entscheiden (1979: 9 %; 2008: 33 %), sind heute wahlentscheidend. Auf sie nehmen die Parteien in ihren (Wahl- und Partei-)Programmen Rücksicht, sie will man über die Medien (Interviews, Studiokonfrontationen der Spitzenkandidatinnen und Spitzenkandidaten) gewinnen. Diese Parteien haben sich zu nach allen Seiten offenen „Allerwelts-" oder „Volksparteien" (engl. Catch-All-Parties) entwickelt, die Jahr für Jahr bei Wahlen um Stimmen und den schnellen Erfolg kämpfen müssen. Ähnlich wie in den USA stehen daher bei Wahlen immer weniger Sachthemen als vielmehr Personen im Mittelpunkt der Wahlkämpfe. Sie werden vor allem über die Medien ausgetragen (vgl. S. 266f.).

Wofür stehen die Parteien aus der Sicht der Bevölkerung (Angaben in Prozent)	
Die SPÖ steht am stärksten für	
Interessen der einfachen Arbeiter	58
Interessen von Senioren	54
Interessen von Arbeitslosen	52
Verstaatlichung	52
Schaffung von Arbeitsplätzen	50
Neutralität	50
Alterssicherung f. d. heute arbeitende Bevölkerung	47
eine gute Allgemeinbildung	47
sozialen Frieden	46
Die ÖVP steht am stärksten für	
Interessen der Kirche	63
NATO-Beitritt	58
Interessen der Bauern	58
Interessen von Unternehmern	55
Interessen des internationalen Großkapitals	47
Interessen von Managern	47
Interessen von Kapitalanlegern	47
einen starken EURO	44
Traditions- und Brauchtumspflege	44
Die FPÖ steht am stärksten für	
Abbau von Freunderlwirtschaft	48
Einschränkung der persönlichen Freiheit	41
Entpolitisierung des öffentlichen Dienstes	39
gegen Verschwendung	36
Senkung der Kriminalität	33
mehr unternehmerische Freiheit	32
Recht und Ordnung	31
Steuererhöhung	27
eine Leistungsgesellschaft	27
Die Grünen stehen am stärksten für	
Verringerung der Umweltverschmutzung	79
Schutz der Natur (z. B. durch Nationalparks)	74
die Interessen von sexuellen Minderheiten	41
Menschenrechte	37
Interessen von Ausländern	34
sichere Lebensmittel	34
Kultur abseits von Massengeschmack (z. B. Programmkinos ...)	28
Lebenslust	28
mehr Lebensqualität	26

■ Market Studienblätter, 53/02

→ Unternehmt eine solche Befragung auch in eurer Klasse und fügt bei Bedarf noch andere Aussagen hinzu. Wertet sie anschließend statistisch aus und vergleicht sie mit der hier dargestellten Statistik.

Struktur der Parteiwählerschaften 2002 und 2008

In Prozent haben gewählt	SPÖ 2002	SPÖ 2008	ÖVP 2002	ÖVP 2008	FPÖ 2002	FPÖ 2008	Grüne 2002	Grüne 2008	BZÖ 2008
Männer	32	29	44	24	12	20	7	8	11
Frauen	40	30	40	26	8	16	10	11	10
Bis 29-Jährige	29	14	33	20	14	33	20	14	10
30–44-Jährige	35	22	42	22	11	20	9	16	11
45–59-Jährige	38	33	42	24	10	13	6	10	13
60–69-Jährige	42	36	46	29	7	14	2	5	9
70-Jährige und älter	41	36	52	32	6	15	0	2	11
Selbständige, freie Berufe	19	19	55	23	6	17	16	21	11
Beamte	39	35	41	21	7	13	12	15	8
Angestellte	37	27	37	22	11	17	12	13	11
Facharbeiter, Meister	37	32	39	19	15	34	4	6	6
Arbeiter	47	21	26	16	18	34	3	5	18
Landwirte	2	2	95	78	1	8	1	1	9
Pensionisten	43	38	46	28	7	15	2	4	10
Hausfrauen	44	25	38	24	11	15	8	3	22

■ Fessl-GfK, Exit-Poll (2002); in Plasser/Ulram/Sommer, Analyse der NR-Wahlen 1999 u. 2002; GfK Austria, Repräsentative Wahltagsbefragung 2008, in: Österreichs Wirtschaft im Überblick 2009/2010.

→ Interpretiere diese Statistik in Bezug auf das Alter und die soziale Zugehörigkeit der Wählerschaft.

Wählermobilität bei Nationalratswahlen, 1975–2008

In Prozent	Wechselwähler	Spätentscheider
1975	3	5
1979	7	9
1983	10	8
1986	16	16
1990	17	14
1994	19	18
1999	18	20
2002	24	23
2006	26	24
2008	28	33

■ Plasser und Ulram, Wechselwahlen, Wien 2007, bzw. GfK AUSTRIA, Repräsentative Wahltagsbefragung 2008, in: Österreichs Wirtschaft im Überblick 2009/2010.

→ Interpretiert die Angaben zur Wählermobilität und vergleicht sie mit eurer eigenen Einstellung zu Wahlen.

Fragen und Arbeitsaufträge

→ 1. Fasse die Entwicklung der im Nationalrat vertretenen Parteien zusammen. Welche Ziele und Programme vertreten sie deiner Meinung nach?

13. Die Sozialpartnerschaft

Die österreichische Politik wird schon seit der Ersten, stärker aber in der Zweiten Republik von den Verbänden der Arbeitgeber/innen und Arbeitnehmer/innen mitbestimmt. Sie sind bis heute sehr eng mit den beiden Parteien ÖVP und SPÖ verflochten.

Organisationen der Arbeitgeber/innen:

 1848 wurden die Handelskammern gegründet, die seit 1993 „Wirtschaftskammern" genannt werden. Sie sind in sieben Sparten gegliedert: Gewerbe und Handwerk, Industrie, Handel, Bank und Versicherung, Transport und Verkehr, Tourismus und Freizeitwirtschaft, Information und Consulting. Auf Bundesebene vertritt die WKÖ die Interessen ihrer (ca. 428 000) Mitglieder, auf Landesebene die 9 Landeskammern. Alle selbstständig Erwerbstätigen (von Ein-Personen-Unternehmen bis zu Aktiengesellschaften) sind per Gesetz Mitglieder dieser öffentlich-rechtlichen Körperschaften.

 Bereits zur Zeit der Ersten Republik entstanden in den Bundesländern Landwirtschaftskammern. Die 9 Landeskammern haben sich mit dem Österreichischen Raiffeisenverband auf Bundesebene als Verein „Präsidentenkonferenz der Landwirtschaftskammern Österreichs" (Landwirtschaftskammer Österreich) zusammengeschlossen. Gesetzliche Mitglieder sind v.a. alle in der Land- und Forstwirtschaft selbstständig hauptberuflich Erwerbstätigen und alle nebenberuflichen Landwirte.

 Die „Vereinigung der österreichischen Industrie", deren älteste Vorgängerorganisation der 1862 gegründete „Verein der Industriellen" war, vertritt als freier Verein (ohne Fraktionen, ohne Zwang zur Mitgliedschaft) die speziellen Interessen der industriellen Unternehmen. Die Industriellenvereinigung mit ihren etwa 2 000 Mitgliedern ist eng mit der Bundessparte Industrie verflochten. Sie hat seit dem EU-Beitritt deutlich an Einfluss gewonnen.

Organisationen der Arbeitnehmer/innen:

 1920 wurden die „Kammern für Arbeiter und Angestellte" eingerichtet: Auch die Arbeiterkammern sind öffentlich-rechtlich, d. h. auf gesetzlicher Grundlage organisiert. Es besteht für alle Arbeitnehmerinnen und Arbeitnehmer (mit Ausnahme der Beamtinnen und Beamten und den in der Landwirtschaft Beschäftigten) Pflicht zur Mitgliedschaft. Aufgabe der Arbeiterkammern ist die Vertretung der beruflichen, sozialen, wirtschaftlichen und kulturellen Interessen ihrer Mitglieder sowie der Konsumentenschutz.

 Der Österreichische Gewerkschaftsbund wurde 1945 als überparteilicher Verein gegründet. Er löste die verschiedenen, jeweils einer Partei zugehörigen „Richtungsgewerkschaften" der Ersten Republik ab. Diese Einheitsgewerkschaft wird streng zentralistisch geführt und besteht seit dem Jahr 2010 aus 7 untergeordneten Einzelgewerkschaften. Die Zahl der ÖGB-Mitglieder hat seit Mitte der 1980er-Jahre kontinuierlich und deutlich abgenommen (1990: 1 664 841; 2010: 1 211 111 Mitglieder), obwohl die Zahl der Beschäftigten im selben Zeitraum zugenommen hat. Waren 1993 noch 42 % aller unselbstständig Erwerbstätigen Gewerkschaftsmitglieder, so zahlten im Jahr 2010 nur noch knapp 30 % der Arbeitnehmerinnen und Arbeitnehmer freiwillig ihren Mitgliedsbeitrag (1 % des Bruttolohnes) an den ÖGB. Die Gründe für den (anhaltenden) Mitgliederrückgang sind vielfältig. Sie liegen vor allem in der Zunahme der so genannten atypischen Beschäftigungsverhältnisse (geringfügige oder Teilzeitbeschäftigung, Leih- und Heimarbeit, Werkvertrag), aber auch in der, im Vergleich zu früheren Jahren, hohen Arbeitslosenrate.

Die Parteien dominieren auch in den Verbänden

Auch in den formal überparteilichen Kammern sind Mitglieder der Parteien bzw. ihrer Vorfeldorganisationen die bestimmenden Akteure. Die Führungsgremien werden durch direkte Wahl aller wahlwerbenden Gruppen gebildet. In den Wirtschafts- und Landwirtschaftskammern dominieren ÖVP-Wirtschaftsbund bzw. ÖVP-Bauernbund in allen Bundesländern klar. In den Arbeiterkammern „regieren" die Sozialistischen Gewerkschafter – nur in Tirol und Vorarlberg hat die ÖVP-Teilorganisation ÖAAB eine Mehrheit.
Der von der Fraktion Sozialistischer Gewerkschafter dominierte ÖGB führt bislang noch keine direkten Wahlen durch (abgesehen von einzelnen Teilbereichen). Die Stärkeverhältnisse der Fraktionen in den Einzelgewerkschaften sowie im Präsidium ergeben sich aus der (z. T. umstrittenen) Umlegung von Betriebsrats- und Personalvertretungswahlen.

Sozialpartnerschaft und Paritätische Kommission

Wirtschaftliche und politische Gründe führten seit 1947 zur Zusammenarbeit der großen Verbände. Begonnen hat sie mit dem 1. Preis-Lohn-Abkommen (vgl. S. 110). Damit sollte vor allem wirtschaftliche Stabilität und sozialer Frieden erreicht werden. Im Jahre 1957 wurde aus dieser fallweisen Zusammenarbeit dieser Interessenvertretungen – ÖGB, WKO, Bundesarbeiterkammer, Präsidentenkonferenz der Landwirtschaftskammern – eine ständige Einrichtung: die Paritätische Kommission für Lohn- und Preisfragen. Sie wurde später um den „Beirat für Wirtschafts- und Sozialfragen" sowie um den „Unterausschuss für internationale Fragen" erweitert.
Die Paritätische Kommission wurde jedoch seit 1998 nicht mehr einberufen. Sie funktionier(e) ohne gesetzliche Regelung nach den von den Sozialpartnern selbst festgelegten „Spielregeln". Für alle Beschlüsse in der nicht öffentlichen „Vollversammlung" (unter dem Vor-

sitz des Bundeskanzlers) ist Einstimmigkeit erforderlich. Das zwingt die Sozialpartner zum Kompromiss. Der Ausschluss der Öffentlichkeit erlaubt ihnen außerdem, auch unpopuläre Maßnahmen zu beschließen.
Die positiven Auswirkungen dieser Zusammenarbeit zeigten sich jahrzehntelang an, im europäischen Vergleich, sehr guten Wirtschaftsdaten sowie fehlenden Arbeitskämpfen (Streiks).

Das wechselhafte Verhältnis zwischen Sozialpartnern und Regierung

Bis in die 1990er-Jahre war in Österreich der Einfluss der Sozialpartner auf die Politik so stark wie kaum anderswo in Europa. Seit dem Beitritt zur Europäischen Union werden jedoch wesentliche Entscheidungen der Wirtschaftspolitik (z.B. die Agrar-, Wettbewerbs-, Außenhandels-, Währungspolitik) nur noch gemeinsam mit den anderen Mitgliedstaaten getroffen. Zwar sind die österreichischen Arbeitgeber- und Arbeitnehmervertreter/innen auch in den europäischen Verbänden vertreten. Doch können sie dort ihren Einfluss nicht in solchem Ausmaß geltend machen wie im österreichischen Parlament oder in der Bundesregierung. Die zunehmende Internationalisierung der Wirtschaft, die u.a. für Beschäftigung und Wirtschaftswachstum sorgt, aber auch Probleme mit sich bringt (Wettbewerbsdruck, Steuerproblematik etc.) hat seit Beginn der 1990er-Jahre tendenziell auch die Interessenkonflikte zwischen den Verbänden und der Regierung verschärft. Die ÖVP-FPÖ/BZÖ-Regierungen (zwischen 2000 und 2006) verzichteten weitgehend vor allem auf eine Zusammenarbeit mit den Arbeitnehmer/innen-Verbänden:

> **L** *Erst der Druck von außen (durch den Bundespräsidenten sowie der medialen Öffentlichkeit) und heftige Proteste wie insbesondere der größten Streikaktivitäten des ÖGB in der Zweiten Republik im Juni 2003 veranlassten die Regierung zu Gesprächen (...).*
> (Talos/Stromberger, Zäsuren in der österreichischen Verhandlungsdemokratie; in: Karlhofer/Talos, Sozialpartnerschaft, 2005, S. 90)

Trotz temporärer Zurückdrängung der Sozialpartner (besonders der Arbeitnehmer/innenseite) bei politischen Entscheidungen seit 2000 sind die Verbände noch immer in mehr als hundert Kommissionen, Beiräten und Fonds der staatlichen Verwaltung eingebunden. Sie verwalten die Sozialversicherungsinstitute, sitzen in der Nationalbank, entsenden Vertreter in die Arbeitsgerichte u. v. m. Dazu kommt noch die Mitwirkung der Sozialpartner an der Gesetzgebung – vor allem im Bereich des Arbeitsrechts und der Sozialpolitik. Sie starten Gesetzesinitiativen, nehmen im Begutachtungsverfahren oder als Abgeordnete im Nationalrat direkt Einfluss auf die Gesetzgebung. Verbändefunktionäre sind bis heute in den Präsidien der beiden größten Parteien vertreten. Sie haben auch immer wieder Ministerposten eingenommen: So wurde z. B. seit Beginn der Zweiten Republik der Posten des Sozialministers fast immer von einem/r ÖGB-Spitzenfunktionär/in besetzt, der Landwirtschaftsminister kam in ÖVP-Regierungen häufig aus der Landwirtschaftskammer, die Finanzminister meist aus den Arbeitgeberverbänden.

→ Recherchiert, welche Minister/innen der jetzigen Bundesregierung, welche Mitglieder der Landesregierung eures Bundeslandes aus einem der Verbände stammen.

Die Sozialpartner – zwischen Kritik und Zufriedenheit

Der österreichische Politologe Emmerich Talos schätzte 2009 die damalige Entwicklung und Leistungen der Sozialpartner in einem Zeitungsinterview so ein:

> **L** *In den Jahren 2007 bis 2008 ist es zu einem Revival [= Wiederbelebung] gekommen. Die Sozialpartnerverbände haben in vielen Bereichen Kompromisse gefunden. Und die Regierung, der ja selbst nicht viel eingefallen ist, hat dieses sozialpartnerschaftliche Zutun auch unbedingt notwendig gehabt. Revival heißt aber nicht eine Wiederkehr der Hochblüte der Sozialpartnerschaft der 1960er und 1970er Jahren (...). Die österreichische Gewerkschaftsbewegung hat durch die Einbindung in die Sozialpartnerschaft sehr viel zum Ausbau der Sozialpolitik, zur Gestaltung der Wirtschafts- und Arbeitsmarktpolitik beigetragen und damit die Lebens- und Arbeitsbedingungen der unselbständig Beschäftigten wesentlich positiv mitgestaltet. Allerdings konnten auch die Unternehmerorganisationen über den Weg der sozialpartnerschaftlichen Verhandlungen ihre Ziele ganz anders realisieren als in Italien, wo sie damit rechnen müssen, dass die Gewerkschaften ihre Interessen kämpferischer vertreten.*
> (http://derstandard.at/1231151776063/Interview-mit-Emmerich-Talos-Sozialpartnerschaft-ist-Eliteherrschaft, 16. Jänner 2009; [1.9.2011])

Seit den 1990er-Jahren gab es immer wieder Kritik an den Verbänden und manchen ihrer Funktionäre: Bei den öffentlich-rechtlichen Kammern betraf das u.a. die Plichtmitgliedschaft (mit Pflichtbeiträgen), vereinzelt aber auch hohe Funktionärsgehälter. Beim ÖGB äußern die Arbeitnehmer/innen ihre Kritik immer dann, wenn sie mit den von ihren Gewerkschaften ausgehandelten Lohnabschlüssen nicht zufrieden sind.
Letzten Endes aber überwiegen noch immer die Zustimmung zur Pflichtmitgliedschaft zu den Kammern und die Zufriedenheit mit den Leistungen der Sozialpartner. Und als die Regierung im Jahr 2003 ohne vorherige Absprache mit den Sozialpartnern die Pensionsreform im Parlament beschloss, kam es zu einer von den Gewerkschaften ausgerufenen Streikaktion, an der sich 780 000 Arbeitnehmer/innen beteiligten.

Fragen und Arbeitsaufträge

→ 1. Beschreibt auch mit Hilfe der Homepages die angeführten Arbeitgeber/innen- und Arbeitnehmer/innenverbände näher.

→ 2. Führt in der Klasse eine Pro- und Contra-Debatte über Formen des Arbeitskampfes. Welche Argumente kann man für, welche gegen die Abhaltung von Streiks anführen? Arbeitet dabei die unterschiedlichen Arbeitnehmer/innen-, Arbeitgeber/innen- und Regierungsstandpunkte heraus.

14. Die Verwaltung

Die vielfältigen Aufgaben der staatlichen Verwaltung

Jede Staatstätigkeit, die nicht zur Gesetzgebung und zur Gerichtsbarkeit zählt, fällt in den Bereich der Verwaltung. An der Spitze der Bundesverwaltung stehen der Bundespräsident, die Bundesregierung sowie die einzelnen Bundesminister/innen. In den Ländern sind es die Landeshauptleute mit ihren Landesregierungen. Diesen obersten Verwaltungsorganen ist, streng hierarchisch geordnet, ein Heer von Mitarbeiterinnen und Mitarbeitern unterstellt: Kamen im Jahre 1870 auf 1 000 Einwohner/innen vier „öffentlich Bedienstete", so waren dies im Jahr 1990 vierzig. Allerdings haben sich die Aufgaben des Staates seither in einem unvergleichlichen Ausmaß erhöht. Aus dem bloßen „Ordnungsstaat" hat sich ein „Leistungs- und Sozialstaat" und damit auch ein „Verwaltungsstaat" entwickelt. Seine Aufgaben sind u. a.:

- Die Finanzverwaltung zur (teilweisen) Deckung der Ausgaben von Bund, Ländern und Gemeinden.
- Die Sicherung und Überwachung durch die Polizei (z. B. Sicherheits-, Kriminal-, Bau-, Gewerbepolizei).
- Die Wirtschaftsaufsicht und -lenkung (z. B. die staatliche Bankenaufsicht).
- Das Arbeitsmarktservice (AMS) zur Vermittlung von Arbeitskräften auf offene Stellen
- Die Sozialverwaltung: Dazu zählen die Sozialversicherungen (Kranken-, Unfall-, Pensions- und Arbeitslosenversicherung) und die Bedarfsorientierte Mindestsicherung zur Armutsbekämpfung.
- Die Vorsorgeverwaltung: Darunter versteht man die Schaffung und die Erhaltung aller notwendigen öffentlichen Einrichtungen (z. B. Müllabfuhr, Elektrizitätswerke, Schulen, Museen).
- Eine gewinnorientierte Wirtschaftsverwaltung durch staatliche Unternehmungen (vor allem innerhalb der ÖIAG): Allerdings wurden seit Mitte der 1990er-Jahre immer mehr Betriebe privatisiert (z. B. Voest-Alpine, VA-Tech, Telekom Austria).

Die zwei Rechtsformen der Verwaltung

- Die Hoheitsverwaltung (= die Behörde): Von ihr spricht man dann, wenn die Beamtinnen und Beamten staatliche „Befehls- und Zwangsgewalt" ausüben – beim Erlassen von Verordnungen und Bescheiden (z. B. Vorschreibung von Steuern, Verhängung von Strafen, Erteilung einer Baugenehmigung) oder bei der direkten „Abwehr von Gefahr" (polizeiliche Festnahme, Fahrzeugabschleppung etc.).
- Die Privatwirtschaftsverwaltung: Das ist jener Bereich, in dem der Staat selbst als Wirtschaftsunternehmen tätig ist. Hier handeln Bund, Länder oder Gemeinden ohne Staatsgewalt, also privatrechtlich – wie jeder andere private Rechtsträger in Österreich (Einzelpersonen, Gesellschaften etc.), z. B. beim Kauf oder Verkauf eines Amtsgebäudes, beim Straßenbau, bei der Führung von Wirtschaftsunternehmen (wie beispielsweise der Bundesbahnen).

Der Staat wird wieder „schlanker"

1992 gab es knapp 300 000 Bundesbedienstete. Die meisten waren bei Bahn und Post, als (Bundes)-Lehrer/innen, in der allgemeinen Verwaltung, bei der Polizei sowie beim Bundesheer beschäftigt. Dazu arbeiteten fast ebenso viele „öffentlich Bedienstete" in den Landes- und Gemeindeverwaltungen. Doch seither begann der Staat in immer größerem Ausmaß mit dem Abbau bzw. der Ausgliederung von ursprünglichen „Aufgaben": Teilweise wurden sie freiwillig an Privatunternehmen abgegeben (z. B. die An- und Abmeldung von Kraftfahrzeugen an Versicherungen). Teilweise geschah dies, weil aufgrund der Rechtsnormen der EU Monopole aufgegeben werden mussten (z. B. das Rundfunk-, das Fernmelde- oder Tabakmonopol). Viele staatliche Unternehmen wurden in Kapitalgesellschaften umgewandelt (Post- und Telekom Austria AG etc.) und Mehrheitsbeteiligungen an Firmen (OMV, etc.) aufgegeben. Diese Ausgliederungen und ein kontinuierlicher Stellenabbau haben zu einem massiven Rückgang der „Planstellen" im öffentlichen Dienst geführt (s. Grafik). Diese Maßnahmen (Ausgliederungen, Verkauf, Stellenabbau) sollten v. a. die Ausgaben des Staates verringern bzw. Einnahmen bringen. Sie entsprechen auch der Vorstellung, dass der Staat einen Teil seiner Aufgaben abgeben und dem freien Markt sowie der Selbstorganisation durch die Bürgerinnen und Bürger überlassen soll.

Stellenplan			
Jahr	Stellen	Jahr	Stellen
1991	299 651	2003	156 666
1994	231 576	2005	133 607
2000	201 128	2012	134 843

■ Bundesfinanzgesetz 2006, Stellenplan; in: Dachs u.a. (Hg.), Politik in Österreich, Handbuch, 2006, S. 207 u. BM für Finanzen, Bundesfinanzgesetz 2012.

„Österreich wird nicht regiert, sondern verwaltet"

Mit diesem Satz brachte Staatskanzler Metternich zum Ausdruck, dass bereits vor 200 Jahren die staatliche Bürokratie neben der Regierung ein bedeutender Machtfaktor war. Die Expertinnen und Experten in der Ministerialbürokratie stellen mit ihrem Fachwissen und ihren Einflussmöglichkeiten mitunter ein starkes Gegengewicht zu den politischen Organen (Minister/innen, Parlament) dar. Zwar sind sie diesen Politikerinnen und Politikern durch das Weisungsprinzip untergeordnet, doch sind die häufig „fachfremden" und immer wieder wechselnden Minister/innen auf die (Mit-)Arbeit der höchsten Beamtenebene angewiesen.

Das Weisungsprinzip wirkt in allen Verwaltungsorganen von „oben" nach „unten". Untergeordnete Beamtinnen und Beamte müssen Weisungen selbst dann gehorchen, wenn sie rechtswidrig (z. B. Ausstellung eines „falschen" Bescheides) oder unzweckmäßig sind. Es gibt nur eine einzige Ausnahme für eine Nichtbefolgung: wenn eine Weisung gegen das Strafgesetz verstößt (z. B. belastendes Aktenmaterial zu vernichten). Grundsätzlich sind alle Verwaltungsorgane zur „Amtsverschwiegenheit" verpflichtet – aus Staatsinteresse oder um die Interessen anderer Personen zu schützen.

Verwaltung und Gesetzesflut – für Laien oft undurchschaubar

Q *Art. 18 (1) B-VG Die gesamte staatliche Verwaltung darf nur aufgrund der Gesetze ausgeübt werden. (2) Jede Verwaltungsbehörde kann aufgrund der Gesetze innerhalb ihres Wirkungskreises Verordnungen erlassen.*

Absatz 1 dieses Verfassungsartikels bindet die Verwaltung ausdrücklich an die bestehenden Gesetze. Doch die Verwaltung findet mit den im Parlament beschlossenen Gesetzen – von 1945 bis 1990 waren das insgesamt 4 700 (!) – nicht das Auslangen. Die obersten Verwaltungsorgane können durch Verordnungen Gesetze bis ins Detail regeln oder sich durch „Kann-Bestimmungen" einen breiten Ermessensspielraum schaffen. Weil man aber die Verwaltung möglichst eng an die Gesetze binden will, scheint mit jedem neuen Problem ein Anwachsen der Gesetze einherzugehen. Diese Gesetzesflut ist für Laien schon seit Jahrzehnten nicht mehr durchschaubar:

L *Die Klagen über die Bürokratie, über zu viele Gesetze und zu starke Reglementierung des Bürgers nehmen zu. (...) Wer 1966 ein Haus baute, hatte 48 Rechtsvorschriften zu beachten, 1978 waren es schon 250. (...)*
Man muss (...) auch auf eine Mentalität der leitenden Bürokratie hinweisen: Sie meint, sie wisse alles besser, (...) müsse mangelnde Einsicht durch staatliches Gebot ersetzen. Deshalb genügt ihr nicht die Empfehlung, sich im Fahrzeug anzugurten, sondern sie ruft nach der gesetzlichen Pflicht. (...)
Die Sprache der Juristen hat sich immer schon von der normaler Menschen unterschieden. (...) Die Kritik an schlechtem Stil und unverständlicher Sprache ist nicht neu. Manche Formulierung ist wirklich unsinnig. So heißt es in der für „gewerbliche Hilfsarbeiter" noch immer [Stand: 2011] geltenden Gewerbeordnung aus dem Jahr 1859: §83: Durch das Aufhören des Gewerbebetriebes oder durch den Tod des Hilfsarbeiters erlischt das Arbeitsverhältnis von selbst. Doch ist im Falle der vorzeitigen Entlassung des Hilfsarbeiters, sei es in Folge freiwilligen Aufgebens des Gewerbes oder in Folge eines Verschuldens des Gewerbeinhabers oder eines diesen treffenden Zufalls der Hilfsarbeiter berechtigt, für den Entgang der Kündigungsfrist Schadloshaltung zu beanspruchen.
(Nach: Schmölz, Gesetzesflut und Gesetzesentrümpelung; in: Gerlich/Müller, 1988, S. 36 ff.)

Das allgemeine Verwaltungsverfahren

Für jedes Verwaltungsverfahren gelten folgende Grundsätze:
– Parteienöffentlichkeit: Am Verfahren dürfen nur beteiligte Parteien und ihre Vertreter teilnehmen.
– Parteiengehör: Die Parteien müssen ausreichend Möglichkeit zur Wahrung ihrer Rechte bzw. Interessen haben.
– Beweisaufnahme und freie Beweiswürdigung: Zur Feststellung des Sachverhalts muss die Behörde in einem Ermittlungsverfahren alle notwendigen Beweise sammeln, um nach freiem Ermessen eine rechtliche Beurteilung treffen zu können.

Aufgrund dieser Beurteilung erlässt die Behörde dann einen Bescheid: Er enthält den „Spruch" mit der entsprechenden Begründung und eine Rechtsmittelbelehrung. Wird gegen den Bescheid „Berufung" eingelegt, muss die Behörde längstens binnen sechs Monaten eine Entscheidung fällen. Versäumt sie dies, kann der Unabhängige Verwaltungssenat und in letzter Instanz der Verwaltungsgerichtshof (vgl. S. 142) angerufen werden. Werden im Bescheid gesetzwidrige Verordnungen oder verfassungswidrige Gesetze angewendet oder ein verfassungsmäßig garantiertes Recht verletzt, kann Beschwerde beim Verfassungsgerichtshof eingelegt werden.

Das Verwaltungsstrafverfahren

Wer mit dem Moped bei Rot über die Kreuzung fährt, unerlaubt eine Waffe besitzt oder ohne Gewerbeberechtigung ein Geschäft betreibt, der macht sich einer Verwaltungsübertretung schuldig. Bei geringfügigen Übertretungen, z.B. der Straßenverkehrsordnung, ist mit der Bezahlung eines „Organmandates" das „Verfahren" beendet. Bei schwereren Delikten (z.B. Lenken eines Fahrzeuges in alkoholisiertem Zustand) kommt es aufgrund einer „Anzeige" zur Einleitung eines ordentlichen Verwaltungsstrafverfahrens (ca. 90 % davon sind Verkehrsdelikte). Deshalb gibt es für weniger schwere Übertretungen der Straßenverkehrsordnung die so genannte Anonymverfügung: Sie gilt für den Fall, dass die Täterin oder der Täter unerkannt bleibt. Bei einer Radarüberwachung z.B. erkennt man nur das Kennzeichen, nicht die Lenkerin oder den Lenker eines Fahrzeugs. Die Anonymverfügung wird dann der Fahrzeughalterin oder dem Fahrzeughalter zugestellt. Wird die Geldstrafe (max. 220 Euro) nicht binnen vier Wochen bezahlt, wird ebenfalls ein Strafverfahren eingeleitet.
Im Gegensatz zum gerichtlichen Strafverfahren ist das Verwaltungsstrafverfahren ein „Inquisitionsverfahren": Die Behörde ist zugleich „Ankläger" und „Richter". Bei einem Straferkenntnis kann es zur Verhängung von Geld- und (eher selten) Freiheitsstrafen sowie zum Verfall von Gegenständen (z.B. Schmuggelgut) kommen.

Fragen und Arbeitsaufträge

→ 1. Ist es deiner Meinung nach richtig, wenn der Staat möglichst alle Lebensbereiche gesetzlich bis ins Detail regelt; was spricht dafür, was dagegen?

→ 2. Fasse zusammen, welche Aufgaben derzeit unter die staatliche Verwaltung fallen. Führt in der Klasse eine Diskussion darüber, ob der Staat a) noch „schlanker" werden, b) wieder mehr Aufgaben übernehmen, c) es bei den derzeitigen Aufgaben belassen soll.

15. Selbstverwaltung und Zivilgesellschaft

Das Prinzip der Selbstverwaltung

Bestimmte öffentliche Körperschaften unseres Staates sind mit dem Recht zur Selbstentscheidung und Selbstverantwortung durch eigene demokratisch organisierte Organe ausgestattet. Sie leisten damit einen wesentlichen Beitrag zur Staatsverwaltung. Im Bereich der sozialen Verwaltung sind das die Sozialversicherungsträger, in der beruflichen Selbstverwaltung die „Kammern", in der kulturellen Selbstverwaltung die Universitäten sowie die Hochschülerschaft.

Die Gemeinden – ein Beispiel der Selbstverwaltung

Einen wesentlichen Beitrag zur Selbstverwaltung leisten auch die ca. 2 300 österreichischen Gemeinden (= kommunale Selbstverwaltung):

> Q *Art. 116 (1) B-VG Jedes Land gliedert sich in Gemeinden. Die Gemeinde ist Gebietskörperschaft mit dem Recht auf Selbstverwaltung und zugleich Verwaltungssprengel. Jedes Grundstück muss zu einer Gemeinde gehören.*

Meist größere (Orts-)Gemeinden dürfen die Bezeichnung „Markt" oder „Stadt" führen, haben deshalb aber keine rechtliche Sonderstellung. Eine Ausnahme bilden die „Städte mit eigenem Statut": Dazu zählen alle Landeshauptstädte (außer Bregenz), die Städte Rust, Wr. Neustadt, Krems, Waidhofen/Ybbs, Wels, Steyr und Villach. Sie haben nicht nur die unten angeführten Aufgaben einer Gemeinde, sondern auch die Aufgaben einer Bezirksverwaltung (d. h. die Bürgermeisterin oder der Bürgermeister ist gleichzeitig Bezirkshauptfrau oder Bezirkshauptmann, der Magistrat auch Bezirksverwaltungsbehörde). Eine Sonderstellung nimmt die Bundeshauptstadt Wien ein: Sie ist zugleich Bundesland und Statutarstadt, d.h. die Bürgermeisterin oder der Bürgermeister ist zugleich Landeshauptfrau oder Landeshauptmann, der Gemeinderat auch Landtag, der Stadtsenat auch Landesregierung.

Der „Wirkungsbereich" der Gemeinden

Laut Verfassung verfügen die Gemeinden über einen „eigenen Wirkungsbereich" für alle Angelegenheiten, „die im ausschließlichen oder überwiegenden Interesse" der Gemeinde liegen und von ihr auch geleistet werden können. Dazu zählen u. a.:
- Die Wirtschaftsfreiheit: Jede Gemeinde führt eigene Unternehmen (z. B. Müllabfuhr, Schwimmbad, Kindergarten etc.).
- Die „Haushaltsführung": Die Gemeinden müssen ihr Budget selbstständig abwickeln und können zu seiner Finanzierung auch eigene Abgaben (z.B. die Grund-, Gewerbe-, Vergnügungssteuer) einheben.
- Hoheitliche Tätigkeiten: Das sind die behördlichen Aufgaben der Gemeinde für Sicherheit und Gesundheit sowie für die örtliche Raumplanung (Erstellen von Flächenwidmungsplänen, Erteilung von Baugenehmigungen).

Die Gemeinden haben aber auch einen „übertragenen Wirkungsbereich":
Darunter versteht man alle Verwaltungsgeschäfte, welche die Gemeinden im Auftrag von Bund und Ländern als unterste, weisungsgebundene Instanz ausüben (z. B. das Meldewesen, die Durchführung der Wahlen).
Die Gemeinden bekommen im so genannten Finanzausgleich von Bund und Ländern die finanziellen Mittel, mit denen sie einen Großteil ihrer vielen, teilweise sehr kostenintensiven Aufgaben (dazu zählen auch Schulerhaltung, Umweltschutzanlagen, Kanalisation) erfüllen können. Die Zuteilung dieser Gelder erfolgt unter anderem nach der Höhe der Einwohner/innenzahl. Es gibt reiche und viele arme Gemeinden. Zu den finanzschwachen und z. T. hoch verschuldeten zählen besonders jene, die weder Fremdenverkehr noch Betriebsansiedlungen in ihrem Gemeindegebiet haben und denen damit wichtige Einnahmequellen (Steuern) fehlen.

Gemeindevertretung und Bürgermeisteramt

Das beschließende und kontrollierende Organ der Gemeinde ist der Gemeinderat. Er wird wie Nationalrat oder Landtag nach dem Listenwahlrecht direkt gewählt. Entsprechend dem Stärkeverhältnis der Parteien (= Proporzsystem) wählt dieses „Gemeindeparlament" die „Gemeinderegierung" (= Gemeindevorstand, in Städten der Stadtrat oder Stadtsenat). Die Bürgermeisterin oder der Bürgermeister leitet die gesamte Gemeindeverwaltung und führt den Vorsitz im Gemeinderat und im Gemeindevorstand. Sie oder er allein ist im übertragenen Wirkungsbereich Bund und Land und im eigenen Wirkungsbereich dem Gemeinderat gegenüber verantwortlich. Gegen ihre oder seine Entscheidung kann beim Gemeinderat Berufung eingelegt werden, wird sie auch dort abgelehnt, kann man bei der Bezirksverwaltungsbehörde oder der Landesregierung vorstellig werden.
Nur in Niederösterreich, Steiermark und Wien werden die Bürgermeisterinnen oder Bürgermeister noch vom Gemeinderat gewählt (Stand: 2012). In den anderen Bundesländern werden sie mittlerweile direkt gewählt. Diese (Persönlichkeits-)Wahl findet gleichzeitig mit den Gemeinderatswahlen statt. Kandidatinnen und Kandidaten, die mehr als die Hälfte aller abgegebenen Stimmen erhalten, können so direkt zum Gemeindeoberhaupt gewählt werden – unabhängig vom Kräfteverhältnis der Parteien im Gemeinderat.
Wo es im ersten Wahlgang keine absolute Mehrheit gibt, treten die beiden stimmenstärksten Kandidatinnen und Kandidaten zwei Wochen später zur Stichwahl an. Ähnlich wie bei den Nationalratswahlen (vgl. S. 125) können die Wählerinnen und Wähler auch bei den Gemeinderatswahlen Vorzugsstimmen abgeben. So haben auch jene Kandidatinnen und Kandidaten, die von ihren Parteien an aussichtsloser Stelle gereiht sind, die Chance auf einen Platz im Gemeinderat.

Zivilgesellschaft statt „Zuschauerdemokratie"

Seit den 1970er-Jahren sind die Bürgerinnen und Bürger auch in Österreich politisch aktiver geworden – und zwar außerhalb der Bereiche, die von Parteien, Verbänden und anderen staatlichen Institutionen „besetzt" sind. Diese Menschen sind davon überzeugt, dass Politik nicht nur „von oben" gesteuert und von einer (Parteien-) Elite ausgeübt werden darf. Ihr Ziel ist immer noch: Weg von einer „Zuschauerdemokratie", in der die Mehrheit der Bevölkerung nur passiv politische Entscheidungen zur Kenntnis nimmt, und hin zu selbst organisiertem, politischen Handeln.

Mit diesem neuen politischen Verständnis von Staat und Gesellschaft entwickelte sich die gegenwärtige, politisch aktive „Zivilgesellschaft". Die Aktivitäten dieser gesellschaftlichen Gruppen wurden u.a. in der Frauen-, der Anti-Atom-, der Umwelt- sowie in der Friedens- und Menschenrechtsbewegung sichtbar. Die heutigen Menschenrechts- (z.B. Amnesty International, SOS Mitmensch) und Umweltorganisationen (z.B. Greenpeace, Global 2000) sind auf lokaler, nationaler und internationaler Ebene aktiv und auch miteinander vernetzt (z.B. internationale Konferenzen der NGOs). Zur Zivilgesellschaft im weiteren Sinn zählen auch alle jene privaten Vereine und Institutionen, die für die Öffentlichkeit Leistungen erbringen (Freiwillige Feuerwehr, Caritas, Rotes Kreuz usw.).

Bürgermitbestimmung auf lokaler und staatlicher Ebene

Direkte Demokratie in Form von aktiver Bürgerbeteiligung an politischen Prozessen findet in Österreich öfter in den Gemeinden als auf gesamtstaatlicher Ebene statt. Schon in den 1960er-Jahren kam es zur Gründung von Bürgerinitiativen und zum aktiven und oft erfolgreichen Kampf gegen die verantwortlichen Politikerinnen und Politiker. Seit 1974 hat Graz ein „Büro für Bürgerinitiativen". Dort werden Auskünfte erteilt, dort können sich Bürgerinitiativen registrieren lassen und dort werden Besprechungen zwischen allen Betroffenen organisiert. 1977 kandidierte in Salzburg erstmals eine „Bürgerliste" bei Gemeinderatswahlen und war seither immer wieder im Salzburger Gemeinderat (z.T. auch in der Stadtregierung) vertreten.

Ergebnisse der zehn stimmenstärksten Volksbegehren (Stand 2012)

Jahr	Betreff	(Unterzeichner, Anteil in %)	Unterschriften
1982	Gegen Konferenzzentrum	(25,74)	1 316 562
1997	Gegen Gentechnik	(21,23)	1 225 790
1975	Für Aufhebung Fristenlösung	(17,93)	895 665
1969	Einführung der 40-Stunden Woche	(17,74)	889 659
1964	Für ORF-Reform	(17,27)	832 353
2002	Veto gegen Temelin	(15,53)	914 973
2002	„Sozialstaat Österreich"	(12,20)	717 102
1997	Frauen-Volksbegehren	(11,17)	644 665
2002	Gegen Abfangjäger	(10,65)	624 807
2004	Pensions-Volksbegehren	(10,53)	627 559

■ Bundesministerium für Inneres.

Mittlerweile gehören Bürgerinitiativen längst zum politischen Alltag. Sie engagieren sich nicht nur bei Problemen, die ihre unmittelbare Umwelt betreffen (z.B. umweltgefährdende Betriebe, neue Betriebsansiedlungen). Vor allem in Verkehrs- (Transitrouten) und Energiefragen (Kraftwerksbauten) haben sie sich auch überregional organisiert.

Direkte Demokratie, also unmittelbare Bürgermitbestimmung, ist auch auf Staatsebene durch die Verfassung gewährleistet: in Form von Volksbefragungen, Volksabstimmungen (Kernkraftnutzung, EU-Beitritt), parlamentarischen Bürgerinitiativen und Volksbegehren. 34 solcher Volksbegehren wurden zwischen 1964 und 2011 mit teilweise hoher Beteiligung durchgeführt (s. Grafik). Doch blieb vielen davon der Erfolg versagt, weil der Nationalrat einen entsprechenden Gesetzesbeschluss ablehnte (vor allem dann, wenn das Volksbegehren von der Opposition eingeleitet oder unterstützt wurde).

■ Die Uni brennt! Studierende protestieren im Oktober 2009 gegen die schlechten Studienbedingungen und besetzen das Audimax in Wien. Fotografie v. Christian Müller, 26. 10. 2009.

Fragen und Arbeitsaufträge

→ 1. Erkundige dich über die Finanzsituation in deiner Heimatgemeinde. Was sind ihre wichtigsten Einnahmequellen?

→ 2. Erörtere die Vorteile bzw. Nachteile der gesplitteten Wahlen (Gemeinderat und Bürgemeister/in).

→ 3. Recherchiert mit Hilfe des Internets im Rechtsinformationssystem (RIS) die näheren gesetzlichen Bestimmungen zum Volksbegehren (B-VG Art. 41, 2), zur Volksabstimmung (B-VG Art. 44, 3 u. Art. 60, 6), zur parlamentarischen Bürgerinitiative (Geschäftsordnungsgesetz 1975 §100, BgBl. I, Nr.31/2009) und zur Volksbefragung (Volksbefragungsgesetz 1989 §5, BgBl. I, Nr.90/2003 und B-VG Art. 49b).

→ 4. In der Schweiz werden über wichtige politische Fragen immer Volksabstimmungen abgehalten, in Österreich erst zweimal. Führt eine Pro- und Contra-Debatte in der Klasse über die Abhaltung von Volksabstimmungen durch (z.B. über den Ausbau von Straße/Bahn, Einsatz von Gentechnologie, Anhebung des Pensionsalters, EU-Beitritt der Türkei etc.).

16. Die Gerichtsbarkeit

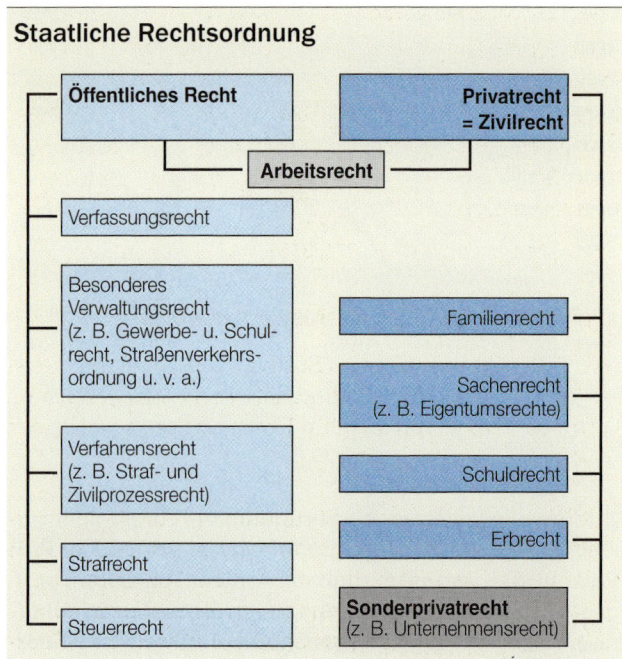

Was ein moderner Rechtsstaat regelt ...

Einen modernen Rechtsstaat erkennt man daran, dass das gesamte öffentliche und private Leben bestimmten (Rechts-) Normen unterworfen ist. Das öffentliche Recht bestimmt sowohl die Grundordnung des Staates als auch das Zusammenleben der Menschen innerhalb dieser staatlichen Gemeinschaft.

Einerseits muss sich das Individuum dem Gemeinwohl unterordnen und hat gewisse Pflichten zu erfüllen (z. B. Steuerzahlungen), andererseits muss der Staat die Würde und Freiheit der oder des Einzelnen achten und schützen. Wo der Staat nicht seine Hoheitsrechte ausübt, kommt das Privatrecht zur Anwendung – es begleitet uns von der Geburt bis zum Tod. Dazu zählen alle Rechtsgeschäfte: z. B. private (Kauf-)Verträge, Fragen des Schadenersatzes und des Eigentums, Adoption, Ehe, Scheidung, Erbangelegenheiten u. v. m.. Sie alle sind genauestens geregelt.

Die Recht sprechende Gewalt ist ausschließlich Bundessache und liegt bei den Gerichten. Ihre hauptverantwortlichen Organe sind weisungsfreie Richterinnen und Richter, die für ihre Tätigkeit von der Bundesverfassung besonders geschützt werden: Sie sind unabhängig, unabsetzbar und unversetzbar. In bestimmten Fällen sind daneben auch Vertreterinnen und Vertreter aus dem Volk an der Rechtsprechung beteiligt: Schöffinnen und Schöffen und Geschworene in den Strafgerichten, als Beisitzer tätige Laienrichterinnen und Laienrichter z. B. im Handels- und Arbeitsgericht. Die Gerichte haben im Wesentlichen drei Aufgaben:
– Entscheidungsfindung bei zivilrechtlichen Streitigkeiten;
– Lösung „nichtstreitiger" Angelegenheiten (z. B. in Bereichen des Familien- und Erbrechts);
– Ahndung strafrechtlicher Tatbestände.

Während sich im angloamerikanischen Raum die Rechtsprechung an bereits gefällten Urteilssprüchen der Richter orientiert (= Case Law), folgt die österreichische Justiz der römisch-rechtlichen Tradition – jeder Sachverhalt wird nach dem schriftlich festgelegten Recht beurteilt:

> **Q** § 12 ABGB Die in einzelnen Fällen ergangenen Verfügungen und die von Richter[stühle]n in besonderen Rechtsstreitigkeiten gefällten Urteile haben nie die Kraft eines Gesetzes, sie können auf andere Personen nicht ausgedehnt werden.

Die Strafgerichtsbarkeit

Die Aufrechterhaltung von Ruhe und Ordnung sowie der Schutz von Person und Eigentum waren das vorrangige Ziel im „Ordnungsstaat" des 19. Jh. Heute ist dies eine von vielen Aufgaben des Staates. Nach wie vor wichtiges Instrument dieser Ordnungs- und Schutzfunktion aber ist die Strafgerichtsbarkeit. Nach juristischer Auffassung sollen Strafen
– die Allgemeinheit vor Straftaten abschrecken (= Generalprävention);
– die Täterin oder den Täter vor einem Rückfall bewahren (= Spezialprävention);
– die Wiedereingliederung der Täterin oder des Täters in die Gesellschaft ermöglichen (= Resozialisierung).

Das Jugendgerichtsgesetz

Kinder und Jugendliche unter vierzehn Jahren gelten nach österreichischem Recht als „strafunmündig". Wenn sie Straftaten begehen, kommen keine Strafen, sondern Erziehungsmaßnahmen zur Anwendung (z. B. Fürsorgeaufsicht, Heimeinweisung). Jugendliche zwischen dem vollendeten 14. und 18. Lebensjahr unterliegen dem Jugendgerichtsgesetz. Auch „junge Erwachsene" zwischen dem 18. und 21. Lebensjahr dürfen mit einer milderen Behandlung vor dem Strafrichter rechnen.

Der Leitgedanke des Jugendstrafrechts ist Besserung und Erziehung nicht durch Strafe, sondern mit anderen Mitteln: Trotz eines einmal begangenen Unrechtes sollen junge Straftäter/innen nicht „kriminalisiert" werden. Es sieht dafür u. a. folgende Möglichkeiten vor:
– Straflosigkeit bei (leichten) Vergehen für Jugendliche unter 16 Jahren.
– Die so genannte Diversion, das bedeutet die Einstellung des Strafverfahrens aufgrund von
  a) Zahlung eines Geldbetrages (ohne Eintragung ins Strafregister),
  b) Erbringung gemeinnütziger Leistungen (z. B. Arbeit im Altenheim),
  c) außergerichtlichem Tatausgleich (ATA): Wenn ein Tatverdächtiger seine Tat eingesteht und das Opfer eine Schadensgutmachung akzeptiert, kann die Staatsanwaltschaft (oder das Gericht) auf eine Strafverfolgung verzichten. Dieser Tatausgleich kann bei allen Straftaten angewendet werden, wenn die damit verbundene Strafandrohung im Erwachsenenstraf-

recht eine zehnjährige Freiheitsstrafe nicht übersteigt.
– Die vorläufige Einstellung des Gerichtsverfahrens mit einer Probezeit von zwei Jahren.

Wenn es zu einem Strafverfahren kommt, haben jugendliche Täter/innen immerhin noch die Chance eines „Schuldspruchs ohne Strafe".

Vor allem der „Außergerichtliche Tatausgleich" hat sich auf die Resozialisierung gefährdeter Jugendlicher sehr positiv ausgewirkt. Deshalb wird er im Rahmen der Diversion seit dem Jahr 2000 auch im Erwachsenenstrafrecht angewendet.

Die Zahl der Häftlinge und der Straftaten steigt

1989 wurden in Österreich etwa 423 000 „gerichtlich strafbare Handlungen" angezeigt (bei einer Aufklärungsquote von knapp 50 Prozent). Im Jahr 2004 waren es bereits 643 648 Fälle (davon 38 936 Verkehrsdelikte) Nur 38 Prozent aller angezeigten Straftaten wurden auch aufgeklärt.

Immer mehr Straftaten wurden seit 2000 durch die Diversion geregelt (bereits 55 291 Fälle im Jahr 2004). Im selben Jahr wurden von österreichischen Gerichten 45 185 Personen (um 8 Prozent mehr als 2003) rechtskräftig verurteilt.

Österreich liegt mit der Anzahl seiner Strafgefangenen (relativ zu seinen Einwohnerinnen und Einwohnern) noch immer im europäischen Spitzenfeld. Diese Situation hat sich auch dadurch nicht wesentlich verbessert, dass die Verurteilten bei guter Führung bereits nach Verbüßung der Hälfte der Strafzeit mit einer bedingten Entlassung rechnen dürfen.

Im Jahr 2004 befanden sich 9 043 Personen in den österreichischen Justizanstalten (davon 2 273 in Untersuchungshaft). Wegen der Überfüllung der Gefängnisse und der damit verbundenen Kosten kam es seit 2006 auch zu einer anderen Form der Beaufsichtigung von Verurteilten außerhalb von Haftanstalten: zur Einführung der elektronischen Fußfessel.

Ausgesprochene Strafen im Jahr 2004

	Jugendliche	junge Erwachsene
Insgesamt 45 185; davon:	3 336	5 500
davon strafbare Handlungen u. a.:		
gegen Leib und Leben	624 (19 %)	1 397 (25 %)
gegen fremdes Vermögen	1 489 (45 %)	1 856 (34 %)
nach dem Suchtmittelgesetz	809 (24 %)	1 472 (27 %)

■ Sicherheitsbericht 2004, S. 371, 375 u. 393.

Strafvollzug „im Geist der Menschenwürde"?

Seit 1992 gibt es ein neues Strafvollzugsrecht „im Geist der Menschenwürde". Es brachte den Häftlingen einige Verbesserungen und soll ihre Resozialisierungschancen heben:

– Höhere Arbeitslöhne (Stundenlohn vor 1992: zwischen 22 und 36 Cent; 2005: zwischen 4,18 Euro für leichte Hilfsarbeiten und 6,27 Euro für eine Vorarbeiterin oder einen Vorarbeiter): Damit können die Gefangenen schon während der Haftzeit mit Schadensgutmachung, Schuldentilgung und Unterhaltszahlungen beginnen und sich eine Starthilfe für den Wiedereinstieg in die Gesellschaft ansparen.
– Einbeziehung der Häftlinge in die Arbeitslosen- und Sozialversicherung.
– Erleichterung und Erweiterung der Häftlingsbesuche (mindestens einmal pro Woche eine halbe Stunde; einmal in sechs Wochen mindestens eine Stunde).
– Erleichterungen bei Ausgängen vor der Haftentlassung, zur Vorbereitung auf ein Leben in Freiheit.
– Erweiterung der Berufsausbildung vor allem im Jugendstrafvollzug.
– Möglichkeiten sinnvoller Freizeitgestaltung (Sport, Lesen, Radiohören und Fernsehen).

■ Seit 2006 wird die elektronische Fußfessel bei so genannten Freigängern (gegen Ende der Haftzeit) probeweise eingesetzt. Es sollten damit viele Strafgefangene früher als vorgesehen aus den ohnehin schon überfüllten Gefängnissen entlassen und auf diese Weise überwacht werden. Fotografie v. Herbert Neubauer, 3. 12. 2010.

Fragen und Arbeitsaufträge

→ 1. Erkläre den Unterschied zwischen öffentlichem und privatem Recht sowie die Funktionen des Strafrechtes.

→ 2. Recherchiert im Internet, welches Strafausmaß das österreichische Strafrecht für folgende Straftaten vorsieht: (leichter, schwerer) Diebstahl (§ 127, 128 StGB), Datenbeschädigung (§ 126a StGB), Missbrauch von Computerprogrammen (§ 126c StGB), Raufhandel (§ 91 StGB), Vergewaltigung (§ 201 StGB), Suchtmittelbesitz (§ 27, 28 SMG). Erörtert und beurteilt das unterschiedliche Strafausmaß.

→ 3. Was wisst ihr über den österreichischen Strafvollzug? Geht es den Häftlingen in den Anstalten „zu gut", „zu schlecht" oder „gut genug"? Wie sinnvoll sind eurer Meinung nach Freiheitsstrafen? Gibt es Alternativen?

17. Die Kontrolle der Staatsgewalten, nationale und internationale Gerichtshöfe

In der Bundesverfassung nimmt die Kontrolle der Staatsgewalten einen wichtigen Platz ein. Realpolitisch wenig wirksam ist dabei die Kontrolle der Regierung durch den Nationalrat (vgl. S. 126). Sehr wichtige Kontrollorgane von Gesetzgebung und Vollziehung sind jedoch der Verfassungs- und Verwaltungsgerichtshof, der Rechnungshof und die Volksanwaltschaft. Von der Verfassung her sind sie unabhängig. Doch in der Verfassungswirklichkeit spiegelt sich auch hier die österreichische Parteiendemokratie wider: Denn die personelle Besetzung auch dieser Kontrollorgane erfolgt im Wesentlichen durch die gewählten, Macht ausübenden Politikerinnen und Politiker und indirekt damit auch durch die Parteien.

Der Verfassungsgerichtshof (VfGH)

Bundesregierung und Nationalrat haben das Vorschlagsrecht für elf der vierzehn Mitglieder des VfGH (für die drei übrigen hat es der Bundesrat). Die vom Bundespräsidenten ernannten Verfassungsrichterinnen und Verfassungsrichter setzen sich aus Verwaltungsbeamtinnen und Verwaltungsbeamten, Richterinnen und Richter, Rechtsanwältinnen und Rechtsanwälten und Universitätsprofessorinnen und Universitätsprofessoren zusammen. Die Hauptaufgabe des VfGH liegt in der Überprüfung von Gesetzen, Verordnungen und Staatsverträgen auf ihre Verfassungsmäßigkeit. Er fällt das Urteil bei Kompetenzstreitigkeiten zwischen Bund und Ländern (z. B. wer welches Gesetz erlassen darf), zwischen Gerichten und Verwaltungsbehörden, bei der Anfechtung von Wahlen, Volksabstimmungen oder Volksbegehren und als „Staatsgerichtshof" bei Ministeranklagen. Auch für die einzelnen Bürgerinnen und Bürger ist der VfGH wichtig: Er entscheidet nämlich über Beschwerden gegen Bescheide der Verwaltungsbehörden, wenn eine Verletzung der (verfassungsmäßig garantierten) Grundrechte oder die Anwendung rechtswidriger Gesetze oder Verordnungen eingeklagt wird.

Die ehemalige böhmische Hofkanzlei in Wien am Judenplatz (der Ursprungsbau stammt von Johann Bernhard Fischer von Erlach, 1708–1714) ist heute Sitz des Verfassungs- und Verwaltungsgerichtshofes (Fotografie, August 2007).

Der Verwaltungsgerichtshof (VwGH)

Der VwGH ist zuständig für rechtliche Kontrolle der Verwaltung und sorgt für den Rechtsschutz der oder des Einzelnen gegenüber der Hoheitsverwaltung. Er entscheidet vor allem bei Beschwerden über:
– die Rechtswidrigkeit von Maßnahmen oder Bescheiden der Verwaltungsbehörden;
– die Säumnis der Behörden bei der Bescheidausstellung;
– die falsche Auslegung des behördlichen Ermessensspielraums.

In Asylverfahren ist seit Juli 2008 nicht mehr der VwGH zuständig, stattdessen wurde ein eigener Bundesasylgerichtshof eingerichtet.

Der Rechnungshof (RH)

Der Rechnungshof ist ein Kontrollorgan der gesetzgebenden Gewalt und untersteht organisatorisch dem Nationalrat. Seine Präsidentin oder sein Präsident wird vom Nationalrat für eine einmalige Amtszeit von 12 Jahren gewählt (und kann jederzeit abgewählt werden).
Die Hauptaufgabe des RH ist die so genannte Gebarungs-Kontrolle von Bund, Ländern, Gemeinde(-verbänden), Sozialversicherungen, staatlich verwalteten Fonds und allen Wirtschaftsunternehmen, an denen der Staat mit mindestens 50 % beteiligt ist. Unter die Gebarungsüberprüfung fällt dabei nicht nur die rechnerische Kontrolle von Einnahmen und Ausgaben dieser Institutionen, sondern auch ihre Überprüfung auf Sparsamkeit, Zweckmäßigkeit und Wirtschaftlichkeit. Der RH wird im Regelfall von sich aus tätig. Er kann aber auch zu Sonderprüfungen herangezogen werden (z. B. wenn die Bundesregierung oder ein Drittel der Nationalratsabgeordneten dies verlangen). Jährlich erstellt der RH den „Bundesrechnungsabschluss" und einen

Die 14 Verfassungsrichter/innen können ihre Funktion bis zum 70. Lebensjahr ausüben (Fotografie, September 2011).

Tätigkeitsbericht an den Nationalrat (= „Rechnungshofbericht"). Bei Meinungsverschiedenheiten zwischen RH und Bundes- oder einer Landesregierung über den Umfang der Prüfungstätigkeit entscheidet der VfGH.
Die öffentlichen Prüfberichte des RH (noch mehr jedoch die unveröffentlichten „Rohberichte", die durch Indiskretion immer wieder in die Medien kommen) sorgen in der Öffentlichkeit vor allem dann für Aufsehen, wenn Unzulänglichkeiten aufgedeckt werden. Allerdings kann der RH Fehler und Missstände nur aufdecken – die notwendigen Maßnahmen müssen von den zuständigen Organen und Unternehmen selbst getroffen werden.

Die Volksanwaltschaft

Aus der Ära Kreisky stammt die nach dem schwedischen Vorbild des „Ombudsmannes" geschaffene Volksanwaltschaft. Sie setzt sich aus drei vom Nationalrat auf sechs Jahre gewählten „Volksanwälten" zusammen – und zwar je ein/e Vertreter/in der drei stärksten Parteien. Diese können einmal wiedergewählt werden und sind in ihrer Amtsausübung unabsetzbar und unabhängig.
Die Volksanwaltschaft ist ein Organ der gesetzgebenden Gewalt zur Überprüfung von Missständen in der Verwaltung und damit auch zum Schutz der Bürgerin und des Bürgers vor der „Obrigkeit":

> **Q** *Art. 148 a (1) B-VG Jedermann kann sich bei der Volksanwaltschaft wegen behaupteter Missstände in der Verwaltung des Bundes einschließlich dessen Tätigkeit als Träger von Privatrechten beschweren, sofern er von den Missständen betroffen ist und soweit ihm ein Rechtsmittel nicht oder nicht mehr zur Verfügung steht. Jede solche Beschwerde ist von der Volksanwaltschaft zu prüfen. (...)*
> *(2) Die Volksanwaltschaft ist berechtigt, von ihr vermutete Missstände (...) von Amts wegen zu prüfen.*

Als Missstand gilt auch unfreundliches Verhalten von Beamtinnen und Beamten. Alle derartigen Beschwerden müssen von der Volksanwaltschaft geprüft werden. Bei dieser Arbeit muss sie von allen staatlichen Organen unterstützt werden: Ihr gegenüber besteht keine Amtsverschwiegenheit, sondern Pflicht zur Auskunftserteilung und Akteneinsicht. Die Volksanwaltschaft kann mit ihren Prüfberichten jedoch auch nur Missstände aufdecken und Empfehlungen aussprechen, aber keine Anordnungen treffen. Die betroffene Verwaltungsstelle ist aber verpflichtet, dieser Empfehlung entweder nachzukommen oder zu begründen, warum sie es nicht tut.
Die Inanspruchnahme dieses Kontrollorgans hat im Laufe der Jahre deutlich zugenommen: 1990 wurden etwa 5 700 Beschwerden an die Volksanwaltschaft gerichtet. Im Jahr 2010 waren es schon 15 265, davon richteten sich 11 198 gegen die öffentliche Verwaltung.

Der Oberste Gerichtshof (OGH)

Der OGH ist die höchste Instanz in Straf- und Zivilrechtssachen. Er kann jedoch nur unter gewissen Voraussetzungen angerufen werden. In der Strafgerichtsbarkeit

■ Im Bild (v.li.): Peter Resetarits, Volksanwalt Dr. Peter Kostelka. In der ORF-Sendung „Bürgeranwalt" vertreten die Volksanwältinnen und Volksanwälte die Anliegen der Bürgerinnen und Bürger (Fotografie, August 2007).

hängt dies von der Schwere des Delikts ab (z. B. bei Nichtigkeitsbeschwerden gegen Urteile eines Schöffen- oder Geschworenengerichts), in der Zivilgerichtsbarkeit von der Höhe des Streitwerts. Der OGH ist auch oberstes Dienst- und Disziplinargericht für Richterinnen und Richter.

Der Europäische Gerichtshof (EuGH)

Der EuGH mit seinem Sitz in Luxemburg fällt Entscheidungen bei Streitigkeiten über die Auslegung und Anwendung des Gemeinschaftsrechts. Das betrifft:
– Streitfälle zwischen Mitgliedstaaten oder EU-Organen;
– Streitigkeiten zwischen Gemeinschaftsorganen und Individuen;
– „Vorabentscheidungen": Wenn nationale Gerichte bei der Auslegung von Gemeinschaftsrecht Zweifel haben, können sie diese Rechtsfragen dem EuGH zur Entscheidung vorlegen.

Der Europäische Gerichtshof für Menschenrechte

Dieser Gerichtshof mit Sitz in Straßburg überwacht die Einhaltung der von der Europäischen Menschenrechtskonvention gewährleisteten Grund- und Freiheitsrechte. Er behandelt dabei Beschwerden von
– Staaten gegen andere Mitgliedstaaten;
– Einzelpersonen oder Organisationen gegen Mitgliedstaaten.

Der Europäische Rechnungshof

Er ist – ähnlich wie der RH in Österreich – für die Gebarungs-Kontrolle auf EU-Ebene zuständig. Der EU-Rechnungshof überprüft alle Organe der EU sowie alle EU-Beihilfen an die Mitgliedsländer: Immerhin betrug das EU-Budget für den Zeitraum zwischen 2007 und 2013 eine Billion Euro.

Fragen und Arbeitsaufträge

→ 1. Welche Fälle für die Volksanwaltschaft sind dir aus dem Fernsehen oder aus der persönlichen Umgebung bekannt?

→ 2. Fasse die verschiedenen Kontrollorgane von Gesetzgebung und Verwaltung auf nationaler und EU-Ebene zusammen.

Basiswissen

Österreich – die Zweite Republik

Die 2. Republik von 1945 bis heute

- Noch vor dem Kriegsende kam es im April 1945 zur Neugründung der Parteien ÖVP, SPÖ und KPÖ sowie zur Gründung des ÖGB. Am 27. April 1945 proklamierte Staatskanzler Karl Renner die Unabhängigkeit Österreichs.
- Österreich war von vier alliierten Mächten besetzt. Die „Alliierte Kommission für Österreich" schränkte die Arbeit der österreichischen Regierungen stark ein.
- Die ersten Jahre nach Kriegsende waren geprägt vom Kampf gegen den Hunger, dem Aufbau der Infrastruktur und der Stabilisierung der Währung. Nach der Währungsreform (1947) trat die KPÖ aus der (Konzentrations-)Regierung aus. Von 1947 bis 1966 regierte eine große Koalition von ÖVP und SPÖ.
- Der wirtschaftliche Wiederaufbau war sehr schwierig: Viele Betriebe wiesen schwere Kriegsschäden auf und die Sowjets beschlagnahmten das gesamte „deutsche Eigentum" und unterstellten es einem eigenen Wirtschaftskörper (der USIA). Mit zwei Verstaatlichungsgesetzen (1946/47) wurde der Zugriff der Besatzungsmächte auf die Großunternehmen verhindert.
- Mit der Einbeziehung in den Marshallplan (1948–1951) begann in Österreich ein bedeutender Wirtschaftsaufschwung.
- Zu einer schweren innenpolitischen Krise führte der Aufruf der KPÖ zum Generalstreik im Oktober 1950. Die Regierung und die Führung des ÖGB waren dagegen. Polizei und Räumkommandos gewerkschaftlicher Gegengruppen beendeten den Streik nach zwei Tagen.
- Nach dem Tod Stalins (1953) wurde mit dem „Moskauer Memorandum" (April 1955) der entscheidende Durchbruch erzielt: Die Sowjetunion versprach den Staatsvertrag, und Österreich versprach die immerwährende Neutralität. Am 15. Mai 1955 erfolgte die Unterzeichnung des Staatsvertrages im Wiener Belvedere. Am 26. Oktober 1955 beschloss der Nationalrat das Bundesverfassungsgesetz über die immerwährende Neutralität.
- Die Zeit der Alleinregierungen in Österreich begann mit der absoluten Mehrheit für die ÖVP (1966). Es kam zur Senkung des Wahlalters auf 19 Jahre und zur schrittweisen Einführung der 40-Stunden-Woche.
- In der folgenden Ära Kreisky (1970–1983) wurde u. a. die Volksanwaltschaft eingerichtet. Schulfreifahrt, Gratisschulbücher, Heirats- und Geburtenbeihilfe, eine kürzere Wehrpflicht, der Zivildienst sowie das Gleichbehandlungsgesetz, ein neues Arbeitsverfassungsgesetz, ein neues Familien- und Strafrecht (u. a. mit der „Fristenlösung"), der vierwöchige Mindest- und der Pflegeurlaub wurden eingeführt.
- Nach der ersten Volksabstimmung der Zweiten Republik wurde im Zusammenhang mit dem Bau des Kraftwerks Zwentendorf das „Atomsperrgesetz" beschlossen (1978).
- Nach einer dreijährigen Kleinen Koalition (SPÖ-FPÖ) kam es wieder zu 13 Jahren Großer Koalition (Vranitzky I–V, 1986–1997; Klima 1997–1999): Diese Zeit war parteipolitisch gekennzeichnet von schweren Verlusten der ÖVP und SPÖ einerseits und dem Aufstieg der FPÖ unter Haider andererseits (1986–1999). Für kurze Zeit zog das LIF (1993–1999) in den Nationalrat ein, die Grünen sind im Nationalrat dauerhaft seit 1986 vertreten.
- Mit einer Zweidrittelmehrheit entschieden sich die Österreicherinnen und Österreicher in einer Volksabstimmung für den EU-Beitritt im Jahr 1995.
- 1999 trat Österreich der Europäischen Währungsunion bei und führte im Jahr 2002 die Euro-Währung ein.
- Die erstmaligen ÖVP-FPÖ-Koalitionsregierungen (Schüssel I u. II) brachten eine politische Wende: Anstelle einer konsensorientierten Verhandlungsdemokratie kam es zu einer konfliktorientierten Wettbewerbsdemokratie: Sie führte zu schärferen Auseinandersetzungen zwischen den politischen Gegnern und drängte den politischen Einfluss der Sozialpartner zurück.
- Die neoliberale Wirtschaftspolitik führte erstmals und einmalig zu einem positiven Budget (2001), doch die Gesamtschuld des Staates und auch die Arbeitslosenquote blieben relativ hoch.
- Seit 2007 erfolgte eine Rückkehr zu Großen Koalitionen. Sie war gleich zu Beginn begleitet von einer weltweiten Finanz- und Wirtschaftskrise (2007/08) sowie einer Schulden- und Währungskrise im Euro-Raum. Innenpolitische Dauerthemen sind der Abbau der Staatsschulden und des Budgetdefizits, das Wirtschaftswachstum und die Arbeitslosigkeit.
- Die Staatsausgaben machen, ähnlich wie in anderen Industrieländern, mehr als die Hälfte des BIP aus (2010: 53 %).
- Österreich ist innerhalb von 50 Jahren von einem armen zu einem der reichsten Staaten der Welt aufgestiegen.
- 1955 trat Österreich der UNO und 1956 dem Europarat bei.
- Österreich betrieb seither eine aktive Neutralitätspolitik zwischen den Militärblöcken: u. a. schickte es oftmals Soldaten zu Friedenseinsätzen der UNO. Seit 1979 ist Wien neben New York und Genf UNO-Konferenzstadt.
- Seit den 1990er Jahren gibt es in Österreich immer wieder eine politische Diskussion um die Beibehaltung der Neutralität und einen möglichen Beitritt zur NATO sowie um die Frage: Beibehaltung der Wehrpflicht oder Berufsheer.
- Österreich ist Mitglied der OSZE, hat als EU-Mitglied Beobachterstatus im Defensivbündnis der „Westeuropäischen Union" (WEU) und ist 1995 auch der „NATO-Partnerschaft für den Frieden" beigetreten.

Das politische System

- Österreich ist eine Demokratie nach westlichem Muster mit klaren Regeln der Machtbestellung. Jene Partei/en, die bei den Nationalratswahlen die Mehrheit der 183 Mandate erlangt/erlangen, bilden im Normalfall die Regierung. Sie wird laut Verfassung vom Bundespräsidenten ernannt. In die zweite Kammer des Parlaments, den Bundesrat, werden die Abgeordneten entsprechend den Ergebnissen der Landtagswahl entsandt. Das „freie Mandat" der Abgeordneten wird durch den Klubzwang eingeschränkt.
- Die Aufgaben des Parlaments sind die Gesetzgebung und die Kontrolle der Regierung. Da sich die Regierung normalerweise auf eine Mehrheit im Nationalrat stützt, fallen diese Aufgaben vor allem den Oppositionsparteien, dem Rechnungshof, dem Verwaltungs- und Verfassungsgerichtshof sowie den Medien zu.
- Die österreichische Bundesverfassung von 1920/29 bildet die rechtliche Grundordnung des Staates. Für wesentliche Verfassungsänderungen bedarf es einer Volksabstimmung (z. B. beim EU-Beitritt). Die Verfassung wurde im Laufe der Zeit mehrfach ergänzt und besteht aus einer Vielzahl von

Österreich – die Zweite Republik

- Rechtsquellen. Seit dem Beitritt zur EU hat das Gemeinschaftsrecht Vorrang vor dem nationalen Recht.
- Die Bundespräsidentschafts- und in 6 Bundesländern die Bürgermeister/innen-Wahlen sind Persönlichkeitswahlen. Für Nationalrat, Landtag und Gemeinderat gilt das (Partei-)Listen-Wahlrecht. Mit dem Parteiengesetz von 1975 wird die öffentliche Finanzierung der Parteien geregelt; zusätzliche Einnahmen bilden u. a. Mitgliedsbeiträge und Spenden.
- SPÖ und ÖVP zusammen erhielten bis Mitte der 1980er-Jahre neun von zehn Stimmen. Die Mitgliedszahlen sind in den letzten Jahrzehnten stark zurückgegangen. Seit 1986 haben die beiden Parteien fast ständig an Stimmen verloren; der absolute Tiefstand wurde 2008 erreicht (SPÖ: 29 %, ÖVP: 26 %).
- Seit Beginn der ersten Großen Koalition (1947) haben sich die ÖVP und SPÖ ihren Einfluss sowie die Führungspositionen in der Verwaltung und in der staatlichen Wirtschaft aufgeteilt (Proporz).
- Die Verluste der Großparteien seit 1986 kamen vor allem der FPÖ zugute. Sie stieg zwischen 1986 und 1999 von einer Kleinpartei zur Mittelpartei (27 %) auf – trotz Abspaltung des Liberalen Forums (1993). Als Regierungspartei „stürzte" die FPÖ nach parteiinternen Konflikten zwischendurch wieder „ab" (2002) und spaltete sich 2005 durch die Gründung des „Bündnis Zukunft Österreich" (BZÖ) nochmals. Seit 2006 gewann sie bei den Nationalratswahlen wieder deutlich an Stimmen.
- Die Grünen entstanden aus der Umweltbewegung der 1970er-Jahre und kamen 1986 erstmals ins Parlament. Die Kleinpartei (bisher max. 11 %; 2006) ist seither ständig im Nationalrat vertreten.
- Das Wahlverhalten in Österreich hat sich durch die gesellschaftlichen Veränderungen sehr gewandelt. Anstelle der ehemaligen Stammwähler/innen aus den „Kernschichten" (z. B. Arbeiter/innen) gibt es heute immer mehr Wechselwähler/innen, die sich z. T. erst sehr spät vor einer Wahl entscheiden.
- Der Beginn der Sozialpartnerschaft fällt zusammen mit der Bildung der ersten Großen Koalition (1947). Die Spitzenfunktionäre der Verbände üben sowohl innerhalb ihrer Parteien bzw. für ihre Parteien wichtige Funktionen (z. B. als Parlamentarier/innen) aus.
- Die Sozialpartner sind in vielen verschiedenen Kommissionen und Beiräten der staatlichen Verwaltung sowie in den Sozialversicherungen vertreten.
- Für die umfangreichen Verwaltungsaufgaben des Staates in Bund, Ländern und Gemeinden sind die öffentlich Bediensteten verantwortlich. Die Verwaltung ist durch eine Fülle von Gesetzen und Verordnungen geregelt. Gegen die Entscheidungen der Verwaltungsbehörden gibt es Berufungsmöglichkeiten bis zu den Höchstgerichten (Verwaltungs-, Verfassungsgerichtshof). Der Staat ist aber auch an gewinnorientierten Wirtschaftsbetrieben beteiligt (z.B. ÖIAG).
- Die ca. 2 300 österreichischen Gemeinden sind Organe der „Selbstverwaltung": Sie üben einerseits für Bund und Länder Verwaltungsaufgaben aus (z. B. die Durchführung von Wahlen) und sind andererseits für alle Aufgaben im „eigenen Wirkungsbereich" zuständig (z. B. Müllabfuhr, Kindergarten).
- Formen der direkten Demokratie haben besonders auf kommunaler Ebene große Wirksamkeit. Die verschiedenen sozialen Bewegungen haben seit Beginn der 1970er-Jahre in ganz Österreich zur Gründung von Bürgerinitiativen und -listen geführt, die ihre politischen Interessen z.T. auch auf Länder- und Bundesebene artikulieren. Sie sind wesentlicher Bestandteil der so genannten Zivilgesellschaft.
- Eine gesetzliche Basis hat die direkte Demokratie in Volksbegehren, Volksbefragung und Volksabstimmung.
- In einem modernen Rechtsstaat wie Österreich unterliegt das gesamte öffentliche und private Leben Rechtsnormen. Die Rechtsprechung ist ausschließlich Bundessache und liegt bei den Gerichten. Neben unabhängigen und unabsetzbaren Richterinnen und Richtern werden in bestimmten Fällen auch Vertreter aus dem Volk in die Rechtsprechung einbezogen.
- Kontrollorgane von Gesetzgebung und Vollziehung sind in Österreich der Verfassungs- und Verwaltungsgerichtshof, der Rechnungshof und die Volksanwaltschaft. Auf EU-Ebene sind das der Europäische Gerichtshof, der Europäische Gerichtshof für Menschenrechte und der Europäische Rechnungshof.

Grundbegriffe

Austro-Keynesianismus Die Regierung Kreisky ging zur Behebung der Wirtschaftskrise („Erdölschock") eine höhere Staatsverschuldung zugunsten von Vollbeschäftigung ein. Diese Art der Krisenbekämpfung („deficit spending") hatte der britische Ökonom John Maynard Keynes (1883–1946) schon während der Weltwirtschaftskrise empfohlen.

Entnazifizierung Schon 1945 begann die strafrechtliche Verfolgung jener Österreicher/innen, die als Kriegsverbrecher, belastete und minderbelastete Nationalsozialisten an den Verbrechen des Hitlerregimes mitschuldig waren. Sie endete aber bald mit einer umfassenden Amnestie. Auch viele Entschädigungsfragen der NS-Opfer blieben lange ungelöst.

Moskauer Deklaration Die alliierten Außenminister (USA, GB, UdSSR) erklären im Oktober 1943 als Ziel, ein vom Nationalsozialismus befreites, unabhängiges Österreich wiederherstellen zu wollen.

neoliberale Politik Darunter versteht man u.a. den Vorrang des „freien Marktes", ein „Schlankwerden" des Staates sowie eine Senkung der Staatsausgaben: durch Einsparung von Arbeitsplätzen im Öffentlichen Dienst; durch weitere Privatisierung bzw. Verkauf von Staatsbetrieben; durch Senkung der staatlichen Ausgaben z.B. für die Sozialversicherung (Pensionen etc.).

Neutralität Das Völkerrecht unterscheidet zwischen einer temporären und dauernden Neutralität. Die „immerwährende Neutralität" bedeutet für Österreich, dass es in Zukunft keine militärischen Bündnissen beitreten und auch keine Errichtung von militärischen Stützpunkten zulassen wird.

Sozialpartnerschaft Damit bezeichnet man die politische Zusammenarbeit der „Verbände": Als Arbeitgeber/innenverbände sind das die ÖVP-dominierten Wirtschafts- und Landwirtschaftskammern sowie die Vereinigung der österreichischen Industrie. Auf Arbeitnehmer/innenseite sind das die SPÖ-dominierten Arbeiterkammern und der Österreichische Gewerkschaftsbund.

5

1949 Gründung des Europarats
1951 Gründung der Europäischen Gemeinschaft für Kohle und Stahl (EGKS)
1957 „Römische Verträge": Europäische Wirtschaftsgemeinschaft (EWG)
1960 Europäische Freihandelsassoziation (EFTA)
1967 Europäische Gemeinschaft (EG)

Die Europäische Union

Die „Einheit" Europas versuchten Staaten, Völker und Herrscher durch Jahrhunderte immer wieder durch Eroberungspolitik gewaltsam zu erreichen. Dies bedeutete fast ununterbrochenen Krieg für Europa. Lange Zeit waren es vor allem die beiden „Erzfeinde" Deutschland und Frankreich, die den Kontinent nicht zur Ruhe kommen ließen. Nach dem Zweiten Weltkrieg hatte man erkannt, dass der Traum von einem starken Europa nur in Frieden und durch Verständigung erreichbar ist. Der Weg der europäischen Einigung führte vom wirtschaftlichen Zusammenschluss zur engen politischen Zusammenarbeit. Dabei wurden immer wieder neue Mitglieder aufgenommen und die Integration schrittweise vertieft.

„In Vielfalt geeint" – so lautet das Motto der Europäischen Union. 27 Staaten sind Mitglieder und 500 Millionen Menschen leben auf einer Fläche von mehr als 4 Millionen km² in der EU (2011). 327 Millionen Europäer/innen bezahlen mit der gemeinsamen Währung, dem Euro. Die Europäische Union hat seit einem halben Jahrhundert wesentlich zu Frieden und Wohlstand beigetragen. Trotz vieler neuer Möglichkeiten und Perspektiven ist der europäische Einigungsprozess aber oft mühsam und von Rückschlägen und Krisen geprägt.

Jugendliche halten am 15. Mai 2005 während der Schuman-Parade in Warschau eine EU-Flagge.

1979	Erste Direktwahlen zum Europäischen Parlament
1993	Europäische Union, Vertrag von Maastricht
1994	Europäischer Wirtschaftsraum (EWR)
1995	Österreich tritt der EU bei
2002	Euro-Einführung: Münzen und Banknoten
2009	Vertrag von Lissabon tritt in Kraft

In diesem Kapitel erhaltet ihr Informationen zu folgenden Fragen:

- Wie sich die wirtschaftliche und politische Kooperation in Europa entwickelte.
- Welche Schritte es von der EWG bis zur EU gab.
- Welche Institutionen die EU besitzt.
- Welche Chancen und Perspektiven sich durch die EU bieten.
- Was man unter EU-Politik versteht.

Dazu könnt ihr erfahren und erproben:

- Welche Problemfelder es in der EU gibt.
- Wie man eine Zukunftswerkstatt gestaltet.

Online-Ergänzungen
r4kw2n

1. Die Entwicklung der Europäischen Union

Zusammenarbeit in OECD und Europarat

Der Kalte Krieg verursachte ein Gefühl militärischer Bedrohung. Es wurden daher nach dem Zweiten Weltkrieg kollektive Sicherheitssysteme, z. B. UNO, NATO, Warschauer Pakt, aufgebaut. Sie waren politische Zusammenschlüsse von Staaten. Ihr Ziel ist bzw. war es, durch gemeinsames Vorgehen und gemeinsame Anstrengungen die politischen und wirtschaftlichen Chancen zu verbessern. Dazu wird von den Mitgliedsländern oft ein hohes Maß an politischen, wirtschaftlichen, militärischen oder kulturellen Bindungen (= Integration) gefordert. Der einzelne teilnehmende Staat ist so kaum mehr in der Lage, durch eine rücksichtslose und egoistische Politik den Frieden zu gefährden. Es gibt unterschiedliche Arten von Zusammenschlüssen: Sie reichen von loser Kooperation über zielgerichtete Zusammenarbeit mit einer gemeinsamen Organisation bis zu einer Integration mit freiwilliger Aufgabe von Souveränitätsrechten.

1948 wurde die OEEC (Organization for European Economic Cooperation) geschaffen. Dies war eine Organisation, welche die optimale Verteilung und Verwendung der Marshallplanhilfe gewährleisten sollte. Daneben arbeitete diese Organisation erfolgreich für eine engere wirtschaftliche Zusammenarbeit des Westens und erreichte z. B. den Abbau von Handelsschranken, die Beseitigung von Mengenbeschränkungen im Warenverkehr und von Schwierigkeiten im Zahlungsverkehr. Eine enge wirtschaftliche Verflechtung zwischen Westeuropa, den USA und Kanada war die Folge. Die OEEC brachte allen Mitgliedsstaaten Vorteile. Sie wurde daher nach dem Auslaufen des Marshallplanes in die OECD (Organization for Economic Cooperation and Development) umgewandelt (1961). Laut OECD-Konvention gehören zu ihren wichtigsten Zielen:

- das Wirtschaftswachstums in ihren Mitgliedstaaten und den Entwicklungsländern zu fördern,
- an einer hohe Beschäftigung und einem steigenden Wohlstand mitzuwirken,
- die Ausweitung des Welthandels,
- die Bekämpfung von Korruption und Geldwäsche.

Der OECD gehören gegenwärtig 34 Mitgliedstaaten an (europäische Staaten, USA, Kanada, Australien, Neuseeland, Japan, Korea, Mexiko, Chile, Israel und Türkei). Sie hat ihren Hauptsitz in Paris und ist heute die wirtschaftliche Spitzenorganisation der westlichen Industrieländer. Bekannt ist die OECD-Pisa-Studie, in der Leistungsdaten von 15jährigen in verschiedenen Staaten gemessen werden.
Die bedeutendste der vielen Sonderorganisationen der OECD ist die IEA (International Energy Agency). Sie nahm als Folge der ersten Erdölkrise 1974 ihren Betrieb auf. Ihre Hauptziele sind die Sicherstellung einer gleichmäßigen Energieversorgung mit Erdöl. Ebenso bekämpft sie Versorgungskrisen. In den letzten Jahren betreibt sie verstärkt Projekte zur Erforschung und Entwicklung von Alternativenergie. Österreich ist Mitglied in der OECD und der IEA.

Eine wichtige europäische zwischenstaatliche Organisation ist der Europarat. Er entstand aus einer privaten Initiative: Bedeutende Persönlichkeiten aus vielen europäischen Ländern setzten sich für die Idee eines vereinten Europa ein. Ihr Bemühen führte 1949 in London zur Gründung dieses politischen Zusammenschlusses. Die Ziele des Europarats sind sehr allgemein gefasst:

> *Der Europarat hat zur Aufgabe, eine engere Verbindung zwischen seinen Mitgliedern zum Schutze und zur Förderung der Ideale und Grundsätze, die ihr gemeinsames Erbe bilden, herzustellen und ihren wirtschaftlichen und sozialen Fortschritt zu fördern.*
>
> (Gasteyger, Europa zwischen Spaltung und Einigung 1945–1990, 1990, S. 69)

Zu jener Zeit wollten viele europäische Staaten einer zwischenstaatlichen Organisation nicht mehr Rechte zugestehen. Seit damals hat sich jedoch das Bewusstsein eines gemeinsamen Europa durchgesetzt: zehn Staaten gründeten den Europarat, heute sind mit Ausnahme von Vatikanstadt und Weißrussland alle europäischen Staaten Mitglied.
Sein Sitz ist in Straßburg. Im Rahmen des Europarats wurden mehr als 200 Abkommen ausgearbeitet, z.B. zur Förderung der Gleichstellung von Mann und Frau, Datenschutzabkommen, ein Verbot zum menschlichen Klonen und gegen Terrorismus.
Besondere Bedeutung hat der Europarat auf dem Gebiet der Menschenrechte erlangt. Die „Europäische Konvention zum Schutze der Menschenrechte und Grundfreiheiten" (1950) verankerte zum ersten und (bisher) einzigen Mal diese Rechte verbindlich im Völkerrecht. Da alle Mitgliedstaaten des Europarats diese Konvention ratifiziert haben, sind diese Rechte auch in Straßburg einklagbar. Dafür wurden – und auch das ist weltweit einzigartig – zwei Institutionen geschaffen: die Europäische Menschenrechtskommission, an die sich auch

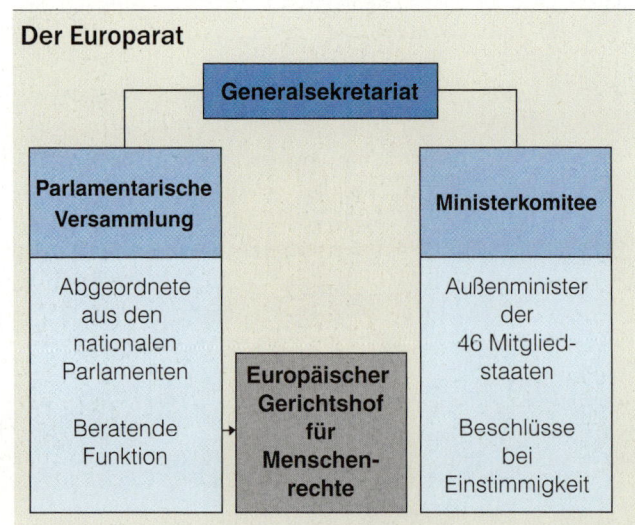

Der Europarat

- Generalsekretariat
- Parlamentarische Versammlung: Abgeordnete aus den nationalen Parlamenten, Beratende Funktion
- Ministerkomitee: Außenminister der 46 Mitgliedstaaten, Beschlüsse bei Einstimmigkeit
- Europäischer Gerichtshof für Menschenrechte

Einzelpersonen wenden können, und der Europäische Gerichtshof für Menschenrechte.

Die Anfänge des europäischen Einigungsprozesses

Bereits nach dem Ersten Weltkrieg wurde der Wunsch nach einer engeren Zusammenarbeit der europäischen Staaten geäußert. So gründete Graf Coudenhove-Kalergi die Paneuropäische Union. Diese hatte die Schaffung der „Vereinigten Staaten von Europa" zum Ziel. In der Zwischenkriegszeit bestimmten jedoch nationaler Hass und Misstrauen die Beziehungen der europäischen Staaten untereinander. Solche Gedanken hatten daher keine Chance auf Verwirklichung.

Unter dem Eindruck der Schrecken des Zweiten Weltkrieges setzten sich schließlich jene durch, die für ein friedliches Zusammenleben eintraten. Die europäischen Nationen sollten durch freiwillige wirtschaftliche Verflechtungen so stark miteinander verbunden und voneinander abhängig gemacht werden, dass Kriege untereinander nicht mehr möglich wären. Frankreich, das misstrauisch das wirtschaftliche Wiedererstarken Deutschlands beobachtete, ergriff durch seinen Außenminister Robert Schuman im Jahre 1950 die Initiative:

Grundstein für EU

Q *Der Friede der Welt kann nicht gewahrt werden ohne schöpferische Anstrengungen, die der Größe der Bedrohung entsprechen. (...) Europa lässt sich nicht mit einem Schlage herstellen und auch nicht durch eine einfache Zusammenfassung: Es wird durch konkrete Tatsachen entstehen, die zunächst eine Solidarität der Tat schaffen. Die Vereinigung der europäischen Nationen erfordert, dass der jahrhundertealte Gegensatz zwischen Frankreich und Deutschland ausgelöscht wird. (...)*
Die französische Regierung schlägt vor, die Gesamtheit der französisch-deutschen Kohlen- und Stahlproduktion einer gemeinsamen Hohen Behörde zu unterstellen, in einer Organisation, die den anderen europäischen Ländern zum Beitritt offen steht.
Die Zusammenlegung der Kohlen- und Stahlproduktion wird sofort die Schaffung gemeinsamer Grundlagen für die wirtschaftliche Entwicklung sichern – die erste Etappe der europäischen Föderation – und die Bestimmung jener Gebiete ändern, die lange Zeit der Herstellung von Waffen gewidmet waren, deren sicherste Opfer sie gewesen sind. Die Solidarität der Produktion, die so geschaffen wird, wird bekunden, dass jeder Krieg zwischen Frankreich und Deutschland nicht nur undenkbar, sondern materiell unmöglich ist.

(EG-Kommission, Freigabe der historischen Archive der EG, 1983, S. 13)

Der deutsche Bundeskanzler Konrad Adenauer schrieb dazu in seinen Erinnerungen:

Q *Es musste eine Lösung der deutschen Frage gefunden werden, die unsere Nachbarn nicht beunruhigte und ihnen nicht das Gefühl dauernder Unsicherheit gab. Ich bin Deutscher, aber ich bin und war auch immer Europäer und habe als solcher gefühlt. Deshalb habe ich mich von jeher für eine Verständigung mit Frankreich eingesetzt, ohne die Europa nicht möglich ist.*

(Adenauer, Erinnerungen 1945–1953)

→ Lest die beiden Quellen aufmerksam durch und unterstreicht die wichtigsten Begriffe. Benennt dann die wichtigen Gründe und Motive von Schuman und Adenauer zur Gründung der Europäischen Gemeinschaft für Kohle und Stahl (EGKS).

■ Das Europäische Parlament in Straßburg, Frankreich (Fotografie 2009).

Zur Sorge um die Erhaltung des Friedens kamen zwei weitere Motive: Westeuropa fühlte sich durch die ihre Macht ausweitende Sowjetunion bedroht. Zusätzlich benötigte man wegen des bevorstehenden Endes des Marshallplanes neue Ideen zur Förderung des wirtschaftlichen Aufschwungs.

Die Bundesrepublik Deutschland stimmte durch ihren Bundeskanzler Konrad Adenauer dem Schumanplan sofort zu. Schon 1951 wurde von Belgien, der BRD, Frankreich, Italien, Luxemburg und den Niederlanden der Pariser Vertrag über die Gründung der Europäischen Gemeinschaft für Kohle und Stahl (EGKS, auch Montanunion) geschlos-

Die vier Freiheiten im Binnenmarkt

Freier Personenverkehr
Wegfall von Grenzkontrollen (ausgenommen Großbritannien, Irland und neue Mitgliedstaaten seit 2004)
Verstärkte Kontrollen an den EU-Außengrenzen

Freier Dienstleistungsverkehr
EU-Bürgerinnen und -Bürger können gewerbliche, kaufmännische, handwerkliche und freiberufliche Dienste im EU-Raum anbieten und ausüben

Freier Warenverkehr
Wegfall der Grenzkontrollen
Gemeinsamer Zolltarif gegenüber Drittstaaten

Freier Kapitalverkehr
Weniger Beschränkungen im Kapital- und Zahlungsverkehr

→ Beschreibe in eigenen Worten die vier Freiheiten im Binnenmarkt. Erörtere die Möglichkeiten, die sich daraus für dich persönlich ergeben können.

sen. Damit schufen diese Staaten einen gemeinsamen Markt für die kriegswichtigen Güter Kohle, Stahl, Eisenerz und Schrott.
Da die EGKS den sechs Mitgliedstaaten viele Vorteile brachte, entschlossen sie sich, die wirtschaftliche Integration auf alle Bereiche des wirtschaftlichen Lebens auszudehnen. Dazu unterzeichneten sie 1957 in Rom die Verträge über die Europäische Atomgemeinschaft (EAG oder EURATOM) und die Europäische Wirtschaftsgemeinschaft (EWG), die am 1. Jänner 1958 in Kraft traten.
Die EURATOM fördert die friedliche Nutzung der Kernenergie und -forschung einschließlich alternativer Energiequellen sowie die Reaktorsicherheit und den Umweltschutz.
Das Ziel der EWG war die Errichtung eines gemeinsamen Marktes durch:

– die Schaffung einer Zollunion,
– den Abbau aller Handelsschranken,
– eine gemeinsame Agrar- und Verkehrspolitik,
– Erleichterungen im Personen-, Dienstleistungs- und Kapitalverkehr sowie
– eine schrittweise Angleichung der Wirtschafts- und Währungspolitik der Mitgliedstaaten.

Zunächst arbeiteten EGKS, EWG und EURATOM getrennt und mit eigenen Organen. Im Jahre 1967 wurden sie zusammengeschlossen und erhielten eine gemeinsame Organisation; seither spricht man von ihnen als von der Europäischen Gemeinschaft (EG).

Ein weiterer wichtiger Meilenstein auf Europas Weg zur Einigung war die Einheitliche Europäische Akte (EEA). Sie trat 1987 in Kraft. Nun waren unter anderem Mehrheitsentscheidungen im (Minister-)Rat und die – sehr eingeschränkte – Beteiligung des Europäischen Parlaments (EP) an der Gesetzgebung möglich. Die EG sah mehrere Formen der Beteiligung von Drittstaaten vor: Freihandelsabkommen, Assoziierungsabkommen und den Beitritt als Vollmitglied. Seit 1967 wurde die EG ständig erweitert.

Dieser große Wirtschaftsraum (seit 1968 gab es keine Zölle innerhalb der EG, dafür einen gemeinsamen Außenzoll) mit seinem riesigen Potenzial drohte die Nichtmitglieder wirtschaftlich an den Rand zu drängen. Dies umso mehr, als die EG 1993 den Europäischen Binnenmarkt verwirklicht hat, der durch die „Vier Freiheiten" gekennzeichnet ist.

Die Europäische Freihandelsassoziation (EFTA)

Nach der Gründung der EWG stellte sich die Frage, welche Wirtschaftspolitik jene Staaten betreiben sollten, die sich der Sechsergemeinschaft nicht anschließen wollten. Auf britische Initiative wurde als Antwort darauf 1960 mit dem Stockholmer Abkommen die European Free Trade Association (EFTA) ins Leben gerufen. Im Gegensatz zu den immer deutlicher werdenden politischen Zielsetzungen der EG verfolgte die EFTA nur ein wirtschaftliches Ziel: Die Errichtung einer Freihandelszone durch die Beseitigung von Handelsbarrieren unter den Mitgliedstaaten. Dieses Ziel wurde 1966 mit der Abschaffung der Zölle für Industrieerzeugnisse und weiterverarbeitete Agrarprodukte weitgehend erreicht. Diese rein wirtschaftliche Ausrichtung der EFTA schlägt sich auch in ihrer Organisation nieder. Auf eine supranationale (überstaatliche) Organisation wurde verzichtet. Für Entscheidungen in der EFTA gilt das Einstimmigkeitsprinzip, sodass die nationale Souveränität voll erhalten bleibt.
An der EFTA beteiligten sich von Anfang an Dänemark, Großbritannien, Norwegen, Österreich, Portugal, Schweden und die Schweiz; später kamen Island und Finnland als Vollmitglieder hinzu, während Dänemark, Großbritannien und Portugal ausschieden und der EG beitraten. Die norwegische Regierung unterzeichnete 1972 ebenfalls den Beitrittsvertrag mit der EG, der jedoch in einer Volksabstimmung abgelehnt wurde.
Da immer mehr der „Rest-EFTA"-Staaten einen Beitritt zur EG anstrebten, bot diese die Schaffung eines Europäischen Wirtschaftsraumes (EWR) an. Nach einem zweijährigen Verhandlungsmarathon einigten sich die

Die Europäische Union

Vertreter der 12 EG-Staaten und der damals 7 EFTA-Staaten 1991 in Luxemburg über den EWR-Vertrag. Im Dezember 1992 sprach sich jedoch die Bevölkerung der Schweiz in einer Volksabstimmung gegen den EWR aus, der Vertrag musste den geänderten Bedingungen angepasst werden. Er trat Anfang 1994 in Kraft. Der EWR dehnte die „Vier Freiheiten" sowie die EU-Richtlinien hinsichtlich des Konsumentenschutzes, der Umwelt, des Wirtschaftsrechtes, der Bildung, der Forschung und der Sozialpolitik auf die EFTA-Länder aus. Diese mussten dafür etwa zwei Drittel des geltenden EG-Rechts in ihre nationalen Rechtsordnungen einpassen. Ausgeschlossen bleibt u. a. der Agrarbereich. Mit dem Europäischen Wirtschaftsraum entstand der weltweit kaufkräftigste, einheitliche Markt.

Die EU – der politische Zusammenschluss

Nach dem wirtschaftlichen Zusammenschluss mit der Schaffung des Binnenmarktes folgte die Weichenstellung für die politische Integration: Am 1. November 1993 trat der Vertrag von Maastricht über die Schaffung der Europäischen Union (EU) in Kraft.

■ Im Juni 1994 fand in Griechenland (Korfu) ein EU-Gipfel statt, auf dem Österreich zum Mitgliedstaat wurde. Kurz davor hatte sich eine klare Mehrheit der Österreicher/innen für den Beitritt zur Union ausgesprochen. Der Vertrag trat am 1. Jänner 1995 in Kraft.
Das Foto zeigt den ehemaligen Bundeskanzler Franz Vranitzky (l.) und seinen Außenminister Alois Mock (r.) bei der Unterzeichnung des Beitrittsvertrags am 24. Juni 1994 in Korfu.

Gründungsländer: Belgien, Deutschland, Frankreich, Italien, Luxemburg, Niederlande
1. Erweiterung (1973): Dänemark, Irland, Großbritannien
2. Erweiterung (1981): Griechenland
3. Erweiterung (1986): Portugal, Spanien
4. Erweiterung (1995): Finnland, Österreich, Schweden
5. Erweiterung (2004): Estland, Lettland, Litauen, Malta, Polen, Slowakei, Slowenien, Tschechien, Ungarn, Zypern
6. Erweiterung (2007): Bulgarien, Rumänien
7. Erweiterung (2013): Kroatien
Kandidatenländer: Albanien, ehemalige jugoslawische Republik Mazedonien, Island, Montenegro, Serbien, Türkei (potentielle Kandidaten: Bosnien und Herzegowina, Kosovo)

■ Die Erweiterung der Europäischen Union.

Fragen und Arbeitsaufträge

→ 1. Nenne Gründe und Ziele für die wirtschaftlichen und politischen Zusammenschlüsse nach 1945. Erkläre die Bedeutung des Europarates und der OECD.

→ 2. Beschreibe die wichtigsten Schritte zur Kooperation europäischer Staaten nach dem Zweiten Weltkrieg. Erstellt eine Tabelle, in die ihr Stichworte zu den folgenden Begriffen eintragt: EGKS, EWG, Euratom, EG, EFTA und EU.

→ Benenne Thema und darstellende Mittel der Karte, beschreibe dann die Erweiterung der EU.

2. Die institutionellen Grundlagen

Mit dem Vertrag von Maastricht 1993 entstand die Europäische Union. Drei große Bereiche sollten damals die EU bilden:

- Die Europäische Gemeinschaft (EG): Sie sollte sich von einer Wirtschaftsgemeinschaft zu einer politischen Union wandeln. Ein Symbol dafür ist die „Unionsbürgerschaft": Unionsbürgerinnen und -bürger können sich überall in der EU niederlassen und sind dort auch bei Kommunalwahlen* wahlberechtigt. Gleichzeitig bleiben sie Bürgerinnen und Bürger ihres eigenen Staates. Das Europäische Parlament (EP) wurde in seinen Rechten gestärkt: Es kann nun vom Rat der Europäischen Union beschlossene Gesetze zu Fall bringen. *Gemeinde
Die Wirtschafts- und Währungsunion (WWU) hatte die vollständige Verwirklichung des Binnenmarktes mit gemeinsamer Währung zum Ziel. Diese einheitliche Währung – der Euro – wurde am 1. Jänner 2002 eingeführt. Euromünzen und -banknoten ersetzten die nationalen Währungen vorerst in zwölf der (damals) fünfzehn Mitgliedstaaten der EU (Belgien, Deutschland, Griechenland, Spanien, Frankreich, Irland, Italien, Luxemburg, den Niederlanden, Österreich, Portugal und Finnland).

- Die Gemeinsame Außen- und Sicherheitspolitik (GASP) umfasst die regelmäßige Zusammenarbeit (Information und Abstimmung) in allen außen- und sicherheitspolitischen Fragen von gemeinsamer Bedeutung bis hin zu gemeinsamen Aktionen der Westeuropäischen (Verteidigungs-)Union (WEU). Die WEU soll „auf längere Sicht" ausgebaut werden.

- Die Zusammenarbeit in den Bereichen Justiz und Inneres. Hier geht es um ein gemeinsames Vorgehen auf Gebieten wie Asyl- und Einwanderungspolitik, polizeiliche Zusammenarbeit in der Bekämpfung des Terrorismus usw.

1997 unterzeichneten die nunmehr 15 Mitgliedstaaten der EU den Vertrag von Amsterdam, der 1999 in Kraft trat und den Vertrag von Maastricht revidierte. Er legte die Grundlage für die Weiterentwicklung der EU – sowohl für die innere als auch für die Erweiterung der EU um neue Mitglieder. Im Mittelpunkt stand die Ausgestaltung der politischen Union, d. h. die Vertiefung der gemeinsamen Außen- und Sicherheitspolitik und die Schaffung eines Raumes der Freiheit, der Sicherheit und des Rechts durch die Intensivierung der Zusammenarbeit in den Bereichen Justiz und Inneres. Darüber hinaus sollten auch die Menschen- und Bürgerrechte in der Union gestärkt und die Entscheidungsprozesse innerhalb der EU transparenter und bürgernäher gestaltet werden. Die Organe der EU wurden durch den Vertrag von Amsterdam erneut reformiert, zum Teil gestärkt und effizienter gestaltet. Das Europäische Parlament erhielt mehr Gesetzgebungskompetenz und die Kontrollfunktion wurde erheblich erweitert; es bleibt aber, im Vergleich etwa zu den Volksvertretungen in den EU-Mitgliedstaaten, weiterhin ein relativ schwaches Organ.

Im Jahr 2000 unterzeichnete der Europäische Rat der 15 Mitgliedstaaten den Vertrag von Nizza. In Kraft getreten ist diese Vereinbarung über die Veränderung des Vertrags von Maastricht 2003. Ziel und Zweck dieser Vereinbarung war es, die Handlungsfähigkeit der EU nach der sich abzeichnenden Osterweiterung 2004 auf 25 bzw. 2007 auf 27 Mitgliedstaaten zu gewährleisten. Der Vertrag von Nizza brachte eine Reform der Institutionen der EU:

- Die Stimmengewichtung im Rat der EU (Ministerrat) wurde neu geordnet. Die vier großen Länder (Deutschland, Frankreich, Großbritannien und Italien) besaßen je 29 Stimmen. Als nächstgrößere Gruppe haben Spanien und Polen je 27 Stimmen. Dafür erhielten die kleinen Länder die Möglichkeit der Blockade bei einer Reihe von Entscheidungen, bei denen die Zustimmung einer Zweidrittelmehrheit der Staaten notwendig ist.

- Um die EU handlungsfähiger zu machen, wurden die Mehrheitsentscheidungen im Europäischen Rat ausgeweitet. So wurde z. B. der Präsident der EU-Kommission nunmehr durch Mehrheitsvotum bestimmt; in der Asyl- und Einwanderungspolitik gilt seit Nizza die qualifizierte Mehrheit.

- Auch nach Erweiterungen soll jedes Land durch je einen Kommissär in der 20-köpfigen Europäischen Kommission vertreten sein. Dabei verzichteten die fünf größten Länder, die bisher je zwei Kommissare in dem Gremium stellen, auf je einen Sitz in der Kommission. Zusätzlich wurde ein Rotationssystem eingeführt.

Das Scheitern einer Verfassung für Europa

Ein Meilenstein der Europapolitik sollte im Jahr 2004 in Rom gesetzt werden: Die Staats- und Regierungschefs der 25 EU-Mitgliedstaaten und der drei Kandidatenländer Bulgarien, Rumänien und Kroatien unterzeichneten den einstimmig vom Europäischen Parlament angenommenen Vertrag über eine Verfassung für Europa. Damit sollte das politische System der Europäischen Union reformiert werden. Man wollte so eine einheitliche Struktur und Rechtspersönlichkeit schaffen. Durch die Verfassung für Europa würden die vielen Einzelverträge durch ein einziges Grundgesetz ersetzt. Dadurch sollten in Zukunft die bis dahin immer wieder notwendigen Vertragsanpassungen nicht mehr notwendig sein. Zur Stärkung der Bürgerrechte wurde in die Verfassung eine Charta der Grundrechte, die beim Europäischen Gerichtshof einklagbar sind, aufgenommen.

Die Verfassung sollte 2006 in Kraft treten, aber zuvor sollte sie von jedem Unterzeichnerstaat nach dem in seiner nationalen Verfassung vorgeschriebenen Verfahren

Q Charta der Grundrechte

Würde des Menschen
- Verbot der Todesstrafe
- Verbot der Folter, Sklaverei, Zwangsarbeit sowie des Klonens von Menschen

Freiheiten
- Recht auf Freiheit und Sicherheit
- Achtung des Privat- und Familienlebens
- Datenschutz
- Recht auf Gedanken-, Gewissens-, Religions-, Meinungs- und Vereinigungsfreiheit
- Recht auf Bildung
- Recht zu arbeiten und einen frei gewählten oder angenommenen Beruf auszuüben
- Garantie der unternehmerischen Freiheit
- Recht auf Eigentum

Gleichheit vor dem Gesetz
- Gleichheit von Männern und Frauen
- Schutz der Rechte von Kindern, der älteren Menschen und Behinderter
- Minderheitenschutz

Solidarität
- Umwelt- und Verbraucherschutz
- Verbot von Kinderarbeit
- Zugang zur Gesundheitsfürsorge und zu ärztlicher Vorsorge

Bürgerrechte
- Aktives und passives Wahlrecht
- Recht auf gute Verwaltung
- Zugang zu Dokumenten

Justizielle Rechte
- Unabhängige und unparteiische Gerichte
- Unschuldsvermutung
- Verhältnismäßigkeit der Bestrafung
- Verbot der Doppelbestrafung

(Wiener Zeitung in Zusammenarbeit mit dem Bundeskanzleramt (Hg.), Eine Verfassung für Europa. Die neuen Spielregeln für ein friedliches Miteinander, Wien, o. J., S. 20f.)

Lissabon ersetzt die bestehenden Verträge nicht, er ändert sie lediglich ab. Er beinhaltet folgende wichtige Punkte:

1. Ein demokratischeres und transparenteres Europa:
- Das direkt gewählte Europäische Parlament spielt eine größere Rolle. Zwischen dem Europäischen Parlament und dem Rat besteht bei einem Teil der EU-Rechtsvorschriften Gleichberechtigung.
- Stärkere Einbeziehung der nationalen Parlamente: Einhaltung des „Subsidiaritätsprinzips": Die EU wird nur dann tätig, wenn auf der Ebene der EU bessere Ergebnisse erzielt werden. Dadurch und durch die Stärkung des Europäischen Parlamentes soll die EU insgesamt mehr Legitimität und Demokratie erfahren.
- Stärkeres Mitspracherecht der Bürger/innen: Dank der Bürgerinitiative können die EU-Bürger/innen die Kommission auffordern, neue politische Vorschläge zu unterbreiten.
- Die Zuständigkeiten zwischen den Mitgliedstaaten und der EU werden klarer zugeordnet.
- Die Möglichkeit zum Austritt eines Mitgliedsstaates wird erstmals geschaffen.

2. Ein effizienteres Europa:
- Schnellere und effizientere Arbeitsmethoden: Die Beschlussfassung mit qualifizierter Mehrheit im Rat wird auf neue Politikbereiche ausgedehnt. Ab 2014 wird die qualifizierte Mehrheit nach der doppelten Mehrheit von Mitgliedsstaaten und Bevölkerung berechnet. Eine doppelte Mehrheit ist dann erreicht, wenn 55 % der Mitgliedstaaten, die gemeinsam mindestens 65 % der europäischen Bevölkerung auf sich vereinen, zustimmen.
- Stabilere und schlankere Institutionen: Erstmals wird eine Präsidentin oder ein Präsident des Europäischen Rates gewählt. Ihre oder seine Amtszeit beträgt zweieinhalb Jahre. Die Ergebnisse der Wahlen zum Europäischen Parlament werden sich direkt auf die Wahl des Kommissionspräsidenten auswirken.

3. Ein Europa der Rechte und Werte, der Freiheit, Solidarität und Sicherheit:
- Demokratische Werte: Werte und Ziele, auf denen die EU aufbaut, werden betont.
- Bürgerrechte und Charta der Grundrechte: Den Bestimmungen der Charta wird Rechtsverbindlichkeit verliehen.
- Stärkung der „4 Grundfreiheiten"
- Solidarität zwischen Mitgliedstaaten: EU und Mitgliedstaaten sollen solidarisch handeln im Falle eines Terror-Anschlages oder einer Naturkatastrophe oder von Problemen im Energiebereich.
- Mehr Sicherheit: Mehr Kompetenzen für die EU in den Bereichen Freiheit, Sicherheit und Recht, um eine bessere Verbrechens- und Terrorismusbekämpfung zu erreichen.

4. Europa als Global Player. Zusammenfassung aller außenpolitischen Instrumente der EU. Damit kann die EU zu seinen internationalen Partnern eine klarere Position einnehmen:
- Ein neuer Hoher Vertreter der EU für Außen- und Sicherheitspolitik, gleichzeitig Vizepräsident der Europäischen Kommission; ein neuer Europäischer Auswärtiger Dienst

---

angenommen (ratifiziert) werden. Nach den ablehnenden Volksabstimmungen im Jahr 2005 in Frankreich und den Niederlanden wurde der Ratifizierungsprozess gestoppt. Der Vertrag über eine Verfassung für Europa scheiterte also.

Der Vertrag von Lissabon

Nach dem Scheitern einer Verfassung begannen neue Verhandlungen über eine institutionelle Reform der EU. Als Ergebnis schlossen die europäischen Staats- und Regierungschefs 2007 den Vertrag von Lissabon. Er ist am 1. Dezember 2009 in Kraft getreten. Der Vertrag von

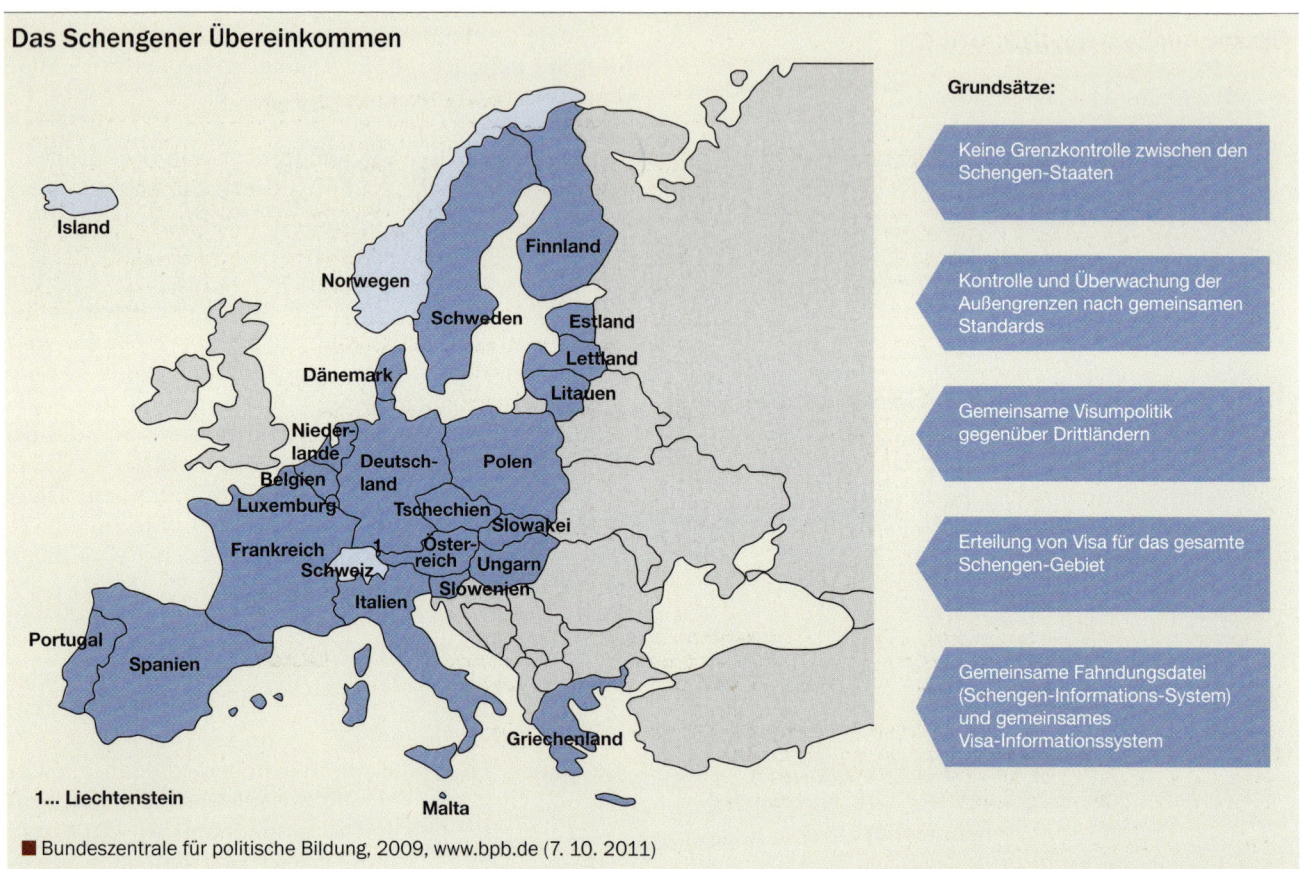

Bundeszentrale für politische Bildung, 2009, www.bpb.de (7. 10. 2011)

Politische Organe und andere wichtige Einrichtungen

Der Europäische Rat: Er legt die allgemeinen politischen Zielvorstellungen und Prioritäten der Europäischen Union fest. Mit dem Vertrag von Lissabon ist er ein Organ geworden. Er setzt sich zusammen aus den Staats- und Regierungschefs der Mitgliedstaaten sowie dem Präsidenten des Europäischen Rates und dem Präsidenten der Kommission.

Das Europäische Parlament: Es wird von den EU-Bürgerinnen und Bürgern alle 5 Jahre direkt gewählt. Es gilt dabei das Verhältniswahlrecht. Seine drei wichtigsten Aufgaben sind die Gesetzgebung, die Haushaltsbewilligung und die Kontrolle anderer EU-Institutionen (insbesondere der Kommission). Seit 2014 besteht das Europäische Parlament aus 751 Abgeordneten, darunter die/der nicht stimmberechtigte Präsident/in; 19 davon sind österreichische Abgeordnete. Diese Abgeordneten sind nach politischen Fraktionen und nicht nach Staatszugehörigkeit im Parlament gruppiert. Etwa ein Drittel davon sind Frauen.

Der Rat der Europäischen Union: Im Rat der Europäischen Union, kurz „Rat", treten die nationalen Ministerinnen und Minister aller EU-Mitgliedstaaten zusammen, um Rechtsvorschriften zu verabschieden und politische Strategien zu koordinieren. Weiters schließt er internationale Verträge zwischen der EU und anderen Staaten ab, genehmigt den Haushaltsplan der EU und entwickelt die Gemeinsame Außen- und Sicherheitspolitik der EU.

Die Europäische Kommission: Sie besteht aus 27 Kommissarinnen und Kommissaren aus den einzelnen EU-Mitgliedsstaaten. Sie wahrt die Interessen der EU insgesamt, erarbeitet Vorschläge für neue europäische Rechtsvorschriften, verwaltet den Haushaltsplan der EU, setzt EU-Recht durch (gemeinsam mit dem Europäischen Gerichtshof) und vertritt die EU auf internationaler Ebene. Der Präsident der Europäischen Kommission wird vom Europäischen Rat vorgeschlagen und muss anschließend vom Europäischen Parlament in geheimer Wahl bestätigt werden. Seit 2014 übt der ehemalige Premierminister Luxemburgs, Jean-Claude Juncker, dieses Amt aus.

Die drei Organe Europäisches Parlament, Rat der EU und Europäische Kommission werden auch als das „institutionelle Dreieck" bezeichnet. Sie erarbeiten die politischen Programme und Rechtsvorschriften, die in der gesamten EU gelten. Vorgeschlagen werden neue EU-Rechtsvorschriften von der Kommission, angenommen werden sie vom Parlament und vom Rat. Kommission und Mitgliedstaaten setzen diese dann um.

Drei weitere Organe sind sehr wichtig:
– Der Gerichtshof der Europäischen Union: Er stellt die Einhaltung des europäischen Rechts sicher.
– Der Europäische Rechnungshof: Er überprüft die Finanzierung der Aktivitäten der EU.

Die Befugnisse und Zuständigkeiten dieser Organe sind in den Verträgen (auch „Primärrecht" genannt) festgelegt. Sie bilden die Grundlage für alle Aktivitäten der EU. In ihnen sind auch die von den EU-Organen einzuhaltenden Regeln und Verfahren definiert. Die Verträge werden von den Staats- und Regierungschefs aller EU-Mitgliedsstaaten abgeschlossen und von ihren Parlamenten ratifiziert.

Die Europäische Union

Organe der Europäischen Union

Das „institutionelle Dreieck"

Europäischer Rat	Europäisches Parlament	Rat	Europäische Kommission
Staats- oder Regierungschefs aller Mitgliedstaaten der Präsident der Kommission und der Präsident des Europäischen Rates	höchstens 751 Abgeordnete	Fachminister aller Mitgliedstaaten in verschiedenen Zusammensetzungen	27 Kommissare bis 2014

Gesetzgeber der EU und Haushaltsgeber

Europäischer Gerichtshof	Europäischer Rechnungshof	Europäische Zentralbank
1 Richter je Mitgliedstaat	1 Mitglied je EU-Staat	Direktorium: 6 Mitglieder

Legende:
Europäischer Rat: fällt Grundsatzentscheidungen, Einstimmigkeit erforderlich
Europäisches Parlament: Gesetzgebung (Legislative) > Frage- u. Anhörungsrecht, billigt und kontrolliert den EU-Haushalt, Vetorecht bei der Ernennung der EU-Kommission, Misstrauensvotum gegenüber der Kommission
Rat: Gesetzgebung (Legislative)
Europäische Kommission: Haushaltsverwaltung, Anwendung des EU-Rechts > Gesetzesinitiative
Europäischer Gerichtshof: wacht über Verträge und neue Gesetze
Europäischer Rechnungshof: übt die Haushaltskontrolle aus
Europäische Zentralbank: legt Geldpolitik der Union (Euroraum) fest

■ http://www.europarl.europa.eu (7. 10. 2011).

– Die Europäische Zentralbank: Verantwortlich für die Währungspolitik

Weitere EU-Institutionen (Auswahl):
– Der Europäische Wirtschafts- und Sozialausschuss: Vertritt die Zivilgesellschaft sowie Arbeitgeber/innen und Arbeitnehmer/innen
– Der Ausschuss der Regionen: Vertritt die regionalen Gebietskörperschaften

Fragen und Arbeitsaufträge

→ 1. Verfasse einen Artikel zum Thema „Vom Vertrag von Maastricht zum Vertrag von Lissabon". Versuche darin die wichtigsten Entwicklungslinien der EU darzustellen.

→ 2. Erkläre deinem Banknachbarn bzw. deiner Banknachbarin, welche wichtigen Institutionen und Organe es innerhalb der EU gibt. Erläutere auch, welche Funktionen sie haben.

■ Sitzung des Europäischen Parlamentes in Straßburg am 16. Jänner 2012.

3. Neue Chancen und Perspektiven

Beispiel Bildung: Maßnahmen und Projekte der EU

Schüleraustausche, Studienaufenthalte in einem interessanten europäischen Land, andere Studentinnen und Studenten in einem Praktikum im Ausland kennenlernen, wohnen und arbeiten können innerhalb der EU, wo man will ...

Gerade für viele junge Menschen sind solche Möglichkeiten sehr attraktiv. Die EU hat in den letzten Jahrzehnten zahlreiche Chancen und Perspektiven auf vielen Gebieten eröffnet. Ein friedliches Zusammenleben von Menschen und der wirtschaftliche Erfolg hängen auch vom Bildungsgrad ab. Die Europäische Union ist daher bemüht, die Bildungsangebote für ihre Mitglieder zu fördern und attraktiver zu machen. Viele Maßnahmen und Projekte wurden in die Wege geleitet. So fördert zum Beispiel das EU-Programm für „Lebenslanges Lernen" neben der Hochschulbildung auch Schul-, Berufs- und Erwachsenenbildung. Ein Teil davon ist „Comenius", ein Programm mit dem Schwerpunkt, Schulpartnerschaften, Schüleraustausch und Projekte überregional zu fördern.

Der bekannteste und erfolgreichste Bereich der EU-Bildungsmaßnahmen ist das Erasmus-Programm. Es ist benannt nach Erasmus von Rotterdam, einem berühmten Humanisten des 16. Jahrhunderts. Ziel des Programms ist es, die Zusammenarbeit und die Modernisierung der Hochschulbildung in Europa und die Mobilität von Studierenden und Lehrenden zu fördern. Durch Erasmus werden Studienaufenthalte, Praktika, Unterricht und Fortbildungen im Ausland unterstützt. Ein wichtiger Bestandteil ist auch die Anerkennung von Studienleistungen im Ausland und die finanzielle Unterstützung von Austauschstudentinnen und Austauschstudenten.

27 Mitgliedsstaaten der EU sowie sechs weitere europäische Länder nehmen daran teil (Stand 2011). Im Studienjahr 2009/2010 wurden 213 000 Studierende gefördert. In Österreich nutzen jährlich mehr als 5 000 Studierende und etwa 1000 Lehrende die Erasmus-Angebote. Ein 24jähriger Student an der Universität für Bodenkultur in Wien berichtet von seinem Erasmus-Aufenthalt an der Universität von A°s in Norwegen:

> Q *Es ist nicht schwer, mit sämtlichen anderen Austauschstudenten in Kontakt zu kommen, da fast alle von ihnen im einzigen Studentenheim leben. Sie kommen aus europäischen, asiatischen und afrikanischen Ländern. Alle sind sehr offen und interessiert an neuen Kontakten. Wir waren eine internationale Gruppe, Toleranz und Interesse an den Mitstudenten waren groß geschrieben. Ich habe mich mit einigen so befreundet, dass ich sicher in den nächsten Jahren Besuche von ihnen bekomme. Genauso werde ich verschiedene Einladungen annehmen, ihre Länder und ihre Kultur kennenzulernen. Vielleicht arbeite ich später in einem der Länder, dann ist es bestimmt angenehm, schon jemanden zu kennen. Auch von der norwegischen Bevölkerung wird man gut aufgenommen und akzeptiert. Man merkt, dass sie den Kontakt mit internationalen Studenten gewohnt ist und sich darüber freut. Mich hat erstaunt, dass Englisch für niemanden ein Problem ist. In welchem Land kann man sich 30 Minuten mit dem Friseur unterhalten, der ein perfektes Englisch spricht?*
> *Der Betrieb auf der Universität ist anders organisiert als in Österreich. Man muss flexibel sein und sich umstellen, leicht war es nicht immer, aber gelernt habe ich sehr viel. Zusammenfassend kann gesagt werden, dass es durch Erasmus möglich war, ein anderes Land, eine andere Kultur mit all ihren Vor- und Nachteilen kennenzulernen und hoffentlich Erfahrungen und Gelerntes nicht nur fürs Studium, sondern fürs ganze Leben mitzunehmen! Das Auslandssemester bot eine Horizonterweiterung in vielerlei Hinsicht, sei es im eigenen Studiengebiet als auch im privaten Umfeld. Nie war es leichter, über den Tellerrand hinauszublicken, indem ich als „Fremder" in einem „fremden" Land studiert und gelebt habe.*
> (Erasmus-Erfahrungsbericht von Manuel Kirisits, Vorarlberg-Wien, 2010)

→ Listet auf, worin die positiven Erfahrungen dieses Erasmus-Studenten bestanden.
Tauscht euch darüber aus, ob ein Schüleraustausch oder später ein Erasmus-Aufenthalt für euch in Frage käme.

Im Jahr 1999 wurde die so genannte „Bologna-Erklärung" von 30 Ländern unterzeichnet. Dies war der Auftakt zur Schaffung eines gemeinsamen europäischen Hochschulraums. Ein wichtiges Ziel bestand darin, international einheitliche Hochschulabschlüsse einzuführen. Die „Bologna-Erklärung" umfasst sechs Maßnahmen:
– ein System von Abschlüssen, die leichter anzuerkennen und besser vergleichbar sind;

■ Der Erasmus-Fotowettbewerb „Die Vielfalt Europas aus dem Blickwinkel der Erasmus-Studierenden" wurde von der Nationalagentur „Lebenslanges Lernen" ins Leben gerufen. Foto von Manuel Kirisits bei der Ausstellung am 10.05.2010.

Die Europäische Union

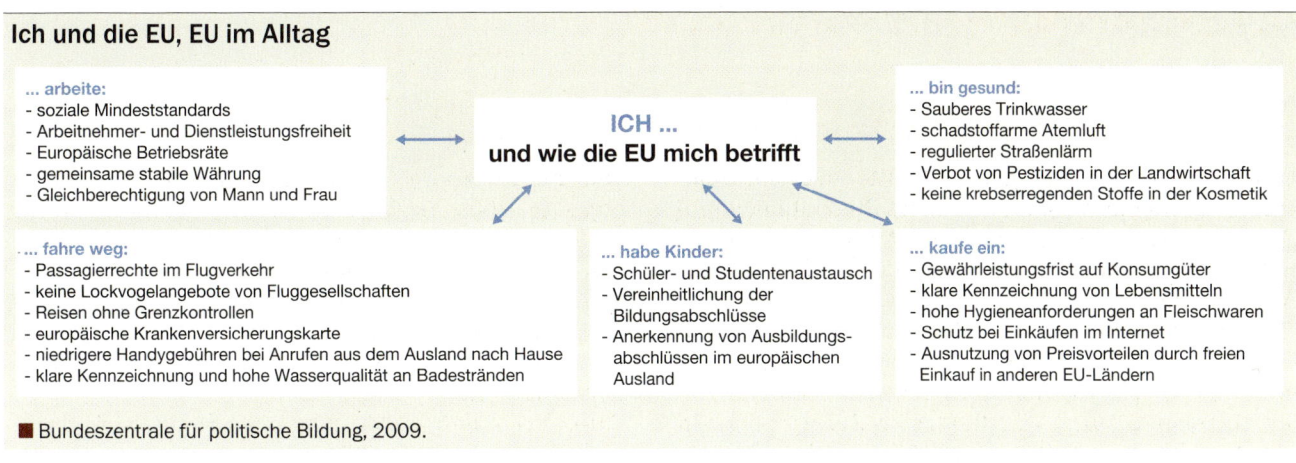

- Bundeszentrale für politische Bildung, 2009.

→ Beschreibe die Inhalte des Schaubildes. Erörtere dann, welche Bereiche dich persönlich betreffen.

- ein zweistufiges System von Studienabschlüssen: ein erster, berufsqualifizierender Teil von mindestens drei Jahren (meist als „Bachelor" bezeichnet), und ein zweiter Teil (Master);
- ein Leistungspunktesystem („European Credit Transfer System", ECTS-Modell genannt), das bei Austauschmaßnahmen im Rahmen von Erasmus zur Anwendung kommt;
- die Mobilität von Studierenden, Lehrkräften und Wissenschafterinnen und Wissenschaftern;
- die europäische Zusammenarbeit im Bereich der Qualitätssicherung;
- die europäische Dimension in der Hochschulbildung: Erhöhung der Zahl der Module, Studiengänge und Lehrpläne, deren Inhalt, Ausrichtung und Organisation eine europäische Dimension aufweist.

Im Jahr 2011 beteiligten sich 47 Länder am „Bologna-Prozess". Auch die meisten österreichischen Studiengänge sind auf die Bologna-Struktur umgestellt worden. Trotz der Fortschritte bei der Vereinheitlichung und Modernisierung des europäischen Hochschulsystems gibt es „Bologna" gegenüber auch kritische Stimmen von Studierenden und Lehrenden: Meistens werden nicht die Ziele, sondern die Umsetzung kritisiert. Studierende klagen unter anderem über die Verschulung und die Arbeitsüberlastung aufgrund der gestrafften Ausbildungsform. Manche sind frustriert, dass eigene Interessensschwerpunkte schwieriger einzubringen sind. Dies führte in verschiedenen europäischen Ländern zu Protesten.

Beispiel: Arbeiten in der EU

Ein wichtiges europäisches Bürgerrecht ist die „Freizügigkeit": Sie bedeutet nämlich, dass jede/r einzelne EU-Bürger/in in einem anderen Mitgliedsstaat leben, arbeiten und wohnen darf. Diese Freiheit für Arbeitnehmer/innen besteht seit der Gründung der Europäischen Wirtschaftsgemeinschaft im Jahr 1957. Sie beinhaltet:

- das Recht auf Arbeitssuche in einem anderen Mitgliedstaat;
- das Recht, in einem anderen Mitgliedstaat zu arbeiten;
- das Recht, sich zu diesem Zweck dort aufzuhalten;
- das Recht dort zu bleiben;
- das Recht auf Gleichbehandlung beim Zugang zur Beschäftigung, bei den Arbeitsbedingungen und allen anderen Vergünstigungen, die dazu beitragen, die Integration der Arbeitnehmerin oder des Arbeitnehmers im Aufnahmeland zu erleichtern.
- Nahe Familienangehörige wie Ehepartnerinnen und Ehepartner, Kinder und Eltern haben das Recht, sich mit der Arbeitnehmerin oder dem Arbeitnehmer im Aufnahmestaat aufzuhalten.

Diese Freizügigkeit findet auch in den Mitgliedstaaten des Europäischen Wirtschaftsraumes (EU-Staaten plus Island, Liechtenstein und Norwegen) Anwendung. Mit der Schweiz wurden Vereinbarungen getroffen, die den EU-Regeln sehr nahe kommen.

Die Möglichkeit, in einem Wirtschaftsraum von ca. 500 Millionen Menschen leben und arbeiten zu können, eröffnet natürlich viele Perspektiven: Der Arbeitsmarkt ist international geworden. Im Zeichen der Globalisierung bieten sich gerade jungen Menschen so Chancen, berufliche und private Erfahrungen auf einer internationalen Ebene zu machen. Der Erwerb von Sprachkompetenz, Flexibilität, Toleranz und interkulturellem Wissen erhöht die Attraktivität auf dem Arbeitsmarkt. Im Jahre 2010 lebten 12 Millionen Europäerinnen und Europäer im EU-Ausland.

Die Europäische Union fördert mit der „Europäischen Beschäftigungsstrategie" vielfältige Maßnahmen, um in der gesamten EU mehr und bessere Jobs zu schaffen.

Fragen und Arbeitsaufträge

→ 1. Nenne wichtige Maßnahmen und Projekte der EU im Zusammenhang mit dem Thema Bildung und Arbeit. Berücksichtige dabei die Begriffe „Erasmus-Programm", „Bologna-Prozess" und „Freizügigkeit".

→ 2. Diskutiert in der Klasse, welche Bedeutung sie für euer späteres Leben haben könnten.

Methode – Kompetenztraining

4. Zukunftswerkstatt

„Was in Europa besser werden muss"

Trotz der vielen positiven Entwicklungen und Erfolge der Europäischen Union ist auch großen EU-Befürworterinnen und -Befürworter klar, dass es einige Probleme und Schwierigkeiten mit einem gemeinsamen Europa gibt. Die Journalisten Sebastian Fischer und Philipp Wittrock befassten sich 2011 in einem Artikel auf „Spiegel online" mit der Frage, was sich ändern müsse, damit sich die Menschen wieder mehr für Europa begeistern können. Unter dem Titel „Was in Europa besser werden muss" stellen sie die Schwachstellen der EU aus ihrer Sicht dar und machen auch konkrete Vorschläge für die Zukunft:

Reisen ohne Grenzen, das finden eigentlich alle gut. Auch das mit dem Euro ist gar nicht so schlecht, trotz Krise (…). Immerhin fällt das lästige Geldwechseln im Urlaub weg, und jeder weiß, ob der Kaffee an der Costa del Sol teurer ist als daheim im Bielefelder Straßencafe. Aber sonst. Europa, die Europäische Union, brauchen wir das wirklich? Diese Frage wird in diesen Tagen wieder ziemlich oft gestellt (…) Die glühenden EU-Fans halten dagegen (…) Wahrlich gute Argumente sind dabei, Frieden und Freiheit, Wohlstand und wirtschaftliche Kraft, mehr Wettbewerb, der für niedrige Preise sorgt. Sicher, man müsse das gelegentlich besser erklären, räumen die Euro-Fighter ein.
Aber reicht das? Wohl kaum. Denn die Europäische Union wird von einigen grundlegenden Defiziten geplagt, die es dem Bürger schwermachen, Vertrauen in die Gemeinschaft zu fassen. Es sind Defizite, die sich beheben ließen – wenn der politische Wille da wäre.
Europa braucht einen Traum
Die EU ist eine seelenlose Maschinerie, ihre Bürokratie wie ein Roman von Kafka: verwirrend, verstörend, verwinkelt. Wo bleiben bloß die großen Gefühle? (…) Die Europäer brauchen dringend eine gemeinsame Identität, sie brauchen einen neuen europäischen Traum (…). Europa braucht eine europäische Verfassung inklusive Grundrechtscharta. Kurz und konkret (…) so, dass sie von jedem EU-Bürger ohne juristische Vorbildung verstanden werden kann (…) Mehr noch: Wir brauchen die Vereinigten Staaten von Europa. Ein solcher Traum ist wichtig für ein generationenübergreifendes Projekt (…).
Europa braucht die Besten
Kennen Sie Herman van Rompuy? Nein? Er ist seit anderthalb Jahren Präsident des Europäischen Rates. Catherine Ashton? Schon mal gehört wahrscheinlich. Nennt sich Hohe Vertreterin für Außen- und Sicherheitspolitik. Und José Manuel Barroso? Hat auch was zu sagen bei der EU, genau – als Präsident der Europäischen Kommission, und das schon seit mehr als sechs Jahren.
Die EU hat ein Problem mit ihren Spitzenkräften. Sie sind farblose Technokraten – und deswegen werden sie oftmals nicht ernst genommen, nicht einmal in den Regierungen der Mitgliedstaaten (…). Wenn Europa aber als Gemeinschaft ankommen will, beim Bürger und in der internationalen Politik, dann braucht es die besten aus den Mitgliedstaaten. Europa braucht eine kräftige Stimme, die im Chor der stolzen Regierungschefs und auf der Weltbühne wirklich gehört wird. Nur wenn prominente, selbstbewusste und konfliktfähige Köpfe für die EU stehen, können sich Menschen mit Europa identifizieren (…)
Europa braucht mehr Mut
Glauben Sie, dass die Österreicher den USA oder China ein Verhandlungspartner auf Augenhöhe sein können? Oder die Polen? Oder die Niederländer? Nein, keine Chance, definitiv. Das trifft übrigens auch auf Deutsche, Franzosen oder Briten zu. Nur gemeinsam sind die Europäer stark (…). Aber Europas Regierungen scheinen offenbar nicht gewillt, diese Einsicht in politische Strukturen umzusetzen. Denn noch immer hat die EU keinen Außenminister, der für ihre gemeinsame Politik steht und ein Verhandlungsmandat hat. Stattdessen hat sie Catherine Ashton. Aber mehr auch nicht. Noch immer hat die EU keinen eigenen, ständigen Sitz im Uno-Sicherheitsrat. Es gibt keine einheitliche Wirtschafts- und Finanzpolitik und keine europäische Armee. In Europa macht sechs Jahrzehnte nach Projektbeginn noch immer jeder Nationalstaat sein eigenes Ding (…). Die EU also braucht mehr Macht (…).
Europa braucht mehr Härte
Europa muss härter werden – zu sich selbst. Zu oft gilt: Wenn es daheim nicht gut läuft, dann wird das EU-Recht eben aufgeweicht. So war es 2004 und 2005, als die Mitglieder es mit dem Stabilitätspakt nicht mehr so genau nehmen wollten, vornewegg Deutschland und Frankreich. So ist es in Griechenland, wo man sich um Vorgaben aus Brüssel wenig scherte. So ist es auch jetzt, wenn die dänische Regierung trotz Schengen-Abkommen wieder Grenzkontrollen einführt – weil sie sich dadurch die Zustimmung der Rechtspopulisten für eine Rentenreform zu erkaufen hofft.
Doch wenn Europa sich selbst Ernst nimmt, darf im Zweifel eben nicht jeder machen, was er will (…). Das heißt auch, dass ein Land Sanktionen akzeptiert, wenn es sich nicht an die Regeln hält.

(Fischer, Wittrock, Schwachstellen der EU: Was in Europa besser werden muss. Spiegel –online (16.5.2011))

Zukunftswerkstatt

Methode: „Zukunftswerkstatt"

In den 60er Jahren des vergangenen Jahrhunderts begründete der Philosoph Robert Jungk die „Zukunftswerkstatt". Mit dieser Methode sollten Menschen ihre kreativen Fähigkeiten und ihre Phantasie zur Lösung von Problemen besser nutzen. Geeignet ist diese Methode überall dort, „wo Menschengruppen Probleme haben, bei denen sie mit herkömmlichen Mitteln nicht weiterkommen". In einer Zukunftswerkstatt sollen Probleme nicht nur Politikerinnen und Politikern oder Institutionen überlassen werden, sondern Bürgerinnen und Bürger sollen sich als Betroffene einbringen. So kann auch die Demokratie im Alltag gestärkt werden. Ziel in einer Zukunftswerkstatt ist es, Probleme gemeinsam zu bearbeiten, kreative Lösungen für die Zukunft zu entwickeln und Schritte zur Erreichung dieser Ziele zu planen.

Eine Zukunftswerkstatt sollte von einer Person moderiert werden und umfasst folgende Phasen:

- Vorphase: Eine Gruppe wird gegründet, das Thema wird festgelegt.

- 1. Kritik: Was missfällt uns, was kritisieren wir?
  Die Teilnehmer/innen äußern ihre Kritik, ihr Unbehagen (eventuell Brainstorming), die einzelnen Punkte werden auf Plakaten oder auf Kärtchen festgehalten. Anschließend entscheiden sie, an welchen Themenkreisen sie interessiert sind, welche sie weiterverfolgen wollen.

- 2. Utopie und Phantasie:
  In dieser Phase sollen kreative Ideen und Utopien, das sind Wunschvorstellungen, die noch nicht realisiert wurden, vorgebracht werden. Wichtig sind positive Ansätze, z. B. Formulierungen wie: „Es wäre schön, wenn (…)", Killerphrasen wie „Das ist doch unmöglich" müssen vermieden werden. Phantasie ist gefragt! Danach werden die wichtigen Aspekte in Kleingruppen gesammelt, weiterbearbeitet und dann dem Plenum vorgestellt.

- 3. Phase: Strategie und Umsetzung:
  Hier wird beschlossen, welche konkreten Schritte man zur Lösung des Problems bzw. der Verbesserung einer bestimmten Sachlage unternehmen wird.

Zukunftswerkstatt organisieren

Organisiert in eurer Klasse eine Zukunftswerkstatt zum Thema „Was in Europa besser werden muss"

Vorschläge für die Vorgangsweise:

- Lest als Vorbereitung den Artikel „Was in Europa besser werden muss" durch und unterstreicht wichtige Stellen.
- Beantwortet stichwortartig folgende Fragen: Wer sind die Autoren? Wo und wann erschien der Text? Um welche Textsorte handelt es sich jeweils? Wer sind vermutlich die Adressaten?
- Fragen zum Inhalt des Textes:

  Welche Missstände, welche Kritik an der EU werden konkret angeführt?
  Welche Vorschläge für eine Verbesserung werden gemacht?
  Welche Aspekte, die euch wichtig sind, fehlen im Artikel?

- Bestimmt eine Moderatorin bzw. einen Moderator und führt die Phasen der Zukunftswerkstatt aus, wie sie oben beschrieben sind.

■ Blick in eine Schulklasse, Fotografie 2010.

5. EU-Kritik und Problemfelder

EU-Kritik

Die Europäische Union ist als großartiges Friedensprojekt weitgehend unumstritten. In der täglichen Diskussion werden jedoch immer wieder Kritikpunkte vorgebracht:
- Eines der Hauptargumente gegen die EU ist laut Umfragen die Furcht vor einem undemokratischen, unkontrollierbaren Superstaat. Auch unter den österreichischen Bürgerinnen und Bürgern gibt es Bedenken, dass zu viele nationale Rechte nach „Brüssel" abgegeben werden müssten.
- Viele Menschen haben das Gefühl, dass die EU-Politik zu wenig Transparenz und Bürgernähe aufweist. Gelegentliche EU-Skandale und Korruptionsfälle tragen zu diesem Unbehagen gegen „die da in Brüssel" bei.
- Die Erfolge bei der Entwicklung einer Gemeinsamen Außen- und Sicherheitspolitik (GASP) sind bisher bescheiden.
- Der EU wird auch Reformunfähigkeit, z. B. in der Agrarpolitik und bei der Subventionsvergabe, vorgeworfen.
- Ausnahmeregelungen mancher Staaten auf Kosten der EU führen dazu, dass einige politische Entscheidungen unausgewogen bzw. nicht sehr effizient sind.
- Nur geringe Fortschritte wurden bei der Bekämpfung des Klimawandels und beim Transitverkehr erzielt.
- Streit innerhalb der Mitgliedsstaaten gibt es immer wieder wegen der Flüchtlingsströme aus Afrika. EU-Mittelmeer-Länder werfen den anderen EU-Staaten mangelnde Solidarität und Unterstützung bei diesem Problem vor.

Eurozone und „Euro-Krise"

Der Euro galt nach seiner Einführung 2002 lange als stabil. Nach der Finanzkrise ab dem Jahr 2007 zeichnete sich jedoch ab, dass einige EU-Mitgliedsstaaten ihre gigantischen Staatsschulden nicht mehr selbst bedienen konnten. Im Jahr 2010 musste das hoch verschuldete Irland, ein Jahr später auch Portugal und Griechenland, unter den so genannten EU-Rettungsschirm: Dies bedeutet, dass die EU, der Internationale Währungsfonds und die Europäische Zentralbank mit milliardenschweren Rettungspaketen den Staats-Bankrott dieser Staaten abzuwenden versuchten, denn eine Staatspleite in der Euro-Zone könnte das Aus für den Euro bedeuten. Mit dem Europäischen Stabilitätsmechanismus (ESM) wurde ein Krisenfonds geschaffen, der ab 2013 als dauerhafter Rettungsschirm für geschwächte Staaten fungieren soll. Wie und ob diese Maßnahmen erfolgreich waren, lässt sich derzeit (Stand 2012) noch nicht sagen.

Auf die Frage nach der Zukunft des Euro geben selbst Expertinnen und Experten sehr unterschiedliche Antworten: Manche verkünden das Ende der gemeinsamen Währung, andere glauben, dass bald nur noch einige wirtschaftlich stabile Euro-Kernländer übrig bleiben werden. Einige sehen die Euro-Krise als Chance, endlich zu einer gemeinsamen Wirtschaftspolitik innerhalb der EU zu kommen.

Die Erweiterung der EU

Bevor ein Staat zum EU-Mitglied werden kann, müssen im Rahmen von Beitrittsverhandlungen bestimmte Fragen geklärt und von der EU vorgegebene Standards erfüllt werden. Dazu gehören unter anderem der Aufbau demokratischer Strukturen sowie die Gewährleistung der Einhaltung der Menschenrechte. Auch Minderheitenschutz und Frauenrechte gehören dazu. Korruption, Kriminalität und große Armut können Hinderungsgründe für einen EU-Beitritt sein. Nach der großen Osterweiterung 2004 erhöhte sich 2007 mit dem Beitritt Bulgariens und Rumäniens die Zahl der Mitglieder auf siebenundzwanzig. Kroatien soll 2013 Mitglied werden.

Der früheste mögliche Beitrittstermin für die Türkei liegt im Jahr 2015. Darüber wird seit Jahren teilweise heftig und sehr kontroversiell diskutiert. Innerhalb der Bevölkerung in den EU-Staaten gibt es Befürworterinnen und Befürworter und strikte Gegnerinnen und Gegner eines Beitrittes. Immer wieder wird das Argument vorgebracht, die Türkei sei ein muslimischer Staat und stehe als solcher Europa kulturell viel zu fern. Die Verhandlungen zwischen der EU und der Türkei gerieten immer wieder ins Stocken, zahlreiche Verhandlungskapitel sind noch blockiert: Die EU wirft der Türkei Defizite bei der Wahrung von Grundrechten, besonders in Bezug auf Meinungsfreiheit und Rechten von Frauen und Minderheiten wie den Kurden vor. Ehrenmorde, Zwangsheiraten und häusliche Gewalt sind immer noch ernsthafte Probleme. Positive Entwicklungen in der Türkei sieht die EU hingegen in der 2010 beschlossenen Verfassungsreform: Sie sieht stärkere Bürgerrechte und mehr zivile Kontrolle über die Armee vor. Auch werden Erfolge der türkischen Behörden beim Vorgehen gegen Folter und Missbrauch registriert.

Der ehemalige Vertreter für die Gemeinsame Außen- und Sicherheitspolitik der EU, Javier Solana, schrieb 2011 in seinem Artikel „Die Türkei und Europa brauchen einander":

> *Die Vorteile eines türkischen Beitritts waren für Europa schon vor dem Arabischen Frühling sichtbar. Europa ist definitionsgemäß kulturell vielfältig. Daher ist diese Vielfalt Europas Bestimmung. Und wenn Europa ein aktiver globaler Akteur und kein Museum werden soll, bedarf es neuer Perspektiven und der Energie der Menschen in der Türkei (...). Die Türkei und Europa brauchen einander. Auf die EU entfallen 75 Prozent der Auslandsinvestitionen in der Türkei. Etwa die Hälfte der türkischen Exporte geht in Länder der EU, und auch die Hälfte der Touristen in der Türkei kommen aus der EU. Ebenso hängt Europas Energiesicherheit von der Kooperation mit der Türkei im Bereich des Transports von Öl und Erdgas aus Zentralasien und dem Mittleren Osten ab.*
>
> *Aber auch innenpolitisch brauchen wir einander. Die Nachbarn der Türkei sind unsere Nachbarn, und die Probleme der Türkei sind unsere Probleme. Die sicherheitsrelevanten und strategischen Vorteile für die Europäische Union mit der Türkei als Mitglied wären vielfältig, angefangen bei den Beziehungen zwischen der EU und der Nato, der die Türkei schon lange angehört.*
>
> (Solana, Die Türkei und Europa brauchen einander, in: Der Standard, 13. Juni 2011)

In der österreichischen Tageszeitung „Die Presse" schrieb ihr Chefredakteur Michael Fleischhacker:

> *Die prinzipiellen Einwände, die es gegen einen EU-Beitritt der Türkei gibt, sind und bleiben plausibel: Ein Beitritt würde die europäischen Institutio-*

nen überfordern, Menschenrechte, Pressefreiheit, rechtsstaatliche Prinzipien entsprechen noch immer nicht den europäischen Standards. Doch letztlich ist die Frage nicht, ob man die Türkei dazu zwingen kann, massive Korrekturen (…) vorzunehmen. Die Frage ist, ob und wie lange sich Europa diese Art von abendländischem Kulturnobismus leisten kann und will. Österreicher und Europäer müssen versuchen, ihr Verhältnis zu Ankara neu zu definieren. Man hat es nicht mit einem Bittsteller zu tun, der alles tun wird, um endlich der Europäischen Union beitreten zu dürfen, sondern mit einer Regionalmacht, die sicherheitspolitisch nicht viel weniger Gewicht hat als die Union und wirtschaftlich über eine Dynamik verfügt, von der die Europäer nur träumen können. Es wird immer unwahrscheinlicher, dass, aber auch immer unwichtiger, ob die Türkei der EU beitritt oder nicht. Die Position vieler europäischer Regierungen, auch der österreichischen, im Umgang mit der Türkei ist so schwach, weil mit verdeckten Karten gespielt wird. Es geht immer nur um die Bedienung kulturell-religiös grundierter, antitürkischer Ressentiments in den eigenen Ländern.

(Fleischhacker, Die EU braucht die Türkei mehr als die Türkei die EU, in: Die Presse, 11. 06. 2011)

Auch in der Türkei selbst ist die Meinung der Bevölkerung in Zustimmung und Ablehnung gespalten. Die Skepsis, wenn es um einen EU-Beitritt geht, hat sich aber deutlich vergrößert. Staaten wie Serbien, Bosnien, Mazedonien, Albanien, der Ukraine und Weißrussland streben ebenfalls einen Beitritt zur EU an. Was spricht für und was gegen einen Beitritt dieser Länder? Auch nordafrikanische Staaten wie Marokko und Tunesien, die bisher schon sehr eng mit Europa verbunden sind, wollen die Beziehungen zur EU noch verstärken. Welche Vorgehensweisen sind hier vorstellbar?

Souveränität von Staaten contra europäische Integration

In der Vergangenheit gab es aber immer wieder Tendenzen in einigen Mitgliedstaaten nicht anzuerkennen, dass alle Mitgliedstaaten einen Teil ihrer Souveränität an die EU abgegeben haben. Häufig wurde umgekehrt die Verantwortung für unpopuläre Maßnahmen auf die EU abgewälzt. Dies führt teilweise zur einer Schwächung der EU, zu einer Vertiefung der Skepsis vieler EU-Bürger/innen.

Fragen und Arbeitsaufträge

- Lest den Abschnitt EU-Kritik durch und notiert dann auf ein Plakat stichwortartig Kritikpunkte. Vielleicht fallen euch noch andere Missstände ein.
- Recherchiert, welche aktuellen Ereignisse es in Zusammenhang mit der europäischen Währung gibt. Sammelt dazu auch Zeitungsausschnitte.
- Lest die ersten beiden Texte. Unterstreicht die wichtigsten Argumente. Diskutiert in der Klasse: Was spricht für und was gegen einen möglichen Beitritt der Türkei?
- Lest und besprecht die übrigen Texte. Worin werden in dieser Darstellung die Erfolge der EU gesehen? Welche Defizite machen sich bemerkbar? Macht Vorschläge, mit welchen Maßnahmen man die EU stärken könnte.

Die Politikwissenschaftlerin und Universitätsprofessorin Carina Sprungk schreibt:

> Zwar befürwortet eine knappe Mehrheit der Bürger eine Mitgliedschaft ihres Landes in der EU; gleichzeitig fühlen sich im Jahr 2009 jedoch 53 Prozent der Bürger nicht zufriedenstellend repräsentiert. Auch die Wahlbeteiligung zum Europäischen Parlament ging (…) kontinuierlich zurück und erreichte 2009 mit 42 Prozent einen historischen Tiefpunkt (…). Insgesamt hat sich kaum ein europaweiter öffentlicher Raum entwickelt, in dem Bürger an der politischen Herrschaft der EU regelmäßig und aktiv teilnehmen (…). Die Zukunftsaufgabe liegt deshalb in einer Stärkung der Herrschaftsteilhabe, der die Integration in den Bereichen Sicherheit und Wohlfahrt sinnvoll ergänzt. Letztlich gilt es damit, eine gemeinsame europäische Identität zu schaffen, zu der sowohl nationale als auch europaweite politische Parteien einen wichtigen Beitrag leisten können.

(Sprungk, Sicherheit, Wohlfahrt und Mitgestaltung in der EU, Bundeszentrale für politische Bildung, 18. November 2009)

Der ehemalige deutsche Außenminister Joschka Fischer schrieb bereits 2007:

> Europa ist in Industrie und Handel nach wie vor ein Riese, politisch zugleich aber ein zunehmend schrumpfender Zwerg. Das hat schlicht damit zu tun, dass die Größenordnungen des 21. Jahrhunderts mit China, Indien, den USA und Japan selbst die großen europäischen Mächte eines (…) Tages zu kleinen Staaten werden lässt (…). Die Welt außerhalb Europas verändert sich schnell und wartet nicht auf die in Selbstfindungsprobleme verstrickten Europäer. Dranbleiben oder abgehängt werden, lautet die gleichermaßen schlichte wie harte Alternative (…). Europa produziert keine Probleme mehr, wird aber auf absehbare Zeit aufgrund seiner Uneinigkeit kaum etwas zur Problemlösung beitragen können und wollen, so die US-Bilanz (…). Und diese Sicht auf Europa als eine politisch zu vergessende Größe wird in Peking, Moskau und Neu Delhi durchaus geteilt. Angela Merkel, Nicolas Sarkozy und Gordon Brown haben es jetzt in der Hand zu beweisen, dass sie (…) verstanden haben, dass die europäischen Mitgliedsstaaten ihre Interessen in der Welt des 21. Jahrhunderts nur gemeinsam mittels einer starken EU werden erfolgreich vertreten können.

(Fischer, Vergesst Europa?!, in: Der Standard, 31. Mai 2007, S. 43)

Projektvorschlag

Organisiert für eure Schule einen Aktionstag zum Thema „Wir und Europa"

- Folgende Themen könnten im Mittelpunkt stehen: „Jugendliche in Europa", „Studieren, leben und arbeiten in der EU", „Probleme und Chancen der EU"…
- Präsentation: Plakate, Fotos, Videos, Umfragen erstellen und auswerten, Gäste aus anderen europäischen Ländern einladen …

Die Europäische Union

Die Entwicklung der Europäischen Union

- 1949: Gründung des Europarates in London.
- 1950: Europäische Konvention zum Schutze der Menschenrechte und Grundfreiheiten.
- Initiative des französischen Außenministers Robert Schuman („Schumanplan").
- 1951: Die BRD, Frankreich, Italien, Belgien, Niederlande und Luxemburg gründen die Europäische Gemeinschaft für Kohle und Stahl (EGKS).
- 1957 „Römische Verträge": Die EGKS-Staaten gründen die Europäische Wirtschaftsgemeinschaft (EWG) und die Europäische Atomgemeinschaft (EURATOM).
- 1960: Gründung der europäischen Freihandelsassoziation (EFTA).
- 1961: OECD entsteht als Nachfolgerin der OEEC.
- 1967: EGKS, EWG und EURATOM werden zur Europäischen Gemeinschaft (EG) zusammengefasst.
- 1968: Die Zollunion wird mit der Abschaffung der Binnenzölle und mit der Einführung eines gemeinsamen Außenzolls vollendet.
- 1979: Erste Direktwahlen zum Europäischen Parlament. Gründung des Europäischen Währungssystems (EWS).
- 1987: Einheitliche Europäische Akte (EEA): Plan zur Bildung eines Binnenmarktes, der alle Schranken für Güter, Dienstleistungen, Personen und Kapital beseitigen soll.
- 1992: Unterzeichnung des Vertrages zur Europäischen Union (EU) in Maastricht mit dem Fernziel eines europäischen Bundesstaates (Wirtschafts- und Währungsunion, gemeinsame Außen- und Sicherheitspolitik, Zusammenarbeit in den Bereichen Justiz und Inneres).
- 1993: Wandlung der EG zur Europäischen Union (EU). Ratifizierung der Verträge von Maastricht durch alle EG-Staaten.
- 1994: Volksabstimmung in Österreich über EU-Beitritt: 66,58 % Ja, 33,42 % Nein. Inkrafttreten des EWR.
- 1. Jänner 1995: Österreich, Finnland und Schweden treten der EU bei.
- 2002: Der Euro wird – ausgenommen in Großbritannien, Dänemark und Schweden – alleiniges Zahlungsmittel in der EU.
- 2004 „Osterweiterung": Estland, Lettland, Litauen, Malta, Polen, Slowakei, Slowenien, Tschechien, Ungarn und Zypern treten der EU bei. Damit wird die Zahl der Mitgliedstaaten auf 25 erhöht.
Unterzeichnung des Vertrags über eine Verfassung für Europa in Rom.
- 2005: Ablehnende Volksabstimmungen zur EU-Verfassung in Frankreich und den Niederlanden.
Beginn der Beitrittsverhandlungen mit Kroatien und der Türkei.
- 2007: Bulgarien und Rumänien treten der EU bei.
- 2013: Kroatien tritt der EU bei.
- 2014: Wahl zum EU-Parlament; neue EU-Kommission mit Präsident Juncker

Die institutionellen Grundlagen

- 1997: 15 Mitgliedstaaten unterzeichnen den Vertrag von Amsterdam. Stärkung der politischen Union: Vertiefung der gemeinsamen Außen- und Sicherheitspolitik, Intensivierung der Zusammenarbeit in den Bereichen Justiz und Inneres.
- 1999: Vertrag von Amsterdam tritt in Kraft.
- 2003: Vertrag von Nizza: Reformen der Institutionen der EU.
- 2007: Vertrag von Lissabon wird unterzeichnet.
- 2009: Der Vertrag von Lissabon tritt in Kraft: Durch die Reformen soll die EU demokratischer, transparenter und bürgernäher werden.

Neue Chancen und Perspektiven

- 1992: Von diesem Jahr an bietet auch Österreich das „Erasmus-Programm" an.
- 1999: Die „Bologna-Erklärung" wird von 30 Ländern unterzeichnet. Ziele des Bologna-Prozesses sind die Schaffung eines einheitlichen europäischen Hochschulraumes und die Förderung der Hochschulbildung durch die Vereinheitlichung von Hochschulabschlüssen.
- 2006/2007: Gründung der Nationalagentur für Lebenslanges Lernen (vorher Sokrates-Programm): Sie vereint alle europäischen Bildungs- und Berufsbildungsinstitutionen. Dazu gehören „Comenius", ein Programm für Schulbildung und Kindergärten und ab 1987 „Erasmus", ein Programm für die Hochschulbildung.

Grundbegriffe

Europarat Europäische internationale Organisation, die 1949 gegründet wurde. Der Europarat ist eine politische Kooperation, ein Forum für Debatten über allgemeine europäische Fragen. Zielsetzung ist eine Zusammenarbeit der Mitgliedstaaten zur Förderung von wirtschaftlichem und sozialem Fortschritt. Sitz des Europarates ist in Straßburg. Er ist keine Institution der Europäischen Union, auch wenn beide die Europahymne und die Europaflagge verwenden. Als seine Kernaufgaben sieht der Europarat den Einsatz für Menschenrechte, Demokratie und Rechtsstaat. Heute sind 47 europäische Staaten Mitglieder.

Europäische Kommission Sie ist das Exekutivorgan der EU. Die Kommission schlägt Rechtsvorschriften vor und ist für die praktische Umsetzung der EU-Politik und die Verwaltung des EU-Haushalts verantwortlich. Sie kontrolliert auch, ob die europäischen Verträge und Rechtsvorschriften eingehalten werden. Das Kollegium der Kommissionsmitglieder besteht aus einem Mitglied pro Mitgliedstaat. Von 2010 bis 2014 ist José Manuel Barroso Kommissionspräsident.

Europäische Zentralbank Die Europäische Zentralbank (EZB) ist die Zentralbank für die gemeinsame Währung, den Euro. Ihre Hauptaufgabe ist es, die Kaufkraft des Euro und somit Preisstabilität im Euroraum zu gewährleisten. Die EZB und die nationalen Zentralbanken der 17 Länder, die den Euro eingeführt haben, bilden das Eurosystem.

Europäischer Gerichtshof Der EuGH wurde 1952 gegründet. Er hat seinen Sitz in Luxemburg und ist das oberste rechtsprechende Organ der Europäischen Union. Aufgaben sind die einheitliche Auslegung des Rechts der Europäischen Union sowie der Europäischen Atomgemeinschaft zu gewährleisten. Der EuGH besteht aus je einer Richterin oder einem Richter je Mitgliedstaat.

Europäischer Gerichtshof für Menschenrechte Er ist eine Einrichtung des Europarates. Man versteht darunter einen Gerichtshof auf Grundlage der Europäischen Menschenrechtskonvention mit Sitz in Straßburg. Er überprüft Gesetzgebung, Rechtsprechung und Verwaltung in Bezug auf die Verletzung der Konvention in allen 47 Mitgliedstaaten des Europarates. Daher unterstehen mit Ausnahme von Weißrussland und Vatikanstaat alle europäischen Länder der Rechtsprechung des Europäischen Gerichtshofes für Menschenrechte. Jede Bürgerin und jeder Bürger kann mit der Behauptung, von einem dieser Staaten in einem Recht aus der Konvention verletzt worden zu sein, diesen Gerichtshof anrufen.

Europäischer Rat Seit 2009 gehört er zu den sieben Organen der EU. Etwa viermal im Jahr treffen sich die Staats- und Regierungschefs der EU-Staaten in diesem Organ. Diese Treffen sind Gipfeltreffen, bei denen über allgemeine politische Zielsetzungen und wichtige EU-Vorhaben entschieden wird. Der Rat ist aber nicht befugt, Rechtsvorschriften zu erlassen. Tagungsort ist meist Brüssel. Der Europäische Rat befasst sich mit komplexen oder sensiblen Themen, die auf einer niedrigeren Ebene nicht geklärt werden können. Von 2009 bis 2012 ist Herman Van Rompuy Präsident des Rates.

Europäischer Rechnungshof Er wurde 1975 gegründet und hat seinen Sitz in Luxemburg. Der Europäische Rechnungshof überprüft die Finanzen der EU. Um sicherzustellen, dass das Geld der EU-Steuerzahlerinnen und -Steuerzahler sinnvoll ausgegeben wird, hat der Europäische Rechnungshof das Recht, alle Personen und Institutionen, die EU-Mittel verwalten, zu überprüfen. Der Rechnungshof führt häufig Kontrollen vor Ort durch. Der Rechnungshof besteht aus einem Mitglied je EU-Staat, das vom Rat ernannt wird. Die Mitglieder wählen aus ihrer Mitte die Präsidentin bzw. den Präsidenten des Rechnungshofes, deren bzw. dessen Amtszeit drei Jahre beträgt.

Europäisches Parlament Neben dem Rat der Europäischen Union ist das Europäische Parlament das wichtigste Gesetzgebungsorgan der EU. Es erörtert und verabschiedet zusammen mit dem Rat die Rechtsvorschriften und den Haushaltsplan der EU. Zu seinen weiteren Aufgaben gehört die Ausübung der demokratischen Kontrolle, indem es z. B. die Berichte der Kommission prüft. Alle fünf Jahre werden die Abgeordneten des Europäischen Parlaments direkt von den EU-Bürgerinnen und -Bürgern gewählt. Sie vertreten dort deren Interessen. Durch wie viele Abgeordnete die einzelnen EU-Mitgliedstaaten vertreten sind, richtet sich ungefähr nach der Anzahl ihrer Einwohnerinnen und Einwohner. Jedes Land hat mindestens 6 und höchstens 96 Abgeordnete im Europäischen Parlament. Es gibt drei Arbeitsorte: Brüssel, Luxemburg und Straßburg.

Eurozone Im amtlichen Sprachgebrauch spricht man vom Euro-Währungsgebiet oder Euroraum, umgangssprachlich auch Euroland. Damit wird die Gruppe der Staaten bezeichnet, die den Euro als offizielle Währung eingeführt haben. Im engeren Sinne bezieht sich der Ausdruck auf die 17 Staaten, die Vollmitglieder der Europäischen Wirtschafts- und Währungsunion sind. Die nationalen Zentralbanken dieser Staaten bilden zusammen mit der Europäischen Zentralbank das Eurosystem, das für die Geldpolitik in der Eurozone verantwortlich ist. Der Begriff Eurozone wird manchmal auch für Staaten verwendet, die den Euro nutzen, auch wenn sie keine EU-Mitglieder sind.

OECD Die „Organisation für wirtschaftliche Zusammenarbeit und Entwicklung" (englisch Organisation for Economic Cooperation and Development) ist eine internationale Organisation (1960 gegründet). Ihr Vorläufer war die 1948 gegründete OEEC. Die OECD hat heute 34 Mitgliedstaaten. Die meisten gehören zu den Ländern mit hohem Pro-Kopf-Einkommen und fühlen sich der Demokratie und Marktwirtschaft verbunden. Sitz der Organisation ist Paris.

Rat der Europäischen Union Im „Rat" treffen sich die nationalen Ministerinnen und Minister aller EU-Mitgliedstaaten. Zu den Aufgaben des Rates gehört die Verabschiedung von Rechtsvorschriften, die Wirtschaftpolitik wird koordiniert. Im Namen der EU unterzeichnet der Rat internationale Übereinkünfte, außerdem wird der Haushaltsplan der EU gemeinsam mit dem Europäischen Parlament verabschiedet. Für die Gemeinsame Außen- und Sicherheitspolitik ist der Rat das wichtigste Forum. Der Rat der Europäischen Union hat keine festen Mitglieder, zu einer Tagung entsendet jedes EU-Mitgliedsland eine Fachministerin bzw. einen Fachminister. Beschlüsse des Rates werden nach dem Verfahren der qualifizierten Mehrheit gefasst. Diese gilt dann als erreicht, wenn die Mehrheit der 27 EU-Länder dem Vorschlag zustimmt bzw. mindestens 255 der 345 möglichen Stimmen für einen Vorschlag abgeben.

Schengener Übereinkommen Benannt nach einem kleinen Ort in Luxemburg. 1985 schlossen dort die Vertreter Deutschlands, Frankreichs, Belgiens, der Niederlande und Luxemburgs ein Abkommen. Mit diesem Übereinkommen sollten die Grenzkontrollen zwischen den genannten Staaten aufgehoben werden. In der Realität geschah dies erst 1995. Inzwischen haben sich die meisten EU-Länder und einige andere Staaten, wie z. B. die Schweiz, Liechtenstein, Island und Norwegen, dem Abkommen angeschlossen. Die „Schengen-Länder" verfolgen auch eine gemeinsame Visumpolitik und sichern ihre Außengrenzen nach gemeinsamen Standards.

Vertrag von Lissabon Ein Vertrag, 2007 unterzeichnet, 2009 in Kraft gesetzt, der die bisherigen Verträge modifiziert. Die Änderungen sollen mehr Demokratie, Transparenz, Sicherheit und Bürgernähe in die EU bringen. Organe wie das Europäische Parlament wurden gestärkt, ebenso die Zusammenarbeit mit nationalen Parlamenten. Durch die neue Funktion der hohen Vertreterin bzw. des hohen Vertreters für die Außen- und Sicherheitspolitik wurde die gemeinsame EU-Außenpolitik betont.

6

1945	1947–1990	1949	1950–1953	1955	1965–1973	1968
Konferenz in Jalta: Zweiteilung der Welt in Interessensphären; Gründung der UNO	Entkolonialisierung in Afrika und Asien	Gründung der VR China; Gründung des RGW (COMECON); Gründung der NATO	Koreakrieg	Gründung des Warschauer Paktes	Krieg der USA in Vietnam	„Prager Frühling"; weltweite Protestbewegungen

Internationale Politik seit 1945

Manche internationale Einrichtungen, die gegen Ende und unmittelbar nach dem Zweiten Weltkrieg gegründet wurden, wie die Weltbank, der IWF und die UNO, spielen nach wie vor eine wichtige Rolle in der Politik. Andere Organisationen aus der damaligen Zeit wie NATO und OSZE haben sich seit den 1990er-Jahren maßgeblich weiterentwickelt.

45 Jahre lang hielt der „Kalte Krieg" zwischen den Supermächten USA und UdSSR die Welt in seinem Bann. Ein „Eiserner Vorhang" teilte Europa – bis zum Fall der Berliner Mauer im November 1989.

Die USA haben sich seit dem Zerfall der Sowjetunion (1991) als führende Weltmacht etabliert. China wird aufgrund des wirtschaftlichen Aufschwungs und seiner militärischen Stärke als Weltmacht des 21. Jahrhunderts gesehen.

Der Prozess der Entkolonialisierung vollzog sich nach dem Zweiten Weltkrieg vor allem in Asien und Afrika und beendete die bisherige Weltmachtstellung der beiden Großmächte Großbritannien und Frankreich.

Die Konfliktfelder der Gegenwart sind vielfältig: teils innerstaatlich, teils zwischenstaatlich, teils durch einen neuen internationalen Terror bestimmt. In ihrem Ausmaß sind diese Konflikte hingegen oftmals von weltpolitischer Bedeutung. Nahezu immer geht es dabei um die Sicherung des Zugangs zu Rohstoffen bzw. um wirtschaftliche Interessen. Gleichzeitig zu diesen politischen Entwicklungen sieht sich die Welt durch neue soziale Fragen wie z. B. Bevölkerungswachstum, neue Armut, Gesundheitsvorsorge und Umweltbelastung herausgefordert.

1979 Camp David: Friedensvertrag zwischen Ägypten und Israel; Ausrufung der „Islamischen Republik Iran"; Beginn der sowjetischen Intervention in Afghanistan (bis 1989)

1989 Öffnung des „Eisernen Vorhanges" in Europa – Ende der Volksdemokratien; Niederschlagung der Demokratiebewegung in der VR China

1990 Ende des Kalten Krieges; Vereinigung von BRD und DDR

2001 09. 11. Anschlag auf das WTC und das Pentagon

2005–2014 „Dekade der Erziehung für nachhaltige Entwicklung" – ausgerufen durch die UNO

2011 Beginn des „Arabischen Frühlings"

In diesem Kapitel erhaltet ihr Informationen zu folgenden Fragen:

- Wie sich die internationalen Einrichtungen entwickelten.
- Welche politischen Ereignisse das 20. u. 21. Jahrhundert prägten.
- Wie sich der Prozess der Entkolonialisierung vollzog.
- Welche Konfliktfelder es gegenwärtig gibt.

Dazu könnt ihr erfahren und erproben:

- Welche Formen von Armut es in Österreich gibt und welche Strategien dagegen entworfen werden können.
- Wie Entwicklungshilfepolitik zu bewerten ist.

Online-Ergänzungen
en6b64

Der Terroranschlag auf das World Trade Center am 11. September 2001.

1. Entwicklung und Ende des „Kalten Krieges"

1.1 Der Beginn des „Kalten Krieges"

Von der Multipolarität zur Bipolarität

Das Epochenjahr 1945 wurde für fast die gesamte Welt zum Ausgangspunkt einer neuen politischen Entwicklung. Die Weltpolitik war bis 1945 durch Gegensätze mehrerer, vor allem europäischer Großmächte bestimmt worden (Multipolarität). Nach 1945 bestimmte die Rivalität zweier „Supermächte" – USA und Sowjetunion (Bipolarität) – die Weltpolitik. Japan und Deutschland waren als Großmächte ausgeschaltet, Frankreich durch seine Niederlage von 1940 abgewertet. Frankreich wurde nicht einmal zu den Konferenzen der „Großen Drei" während des Krieges zugelassen, auf denen die Neuordnung der Welt beschlossen wurde. Großbritannien hatte im Zweiten Weltkrieg seine ganze Kraft aufgebraucht. Europa war ökonomisch und militärisch geschwächt und darüber hinaus politisch durch den heraufziehenden Kalten Krieg zerrissen.

Streitfall Deutschland

Viele erwarteten, dass der Zweite Weltkrieg wie der Erste mit einem Friedensvertrag beendet werde. 1946 wurden in Paris tatsächlich Friedensverträge mit Italien, Rumänien, Bulgarien, Ungarn und Finnland unterzeichnet. Ganz anders war die Situation mit Deutschland:

> Im Krieg war es um Deutschland gegangen, und das Gleiche galt nun für den Frieden, und das Gespenst eines deutschen Revanchismus prägte die russischen Strategien ebenso wie die der Franzosen. Als Stalin, Truman und Churchill in Potsdam zusammen kamen (17. 7. – 2. 8. 1945) (...), konnte man sich über die Vertreibung von Deutschen aus Osteuropa, die verwaltungsmäßige Aufteilung Deutschlands in Besatzungszonen und auf die Ziele „Demokratisierung", „Entnazifizierung" (...) einigen. Alles, was darüber hinausging, erwies sich als schwierig.
>
> (Judt, Geschichte Europas von 1945 bis zur Gegenwart, 2010, S. 148)

Das besiegte Deutschland wurde in vier Besatzungszonen und die von der sowjetischen Zone umschlossene Hauptstadt Berlin in vier Sektoren geteilt. Es wurde allerdings vereinbart, Deutschland als wirtschaftliche Einheit zu behandeln. Doch hier zeigten sich rasche Widersprüche. Die Sowjetunion und Frankreich bestanden nämlich auf Kriegsentschädigungen. Dies führte vor allem in der von den Sowjets besetzten Zone zu einer wirtschaftlichen Benachteiligung. Zur Beseitigung der Nachkriegsinflation 1948 in den Westzonen und auch in den Westsektoren Berlins wurde eine Währungsreform durchgeführt und die Wirtschaft Westdeutschlands eng an die Westeuropas angebunden.

Die UdSSR reagierte scharf: Sie sperrte ihre Zone für jeden Verkehr nach Westberlin mit seinen zwei Millionen Einwohnerinnen und Einwohnen und löste damit die erste große Berlinkrise aus. Die Westalliierten gaben jedoch die Stadt nicht auf und richteten eine „Luftbrücke" ein, welche die Stadt mit allen lebenswichtigen Gütern versorgte. Stalins Plan, auch die Westsektoren Berlins der sowjetischen Zone einzugliedern, war gescheitert. Die Bevölkerung der Westzonen jedoch bejahte als Folge dieser aggressiven Politik immer stärker eine Einbindung in den Westen.

Der „Eiserne Vorhang"

Während in den USA starke isolationistische Strömungen vorherrschten, nützte die Sowjetunion diese günstige Gelegenheit, ihren Einfluss auszuweiten. Bei ihrem Vormarsch hatte die Rote Armee ganz Osteuropa besetzt und war bis Mitteleuropa vorgedrungen. Nun beließ sie ihre Truppen „zur Sicherung der Nachschubwege zu den Besatzungszonen in Deutschland und Österreich". Sie betrachtete diese Gebiete als ihren ausschließlichen Einflussbereich, schirmte sie gegen den Westen ab und betrieb eine Politik der Sowjetisierung. Churchill warnte vor dieser Entwicklung und entwarf schon im März 1946 das Bild eines „Eisernen Vorhanges":

■ Die „Großen Drei" auf der Konferenz in Potsdam im Juli 1945. V. l. n. r.: Churchill (GB), Truman (USA), Stalin (UdSSR). Hier wurden die Vereinbarungen der Konferenz von Jalta auf der Krim (Februar 1945) bestätigt. Das hatte die Teilung Deutschlands und Europas zur Folge.

Internationale Politik seit 1945

> Von Stettin an der Ostsee bis hinunter nach Triest an der Adria ist ein „Eiserner Vorhang" über den Kontinent gezogen (...).
> Die kommunistischen Parteien, die in allen diesen östlichen Staaten bisher sehr klein waren, sind überall großgezogen worden, sie sind zu unverhältnismäßig hoher Macht gelangt und suchen jetzt überall die totalitäre Kontrolle an sich zu reißen (...).
>
> (Loch/Hoffmann, Die deutsche Nachkriegsgeschichte, 1982, S. 66 f.)

Die Containmentpolitik der USA

Die US-Regierung unter Truman sah im Vorgehen Moskaus zunächst noch eine legitime Wahrnehmung der sowjetischen Sicherheitsinteressen. Diese Einschätzung änderte sich jedoch, als die Sowjets Druck auf die Regierungen der Türkei und des Iran ausübten und im Bürgerkrieg in Griechenland die Kommunisten unterstützten.

George Kennan, US-Diplomat in Moskau, analysierte schon Anfang 1946 die sowjetischen Absichten. Er meinte, man könne die expansive Politik der Sowjetunion durch „Zusammenhalt, Festigkeit und Stärke" des Westens unter der Führung der USA „eindämmen" (to contain). Anlässlich der Bedrohung Griechenlands und der Türkei durch den Kommunismus schloss sich Truman diesen Ansichten an und verkündete 1947 die Truman-Doktrin.

> Ich glaube, es muss die Politik der Vereinigten Staaten sein, freien Völkern beizustehen, die sich der angestrebten Unterwerfung durch bewaffnete Minderheiten oder durch äußeren Druck widersetzen. (...) Unter einem solchen Beistand verstehe ich vor allem wirtschaftliche und finanzielle Hilfe, die die Grundlage für wirtschaftliche Stabilität und geordnete politische Verhältnisse bildet.
>
> (Lautemann/Schlenke, Geschichte in Quellen, Bd. 7: Die Welt seit 1945, 1978, S. 576 f.)

Damit war die offene Gegnerschaft erklärt. Da beide Seiten die Auseinandersetzung mit politischen, wirtschaftlichen und propagandistischen Mitteln hart führten, eine direkte militärische Konfrontation jedoch vermieden, sprach man bald vom „Kalten Krieg".

Der Marshallplan und COMECON

Schon 1947 gingen die USA in Europa daran, den Grundgedanken der Truman-Doktrin in großem Umfang zu verwirklichen. Die Wirtschaft der meisten Staaten war durch den Krieg schwerst geschädigt. Die Politiker in den USA sahen darin eine Gefährdung ihrer Wirtschaftsinteressen. Außerdem befürchteten sie die Anfälligkeit verelendeter Massen für die kommunistische Propaganda. Deshalb planten die USA, durch massive Hilfen die Wirtschaft in Europa wieder zu beleben. Im Juni 1947 stellte US-Außenminister George Marshall den nach ihm benannten Plan dazu vor:

■ Plakatwerbung für den Marshallplan (ca. 1948). Die USA trugen zur Behebung der Kriegsschäden und zum Wiederaufbau der Wirtschaft in Österreich und Deutschland und dadurch zum „Wirtschaftswunder" der 1950er-Jahre bei. Weitere Empfängerländer waren: GB, F, I, B, L, NL, DK, N, S, CH, GR, TR, IRL, IS, P.

> Es ist nur logisch, dass die Vereinigten Staaten alles tun, was in ihrer Macht steht, um die Wiederherstellung gesunder wirtschaftlicher Verhältnisse in der Welt zu fördern, ohne die es keine politische Stabilität und keinen sicheren Frieden geben kann. Unsere Politik richtet sich nicht gegen irgendein Land oder irgendeine Doktrin, sondern gegen Hunger, Armut, Verzweiflung und Chaos. Ihr Zweck ist die Wiederbelebung einer funktionierenden Weltwirtschaft, damit die Entstehung politischer und sozialer Bedingungen ermöglicht wird, unter denen freie Institutionen existieren können (...). Jeder Regierung, die bereit ist, beim Wiederaufbau zu helfen, wird die volle Unterstützung der Regierung der Vereinigten Staaten gewährt werden. (...).
>
> (Gasteyger, Europa zwischen Spaltung und Einigung 1945–1990, 1990, S. 63 f.)

Insgesamt betrug die von den USA bis 1952 geleistete Hilfe rund 13 Milliarden Dollar, mehr als alle bisherigen US-Auslandshilfen zusammen genommen. Sie wurde 16 europäischen Ländern gewährt. Die UdSSR bezeichnete den Marshallplan (ERP = European Recovery Program) als „Werkzeug des amerikanischen Imperialismus". Sie verbot den Staaten, die in ihrem Einflussbereich lagen, die Teilnahme, so z. B. der Tschechoslowakei, in der sich zunächst alle Parteien dafür ausgesprochen hatten. Im Jahr 1949 gründete die Sowjetunion den „Rat für gegenseitige Wirtschaftshilfe" (RGW-COMECON!). Mit einem System von bilateralen Verträgen besiegelte die UdSSR die ökonomische Zusammenführung der kommunistischen Länder. Die Blockbildung nahm von nun an konkrete Formen an.

Fragen und Arbeitsaufträge

→ 1. Erörtere die Zusammenhänge zwischen Eisernem Vorhang, Truman-Doktrin und Marshallplan.

→ 2. Arbeite die Situation im „Nachkriegsdeutschland" heraus. Ziehe dazu auch die Stellungnahme von T. Judt heran. Beurteile die Situation in Deutschland für den Beginn des Kalten Krieges.

1.2 Verfestigung, Lockerung und Auflösung der Blöcke

NATO und Warschauer Pakt

Mit der ersten Krise in Berlin (1948) und der kommunistischen Machtergreifung in der Tschechoslowakei (1948) setzte in Westeuropa und in den USA endgültig auch ein militärisches Umdenken ein. Auf Betreiben der britischen Regierung trafen Vertreter der USA, Kanadas und Großbritanniens in Washington zusammen, um einen europäisch-atlantischen Verteidigungspakt zu planen. Am 9. April 1949 wurde der NATO-Vertrag unterzeichnet. Die NATO entsprach in ihrer Gründungsphase ganz massiv den Sicherheitsinteressen der westeuropäischen Staaten:

> (...) Die Franzosen waren (...) verwundbar wie eh und je – sie hatten Angst vor den Deutschen und nun auch vor den Russen. – Vor allem für Paris war die NATO also doppelt attraktiv (...). Die Briten betrachteten die NATO als großen Schritt in ihrem Bemühen, die USA zu einem dauerhaften militärischen Engagement in Europa zu bringen. Und die US-Regierung präsentierte (...) die NATO als Schutz vor einem sowjetischen Angriff im Nordatlantik. (Der erste Generalsekretär der NATO meinte 1952: Zweck des Bündnisses sei es, „die Amerikaner drinnen, die Russen draußen und die Deutschen unten zu halten".
>
> (Judt, Geschichte Europas von 1945 bis zur Gegenwart, 2010, S. 178)

Diese „Nordatlantische Allianz" (NATO) vereinigte die USA, Kanada, Großbritannien, Frankreich, Italien, Dänemark, Norwegen, Island, Portugal, Belgien, Luxemburg und die Niederlande. Die Zahl der Mitglieder wurde bald erhöht. 1952 traten Griechenland und die Türkei bei. Entscheidend wurde schließlich, ob die BRD aufgenommen werden sollte. Die USA vertraten die Position, dass Westeuropa nur gemeinsam mit einer wiederbewaffneten Bundesrepublik Deutschland verteidigt werden könnte. 1955 wurde die BRD gegen Widerstände im eigenen Land vor allem aber auch in Westeuropa in die NATO aufgenommen.

Auf den Beitritt der BRD zur NATO (1955) reagierte die Sowjetunion mit der Gründung des Warschauer Paktes als militärisches Gegenbündnis. In ihm schlossen die Volksdemokratien unter sowjetischer Führung ein Verteidigungsbündnis zur Aufrechterhaltung ihrer Interessen in Europa.

Bis 1955 hatte die Sowjetregierung mit dem Argument, die Verbindungslinien zu ihren Besatzungszonen in Ostdeutschland und Österreich zu sichern, Truppen in den osteuropäischen Staaten belassen. Nun wurde im Warschauer Vertrag festgelegt, dass sowjetische Truppen als Verbündete in den Unterzeichnerländern stationiert bleiben sollten. Mit dem Ende des Kalten Krieges und der kommunistischen Herrschaft über Osteuropa war auch das Ende des Warschauer Paktes gekommen: Er wurde 1991 formell aufgelöst.
Weitere Entwicklung der NATO siehe S. 210.

■ Die Gründung des Warschauer Paktes 1955 durch die Mitgliedsländer: Albanien, Bulgarien, Deutsche Demokratische Republik, Polen, Rumänien, Tschechoslowakei, Ungarn und die Sowjetunion (Fotografie vom 13. Mai 1955).

Die „blockfreien Staaten"

Obwohl auch Jugoslawien nach dem Ende des Krieges unter Tito kommunistisch regiert wurde, stellte sich dieser gegen die Vereinnahmung durch die Sowjetunion. Da Stalin dies nicht dulden wollte, kam es 1948 zum Bruch. Jugoslawien wurde aus allen kommunistischen Organisationen ausgeschlossen.

Von nun an verfolgte Jugoslawien in der Außenpolitik einen eigenen Kurs. Es schloss sich keinem der beiden Blöcke an.

Auch in den neuen Ländern – nach der Entkolonialisierung in Asien und Afrika – entwickelten sich Vorbehalte gegenüber einer bipolaren Welt. Es entstand die Bewegung der „blockfreien Staaten". Auch in der UNO vertraten die Repräsentanten der neuen Staaten diese Politik einer Blockfreiheit. Treibende Kräfte waren neben Indien noch Indonesien, Ägypten und Jugoslawien. Die Bewegung der Blockfreien besaß keine feste Organisation (kein „Block der Blockfreien"; jede Blockbildung wurde als friedensgefährdend angesehen). Sie umfasste schließlich mehr als 100 Staaten und war vor allem im Rahmen der UNO politisch aktiv. Die Blockfreiheit garantierte allerdings keine friedliche Entwicklung. Im Gegenteil: Die meisten Kriege nach 1945 wurden zwischen oder in (Bürgerkriege) Blockfreien Staaten geführt.

„Roll back" und „friedliche Koexistenz"

Die Verhärtung des Gegensatzes zwischen den Blöcken und die Angst vor einer kommunistischen Expansion ermöglichten es dem US-Präsidenten Eisenhower und seinem Außenminister Dulles, die Idee des „Roll back" zu propagieren. Diese Politik verfolgte das Ziel, die kommunistische Macht unter der Androhung eines Atombombeneinsatzes zurückzudrängen.

Rund um die UdSSR errichteten die USA einen Gürtel von Stützpunkten mit (Atom-)Raketen. Die Wirtschaftshilfe an befreundete Staaten wurde durch Militärhilfe ergänzt oder durch eine solche ersetzt. Für den Pazifik wurde der ANZUS-Pakt (1951), für den südostasiatischen Raum die SEATO (1954) und für den Mittleren Osten der Bagdad-Pakt (später: CENTO, 1955) gegründet – alles Militärbündnisse, die wie die NATO unter der Führung der USA standen. Dabei verstellte der einseitige Blick auf vermutete kommunistische Gefahren den USA oft die Erkenntnis, mit welcher Art von Partnern sie sich einließen: Auch diktatorisch regierte Staaten und korrupte Regierungen, die unfähig waren, soziale Gerechtigkeit in ihrem Machtbereich herzustellen, wurden unterstützt (u. a. in Südkorea, in Südvietnam und auch in vielen Staaten Lateinamerikas, wie z. B. in Kuba).

In diese Zeit des erklärten Kalten Krieges fiel 1953 der Tod Stalins. Da viele Menschen im Westen die sowjetische Politik mit seiner Person identifizierten, hofften sie nun auf eine Auflockerung der Fronten. In der UdSSR selbst setzte sich schließlich nach internen Machtkämpfen Nikita Chruschtschow durch. Dieser verkündete 1956 die These der „friedlichen Koexistenz" von Staaten mit unterschiedlicher ideologischer Ausrichtung:

V. l. n. r.: Nasser (Ägypten), Nehru (Indien) und Tito (Jugoslawien). Die Beratungen dieser drei Staatsmänner auf der jugoslawischen Insel Brioni (1956) führten schließlich zur Bildung der „blockfreien Staaten" (Fotografie vom 20. Juli 1956).

> Q *Wenn wir davon sprechen, dass im Wettbewerb der zwei Systeme – des kapitalistischen und des sozialistischen – das sozialistische System siegen wird, so bedeutet das keineswegs, dass der Sieg durch die bewaffnete Einmischung der sozialistischen Länder in die inneren Angelegenheiten der kapitalistischen Länder erreicht wird. Unsere Zuversicht in den Sieg des Kommunismus gründet sich darauf, dass die sozialistische Produktionsweise gegenüber der kapitalistischen entscheidende Vorzüge besitzt. (…) Wir glauben daran, dass alle werktätigen Menschen der Welt, wenn sie sich davon überzeugt haben, welche Vorteile der Kommunismus mit sich bringt, früher oder später den Weg des Kampfes für den Aufbau der sozialistischen Gesellschaft beschreiten werden. Wir bauen in unserem Land den Kommunismus auf und wenden uns entschieden gegen die Entfesselung eines Krieges.*
>
> (Tenbrock u. a., Zeiten und Menschen, 1970, S. 315 f.)

Auch in den USA sah man die Gefahr eines möglichen weltweiten Krieges zwischen den Blöcken. So sagte US-Präsident Kennedy 1963:

Q *Wir sollten unsere Haltung gegenüber der Sowjetunion überprüfen (...). Wir sind in einem gefährlichen Teufelskreis gefangen, in dem Misstrauen auf der einen Seite Misstrauen auf der anderen Seite hervorruft und neue Waffen Gegenwaffen erzeugen. Kurz, sowohl die Vereinigten Staaten und ihre Verbündeten als auch die Sowjetunion und ihre Verbündeten haben gleichermaßen ein starkes Interesse an einem gerechten und echten Frieden und an einer Beendigung des Rüstungswettlaufs (...). Deshalb sollten wir (...) unsere Aufmerksamkeit auf die gemeinsamen Interessen lenken und auf die Mittel, mit denen Meinungsverschiedenheiten überwunden werden können (...).*
(Schmid, Fragen an die Geschichte, Bd. 4, 1988, S. 94)

→ Vergleiche die Beurteilung der Ost-West-Situation von Chruschtschow und Kennedy.

Die Konferenz über Sicherheit und Zusammenarbeit in Europa (KSZE, seit 1995 OSZE)

Nach ihrer Gründung im Jahr 1949 hatten sich die beiden deutschen Staaten (BRD, DDR) gegenseitig nicht anerkannt. Sie wurden vielmehr Mitglied in einem der beiden Blöcke. Besonders die Berlinfrage schien unlösbar zu sein. Die Teilung der Stadt wurde durch den Bau der Mauer 1961 verfestigt. Erst unter Bundeskanzler Willy Brandt kamen durch eine neue Ostpolitik die starren Fronten in Bewegung. Im Jahr 1970 mündete diese in Verträge mit der Sowjetunion und Polen u.a. zur Anerkennung der bestehenden Grenzen. Im Jahr 1972 wurde schließlich der „Grundlagenvertrag" zwischen der BRD und der DDR abgeschlossen. In ihm anerkannten sich die beiden deutschen Staaten gegenseitig und sie versprachen, ihre Beziehungen zueinander zu normalisieren.

■ Chruschtschow und Kennedy in einer englischen Karikatur aus dem Jahr 1962: „Einverstanden, Herr Präsident, wir wollen verhandeln." (aus: Daily Mail, 20. Oktober 1962).

■ Ein Propagandaplakat aus dem Jahr 1952 wirbt für die Einbeziehung der Bundesrepublik Deutschland in den Schutzdamm gegen die „rote Flut". Bundesrepublik 1952.

L *Eines der wichtigsten Themen war die Erlaubnis für DDR-Bürger zu Besuchen in der Bundesrepublik. Ost-Berlin machte die Mauer durchlässiger: Deutsche durften wieder in Deutschland reisen. Aber von wirklicher Normalität war dies noch weit entfernt: Die Mauer als solche, und damit als Symbol der Teilung, blieb auf weiteres bestehen (...).*
(Gasteyger, Europa zwischen Spaltung und Einigung 1945 bis 1990, 1990, S. 278)

Trotz dieser Entspannung in der Deutschlandfrage und einigen Fortschritten auf dem Gebiet der Abrüstung blieb das Misstrauen zwischen den Blöcken weiterhin bestehen. Zu Beginn der Siebzigerjahre wurde die Verletzung der Menschenrechte in vielen Staaten immer deutlicher sichtbar. Die Regierungen Europas suchten unter Einbeziehung der beiden Weltmächte, der USA und der UdSSR, zu einer Regelung zu gelangen, die ein freieres Zusammenleben in Sicherheit wenigstens in Europa gewährleisten sollte. Dazu kamen 1973 in Helsinki die Vertreter von 34 Staaten zur „Konferenz über Sicherheit und Zusammenarbeit in Europa" (KSZE) zusammen: die NATO-Staaten, einschließlich die USA und Kanada, die Mitgliedstaaten des Warschauer Paktes sowie die neutralen und blockfreien Staaten Europas. Gegenstand der Beratungen war vor allem:

Internationale Politik seit 1945

Die Treffen des deutschen Bundeskanzlers Willy Brandt mit dem Generalsekretär der KPdSU Leonid Breschnew im Jahre 1971 auf der Halbinsel Krim und 1973 in Deutschland waren wichtige Meilensteine in der Phase der Entspannung in der Ost-West-Politik. Die Fotografie (Ausschnitt) zeigt Brandt und Breschnew anlässlich des Staatsbesuches von Breschnew in der Bundesrepublik am 18. Mai 1973 in Bonn.

Das Ende des Ost-West-Konflikts

Die Schlussakte der KSZE von Helsinki bedeutete einen vorläufigen Höhepunkt, jedoch nicht das Ende der Bemühungen um Entspannung. In ihr waren Folgekonferenzen vereinbart worden, die das Einhalten des Abkommens überprüfen und das Erreichte möglichst ausbauen sollten. Solche Konferenzen fanden auch statt. Gemeinsam mit wiederholten „Gipfeltreffen" der Präsidenten der USA und der UdSSR wirkten sie in einem hohen Maß vertrauensbildend. Zunächst schien das Ende des Kalten Krieges nur mehr eine Frage der Zeit. Die militärische Intervention der Sowjetunion in Afghanistan im Jahr 1979, die Erhöhung der Militärausgaben der USA und die Stationierung neuer US-amerikanischen Raketen in der Bundesrepublik Deutschland aufgrund eines NATO-Beschlusses im Jahr 1979 verschärften jedoch noch einmal die Lage im Kalten Krieg. Schließlich trafen sich die Staats- und Regierungschefs aus 34 Ländern in Paris zu einer KSZE-Gipfelkonferenz. Dieses von allen Teilnehmern als „historisch" eingestufte dreitägige Treffen endete am 21. November 1990 mit der Unterzeichnung der „Charta für ein neues Europa", in der das Ende des Kalten Krieges besiegelt wurde.

Weshalb es nach Jahrzehnten der Konfrontation zu diesem – für viele Menschen überraschenden – Ende des Kalten Krieges kam, beschreibt der deutsche Historiker Wilfried Loth folgendermaßen:

– Stärkung der politischen Zusammenarbeit in Europa;
– Förderung der Beziehungen zwischen den Menschen in den Teilnehmerstaaten;
– engere Verbindungen auf den Gebieten Wirtschaft, Wissenschaft und Kultur;
– Lösung grenzübergreifender Umweltprobleme.

Die Konferenz endete 1975 mit der „Schlussakte von Helsinki". Souveräne Gleichheit, Enthaltung von der Androhung oder Anwendung von Gewalt, die Unverletzlichkeit der Grenzen und die territoriale Integrität der Staaten bilden ebenso ihren Inhalt wie die friedliche Regelung von Streitfällen, die Nichteinmischung in innere Angelegenheiten, die Achtung der Menschenrechte und Grundfreiheiten, die Gleichberechtigung und das Selbstbestimmungsrecht der Völker, die Zusammenarbeit zwischen den Staaten und die Erfüllung völkerrechtlicher Verpflichtungen.

Die Schlussakte von Helsinki war zwar kein völkerrechtlich bindendes Abkommen, sondern lediglich eine Absichtserklärung. Dennoch konnte sie als Maßstab gelten, an dem die Handlungen der Regierungen gemessen wurden.

Vor allem in den Volksdemokratien beriefen sich aktive Bürger/innen auf die Schlussakte. So verlangte z. B. die Bürgerrechtsbewegung „Charta 77 in der Tschechoslowakei" von ihrer Regierung die Einhaltung der Menschenrechte (vgl. S. 173).

> Entscheidend war sodann und vor allem, dass Michail Gorbatschow und die Reformer, für die er steht, den Schritt aus der Festung des Kalten Krieges heraus tatsächlich gewagt haben (…) Dieser Schritt folgte gewiss aus der Einsicht in die desolate Lage des Sowjetimperiums; er wurde mit dem Mut der Verzweiflung unternommen.
> Es ist darum ganz irreführend, zu behaupten, der Westen habe im Kalten Krieg gesiegt. Nicht der Westen hat gesiegt, sondern die westlichen Prinzipien sind im sowjetischen Machtbereich zum Programm geworden. Das ist etwas ganz anderes (…).
>
> (Loth, Was war der Kalte Krieg?, 1991, S. 12)

Fragen und Arbeitsaufträge

→ 1. Fasse die Hintergründe für die Bildung der beiden Militärblöcke NATO und Warschauer Pakt zusammen. Vergleiche und beurteile dabei besonders die Rolle der beiden deutschen Staaten.

→ 2. Analysiere die Bedeutung der Idee der Menschenrechte hinsichtlich ihrer politischen Wirksamkeit am Beispiel der KSZE und ihrer Folgen. Erkläre am Beispiel der Charta 77, wie es mit der praktischen Umsetzung dieser Erklärung aussah. Verwende dazu die Beurteilung von W. Loth.

1.3 Von der „Volksdemokratie" zu „Wir sind das Volk"

Der Begriff „Volksdemokratie"

„Volksdemokratie" bedeutete nach kommunistischer Selbstdefinition eine Übergangsform von der parlamentarischen Demokratie zum „Sozialismus". Dieser Weg war in den sieben betroffenen europäischen Ländern im Wesentlichen durch zwei Phasen gekennzeichnet:

– die Phase vom Kriegsende bis zur Errichtung des kommunistischen Machtmonopols;
– die Phase der Angleichung an das stalinistische Vorbild Sowjetunion und die Einbindung in den sowjetisch dominierten „Ostblock".

Der Weg zum kommunistischen Machtmonopol war von Land zu Land verschieden, wies aber auch Gemeinsamkeiten auf. Anfangs bildeten die Kommunisten nur eine von mehreren politischen Parteien. Neben ihnen bestanden bürgerliche, sozialdemokratische und auch Bauernparteien. Zu ihnen nahmen die Kommunisten Kontakte auf, wobei aus Moskau zurückgekehrte Funktionäre eine wesentliche Rolle spielten. In allen diesen Ländern fand der Machtwechsel mithilfe der Polizei, gut organisierter Arbeitermilizen und beeinflusst durch die Sowjetunion statt, teilweise auch unterstützt durch die Rote Armee.

Die Errichtung von Volksdemokratien

In Ungarn z.B. gewann bei den Wahlen am 4. November 1945, die Partei der Kleinlandwirte 57,7 % der Stimmen, die Sozialdemokraten erhielten 17,4 % und die Kommunisten 16,7 %. In der neuen Regierung waren alle drei Parteien vertreten. Die Kommunisten trachteten danach, Schlüsselpositionen, wie vor allem das Innenministerium, zu besetzen.
Ein führender ungarischer Kommunist erinnert sich:

> Q *Wir waren eine Minderheit in Parlament und Regierung, aber zur gleichen Zeit repräsentierten wir doch die führende Macht. Wir hatten die entscheidende Kontrolle über die Polizei. Unsere Macht (…) wurde noch vervielfacht durch die Tatsache, dass die Sowjetunion und die Sowjetarmee allzeit bereit waren, uns zu helfen.*
>
> *(Zit. nach: Stelling, „Salami-Taktik", 1991, S. 46)*

Die Partei der Kleinlandwirte wurde ausgeschaltet, die Sozialdemokratische Partei mit der KP (zwangs-)vereinigt. Im August 1949 wurde die „Volksdemokratie" proklamiert. Damit lag die Macht im Staat faktisch in den Händen der KP, auch wenn erst 1952 mit Mátyás Rákosi erstmals ein Kommunist an der Spitze einer neu gebildeten Regierung stand.
Die kommunistische Partei festigte nach internen Machtkämpfen ihre Vormachtstellung. Führende Funktionäre fielen Schauprozessen zum Opfer; ca. 50 000 Angehörige des Bürgertums wurden von den Städten aufs Land deportiert.
Für Polen bestanden zu Beginn des Jahres 1945 zwei „Regierungen": eine Exilregierung mit Sitz in London und ein Komitee mit Sitz in Lublin, das die Unterstützung der Roten Armee genoss. Im Juni 1945 wurde dann eine Regierung der „Nationalen Einheit" gebildet, in der die Mitglieder des Lubliner Komitees eine klare Mehrheit hatten. Ein Mitglied der Exilregierung gründete eine neue Bauernpartei, die rasch große Popularität gewann. 1946 zählte sie bereits über 600 000 Mitglieder, dreimal so viel wie die Kommunistische Partei. Als die Kommunisten für die Wahlen zum Parlament im Jänner 1947 die Bildung einer Einheitsliste vorschlugen, wurde dies von der Bauernpartei abgelehnt. Mithilfe von Offizieren des sowjetischen Geheimdienstes wurden über hunderttausend Polen verhaftet, ca. einer Million Menschen wurde unter dem Vorwurf der Kollaboration mit den Deutschen während des Zweiten Weltkrieges das Wahlrecht aberkannt. Dieser Druck und Manipulationen am Wahltag selbst brachten der von den Kommunisten dominierten Wahlliste ca. 90 % der Stimmen. Ein sowjetischer Marschall wurde Verteidigungsminister. 1952 trat eine Verfassung in Kraft, die das Land zur „Volksdemokratie" erklärte.

Gescheiterte Reformversuche

In Polen entwickelte sich im Juni 1956 in Poznan (Posen) aus einem Protestmarsch ein Generalstreik. Diesen unterdrückten polnische Sicherheitskräfte gewaltsam. Zahlreiche Tote, Verletzte und Verhaftete waren die Folge. Zu einer Intervention der Sowjetunion kam es allerdings nicht.
Der 20. Parteitag der Kommunistischen Partei in der Sowjetunion 1956 hatte großen Einfluss auf die Entwicklung in den Volksdemokratien.
In Ungarn war die Erbitterung gegen die Regierung Rákosi und den sowjetischen Einfluss im Land jedoch so groß, dass sich im Oktober 1956 Demonstrationen rasch zu einem Volksaufstand ausweiteten. Eine neue Regierung unter dem Reformer Imre Nagy wurde gebildet. Sie ließ wieder mehrere Parteien zu, erklärte schließlich sogar den Austritt Ungarns aus dem Warschauer Pakt und die Neutralität des Landes. Anfang November 1956 schlug die sowjetische Armee mit massiven Panzereinsätzen den Freiheitskampf nieder. Die Appelle der ungarischen Regierung an die UNO und das westliche Ausland blieben unbeantwortet.
Nach dem gewaltsamen Ende der Revolution in Ungarn kamen ca. 200 000 Flüchtlinge nach Österreich. Dazu schreibt der Historiker Manfried Rauchensteiner:

> L *Allein in der Nähe von Andau (…) kamen (…) rund 70 000 Ungarn nach Österreich. (…) Wiederholt kam es vor, dass der Zug, der die Strecke Körmend-Szentgotthárd befuhr, an einer Stelle, wo das Gleis nur etwa 60 Meter jenseits der Grenze verlief, langsamer wurde oder sogar stehen blieb und dann ein beträchtlicher Teil der Passagiere flüchtete (…).*
>
> *(Rauchensteiner, Spätherbst 1956, 1981, S. 93)*

In der Tschechoslowakei bildete sich im Jahr 1968 mit dem „Prager Frühling" eine breite Reformbewegung. Sie wurde von Menschen aus Literatur, Kunst und Wissenschaft getragen. Sie erfasste auch die kommunistische Partei unter ihrem neuen Partei- und Regierungschef Alexander Dubček. Im August 1968 wurde sie von den Truppen des Warschauer Paktes unter der Führung der Sowjetunion gewaltsam niedergeschlagen, die durch Kollaborateure auch von innen unterstützt wurden.

Sturz der „Volksdemokratien"

Die Entwicklung in der Sowjetunion seit 1985 wirkte sich auch auf die „Volksdemokratien" aus. Allerdings gab es hier auch eigenständige Bestrebungen nach Veränderung, die bereits lange vor 1985 eingesetzt hatten.
Bereits in den Siebzigerjahren kam es in Polen besonders unter den Arbeitern immer wieder zu Unruhen. 1980 brachen in Danzig und dann im ganzen Land Streiks aus. Unmittelbarer Anlass waren Erhöhungen der Lebensmittelpreise. Doch rasch kamen auch politische Forderungen hinzu.

■ Der österreichische Außenminister Mock (links) und sein ungarischer Amtskollege Horn zerschneiden den Stacheldrahtzaun an der Grenze. Damit brach die Fluchtwelle in den Westen los. Fotografie, 27. Juni 1989.

> Q 1. Die Anerkennung von Partei und Arbeitgebern unabhängigen Gewerkschaften (…).
> 2. Garantie des Rechts auf Streik (…).
> 3. Einhaltung der von der Verfassung (…) garantierten Freiheit des Wortes, des Drucks und (…) Zugang der Vertreter aller Glaubensrichtungen zu den Massenmedien.
> 4. (…) Freilassung aller politischen Häftlinge (…).
> 10. Sicherstellung einer besseren Versorgung (…) und Export nur von Überschüssen (…).
> (Frankfurter Allgemeine Zeitung, 27. 8. 1980, S. 2)

Die Regierung gewährte Lohnerhöhungen und gestand die Gründung der unabhängigen Gewerkschaft „Solidarność" (Solidarität) unter Lech Walesa zu. Der politische Einfluss der „Solidarität" wurde jedoch immer größer, sie wurde schließlich 1981 verboten. Nach einer neuerlichen Streikwelle im Jahr 1988 einigten sich Regierung und Opposition auf einen schrittweisen Übergang Polens zu einer parlamentarischen Demokratie mit einem Mehrparteiensystem.
Wahlen im Juni 1989 brachten der Opposition große Erfolge. Tadeusz Mazowiecki, ein Katholik und Vertreter der „Solidarität", bildete eine Koalitionsregierung mit nicht kommunistischer Mehrheit. Lech Walesa wurde im Dezember 1990 vom Volk gewählter Staatspräsident.

Im Mai 1989 ermöglichte Ungarn Zehntausenden Menschen aus der DDR die Ausreise nach Österreich. Diese liberale Haltung hatte sich bereits seit den Sechzigerjahren vorbereitet. 1987 entstand aus verschiedenen oppositionellen Gruppen das „Ungarische Demokratische Forum". Dessen Mitglieder trafen sich ab 1989 mit Vertretern der Regierungspartei zu Verhandlungen über Reformen. Am 18. Oktober 1989 billigte das Parlament die Abschaffung der „Volksdemokratie". Zahlreiche neue Parteien entstanden, die Wahlen im Frühjahr 1990 brachten viele von ihnen ins Parlament.
In der DDR erhob sich nach der Niederschlagung eines Aufstandes bereits im Jahr 1953 und dem Bau der Berliner Mauer 1961 erst in den 1980er Jahren Widerstand gegen das kommunistische Regime. Besonders innerhalb der Kirchen bildeten sich Gruppen, die trotz strenger Überwachung und Bespitzelung für Menschenrechte und Frieden eintraten („Schwerter zu Pflugscharen"). Die Staatsführung lehnte jedoch jede Reformpolitik ab. Viele sahen daher in der Flucht die einzige Chance, dem System zu entkommen. Die Entscheidung fiel schließlich im Herbst 1989. Unter der Parole „Wir sind das Volk" kam es zu immer größeren Demonstrationen. Die kommunistische Staatsmacht brach zusammen. Nach demokratischen Wahlen im Jahr 1990 wurde eine Koalitionsregierung gebildet, der kein Kommunist mehr angehörte. Darüber hinaus wurde die (Wieder)vereinigung der beiden deutschen Staaten vorbereitet. Sie wurde schließlich am 3. Oktober 1990 vollzogen.

Fragen und Arbeitsaufträge

→ 1. Recherchiert in den Medien, wie die demokratischen Nachfolgestaaten der Volksdemokratien ihre kommunistische Vergangenheit aufarbeiten. Diskutiert über die Ergebnisse eurer Recherchen in der Klasse.

→ 2. Zähle Staaten auf, wo heute noch kommunistische Parteien das Regierungsmonopol innehaben.

1.4 Krisen im Zeitalter des Ost-West-Konflikts

Q „Kalt" war der Kalte Krieg nur zwischen den Supermächten (...). In allen bedeutenden Krisengebieten kam es in jenen Jahren zum offenen Kampf. Und obgleich die Interessen der Supermächte hierdurch tangiert waren und die Kämpfe weitgehend mit Waffen aus westlicher und östlicher Produktion ausgeführt wurden, schoss doch kein GI auf einen Rotarmisten. Immer war einer der beiden oder auf beiden Seiten ein Stellvertreter gegenwärtig, in Korea, Vietnam, Afghanistan und auch in Angola.

(Steube, „Kalt" war dieser Krieg nicht überall, 1991, S. 32)

→ Beurteile die Karikatur daraufhin, was die UNO (strenge Lehrerin) im Blick hat und worauf sie nicht achtet. Ziehe dazu aus dem vorigen Kapitel 1.3 die Passagen über Ungarn heran.

■ „Die Vereinten Nationen intervenieren im Suez-Konflikt, die Russen kommen in Ungarn davon." Punch (satirische Zeitschrift, London), 1956.

Der Koreakrieg 1950–1953

Nach dem Abzug der Japaner 1945 sollte Korea ein unabhängiger Staat werden, zunächst noch unter alliierter Besatzung. Im Norden wurde eine unter sowjetischem Einfluss stehende Regierung gebildet, im Süden eine unter US-amerikanischem Einfluss. Beide erhoben Anspruch auf Gesamtkorea. Nach dem Abzug der Besatzungsmächte versuchte die nordkoreanische Regierung die Wiedervereinigung mit Gewalt zu erreichen. Sie ließ ihre Truppen in Südkorea einmarschieren.

Der Sicherheitsrat der UNO verurteilte das Vorgehen Nordkoreas als Aggression und beschloss eine Militäraktion. Da die Sowjetunion zu diesem Zeitpunkt den Sicherheitsrat aus Protest gegen die Mitgliedschaft der Republik China (Taiwan) boykottierte, konnte sie kein Veto einlegen. Die USA und ihre Verbündeten landeten Truppen in Korea. Nach schweren, wechselvollen Kämpfen und nachdem auf der Seite Nordkoreas starke „Freiwilligenverbände" aus der Volksrepublik China eingegriffen hatten, kamen die Fronten nahe dem 38. Breitengrad zum Stehen. Ein Waffenstillstand beendete die militärischen Auseinandersetzungen. Bis heute kam es zu keinem Friedensschluss.

Die Suezkrise 1956

Die Niederlage im arabisch-israelischen Krieg von 1948/49 hatte in Ägypten innenpolitische Folgen: Offiziere stürzten König Faruk (1936–1952) und seine korrupte Regierung. In den darauf folgenden Machtkämpfen setzte sich Oberst Gamal abd el-Nasser durch. Um

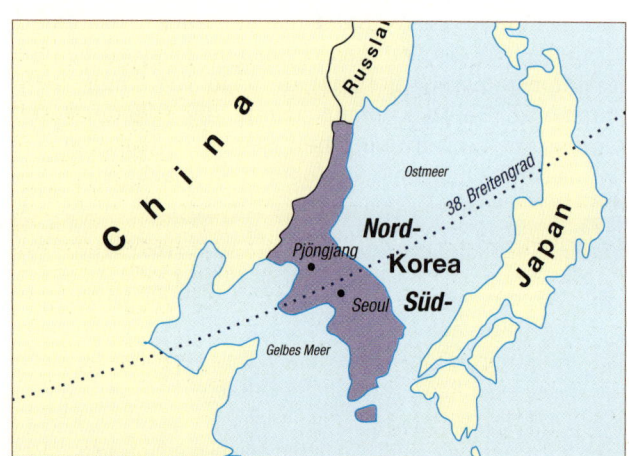

■ Koreakrieg 1950 - 1953.

seinen Führungsanspruch in der arabischen Welt zu untermauern, betrieb er eine aggressive Politik gegenüber Israel. Als er sich entschloss, Waffen im Ostblock zu kaufen, verweigerten ihm die USA die bereits zugesagten Mittel zur Erbauung des riesigen Nilstaudammes bei Assuan. Daraufhin verstaatlichte Nasser 1956 den Suezkanal, der bisher von einer internationalen westlichen Kapitalgesellschaft betrieben wurde.

Zu dieser Zeit war die Weltpolitik mit der Ungarnkrise beschäftigt. Das nützte Israel in Absprache mit Großbritannien und Frankreich für einen Angriff auf Ägypten. Auch die beiden europäischen Großmächte landeten Truppen, um – wie sie vorgaben – den Suezkanal zu schützen. Die USA waren über das Unternehmen nicht unterrichtet worden. Sie stellten sich ebenso wie die UdSSR dagegen, um einen größeren Krieg zu vermeiden. Nachdem die UNO die Angreifer verurteilt hatte, mussten sie sich aus Ägypten zurückziehen. An der Grenze zwischen Israel und Ägypten wurden UNO-Truppen stationiert.

Die Sowjetunion sprang als Kreditgeber für den Bau des Assuanstaudammes ein und unterstützte Ägypten von nun an militärisch. Damit hatte sie in der arabischen Welt und gleichzeitig im Mittelmeerraum Fuß gefasst. Israel erhielt daraufhin Unterstützung von den USA. Von nun an standen die Weltmächte im Hintergrund des Nahostkonflikts.

Die Kubakrise 1962

1962 entdeckten Aufklärungssatelliten der USA im Bau befindliche sowjetische Raketenstellungen auf der Insel Kuba. Dort war drei Jahre zuvor Fidel Castro durch eine Revolution an die Macht gekommen. Ihn unterstützte die Sowjetunion. Sie war damit in das unmittelbare Vorfeld der USA eingedrungen. Diese erblickten darin den Versuch Moskaus, Kuba zu einer Basis gegen die USA zu machen. US-Präsident Kennedy war nicht bereit, dies hinzunehmen. Er verfügte eine Seeblockade vor Kuba und erklärte in einer „Rede an die Nation":

Internationale Politik seit 1945

> Q Im Laufe der letzten Woche haben eindeutige Beweise die Tatsache erhärtet, dass derzeit auf dieser unterdrückten Insel mehrere Anlagen für Angriffsraketen errichtet werden. Der Zweck dieser Anlagen kann nur darin bestehen, die Möglichkeit eines Atomschlags gegen die westliche Hemisphäre zu schaffen (…). Wir werden das Risiko eines weltweiten Atomkriegs nicht voreilig oder ohne Not eingehen (…), wir werden dieses Risiko aber auch nicht scheuen, falls es zu irgendeinem Zeitpunkt eingegangen werden muss.
>
> (Schmid, Fragen an die Geschichte, Bd. 4, 1988, S. 94)

■ Raketenabschussbasis auf Kuba, aufgedeckt durch amerikanische Luftaufklärung durch Spionageflugzeuge 1962.

Die Welt verfolgte die Auseinandersetzung der beiden Supermächte mit Besorgnis. Schließlich schaltete sich die UNO vermittelnd ein. Chruschtschow befahl im letzten Moment den sowjetischen Schiffen, die bereits Raketen an Bord hatten, umzukehren. Nachdem Kennedy zugesagt hatte, keine Invasion auf Kuba zu unternehmen, erklärte sich Chruschtschow bereit, auch die Raketenrampen abzubauen.

Die Welt atmete auf. Noch nie war die Gefahr eines atomar geführten Weltkrieges so akut gewesen. Auch die beiden Supermächte hatten diese Gefahr erkannt. Sie errichteten einen „heißen Draht" (= direkte Telefonverbindung) zwischen dem Kreml und dem Weißen Haus.

Fragen und Arbeitsaufträge

→ 1. Gruppenarbeit: Wählt einen der drei vorgestellten Krisenherde aus. Informiert euch über dessen politische Situation, vergleicht und beurteilt diese hinsichtlich ihrer Stabilität oder ihres Gefahrenpotenzials.

→ 2. Arbeite anhand der Grafik die vorgestellten Inhalte zum Kalten Krieg nochmals durch. Achte im weiteren Unterricht auf die zusätzlich benannten Themen.

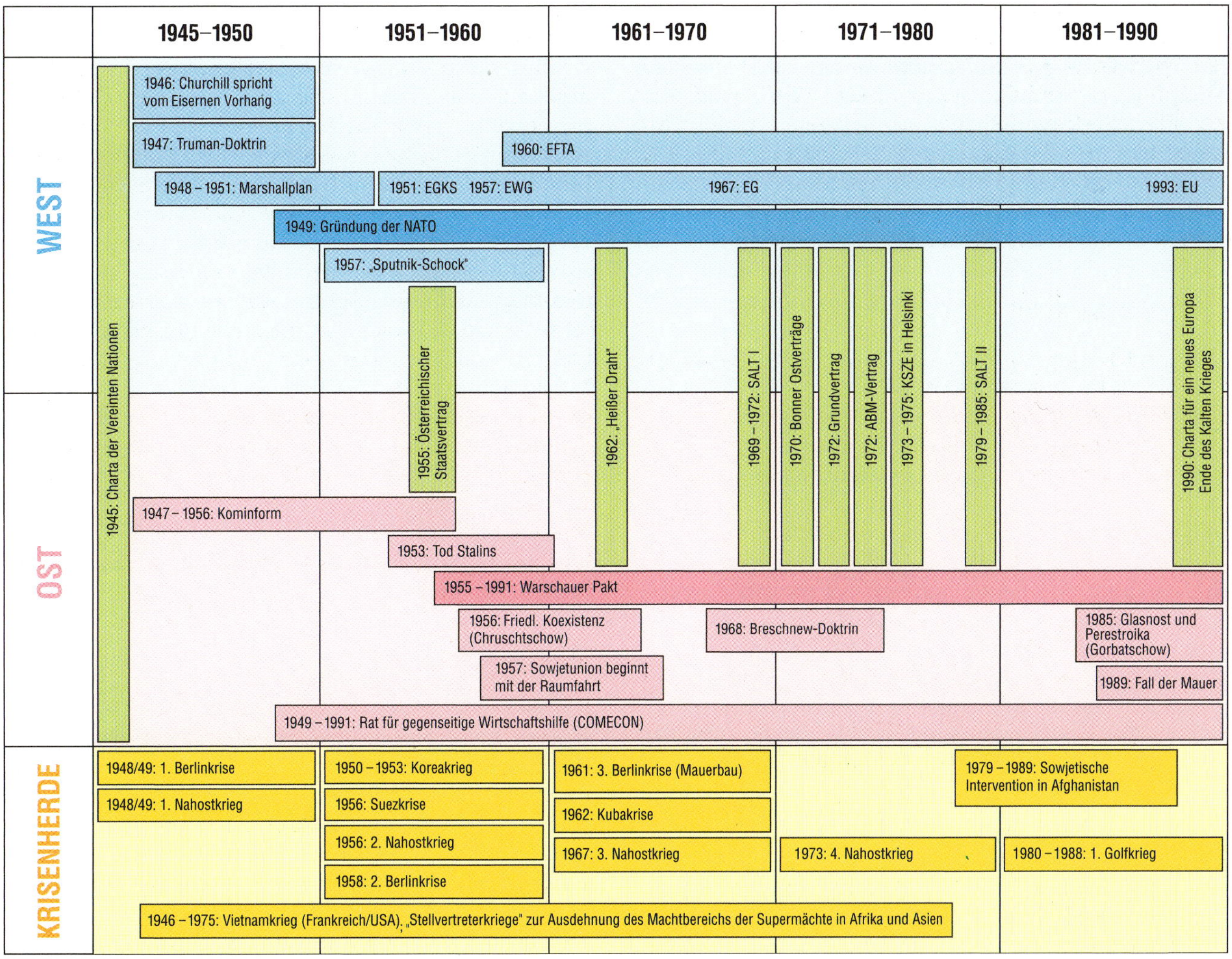

Überblicksgrafik: 1945–1990

WEST
- 1945: Charta der Vereinten Nationen
- 1946: Churchill spricht vom Eisernen Vorhang
- 1947: Truman-Doktrin
- 1948–1951: Marshallplan
- 1949: Gründung der NATO
- 1951: EGKS
- 1957: EWG
- 1957: „Sputnik-Schock"
- 1960: EFTA
- 1967: EG
- 1993: EU

Gemeinsam/Entspannung
- 1955: Österreichischer Staatsvertrag
- 1962: „Heißer Draht"
- 1969–1972: SALT I
- 1970: Bonner Ostverträge
- 1972: Grundvertrag
- 1972: ABM-Vertrag
- 1973–1975: KSZE in Helsinki
- 1979–1985: SALT II
- 1990: Charta für ein neues Europa – Ende des Kalten Krieges

OST
- 1947–1956: Kominform
- 1949–1991: Rat für gegenseitige Wirtschaftshilfe (COMECON)
- 1953: Tod Stalins
- 1955–1991: Warschauer Pakt
- 1956: Friedl. Koexistenz (Chruschtschow)
- 1957: Sowjetunion beginnt mit der Raumfahrt
- 1968: Breschnew-Doktrin
- 1985: Glasnost und Perestroika (Gorbatschow)
- 1989: Fall der Mauer

KRISENHERDE
- 1948/49: 1. Berlinkrise
- 1948/49: 1. Nahostkrieg
- 1950–1953: Koreakrieg
- 1956: Suezkrise
- 1956: 2. Nahostkrieg
- 1958: 2. Berlinkrise
- 1961: 3. Berlinkrise (Mauerbau)
- 1962: Kubakrise
- 1967: 3. Nahostkrieg
- 1973: 4. Nahostkrieg
- 1979–1989: Sowjetische Intervention in Afghanistan
- 1980–1988: 1. Golfkrieg
- 1946–1975: Vietnamkrieg (Frankreich/USA), „Stellvertreterkriege" zur Ausdehnung des Machtbereichs der Supermächte in Afrika und Asien

2. Die UNO, internationales Recht und der Vergleich politischer Systeme

2.1 Die UNO

Die Verwirklichung einer Idee

Beide Weltkriege riefen als Antwort auf die Bedrohung der Welt Organisationen zur Bewahrung des Friedens hervor: der Erste Weltkrieg den Völkerbund, der Zweite Weltkrieg die Vereinten Nationen (UNO = United Nations Organization). So wie bei der Errichtung des Völkerbundes war auch nach dem Zweiten Weltkrieg ein amerikanischer Präsident Initiator der Weltfriedensorganisation: Roosevelt hatte die Vision, dass nach Vernichtung der faschistischen Achsenmächte (NS-Deutschland, Italien und Japan) die Staaten sich den Entscheidungen einer Weltorganisation zur Vermeidung von Kriegen unterwerfen würden.

Die Basis für die neue Weltorganisation wurde schon während des Krieges gelegt. Es ist dies vor allem die Atlantik-Charta (1941): In ihr verkündeten Roosevelt und Churchill, dass ein „dauerndes System allgemeiner Sicherheit" gebildet werden müsse, um den Frieden zu erhalten. Auf dieser Grundlage beschloss eine Konferenz in San Francisco im Juni 1945 schließlich die Gründung der UNO.

Nach der Ratifizierung durch die 51 Gründungsmitglieder trat die Charta am 24. Oktober 1945 (Tag der Vereinten Nationen) in Kraft. Inzwischen (2011) sind 192 international anerkannte Staaten der Erde Mitglieder der UNO. Sie anerkennen deren Satzung:

> **Q** *Artikel 1. Der Zweck der Vereinten Nationen ist:*
> *1. Den Frieden zwischen den Völkern und die internationale Sicherheit zu wahren und zu diesem Zwecke wirksame gemeinsame Maßnahmen für die Vermeidung und Beseitigung von Bedrohungen des Friedens und die Unterdrückung von Angriffshandlungen und anderen Friedensbrüchen zu ergreifen sowie durch friedliche Mittel und in Übereinstimmung mit den Grundsätzen der Gerechtigkeit und des Völkerrechts den Ausgleich oder die Lösung von internationalen Streitigkeiten (...) zu sichern. (...)*
> *3. Die internationale Zusammenarbeit zur Lösung der internationalen Probleme auf wirtschaftlichem, sozialem und kulturellem oder humanitärem Gebiet herbeizuführen und die Achtung der Menschenrechte und der grundlegenden Freiheiten für alle, ohne Unterschied von Rasse, Geschlecht, Sprache oder Religion, zu fördern. (...)*
> *Artikel 2. Die Organisation und ihre Mitglieder sollen (...) in Übereinstimmung mit folgenden Grundsätzen vorgehen:*
> *1. Die Organisation stützt sich auf den Grundsatz gleicher souveräner Rechte aller ihrer Mitglieder. (...)*
> *4. Alle Mitglieder sollen sich in ihren internationalen Beziehungen jeder Drohung oder des Gebrauchs von Gewalt (...) enthalten. (...)*
> *5. Alle Mitglieder sollen den Vereinten Nationen bei allen Maßnahmen, die sie (...) ergreifen, jede Unterstützung gewähren, und sie sollen sich jeder Unterstützung eines Staates enthalten, gegen den die Vereinten Nationen vorsorgliche oder Zwangsmaßnahmen durchführen. (...)*
> *7. Keine Bestimmung der gegenwärtigen Satzung soll den Vereinten Nationen das Recht verleihen, sich mit Fragen zu befassen, die im Wesentlichen zu den inneren Angelegenheiten irgendeines Staates gehören.*
>
> (Guggenbühl, Quellen zur Geschichte der Neuesten Zeit, 1969, S. 439f.)

Die Wirksamkeit der UNO

In der „Charta der Vereinten Nationen" sind hohe Ziele festgeschrieben: der Schutz des Friedens und die Verteidigung der Menschenrechte. Dass dies bei weitem nicht erreicht wird, zeigen tagtäglich Berichte aus aller Welt. Immerhin können die Vereinten Nationen im Gegensatz zu ihrer Vorgängerorganisation, dem Völkerbund, auch militärische Macht zur Abwehr eines Aggressors einsetzen. Sie haben dies z. B. im Jahr 1950 in Korea getan. Daneben hat die UNO die Möglichkeit, Beobachtertruppen in Krisengebiete zu entsenden. Derzeit stehen österreichische UNO-Kontingente in Bosnien, im Kosovo, im Libanon und an der Grenze zwischen Syrien und Israel (Golan-Höhen) im Einsatz.

Das Ende des Kalten Krieges wirkte sich auch auf die UNO aus: Die UdSSR verweigerte im Sicherheitsrat dem ehemaligen Verbündeten Irak ihren Schutz. Einmütig wurde 1991 der Überfall des Irak auf das kleine Kuwait verurteilt. In einer „Polizeiaktion" im Namen der UNO wurde der Aggressor besiegt und aus Kuwait vertrieben.

Gegenwärtig wird diskutiert, wie die Zusammensetzung der Ständigen Mitglieder des Sicherheitsrates, denen ein Vetorecht zukommt, sein sollte. Zur Diskussion stehen Deutschland, Japan, Indien, Brasilien, ein Staat der islamisch-arabischen Welt sowie ein Staat aus Afrika (z. B. Nigeria). Auf solche Weise soll den aktuellen weltpolitischen Gegebenheiten auch in der UNO besser entsprochen werden.

Der Hauptsitz der UNO ist New York. Die wichtigen Unter- und Sonderorganisationen der UNO sind über die ganze Welt verstreut. Auch Genf, Wien und Nairobi sind UNO-Städte geworden. In Wien haben die internationalen Behörden für Atomenergie (IAEO) und für industrielle Entwicklung (UNIDO) ihren Sitz.

Internationale Politik seit 1945

Das System der Vereinten Nationen (UNO)

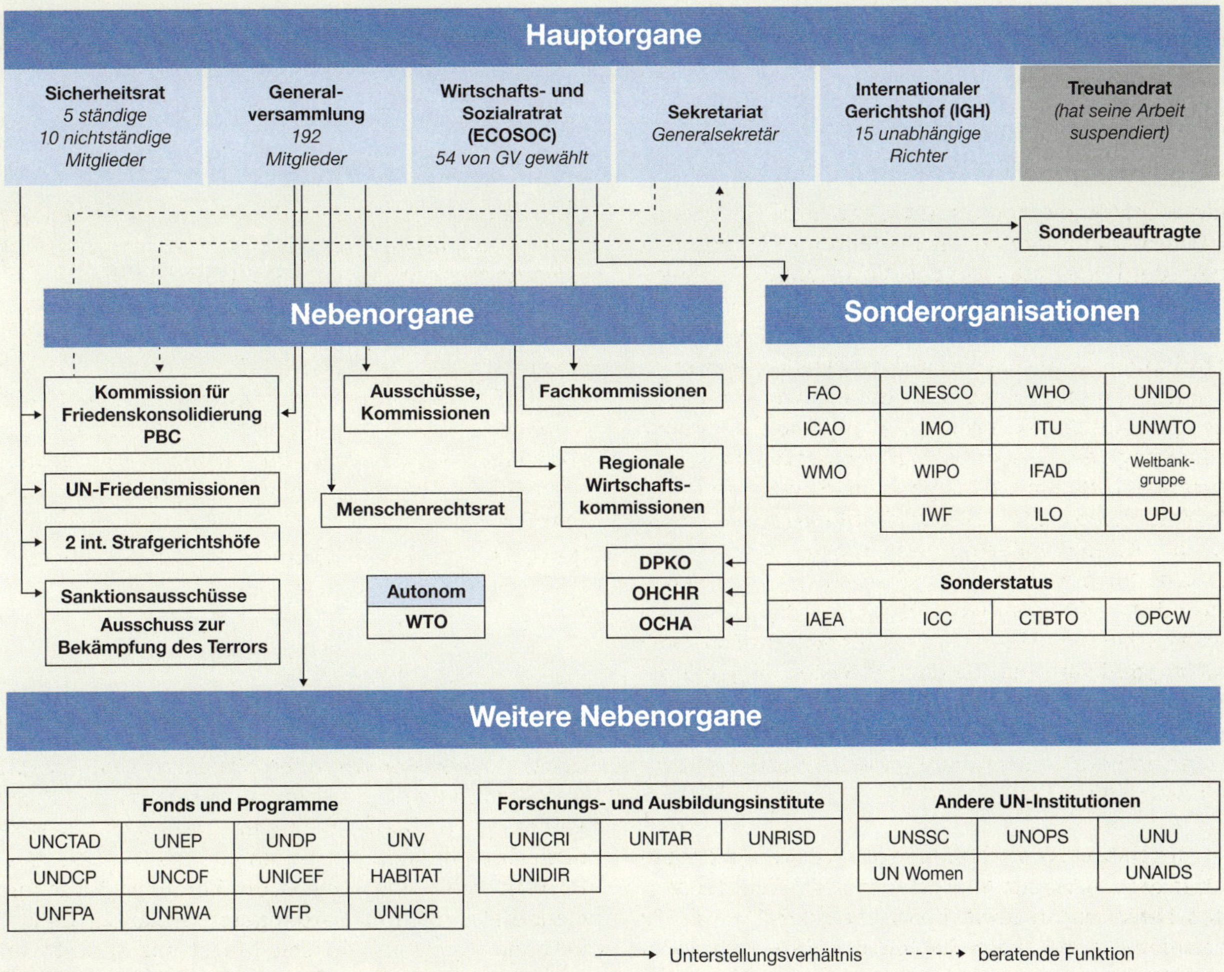

Hauptorgane

Sicherheitsrat	General-versammlung	Wirtschafts- und Sozialratrat (ECOSOC)	Sekretariat	Internationaler Gerichtshof (IGH)	Treuhandrat
5 ständige 10 nichtständige Mitglieder	192 Mitglieder	54 von GV gewählt	Generalsekretär	15 unabhängige Richter	(hat seine Arbeit suspendiert)

Sonderbeauftragte

Nebenorgane

- Kommission für Friedenskonsolidierung PBC
- UN-Friedensmissionen
- 2 int. Strafgerichtshöfe
- Sanktionsausschüsse
- Ausschuss zur Bekämpfung des Terrors
- Ausschüsse, Kommissionen
- Menschenrechtsrat
- Fachkommissionen
- Regionale Wirtschaftskommissionen
- DPKO
- OHCHR
- OCHA

Autonom: WTO

Sonderorganisationen

FAO	UNESCO	WHO	UNIDO
ICAO	IMO	ITU	UNWTO
WMO	WIPO	IFAD	Weltbankgruppe
	IWF	ILO	UPU

Sonderstatus

| IAEA | ICC | CTBTO | OPCW |

Weitere Nebenorgane

Fonds und Programme

UNCTAD	UNEP	UNDP	UNV
UNDCP	UNCDF	UNICEF	HABITAT
UNFPA	UNRWA	WFP	UNHCR

Forschungs- und Ausbildungsinstitute

| UNICRI | UNITAR | UNRISD |
| UNIDIR | | |

Andere UN-Institutionen

| UNSSC | UNOPS | UNU |
| UN Women | | UNAIDS |

→ Unterstellungsverhältnis   ----→ beratende Funktion

■ Deutsche Gesellschaft für die Vereinten Nationen. Stand: Jänner 2011.

Fragen und Arbeitsaufträge

→ 1. Recherchiert in den Medien aktuelle Diskussionen und Entscheidungen im Sicherheitsrat. Vergleicht die Positionen der Mitglieder und diskutiert darüber in der Klasse.

→ 2. Wählt in Gruppen eine Unter- bzw. Sonderorganisation der UNO und wertet deren aktuelle Tätigkeiten aus.

■ Die UN-Vollversammlung ist ein Forum der Mitgliedstaaten zur Vertretung ihrer jeweiligen Interessen. Jedes der 192 Länder hat eine Stimme; Resolutionen der Vollversammlung sind jedoch nicht bindend (Fotografie vom 24. September 2010).

2.2 Internationales Recht

■ Die Hauptangeklagten im Nürnberger Kriegsverbrecherprozess vor dem alliierten Militärtribunal (20. 11. 1945 bis 1. 10. 1946) von links während der Verhandlung: Dönitz, Raeder, Schirach, Sauckel, Jodl, von Papen, Fritsche, Speer, von Neurath, Seyss-Inquart, Göring, Heß, Ribbentrop, Keitel, Kaltenbrunner u. a. Sie waren angeklagt, „Verbrechen gegen den Frieden und die Menschlichkeit" begangen zu haben. Ihrer Urteilsfindung legten die Richter den Grundsatz zugrunde, dass Angriffskriege das schwerste internationale Verbrechen darstellen und dass individuelle Personen für dieses Verbrechen verantwortlich sind. Jede Einzelperson habe internationale Pflichten und könne ihre Verbrechen nicht mit dem Argument, „auf Befehl" gehandelt zu haben, entschuldigen.
Insgesamt wurden bei allen Nürnberger Kriegsverbrecherprozessen 177 Personen angeklagt. 24 von ihnen wurden zum Tod verurteilt, 12 davon hingerichtet. Fotografie 1945.

Regeln für Krieg und Frieden

Mit der neuzeitlichen Diplomatie in Europa begann auch die Entwicklung des internationalen Rechts (Völkerrecht). Staaten werden dabei als handelnde „Rechtssubjekte" verstanden. Bei der Regelung von zwischenstaatlichen Beziehungen geht es im Völkerrecht v.a. um die Einschränkung staatlicher Handlungsfreiheit, wenn durch Gewaltausübung massiv die Rechte anderer Staaten oder von Menschen verletzt werden. Das Völkerrecht dient demnach der Durchsetzung international verbindlichen Rechts. Die Politologin Hannelore Horn beschreibt seine Geltung und seine Grenzen:

> Das Völkerrecht besteht aus einer Fülle von gewohnheitlich und vertraglich zustande gekommenen Prinzipien, Regeln und Normen, an die sich die Staaten im Verkehr mit anderen mehr oder weniger gebunden fühlen. Seine Wirkung ist dort am geringsten, wo lebenswichtige Interessen und machtpolitische Ziele der Staaten berührt werden.
>
> (Horn, Außenpolitik und internationale Beziehungen, 1976, S. 416)

Die wichtigste Quelle des Völkerrechts sind internationale Verträge (z. B. Staatsverträge, Konkordate, Konventionen, Einvernehmen, Übereinkommen). Solche Abkommen können bilateral (zwischen zwei Staaten) oder multilateral (zwischen mehreren Staaten) geschlossen sein. Sie regeln die internationalen Beziehungen zwischen den Staaten oder deren Bürgerinnen und Bürgern. Dazu gehören z. B. Verträge über die gegenseitige Rechtshilfe, wie Auslieferung, Interpol, Schadensersatzpflicht und Urheberrecht, das Verkehrs- und Nachrichtenwesen, das Postwesen, Wirtschaft und Kultur usw. Derartige Abkommen ermöglichen es dem Staat, seine Bürgerinnen und Bürger auch im Ausland zu schützen bzw. seine Rechtsnormen auch im Ausland gegenüber den eigenen Bürgerinnen und Bürgern durchzusetzen. Da sie den Staat als solchen nur beschränkt betreffen, gibt es im Allgemeinen kaum Schwierigkeiten mit der Einhaltung derartiger Abkommen.

Anders verhält es sich mit ausgesprochen politischen Verträgen, wie z. B. Bündnis-, Friedens- oder Grenzverträgen. Diese betreffen die nationalen Interessen der Staaten viel stärker. Bei deren Regelung spielt die Machtpolitik eine entscheidende Rolle.

Das Problem der Durchsetzung

Einer der wichtigsten Grundsätze des Völkerrechts ist, dass Verträge einzuhalten sind („pacta sunt servanda"). Dies schließt allerdings nicht aus, dass bei einer grundlegenden Änderung der Bedingungen Verträge einvernehmlich geändert werden können („peaceful change"). Ein Beispiel dafür liefert die Einigung Deutschlands 1990 und der vorausgehende 2+4-Vertrag.

In der Tat wurden ungleich viel mehr internationale Verträge erfüllt als gebrochen. Da aber Brüche des Völkerrechts die Öffentlichkeit und die Medien mehr beschäftigen als dessen Einhaltung, wird vor allem negativ über das Völkerrecht berichtet. So geriet das Völkerrecht in Gefahr, bloß als „ein Stück Papier" betrachtet zu werden. Tatsächlich war und ist die internationale Ordnung immer wieder schweren Belastungsproben ausgesetzt. Man denke dabei an die vielen Kriege oder an die endlose Zahl von Menschenrechtsverletzungen in vielen Staaten auch in der Gegenwart.

Die Gründe dafür liegen einerseits in der politischen Dynamik. Verträge werden immer in einer bestimmten historischen Situation geschlossen. Ändern sich die Bedingungen, können auch die eingegangenen Bindungen für einen Staat nicht mehr angemessen erscheinen. Kommt dann der Mechanismus des „peaceful change" nicht zum Tragen, ist meist ein Rechtsbruch die Folge.

Andererseits fehlen weitgehend wirksame internationale Instanzen zur Durchsetzung der Prinzipien des Völkerrechts. Besonders deutlich wurde dies in der Zeit des Kalten Krieges, als die zwei Supermächte ihre schützende Hand über ihre „Bündnispartner" hielten. Politische (Einschränkung oder Abbrüche diplomatischer Beziehungen) und wirtschaftliche Sanktionen (Handelsembargo) zeigten häufig nur wenig Wirkung, da sie immer wieder von einzelnen Staaten unterlaufen wurden.

Weltgerichte für Staaten?

Jahrhunderte lang wurde der Gedanke einer internationalen Schiedsgerichtsbarkeit für zwischenstaatliche Konflikte verfolgt. Seit 1899 gibt es in Den Haag ein ständiges Schiedsgericht für Streitigkeiten der Staaten untereinander. Heute ist dieses als Internationaler Gerichtshof (International Court of Justice = ICJ) das Hauptorgan für die Rechtssprechung der UNO. Damit die Schiedssprüche des ICJ international verbindlich werden können, ist eine vertragliche Verpflichtung („Unterwerfungserklärung") nötig. Nicht alle Staaten gaben eine solche Unterwerfungserklärung ab. Trotzdem konnte der Internationale Gerichtshof zahlreiche Konflikte lösen, wie z. B. das Südtirolproblem zwischen Österreich und Italien.

Zusätzlich arbeitet seit 2002 der Internationale Strafgerichtshof (International Criminal Court = ICC) in Den Haag. Er ist das erste dauerhafte Forum zur Verfolgung von Personen, die seit 2002 für Kriegsverbrechen, Völkermord, Verbrechen gegen die Menschlichkeit (z. B. ethnische Säuberungen) und ab 2017 auch für Angriffskriege verantwortlich sind. Allerdings zeigt sich auch hier das Grundproblem solcher internationaler Institutionen: Der Strafgerichtshof kann tätig werden, wenn der Sicherheitsrat der UNO oder ein Mitgliedsstaat des Strafgerichtshofs einen Fall an ihn überträgt. Damit stärkt er das System der UNO. Aktuell sind 111 Staaten dem Strafgerichtshof beigetreten. Besonders starker Widerstand gegen den ICC kommt von den USA. Diese sehen sogar eine militärische Befreiung von US-Staatsbürgerinnen und -Staatsbürgern vor, die sich vor dem ICC in Den Haag verantworten müssten. Weiters noch nicht beigetreten sind u.a. die Großmächte VR China und Russland. Neben der Durchführung von Gerichtsverfahren wird vom ICC auch eine völkerstrafrechtliche Datenbank unter Mitarbeit der Universität Graz erstellt, um internationale Verbrechen gegen die Menschlichkeit vergleichbar zu machen.

Neben dem ICC bestehen noch zwei weitere vom UNO-Sicherheitsrat eingerichtete internationale Strafgerichtshöfe. Sie befassen sich mit Kriegsverbrechen, Völkermord und Verbrechen gegen die Menschlichkeit vor dem Jahr 2002 und sie beziehen sich auf das ehemalige Jugoslawien (ICTY seit 1993; Sitz in Den Haag) und auf Ruanda (ICTR seit 1994; Sitz in Arusha in Tansania).

Fragen und Arbeitsaufträge

→ 1. Arbeite die Unterschiede und Besonderheiten zwischen dem Internationalen Gerichtshof (ICJ) und dem Internationalen Strafgerichtshof (ICC) heraus.

→ 2. Informiere dich über Verfahren, Verurteilungen und Freisprüche der beiden Strafgerichtshofe zu Jugoslawien (ICTY) und Ruanda (ICTR).

2.3 Vergleich politischer Systeme

Der Begriff

Der Begriff „Politisches System" löst bisherige Begriffe wie „Staat" oder „Regierungssystem" ab. Es hat sich dieser neue Begriff aus mehreren Gründen durchgesetzt: Politik findet nicht nur in den staatlichen Einrichtungen wie „Parlament" oder „Regierung" statt. Politik wird auch besonders durch das gesellschaftliche Umfeld bestimmt (z. B. durch Medien, Non-Governmental Organizations/NGOs, Interessengruppen).
Allen politischen Systemen ist gemeinsam, dass sie ein Mindestmaß an Ordnung herstellen und ein geregeltes Leben für die Menschen gewährleisten. Diese Ordnungen und Rahmenbedingungen für ein geregeltes Leben können allerdings sehr verschieden sein.

1. Grundlagen der westlichen Demokratien

Die Entwicklung der politischen Systeme begann mit dem Schutz der/s Einzelnen vor der Willkür der Mächtigen. Allmählich ging es dann um die Teilnahme an politischen Entscheidungen und um die Mitgestaltung in der Politik. In Europa mussten diese Rechte der Mitbestimmung gegen eine Herrschafts- und Gesellschaftsordnung durchgesetzt werden, in der bestimmte Gruppen wie z. B. der Adel oder auch die Kirche besonders privilegiert waren. In diesen jahrhundertelangen Auseinandersetzungen haben sich mehrere Grundelemente herausgebildet, die kennzeichnend geworden sind für die westlichen Demokratien:

Partizipation und Legitimation:
Die Teilhabe an politischer Entscheidungsgewalt (Partizipation) erfolgt durch Wahlen. Sie ist notwendig, damit das politische (demokratische) System als legitimiert erscheint, das heißt, dass es die Bürgerinnen und Bürger bejahen.

Rechtsstaat:
Rechtsgleichheit – alle Menschen sind vor dem Recht gleich – und Rechtssicherheit – Bindung der staatlichen Entscheidungen an das Recht – sind wichtige Bedingungen für die Demokratie.

Gewaltenteilung:
Die Machtausübung wird in einer Demokratie durch Gewaltenteilung geregelt.
Zunächst versteht man darunter eine „horizontale Gewaltenteilung": Die Gesetzgebungsgewalt, die Regierungsgewalt und die richterliche Gewalt sind getrennt.
Die „vertikale Gewaltenteilung" verringert die Konzentration der Staatsmacht auf der obersten Ebene. Die Übertragung von Teilen der Staatsmacht auf Unterebenen (z. B. Bundesländer in Österreich oder in der BRD, auf Kantone in der Schweiz, auf Bundesstaaten in den USA) wird als Föderalismus bezeichnet.
„Zeitliche Gewaltenteilung" besagt, dass die Regierenden immer nur für eine bestimmte Zeit gewählt werden.
„Soziale Gewaltenteilung": In der letzten Zeit nimmt die Bedeutung großer politischer Parteien zunehmend ab. Vielfältige soziale Gruppierungen und Bewegungen, welche durch die Medien unterstützt werden, sowie die Medien selbst nehmen Einfluss auf die Regierungstätigkeit und die politische Stimmung in einem Staat.

Repräsentative oder direkte Demokratie:
Die Bürgerinnen und Bürger wählen in Demokratien ihre Vertreterinnen und Vertreter (Repräsentantinnen und Repräsentanten). Diese treffen z. B. in den Parlamenten, Landtagen, Gemeinderäten die verbindlichen Entscheidungen. In der direkten Demokratie treffen die Bürgerinnen und Bürger durch Volksentscheide die wichtigen Entscheidungen selbst – z. B. in der Schweiz. Solche Elemente der direkten Demokratie können auch in repräsentativen Demokratien Anwendung finden, z. B. durch Volksbegehren oder Volksabstimmungen.

Großbritannien: parlamentarische Tradition

Wenn vom politischen System in Großbritannien die Rede ist, wird in der Regel die lange Tradition des Parlamentarismus betont. Dieser hat sich seit dem 13. Jh. (Magna Charta) in langen Auseinandersetzungen zwischen Adel und König um den Einfluss auf die Regierungsgeschäfte herausgebildet. Bereits im 14. Jh. kam es im Parlament zu einer Trennung zwischen Oberhaus (House of Lords) und Unterhaus (House of Commons). Das entscheidende Ereignis schließlich war die Glorreiche Revolution (1688/89). Damals wurde die Macht des Parlaments und damit des Gesetzes über die Macht des Königs („Krone") gestellt. Die Krone wurde zu einem Staatsorgan.
Im Parlament wurde das Unterhaus zur dominierenden Kraft. Die Abgeordneten ließen sich im Wesentlichen zunächst zwei großen Gruppen zuordnen: die (grundbesitzenden) Tories (Conservatives) und Whigs (Liberale, städtisches Bürgertum). Die Whigs wurden Anfang des 20. Jh. von den Labours (Abgeordnete der Arbeiterklasse) zurückgedrängt. 1922 verdrängten diese die Whigs vom zweiten Platz. Die Labours stellen seither die zweite große Gruppierung im englischen Unterhaus dar. Das Wahlrecht für das Unterhaus wurde – wie in vielen europäischen Ländern – im Laufe des 19. Jh. auf immer mehr Menschen ausgedehnt. Das allgemeine Wahlrecht allerdings wurde erst 1928 eingeführt.
Das Wahlsystem ist durch die Mehrheitswahl gekennzeichnet. Abgeordnete bzw. Abgeordneter eines Wahlkreises wird jemand, der die meisten Stimmen auf sich vereint (Einer-Wahlkreis). Alle anderen Stimmen für andere Kandidatinnen und Kandidaten bleiben demnach bedeutungslos. Kleinere Parteien, die es auch in England gibt, haben nur dann eine Chance, einen Sitz im Unterhaus zu bekommen, wenn sie in einem Wahlkreis die Mehrheit erhalten (regionale Hochburg).
Die Machtbefugnisse der Premierministerin oder des Premierministers (Regierungschefin oder Regierungschef) sind besonders weitgehend: Sie oder er sucht die Kabinettsmitglieder aus und gibt die Richtlinien der Politik vor. Bereits im 18. Jh. wurde das Recht auf Opposition im Parlament anerkannt.
Die Rolle der Krone ist, obwohl die Königin nach wie vor formal das Staatsoberhaupt ist, aus dem politischen Geschehen weitgehend zurückgedrängt. So wird ihr bloß zugestanden, in der jährlichen Thronrede die Erklärung des Premierministers zu verlesen und repräsentative Aufgaben zu übernehmen.

Elisabeth II. bei der jährlichen Thronrede im Parlament. Fotografie, 1996.

USA: präsidentielle Regierung

In parlamentarischen Systemen wird die Regierung vom Parlament gewählt. Sie ist von dessen Zustimmung abhängig. In den USA hingegen werden sowohl die Präsidentin oder der Präsident als auch der Kongress (Parlament) jeweils auf unterschiedliche Weise vom Volk gewählt.

Die Wahl der Präsidentin oder des Präsidenten erfolgt in zwei Schritten: Zunächst wählen die Wahlberechtigten (man muss sich dazu von Wahl zu Wahl registrieren lassen) in den einzelnen Bundesstaaten. Diejenige Kandidatin oder derjenige Kandidat, die oder der in einem Bundesstaat die Mehrheit erhält, gewinnt damit alle Wahlmänner dieses Bundesstaates. Die Zahl der Wahlmänner hängt von der Einwohnerzahl eines Bundesstaates ab. Die Versammlung der Wahlmänner aller Bundesstaaten wählt schließlich die Präsidentin oder den Präsidenten. Entscheidend ist also, wer die meisten Wahlmänner bekommen hat. Die Präsidentin oder der Präsident ist sowohl Regierungschef als auch Staatsoberhaupt der USA. Als Staatsoberhaupt hat sie oder er politische Entscheidungsmacht. Nur bei internationalen Verträgen braucht sie oder er die Zustimmung des Senats, bei einer Kriegserklärung die Zustimmung des Kongresses. Sonst ist sie oder er formal vom Kongress unabhängig. Sie oder er kann daher vom Kongress weder abgewählt werden (außer bei nachweislich strafrechtlichen Vergehen mittels eines Impeachment-Verfahrens), noch kann sie oder er den Kongress auflösen und Neuwahlen ausschreiben. Doch die bedeutende politische Macht des Kongresses gegenüber der Präsidentin oder dem Präsidenten liegt darin, dass der Kongress jährlich das Budget der Präsidentin oder des Präsidenten und ihrer oder seiner Administration genehmigt oder Abänderungen verlangt.

Der Kongress (Parlament) besteht aus dem Repräsentantenhaus und dem Senat. Im Senat sind je zwei Abgeordnete eines Bundesstaates vertreten (102 Senatoren – jeweils für sechs Jahre gewählt). Das Repräsentantenhaus wird alle zwei Jahre nach dem Mehrheitswahlrecht (vgl. Großbritannien) gewählt. Die Zahl der Abgeordneten, die von den einzelnen Bundesstaaten entsandt werden, hängt von der Einwohnerzahl des jeweiligen Bundesstaates ab.

Neben dieser horizontalen Gewaltenteilung kennen die USA auch eine vertikale. Die einzelnen Bundesstaaten verfügen über zahlreiche Rechte und besitzen auch ihre eigene Verwaltung. Sie haben z. B. eigene Steuergesetze, unterschiedliche Strafgesetze (z. B. Todesstrafe in einzelnen Bundesstaaten). Zusätzlich zur exekutiven und legislativen Gewalt kommt in den USA dem Obersten Gerichtshof (Supreme Court) eine erhebliche Bedeutung zu. Der Supreme Court kann weitgehend in die Gesetzgebung eingreifen und damit Grundlinien der Politik vorgeben. Eine solche Grundsatzentscheidung war jene gegen die Rassendiskriminierung. Es wurde verfügt, dass öffentliche Schulen oder Verkehrsmittel für Menschen aller Rassen gleichermaßen zugänglich sein müssen.

Frankreich: zweigeteilte Regierungsgewalt

Das politische System Frankreichs ist jenes parlamentarische System in Europa, in dem seit 1958 (Beginn der V. Republik) das Staatsoberhaupt (Präsidentin oder Präsident) die zentrale Figur darstellt. Sie oder er gibt als Staatsoberhaupt die Leitlinien der Politik für die Regierung vor; sie oder er ernennt die Ministerpräsidentin oder den Ministerpräsidenten oder beruft diese oder diesen auch ab. Dabei muss sie oder er die Mehrheitsverhältnisse in der Nationalversammlung (Parlament) beachten. Die Präsidentin oder der Präsident wird direkt vom Volk mit absoluter Mehrheit gewählt. Für die Wahl der Abgeordneten zur Nationalversammlung gilt das Mehrheitswahlrecht. Obwohl die Regionen Frankreichs eine große kulturelle Vielfalt aufweisen, erfolgt die Verwaltung stark zentralistisch. Vom Volk direkt gewählte Mandatare in den Regionen haben kaum Mitspracherechte in der Zentrale in Paris.

Das Weiße Haus in Washington, der Amtssitz des Präsidenten der USA (Fotografie, September 2008).

Japan: Demokratie nach eigenem Stil

Zunächst wies Japan eine autokratische politische Kultur auf. Der Kaiser (Tenno) war Ausgangspunkt und Zentrum der religiösen und politischen Macht. Nach dem Zweiten Weltkrieg musste Japan unter dem Druck der USA sein Regierungssystem umstellen. Es wurde ein ähnliches Regierungssystem wie in Großbritannien mit einem Oberhaus und einem Unterhaus eingeführt. Das Oberhaus ist weder ein Adelshaus – wie in England – noch eine Länderkammer, vergleichbar dem Bundesrat in Österreich, sondern eine beratende Kammer mit wenigen Rechten. Der Kaiser hat nur mehr symbolische Macht.

Eine starke Premierministerin oder ein starker Premierminister wird von der Mehrheit im Parlament gewählt. Sie oder er ernennt die Regierung und kann das Parlament auflösen, um die politische Handlungsfähigkeit durch Neuwahlen wiederherzustellen. Die japanischen Parteien sind – im Unterschied zu europäischen Parteien – in der Regel keine Programm- oder Volksparteien. Es sind vielmehr Zusammenschlüsse einzelner Interessengruppen mit wenig klaren Grundsätzen. Das Wahlrecht in Japan stellt gegenwärtig eine Mischung aus Mehrheits- und Verhältniswahlrecht dar: 300 Abgeordnete des Unterhauses werden durch Mehrheitswahl gewählt, die übrigen 200 durch Verhältniswahlen über Parteilisten bestimmt. Die Bürokratie ist der Kontrolle durch die Politik weitgehend entzogen. Sie und die freie Wirtschaft bestimmen die Politik in hohem Maße mit. Man spricht daher von einer „Demokratie in japanischem Stil".

2. Russland, China und Indien

Russland – „superpräsidentiell"

Bis zum Ende der 1980er-Jahre war Russland Teil der kommunistischen UdSSR. In diesem Staat bestimmte bis zu den Reformen unter Michael Gorbatschow die kommunistische Partei unangefochten die Geschicke des Landes. Der Aufbau eines neuen politischen Systems wurde allerdings erst nach dem Untergang der UdSSR im Jahr 1991 möglich.

Die wesentlichen Grundlagen für den Übergang zu einem demokratischen System waren 1991 aber noch schwach ausgeprägt. Die politischen Führungsgruppen in Russland waren zunächst am Erhalt und an der Erweiterung ihrer eigenen Macht interessiert. Erst im Jahr 1993 trat nach einer Volksbefragung eine neue Verfassung in Kraft.

Im neuen politischen System Russlands kommt nun der Präsidentin oder dem Präsidenten eine überragende Machtposition zu. Sie oder er wird jeweils für sechs Jahre vom Volk gewählt. Sie oder er bestimmt die Hauptrichtung der Innen- und Außenpolitik und kann Gesetzesentwürfe im Parlament einbringen. Überdies besitzt die Präsidentin oder der Präsident ein Vetorecht gegenüber den Gesetzen des Parlaments (= Staatsduma), das nur mit einer Zweidrittelmehrheit vom Parlament überstimmt werden kann. Ferner kann sie oder er Dekrete und Verfügungen erlassen, die den Charakter von Gesetzen besitzen. Sie oder er ernennt die Regierung, kann die Regierung entlassen und auch die

■ Wladimir Putin, russischer Präsident von 2000 bis 2008; von 2008 bis 2012 Ministerpräsident, ab 2012 erneut Präsident (Fotografie, Arkhangelsk, Sept. 2011).

Staatsduma auflösen und Neuwahlen ausschreiben. Auf diese Weise wird die Position der Päsidentin oder des Präsidenten durch die Staatsduma nahezu unangreifbar und der demokratischen Kontrolle praktisch entzogen. Die Machtposition des russischen Präsidentenamtes ist daher im Vergleich zum Französischen und US-amerikanischen am stärksten ausgeprägt.

Neben dieser Machtfülle des Präsidentenamtes steht ein verhältnismäßig schwaches Parlament (Bundesversammlung). Es besteht aus zwei Kammern: In der Staatsduma werden die Gesetze beschlossen (sie ist vergleichbar mit unserem Nationalrat).

Im Föderationsrat (er ist vergleichbar mit unserem Bundesrat) sind die „Teileinheiten" Russlands u. a. durch die Gouverneure vertreten.

Unabhängige Medien und Gerichte sind nach wie vor nicht gesichert. Die sozialen Spannungen sowie der schwierige Systemwechsel zur Demokratie und zur Marktwirtschaft ermöglichen es, dass diese Machtfülle des Präsidentenamtes autoritär genutzt werden kann.

China – „parteibestimmt"

Im bevölkerungsreichsten Staat der Erde, der Volksrepublik China, ist das politische System nach wie vor durch die Monopolstellung der kommunistischen Partei bestimmt. Erfolge in der Wirtschaft als Ergebnis einer Modernisierungspolitik haben zwar seit dem Ende der 70er Jahre zu wirtschaftlichen und gesellschaftlichen Veränderungen im Sinne von mehr Offenheit geführt. Im politischen System ist allerdings nahezu keine Umgestaltung erfolgt. Die kommunistische Partei steht noch immer über der Verfassung und dem Volk.

Ihr Organisationsprinzip der Machtausübung ist der „demokratische Zentralismus". Danach sind alle Parteiorgane den Entscheidungen des Zentralkomitees unterstellt. Es entscheidet über die Spitzenpositionen in Partei und Staat sowie über die politischen und wirtschaftlichen Grundsätze. Seine 344 Mitglieder werden vom 20-köpfigen Politbüro bestellt. Dieses fällt auch alle bedeutsamen aktuellen politischen Entscheidungen. Entsprechend der Verfassung bildet das Parlament („Nationaler Volkskongress") der Form nach die wichtigste Einrichtung im Staat. Seine rund 3 000 Abgeordneten werden alle fünf Jahre indirekt in den Volksvertretungen der Provinzen, aber auch von Vertretern der Volksbefreiungsarmee gewählt. Aufgrund der Größe und der damit verbundenen Schwerfälligkeit des Nationalen Volkskongresses werden die Gesetze in einem kleineren Gremium, dem ständigen Ausschuss, beschlossen.

An der Spitze des Staates stehen die Staatspräsidentin oder der Staatspräsident, die Ministerpräsidentin oder der Ministerpräsident und die Ministerinnen und Minister der Zentralregierung. Die Staatspräsidentin oder der Staatspräsident ist gleichzeitig auch Generalsekretärin oder Generalsekretär der Kommunistischen Partei. Damit ist sie oder er sowohl Leiterin oder Leiter des höchsten Staatsamtes als auch des höchsten Parteiamtes.

■ Die ehem. Staatspräsidentin Pratibha Patil (bis 2012), der indische Premierminister Manmohan Singh (seit 2004) von der Kongresspartei und die Präsidentin der Kongresspartei, Sonia Gandhi (Fotografie, Mai 2009).

Indien – „bevölkerungsreichste Demokratie"

Das politische System Indiens orientiert sich zum einen an der parlamentarischen Demokratie Großbritanniens. Zum anderen haben auch die 28 Bundesstaaten Indiens ein entsprechendes politisches Gewicht. Aus diesem Grund besteht ein Zweikammernsystem: ein Haus des Volkes/House of the People (Volkskammer, 545 Mitglieder) und ein Rat der Staaten/Council of States (Staatenkammer, 250 Mitglieder).

Doch der wichtigste politische Akteur ist die indische Bundesregierung. In ihr besitzt die Premierministerin oder der Premierminister vergleichbare politische Macht wie in Großbritannien. Sie oder er wird vom Staatsoberhaupt aufgrund der parlamentarischen Mehrheitsverhältnisse bestellt und bestimmt die Ministerinnen und Minister; auch kann sie oder er das Parlament vorzeitig auflösen.

Die Staatspräsidentin oder der Staatspräsident selbst wird von den beiden Kammern und den Parlamenten der Bundesstaaten gewählt und besitzt relativ geringe politische Macht. Allerdings hat sie oder er die Möglichkeit, auf Anraten der Premierministerin oder des Premierministers in die Regierungen der Bundesstaaten einzugreifen, wenn dort politisch instabile Verhältnisse eintreten. Auf diese Weise wird das Übergewicht der Zentralmacht beim „indischen Föderalismus" noch deutlicher.

Die Abgeordneten der Volkskammer werden – gleich wie in Großbritannien – in Einer-Wahlkreisen alle fünf Jahre gewählt. Die Volkskammer tagt zwei- bis dreimal im Jahr. Hindi und Englisch werden als Verhandlungssprachen verwendet. Daneben sind dreizehn weitere Sprachen von Fall zu Fall als Verhandlungssprachen zugelassen.

In der Staatenkammer sind die Länder auf Bundesebene vertreten. Die Sitze dort werden nach der Bevölkerungszahl des jeweiligen Bundeslandes vergeben. Die Abgeordneten werden von den Parlamenten der Bundesstaaten, also indirekt, für sechs Jahre gewählt. Zwölf Abgeordnetensitze sind besonders verdienstvollen Persönlichkeiten vorbehalten, welche die Staatpräsidentin oder der Staatspräsident ernennt. Gesetzesentwürfe sind von der Volkskammer und der Staatenkammer anzunehmen. Doch hat die Volkskammer wesentlich mehr Bedeutung.

In der Volkskammer dominierte bis 1996 die von der Nehru-Gandhi-Dynastie dominierte Kongresspartei. Von 1996 bis 2004 erlangte die Hindu-nationalistische Partei („Bharatiya Janata Party") zunehmende politische Bedeutung. Entgegen dem Verfassungsgrundsatz der Trennung von Religion und Politik verfolgte sie die Vorstellung einer „natürlichen" Vorherrschaft der Hindu-Mehrheit. Eine solche geht zulasten der zahlreichen ethnischen und religiösen Minderheiten. Nach den letzten Parlamentswahlen im Jahr 2009 dominieren die Vereinigte „Progressive Allianz" und wiederum die Kongresspartei das politische Geschehen. Deutlich mehr als zehn Parteien sind im indischen Parlament vertreten.

Fragen und Arbeitsaufträge

→ 1. Arbeite die Kennzeichen präsidialer Regierungsformen heraus. Beurteile dabei die Rolle des Parlaments.

→ 2. Vergleiche die Regierungsformen der beiden bevölkerungsreichsten Staaten der Erde: China und Indien.

3. Weltmächte seit 1945

3.1 Die USA – Land der (un-)begrenzten Möglichkeiten?

Nach dem Zweiten Weltkrieg wächst der Wohlstand

Nach dem Ende des Zweiten Weltkrieges konnte die Regierung der USA die Wohlstandsgesellschaft noch weiter ausbauen. Das Einkommen vieler Amerikanerinnen und Amerikaner stieg, und aus der „Konsum-" wurde allmählich eine „Überflussgesellschaft": Ein Auto behielt man im Durchschnitt zwei Jahre. Supermärkte entstanden in großer Zahl. 1950 brachte „Diner's Club" die erste Kreditkarte auf den Markt. Der kalkulierte schnellere Verschleiß der Konsumartikel führte schließlich zum Wegwerfprodukt ...

Der ständig wachsende Konsum und die geleistete Hilfe für den Wiederaufbau in Europa (Marshallplan) verhalf der amerikanischen Wirtschaft zu großem Wachstum. Vom „Kalten Krieg" und dem Rüstungswettlauf mit der Sowjetunion profitierte die Rüstungsindustrie: Sie erhielt riesige Aufträge von der Regierung vor allem zur Entwicklung neuer Waffen. Daraus entstand ein mächtiger „militärisch-industrieller Komplex", der starken Einfluss auf die Politik der USA gewann. 1956 übertraf der Wert der Rüstungsgüter jenen der Konsumgüter um etwa das Doppelte.

Wohlstand – aber nicht für alle

Der wachsende Wohlstand erfasste nicht alle Schichten der Bevölkerung. Besonders in den Industriestädten und auf dem Land lebten viele Arbeiter- und Farmerfamilien in Armut. In der Landwirtschaft vollzog sich ein rascher Konzentrationsprozess. 1940 hatte ein Farmer 10 Menschen ernährt, 1960 bereits 24. In den Industriezentren des Nordens und an der pazifischen Küste verloren aufgrund der zunehmenden Umstellung auf Automation vor allem viele ungelernte Arbeiterinnen und Arbeiter ihre Arbeit. Ende der 1950er-Jahre lebten allein in New York rund die Hälfte der Familien von einem Einkommen, das für einen ausreichenden Lebensstandard nicht genügte. Besonders betroffen davon war die schwarze Bevölkerung.

Antikommunismus und Meinungsdruck

Mit Beginn des „Kalten Krieges" verstärkte sich in den USA die Angst vor dem Kommunismus. Ein Prozess gegen zwei mutmaßliche Atomspione sowie die Entwicklung in China (vgl. S. 192 ff.) verstärkten diese Angst. 1947 erließ Präsident Harry Truman eine „Loyality Order". Danach mussten über zwei Millionen Bundesangestellte schwören, niemals einer Organisation angehört zu haben, die im Verdacht „kommunistischer und subversiver Betätigung" stand. Untersuchungen wurden auch in der Filmmetropole Hollywood durchgeführt. In diesem Zusammenhang war Senator Joseph McCarthy besonders aktiv. Er beschuldigte Mitglieder der Regierung und Beamtenschaft sowie des diplomatischen Dienstes, Militärangehörige, Wissenschafterinnen und Wissenschafter

■ Zwischen 1969 und 1972 landeten amerikanische Astronauten sechsmal auf dem Mond. Das Bild zeigt James Irwin mit der Mondfähre Apollo 15 (1971).

sowie Kunstschaffende, dem Kommunismus in die Hände zu arbeiten. Viele der Beschuldigten verloren ihren Arbeitsplatz und ihr Einkommen. Erst 1954 verurteilte der Senat offiziell diese Vorgangsweise.

Weitreichende Reformen in den 1960er-Jahren

Die Präsidentschaftswahlen des Jahres 1960 gewann der demokratische Kandidat John F. Kennedy. Er verkündete nach außen und innen den „Kampf gegen Tyrannei, Armut, Krankheit und Krieg" und sprach damit vor allem viele junge Menschen an. Doch noch vor Ablauf seiner Amtsperiode wurde Kennedy 1963 in Dallas (Texas) ermordet. Die Hintergründe für diese Tat blieben bis heute unaufgeklärt.

Lyndon B. Johnson, Kennedys Nachfolger, setzte die Reformpolitik fort und führte u. a. einen „Feldzug gegen die Armut". Er schrieb darüber in seinen Erinnerungen:

> Q *Ich werde auch den Mann nie vergessen, dessen Heim an einem Berghang (...) im östlichen Kentucky ich besuchte. Er hieß Tom Fletcher. Seine Behausung war eine aus drei Räumen bestehende Dachpappenhütte, die er mit seiner Frau und acht Kindern teilte (...). Am meisten Sorge machte ihm, dass zwei seiner Kinder bereits vorzeitig mit der Schule hatten aufhören müssen; er fürchtete, dieses Schicksal werde den anderen ebenfalls beschieden sein. Das befürchtete ich auch. Die Tragik des Auf-immer-Gefangenseins in diesem Teufelskreis der Armut summierte sich in den Befürchtungen dieses Mannes: Die Armut zwingt die Kinder aus der Schule und zerstört ihnen damit ihre beste Chance, der Armut der Väter zu entrinnen.*
>
> (Johnson, Jahre im Weißen Haus, 1972, S. 83)

Der „Feldzug gegen die Armut" brachte Erfolge. Innerhalb weniger Jahre sank die Zahl der Menschen, die an der Armutsgrenze lebten, von rund 35 Millionen auf 10 Millionen. Die finanziellen Mittel für sozialpolitische Maßnahmen wurden allerdings bald knapp. Denn vor allem der Krieg in Vietnam verschlang Unsummen.

Bürgerrechtsbewegung, Protest und Gewalt

Bis zum Zweiten Weltkrieg herrschte in den USA eine recht klare Rassentrennung zwischen Weiß und Schwarz – vor allem in den Südstaaten. Während des Krieges geriet diese Haltung zunehmend ins Wanken, da die Schwarzen genauso für die USA kämpften wie die Weißen. 1948 hob Präsident Truman die Rassentrennung in allen staatlichen Behörden und Einrichtungen auf, 1954 beschloss dann der Oberste Gerichtshof die Aufhebung der Rassentrennung in den Schulen.

Ein großer Teil der weißen Bevölkerung wehrte sich dagegen, vor allem gegen den Zutritt der Schwarzen zu den Schulen. Dies führte am Ende der 1950er-Jahre besonders im Süden der USA zu schweren Unruhen. Gleichzeitig entwickelte sich aber auch eine gewaltlose Bürgerrechtsbewegung, die von Schwarzen und vielen Weißen gemeinsam getragen wurde. Sie wollte mit Schweigemärschen, Boykotten und „Sit-ins" die Gleichbehandlung der Schwarzen erreichen. Ihr bekanntester Repräsentant war der schwarze Pfarrer Martin Luther King, der 1964 auch den Friedensnobelpreis erhielt. Neue Gesetze der Regierung Johnson verboten die Rassentrennung im gesamten öffentlichen Leben und eröffneten den Schwarzen den Zugang zu Führungspositionen in Wirtschaft und Verwaltung. Militante Gruppen („Black Panther", „Black Muslims") sagten sich von den Zielen der Bürgerrechtsbewegung los und lehnten die Integration in die Gesellschaft ab. Mitte der Sechzigerjahre kam es in vielen amerikanischen Großstädten zu schweren Unruhen:

> Q *In ihrem 1968 veröffentlichten Bericht kritisierte die (von Präsident Johnson eingerichtete) Kommission nicht nur die militanten Schwarzen, sondern auch die Polizei als Verursacher vieler Übergriffe. Die Hauptursache sei jedoch der weiße Rassismus, der das Leben in Amerika durchdringe. Wie zur Bestätigung des Untersuchungsergebnisses wurde Martin Luther King (...) im April 1968 von einem Weißen erschossen.*
>
> (Wynn, Die 1960er-Jahre, 1984, S. 416)

Aufgrund der Bürgerrechtsbewegung verringerten sich die wirtschaftlichen Unterschiede zwischen schwarzen und weißen US-Bürgerinnen und -Bürgern. Tatsächlich entstand eine neue schwarze Mittelschicht, die es auch zu materiellen Wohlstand brachte. Im Allgemeinen blieben jedoch die Ungleichheiten und zahlreiche Rassismen (z. B. Polizeiübergriffe, Verurteilungen) bestehen. Zur allgemeinen politischen Radikalisierung trug auch der Vietnam-Krieg bei. Dort standen Schwarze neben Weißen im Krieg. Zuhause in den USA hingegen sollten sie nicht gleichberechtigt sein? Der Krieg in Vietnam (1965–1973, vgl. S. 202 f.) führte darüber hinaus zu massiven Jugend- und Studentenprotesten. Zehntausende Amerikaner starben in Vietnam oder kehrten versehrt, krank oder drogensüchtig zurück. Die brutale Art der Kriegsführung gegenüber Zivilisten – sie war täglich im Fernsehen zu sehen – sowie die Halbwahrheiten der amtlichen Meldungen über das tatsächliche Kriegsgeschehen führten zu Protesten. Junge Männer zerrissen ihre Einberufungsbefehle und flüchteten ins Ausland. Eine tiefe Spaltung durchzog die amerikanische Gesellschaft. Erst in den frühen Siebzigerjahren ließen die inneren Unruhen wieder nach, doch das „Trauma Vietnam" hielt sich noch lange.

Die indigene Bevölkerung – ein Volk ohne Hoffnung?

Im Gefolge der Gründung der „American Indian Movement" (1968) stufte die Regierung die indigene Bevölkerung als die am stärksten benachteiligte Minderheit ein. Von ihnen lebten 1970 inner- und außerhalb der 244 Reservationen rund 800 000 Personen. Wohl wurden Projekte zur Verbesserung ihrer Lebenslage gestartet, doch die Mittel dafür waren gering. 1975 kam es bei Wounded Knee – einem historischen Ort des Krieges gegen die indigene Bevölkerung im 19. Jh. – zu einem vergeblichen Aufstand gegen dieses Elend. Seither wird versucht, Rechte auf dem Klageweg einzufordern. Im Jahr 2009 endete ein 13-jähriger Rechtsstreit zwischen der US-Regierung und Gruppen der indigenen Bevölkerung. Dabei erhielten die Kläger ca. 1,4 Mrd. Dollar als Abgeltung für beschlagnahmtes Land zugesprochen. Weitere 2 Mrd. Dollar will die Regierung zum Ankauf von Land für die indigene Bevölkerung einsetzen.

Mehrfacher politischer Richtungswechsel

Die Unruhen der Sechzigerjahre lösten eine starke konservative Gegenströmung aus. Durch sie gelangte 1968 der Republikaner Richard Nixon zur Präsidentschaft. 1974, zwei Jahre nach seiner Wiederwahl wurde bekannt, dass im Wahlkampf 1972 in das Wahlkampfzentrum der Demokraten im Watergate-Gebäude in Washington eingebrochen worden war. Auftraggeber dieses Einbruchs standen mit den engsten Mitarbeitern Nixons in Verbindung (Watergate Skandal). Um einem Amtsenthebungsverfahren zuvorzukommen, trat der Präsident zurück.

Mit der Wahl des Demokraten Jimmy Carter zum Präsidenten (1976) änderte sich die amerikanische Außenpolitik. Sie weckte vielfach Hoffnungen auf eine internationale Entspannung. Doch 1979 marschierten sowjetische Truppen in Afghanistan ein. In der iranischen Hauptstadt Teheran stürmten Anhänger des Revolutionsführers Khomeini die Botschaft der USA und nahmen das Personal als Geiseln. All dies trug dazu bei, dass Carter 1980 die Wahlen gegen den Republikaner Ronald Reagan verlor. Mit Reagan begann die konservative Wende. Wirtschaftspolitisch bedeutete sie Steuersenkungen, sozialpolitisch aber Kürzungen von Sozialleistungen. Dies nützte den Wohlhabenden, traf aber viele sozial Schwache. Die Arbeitslosigkeit stieg zeitweise auf über 10 %. Die Rüstungsausgaben wurden erheblich gesteigert. Dies zwang die Sowjetunion in einen Rüstungswettlauf, der sie wirtschaftlich und politisch ruinieren sollte.

Noch immer Einwanderungsland

Bis heute versuchen jährlich zehntausende von Menschen in die USA einzuwandern. Tausende von ihnen versuchen es illegal an der inzwischen streng bewachten Grenze zu Mexiko.
Viele dieser Menschen treiben wirtschaftliche Not und auch offene Gewalt zum Verlassen ihrer lateinamerikanischen Heimat. In vielen südlichen Regionen der USA wird bereits mehrheitlich spanisch gesprochen.

Lateinamerika – „Hinterhof" der USA

Seit dem 19. Jh. übten die USA auf die Staaten in Lateinamerika großen Einfluss aus. Großkonzerne aus den USA kontrollierten weite Bereiche der Wirtschaft. In den Ländern selbst befanden sich mit amerikanischer Hilfe vielfach Großgrundbesitzer, Großindustrielle und Offiziere an der Macht. Sie vertraten die Interessen einer kleinen reichen Oberschicht und regierten diktatorisch.

Immer wieder kam es zu Versuchen, diese Zustände zu ändern. Doch die USA unterstützten bei Umsturzversuchen in der Regel jene Kräfte, die ihren Interessen nützten. Bis auf den Fall Kuba waren sie damit lange Zeit erfolgreich (z. B. in Guatemala 1954 oder in Chile 1973). In Kuba wurde die von den USA unterstützte Diktatur 1959 gestürzt und der Revolutionsführer Fidel Castro kam an die Macht.

Globaler Führungsanspruch der US-amerikanischen Politik

Nach dem Ende des Kalten Krieges (1990/91) erhoben sowohl Präsident George W. Bush sen. als auch sein Nachfolger Bill Clinton den Anspruch, die politischen, wirtschaftlichen und gesellschaftlichen Wertvorstellungen der USA weltweit durchzusetzen. In seinem Bericht zur „Lage der Nation" vom 28. Jänner 1992 bezeichnete Präsident Bush die Veränderungen der letzten Jahre als von „nahezu biblischem Ausmaß". Amerika habe den

■ Grenzzaun (-mauer) zwischen Mexiko und USA (Texas). Fotografie aus dem Jahr 2007. Die Särge erinnern an die Menschen, die beim Versuch die Grenze in die USA zu überqueren, starben.

■ Die USA unter Präsident Clinton in der Rolle des Vermittlers: Die Fotografie zeigt den historischen Händedruck des israelischen Ministerpräsidenten Rabin (links) und des Führers der Palästinenser Arafat (rechts). Die Bemühungen um eine Lösung im Nahost-Konflikt scheiterten bisher jedoch immer wieder. Das Bild wurde am 13. September 1993 aufgenommen. Fotograf: Gary Hershorn/Reuters.

→ Bearbeite das Bild nach der Methode „Fotografien analysieren" auf S. 14 f. Interpretiere in diesem Zusammenhang die Geste Clintons.

Kalten Krieg und den Kampf gegen den Kommunismus durch die „Gnade Gottes" gewonnen. „Eine einstmals in zwei bewaffnete Lager geteilte Welt erkennt heute die einzige und überragende Macht an: die Vereinigten Staaten von Amerika." Bill Clinton, Bushs Nachfolger ab 1993, hat dieses Selbstverständnis der politischen Führung der USA wiederholt bestätigt. Nach dem Politikwissenschafter Werner Link haben dieser Anspruch und die selbst auferlegte Verpflichtung zur weltweiten Führung folgende Ziele:

> Erhaltung der Spitzenposition der USA, Verhinderung einer den USA feindlich gegenüberstehenden Hegemonie auf dem europäischen Kontinent oder im asiatisch-pazifischen Raum, Ausbreitung der westlichen Demokratie und des amerikanischen Wertesystems, Öffnung und Sicherung der Märkte für amerikanische Kapitalinvestitionen, Waren und Informationen.

(Link, Die Neuordnung der Weltpolitik, 2001, S. 133; ebenso die einleitenden Zitate)

Der 11. September 2001 und seine Folgen

Doch die Terroranschläge von New York und Washington am 11. September 2001 erschütterten dieses Selbstbewusstsein. In den USA wurden die innere Sicherheit (Gründung eines eigenen Departments of Homeland Security) und der Krieg gegen den Terrorismus zu beherrschenden politischen Themen.
US-Präsident George W. Bush jun. charakterisierte den „Krieg gegen den Terrorismus" als Kampf zwischen „Gut" und „Böse", in dem die Welt klar Stellung „für"

11. September 2001: Das World-Trade-Center, das Zentrum der Weltwirtschaft, stürzte nach einem Terrorangriff zusammen.

oder „gegen" die USA beziehen müsse. Das führte allerdings nicht zu einer bedingungslosen Bereitschaft der Regierungen zur Kooperation mit den USA. Die Monatszeitung „Le Monde diplomatique" kommentierte im Jänner 2003 die Folgen des 11. September so:

> Die Attentate des 11. September 2001 haben die weltpolitische Lage in zweierlei Hinsicht verändert. Zum einen verschafften sie der neuen US-Administration unter George W. Bush die unverhoffte Legitimation für einen rückhaltlosen militärischen Interventionismus, wie ihn die USA seit Vietnam nicht mehr praktiziert hatten. Zum anderen veranlasste der 11. September den russischen Staatspräsidenten Wladimir Putin (…) zu einer politischen Neubestimmung. Der Kreml-Chef (…)verzichtete auf jeden Versuch, die durch die Attentate ausgelöste US-Offensive einzudämmen.
>
> (Le Monde diplomatique, Jänner 2003, S. 4)

Die Urheber dieser Anschläge waren für die Strafaktionen der USA nicht leicht erreichbar. Daher wurden Staaten, die von den USA der Förderung des Terrors verdächtigt wurden, zu „Schurkenstaaten" erklärt. Gegen sie sollte militärisch vorgegangen werden. Während es für den Krieg gegen Afghanistan zum Sturz des Taliban-Regimes noch eine Legitimation durch die UNO gab (Resolution 1373), so fehlte eine solche beim Angriff auf den Irak im März 2003.

Mit Obama ein neuer Anfang?

2008 wurde Barack Obama zum 44. Präsidenten der Vereinigten Staaten gewählt. Zwei seiner Slogans im Wahlkampf hatten gelautet: „Yes, we can" und „Change"! Mit „change" meinte der neue Präsident grundlegende Reformen im Inneren und eine neue Außenpolitik. Bei seiner Angelobung (2009) versprach er den Rechtsstaat durch die Schließung des Straflagers von Guantanamo, wo Terrorverdächtige z. T. willkürlich und ohne Anklage festgehalten werden und Folterungen ausgesetzt sind, wieder glaubwürdig zu machen. Auch die Krankenversicherung sollte verbessert werden. Eine solche konnte er gegen den erbitterten Widerstand der Republikaner nur mit Abstrichen durchsetzen. Das Straflager in Guantanamo ist nach wie vor nicht geschlossen.

Außenpolitisch stellt Obama die Beendigung der Militärpräsenz im Irak sowie das Ende des Krieges in Afghanistan in Aussicht. Während die amerikanischen Soldatinnen und Soldaten den Irak verließen, musste das Truppenkontingent in Afghanistan im Krieg gegen die Taliban sogar aufgestockt werden. 2011 erfolgte die gezielte Tötung des Anführers der Al Qaida Osama bin Laden, der sich in Pakistan aufhielt, durch ein Spezialkommando der US-Armee. Damit verstärkten sich allerdings die Spannungen mit dem Atomstaat Pakistan. Dieser ist zwar mit den USA verbündet, stellt aber für diese einen politischen Unsicherheitsfaktor dar. Alles in allem war Präsident Obama in der Umsetzung seiner Ziele bisher nur mäßig erfolgreich. Seit den Kongresswahlen 2010, bei welchen der radikale Flügel der Republikaner (Tea Party) deutlich gestärkt wurde, wurde die weitere Umsetzung seiner Ziele noch schwieriger.

2009 wurde der Demokrat Barack Obama als 44. Präsident der Vereinigten Staaten vereidigt. Im selben Jahr erhielt er den Friedensnobelpreis. Foto bei einer Wahlkampfveranstaltung in Pittsburg, 27. Oktober 2008.

Fragen und Arbeitsaufträge

→ 1. Wiederhole die wichtigsten Entwicklungen in der amerikanischen Politik der 50er und 60er Jahre. Fasse dabei die Ereignisse zusammen – zum „Feldzug gegen die Armut", zur Bürgerrechtsbewegung, zum Vietnamkrieg, zur Situation der indigenen Bevölkerung.

→ 2. Beurteile den globalen Führungsanspruch der USA. Ziehe dazu Berichte über die aktuelle weltpolitische Lage heran.

3.2 Von der Sowjetunion zu Russland

Stalins letzte Jahre

Die Sowjetunion zählte zu den militärischen Siegern des Zweiten Weltkrieges. Doch die Verluste waren groß. Nach Schätzungen hatten mindestens 25 Millionen Menschen ihr Leben verloren. Weite Teile des Landes waren verwüstet. Viele sahen in Stalin den „Retter der Sowjetunion". Der Aufbau neuer Industrien, neuer Bildungs- und Forschungsstätten sowie der Aufstieg der Sowjetunion zur neuen militärischen Weltmacht wurden ihm zugeschrieben. Doch Stalins Herrschaft (seit 1924) bedeutete vor allem auch Zwang, (Staats-)Terror und Tod. Eine perfekt ausgebaute Geheimpolizei verbreitete Misstrauen und Angst. 1953 drohte neuerlich eine Verhaftungswelle, ehe Stalin im März starb.

> **Q** *Auszug aus Stalins Schreckensherrschaft:*
> *1930/31: Deportation von knapp 2 Millionen Bauern mit Hunderttausenden Toten.*
> *1932/33: Ca. 6 Millionen Hungertote als Folge der Zwangskollektivierung.*
> *1936–38: Der „Große Terror" führte zu ca. 1,4 Millionen Verurteilungen und ca. 700 000 Hinrichtungen (darunter viele militärische und wirtschaftliche Führungskräfte sowie Intellektuelle und Parteifunktionäre).*
> *1934–41: Insgesamt 7 Millionen in Lagern Inhaftierte.*
> *1941–43: Ca. 600 000 Tote in den Lagern.*
> *1953: 2,75 Millionen in Lagern Inhaftierte.*
>
> (Zusammengestellt nach: Das Schwarzbuch des Kommunismus, 1998, S. 165–275)

Chruschtschow will Reformen in Partei, Staat und Wirtschaft

Nikita Chruschtschow wurde neuer Generalsekretär der kommunistischen Partei. Auf dem 20. Parteitag (1956) verurteilte er den Kult um seinen Vorgänger und enthüllte einen Teil der von Stalin und seinen Helfern begangenen Verbrechen. Knapp die Hälfte der in der Stalinzeit verhafteten Opfer durfte aus den (Arbeits-)Lagern wieder in das zivile Leben zurückkehren. In der Sowjetunion bestimmte allein die Kommunistische Partei die Politik und auch alle Bereiche von Wirtschaft und Gesellschaft. Sie war straff organisiert. Kennzeichnend für die sowjetische Wirtschaft waren zentrale Planung und Verwaltung. Im Mittelpunkt der Wirtschaftspolitik stand bisher der Aufbau der Schwerindustrie. Hinsichtlich des Lebensstandards der Bevölkerung wies die Sowjetunion jedoch einen großen Rückstand gegenüber dem „Westen" auf. Daher sollte die Versorgung mit Konsumgütern, Lebensmitteln und Wohnungen verbessert werden. Die Arbeiterinnen und Arbeiter erhielten das Recht, ihre Arbeitsplätze zu wechseln. In der Landwirtschaft wurden neue Anbauflächen erschlossen und die Ausrüstung mit Maschinen und Traktoren verbessert. Dennoch musste die Sowjetunion weiterhin Jahr für Jahr Getreide importieren. Chruschtschows Reformen stießen bei vielen Parteifunktionären sowie bei der Armeeführung auf Widerstand. Diese lehnte vor allem eine Senkung der Militärausgaben zugunsten des privaten Konsums ab. Zusätzlich schwächten noch außenpolitische Misserfolge wie der Bruch mit China (1960; vgl. S. 192 f.) oder die „Kubakrise" (vgl. S. 174 f.) Chruschtschows Position. Er wurde 1964 wegen dieser Misserfolge zum Rücktritt gezwungen.

Breschnew festigt die Staatsmacht erneut – und scheitert

Unter dem neuen Parteichef Leonid Breschnew (1964–1982) wurden die begonnenen Reformen gestoppt und der Druck der Staatsmacht wieder verstärkt. Dies bekamen besonders die Kritiker des sowjetischen Systems, die so genannten Dissidenten, zu spüren. Sie verlangten eine Demokratisierung der Gesellschaft, forderten Meinungsfreiheit und protestierten gegen Rechtsverstöße durch die Behörden. Die Staatsmacht reagierte mit Berufsverboten, Gefängnis, Zwangsarbeit, Einweisung in psychiatrische Kliniken, Verbannung und Ausbürgerung.
Ende der 1970er-Jahre geriet die sowjetische Wirtschaft in eine tiefe Krise. Spätestens Mitte der 1980er-Jahre erkannten immer mehr Parteifunktionäre, dass die Krise in Gesellschaft und Wirtschaft sich nur noch durch grundlegende Veränderungen bewältigen ließe.

Perestroika und Glasnost

Im Jahr 1985 wurde der Agrarfachmann und Jurist Michail Gorbatschow neuer Generalsekretär der Kommunistischen Partei. Im Gegensatz zu seinen Vorgängern trat er für grundlegende Veränderungen ein – für „Perestroika" und „Glasnost": Erstens sollte ein umfassender Umbau der Wirtschaft (Perestroika) erfolgen. Und zweitens sollten die herrschenden Zustände offengelegt und frei kritisiert werden können (Glasnost).

Gorbatschow leitete diese Reformen „von oben" ein. Doch schon lange hatten auch viele Intellektuelle, Kunstschaffende und engagierte Menschen „von unten" auf die Veränderung der herrschenden Zustände gedrängt. 1986 durfte der Atomwissenschaftler und Dissident Andrej Sacharow aus seiner Verbannung nach Moskau zurückkehren. Viele politische Gefangene wurden amnestiert, die Werke bisher verbotener Schriftstellerinnen und Schriftsteller veröffentlicht. Im Zuge der neuen Offenheit in den Medien geriet auch der Terror der Stalinzeit immer stärker unter Kritik.

> **Q** *Auf Lastwagen und in Bussen ziehen die Bürger im sibirischen Irkutsk an einem kalten Wintertag des Jahres 1989 vor die (…) Stadt (…). Die antistalinistische „Memorial"-Bewegung und die Gemeindeverwaltung (…) luden zum symbolischen Begräbnis der kürzlich entdeckten menschlichen Überreste von Opfern eines (…) Lagers aus der Stalinzeit. Der örtliche KGB hatte mitgeholfen, das Massengrab zu finden. Der orthodoxe Pope der Stadt übernimmt die Einsegnung.*
>
> (Löw, Revolution von oben, 1990, S. 34 f.)

Am 28. Parteitag im Jahr 1990 verurteilte schließlich auch die Kommunistische Partei offiziell das „totalitäre stalinistische System".

Gorbatschow baut alte Feindbilder ab

Der „Kalte Krieg" hatte Feindbilder geschaffen, die Gorbatschow abbauen wollte:

> Q Die Zeit steht nicht still. (...) Wir müssen handeln. Die Weltlage lässt es nicht zu, dass wir auf einen günstigeren Moment warten (...). Wir regen Kontakte zu Menschen an, die andere Weltanschauungen und andere politische Überzeugungen vertreten (...). Wir brauchen kein „Feindbild" von Amerika, weder aus innen- noch aus außenpolitischem Interesse. (...)
>
> (Gorbatschow, Perestroika, 1987, S. 12 f., 284 f.)

Der wirtschaftliche Unterbau zerfällt

Perestroika und Glasnost konnten jedoch die Wirtschafts- und Versorgungskrise nicht beheben. Trotz Reformen, wie z. B. mehr Möglichkeiten privater Wirtschaft, trat keine spürbare Besserung für die breite Bevölkerung ein.

Die zunehmende Unzufriedenheit führte ab Sommer 1989 zu ersten Streiks unter den Bergarbeitern. Die Streikenden verlangten eine bessere Versorgung und höhere Löhne sowie mehr Selbstständigkeit für die Betriebe. Auch eine von der Kommunistischen Partei unabhängige Gewerkschaft wurde gegründet. 1990 forderten die Bergleute schließlich die Auflösung der Parteiorganisationen in den Großbetrieben, in der Armee und im Geheimdienst.

■ „Sollten wir nicht demnächst einmal mit Abrüstungsgesprächen beginnen?" Jupp Wolter (Künstler), Haus der Geschichte, Bonn.

■ „Brutal zerstört, unser schönes Feindbild!" Horst Haitzinger (Künstler), München.

→ Bearbeite beide Karikaturen nach der Methode „Karikaturen analysieren" auf S. 114 f. Analysiere, welche politische und wirtschaftliche Aussage bzw. Kritik man erkennen kann und wie das Klischee „Feindbild" problematisiert wird.

Wahlen und neue Parteien

Der Druck zu politischen Reformen nahm daher ständig zu. Durch Wahlen änderte sich die Zusammensetzung des Volkskongresses. Trotz Manipulationen und massiver kommunistischer Propaganda stimmte die Wählerschaft vielfach für jene Kandidatinnen und Kandidaten, die von der Partei heftig bekämpft worden waren. In Moskau wurde Boris Jelzin, der ehemalige KP-Chef der Stadt, mit 89% der Stimmen gewählt. Jelzin bildete mit gleichgesinnten Abgeordneten im Parlament eine Opposition. Sie kritisierte das Machtmonopol der kommunistischen Partei im Staat und verlangte raschere Reformen. Im Jahr 1990 verzichtete die KPdSU nach über 70 Jahren auf ihre „führende Rolle" in der Gesellschaft, wie es in Art. 6 der Verfassung hieß. In Russland, der größten Republik der Sowjetunion, wurde Jelzin Parlamentspräsident. Er trat jetzt auch formell aus der Kommunistischen Partei aus.

GUS statt Sowjetunion

Von Beginn an war die Sowjetunion ein Vielvölkerstaat mit mehr als 100 verschiedenen Nationalitäten und ethnischen Gruppen. Bis 1991 bestand der Vielvölkerstaat aus 15 Unionsrepubliken, 20 autonomen

■ Funktionäre aus Partei, Militär und Geheimdienst hatten Gorbatschow (links im Bild) durch einen Putsch 1991 entmachtet. Jelzin gelang es, das Militär auf seine Seite zu ziehen. Er verhinderte dadurch einen Rückfall in den Kalten Krieg. Radikale Reformen wie das Verbot der KPdSU und die Auflösung der Sowjetunion folgten. Fotografie, 22. August 1991.

Republiken, 8 autonomen Gebieten und 10 autonomen Kreisen. Doch der Zusammenhalt dieser Einheiten war durch eine Vielzahl von Faktoren belastet. Zur sprachlichen, kulturellen und religiösen Vielfalt kamen unterschiedliche historische Entwicklungen der einzelnen Regionen. Schließlich sahen sich viele in den einzelnen Unionsrepubliken als Opfer eines russischen Imperialismus. Die russische Bevölkerungsgruppe erhob den Führungsanspruch und dominierte Partei, Verwaltung, Wirtschaft und Armee. Das Russische verdrängte die anderen Sprachen aus den Schulen und Ämtern. Mit Glasnost setzte eine Welle des Aufbegehrens ein. Sie richtete sich gegen die Zentralmacht in Moskau. In den baltischen Republiken setzten sich die Bestrebungen nach Unabhängigkeit als Erstes durch. Im März 1990 beschloss Litauen den Austritt aus der Sowjetunion. Der Wunsch nach Selbstständigkeit griff jedoch auch auf Russland und die Ukraine über. Nun wollte Staatspräsident Gorbatschow den Zusammenhalt der Sowjetunion mit einem neuen Vertrag regeln.

Ein konservatives „Notstandskomitee" wollte mit einem Putsch im August 1991 diese Veränderungen verhindern. Doch dieser Putsch scheiterte schon nach drei Tagen. Die Kommunistische Partei wurde in zahlreichen Republiken verboten. Gorbatschow trat als ihr Generalsekretär zurück. Er erklärte die Auflösung der Partei. Im September 1991 beschloss der Kongress der Volksdeputierten in Moskau die Umwandlung der Sowjetunion in einen Bund unabhängiger Republiken.
Am 21. Dezember 1991 gründeten 11 der 15 Sowjetrepubliken die „Gemeinschaft Unabhängiger Staaten" (GUS). Das bedeutete das Ende der UdSSR: Noch am gleichen Tag löste sich das sowjetische Parlament auf und einen Tag später trat Staatspräsident Gorbatschow zurück.
Die Republik Georgien entsandte zu diesem Treffen nur Beobachter (und trat erst 1994 der GUS bei). Die drei baltischen Republiken (Lettland, Estland und Litauen) hatten daran gar nicht mehr teilgenommen. Sie waren bereits als unabhängige Staaten anerkannt.

Russland als Nachfolgestaat der Sowjetunion

Der Zusammenbruch der Sowjetunion 1991, die Entstehung neuer, unabhängiger Staaten auf dem Territorium der ehemaligen Sowjetunion und deren Beziehungen zu anderen Großmächten veränderten die Rahmenbedingungen für die russische Außen- und Sicherheitspolitik grundlegend. Sie machten eine Neubestimmung der Position Russlands in der internationalen Politik notwendig. Hinzu kam die Befürchtung, im europäischen, kaukasischen, zentralasiatischen und asiatisch-pazifischen Raum weiter an Einfluss zu verlieren.
Konkreten Anlass dafür boten zunächst die Osterweiterungen der NATO 1999 und 2004. Dadurch traten Staaten des ehemaligen sowjetischen Einflussbereiches sowie ehemalige Sowjetrepubliken diesem Militärbündnis bei. Aber auch die Folgen des 11. September 2001 zeigten dies konkret auf:

> *Heute sieht sich der Kreml vor vollendete Tatsachen gestellt. Im Gefolge des Afghanistan-Krieges errichteten die Vereinigten Staaten in Usbekistan und Kirgistan offenkundig auf Dauer angelegte Militärbasen, sie erwirkten die Nutzung militärischer Einrichtungen in Tadschikistan und Kasachstan und steckten ihre Fühler bis nach Georgien aus.*
> (Le Monde diplomatique, Jänner 2003, S. 49)

Russland – alte Probleme, neue Herausforderungen

Die „Russische Föderation" verfügt über Staatsgrenzen, deren Verlauf noch nicht überall endgültig geregelt ist. Dies gilt vor allem gegenüber den baltischen Staaten Estland und Lettland sowie für die Enklave Kaliningrad an der Ostsee. Diese grenzt zwar an Polen und Litauen, nicht aber an Russland. Darüber hinaus wird vielfach die Idee eines ethnisch definierten russischen Staates vertreten. Ihre Anhänger wollen sich mit den heutigen Grenzen nicht abfinden. Sie verweisen auf die rund 19 Mio. Russinnen und Russen, die heute in den Nachfolgestaaten der Sowjetunion leben. 2014 annektierte Russland unter Hinweis auf die mehrheitlich russische Bevölkerung die zur Ukraine gehörende Krim. Dort befindet sich auch der Stützpunkt der russischen Schwarzmeerflotte. In der Folge unterstützte Russland militärisch auch die Kämpfe prorussischer Separatisten in der Ostukraine.
Umgekehrt ist auch Russland mit mehr als 160 Nationalitäten ethnisch sehr heterogen. Hinzu kommen 10 Mio. migrantische Gastarbeiterinnen und Gastarbeiter aus Zentralasien und dem Kaukasus. Mögliche Prozesse der Dezentralisierung oder gar des Separatismus sowie wachsende Fremdenfeindlichkeit gehören zu den zentralen Befürchtungen der Staatsführung. In dieser Hinsicht kommt verschärfend hinzu, dass in Russland die Bevölkerungszahl dramatisch sinkt. Betrug sie 1993 noch 148,3 Mio., so prognostizieren Schätzungen bis 2016 einen Rückgang auf ca. 130 Mio.
Bis heute entwickelten sich die Demokratie und der Rechtsstaat nur langsam. Beispielsweise meint die angesehene ARD-Korrespondentin für Russland Sonia Mikich anlässlich der Ermordung der regimekritischen

Internationale Politik seit 1945

Quelle: Leitfragen Politik. Orientierungswissen Politische Bildung, Stuttgart 1998, S. 422.

Journalistin Anna Politkovskaja im Jahr 2006, zur innenpolitischen Situation folgendes:

> Während wir im Westen an unsere Energieversorgung dachten, fand – kaum berichtet, kaum kritisiert – eine atemberaubende Durchsetzung von Staat und Gesellschaft mit Geheimdienstlern und Militärs statt. Sie geben in Politik und Wirtschaft den Ton an. Sie besetzen oder beeinflussen inzwischen fast alle wichtigen Posten. Bis hin zum Sportspitzenfunktionär oder Fernsehdirektor. Die Kraftzentren im neuen Russland sind der Kreml und der mit ihm eng verbundene staatliche Gasmonopolist Gasprom. Bevölkert ist dieses Geflecht von den so genannten Silowiki (wörtlich: die Kräftigen, ehemalige Mitglieder des Inlandgeheimdienstes FSB) sowie von Politikern und Oligarchen, die Putin verpflichtet sind. Wie Marionetten hängen das Parlament, die Justiz und die Medien, die einstigen Kontrollinstanzen, von diesen Kraftzentren ab.
> (Anna Politkovskaja: Russisches Tagebuch, Vorwort, 2007, S. 6)

Trotz der Zunahme der politischen Opposition in den letzten Jahren beherrschten Putin und seine Partei das politische Leben in Russland. Nachdem Putin bei der Präsidentenwahl 2008 aufgrund der Verfassung ein drittes Mal nicht kandidieren durfte, wechselte er in das Amt des Ministerpräsidenten. 2012 wurde er in einer von der Opposition stark kritisierten Wahl jedoch neuerlich zum Staatspräsidenten gewählt.

Fragen und Arbeitsaufträge

→ 1. Beschreibe den Übergang von der Sowjetunion zu Russland und erkläre die Begriffe „Perestroika" und „Glasnost".

→ 2. Beurteile die Machtfülle Putins anhand des Kapitels „Vergleich politischer Systeme" auf S. 180ff.

→ 3. Zeige anhand von Recherchen in den Medien die Situation von Journalistinnen und Journalisten im heutigen Russland auf. Beurteile, wie es mit der Pressefreiheit in diesem Land aussieht.

3.3 China – eine neue Supermacht

China wird „Volksrepublik"

Nach Ende des Zweiten Weltkrieges brach in China der Bürgerkieg zwischen der Regierungsarmee Tschiang Kai-Sheks und der Roten Armee Mao Zedongs erneut aus. Besonders die Tatsache, dass die Kommunisten für eine radikale Bodenreform eintraten, sicherte ihnen die wachsende Unterstützung durch die bäuerliche Bevölkerung. 1949 endete der Krieg mit einem Erfolg der „Roten Armee". Am 1. Oktober 1949 wurde in Beijing die „Volksrepublik China" ausgerufen. Tschiang Kai-shek zog sich mit seinen Anhängern auf die Insel Taiwan zurück und errichtete dort mit amerikanischer Hilfe die „Republik China".

Von der Landreform zur Kollektivierung

Die neue kommunistische Führung gestaltete die bestehenden Verhältnisse um. Die ideologische Grundlage bildete der Marxismus-Leninismus. Einige Grundgedanken wurden jedoch an die besondere Situation Chinas angepasst. Bäuerinnen und Bauern statt Arbeiterinnen und Arbeiter und „Massen" statt Kader sollten die Träger der revolutionären Umgestaltung sein. 1950 beschloss die Regierung die Enteignung der Grundbesitzer.

> L Die Durchführung des Programms war schwierig, blutig und reich an unerwarteten Problemen. Dennoch war am Ende des Jahres 1951 die Herrschaft der Grundbesitzer und reichen Bauern über das ländliche China endgültig gebrochen; das Land und die materiellen Vermögenswerte, die das Existenzminimum einer Familie überstiegen, waren unter hundert Millionen oder noch mehr ärmeren Familien verteilt worden.
>
> (Spence, Tor des Himmlischen Friedens, 1985, S. 325 f.)

Ab 1953 musste sich die bäuerliche Bevölkerung zusammenschließen. Mehrere Familien bearbeiteten nun gemeinsam ihre Felder. Die Ernte gehörte aber noch jedem selbst. Als nächster Schritt erfolgte die Gründung von Genossenschaften. Die bäuerliche Bevölkerung wurde nur noch nach der geleisteten Arbeit sowie nach den eingebrachten Zugtieren und Geräten entlohnt. Ab 1955 bildete jedes Dorf eine „Sozialistische Produktionsgemeinschaft". In ihr bearbeiteten die Familien gemeinsam die Felder. Die Ernte wurde aufgeteilt. Als Privatbesitz verblieben nur noch das Haus, der Garten und das Kleinvieh.

Gleichzeitig wurden Industrie, Handel und Banken schrittweise verstaatlicht. Ein 1953 beschlossener erster Fünfjahresplan sollte nach sowjetischem Vorbild – unterstützt von Fachleuten und Krediten aus der Sowjetunion – die Industrialisierung beschleunigen.

„Der große Sprung nach vorn" – ein Fehlschlag

Kritik und schlechte Wirtschaftsergebnisse führten 1958 zu einer neuen Politik. In einem „großen Sprung nach vorn" sollten Industrie und Landwirtschaft gefördert und Veränderungen in der Gesellschaft vorgenommen werden. Dazu wurden im ländlichen Bereich die Volkskommunen geschaffen. Sie sollten die traditionellen Familienstrukturen auflösen. In der Familie waren nämlich Erziehung, Feldarbeit, Altenpflege und Freizeit verankert. In den Kommunen hingegen sollte es weder Privateigentum noch Privatleben geben. Die Haushalte wurden daher aufgelöst, die Einrichtungen vielfach zerstört. Unter Aufsicht von Funktionären sollte gemeinschaftlich gelebt und gearbeitet werden. Die Kinder kamen in Säuglingsheime oder Kindergärten.

Die chinesische Wirtschaft erlitt durch diese Politik des „großen Sprunges" allerdings schwere Rückschläge. Bis 1962 herrschte Hunger. Ihm fielen rund 10 Millionen Menschen zum Opfer. Das zwang die Parteiführung, viele Maßnahmen wieder zurückzunehmen.

Die Volkskommunen als solche blieben aber, wenn auch mit eingeschränkten Aufgaben, bestehen. Sie bedeuteten allerdings ein Abweichen vom sowjetischen Weg zum Sozialismus, wonach Parteikader und Arbeiterklasse bestimmen sollten. Mao hingegen wollte viele Entscheidungen den Volkskommunen übertragen. Dieser ideologische Gegensatz trug 1960 zum Bruch zwischen Beijing und Moskau bei. Die sowjetische Führung zog nun ihre Fachkräfte aus China ab und stellte die Kapital- und Wirtschaftshilfe ein.

Die „Große Proletarische Kulturrevolution" (1966–1970)

> L In der Wirtschaftskrise von 1960 bis 1962 und den folgenden Jahren hatten sich in den Städten Chinas vor allem drei gesellschaftliche Probleme verschärft:
> • Die Privilegien der Kader und Offiziere schufen immer mehr Verbitterung. (…)
> • Erhöhte Leistungsanforderungen in den Schulen und Universitäten (…) sowie schlechte Berufsaus-

■ Menschenmassen bilden auf einer Tribüne mit Fähnchen das Porträt von Mao. Während der Kulturrevolution (1966–1970) kam es zu gigantischen Massenversammlungen. Wie bei anderen diktatorischen Politikern entstand auch um Mao ein unbeschreiblicher Personenkult.

sichten (...) hatten unter Schülern und Studenten Unmut hervorgerufen. (...)
• In den Betrieben vertieften sich die Gegensätze zwischen den Festangestellten und den Gelegenheitsarbeitern, die (...) keinerlei Versorgungs- und Urlaubsanspruch hatten.
(Domes, Ära Mao, 1971, S. 49 f.)

Diese Probleme lösten neuerlich Unruhen aus. Mao und seine Anhänger nützten die Situation. Sie forderten die Jugend zu einer „Proletarischen Kulturrevolution" auf. Als „Rote Garden" folgten ihnen Millionen und forderten u. a.:

Q 1. Jeder Bürger soll manuelle Arbeit verrichten.
2. In allen Kinos, Theatern, Buchhandlungen, Omnibussen usw. müssen Bilder Mao Zedongs aufgehängt werden (...).
6. Eine eventuelle Opposition muss rücksichtslos beseitigt werden. (...)
13. Die Lehre Mao Zedongs muss schon im Kindergarten verbreitet werden. (...)
23. Bücher, die nicht das Denken Mao Zedongs wiedergeben, müssen verbrannt werden.
(Machetzki/Weggel, Volksrepublik China, 1983, S. 15)

■ 1989 begann der Zerfall des kommunistischen Systems in Europa. Im Juni kam es in Peking auf dem „Platz des Himmlischen Friedens" zu einer großen Demonstration für mehr Demokratie. Panzerverbände überrollten protestierende Jugendliche und Studierende. Mehr als 3 000 Menschen kamen dabei ums Leben. (Fotografie „Tank Man", 5. Juni 1989).

→ Dieses Bild des Mannes, der sich allein gegen eine Panzerkolonne stellt, wurde zu einem der eindrucksvollsten Bilder des 20. Jh. gewählt. Beschreibt das Bild zunächst daraufhin, wodurch in diesem Fall „unterdrückende Staatsmacht" einerseits und „Zivilcourage eines einzelnen Menschen" andererseits zum Ausdruck kommen. Diskutiert die Haltung dieses Mannes gegen Bedrohung und Unterdrückung in der Klasse und bewertet sie.

In Kampagnen der „Roten Garden" wurden Funktionäre, Lehrerinnen und Lehrer, Vorgesetzte, Kunstschaffende u. a. öffentlich angegriffen, verspottet und aus ihren Ämtern entfernt. Viele mussten ins Gefängnis oder wurden sogar hingerichtet. Das gewaltsame Vorgehen der Roten Garden stieß bald auf Widerstand. Arbeiterinnen und Arbeiter sowie Bäuerinnen und Bauern streikten. Es kam zu bürgerkriegsähnlichen Kämpfen. Schließlich stellte sich auch Mao gegen die Roten Garden. Die Armee griff ein und die Kulturrevolution wurde im Jahr 1970 offiziell für beendet erklärt.

„Reich zu werden ist wunderbar"

Mao starb 1976. Im Machtkampf um seine Nachfolge setzten sich die Pragmatiker durch. Sie entfernten Maos Anhänger aus den Parteiämtern und stellten viele von ihnen vor Gericht.
Im Dezember 1978 forderte Deng Xiaoping, der damals gewählte neue Parteichef der Kommunistischen Partei Chinas, eine Modernisierung des Wirtschaftssystems und eine beschleunigte Entwicklung zu mehr Wohlstand. Seine oft zitierten Parolen lauteten: „Reich zu werden ist wunderbar" bzw. „Es ist gleichgültig, ob eine Katze schwarz oder weiß ist. Hauptsache ist, sie fängt Mäuse."
In Abkehr von den bisherigen ideologischen Prinzipien traf man wichtige Entscheidungen: Die von Partei und Staat kontrollierte zentrale Planung der Wirtschaft wurde verringert, Entscheidungen wurden zunehmend vom Zentrum in die Regionen verlagert, die Marktwirtschaft gefördert sowie für Investitionen aus dem Ausland und den internationalen Handel geöffnet. Seither wuchs die Wirtschaft jährlich im Durchschnitt um neun Prozent, und bereits mehr als 300 Mio. Menschen wurden aus der Armut geholt. Für viele Industriestaaten, darunter die USA, Japan, Deutschland, aber auch Österreich wurde der chinesische Markt inzwischen von großer Bedeutung. China wurde aber auch für viele Entwicklungs- und Schwellenländer zu einem wichtigen Handelspartner. Seine wirtschaftliche Macht stellt für diese allerdings auch eine Bedrohung dar. So konkurrenziert China mit Billigstexporten von Textilien Länder wie Kambodscha, das Baumwolle importieren muss und nicht so preis- und kostengünstig produzieren kann wie China.
Der Beitritt Chinas zur WTO 2001 bildete den vorläufigen Höhepunkt in dieser Entwicklung.

Keine politische Liberalisierung bis heute

Die politische Ordnung blieb von den Reformen ausgenommen. Dies zeigte sich im Herbst 1988 in Tibet, wo Demonstrationen gegen die seit 1956 bestehende Herrschaft Chinas mit Polizei- und Militärgewalt niedergeschlagen wurden. Bis heute verbietet China die Rückkehr des Dalai Lama. Im Frühsommer 1989 forderte besonders die studentische Jugend eine Demokratisierung der politischen Ordnung. Sie versammelte sich in Beijing tagelang auf dem Platz des Himmlischen Friedens und verlangte Verhandlungen mit der Regierung. Anfang Juni 1989 wurde diese Demokratiebewegung jedoch mit Panzern niedergewalzt. Viele der jungen Menschen wurden verhaftet und zu hohen Gefängnisstrafen verurteilt. Noch im Jahr 2010 wurde dem chinesischen Friedensnobelpreisträger Liu Xiaobo nicht gestattet, den Preis entgegen zu nehmen.

Wachsende regionale und soziale Ungleichheit

Der wirtschaftliche Boom führte im Land selbst zu einem rasch wachsenden Gefälle des Reichtums zwischen einzelnen Regionen und Bevölkerungsgruppen. Herrschte vor 25 Jahren noch eine weitgehende „Egalität der Armut", so gehört China heute zu jenen Ländern der Welt mit den größten Einkommensunterschieden.

Während die Außenwelt meist nur die großen Metropolen und wohlhabenden Küstenregionen mit ihren glitzernden Megastädten vor Augen hat, gibt es im Inneren des Landes weit ärmere Provinzen. Die Menschen aus diesen meist bevölkerungsreichen Gebieten drängen als Arbeitskräfte in die Städte. Aber es weisen diese Regionen aus der Sicht der Regierung in Beijing auch ein bedrohliches Maß an sozialer Unzufriedenheit auf. Es sind heute nämlich nicht mehr nur die Menschenrechtsaktivisten, die mit Protesten gegen fehlende Freiheiten

■ Der chinesische Schriftsteller, Systemkritiker und Menschenrechtler Xiabo unterstützte mit 302 anderen Intellektuellen das im Internet veröffentlichte Bürgerrechtsmanifest „Charta 08". Er wurde im Dezember 2009 zu elf Jahren Haft verurteilt.

die Partei und Bürokratie herausfordern, sondern auch entlassene Arbeiterinnen und Arbeiter, unbezahlte Arbeitsmigrantinnen und Arbeitsmigranten, um ihr Land betrogene Bäuerinnen und Bauern und ethnische Minderheiten wie z. B. die muslimischen Uiguren.

■ Shanghai, Symbol des wirtschaftlichen Booms in China. Im Zentrum von Shanghai stehen an die 4 000 Hochhäuser und es wird weiter gebaut. Fotografie, 2005.

■ Die Weltausstellung Expo 2010 fand vom 1. Mai bis 31. Oktober 2010 unter dem Motto „Eine bessere Stadt, ein besseres Leben" (engl. Better City, Better Life) in der ostchinesischen Metropole Shanghai statt. Es nahmen 242 Aussteller teil, davon 192 Nationen und 50 internationale Organisationen. Mit 73 Millionen Besucherinnen und Besuchern wurde ein neuer Rekord aufgestellt. Das Foto wurde bei der Eröffnungsfeier im World Expo Cultural Center in Shanghai am 30. April 2010 aufgenommen.

„China gegen China"

Im Jahr 2005 verabschiedete das Parlament der „Volksrepublik China" das „Antisezessionsgesetz". Dieses Gesetz ermächtigt die Regierung in Beijing, erstmals auch „nicht freundliche Mittel" (= militärische) gegen Taiwan einzusetzen, sollte sich die dortige Regierung für die Unabhängigkeit der Insel aussprechen. Taiwan wird nämlich von der VR China nicht als unabhängiger Staat sondern als Provinz Chinas gesehen.

Die USA, die seit 1979 offiziell die Sicherheit Taiwans garantieren, werten das „Antisezessionsgesetz" als eine Gefahr für den Frieden und die Sicherheit der Region. Um das Gegengewicht zu China zu stärken, unterstützen die USA heute die japanische Forderung nach einem ständigen Sitz im Sicherheitsrat der UNO. Die USA und Japan unterzeichneten ein Protokoll, in dem sie eine „friedliche Lösung der Fragen um Taiwan" als gemeinsames Ziel benennen. Zwischen China und Japan bestanden allerdings darüber hinaus noch weitere Gegensätze. Sie betreffen die Aufarbeitung der Besetzung Chinas durch Japan im 2. Weltkrieg und die Gas- und Erdölvorkommen im ostchinesischen Meer.

Chinas stetiger Aufstieg zur Weltmacht

Nach dem Ende des Kalten Krieges verstärkte China in der Außenpolitik seine Kontakte in viele Richtungen (Multilateralismus). Diese Politik war auch bedingt durch die Integration Chinas in die Weltwirtschaft. Das rasche Wirtschaftswachstum führte jedoch sowohl bei der Versorgung mit Energie als auch bei Rohstoffen zu neuen Abhängigkeiten.

Bis 1995 gehörte China noch zu den Öl exportierenden Ländern, inzwischen ist das Land nach den USA und Japan weltweit der drittgrößte Importeur. Entsprechendes Interesse zeigt China daher an der Entwicklung in Zentralasien (Kasachstan, Aserbaidschan) und in Afrika (Sudan, Mosambique). Damit der Wachstumsmotor weiter läuft, werden in China riesige Staudämme errichtet und jede Woche wird ein neues Kohlekraftwerk gebaut. Laut „World Energy Report" löste China 2010 die USA von der Spitze des weltgrößten Energieverbrauchers ab. Die weltweit erfolgreiche Wirtschaftspolitik brachte China einen enormen Finanzüberschuss. China setzt diese Mittel über riesige Kreditvergaben zur Stabilisierung des Finanzsystems hoch verschuldeter Staaten ein. Dies ermöglicht es, dass China sich auch auf dem Finanzsektor als Weltmacht etabliert. Dieser Aufstieg zeigt sich aber nicht nur in der Wirtschafts- und Finanzwelt sondern auch in kulturellen und sportlichen Großveranstaltungen.

China ist daher heute an einer internationalen Stabilität genauso interessiert wie die westlichen Industriestaaten.

China – eine neue Kulturrevolution?

Knapp 40 Jahre nach dem Tod Maos und dem Beginn der Wirtschaftsreformen, die China zur zweitwichtigsten Volkswirtschaft der Welt machten, scheinen die Reformen in einer Krise zu stecken. Über 180 000 größere und kleinere Protestzwischenfälle sollen sich im Jahr 2010 ereignet haben. Die Frage ist nun, ob sich China auch politisch öffnen kann und ob es in der Lage ist, die neuen sozialen Probleme zu lösen. Dazu zählen die Zulassung von größerer politischer Meinungsfreiheit, die Gewährleistung der Menschenrechte sowie der Ausgleich des wachsenden Gegensatzes zwischen Stadt und Land, Reich und Arm.

Fragen und Arbeitsaufträge

→ 1. Fasse zusammen, auf welche Weise der Aufstieg Chinas zur Weltmacht die Menschenrechte ignoriert hat – sei es bei der Auflösung der Familienstrukturen und -haushalte, bei den Arbeitsbedingungen in Fabriken und Bergwerken, als Wanderarbeiterinnen und Wanderarbeiter, in den Bestrebungen nach politischer Freiheit und Mitbestimmung.

→ 2. Recherchiert anhand aktueller Medienberichte, in welchen Bereichen und auf welche Weise China in der Welt seine Interessen wahrnimmt – z. B. in Afrika, in den USA, in der EU … Diskutiert darüber in der Klasse.

3.4 Lateinamerika – ein Kontinent im Aufbruch

Die beiden letzten Jahrzehnte des 20. Jh. waren in politischer Hinsicht in Lateinamerika dadurch gekennzeichnet, dass zahlreiche Staaten nach dem Scheitern der Militärregime wieder zur Demokratie zurückkehrten. Diese Entwicklung vollzog sich allerdings auf unterschiedliche Weise. In Argentinien z.B. musste die Militärregierung nach der Niederlage gegen Großbritannien im Krieg um die Malvinen- bzw. Falkland Inseln (1982) die Macht abgeben. In Uruguay, El Salvador und Guatemala geschah dies nach massivem internationalem Druck. In Brasilien, Ecuador, Peru und schließlich auch in Chile zogen sich die militärischen Machthaber mehr oder weniger freiwillig zurück. Die Militärregierungen hatten der Mehrheit der Bevölkerung keine Beteiligung am politischen Leben zugestanden. Vielmehr verübten sie v.a. in Chile und Argentinien massive Menschenrechtsverletzungen. Kritische Personen und Oppositionelle wurden in großer Zahl willkürlich verhaftet, gefoltert und vielfach auch ermordet. Die Angehörigen wurden zumeist im Unklaren gelassen. Erst nach dem Ende der Diktatur erfuhr man z.B. in Argentinien, dass Oppositionelle aus Flugzeugen einfach ins Meer geworfen worden waren. Außerdem verfolgten die Militätdiktaturen wirtschaftlich nur eine Politik des Wachstums ohne Verteilungsgerechtigkeit. Die Forderung nach mehr Mitbestimmung im politischen Leben und nach gerechterer Verteilung des Wohlstandes wurde dadurch unüberhörbar. Hinsichtlich der sozialen Verhältnisse in Lateinamerika schreibt der Lateinamerika-Experte Hans Werner Tobler:

> Etwa 40% der Gesamtbevölkerung Lateinamerikas wurden in den 1990er Jahren [der Kategorie der Armen] zugerechnet. Ungefähr 6 Mio. Kleinkinder bis zu fünf Jahren galten als unterernährt; etwa 18 Mio. Kinder im schulpflichtigen Alter besuchten keine Schule; (…) mindestens 95 Mio. Menschen hatten keinen angemessenen Zugang zu Trinkwasser; ca. 100 Mio. verfügten nicht über die erforderlichen Gesundheitsdienste. Kinderarbeit war die Regel, Kinderprostitution häufig anzutreffen.
>
> (Tobler, Zwischen Beharrung und Aufbruch. Lateinamerika. In: Konrad, /Stromberger (Hg.): Die Welt im 20. Jh. nach 1945, 2010, S. 330)

Zu Beginn des 21. Jh. lässt sich eine Vielfalt von Regierungsformen erkennen. In Brasilien und Chile z.B. gelangten Regierungen über legale Wahlen an die Macht. Diese vertreten seither ein entschiedenes Reformprogramm. In Venezuela und Bolivien profilieren sich Regierungschefs wie Hugo Chavez und Evo Morales, die militant gegen Imperialismus, Neoliberalismus und Globalisierung auftreten. Dieser Politikstil richtet sich v.a. gegen die USA. Diese hatten in der Vergangenheit immer wieder in Ländern Lateinamerikas interveniert und Regierungen unterstützt bzw. an die Macht gebracht, die ihrem Interesse dienten: Solches war z.B. der Fall 1954 in Guatemala, 1964 in Brasilien, 1965 in der Dominikanischen Republik und 1973 in Chile. Allein in Kuba gelang es Fidel Castro 1959, die von den USA unterstützte Diktatur zu stürzen.

Insgesamt kann man gegenwärtig von einer deutlich größeren Beteiligung der Bevölkerung in politischen Angelegenheiten sprechen. Dies betrifft auch die bisher weitgehend unbeachtete indigene Bevölkerung, wie z.B. in Bolivien unter dem indigenen Staatspräsidenten Evo Morales.

Dennoch weisen die Demokratien in Lateinamerika noch vielfach Defizite auf. Dies gilt v.a. hinsichtlich der Rechtsstaatlichkeit und der herrschenden Korruption. Im Bereich der Außenpolitik und der internationalen Wirtschaft haben sich die Möglichkeiten der lateinamerikanischen Staaten seit dem Ende des Kalten Krieges erweitert. Es verringerte sich die bisherige Abhängigkeit von den USA, denn Südamerika hat für die USA an geopolitischer Bedeutung verloren. Umgekehrt betonen auch viele Regierungen Lateinamerikas ihre politische Unabhängigkeit von den USA. Überdies weiten sich die Wirtschaftsbeziehungen über die USA und Europa hinaus auf Süd- und Ostasien aus. Eine gehobene Bedeutung erlangte die globale Verflechtung in Umweltfragen: Die Auswirkungen der Verschwendung von Ressourcen, des Raubbaus (z.B. Abholzung der Amazonaswälder), der Monokulturen (Maisbau für Biosprit) sowie von Megaprojekten (z.B. der Bau des Staudammes von Belo Monte im Nordosten Brasiliens) betreffen mittlerweile nicht mehr nur die Bewohnerinnen und Bewohner Lateinamerikas selbst sondern den gesamten Globus.

Argentinien: schwieriges wirtschaftliches und politisches Erbe

Hohe Staatsschulden belasten Wirtschaft und Gesellschaft

Ein zentrales Problem Argentiniens stellt die hohe Staatsverschuldung bei der Weltbank, dem IWF und bei privaten Gläubigern dar. Mit der Weltbank, dem IWF und der Interamerikanischen Entwicklungsbank konnte sich die Regierung Argentiniens auf eine Regelung der Schuldenrückzahlung und weiterer Kredite einigen. Damit verbunden waren aber erhebliche Auflagen. Sie betreffen insbesondere die Konsolidierung der Staatsfinanzen sowie eine Reform des Steuersystems und der Banken. Letztere hatten auf dem Höhepunkt der Krise in den Provinzen bereits eine eigene Parallelwährung zur offiziellen staatlichen ausgegeben; eine Maßnahme, die inzwischen wieder aufgehoben wurde.

Zur Durchsetzung der eingegangenen Verpflichtungen erließen die Regierung und das Parlament seit 2002 Notstandsgesetze, die der Regierung bedeutende Vollmachten einräumen. Sie betreffen vor allem den Staatshaushalt und die Neugestaltung der Verträge mit jenen Gesellschaften, die Telefon, Transport sowie die Strom- und Gasversorgung betreiben. Alle diese Bereiche waren im Sinne des neo-liberalen Wirtschaftsdenkens privatisiert worden und hatten sich enorm verteuert. Trotz einiger Erfolge ist aufgrund der weltweiten Finanz- und

Internationale Politik seit 1945 | 6

■ Argentinische Männer sitzen vor Anti-USA-Postern gegen Präsident Bush in Mar del Plata vor dem 4. Lateinamerika-Gipfel (November 2005).

Wirtschaftskrise 2008-2010 nicht absehbar, wann eine Stabilisierung erreicht sein wird.

Soziale Folgen der Krise

Als gravierendste Folge der jahrelangen Wirtschafts- und Finanzkrise des Landes leben rund die Hälfte der 36 Mio. Einwohner/innen Argentiniens an oder sogar unter der Armutsgrenze. Die traditionell breite Mittelschicht verringerte sich von ehemals 60 % auf 20 % der Bevölkerung. Diese soziale Problematik lässt viele Menschen befürchteten, dass die Regierung durch den vom IWF geforderten Sparkurs bisher öffentliche Dienstleistungen privatisieren wird. Daraus folgt, dass der Staat sich in Zukunft noch weniger um das Bildungs- und Gesundheitswesen sowie um die Milderung der sozialen Not kümmern wird. Darüber hinaus richten sich die Proteste gegen die verbreitete Korruption.

Das Erbe der Militärdiktatur und seine Aufarbeitung

Während der Militärdiktatur (1976–1983) wurden vonseiten der Regierung zahlreiche Verbrechen an der Bevölkerung verübt. Deren politische und vor allem rechtliche Ahndung wird erst in jüngster Zeit konsequenter betrieben. Im Juli 2003 wurden von einem Richter Haftbefehle gegen 45 Mitglieder der früheren Militärjunta erlassen. Unter ihnen befindet sich auch Jorge Rafael Videla, der von 1976 bis 1978 Staatspräsident und Oberkommandierender des Heeres war. Zugleich wurde ein Dekret aufgehoben, das die Auslieferung ehemaliger Militärs untersagte, die während der Diktatur Menschenrechtsverletzungen an Ausländerinnen und Ausländern, vor allem an spanischen Staatsangehörigen, begangen hatten. Darüber hinaus hob das Parlament die Amnestiegesetze aus den Jahren 1986 und 1987 auf, die unter den Titeln „Schlusspunktgesetz" und „Gesetz über Befehlsnotstand" eine gerichtliche Verfolgung der Verbrechen blockierten. Schließlich ratifizierte das Parlament Ende 2003 auch eine Konvention der UNO, wonach Verbrechen gegen die Menschlichkeit nicht verjähren. Der Oberste Gerichtshof entschied 2005, dass neue Verfahren gegen ehemalige Mitglieder der Militärjunta zu eröffnen sind. Solche werden auch gegenwärtig noch geführt. Das geschieht im Unterschied z. B. zu Brasilien, wo noch 2010 ein Amnestiegesetz vom obersten Gerichtshof aufrecht erhalten wird.

Brasilien: ein regionaler Hegemon

Wahl einer neuen Regierung

Nach den Jahren der Militärdiktatur (1964-1985) war es das Ziel der Regierungen, die Wirtschaftsdaten durch umfangreiche Privatisierungen, Liberalisierung des Außenhandels und die Öffnung des Marktes für ausländisches Kapital zu verbessern. Brasilien geriet dadurch allerdings in Abhängigkeit zum IWF und zur Weltbank. Hinzu kam, dass zur Bekämpfung der Massenarmut und gegen die Vernichtung des Regenwaldes wenig getan wurde.

Im Wahlkampf 2002 versprach Luiz Inácio Lula da Silva einschneidende soziale Reformen. Gleichzeitig kündigte er aber auch an, die Verpflichtungen seines Landes gegenüber dem IWF einzuhalten. Er gewann dadurch schon vor seinem Amtsantritt die Sympathien der internationalen Finanzwelt.

Lula wurde mit 61,4 % der Stimmen gewählt. Er gehörte

■ Dilma Rousseff, Präsidentin Brasiliens seit 2011, wiedergewählt 2014, und Luiz Inácio Lula da Silva, ihr Vorgänger (Fotografie, Jänner 2011).

der Sozialistischen Arbeiterpartei an. Er war Gewerkschaftsführer gewesen und als Gegner der Globalisierung bekannt. Für viele galt der neue Präsident der damals zehntgrößten Industrienation als glaubhafter Vertreter einer Politik des Wandels zu mehr sozialer Gerechtigkeit bei gleichzeitiger Bewahrung der wirtschaftlichen Stabilität. Ihm folgte 2011 Dilma Rousseff, seine bisherige Stellvertreterin als Präsidentin im Amt.

Reformvorhaben im sozialen Bereich

Laut Schätzungen der UNO lebten in Brasilien zu Beginn des 21. Jh. noch immer etwa 22 % der Bevölkerung von weniger als 2 Dollar pro Tag. Schon im Laufe des Jahres 2003 stellte daher die neue Regierung ein für mehrere Jahre geplantes Sozialprojekt vor, das von der Weltbank mitfinanziert wurde und Familien mit geringem Einkommen zugute kommen sollte. In Verbindung mit bestimmten Auflagen, wie regelmäßiger Schulbesuch der Kinder und Impfungen, erhielten die Familien eine monatliche Unterstützung sowie Beihilfen für jedes Kind. Mit diesem groß angelegten Sozialplan ist es gelungen, 44 Mio. Brasilianer/innen zu erreichen. Davon haben in den folgenden sechs Jahren 30 Mio. Menschen die Armut überwunden. Wesentlichen Anteil an der Umsetzung dieses Programms hatte Jose Graizano da Silva, der 2011 zum Generaldirektor der FAO gewählt wurde. Auf diese Weise wurde der mit 195 Mio. Einwohnerinnen und Einwohnern bevölkerungsreichste Staat Südamerikas zu einem Vorreiter im Kampf gegen die Armut.

Die Landreform – überfällig, aber nach wie vor ungelöst

Eines der Hauptversprechen von Lula im Wahlkampf war, eine Landreform durchzuführen. Lediglich ein Prozent der Grundbesitzer hat beinahe die Hälfte der landwirtschaftlich genutzten Fläche inne. Drei Prozent verteilen sich auf drei Mio. Bäuerinnen und Bauern. Der überwiegende Teil der in der Landwirtschaft beschäftigten Menschen besitzt gar nichts. In dieser Frage spitzt sich der vielfach von Gewalt begleitete Konflikt weiter zu. 2003 wurden in diesem Zusammenhang doppelt so viele Morde registriert wie im Jahr zuvor. Auch die offiziell registrierten Landbesetzungen stiegen drastisch an. Mit diesen Besetzungen von Land der großen Grundbesitzer versucht die „Bewegung der Landlosen", eine Reform durch die Regierung zu erzwingen. Diese reagierte darauf bisher allerdings mit einer Doppelstrategie: Einerseits werden die polizeilichen Kontrollen verstärkt, andererseits wird den Protestierenden weiterhin versprochen, mindestens 400 000 landlosen Familien Land zuzuweisen.

Ein neues Phänomen in dieser sozialen Protestbewegung ist, dass sich die Unzufriedenheit der Landlosen immer häufiger mit jener der Obdachlosen in den Städten verbindet. Viele von ihnen waren im Zuge der wachsenden Landflucht in die Städte an der Küste gekommen, blieben dort aber in der Regel an den Rand gedrängt. In ihrem Protest besetzen sie Häuser oder auch die Firmengelände internationaler Konzerne, wie etwa jenes von VW in São Paulo. Sie weichen oft erst dem Einsatz von Polizei.

Gefährdete Natur und Umwelt

Schon 1998 wurde in Brasilien versucht, die Produktion von Soja auf genetischer Grundlage einzuführen. Dieses Vorhaben wurde nach Protesten durch einen Gerichtsbeschluss vereitelt. 2003 ermöglichte jedoch die Regierung trotz des Widerstandes von Politikerinnen und Politikern, Bäuerinnen und Bauern, Umwelt- und Verbraucherorganisationen unter dem Druck der Lobby brasilianischer Großgrundbesitzer diesen Anbau. Soja macht 25 % der Agrarexporte Brasiliens aus. Weltweit rangiert das Land bei der Produktion von Soja an zweiter Stelle hinter den USA.

Die Abholzung des Regenwaldes ging lange Zeit ungehindert weiter. Erst 2009 kündigte die Regierung an, die Abholzung bis zum Jahr 2010 deutlich zu verringern. Dieses Vorhaben sieht auch den Einsatz von Militär und Polizei zur Verhinderung illegaler Abholzungen vor. Infolge der bisherigen Entwaldungen ist nämlich Brasilien zum viertgrößten CO_2-Emittenten weltweit aufgestiegen.

São Paulo, Elend einer Megacity: Unweit des modernen Zentrums der brasilianischen Stadt verbreiten sich Slums. Fotografie, 2006.

Brasilien – zunehmende globale Bedeutung

Als bei weitem größtes Land Lateinamerikas begann Brasilien eine regionale Führungsrolle einzunehmen. Im Rahmen der Verhandlungen um eine Freihandelszone, die Nord- und Südamerika umfassen soll, tritt Brasilien, als Sprecher der Staaten des Südens auf. Diese Freihandelszone soll das schon Mitte der 1990er-Jahre beschlossene Abkommen zwischen den USA, Kanada und Mexiko erweitern (NAFTA – North American Free Trade Association).

In vielen südamerikanischen Staaten steht man diesem Projekt allerdings sehr kritisch gegenüber. Man befürchtet nämlich bei einer Liberalisierung des Handels die Verdrängung der eigenen Erzeugnisse von den heimischen Märkten durch die US-Produkte. Brasilien versucht aber auch, als Globalplayer aufzutreten. Im Rahmen der IBSA (Indien, Brasilien, Südafrika) und BRIC (Brasilien, Russland, Indien, China) Staaten spielt Brasilien als Mitglied beider Staatengruppen eine wesentliche Rolle. So wurde bei einem Treffen beider Staatengruppen in Brasilia 2010 u.a. eine gemeinsame Linie im Nahostkonflikt und im Auftreten vor der UNO und ihrem Weltsicherheitsrat gesucht. Während Russland und China bereits von Beginn an ständige Mitglieder im UN-Sicherheitsrat sind, strebt Brasilien einen solchen ständigen Sitz seit Jahren an. Darüber hinaus bilden Themen zum weltweiten Handel, zur Energie- und Ernährungssicherheit sowie zum Klimaschutz zentrale Anliegen. Die zunehmende Bedeutung Brasiliens als erdölförderndes Land stärkt seine Stellung im Rahmen dieser beiden Staatengruppen und in der Welt.

Religion und Politik

Die Trennung von Kirche und Staat gehört seit dem Ende des 19. Jh. zu den republikanischen Idealen Brasiliens. Dennoch haben die verschiedenen Kirchen des Landes immer ihren Einfluss genutzt, um in die Politik einzugreifen. Zu Beginn des 20. Jh. bezeichneten sich noch nahezu alle Brasilianerinnen und Brasilianer als katholisch. 100 Jahre später sind es knapp 74 %. Viele Gläubige sind inzwischen zu verschiedenen protestantischen Gemeinden abgewandert, insbesondere aber auch zu den Pfingstkirchen.

Die Pfingstbewegung konzentriert sich auf die Peripherien der Megastädte und ländliche Randgebiete, wo heimatlose und kulturell entwurzelte Migrantinnen und Migranten leben. Ihr Einfluss nahm in den 1990er-Jahren bei Kommunal- und Parlamentswahlen auch politisch zu, ging aber seither wieder zurück.

Fragen und Arbeitsaufträge

→ 1. Verfolge die aktuelle politische Diskussion zwischen den Staaten Südamerikas und den USA und charakterisiere dabei besonders die Rolle Brasiliens.

→ 2. Durch die Beendigung des Kalten Krieges verlor der jahrzehntelang dominierende Ost-West Konflikt seine Bedeutung. Auch der traditionelle Nord-Süd-Gegensatz veränderte sich durch die Entwicklung in Lateinamerika, China und Indien. Beurteile die Bedeutung Brasiliens in dieser weltpolitischen Neuorientierung.

4. Das Ende kolonialer Herrschaft

4.1 Unabhängigkeitsbewegungen in Asien

Indien – „Freiheit um Mitternacht"

Die Zeit nach dem Ende des Zweiten Weltkrieges stand in Asien und Afrika im Zeichen der Entkolonisierung. Schon im 19. Jahrhundert bestanden in Indien Bestrebungen nach Unabhängigkeit. Nach dem Ersten Weltkrieg übertrug die britische Kolonialmacht immer mehr Verwaltungsaufgaben in die Hände von Indern. Sie hoffte damit, die Forderungen nach voller Unabhängigkeit abwehren zu können. Doch die Unabhängigkeitsbewegung ließ sich nicht mehr von ihrem Ziel abbringen. Eine entscheidende Rolle spielte hierbei Mahatma Gandhi. Er führte den Indern die Wirksamkeit gewaltlosen Widerstandes und zivilen Ungehorsams vor (Demonstrationen, Boykott britischer Waren, Verweigerung von Steuern und der Zusammenarbeit mit den Kolonialbehörden, Hungerstreik). Die Zahl jener, die sich Gandhi anschlossen, wuchs rasch.

Indiens Unabhängigkeitsbewegung war allerdings zwischen Hindus und Moslems gespalten. Die Moslems befürchteten, in einem unabhängigen Indien von der Hindu-Mehrheit an den Rand gedrängt zu werden. Viele von ihnen waren zudem Großgrundbesitzer. Sie bangten um ihre Privilegien und hatten Angst vor einer Landreform. So entstand unter den Moslems der Plan, Indien zu teilen und einen eigenen Staat Pakistan zu errichten, in dem die Moslems die Mehrheit stellen würden. Die britische Regierung bestand aber darauf, dass Hindus und Moslems gemeinsam eine neue Verfassung entwerfen sollten. Statt zur Zusammenarbeit kam es aber zu schweren Unruhen. Dennoch beschloss das britische Parlament, Indien mit 15. August 1947 für unabhängig zu erklären. Über die Versammlung im Parlament von Delhi, die in der Nacht vom 14. auf den 15. August 1947 auf den Beginn der Unabhängigkeit wartete, wird folgendes berichtet:

> Q *Bei der mitternächtlichen Parlamentssitzung, in der die Erlangung der Unabhängigkeit gefeiert wurde, waren die indischen Abgeordneten unter sich. Es war Nehrus große Stunde. (…) Es war eine Stunde langgehegter Hoffnungen, doch die Freude wurde durch die Teilung des Landes getrübt. Mahatma Gandhi (…) sah keinen Grund zum Feiern. Er war durch die Teilung zutiefst betroffen. Während man in der Hauptstadt die Freiheit willkommen hieß, widmete sich Gandhi der Erhaltung des Friedens zwischen Hindus und Muslims in Bengali.*
> (Rothermund, Delhi, 15. August 1947. Das Ende kolonialer Herrschaft, 1998, S. 10)

> Q *Das Indien, das diese Männer und Frauen vertraten, würde in wenigen Minuten zu einer Nation werden, die 275 Millionen Hindus (davon 70 Millionen Unberührbare), 50 Millionen Moslems, 7 Millionen Christen, 6 Millionen Sikhs (…) umschloss. Nur wenige in der Halle konnten sich in ihrer Muttersprache verständigen, sie waren auf das Englische angewiesen. In ihrem Staat würde es 15 offizielle Sprachen und 845 Dialekte geben. Dieses Indien beherbergte ein Heer von Bettlern; 15 Millionen Sadhus, heilige Männer; 20 Millionen Nachkommen der Ureinwohner. 10 Millionen Inder waren nicht sesshaft (…). Jeden Tag wurden 38 000 Inder geboren, von denen die Hälfte nicht fünf Jahre alt wurde. (…)*
> (Collins/Lapierre, Mitternacht, 1978, S. 265 ff.)

Nach der Unabhängigkeit führte der Gegensatz zwischen Hindus und Moslems zur Bildung zweier Staaten: Indien und Pakistan. Besonders in den gemischt besiedelten Gebieten kam es immer wieder zu Gewalttaten mit mindestens einer Million Toten. Riesige Umsiedlungen setzten ein. Moslems flohen nach Pakistan, Hindus und Sikhs nach Indien. 1971 zerfiel Pakistan, das in die weit voneinander entfernt liegenden Teile Ost- und Westpakistan geteilt war. Die bengalische Mehrheit in Ostpakistan errichtete einen eigenen Staat Bangladesch. Im Süden des Subkontinents schuf eine Unabhängigkeitsbewegung 1948 auf Ceylon einen eigenen Staat (Sri Lanka).

Südostasien – verschiedene Wege zur Unabhängigkeit

Das erste Land, das nach dem Zweiten Weltkrieg die Unabhängigkeit erlangte, waren die Philippinen. Seit dem ausgehenden 19. Jahrhundert waren sie Kolonie der USA gewesen. Während des Zweiten Weltkrieges hatte Japan die Inseln erobert. Gegen Ende des Krieges erfolgte jedoch die Rückeroberung durch die USA. 1946 erhielten die Philippinen zwar ihre Unabhängigkeit, doch sicherten sich die USA große Vorrechte im Bereich der Wirtschaft. Vor allem aber blieb amerikani-

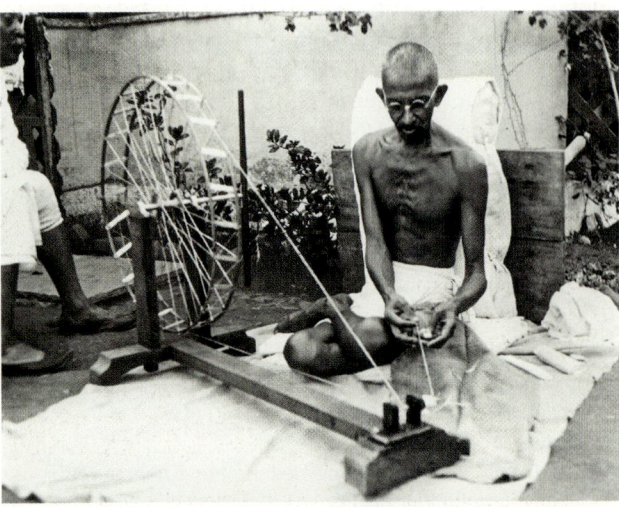

■ Mahatma Gandhi (1869–1948) wurde von einem fanatischen Hindu ermordet. Mit dem Spinnrad als Symbol setzte sich Gandhi für die Förderung der heimischen Gewerbe ein, die unter der Einfuhr britischer Industrieerzeugnisse litten. Das Foto wurde 1925 in Sabarmati Ashram (= Medidationszentrum) in Ahmedabad aufgenommen.

Internationale Politik seit 1945 6

■ Plakat, das über Beratungsstellen für Familienplanung informiert: Indien zählt mehr als eine Milliarde Einwohnerinnen und Einwohner. Die Regierung wirbt daher intensiv für Familienplanung und Geburtenkontrolle.

sches Militär, auf verschiedene Stützpunkte verteilt, im Land. Gesichert wurde dieser Status durch ein diktatorisches Regime. 1986 wurde die Diktatur des Präsidenten Marcos jedoch gestürzt, ein Jahr später trat eine neue demokratische Verfassung in Kraft. Verhandlungen mit den USA führten 1991 dazu, dass die USA in Etappen ihre militärischen Stützpunkte aufgaben.

Burma, eine britische Kolonie, wurde 1948 unabhängig. Hier übernahm bald das Militär die Macht und benannte das Land in Myanmar um. 1988 kam es zu großen Demonstrationen gegen die Militärherrschaft, die gewaltsam niedergeschlagen wurden. Die Protestwelle hielt dennoch an. Aung San Suu Kyi wurde ihre Wortführerin. Sie schrieb:

> Q In einem System, das die Existenz grundlegender Menschenrechte verleugnet, ist Angst an der Tagesordnung: Angst vor Gefangenschaft, Folter, Tod, Angst vor dem Verlust von Freunden, Familie, Besitz oder Lebensunterhalt (...). Für ein Volk, das unter der eisernen Herrschaft des Prinzips, dass Macht Recht ist, von Angst beherrscht wurde, ist es nicht einfach, sich von deren quälenden Wirkungen zu befreien. Doch selbst unter der zerstörerischsten Staatsmaschinerie erhebt sich immer wieder Mut.
>
> (Frankfurter Rundschau, 11. 12. 1991, S. 6)

Unter dem Druck des Protestes setzte die Regierung Wahlen an. Trotz massiver Einschüchterungen – u. a.

■ Aung San Suu Kyi, Trägerin des Friedensnobelpreises 1991 aus Burma. Sie wurde nach mehr als eineinhalb Jahrzehnten im Jahr 2010 freigelassen (Fotografie, August 2011).

■ Südostasien um 1950.

wurde Suu Kyi unter Hausarrest gestellt – brachten die Wahlen 1990 der Opposition eine überwältigende Mehrheit. Dennoch hielten die Militärs noch lange an ihrer Macht fest. Erst nach zahlreichen Protesten im Land und auf internationalem Druck wurde Aung San Suu Kyi im Jahr 2010 freigelassen. Im Jahr 2012 wurde sie bei Nachwahlen schließlich ins Parlament gewählt.

Malaysia bildete im Gegensatz dazu mit seiner Kautschuk- und Zinnproduktion eine wichtige Einnahmequelle für Großbritannien. Singapur war ein wichtiger Flottenstützpunkt. In beiden Kolonien setzten aber bald Unabhängigkeitsbewegungen ein, die politisch unterschiedlich ausgerichtet waren. So gab es in Malaysia auch eine starke kommunistische Bewegung, die jahrelang Krieg gegen die Briten führte. Malaysia wurde 1957, Singapur 1959 unabhängig.

Indonesiens Unabhängigkeit war das erste Beispiel dafür, dass ein Konflikt zwischen einer Kolonialmacht und einer Kolonie vor die UNO gebracht werden konnte. Die UNO vermittelte zwischen der Unabhängigkeitsbewegung und den Niederlanden. Diese waren nach dem Zweiten Weltkrieg und der japanischen Besetzung der Inseln mit Gewalt als Kolonialmacht zurückgekehrt. Die Unabhängigkeitsbewegung unter Führung von Sukarno wurde auch von den USA unterstützt, weil sie rigoros gegen eine kommunistische Einflussnahme vorging. 1949 wurde die Unabhängigkeit Indonesiens vollzogen.

Fragen und Arbeitsaufträge

→ 1. Indien und Pakistan gehören mittlerweile zu den neuen Atommächten. Ihr Konflikt um die Region Kaschmir führte bereits zu mehreren Kriegen. Untersuche anhand aktueller Medienberichte, wie sich das politische Verhältnis zwischen beiden Staaten darstellt.

4.2 Fallbeispiel Vietnam

Länder Südostasiens, die vom Krieg in Vietnam betroffen waren.

Für lange Zeit kein Frieden

Während sich Großbritannien aus seinen Kolonien in Asien ohne Kampf zurückzog, versuchte Frankreich in Südostasien seine Kolonien mit Gewalt zu behaupten. Dieser Politik setzte in Vietnam eine Unabhängigkeitsbewegung unter der kommunistischen Führung Ho Chi Minhs politischen und militärischen Widerstand entgegen. Es gelang ihr schließlich mit sowjetischer und chinesischer Hilfe, die französischen Truppen zu schlagen. Auf einer internationalen Konferenz in Genf wurde 1954 vereinbart, Vietnam entlang des 17. Breitengrades vorerst zu teilen. Die Unabhängigkeitsbewegung musste sich in den Norden zurückziehen. Im Süden wurde eine eigene Regierung eingesetzt, die die Unterstützung der USA besaß. Über die weitere Entwicklung sollten Wahlen in beiden Teilen Vietnams entscheiden. Die Regierung im Süden Vietnams verlor jedoch bald – v. a. bei der Landbevölkerung – jede Glaubwürdigkeit. Korruption, die Verschleppung von Reformen sowie die Weigerung, die vorgesehenen Wahlen durchzuführen, führten zur Bildung einer neuen südvietnamesischen Widerstandsbewegung (Vietcong). In ihr spielten die Kommunisten bald eine führende Rolle.

Unterstützt von Nordvietnam, China und der Sowjetunion drängte der Vietcong die Regierungstruppen bald in die Defensive. Je mehr die Regierung Südvietnams in Bedrängnis geriet, umso heftiger verlangte sie wirtschaftliche und militärische Hilfe von den USA. Zuerst leisteten die USA umfangreiche Wirtschafts- und Militärhilfe. Ab 1965 landeten auch immer mehr US-Soldaten in Südvietnam. Ein systematischer Bombenkrieg begann, in dem chemische Kampfstoffe in großem Ausmaß eingesetzt wurden. Darüber hinaus erfolgte eine Ausweitung des Krieges auf Laos und Kambodscha, um den Vietcong vom Nachschub aus dem Norden abzuschneiden. Trotzdem zeichnete sich für Südvietnam und die USA kein militärischer Erfolg ab. Hinzu kam, dass der Widerstand gegen diesen Krieg in den USA seit 1967 immer stärker wuchs. Auch internationale Protestbewegungen forderten den Abzug der Amerikaner. Es war der erste Krieg, dessen Grausamkeiten täglich vor einem Millionenpublikum im Fernsehen gezeigt wurden.

1973 zogen sich die USA nach einem Friedensabkommen in Paris aus Vietnam zurück. Der Krieg ging jedoch weiter und endete nach zwei Jahren mit einer Niederlage der südvietnamesischen Armee. 1975 wurde das Land unter kommunistischer Führung wiedervereinigt und in den sowjetisch dominierten Block der „Volksdemokratien" eingegliedert.

Das vietnamesische Volk bezahlte einen hohen Preis für den Sieg des kommunistischen Nordens. In diesem Krieg fanden etwa 2 Mio. Vietnamesinnen und Vietnamesen den Tod. Die städtischen Industriezentren im Norden waren durch den Bombenkrieg der US-Luftwaffe schwer beschädigt. Im Süden waren 9 000 der rund 15 000 Dörfer zerstört, viele Millionen Hektar Grund sowie Waldgebiete durch Minen, Bomben und Entlaubungsmittel unbrauchbar gemacht und vergiftet. Der Krieg hinterließ in Südvietnam 900 000 Waisen, 1 Mio. Witwen und ca. 200 000 Prostituierte (nach: Frey, Geschichte des Vietnamkrieges, 2004, S. 222).

Zwei Bilder, die die Welt schockierten: Ein Foto (des Fotografen Huynh Cong Út am 8. 6. 1972) zeigt die nackte, neunjährige Kim Phuc, die nach einem irrtümlichen Angriff der US-Luftwaffe mit Napalm-Bomben aus ihrem Dorf flüchtet (Kim Phuc ist Jahre später in die USA ausgewandert). Das Foto daneben (des Fotografen Eddie Adams am 1. 2. 1968) zeigt den Polizeichef von Saigon, der einen Vietcong ohne Verfahren auf offener Straße erschießt.

Schwieriger Neubeginn im Inneren

Auf einem Trümmerfeld startete das 1975 unter der siegreichen kommunistischen Führung wiedervereinigte Vietnam seinen Neuanfang. Ein erstes symbolisches Zeichen setzte man mit der Umbenennung von Saigon – der bisherigen Hauptstadt Südvietnams – in Ho-Chi-Minh-Stadt. Mit dem Abzug der geschlagenen Amerikaner verließen auch weit über hunderttausend Vietnamesinnen und Vietnamesen das Land in Richtung USA. Dort bilden sie heute eine wichtige Minderheit, und sie stellen zunehmend Kontakte zur alten Heimat wieder her.

Vielfach wurde befürchtet, dass die siegreichen Kommunisten in Südvietnam aus Vergeltung ein Blutbad anrichten würden. Diese Befürchtungen erwiesen sich als unbegründet, wohl aber wurden Hunderttausende Vietnamesinnen und Vietnamesen oft viele Jahre in Umerziehungslagern interniert. Einige der im zentralen Hochland Vietnams lebenden ethnischen Minderheiten – insgesamt gibt es in Vietnam 54 anerkannte Minderheiten –, die während des Vietnamkrieges besonders eng mit den USA kooperierten, stellen sich weiterhin gegen die Kommunisten und werden erbittert verfolgt – sogar über die Grenze nach Laos. Auch gegenwärtig sind sie noch Repressionen ausgesetzt.

Hunderttausende Menschen versuchten, in kleinen Booten über das Meer nach China, Hongkong oder auf die Philippinen und die Inseln Indonesiens zu flüchten. Darunter befanden sich auch besonders viele Angehörige der chinesischen Minderheit, die im Wirtschaftsleben Vietnams eine wichtige Rolle spielten. Viele dieser „boat people" ertranken bei ihren Fluchtversuchen oder wurden von Piraten auf offener See ausgeplündert und ermordet.

Konflikte mit den Nachbarn

Kambodscha versuchte, dem vom Krieg geschwächten Land Grenzgebiete zu entreißen, die im 17. Jahrhundert an Vietnam verloren gegangen waren. Die Volksrepublik China unterstützte diese Aggression. Nachdem Vietnam 1978 mit der Sowjetunion einen Verteidigungsvertrag unterzeichnet hatte, marschierten vietnamesische Truppen in Kambodscha ein. Dort wurden sie vielfach als Befreier von dem menschenverachtenden Terror-Regime Pol Pots und seiner Roten Khmer begrüßt. Dieses Regime hatte während seiner Schreckensherrschaft mindestens zwei Mio. Kambodschanerinnen und Kambodschaner umgebracht. Das führte zur Bezeichnung „killing fields" für Kambodscha. Die Weltöffentlichkeit schwieg damals zu diesen Grausamkeiten. Nach einem durch die UNO vermittelten Waffenstillstand zog sich Vietnam 1989 aus Kambodscha zurück.

China wollte eine Vormachtstellung Vietnams in Südostasien allerdings verhindern. Daher fielen chinesische Truppen 1979 im Norden Vietnams ein. Sie mussten sich aber nach heftiger Gegenwehr wieder zurückziehen. Das Verhältnis Vietnams zu China ist bis in die Gegenwart nicht frei von Spannungen. U.a. werden jährlich tausende Vietnamesinnen nach China gebracht, um dort den aufgrund der „Ein-Kind-Politik" entstandenen Frauenmangel auszugleichen.

Allmähliche Verbesserung der Wirtschaft

Der langjährige Krieg in Kambodscha und die dauernden Spannungen mit China belasteten die schwierige wirtschaftliche Lage Vietnams zusätzlich. Die Inflationsrate betrug 400 bis 600 %. Die landwirtschaftliche Produktion ging nach dem kurzen Aufschwung wieder zurück. Um die Wirtschaft zu fördern, wurden ab 1986 Reformen in Angriff genommen. Sie reduzierten die zentrale Planung und ließen schrittweise privatwirtschaftliche Initiativen und Marktwirtschaft zu. 1988 wurde es den bäuerlichen Familien möglich gemacht, frei zu produzieren und ihre Produkte auch frei auf dem Markt zu verkaufen. Die Preise wurden nicht mehr länger vom Staat vorgeschrieben. Darüber hinaus konnten Grund und Boden ge- und verkauft werden. Ebenso wurden ausländische Investitionen und Firmengründungen gefördert. Dieses Wirtschaftsprogramm (Doi Moi) führte schließlich dazu, dass die Erträge der Landwirtschaft und die Produktivität der Industrie deutlich anstiegen. Die Wachstumsraten lagen nahe bei 10 %.

Neue soziale Gegensätze

Trotz der sichtbaren wirtschaftlichen Erfolge nahmen die Unterschiede zwischen Reich und Arm in der Bevölkerung zu. Von den Menschen, die ihren Grund und Boden an ausländische Firmen, Hotelketten oder auch an Bodenspekulanten verkauften, konnten viele ihr rasch gewonnenes Vermögen nicht langfristig nutzen. Sie verbrauchten ihr Geld, verarmten und leben jetzt in den großen Städten sozial an den Rand gedrängt. Eine Rückkehr in ihr Dorf ist nicht mehr möglich, da sie dort über keine Existenzgrundlage mehr verfügen.

Viele Menschen können mit den neuen Anforderungen nicht mithalten und steigen sozial ab. Jene Menschen aber, die sich in dieser neuen wirtschaftlichen Aufbruchstimmung zurechtfinden, haben Perspektiven. Sie können ihren Lebensstandard verbessern und für die Zukunft planen. Sie finden sich auch mit dem politischen System ab.

Nach wie vor Monopol der Kommunistischen Partei

Trotz der wirtschaftlichen Erfolge der letzten Jahre besitzt die Kommunistische Partei eine Monopolstellung. Eine Liberalisierung und Demokratisierung des politischen Systems kam auch nach dem Zusammenbruch der Sowjetunion (1991), dem wichtigsten Verbündeten, nicht in Frage. Vietnam bezeichnet sich offiziell als „Sozialistische Republik". In ihr sind außer der Kommunistischen Partei keine weiteren Parteien zugelassen. Die Presse wird zensuriert und Verhaftungen von politischen Gegnerinnen und Gegnern, aber auch von Umweltschutzaktivisten werden noch immer vorgenommen. Andererseits gewährt die Verfassung aus dem Jahr 1992 den Menschen Meinungs- und Religionsfreiheit.

Fragen und Arbeitsaufträge

 1. Begründe, warum die Thematik „Vietnamkrieg" noch heute in unserer Gesellschaft für Aufmerksamkeit sorgt. Beziehe dazu auch die Diskussion um 1968 ein (vgl. S. 248 f).

4.3 Afrika – ein vielfältiger Kontinent

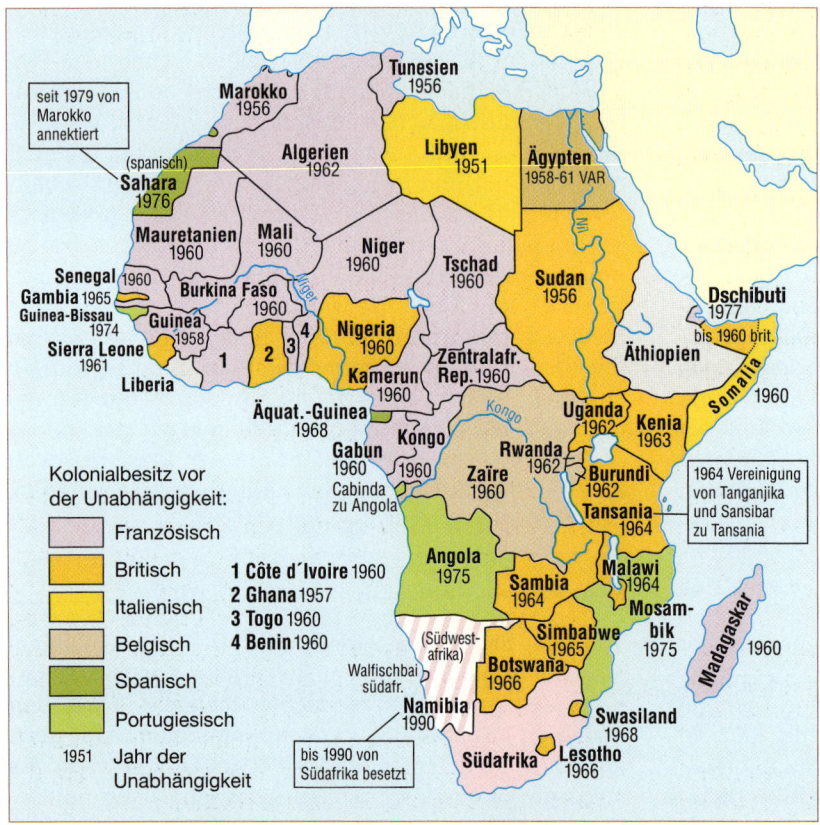

■ Die koloniale Aufteilung Afrikas mit den Jahren der jeweiligen Unabhängigkeiten.

→ Vergleiche die Jahre der Unabhängigkeitsgewinnung der afrikanischen Staaten. Setze sie in Beziehung zu den jeweiligen Kolonialmächten. Erarbeite daraus eine Zeitleiste des Rückzugs der Europäischen Kolonialmächte und vergleiche sie mit den Jahren der Unabhängigkeiten in Asien (vgl. S. 200 f.)

Späte Unabhängigkeiten im Norden

In Afrika begann die Welle der Entkolonisierung im Norden des Kontinents. 1951 wurde Libyen unter König Idris von Italien unabhängig. Wenige Jahre später (1956) zog sich Frankreich aus seinen Protektoraten Tunesien und Marokko zurück.

> *Im gleichen Jahr, in dem Frankreich den Krieg in Indochina verlor (1954), eskalierte auch in Algerien die Gewalt. Das nordafrikanische Land galt nicht als Kolonie sondern als eine Provinz Frankreichs, in der eine starke weiße Bevölkerungsminderheit lebte. Paris versuchte deshalb mit allen Mitteln, jegliche Dekolonisationsbestrebungen zu unterbinden. Bei Terror und Gegenterror, Bombenanschlägen, gewaltsamen Umsiedlungen und systematischer Folter verloren 700 000 Menschen ihr Leben. „Nur" 27 500 von ihnen waren französische Soldaten. Als klar wurde, dass dieser Krieg nicht zu gewinnen war, zogen sich die Franzosen 1962 notgedrungen zurück. Der Großteil der Siedler verließ das Land.*

(Wendt, Vom Kolonialismus zur Globalisierung. 2007, S. 342)

Der siebenjährige brutale Krieg zwischen der algerischen Befreiungsbewegung und Frankreich ist auf beiden Seiten bis heute nicht aufgearbeitet.

... und südlich der Sahara

Aber auch in Afrika südlich der Sahara setzten Unabhängigkeitsbewegungen ein.

In vielen Kolonien riefen junge schwarze Intellektuelle Unabhängigkeitsbewegungen ins Leben. Sie hatten vielfach in Europa oder in den USA studiert und dort auch die Ideen der Selbstbestimmung und Demokratie, des Nationalismus und Marxismus kennen gelernt. Jetzt begannen sie, ihre Ideen in die Praxis umzusetzen. Dabei stützten sie sich vielfach auf einheimische Beamte und Angestellte der Kolonialverwaltungen. Parteien und Gewerkschaften wurden gegründet. Sehr bald trugen die neuen Politiker Afrikas die Forderung nach Selbstständigkeit an die Regierungen der Kolonialmächte heran.

Gleichzeitig gab es aber auch wachsenden gewaltsamen Widerstand gegen die europäische Herrschaft. So verhängte z. B. die britische Regierung in Kenia den Ausnahmezustand, um einen Aufstand (Mau Mau-Revolte) niederzuschlagen. Auch wurde vonseiten der Kolonialmächte versucht, durch Reformen die Unruhen zu meistern. Doch auch Zugeständnisse vermochten die Bestrebungen nach politischer Unabhängigkeit nicht mehr zu stoppen.

■ Léopold S. Senghor studierte in Frankreich, wo er auch in der Gewerkschaftsbewegung tätig war. 1948 gründete er den „Demokratischen Block" Senegals. Von 1945 bis 1958 gehörte er einer Gruppe afrikanischer Abgeordneter in der französischen Nationalversammlung an. Nach der Unabhängigkeit seines Landes im Jahr 1960 war Senghor bis 1980 Präsident der Republik Senegal. In seinen Schriften forderte er Afrikaner/innen auf, sich auf ihre eigenen kulturellen Werte und Traditionen zu besinnen, um aus ihnen Selbstbewusstsein und Kraft zu schöpfen. Er vertrat damit das Konzept der Negritude, wonach die Gesamtheit der zivilisatorischen Werte sowie deren kulturelle Eigenständigkeit betont werden.

Als erste Kolonien erlangten 1956 der Sudan und 1957 Ghana ihre Unabhängigkeit. In Ghana hatte sich schon 1947 eine Unabhängigkeitsbewegung gebildet. In ihr spielte der ausgebildete Lehrer Kwame Nkrumah eine wesentliche Rolle. Diese Bewegung fand immer mehr Rückhalt in der Bevölkerung. Schrittweise wurde durch Verhandlungen mit der britischen Regierung die Unabhängigkeit erreicht. Besonders der Erfolg in Ghana löste eine Welle weiterer Unabhängigkeitserklärungen aus. Die französischen und britischen Kolonialreiche zerfielen nun rasch. Allein im Jahr 1960 gewannen 17 Staaten Afrikas ihre Unabhängigkeit, sodass dieses Jahr auch als das „Jahr Afrikas" bezeichnet wird. Noch im selben Jahr verabschiedete die UNO eine Resolution, die von 43 afrikanischen und asiatischen Staaten eingebracht worden war:

Jomo Kenyatta. Führer im Unabhängigkeitskampf und späterer Ministerpräsident Kenias.

> Q 1. Die Unterwerfung von Völkern (...) bedeutet eine Verletzung grundsätzlicher Menschenrechte (...) und behindert den Fortschritt des Weltfriedens (...).
> 2. Alle Völker haben das Recht auf Selbstbestimmung (...).
> 3. Unzureichende politische, wirtschaftliche, gesellschaftliche oder schulische Vorbereitung darf nie als Vorwand für die Verzögerung der Unabhängigkeit dienen.
> 4. Alle bewaffneten Handlungen oder Unterdrückungsmaßnahmen (...) sollen aufhören, damit diese Völker in Frieden und Freiheit ihr Recht auf völlige Unabhängigkeit wahrnehmen können (...).
> (Ansprenger, Entkolonisierung, 1979, S. 40 f.)

Die Beseitigung aller kolonialer Abhängigkeiten zog sich aber noch dreißig Jahre hin. Die Portugiesen verließen Angola und Mosambik erst Mitte der Siebzigerjahre. Der von englischen Farmern beherrschte Staat (Süd-)Rhodesien (Simbabwe) erhielt 1980 eine schwarze Regierung. Als letzte Kolonie erlangte Namibia 1990 seine Unabhängigkeit. Dieses Land war jahrzehntelang entgegen einem Beschluss der UNO und eines Urteils des Internationalen Gerichtshofes unter Kontrolle und Herrschaft Südafrikas gestanden. In Südafrika selbst bedeuteten die ersten allgemeinen und freien Wahlen im April 1994, die dem ANC 63 % der Stimmen brachten, und der Amtsantritt von Nelson Mandela als Staatspräsident das Ende der politischen Vorherrschaft der Weißen. Eine neue Verfassung löste das System der Apartheid ab. Auf Vorschlag von Bischof Desmond Tutu wurden zur Aufarbeitung der Verbrechen des Apartheidsregimes Wahrheits- und Versöhnungskommissionen eingerichtet. Diese Form der Wahrheits- und Versöhnungskommission wurde mittlerweile von zahlreichen afrikanischen Staaten übernommen, um die Gräuel ihrer Bürgerkriege aufzuarbeiten.

Politische Unabhängigkeit genügt nicht

Die neuen Staaten sahen sich bald vor große Probleme gestellt.

> L Die „Gründungsväter" der neuen Nationen setzten auf ihr Prestige aus dem Unabhängigkeitskampf. Sie nutzten die Einkünfte des Staates zur Absicherung der eigenen Macht. Die herrschende Klasse rund um den Staatschef wurde reich, weil sie die Politik kontrollierte. Sie sicherte ihre politische Macht mit Hilfe ihres Reichtums. (...) Die gewählten Regierungen und Staatschefs stellten sich aus Furcht vor einer Niederlage nicht mehr einer freien Wahl. Sie sicherten ihre Macht durch Gesetze, Polizei und Geheimdienste, Bestechung und nackte Gewalt ab (...) Nicht die Verfassung machte den Präsidenten, sondern der Präsident machte die Verfassung. (...) Die Opposition lief entweder freiwillig zur Regierungsfraktion über oder wurde mit Ämtern und Geld gekauft. Jene, die in ihrer politischen Meinung standfest blieben, gingen ins Exil, verstummten, kamen ins Gefängnis oder wurden umgebracht. So verwandelten sich die Demokratien der neuen Unabhängigkeit rasch wieder in autoritäre Systeme.
> (Schicho, Selbstbestimmte Entwicklung – vorenthalten und verspielt. Afrika. In: Konrad, /Stromberger (Hg.): Die Welt im 20 Jh. nach 1945, 2010, S. 263f)

Nelson Mandela (Fotografie, Mai 2011).

Vielfalt der Probleme

Ab den 1980er Jahren waren die meisten neuen Staaten in Afrika in einer sehr ungünstigen Situation. Die

■ Im zentralafrikanischen Ruanda brach 1994 ein verheerender Genozid aus, in dem Hunderttausende vom Volk der Tutsi ermordet und über 3 Millionen zur Flucht gezwungen wurden. Das Foto (Mai 1994) zeigt eines der Flüchtlingslager im benachbarten Tansania. Hunderttausende Flüchtlinge waren hier notdürftig untergebracht. Gegenwärtig bemüht sich ein internationaler Gerichtshof um die Aufarbeitung und Ahndung der Verbrechen.

fallenden Preise für Rohstoffe und die hohe Verschuldung erwiesen sich als die größten Probleme. Dadurch gewannen internationale Banken und Konzerne weiter an Einfluss. Unter dem Druck der Gläubiger bzw. der internationalen Finanzinstitutionen (z. B. IWF) mussten die Regierungen ihre Währungen immer wieder abwerten. Das größte und bis heute ungelöste Problem ist allerdings die Auslandsverschuldung. Laut dem Afrikaexperten an der Universität Wien, Walter Schicho, wuchs diese in den Ländern südlich der Sahara von 6 Mrd. US $ im Jahr 1970 auf 183 Mrd. US $ im Jahr 1992 und schließlich auf 350 Mrd. US $ im Jahr 2000. Zahlreiche Staaten wurden zahlungsunfähig. Die hohe Auslandsverschuldung hatte verheerende Auswirkungen. Statt in die eigene Entwicklung investieren zu können, förderten die afrikanischen Staaten mit ihren Schuldenrückzahlungen die reichen Geldverleiher im Norden.

Als Folge dieser Wirtschaftsentwicklung verstärkte sich die Arbeitslosigkeit v.a. bei jungen Menschen. Die Gesellschaft entwickelte sich auseinander: Immer mehr sehr arme Menschen leben neben bewachten Wohlstandsinseln, in denen sich eine kleine Minderheit alles leisten kann. Dieser schroffe Gegensatz fördert die Bereitschaft zur Gewalt.

Krisen und Krisenregionen

Gewalt in Afrika wird meist mit ethnischer Zugehörigkeit und Religion in Verbindung gebracht. Erstere führt zu zahlreichen Ausländerverfolgungen und -vertreibungen. Die religiösen Differenzen offenbaren sich bei Auseinandersetzungen zwischen Moslems und Christen. Gewalt hat aber auch einen Genderaspekt. Vor allem Frauen und schwache Mitglieder der Gesellschaft werden zu Opfern.

Mehrere große Krisenregionen lassen sich unterscheiden:

– Im Nordosten Nigerias strebt die islamische Terrorgruppe Boko Haram („westliche Bildung ist unrein") unter Einsatz rücksichtsloser Gewalt einen fundamentalistischen Gottesstaat an. Seit 2014 greifen die Kämpfe auf benachbarte Staaten über.
– Das Horn von Afrika mit Somalia, Sudan, Äthiopien, Eritrea und Dschibuti.
– Das rohstoffreiche Gebiet in Zentralafrika mit der Demokratischen Republik Kongo im Zentrum, das seit den 1990er-Jahren einen Konfliktherd mit großer regionaler Ausstrahlung darstellt.
– Das westafrikanische Gebiet mit Sierra Leone, Liberia, Guinea, Äquatorial-Guinea und seit 2001 auch Elfenbeinküste. In Sierra Leone wurde im Jahr 2002 der Bürgerkrieg offiziell für beendet erklärt. In Liberia begannen nach der Verhaftung von Charles Taylor und der Wahl von Ellen Johnson-Sirleaf, der ersten Frau an der Spitze eines afrikanischen Staates, 2006 Friede und Wiederaufbau.
– Gebiete im südlichen Afrika, wozu auch die „Townships" in Südafrika zählen. Sie stellen inzwischen Hochburgen für Jugendarbeitslosigkeit, Armut, Krankheit und Kriminalität dar. Darüber hinaus gehört diese Region zu jenen Gebieten, deren Bewohnerinnen und Bewohner von Aids und Malaria besonders stark betroffen sind.

Eine mögliche Perspektive

Die Friedensnobelpreisträgerin des Jahres 2004, Wangari Maathai, die in Kenia als Umweltschützerin ein Regierungsamt bekleidete, forderte u. a. Folgendes:

> Q • *Schuldenerlass für die ärmsten Länder Afrikas.*
> • *Afrika muss an sich selbst denken und in die Ausbildung seiner Menschen investieren.*
> • *Nicht die Rohstoffe aus Afrika zu exportieren, sondern selbst zu Fertigprodukten zu verarbeiten.*
> • *Bekämpfung der Korruption von Politikern und Beamten.*
> • *Eine schlagkräftige Armee der Afrikanischen Union, um regionale Konflikte wirksam befrieden zu können (z. B. im Sudan).*
> (Vgl. Maathai, „Afrika muss an sich selbst denken"; zit. nach: Der Standard, 30. 7. 2005, A 3)

Das Fallbeispiel Sudan: ein zerrissenes Land

Der Sudan gilt gegenwärtig als ein politisch, aber auch religiös zerrissenes Land. 1989 putschte General Omar Bashir mit islamisch gesinnten Militärs gegen eine zwar schwache, aber demokratisch gewählte Regierung und löste das Parlament, in dem mehrere Parteien vertreten waren, auf. Schritt für Schritt wurde der Sudan in eine „Islamische Republik" umgewandelt. In ihr gilt für die

Internationale Politik seit 1945

Regierungstruppen aus dem Nordsudan stehen einer Rebellenarmee aus dem Süden gegenüber. Darunter befinden sich auch Tausende zum Kriegsdienst gezwungene „Kindersoldaten". Fotografie: Rebellen der Sudan Liberation Army, September 2008.

Muslime die Scharia als Rechtsnorm. Maßnahmen der Islamisierung der Gesellschaft engen die Freiheiten der christlichen Bewohnerinnen und Bewohner v. a. im Süden des Landes ein. Dort begann die „Sudan People's Liberation Army" einen Unabhängigkeitskrieg gegen die Regierung in Khartum, der vor allem auch von vielen Christen unterstützt wurde. Im Jahr 2002 wurden erste Friedensverhandlungen eingeleitet, wobei die Rebellen im Süden den Rückhalt der USA fanden. Es dauerte jedoch bis zum Jänner 2011, dass in einer Volksabstimmung mit überwältigender Mehrheit (98,8 % bei einer Beteiligung von 97,6 %) für die Unabhängigkeit des Südsudan gestimmt wurde. Diese wurde im Juli 2011 offiziell erklärt. Allerdings wurde das Referendum in der erdölreichen Region Abyei auf unbestimmte Zeit vertagt. Man konnte sich nicht einigen, ob auch die nomadischen Weidevölker stimmberechtigt sein sollten. Im Mai 2011 kam es zu Besetzung von Abyei durch staatliche Truppen des Sudan.

Im unabhängig gewordenen Südsudan kämpfen seit 2013 rivalisierende Politiker, die aus unterschiedlichen Stämmen kommen, um die Vorherrschaft.

In Darfur verfolgten von der Regierung finanzierte arabische Milizen jahrelang die dort sesshafte, im Ackerbau tätige schwarze Bevölkerung. Das Ziel war, sie aus der mineralstoffreichen Region zu vertreiben. Plünderungen, Massenvergewaltigungen, Entführungen und Mord sollten die Menschen zur Flucht zwingen. 2003 brach schließlich ein offener Krieg zwischen der Armee und den von ihr unterstützten Milizen und einer regionalen Befreiungsbewegung aus. Nach Angaben der UNO machte er Mio. Menschen zu Flüchtlingen im eigenen Land. Hunderttausende flohen in den angrenzenden Tschad, sie waren aber auch dort vor den Verfolgungen nicht sicher. Später begannen das UN-Hochkommissariat für Flüchtlinge und das Internationale Rote Kreuz, ihre Hilfe in Darfur selbst zu verstärken und Flüchtlingslager zu errichten. Diese Lager wurden allerdings immer wieder von den Milizen, aber auch von der sudanesischen Armee angegriffen. Erst nach massivem internationalen Druck versprach die Regierung, die Milizen zu entwaffnen, was aber bis heute noch nicht geschehen ist.

Südsudan vor Unabhängigkeit, Juni 2011. Sudan mit Bevölkerung nach Religionszugehörigkeit und Ölfeldern sowie umstrittene/umkämpfte Regionen. Quelle: APA

Der Konflikt um Darfur zwischen der Regierung und den Aufständischen ist nach wie vor nicht beigelegt. Die „Afrikanische Union" hat eine eigene Darfur-Mission eingesetzt.

Fragen und Arbeitsaufträge

→ 1. Fasse die wesentlichen Entwicklungen bei der Erreichung der Unabhängigkeit von Staaten nördlich und südlich der Sahara zusammen und arbeite wichtige Unterschiede dabei heraus.

→ 2. Bewerte die Arbeit der „Wahrheits- und Versöhnungskommissionen" anhand recherchierter Beispiele. Verschaffe dir auch nähere Informationen über ihre Vorgangsweise.

Politische Bildung – Kompetenztraining

4.4 Entwicklungshilfepolitik am Beispiel Afrika

Die Bezeichnung „Entwicklungsländer" ist erst nach 1945 gebräuchlich geworden. Doch die moderne Entwicklungsproblematik reicht bis ins 18. Jh. zurück. Nach Dieter Senghaas, einem renommierten Politikwissenschafter, entsteht ein Entwicklungsproblem dann,

> wenn zwischen Gesellschaften und insbesondere ihren Ökonomien, die miteinander regen Austausch pflegen, eine Kluft an Wissen (z. B. im technologischen Bereich) und organisatorischen Fähigkeiten entsteht. Dann steht im Laufe der Zeit einer weniger produktiven Wirtschaft eine produktivere gegenüber. Zwischen ihnen bildet sich ein Gefälle an Fähigkeiten heraus. In weiterer Folge werden die mit veralteter Technologie und geringerer Produktivität erzeugten Waren einfach niederkonkurriert. In einer liberalen Wirtschaftsordnung werden solche Gesellschaften an den Rand gedrängt (marginalisiert). Die wirtschaftlich und technologisch moderner entwickelten Gesellschaften in Europa, Amerika (z. B. USA, Kanada, Brasilien) und teilweise in Asien (z. B. Japan, Süd-Korea, VR-China) benutzen sie als Lieferanten von Rohstoffen. Dazu zählen unverarbeitete Erze, Diamanten, Erdöl und besonders auch landwirtschaftliche Produkte von Plantagenwirtschaften, wie Kaffee, Tee, Zucker und Früchte. Von dieser Situation ist gegenwärtig in besonderem Maße Schwarz-Afrika betroffen.

(Nach Senghaas: Entwicklungspolitik. Alte und neue Herausforderungen. In: Praxis Politik. Februar 1, 2010, S. 4f.).

Mit der Entwicklungsproblematik haben sich in den vergangenen 60 Jahren nationale Regierungen, internationale Organisationen wie die UNO und die OECD, Nichtregierungsorganisationen (NGOs) und Kirchen aber auch die Wissenschaften beschäftigt.
Am Anfang stand die „Entwicklungshilfe". Sie wurde im Wesentlichen von privaten Einrichtungen und Kirchen getragen. Die Finanzierung erfolgte hauptsächlich über Spenden. Dann kam von der Organisation für wirtschaftliche Zusammenarbeit und Entwicklung (OECD) an ihre Mitgliedsländer die Aufforderung, Entwicklungshilfe von Staat zu Staat zu leisten. Auf diese Weise entwickelte sich die bisherige Entwicklungshilfe zur „Entwicklungspolitik" weiter. Die Finanzierung erfolgte nun zu einem überwiegenden Teil aus den nationalen Budgets der Geberländer; Spendengelder z. B. der Kirchen und der NGOs ergänzten diese. Vielfach schufen aber diese Hilfsmaßnahmen neue Abhängigkeiten. Denn im Vordergrund der entwicklungspolitischen Aktivitäten der Geberländer standen sehr oft deren Interessen um politische Einflusssphären und wirtschaftliche Absatzmärkte. Darüber hinaus lieferte man nicht selten Produkte, ohne auf die Bedürfnisse der Bevölkerung in diesen Ländern zu achten. Und schließlich hat man es lange Zeit verabsäumt, Voraussetzungen für deren eigenständige Entwicklung zu schaffen. Dazu zählen besonders eine entsprechende Ausbildung und Gesundheitsförderung der Bevölkerung, die Sicherung der Menschenrechte und der Ausbau einer leistungsfähigen Infrastruktur für die Verwaltung und den (Güter)Verkehr. Darauf haben Tausende Expertinnen und Experten, die in entwicklungspolitischen Projekten gearbeitet haben, immer wieder hingewiesen. Diese Erkenntnisse bewirkten, dass die traditionelle Entwicklungspolitik der 1960er und 1970er Jahre, welche vornehmlich aus finanziellen Zuwendungen bestand, allmählich verändert wurde. Es begann sich das Verständnis einer nachhaltigen „Entwicklungszusammenarbeit" durchzusetzen. Im Jahr 2005 formulierte man dazu in der „Pariser Erklärung" fünf Prinzipien für nachhaltige Entwicklungszusammenarbeit: 1. Stärkung der Eigenverantwortung der Partnerländer (Ownership); 2. Ausrichtung der Entwicklungszusammenarbeit auf die nationalen Entwicklungsstrategien, -institutionen und -verfahren (Alignment); 3. Harmonisierung der Geberaktivitäten (Harmonisation); 4. Einführung ergebnisorientierten Managements (Managing for Results); 5. gegenseitige Rechenschaftspflicht (Mutual Accountability). (Informationen der Österreichischen Entwicklungszusammenarbeit. Weltnachrichten Nr.3/2011, S. 6).

Bericht in Spiegel-Online über Entwicklungszusammenarbeit:

> Die G-8-Staaten planen eine Kehrtwende in der Entwicklungspolitik. Eine Initiative sieht vor, weniger Nahrungsmittel in Hungergebiete zu schicken und stattdessen die regionale Landwirtschaft zu unterstützen. (…) Statt Nahrungsmittel in Hungergebiete zu liefern und so lokale Märkte kaputtzumachen soll den Landwirten dort geholfen werden, die Produktion anzukurbeln. (…) Vertreter der Vereinten Nationen begrüßten den Vorstoß der Industrienationen. Die Abkehr von Nahrungsmittelhilfen zu mehr Selbsthilfe sei ein längst überfälliger Schritt. Jacques Diouf, Chef der FAO, der UNO-Ernährungsorganisation, sagte: „Nahrungsmittelhilfe ist aber nötig, weil Menschen unter Dürre, Überschwemmungen und Konflikten leiden, und was sie sofort brauchen, sind Lebensmittel. Aber wenn wir es mit einer Milliarde hungernder Menschen zu tun haben, müssen wir ihnen dabei helfen, dass sie selbst Nahrungsmittel in ausreichendem Ausmaß anbauen können".

(Spiegel Online: G-8 startet 20-Milliarden Plan gegen Hunger; 10.7.2009)

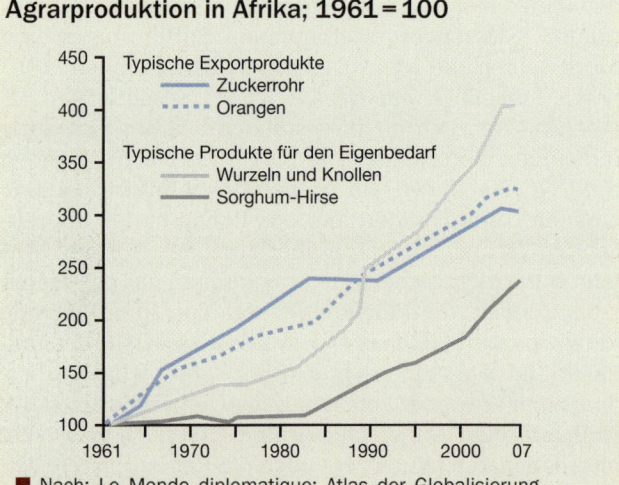

■ Nach: Le Monde diplomatique: Atlas der Globalisierung. Berlin 2009, S. 134.

Entwicklungshilfepolitik am Beispiel Afrika

Fragen und Arbeitsaufträge

1. Beschreibt anhand des Diagrammes die unterschiedliche Entwicklung von Exportprodukten und Produkten für den Eigenbedarf. Was lässt sich daraus für das geänderte Verständnis für die Bedeutung der Eigenversorgung erkennen? Welches Verständnis von „Entwicklungspolitik" lässt sich dahinter vermuten?

2. Analysiert den Text aus Spiegel-Online. Wie beurteilt ihr eine ausgewogene Abkehr von der Nahrungsmittelhilfe hin zu mehr Selbsthilfe bei der Nahrungsmittelproduktion?

3. Versucht in eigenen Worten das sich wandelnde Verständnis von „Entwicklungshilfe" bis hin zur „Entwicklungszusammenarbeit" an einem von euch recherchierten Beispiel nachzuzeichnen. Bezieht dabei die fünf Prinzipien der Pariser Erklärung mit ein.

4. Was alles beinhaltet die klassisch gewordene Aussage zur Entwicklungspolitik: „Gib den Menschen nicht den Fisch. Lehre sie zu fischen und ihre Fische zu verkaufen."?

Projektvorschlag

- Identifiziert anhand der Karte jene Länder Afrikas, in welchen die Versorgung mit sauberem Trinkwasser für große Teile der Bevölkerung unsicher ist. Was wäre im Sinne einer nachhaltigen Entwicklungszusammenarbeit (EZA) zu tun?

- Informiert euch in Gruppen bei einer Hilfsorganisation für EZA in Österreich darüber, welche Projekte mit solchen Zielsetzungen sie betreut: 1. Wo diese Projekte stattfinden; 2. Was bei diesen Projekten maßgeblich ist, um erfolgreich zu sein; 3. Wo besondere Schwierigkeiten liegen; 4. Wo sich eventuell unbeabsichtigte nachteilige Nebenwirkungen ergeben; 5. In welcher Form die fünf Prinzipien der Pariser Erklärung dabei Beachtung finden.

- Die einzelnen Gruppen präsentieren die gewonnen Ergebnisse (Beschreibungen, Fotos, Interviewaussagen, Zeitungsberichte etc.) in geeigneter Weise in der Klasse.

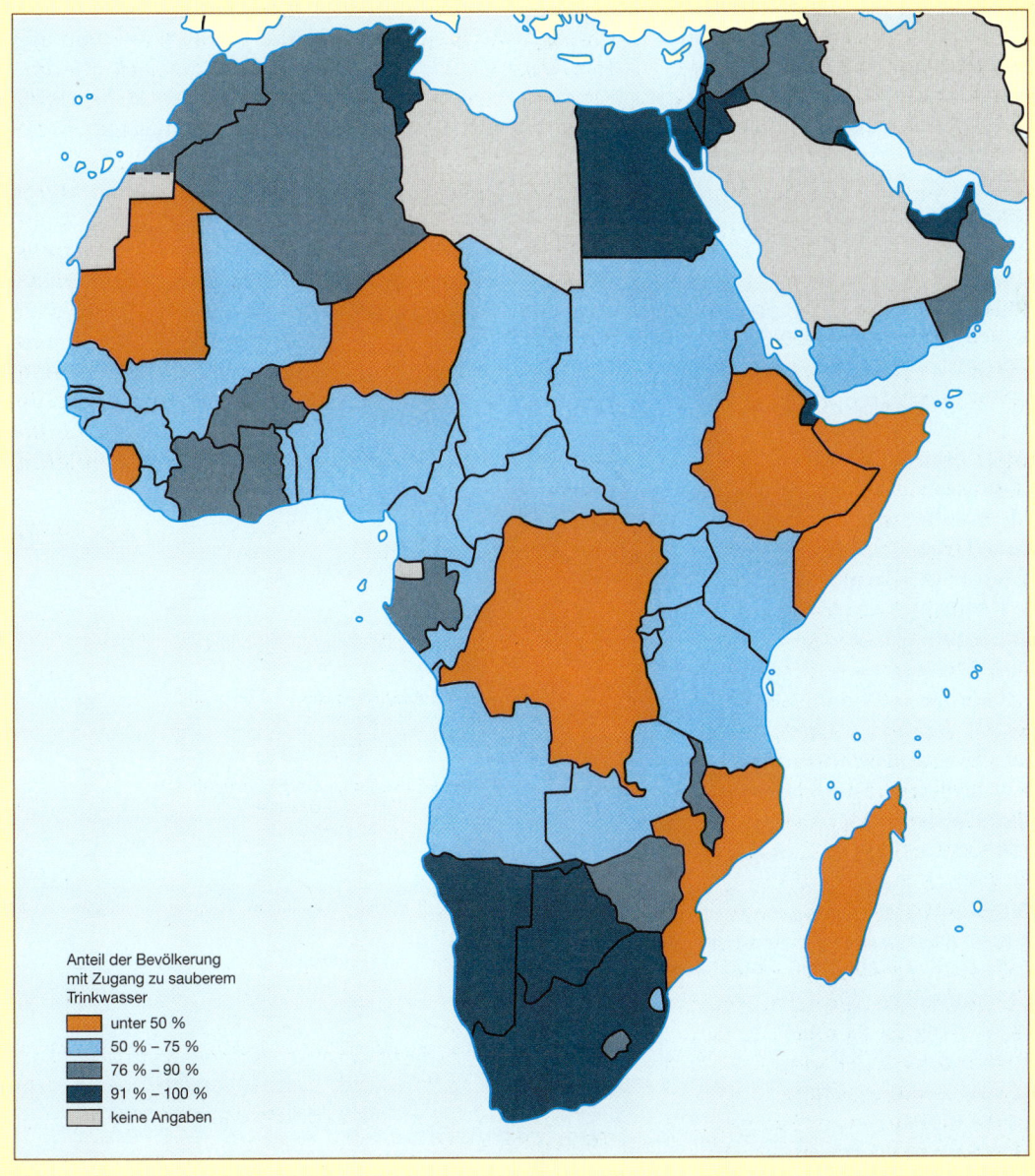

■ Trinkwasserversorgung in Afrika.
Quelle: WHO/UNICEF: Progress on sanitation and drinking-water, 2010 update.
Weltweit leben fast eine Milliarde Menschen ohne ausreichende Trinkwasserversorgung.

5. Konfliktfelder der Gegenwart

5.1 Die NATO und die OSZE

Die NATO – ein militärpolitisches Netzwerk

Nach Ausbruch des Kalten Krieges wurde im Jahr 1949 die NATO (North Atlantic Treaty Organization) als Verteidigungsbündnis zwischen 12 gleichberechtigten Staaten Europas und Nordamerikas gegründet. Der als Gegenbündnis im Jahr 1955 gegründete Warschauer Pakt – das Verteidigungsbündnis der osteuropäischen Volksdemokratien unter der Führung der Sowjetunion – wurde 1991 aufgelöst (vgl. S. 168). Bereits im Jahr 1999 sind die ersten Staaten des ehemaligen Warschauer Paktes Polen, Tschechien und Ungarn der NATO beigetreten.

Im Jahr 2004 vollzog die NATO ihre bis dahin umfassendste Erweiterung: Neben Rumänien, Bulgarien, Slowenien und der Slowakei traten mit Estland, Lettland und Litauen erstmals auch ehemalige Sowjetrepubliken dem nordatlantischen Verteidigungsbündnis bei. 2009 schließlich traten Kroatien und Albanien bei. Die NATO umfasst seither 28 vollwertige Mitglieder. Ab damals gehört die auf der Konferenz in Jalta festgelegte Nachkriegsordnung in Europa endgültig der Vergangenheit an. Die ehemals kommunistischen Staaten, die damals der Einflusssphäre der Sowjetunion zugeschlagen wurden, orientieren sich durch ihre NATO-Mitgliedschaft nun an der Integration in Europa. Sie gliederten sich aus mehreren Gründen in dieses Bündnis ein: einmal aus Vorsicht gegen ein möglicherweise wieder bedrohlich werdendes Russland; ferner schließt man Streitigkeiten untereinander noch nicht gänzlich aus; und schließlich wollte man – das wurde anlässlich der „Osterweiterung" der NATO im Jahr 1999 nur indirekt angedeutet (die Erinnerung an den Aggressor des Zweiten Weltkrieges ist noch wach) – mit dem wiedervereinigten Deutschland in ein starkes überstaatliches Militärbündnis eingebunden sein.

Bereits im Jahr 1994 wurde die NATO-Partnerschaft für den Frieden gegründet. Ihr gehören unter anderem auch Österreich (seit 1995) und die Schweiz an. Deren Ziele sind vor allem Transparenz der nationalen Verteidigungsplanungen sowie Planung, Übung und Durchführung von friedenserhaltenden Maßnahmen.

Diese Politik der NATO bedeutete eine Zurückdrängung des russischen Einflussbereiches in Europa. Das wurde durch den Einsatz von NATO-Truppen im Krieg um den Kosovo deutlich: Im Jahr 1999 griff die NATO – obwohl sie laut Statuten ausschließlich ein Verteidigungsbündnis darstellt – erstmals außerhalb ihres Vertragsgebietes und ohne Mandat des UNO-Sicherheitsrates militärisch in einen bewaffneten Konflikt gegen Serbien ein. Man wollte eine humanitäre Katastrophe – die weitere Vertreibung von Kosovo-Albanern – verhindern. Nach fast drei Monate dauernden Bombardements in Serbien wurde der Abzug serbischer Truppen aus dem Kosovo erzwungen.

Mit den Terroranschlägen vom 11. September 2001 stellte die NATO erstmals einen Angriff auf einen Mitgliedstaat und damit nach Artikel 15 den kollektiven Verteidigungsfall fest. Russland unterstützte die USA im Rahmen einer Anti-Terror-Koalition. Diese Verbesserung der Beziehungen der NATO zu Russland mündete schließlich im Jahr 2002 in die Gründung des „NATO-Russland-Rates". Damit wurde Russland im Kreis der NATO-Staaten ein nahezu gleichwertiger Partner. Russ-

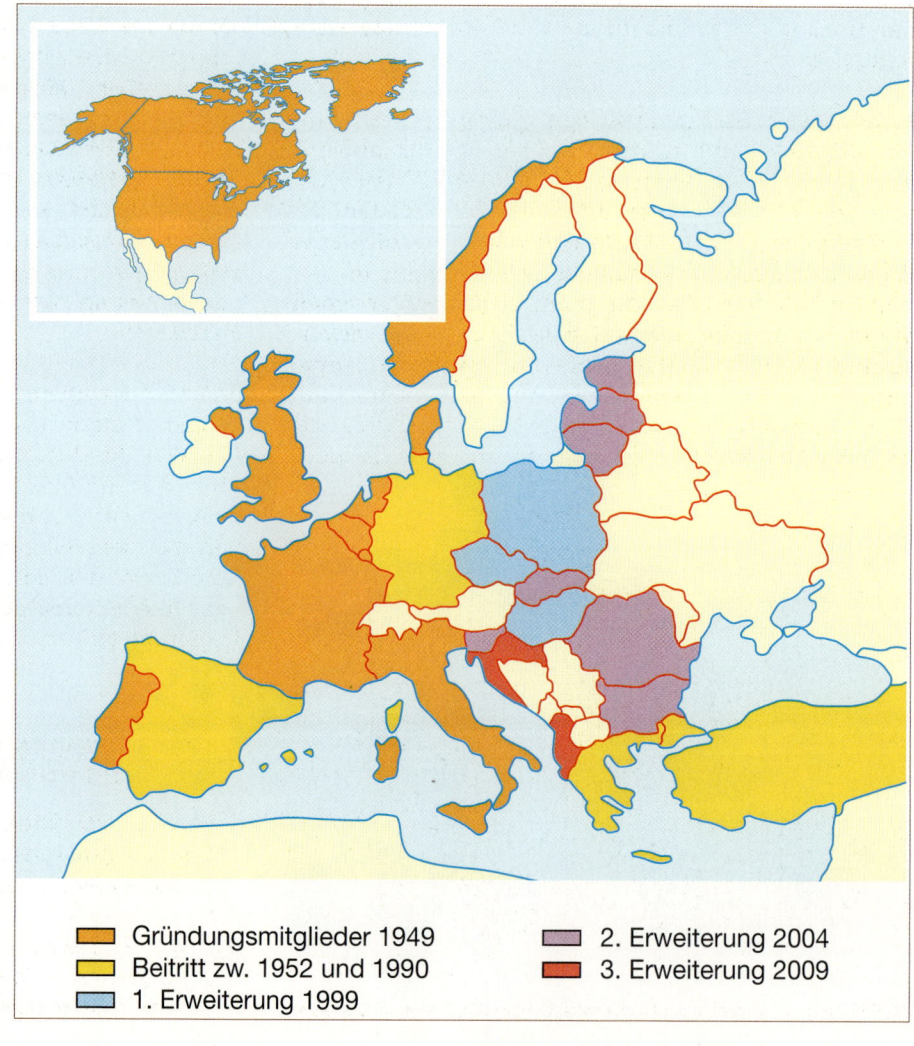

- Gründungsmitglieder 1949
- Beitritt zw. 1952 und 1990
- 1. Erweiterung 1999
- 2. Erweiterung 2004
- 3. Erweiterung 2009

land hat nun ein Mitspracherecht. Allerdings besitzt es kein Veto gegen Entscheidungen der NATO. 2008 wurde diese enge Kooperation wegen des Krieges von Russland gegen Georgien ausgesetzt und erst 2010 wieder aufgenommen.

Auf diese Weise ist über die NATO-Partnerschaft für den Frieden (1994), die zweistufige NATO-Ost- und Südosterweiterung (1999, 2004, 2009) und den NATO-Russland-Rat (2002) fast ganz Europa in dieses militärpolitische Netzwerk eingebunden. Gegenwärtig ist die NATO als Gesamtes oder in Teilen u.a. in folgenden Kriegen und Konflikten mit einem Mandat des Sicherheitsrates der UNO aktiv: seit 2003 in Afghanistan, nach wie vor im Kosovo, seit 2008 zur Bekämpfung der Piraterie vor Afrika und seit 2011 in Libyen.

OSZE (KSZE) – ein (weiteres) Sicherheitsnetz für Europa

Die Konferenz für Sicherheit und Zusammenarbeit in Europa (KSZE) tagte 1973 bis 1975 in Helsinki. Sie sollte einen geregelten Dialog zwischen Ost und West in Europa ermöglichen – z. B. keine Androhung von Gewalt durch die europäischen Staaten, die Anerkennung der bestehenden Grenzen, Achtung der Menschenrechte und der Grundfreiheiten, Gleichberechtigung und Selbstbestimmungsrecht der Völker. In der Schlussakte von Helsinki wurde feierlich die friedliche Koexistenz von NATO und Warschauer Pakt beschlossen. Ebenso vereinbarte man wirtschaftliche Zusammenarbeit auf der Basis der Menschenrechte und einen kulturellen Austausch.

In der Sowjetunion und in den übrigen Warschauer-Pakt-Staaten beriefen sich von nun die Regimekritiker auf die Menschenrechte. Zusammen mit den Wirtschaftsproblemen stärkte dies in diesen Staaten die veränderungswilligen Kräfte und trug wesentlich zum Zusammenbruch der kommunistischen Regime in Ost- und Südosteuropa bei. Aufgrund dieses tiefgehenden Wandels in Europa musste sich die KSZE neue Schwerpunkte setzen. Aus der Konferenz wurde 1995 eine Organisation mit festen Institutionen: Die nunmehrige OSZE (Organisation für Sicherheit und Zusammenarbeit). Sie hat ihren Sitz in Wien. Sie umfasst nicht mehr nur die europäischen Länder, sondern zu den derzeit 56 Mitgliedsstaaten zählen auch die USA, Kanada sowie u.a. die Nachfolgestaaten der Sowjetunion, die teilweise in Europa, teilweise in Zentralasien liegen. Ihr Rechtsstatus ist allerdings ungeklärt. Obwohl eine internationale Kommission die OSZE aufgrund ihrer Tätigkeit als internationale Organisation einstuft, behandelt die Mehrzahl der Staaten sie nicht als internationale Organisation. Die UNO fordert seit längerem eine Klärung dieser Frage, um den Mitarbeiterinnen und Mitarbeitern eine Rechtssicherheit zu gewährleisten.

Ihre Ziele bestehen vorrangig darin, Sicherheit und Stabilität in ganz Europa zu fördern und eine europäische „Sicherheitsstruktur für das 21. Jahrhundert" vor allem durch vertrauensbildende Maßnahmen und Maßnahmen zur Konfliktverhütung zu entwickeln. Sie versteht sich als ein System gemeinsamer Sicherheit in Europa auf der Grundlage von Demokratie, freier Zusammenarbeit und Menschenrechten. In einer gewissen Weise steht sie damit in Konkurrenz zur NATO in Sicherheitsfragen. Diese ist aber deutlich militärischer ausgerichtet.

Während der letzten Jahre wird die OSZE daher besonders zur Beobachtung von Wahlen, vor allem in „Übergangsdemokratien" (Staaten, die noch keine gefestigten Demokratien sind) herangezogen – z. B. in Georgien, in Serbien, in Russland, in Mazedonien etc. Dabei werden von den Beobachtern Vorschläge zur Verbesserung des Wähler/innenverzeichnisses, der Durchführung der Stimmenauszählung etc. gemacht. Auf diese Weise soll die OSZE die Demokratisierungsprozesse in den Übergangsdemokratien unterstützen.

Neben den erwähnten Aufgaben widmet sich die OSZE dem Kampf gegen den Rassismus, im Speziellen den Antisemitismus. So verständigten sich die Mitglieder auf der Antisemitismus-Konferenz in Berlin im Jahr 2004 darauf, den Antisemitismus in ihren Ländern zu bekämpfen und antisemitische Übergriffe systematisch zu erfassen.

Trotz der Orientierung an den Menschenrechten weisen mehrere Mitgliederstaaten der OSZE nach wie vor erhebliche Missstände darin auf. So hat bspw. Kasachstan als erster GUS-Staat im Jahr 2010 den Vorsitz übernommen, obwohl im Inneren demokratische Grundsätze und die Menschenrechte schwerwiegend verletzt werden. So werden dort bspw. Zeitungen beschlagnahmt oder Internetforen gesperrt, wenn sie sich kritisch zur Regierung äußern.

■ OSZE-Fahnen (kyrillisch, deutsch, englisch) Foto:OSCE/Mikhail Evstafiev.

Fragen und Arbeitsaufträge

→ 1. Die NATO wird als „militärpolitisches Netzwerk" beschrieben. Arbeite heraus, welche Maßnahmen politischer und welche militärischer Natur waren.

→ 2. Im Unterschied zur NATO ist die OSZE stärker politisch ausgerichtet. Fasse zusammen, welche Maßnahmen die OSZE in dieser Hinsicht unternimmt.

5.2 Dauerkrise im Nahen Osten

Aus Palästina wird Israel

Die Briten hatten im Ersten Weltkrieg das Osmanische Reich mithilfe arabischer Stämme besiegt. Diese erwarteten als Gegenleistung die nationale Selbstständigkeit. Großbritannien und Frankreich teilten sich jedoch die Gebiete im Nahen Osten unter sich als Mandate des Völkerbundes auf. Die Briten erhielten unter anderem Palästina. Infolge eines während des Ersten Weltkrieges gegebenen Versprechens (Balfour-Deklaration) wanderten jetzt Zehntausende jüdische Familien nach Palästina ein. Die Araber wehrten sich dagegen, bürgerkriegsähnliche Zustände waren die Folge. Dies veranlasste die Briten, ihr Mandat über Palästina aufzugeben (1948). Schon 1947 schlug die UNO vor, das Land in einen arabischen und einen jüdischen Staat zu teilen. Es konstituierte sich im Mai 1948 allerdings nur der jüdische Staat Israel, der sofort von seinen Nachbarstaaten angegriffen wurde. Die Israelis konnten sich jedoch behaupten und im Gegenangriff ihr Gebiet erweitern. Ein arabischer Staat Palästina wurde u.a. deshalb nicht ausgerufen, weil damit die Teilung und somit auch die Anerkennung Israels akzeptiert worden wäre.

Arabische Flüchtlinge aus Palästina (Palästinenser/innen), die vor den Kampfhandlungen in großer Zahl in die benachbarten Staaten ausgewichen waren oder vertrieben wurden, gliederte man dort nicht in die Gesellschaft ein. Sie wurden unter menschenunwürdigen Bedingungen in Lagern zusammengefasst, in denen sie und ihre Nachkommen heute noch leben. Lediglich in Jordanien erhielt eine erhebliche Zahl der geflüchteten Palästinenser/innen die Staatsbürgerschaft.

„Stellvertreterkriege" und Terror

Im Zuge der Suezkrise 1956 besetzten die Israelis die Halbinsel Sinai, um den Angriffen aus den palästinensischen Flüchtlingslagern ein Ende zu bereiten. Unter dem Druck der Supermächte mussten sie jedoch ihre Eroberungen wieder aufgeben. Da sich als Folge dieses Konflikts Ägypten mit der UdSSR verbündete, erhielt Israel die verstärkte Unterstützung der USA und dort tätiger jüdischer Organisationen.

Die Bedrohung durch die arabischen Nachbarn spitzte sich 1967 ernsthaft zu, als der ägyptische Präsident Nasser unverhüllt mit der Vernichtung des jüdischen Staates drohte. Die anderen arabischen Staaten schlossen sich ihm an. So glaubte Israel, nur durch einen Präventivkrieg die vielfache Überlegenheit der Feinde ausgleichen zu können. Im folgenden „Sechstagekrieg" besiegte es seine Gegner und besetzte weitere Gebiete: die Golanhöhen, das Westjordanland, Gaza, die Halbinsel Sinai. Auch der Ostteil von Jerusalem fiel unter israelische Herrschaft. Israel wurde dafür von der UNO als „Aggressor" verurteilt. In den Flüchtlingslagern der Palästinenser setzte sich inzwischen die 1964 gegründete Palästinensische Befreiungsorganisation (PLO) unter Jasir Arafat durch. Die PLO betrachtete die Israelis als Eindringlinge in ihr Land, die vertrieben werden müssten. Da sich Israel als unangreifbar erwies, trugen Terrorkommandos ihren Kampf in die westlichen Industrie-

■ Der israelische Ministerpräsident Menachem Begin, US-Präsident Jimmy Carter und der ägyptische Präsident Anwar as-Sadat 1978 (v.l.) bei ihren Gesprächen in Camp David, in denen der Abschluss eines Friedensvertrages zwischen Ägypten und Israel vereinbart wurde. Begin und Sadat erhielten dafür den Friedensnobelpreis des Jahres 1978.

staaten: Flugzeugentführungen und der Anschlag der Gruppe „Schwarzer September" bei den Olympischen Spielen in München 1972 auf die israelische Olympiamannschaft bildeten seine Höhepunkte.

Jom Kippur und Camp David

Im Oktober 1973 griffen ägyptische und syrische Truppen am Jom Kippur, dem höchsten Feiertag der Juden, Israel überfallartig an. Sie erzielten dabei erstmals Erfolge. Damit schwand der Nimbus der Unbesiegbarkeit Israels und damit auch das Unterlegenheitsgefühl der Araber. Diese neue Situation trug dazu bei, dass die Vermittlungsbemühungen des US-Präsidenten Jimmy Carter erfolgreich waren: 1979 wurde der Friedensvertrag zwischen Ägypten und Israel unterzeichnet, der auch die Rückgabe der Sinaihalbinsel an Ägypten beinhaltete.

Das Verhältnis zu den Palästinensern und den anderen Nachbarn Israels – Syrien, Libanon und Jordanien – besserte sich jedoch nicht. Es verschärfte sich vielmehr durch die israelische Siedlungspolitik in den besetzten Gebieten. Hier gründeten die Israelis viele neue Siedlungen, wodurch dieses Land faktisch ein Teil des Staates Israel zu werden droht.

Land für Frieden?

Weitere Friedensbemühungen scheiterten stets an der unnachgiebigen Haltung beider Seiten. Israel wollte die besetzten Gebiete vor einem Friedensschluss nicht einmal teilweise aufgeben, die Araber machten dies jedoch zur ersten Vorbedingung von Verhandlungen. Dieser Zustand und die Unzufriedenheit der arabischen Bevölkerung mit der oft repressiven israelischen Verwaltung führten 1987 zur ersten „Intifada", dem Aufstand gegen die israelische Besetzung. Steine werfende Kinder und

Internationale Politik seit 1945

Die Region des Kaukasus. Stand 2010.

schenische Separatisten und die folgende „Befreiungsaktion" durch russisches Militär, bei der Hunderte Menschen (v.a. Kinder) den Tod fanden, die Welt. Diese Tragödie stellte einen vorläufigen Höhepunkt im jahrelangen Krieg zwischen der Regierung in Moskau und der tschetschenischen Separatistenbewegung dar.

Doch der Konflikt kommt nicht zur Ruhe. Tschetschenische Separatisten verüben Terroranschläge in Moskau und tragen damit den Krieg aus dem Nordkaukasus ins Zentrum der Macht. In der Republik Tschetschenien selbst gehen Unterdrückungsmaßnahmen durch die Zentralmacht in Moskau und ihre regionalen Vertreter weiter. Aber es mehren sich Anzeichen dafür, dass ein islamisch geprägter Untergrund in einigen Gebieten Tschetscheniens die Macht übernommen hat. Eigene Einrichtungen, wie z.B. Scharia-Gerichte, werden eingeführt.

Auch in Dagestan und Inguschetien gibt es Selbstmordanschläge von Gruppen, welche die Unabhängigkeit von der Russischen Föderation anstreben.

Der damalige russische Präsident Medwedjew versuchte diesen Krisenherd dadurch zu entschärfen, indem er 2010 einen eigenen Föderationsbezirk „Nordkaukasus" einrichtete. Dieser umfasst alle diese Konfliktgebiete der Russischen Föderation und soll dort die Probleme ohne direkte Einmischung Moskaus lösen.

Fragen und Arbeitsaufträge

→ 1. Arbeite die wesentlichen Konfliktlinien in der gesamten Krisenregion Kaukasus heraus. Beachte dabei besonders die Russische Föderation sowie die drei neuen Staaten Aserbaidschan, Armenien und Georgien.

5.6 Jugoslawien: Sieben neue Staaten

Zu Beginn des 21. Jh. bestehen auf dem Gebiet des ehemaligen Jugoslawien sieben neue Staaten: Slowenien, Kroatien, Bosnien-Herzegowina, Mazedonien, Serbien, Montenegro und der Kosovo. Diese neue Staatenkarte ist ein Abbild der bundesstaatlichen Verfassung des untergegangenen Jugoslawiens. Dazu schreibt die Historikerin Marie-Janine Calic:

> Jugoslawien schlitterte in den 1980er Jahren in die tiefste wirtschaftliche, politische und sozialpsychologische Krise seines Bestehens. (…) Je mehr die säkuläre Religion des Kommunismus an Überzeugungskraft einbüßte, desto attraktiver erschien die Flucht in den Glauben an ethnische Identitäten, und in die Geschichte. (…) In allen (Teil-)Republiken markierten die späten 1980er Jahre eine nationalistische Wende. (…) Viele Menschen fühlten sich in den schwierigen Zeiten nur noch durch Führer angemessen vertreten, welche mit nationalistischer Massenagitation demokratische Legitimation vorgaukelten.
>
> (Calic, Geschichte Jugoslawiens im 20. Jahrhundert, 2010, S. 141f.)

Slowenien und Kroatien sagen sich los

Am 25. Juni 1991 erklärten sich Slowenien und Kroatien für unabhängig. Damit begann der Zerfall eines Staates, der nach dem Ersten Weltkrieg 1918 als Königreich der Serben, Kroaten und Slowenen gegründet worden war. Im Zweiten Weltkrieg wurde Jugoslawien nach dem Überfall der deutschen Wehrmacht (1941) zerschlagen. Es entstand wieder 1945 unter der Führung Titos als kommunistischer Staat. Nach dem Tod Titos 1981 traten die Spannungen zwischen Serbien und den anderen Teilrepubliken auf. Auch im wirtschaftlichen Bereich wurden Unterschiede zwischen den Teilrepubliken des Nordens (Slowenien, Kroatien) und jenen des übrigen Jugoslawien immer stärker. Vor allem in der autonomen Provinz Kosovo begann eine Politik der Unterdrückung durch Serbien gegenüber den ca. 1,5 Mio. Albanern. 1989 wurde der Provinz die Autonomie aberkannt. Diese Vorgangsweise ließ erwarten, dass der Weg in die Unabhängigkeit nicht ohne Gewalt ablaufen würde. Als Slowenien seine neuen Grenzen als internationale Grenzen einrichten wollte, besetzte die jugoslawische Volksarmee die Grenzstationen. Es kam daraufhin zu einem Krieg, der zehn Tage dauerte. Diese kurze Dauer hängt auch damit zusammen, weil in Slowenien kaum Serben lebten.

Anders war die Situation in Kroatien. Hier brachen unmittelbar nach der Unabhängigkeitserklärung Kämpfe zwischen den kroatischen Sicherheitskräften und bewaffneten Serben aus. Die jugoslawische Volksarmee unterstützte die Serben in Kroatien und besetzte schließlich ungefähr ein Drittel des Landes. Dieser Krieg führte zur Zerstörung ganzer Städte (u.a. Vukovar) und

■ Gedenkstätte Srebrenica (Fotografie, Juli 2009). Besucher/innen der Gedenkstätte lesen die Namen der bosnischen Muslime, die im Massaker von Sebrenica 1995 getötet wurden.

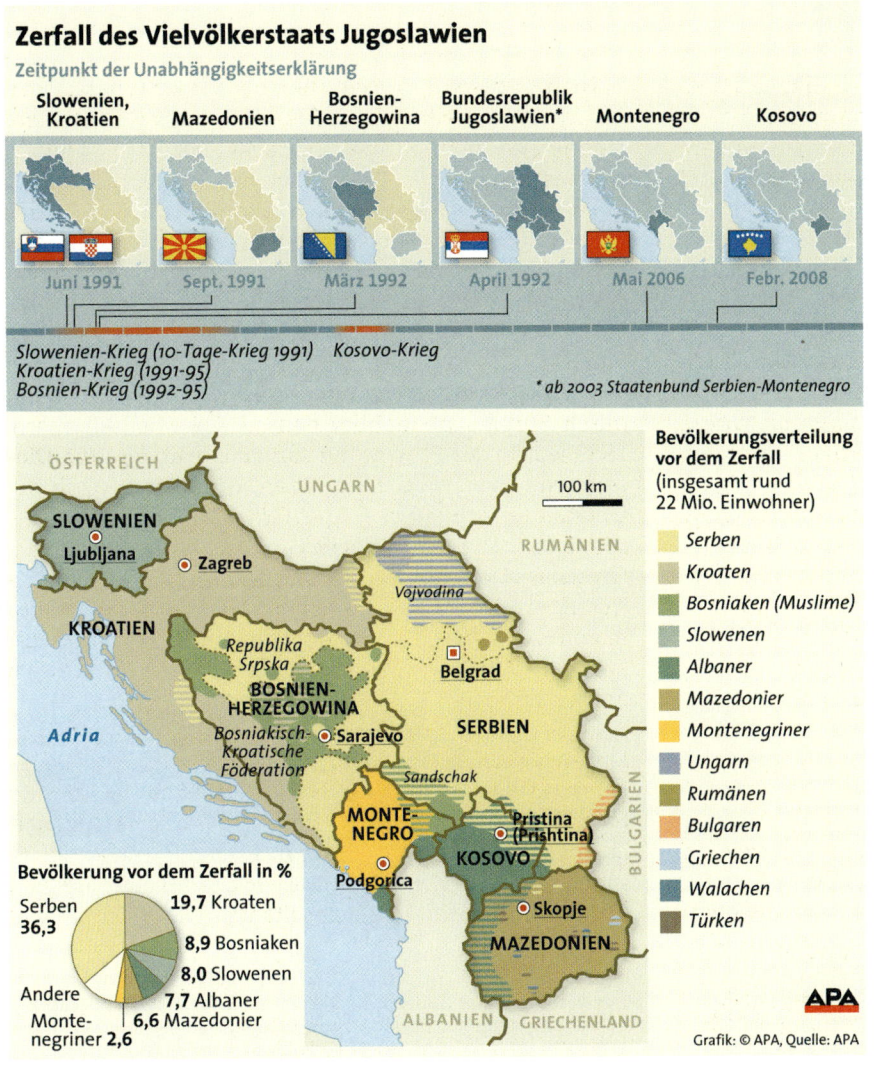

Der Zerfall Jugoslawiens ab 1991. Erstellt 2011.

zwang rund eine halbe Million Menschen zur Flucht. Die internationale Staatengemeinschaft reagierte widersprüchlich. Deutschland und Österreich unterstützten die Selbstständigkeit Kroatiens und Sloweniens. Die UNO, die Regierungen in Washington, Paris und Moskau befürworteten hingegen den Erhalt Jugoslawiens. Sie befürchteten einen Präzedenzfall für weitere Unabhängigkeitsbestrebungen. Ende 1991 akzeptierten Kroatien und Serbien einen Plan der UNO. UNO-Truppen wurden in die Krisengebiete entsandt.

Krieg in Bosnien-Herzegowina

Anfang 1992 verlagerte sich der Krieg nach Bosnien-Herzegowina nachdem er als unabhängiger Staat anerkannt worden war. Dort lebten 44 % Muslime, 32 % Serben und 17 % Kroaten. Diese Bevölkerungsvielfalt führte im Verlauf des Krieges zu gegenseitigen Vertreibungen. Man wollte „ethnisch reine" Gebiete schaffen (Ethnic Cleansing). Davon besonders betroffen war die muslimische Bevölkerung. Sie wurde in Internierungslager gezwängt und vielfach umgebracht. Frauen fielen massenhaft Vergewaltigungen zum Opfer. Vor allem in Srebrenica gedenken alljährlich die Hinterbliebenen des Massakers, bei dem von bosnischen Serben ca. 8 000 muslimische Buben, Männer und Greise umgebracht wurden. In der Friedensregelung von 1995 blieb Bosnien-Herzegowina zwar formal als Einheit bestehen, doch setzt es sich aus zwei Teilstaaten (bosniakisch-kroatische Föderation und Serbische Republik) mit innerer Autonomie zusammen.

Der Kosovo – der jüngste Nachfolgestaat?

Die Aberkennung des Autonomiestatus durch Serbien (1989) verstärkte im Kosovo die regionale Unabhängigkeitsbewegung. 1992 wurde sogar in einer nicht anerkannten Wahl ein gemäßigter Präsident der „Republik Kosova" gewählt. Doch die radikalen Gruppen, die eine gewaltsame Loslösung des Kosovo von Serbien betrieben, erhielten immer mehr Zulauf. Die Kämpfe mit den serbischen Sicherheitskräften forderten zunehmend mehr Opfer unter der albanischen zivilen Bevölkerung. Massenvertreibungen und Massenhinrichtungen von Albanern führten zum militärischen Eingreifen der NATO. Sie rechtfertigte im März 1999 ihre Intervention damit, eine noch größere humanitäre Katastrophe verhindern zu wollen. Nach einem 77 Tage dauernden Bombardement serbischer Städte und Einrichtungen stimmte Serbien dem Abzug seiner Truppen aus dem Kosovo zu. Die Kfor (Kosovo-Force)Truppen der UNO übernahmen die Kontrolle im Kosovo. Nach jahrelangen Bemühungen um eine gemeinsame Lösung proklamierte schließlich der Kosovo im Februar 2008 einseitig seine Unabhängigkeit. Er ist damit der jüngste der sieben Nachfolgestaaten des ehemaligen Jugoslawiens.

Fragen und Arbeitsaufträge

→ 1. Seit 2004 ist Slowenien Mitgliedsstaat der EU; mit Kroatien sind nach vielen Jahren die Beitrittsverhandlungen positiv abgeschlossen worden. Charakterisiere die aktuelle politische Diskussion um den EU-Beitritt der weiteren Nachfolgestaaten.

5.7 Revolutionen in der arabischen Welt

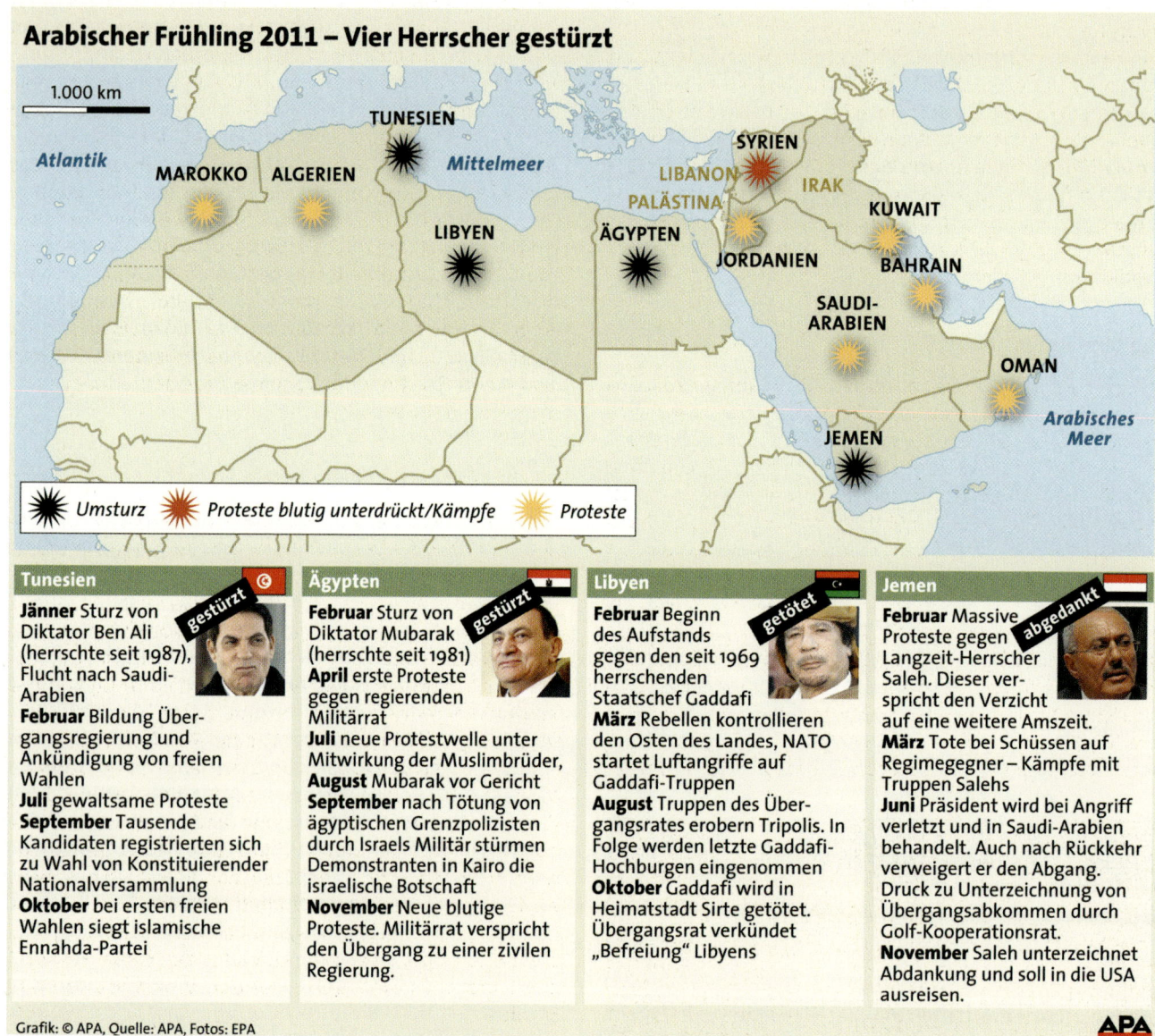

■ Arabischer Frühling 2011, APA-Grafik, erstellt am 23. November 2011.

Die Revolutionen in der arabischen Welt Nordafrikas und des Nahen Ostens seit 2010 gegen die autokratischen Regime haben mehrere Ursachen:

– Besonders unter den Jugendlichen und den akademisch Gebildeten in der Region ist die Arbeitslosigkeit sehr hoch. Der Schriftsteller Takar Ben Jellom fasst z. B. für Tunesien zusammen:

> L *Die tunesische Zeitung La Presse vom 7.2.2011 gibt (...) bei den Akademikern eine Arbeitslosenquote von 44,9 % an; für die Jugendlichen zwischen 18 und 29 Jahren beträgt die Arbeitslosenquote im Schnitt 29,8 %, mehr als 1,3 Mio. Jugendliche haben zwischen 2004 und 2009 die Schule abgebrochen. Schließlich bekennen 70 % der jungen Tunesier, dass sie alle Mittel einsetzen wollen, um auszuwandern.*
>
> (Tahar Ben Jellom, Arabischer Frühling, 2011. In: Bundeszentrale für Politische Bildung, S. 43).

– Gleichzeitig sahen diese Menschen, die zum großen Teil weder Arbeit noch Perspektive hatten, wie die Mitglieder der regierenden Klasse ihren Reichtum bedenkenlos vermehrten und vielfach außer Landes brachten.
– Ein dritter Grund ist die politische Unfreiheit. Seit Jahrzehnten wurden in diesen Staaten kritische Äußerungen und oppositionelle Bewegungen mit polizeistaatlichen Mitteln bis hin zu willkürlichen Verhaftungen, Folter und Mord unterdrückt.

Den Anfang machte Tunesien

Entgegen den Erwartungen begann der „Arabische Frühling" nicht in Ägypten sondern in Tunesien. Im Dezember 2010 verbrannte sich Mohammed Bouazizi vermutlich aus Protest gegen behördliche Willkür und aufgrund fehlender Perspektiven selbst. Dies bildete den Anlass für Proteste, die sich rasch zu einem Volksaufstand ausweiteten.

Er richtete sich gegen den seit 1987 amtierenden Präsidenten. Der wurde 2009 wiedergewählt, wobei allerdings nur rund 25 % der Wähler/innen zur Wahl gingen. Die Demonstrantinnen und Demonstranten verlangten vehement den Rücktritt des Präsidenten mit seiner korrupten Regierung. Mitentscheidend für den erfolgreichen Verlauf der Revolution war das Verhalten der Armeeführung. Sie entzog dem Präsidenten ihre Unterstützung. Schließlich flüchtete das raffgierige Präsidentenpaar ins Exil. Die Regierungspartei wurde aufgelöst. Demokratische Wahlen, zuletzt 2014, stärken die Demokratisierung in Tunesien.

Ägypten im Aufbruch

In Ägypten begannen die Demonstrationen am 25. Jänner 2011. Hier hatte es schon in den Jahren zuvor wiederholt Proteste gegen Präsident Mubarak gegeben, der seit 1981 an der Macht war. Diese wurden jedoch mit Polizeigewalt unterdrückt. Die Forderung nach freien demokratischen Wahlen blieben jedoch ebenso bestehen wie der Zusammenhalt von Jugendlichen und Gebildeten über Facebook. Mubarak versuchte, sich zunächst mit Reformzusagen, dann mit Polizeigewalt und schließlich mit Drohungen an der Macht zu halten. Doch die Demonstrationen auf dem Tahrir Platz in Kairo hielten an, und sein Rücktritt wurde kompromisslos gefordert. Unklar war mehrere Tage lang, wie das Militär reagieren würde. Mubarak verlor außerdem seinen außenpolitischen Rückhalt in den USA. Er musste im Februar zurücktreten. Ein Militärrat übernahm die Übergangsregierung. Freie Wahlen zum Parlament wurden im Herbst 2011 durchgeführt. Für diese Wahlen waren die islamistisch ausgerichteten Muslimbrüder, die unter Mubarak verboten gewesen waren, organisatorisch am besten vorbereitet. Sie erhielten mit Abstand die meisten Stimmen. Es ist aber fraglich, ob sie mit ihrem Programm Antworten auf die zentralen Sorgen der Menschen in Ägypten haben. Diese betreffen nämlich Demokratisierung, wirtschaftliche Entwicklung und Bekämpfung der Armut. Die nach der neuen Verfassung von 2012 angestrebte Umgestaltung des Landes in eine islamische Republik stieß neben breiter Zustimmung auch auf eine breite Ablehnung. Sie führte im Jahr 2013 zur Ablösung und Verhaftung des Präsidenten durch das Militär. 2014 wurde ein neuer Präsident, der aus der Armee kommt, gewählt.

Bewaffneter Aufstand in Libyen

Kurz nach dem Rücktritt Mubaraks in Ägypten begannen im Osten Libyens Demonstrationen gegen Muammar al-Gadaffi. Dieser befand sich seit seinem Putsch gegen den König im Jahr 1969 an der Macht. Gadaffi reagierte auf die Proteste mit aller Härte. Neben Polizei und Militär setzte er auch Söldner aus Afrika ein. Anders als in Tunesien und Ägypten griffen in Libyen die Regierungsgegner zu den Waffen. Mitte März 2011 beschloss der UN-Sicherheitsrat eine Resolution, die den Schutz der Zivilbevölkerung durch eine internationale Militäraktion vorsah. Mehrere NATO-Staaten wie USA, Frankreich, Großbritannien und Italien griffen daraufhin Libyen aus der Luft an. Tausende Menschen flüchteten nach Tunesien oder über das Meer nach Italien. Im Oktober 2011 wurde Gadaffi von den Revolutionstruppen getötet. Ein Übergangsrat wurde gebildet, der die Befreiung Libyens verkündete. Doch die Rivalität bewaffneter Milizen gefährdet den Weiterbestand des Staates.

Syrien – Unterdrückung mit aller Härte

In Syrien begannen die Proteste im März 2011. Hier befindet sich der Clan Assad seit den 1970er Jahren an der Macht. Er stützt sich neben der Polizei und der Armee vor allem auf seinen Geheimdienst. Präsident Assad versprach beständig Reformen, ließ aber gleichzeitig die friedlichen Demonstrationen mit aller Gewalt bekämpfen. Zu einer Militärintervention konnte sich die internationale Staatenwelt nicht entschließen. Russland und China waren im UN-Sicherheitsrat dagegen; außerdem fürchtet man unabsehbare Folgen für die gesamte Region. Eine solche scheint sich mit der Ausrufung des IS (Islamischen Staates) durch eine radikal islamistische Miliz zu verwirklichen.

■ Tahrir Platz, aufgenommen am 8. Februar 2011.

Fragen und Arbeitsaufträge

→ 1. Sammle Medienberichte zu den Revolutionen in der arabischen Welt. Beziehe dabei auch die Haltung des Iran und Israels ein. Verfasse anhand dieser Nachrichten einen kurzen Bericht und berücksichtige dabei, wie mögliche Zukunftsszenarien dargestellt werden.

6. Politische Herausforderungen der Gegenwart

6.1 Fundamentalismus in der modernen Welt

Herkunft und Merkmale

Ein Gespenst geht um in der modernen Welt – das Gespenst des Fundamentalismus. Dabei ist dieser Begriff schon zu Beginn des 20. Jh. in den USA entstanden. Zwischen 1909 und 1915 erschienen in Millionenauflage 12 theologische Bändchen mit dem Titel: „The Fundamentals – A Testimony to the Truth". Es handelte sich zunächst um eine Gegenbewegung vor allem innerhalb der protestantischen Theologie. Diese ging im Sinne eines modernen Wissenschaftsverständnisses daran, die biblischen Texte mit historisch-kritischen Methoden zu analysieren und zu interpretieren. Dem stellten die „Fundamentalists" ihre „Fundamentals" entgegen. An vorderster Stelle stand damals und steht heute die irrtumslose Unfehlbarkeit der Heiligen Schrift:

> Q Wir bekennen, dass die Schrift als Ganzes und in allen ihren Teilen, bis hin zu den einzelnen Wörtern der Originalschriften, von Gott inspiriert wurde.
>
> (Artikel VI der fundamentalistischen Chicago-Erklärung zur Irrtumslosigkeit der Bibel von 1978; zit. nach: Thiede, Fundamentalistischer Bibelglaube, 1991, S. 133)

Vom Schöpfungsglauben zum Affenprozess

Mit dieser Auffassung wurde anfangs vor allem die Evolutionstheorie von Charles Darwin abgelehnt und die Schöpfungsgeschichte des Alten Testaments wortwörtlich als richtig verteidigt. Aufgrund dieses Schöpfungsglaubens (= Kreationismus) wurde nach 1921 in einigen Südstaaten der USA verboten, die Evolutionstheorie an Schulen zu unterrichten. Im „Affenprozess" (Daytona/Tennessee, 1925) wurde der Lehrer John D. Scopes, der den Darwinismus entgegen dem staatlichen Gebot unterrichtet hatte, wegen „Gotteslästerung" verurteilt.
Im Verlaufe seiner Geschichte hat sich der Begriff des Fundamentalismus jedoch gewandelt und geweitet. Heute wird mit ihm eine bestimmte Art des Zusammenfallens von enger traditionsorientierter Religion und Politik bezeichnet.

Kennzeichnende Merkmale des Fundamentalismus

1. Der Fundamentalismus bietet ein geschlossenes Weltbild: Es gibt nur eine „richtige" Erklärung und Deutung der Welt und auch klare Vorschriften für die Lebensführung im Alltag.
2. Fundamentalismus lehnt die Auffassung von der Überlegenheit der modernen, aufgeklärten Gesellschaft ab. Er übt Kritik am Anspruch nach alleiniger Geltung des wissenschaftlich aufgeklärten Denkens.
3. Diese Traditionen erhalten den Rang einer unbefragten Autorität – ähnlich religiösen Dogmen.
4. Der Fundamentalismus ist gekennzeichnet durch ein Elitebewusstsein. Der Fundamentalist weiß sich der kleinen Schar der Auserwählten zugehörig; er fühlt sich dadurch geborgen vor den Wirren unserer Zeit.

Faszination des Fundamentalismus in einer unsicheren Welt

Wir leben in einer Zeit der voranschreitenden Verwissenschaftlichung unseres Lebens. Die Erfahrungen mit dynamischen Entwicklungen machen die Menschen unsicher.

> L Im Westen reagiert der Fundamentalismus auf innere Widersprüche der Neuzeit, z. B. auf neuzeitliche Ideologien, auf quasi religiöse Ansprüche von Wissenschaft und wissenschaftlichem Weltbild. (...) Für den Islam, für Hindus und Buddhisten bricht die neuzeitliche Kultur von außen herein. Ihre religiösen Fundamente werden von der neuzeitlichen Verweltlichung bedroht, aber gleichzeitig droht eine kulturelle Verwestlichung, es drohen wirtschaftliche Abhängigkeit und politische Bevormundung. Oft ist der Fundamentalismus ebenso ein Versuch politisch-kultureller Selbstbehauptung wie ein religiöses Unternehmen. (...) Oft ist er ein Versuch der Bewahrung eigener Traditionen.
>
> (Hemminger, Fundamentalismus in der verweltlichten Kultur, 1991, Einführung, S. 10 f.)

Fundamentalismus in den Religionen: im Rahmen des Katholizismus

Das 2. Vatikanische Konzil (1962–1965) brachte der katholischen Kirche einen Modernisierungsschub: Sie respektiert z. B. seither das Recht auf Religionsfreiheit Andersgläubiger. Sie schwächt die überlieferten Jenseitsvorstellungen von Hölle und Fegefeuer ab und rückt die Barmherzigkeit Gottes gegenüber der Strafe in den Vordergrund. Sie schafft Latein als verpflichtende Liturgiesprache ab u. v. a. m. Einige Gruppen innerhalb der Kirche können diese Änderungen nur schwer nachvollziehen. Manche katholischen Fundamentalisten lehnen z. B. die Volksmesse ab, andere respektieren Atheisten oder Agnostiker und deren Auffassungen nach wie vor nicht.

... im Rahmen des Protestantismus

Nach dem Zweiten Weltkrieg wurden Ziele des ursprünglichen Fundamentalismus in den USA von der evangelikalen Bewegung (Nachfolge der Wanderprediger aus der Pionierzeit) übernommen. Das erklärte Ziel ist die Rechristianisierung Amerikas u. a. mit Bibellektüre, Schulgebet und militantem Abtreibungsverbot. Bekannte amerikanische Fernsehprediger fundamentalistischer Prägung werden als „Televangelists" (z. B. Billy Graham, Oral Roberts) bezeichnet. Sie sprechen über ihre alltägliche Präsenz in den elektronischen Medien („Elektronikkirchen") die Massen an.

... im Rahmen des Islam

Die Verwirklichung eines islamischen Staates und die Bekämpfung zunehmender „Verwestlichung" gehören zu den Hauptzielen islamisch fundamentalistischer Bewegungen. Zu ihren bedeutendsten Gruppen zählten lange Zeit die „Muslimbrüder" (gegründet 1928 in Ägypten). Sie sahen in der Religion das Modell für alle sozialen und politischen Handlungen und den Koran sowie das von ihm ausgehende göttliche Recht, die Scharia, als einzige Richtlinie. Von der islamischen Revolution im Iran (1979) ausgehend erlangten diese Ideen in der übrigen islamischen Welt – von Ostasien über Nordafrika bis Europa – zunehmend an Bedeutung (z. B. Al Qaida). 2014 riefen islamistische Fundamentalisten im Nahen Osten sogar einen eigenen Staat aus (IS, Islamischer Staat); im Nordosten Nigerias kämpft die islamistische Terrorgruppe Boko Haram („westliche Bildung ist unrein") ebenfalls um einen Gottesstaat.
Bassam Tibi, einer der führenden Islamkenner meinte dazu:

> Islamische Fundamentalisten sollen nicht automatisch mit der Religion des Islam assoziiert werden, wie es die westlichen Medien gewöhnlich zu tun pflegen. Der Islam ist eine vierzehn Jahrhunderte alte Zivilisation, wohingegen die Fundamentalisten einen neuen Trend im Islam darstellen. (...) Die Verherrlichung der Gewalt im Namen der Religion bleibt nicht allein auf muslimische Fundamentalisten beschränkt.

(Tibi, Krieg der Zivilisationen, 2001, S. 225f.)

Fragen und Arbeitsaufträge

→ 1. Fasse die kennzeichnenden Merkmale des Fundamentalismus zusammen und arbeite kritische Sichtweisen (anhand der vorliegenden Merkmale) dazu heraus.

Necla Kelek, eine türkischstämmige Universitätsprofessorin für Soziologie in der BRD, sagte anlässlich der Verleihung des Friedenspreises 2010 in Frankfurt u. a.:

> Der politische Islam – und ich meine damit z. B. die Konferenz der 45 Staaten der islamischen Konferenz – stellt die Menschenrechte unter den Vorbehalt der Scharia, ihres göttlichen Rechts. (...) Es ist deshalb schwer, Islam und Islamismus voneinander zu trennen.

(Necla Kelek: Lassen Sie uns über Freiheit sprechen! Frankfurt, 2010)

Fundamentalismus als Herausforderung: Wertediskussion und Dialogbereitschaft

Fachleute meinen, dass der Umgang mit dem Fundamentalismus dazu zwingt, sich mit eigenen Wertorientierungen zu beschäftigen. Jedes Gemeinwesen – von der Familie bis zum Staat – brauche eine Mindestübereinstimmung an Werten, denen sich die Mitglieder verpflichtet fühlen. Eine solche Mindestübereinkunft an Grundwerten mache es überhaupt erst möglich, unterschiedliche pluralistische Wertvorstellungen zu leben. Die Politik habe den Freiraum dafür zu sichern, damit unterschiedliche religiöse oder weltanschauliche Orientierungen gelebt werden können. Dazu seien kritische Toleranz und ein interkultureller Dialog nötig.

→ 2. Erörtert das Problem, wie man einen Dialog mit Menschen führen kann, die ihre „Wahrheit" nicht mehr in Frage stellen wollen.

■ Via Fernsehen verbreiten christliche Fundamentalisten ihre Botschaften. Auf dem Bild zu sehen ist der Fernsehprediger Billy Graham, einer der bekanntesten US-Evangelistenprediger, bei einer Massenveranstaltung in San Diego, Kalifornien im Mai 2003. Der Einfluss auf die Politik ist durchaus gegeben, wie etwa die Tea-Party-Bewegung zeigt.

6.2 Terrorismus – eine globale Bedrohung

■ 11. 9. 2001: Aus Saudi-Arabien und Ägypten kommende Terroristen steuerten zwei Passagierflugzeuge in die Twin Towers des World Trade Centers in New York und zerstörten sie. Verzweifelte Menschen sprangen aus den obersten der 110 Stockwerke. Nie zuvor hatte ein Terroranschlag so viele Tote gefordert (mehr als 3 000). Und noch nie konnte die Weltöffentlichkeit in Echtzeit mitverfolgen, wie das zweite Flugzeug in den Nordturm des WTC raste. Die Twin Towers stürzten in einem Inferno aus Feuer, glühendem Stahl und Beton in sich zusammen. Das Nervenzentrum der Weltwirtschaft war für kurze Zeit lahmgelegt. Als Drahtzieher wurde das fundamentalistisch-islamische Terrornetzwerk Al Qaida („Basis") unter der Führung des saudischen Millionärs Osama Bin Laden identifiziert, das von Afghanistan aus operierte.

Al Qaida – transnational gefürchtetes Terrornetz

Die Anschläge vom 11. September 2001 stellten einen Höhepunkt in einer neuen Form des transnationalen Terrorismus dar. Das Terrornetzwerk der Al Qaida kämpft allgemein gegen die westliche Vorherrschaft, vor allem gegen die Dominanz der USA. Im Besonderen sollen die Einflüsse des Westens aus jenen Gebieten zurückgedrängt werden, die nach Auffassung der Terroristen als islamisch gelten.

Al Qaida entstand in Afghanistan und Pakistan. Weltweit wurden islamische Kämpfer – zunächst mit amerikanischer Unterstützung – militärisch für den Guerilla-Krieg gegen die sowjetische Besatzung Afghanistans (1979–1989) ausgebildet. Nach der siegreichen Beendigung dieses Krieges wurde in Afghanistan das streng islamistische Taliban-Regime errichtet. Al Qaida organisierte und unterstützte anschließend in den 1990er-Jahren Terrorakte überall auf der Welt, wo sich muslimische Gruppen bedroht sahen – in Bosnien, im Kosovo, in Somalia, Tschetschenien, Kaschmir und auf den Süd-Philippinen. Zum Gegner wurde zunehmend der „Westen", besonders die USA. Dieser unterstellten sie, die islamische Welt zu unterdrücken und auszubeuten. In zahlreichen islamischen Staaten werden die amerikanische Lebensführung und die westliche Konsumorientierung oft als schamlos empfunden. Dem Westen wird die Ausbeutung der Schwellen- und Entwicklungsländer vorgeworfen.

Koalitionen gegen den Terror

Nach dem 11. September 2001 gelang es den USA, eine breite Front für den „Krieg gegen den Terrorismus" aufzubauen. Wichtige islamische Staaten, wie Saudi Arabien, konnten für den Krieg gegen Afghanistan (Oktober 2001 bis März 2002) gewonnen werden. Dieser führte zwar zum Sturz des fundamentalistischen Taliban-Regimes, doch kämpfen NATO-Truppen noch immer gegen aufständische Taliban-Truppen. Auch Russland und China unterstützten die USA. Beide Großmächte sehen sich nun besser als bisher legitimiert, Unabhängigkeits- oder Aufstandsbewegungen in ihren Staaten als „terroristisch" einzustufen und sie zu bekämpfen. Russland etwa erwartet sich mehr „Verständnis" für seinen Kampf gegen Unabhängigkeitsbewegungen im Kaukasus – z. B. in Tschetschenien. Die Bezeichnung „Achse des Bösen" für den Irak, Iran und Nordkorea durch den US-Präsidenten G. W. Bush stieß allerdings auf heftigen Widerspruch bei den europäischen Regierungen.

Trotzdem griffen die USA und ihre Verbündeten („Koalition der Willigen") 2003 den Irak in einem völkerrechtswidrigen Krieg erneut an (3. Golfkrieg) und besetzten ihn. Das war auch das Motiv für die verheerenden Bombenanschläge in Madrid 2004 und in London 2005 durch Al Qaida. Doch mittlerweile findet die überwiegende Anzahl der Terroranschläge in Pakistan, Afghanistan, im Irak und in anderen arabischen und muslimischen Staaten statt, und die Mehrzahl der Opfer sind Muslime.

Terrorismus – Ein Kampfbegriff
Terroristen oder Freiheitskämpfer?

Im Prinzip geht Al Qaida ähnlich vor wie herkömmliche Terrorgruppen: Man möchte mit Gewalt politische Ziele durchsetzen. Dazu wird die Bevölkerung eingeschüchtert und den Menschen das Gefühl vermittelt, dass bei den Gewaltakten (z. B. auch gegen öffentliche Verkehrsmittel, Diskotheken, Marktplätze oder Restaurants) jeder getroffen werden könnte. Einer solchen Vorgangsweise bediente sich schon die Rote Armee Fraktion (RAF) in Deutschland und die italienischen Roten Brigaden in den 1970er- und 1980er-Jahren ebenso wie die IRA in Nordirland. Auch die Tamil Tigers auf Sri Lanka oder die Kämpfer in Tschetschenien sowie die palästinensischen Selbstmordattentäter in Israel gehen ähnlich vor. Diese Terrorgruppen übten ihre verbrecherischen Aktionen im Normalfall aber im eigenen Staat aus, während Al Quaida weltweit operiert.

Alle diese Terroristen jedoch sehen sich selbst als Vorkämpfer für eine „gerechte Ordnung". Daraus leiten sie ihre moralische Überlegenheit ab, mit der sie ihre Gewalttaten rechtfertigen:

> „Terrorismus" ist ein politischer Kampfbegriff, der in den politischen Auseinandersetzungen um die Macht strategisch eingesetzt wird. „Terrorismus" ist ein moralisch verurteilender Begriff zur Bezeichnung bestimmter Akteure, den die so Bezeichneten in ihrer Selbstbeschreibung nicht verwenden, weil sie sich z. B. als Freiheitskämpfer sehen.
>
> (Hillebrandt, Begriff und Praxis des Terrorismus, 2007, S. 46)

Um die Massen auf sich aufmerksam zu machen und den Menschen Angst einzujagen, muss Terrorismus wirkungsvoll inszeniert werden. Dabei spielen mehrere Gesichtspunkte eine Rolle:

> Der Terrorismus zeigt sich nicht nur in spektakulären Gewaltakten oder Videobotschaften der Terroristen. An seiner Inszenierung sind die Terroristen (…) ebenso beteiligt wie die politischen Strategen, die wissenschaftlichen Beobachter, die bedrohte Bevölkerung und nicht zuletzt die Medien. Nur so kann der Terrorismus seine Wirkung entfalten.
>
> (Frindte/Haußecker, Inszenierter Terrorismus, 2010, S. 9)

Die Finanzierung

Geld zählt immer zu den wichtigsten Waffen des Terrorismus.

> Entsprechend dem 9/11 Commission Report, den die USA zur Aufklärung der Terrorattacken erstellen ließ, errechnete das FBI, dass Al Qaida für die Planung und Durchführung der Anschläge vom 11. September zwischen 400 000 und 500 000 Dollar ausgegeben hat. Die US-Regierung geht davon aus, dass Al Qaida vor dem 11. September 2001 jährlich etwa 30 Mio. Dollar für den Terror ausgab. Der größte Teil wurde der Organisation gespendet – von arabischen Banken, islamischen Hilfsorganisationen, Firmen und Privatleuten. Nach Berechnungen des Linzer Volkswirtschafters Friedrich Schneider verfügte Al Qaida zur Zeit der Terroranschläge im September 2001 bei einem geschätzten Gesamtvermögen von 5 Mrd. Dollar über ein Jahresbudget von 20–25 Mio. Dollar. Über ein ähnlich hohes Jahresbudget verfügt die Hizbollah.
>
> (Nach: Lachmann, Tödliche Toleranz, 2005, S. 227 und 234)

Terrorabwehr: Bomben, Überwachung oder mehr Gerechtigkeit?

Wie kann Terror bekämpft, wie können Terroristen unschädlich gemacht werden? Überlegungen der USA, zur Bekämpfung der Terroristen kleine und kleinste Atomwaffen herzustellen, stießen weltweit auf heftigen Widerstand. Eine solche Strategie des „Small first Strike" lässt eine Senkung der Schwelle beim Gebrauch von Atomwaffen befürchten.

Weniger folgenschwer aber durchaus nicht unproblematisch ist die Überwachung der Bürgerinnen und Bürger durch das Sammeln von biometrischen Daten oder durch die Erweiterung der Überwachung im Telefonverkehr, z. B. durch IMSI-Catcher. Diese Maßnahmen gelten als deutliche Zeichen für einen Überwachungsstaat, in welchem die individuellen Freiheiten bald nicht mehr gewährleistet sein könnten.

Gegen eine Verschärfung des Strafausmaßes bei terroristischen Gewalttaten oder die bessere Koordination der Staaten bei der Verbrechensbekämpfung gibt es hingegen weniger Einwände. Kardinal Ratzinger (seit 2005 Papst Benedikt XVI.) meinte dazu grundsätzlich:

> Der Staat muss sich gegen die (selbst-)zerstörende Gewalt zur Verteidigung des Rechts und seiner Bürger schützen. Dazu braucht es eine genau abgewogene Gewalt. Aber damit die Rechtsgewalt nicht selbst Unrecht wird, muss sie sich strengen Maßstäben unterwerfen. Sie muss u. a. auf die Ursachen des Terrors achten, der seine Quelle sehr oft in bestehendem Unrecht hat. (…) Sie muss daher auf die Beseitigung des vorausgehenden Unrechts (…) bedacht sein.
>
> (Kardinal J. Ratzinger: Auf der Suche nach dem Frieden; in: Frankfurter Allgemeine Zeitung, 11. Juni 2004, S. 39)

■ Der militärische Angriff auf den Irak (Fotografie, 20. März 2003).

Fragen und Arbeitsaufträge

→ 1. Fasse die wichtigsten Ereignisse in der Folge der Terroranschläge vom 11.9.2011 zusammen. Nimm zum Begriff „Terrorismus" Stellung.

6.3 Neoliberal – total global

Globalisierung – ein vielschichtiges Phänomen

„Globalisierung" ist das Schlagwort für eine weltweite Entwicklung seit den 1980er-Jahren: Es kennzeichnet die umfassenden Veränderungen in Wirtschaft, Politik und Gesellschaft.

Typische Merkmale:

- *Globale Wirtschaft:* Sie ist mehr als „bloße Weltwirtschaft", welche die ganze Welt einbezieht. Eine globale Wirtschaft besitzt heute die Fähigkeit, in Sekundenbruchteilen Informationen auszutauschen und solcherart in „Echtzeit" auf globaler (= weltweiter) Ebene zu funktionieren.
- *Neue Technologien:* Die notwendigen Grundlagen und die eigentliche Triebfeder dafür bilden die neuen Technologien in Bereichen der Mikroelektronik und der Telekommunikation.
- *Globale Finanzmärkte:* Riesige Geldtransaktionen werden im Internet über den gesamten Globus innerhalb von Sekunden abgewickelt. Der Kapitalmarkt hat sich dabei verselbstständigt. Der Devisenhandel stieg von ca. 590 Mrd. Dollar pro Tag im Jahr 1989 auf geschätzte 4 000 Mrd. pro Tag im Jahr 2010. Eine Folge davon ist, dass ein Großteil dieser Gelder – man schätzt 90 % – nichts mehr mit der Bezahlung von Gütern und Dienstleistungen zu tun hat. Das Geld ist vielmehr selbst zur Ware geworden. Es fließt in riesigen Mengen in Einrichtungen, die in kurzer Zeit hohe Gewinne versprechen. Es wird aber ebenso schnell wieder abgezogen, wenn die Situation sich verändert. Wirtschaftliche oder finanzpolitische Zerrüttungen, die für solche Länder oder Betriebe dadurch ausgelöst werden können, bleiben unberücksichtigt. Mit der Zunahme der Finanzmärkte ist weltweit die Bedeutsamkeit des Bankensektors gewachsen. Gesetzgebungen von Einzelstaaten zur besseren politischen Kontrolle der Banken und Finanzmärkte sind nahezu unmöglich geworden.
- *Wirtschaftlich starke Staaten:* Die USA, Japan u. a. haben durchgesetzt, dass wirtschaftliche Schutzwälle (z. B. Handelsbeschränkungen, Förderungen etc.) schrittweise abgebaut werden (Liberalisierung). Man erhofft sich, ähnlich wie in der Vergangenheit, durch den Abbau von Handelsschranken eine zusätzliche Dynamik des Handels und der Produktion und auf solche Weise einen Wohlstandsgewinn für alle.
- *Deregulierung:* Mit der Liberalisierung nach außen geht ein Abbau innerstaatlicher Vorschriften für die Wirtschaft einher (Deregulierung).
- *Transnationale Konzerne:* Ihre Stellung ist beherrschend geworden. Diese Konzerne sind zwar nicht gänzlich unabhängig von Orten. Sie sind aber nicht mehr nur an einen Ort gebunden. Sie handeln an mehreren Orten, also multilokal bzw. transnational. Der Abbau von zwischenstaatlichen Hindernissen erleichtert es ihnen, ihre Produktion in Länder mit niedrigen Lohnkosten, geringen Umweltstandards oder sozialen Auflagen zu verlegen. Sie können damit trotz höherer Transportkosten billiger produzieren als in den entwickelten Industrieländern. In diesen gehen aber die Arbeitsplätze verloren. Dadurch, dass aufgrund der Informationstechnologie die Entfernungen keine bedeutende Rolle mehr spielen, können solche Betriebe als Globalplayers grenzüberschreitend handeln. Sie werden somit immer unabhängiger von Nationalstaaten.
- *Nationalstaaten:* Ihre Regierungen und Parlamente verlieren gegenüber den globalen Konzernen an Macht und Entscheidungskompetenzen. Diese globalen Konzerne können die nationalen Regierungen in einer Art „globalen Kuhhandel" gegeneinander ausspielen – um niedrigere Steuertarife, um bessere Unterstützungsleistungen bei Investitionen und Neugründungen, um Lockerung der Arbeitszeit usw.
- *Das globalisierte Verbrechen:* Bedrohlich für die Nationalstaaten sind aber auch die globalen Verbindungen des organisierten Verbrechens – vom Menschenhandel, dem Drogenhandel über illegale Geschäfte mit Waffen und Kunstschätzen bis hin zur „Mutter aller Verbrechen", der Geldwäsche. Über die Geldwäsche ist die kriminelle Wirtschaft in die globalen Finanzmärkte eingebunden. Man schätzt, dass ungefähr 750 Mrd. Dollar pro Jahr im globalen Finanzsystem gewaschen werden.

(Nach: Castells, Der Aufstieg der Netzwerkgesellschaft, Band 1, 2001, S. 85 ff. und 275 f. sowie Beck, Politik der Globalisierung, 1998, S. 20 ff.)

Globalisierungsindex

Als Maß für die Globalisierung der einzelnen Staaten wurde ein Globalisierungsindex entwickelt. Er soll die wirtschaftliche, die soziale und die politische Dimension der Globalisierung bestimmen. Seit den 1970er Jahren ist die Globalisierung in allen drei Bereichen gestiegen, besonders deutlich nach dem Ende des Kalten Krieges.

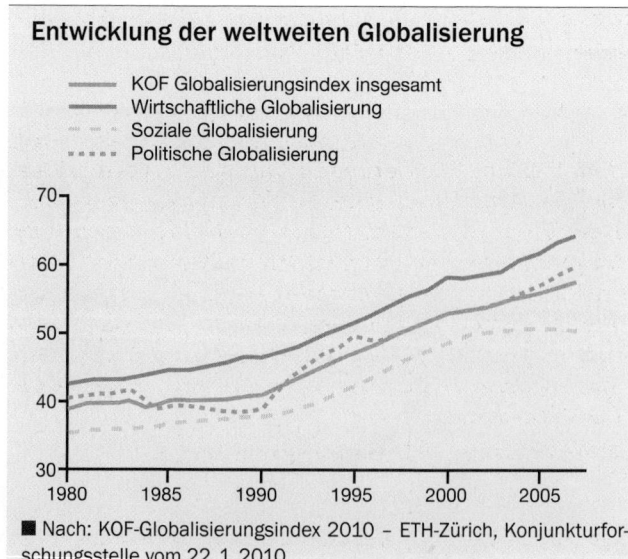

Entwicklung der weltweiten Globalisierung

■ Nach: KOF-Globalisierungsindex 2010 – ETH-Zürich, Konjunkturforschungsstelle vom 22. 1. 2010.

Nach: KOF-Globalisierungsindex 2010 – ETH-Zürich, Konjunkturforschungsstelle vom 22.1.2010.

Seit 2002 stagniert die soziale Globalisierung, während die wirtschaftliche und politische weiter zunehmen.

„Aktien steigen, wenn Arbeitnehmer fallen"
(R. Hochhuth, 2004, S. 61)

Globalisierung bietet zunächst eine riesige Chance: Die Informationstechnologie ermöglicht es, seit den 1980er-Jahren Wissen und technologisches Know-how mit „Lichtgeschwindigkeit" in der Welt zu verbreiten.
Doch mit dem Zusammenbruch der kommunistischen Zentralwirtschaft ab dem Jahr 1989 setzten sich gleichzeitig neoliberale Wirtschaftsvorstellungen durch: Der Staat muss sich als Unternehmer aus der Wirtschaft zurückzuziehen. Er soll nur unternehmensfreundliche Rahmenbedingungen vorgeben. Ziel der Betriebe ist v. a. eine Maximierung der Gewinne und eine Verbesserung der Konkurrenzfähigkeit. Damit werden technologische Innovation und Produktivität gesteigert. Die Menschen, die in den Betrieben arbeiten, werden nur noch unter dem Gesichtspunkt betrachtet, wie profitabel sie im Betrieb einsetzbar sind.
Ein Topmanager der US-Computerfirma Sun Mikro-Systems äußerte sich auf einem internationalen Kongress 1995 folgendermaßen:

> Jeder kann bei uns so lange arbeiten, wie er will, wir brauchen keine Visa für unsere Leute aus dem Ausland. Regierungen und deren Vorschriften für die Arbeitswelt sind bedeutungslos geworden. Beschäftigt wird, wen man gerade braucht, der so lange arbeitet, wie er kann. Wir stellen unsere Leute per Computer ein, sie arbeiten am Computer und sie werden auch per Computer gefeuert. Mit unserer Effizienz konnten wir den Umsatz seit unserem Beginn vor dreizehn Jahren von null auf über sechs Mrd. Dollar hochjagen.

(Martin/Schumann, Die Globalisierungsfalle, 1996, S. 11)

Die zunehmende internationale Arbeitsteilung trägt zweifellos dazu bei, die weltweite Wirtschaftsleistung zu steigern. Ganz im Sinne der Gewinnmaximierung und zum Vorteil der Unternehmen erfolgen Fusionen von z. T. riesigen Firmen.

Während das Lohnniveau der Beschäftigten in der westlichen Welt nur mäßig steigt und teilweise sogar sinkt, steigen die Gehälter der Manager/innen und die Konzerngewinne teilweise mit zweistelligen Raten. Die Topmanager/innen dieser Konzerne stehen unter dem Druck, für ihre transnationalen Aktionäre maximale Gewinne erzielen zu müssen, da diese ihre Investitionen sonst zurückziehen könnten. Das neoliberale System zwingt sie zum „Erfolg" um jeden Preis. Soziale Überlegungen sind dabei nur zweitrangig.
Staatsausgaben kürzen, Löhne senken, Sozialausgaben streichen – die Programme der Reformer im Zeichen der Globalisierung sind in allen Industrieländern ähnlich. Das betrifft vor allem die große Masse der Arbeitnehmer/innen. Diese sind nicht globalisiert. Einen Globalisierungsprozess gibt es nur in Bezug auf Expertinnen und Experten. Das sind qualifizierte Arbeitskräfte, wie Naturwissenschafter/innen oder EDV-Spezialisten, die überall auf der Welt besonders stark nachgefragt werden. Die Gewerkschaften stemmen sich mit Protesten und Streiks zwar gegen Sozialabbau und Lohnkürzungen, doch die Unternehmer drohen den Arbeitnehmerinnen und Arbeitnehmern mit der Auslagerung der Betriebe in Länder mit niedrigeren Löhnen.

Diktatur des Weltmarktes – Gefahr für die Demokratie

Ob in den USA, in Indien, Japan oder Europa: Die Gesellschaften beginnen sich zunehmend in eine Minderheit von Gewinnern und in eine Mehrheit von Verlierern zu spalten. Die Verteilung des durch Globalisierung gewonnenen Reichtums ist nämlich sehr ungleich. Nicht jeder verliert. Doch die Zahl der Verlierer übersteigt die Zahl der Gewinner beträchtlich – national und international. Viele fürchten als Rationalisierungsopfer (sinkende Löhne, Arbeitslosigkeit, Verlust des sozialen Standards) den sozialen Abstieg. Ihre Angst vor der Armut und dem sozialen Abstieg gefährdet den sozialen Frieden und möglicherweise in der Folge die Demokratie.

> Im Jahr 2010 haben die 500 größten Privatkonzerne aller Sektoren 52,8 % des Weltbruttosozialproduktes beherrscht. Die haben eine Macht, wie sie auf diesem Planeten nie ein König, nie ein Kaiser, nie ein Papst gehabt hat.

(Jean Ziegler, OE1 am 30.6.2011)

Der international angesehene britische Historiker Eric Hobsbawm fasste diese Probleme folgendermaßen zusammen:

> Erstens hat die gegenwärtig so geschätzte Globalisierung des freien Marktes dazu geführt, dass die Ungleichheit auf nationaler wie auf internationaler Ebene dramatisch zugenommen hat. (…) Zweitens bekommen diejenigen die Globalisierung am stärksten zu spüren, die am wenigsten von ihr

profitieren. Daher rührt auch die zunehmende Polarisierung der Ansichten über Globalisierung: zwischen denen, die weitgehend von ihren negativen Folgen geschützt sind – den Unternehmern, die ihre Kosten in Billigländer „outsourcen" können, den Hightechfachkräften und den Hochschulabsolventen, die in jeder Marktwirtschaft mit hohen Löhnen Arbeit finden – und diejenigen, bei denen das nicht der Fall ist. (...)
Drittens schließlich (...) sind die politischen und kulturellen Auswirkungen unverhältnismäßig groß. So ist die Zuwanderung in den meisten Volkswirtschaften des Westens ein zentrales politisches Problem. (...)
Kurzfristig können diese unverhältnismäßig große Auswirkungen durchaus ernsthafte politische Konsequenzen auf nationaler wie internationaler Ebene haben.
(Hobsbawm, Globalisierung, Demokratie und Terrorismus, 2009, S. 11f)

Globalisierungskritik: „Tittytainment" reicht nicht aus

Um das Volk für sich zu gewinnen und bei Laune zu halten, gaben ihm die römischen Kaiser „Brot und Spiele" – „panem et circenses". Die Strategie des „Tittytainment" ist dem ähnlich: Die Mehrzahl der arbeitsfähigen Menschen, die zu den 80% Unterprivilegierten gehören werden, sollen durch eine Kombination von ausreichender Ernährung (titis = nährende Brüste) und betäubender Unterhaltung (entertainment) ruhig gestellt und bei Laune gehalten werden. Doch damit werden die Probleme dieser Menschen und somit auch das gesellschaftliche Problem einer möglichen 20:80-Gesellschaft nicht gelöst werden.

Martin und Schumann, die Verfasser des Bestsellers „Die Globalisierungsfalle", machen überlegenswerte Vorschläge: Soziale und ökologische Mindeststandards sollen für den Welthandel gelten. Weiters: Durchsetzung der Einhaltung von Konventionen, etwa der ILO und der WTO gegen Sozialdumping; Garantie gewerkschaftlicher Freiheiten; Boykott von Produkten aus Kinderarbeit, rücksichtsloser Umweltbelastung und Hungerlöhnen; europaweite Besteuerung des Ressourcenverbrauchs und Begrenzung der ökologisch verheerenden Zunahme des Gütertransports; Einführung einer Steuer auf Devisenhandel; Stärkung der EU durch den Ausbau ihrer demokratischen Strukturen. Die Zuwächse an Produktivität sollten dazu verwendet werden, den ökologischen Umbau der Wirtschaft zu finanzieren und die globalen Ungerechtigkeiten abzubauen.

Eine andere Forschergruppe setzt vorwiegend auf „globale Verträge". Damit sollen Demokratie, Toleranz und Solidarität mit den Schwächeren weltweit gefördert werden (Gruppe von Lissabon: Grenzen des Wettbewerbs, 1997). Eine Gruppe von Universitätsprofessorinnen und Universitätsprofessoren analysierte im Jahr 1999 im Auftrag der EU-Kommission das Phänomen der globalen Gesellschaft. Diese meinten u.a.:

Wir beobachten heute, dass sich als Folge der Globalisierung und der mächtigen Potenziale der Informationsgesellschaft die Welt hinbewegt auf einen einzigen integrierten weltweiten Markt, der letztlich der wesentliche Treiber aller übrigen Globalisierungsprozesse ist. Aus der Sicht der Autoren ist ein Weg in die Zukunft, der die heutigen ressourcenintensiven Lebensstile der westlichen Welt auf eine Weltbevölkerung von zukünftig 10 Mrd. und mehr Menschen ausdehnt, nicht zukunftsfähig. Das würde sowohl die ökologische Stabilität unterminieren, als auch soziales Kapital zerstören. Es ist die Sicht der Autoren, dass demgegenüber eine Orientierung an europäischen Erfahrungen der letzten fünfzig Jahre, und insbesondere die Verfolgung der Leitidee einer weltweiten sozialen und ökologischen Marktwirtschaft, einen wichtigen Beitrag leisten könnte, um einen Weg hin zu einer globalen und nachhaltigen Informationsgesellschaft zu finden.
(Auf dem Weg in eine globale nachhaltige Informationsgesellschaft – eine europäische Perspektive. Jahrbuch Arbeit und Technik, Friedrich-Ebert-Stiftung Bonn 1999, Zusammenfassung)

Doch welcher Staat hat die Macht, solche Maßnahmen gegen die Interessen und den Druck der internationalen Finanzlobbys durchzusetzen? „Global Governance" sieht man als eine Möglichkeit, die riesigen Probleme, die ein Staat allein nicht mehr lösen kann, zu bewältigen. Möglicherweise ist nur über die UNO eine solche übergeordnete Regierung einzurichten.

ATTAC – Gegenbewegung „von unten"

Aufgrund einer Wirtschaftskrise in Südostasien im Jahr 1997 (Thailand, Hongkong, S-Korea), die durch Finanzspekulationen ausgelöst wurde, forderten immer mehr Expertinnen und Experten eine Kontrolle der internationalen Finanzmärkte. Ignacio Ramonet, der Chefredakteur der französischen Monatszeitung „Le Monde diplomatique", machte den Vorschlag, Währungsspekulationen durch die Einführung einer geringen Umsatzsteuer (0,1 %) bei spekulativen internationalen Geldgeschäften einzudämmen („Tobin Tax"). Da gegenwärtig täglich ca. 4 000 Mrd. Dollar weltweit gehandelt werden, ergäbe das beträchtliche Einnahmen. Diese könnten z. B. für den Kampf gegen soziale Ungleichheiten, für das Schul- oder Gesundheitswesen eingesetzt werden.

Im Jahr 1998 wurde aufgrund dieses Vorschlages in Paris die Charta von „ATTAC-International" verabschiedet. Ziel der ATTAC-Bewegung ist es, die Bürgerinnen und Bürger zum aktiven Widerstand zu ermutigen. Man ist also bestrebt, unter ihrer Beteiligung auf globaler Ebene einen demokratischen Raum zu schaffen und die weltwirtschaftliche Entwicklung an den Bedürfnissen der Menschen und am Schutz der Umwelt auszurichten.

ATTAC-Österreich fordert in seiner Gründungsdeklaration (September 2000) gerechte Rahmenbedingungen für die Weltwirtschaft und den Vorrang demokratischer Politik vor neoliberaler Marktideolo-

Internationale Politik seit 1945

Mitglieder der „Occupy Wall Street"- Bewegung protestieren am Grand Army Plaza in New York. Die Fotografie wurde am 11. Oktober 2011 aufgenommen. „Occupy Wall Street" („Besetzt die Wall Street") ist eine Protestaktion, bei der am 17. September 2011 der Zuccotti Park in New York von Demonstrantinnen und Demonstranten besetzt wurde und der Beginn der Occupy-Bewegungen in zahlreichen Städten weltweit. Die Occupy-Bewegungen protestieren u.a. gegen die Auswüchse des Finanzkapitalismus, welche die große Masse der Menschen zu Verlierern machen droht.

→ Beschreibe das Bild u.a. daraufhin: Alter der Demonstrantinnen und Demonstranten. Interpretiere die vorgestellten Sprüche und beurteile diese im Hinblick auf die Finanzkrise. Was ist mit den „99%" gemeint?

gie. Die drei zentralen Institutionen – Internationaler Währungsfonds, Weltbank und Welthandelsorganisation – haben in dieser Frage nicht nur versagt, sondern sie ergreifen erwiesenermaßen einseitig Partei für kurzfristige Profitinteressen, erschweren alternative Entwicklungswege und stellen eine Bedrohung für das gesellschaftliche Über- und Zusammenleben dar.

(Gründungsdeklaration von ATTAC-Österreich, September 2000)

Trotzdem: Finanzkrise 2007–2010

Man hat aus der Wirtschafts- und Finanzkrise in Südostasien im Jahr 1997 offenbar wenig gelernt. Denn zehn Jahre später, im Jahr 2007, platzte eine riesige Spekulationsblase des Banken- und Finanzsystems in den USA. Führende Großbanken gingen aufgrund von fahrlässigen Kreditvergaben und Fehlspekulationen in Konkurs. Andere mussten vom Staat mit Steuermitteln gestützt werden. Die Krise griff in der Folge auch auf das Bankenwesen in Europa über. Dort setzten die Regierungen zur Rettung der Banken ebenfalls öffentliche Mittel ein. Diese Situation führte zu einem weltweiten Rückgang der Realwirtschaft. In der Eurozone ging die Industrieproduktion im Jahr 2008 um ca. 20 % zurück. Der Internationale Währungsfonds (IWF) schätzte die weltweiten Verluste an Wertpapieren auf etwa vier Billionen Dollar. Erst für das Jahr 2013 prognostiziert man wieder ein gleich hohes Wirtschaftsniveau wie 2008.

An dieser Krise wurde besonders deutlich, dass sich im globalen Wirtschaftssystem die Finanzwirtschaft von der Realwirtschaft abgekoppelt hat. Geld wird nicht mehr nur für die Herstellung und den Kauf von Gütern eingesetzt. Geld wird in viel größerem Ausmaß zum Erwerb von Geldvermögen verwendet – z.B. in Form von Spekulationen.

Bei mehreren Treffen der Staats- und Regierungschefs der G20-Staaten sowie führenden Wirtschaftsexperten versuchte man entsprechende internationale Regelungen zu entwickeln, um solche Krisen künftig vermeiden zu können. Dabei setzt man nach wie vor auf die Belebung der globalen Wirtschaft und auf eine Stärkung des Finanzsystems. Vor allem die Einführung einer Finanztransaktions-Steuer, ähnlich der Tobin Tax, wird von immer mehr Regierungen und Wirtschaftsexpertinnen und Wirtschaftsexperten innerhalb der EU gefordert.

Fragen und Arbeitsaufträge

→ 1. Skizziere die kennzeichnenden Merkmale der Globalisierung.

→ 2. Arbeite Vorteile und Probleme der Globalisierung unter Einbeziehung der vorgegebenen Inhalte heraus und bewerte sie.

6.4 Die Bevölkerung in der globalisierten Welt

Ungebremstes Wachstum?

Nach Berechnungen der Vereinten Nationen hat die Weltbevölkerung am 12. Oktober 1999 die 6-Milliarden-Grenze überschritten. Die 7-Milliarden-Grenze wurde im Jahr 2011 erreicht. Voraussichtlich wird die Weltbevölkerung bis zum Jahr 2050 um weitere 2,5 Mrd. Menschen anwachsen. Dieser Zuwachs entspricht fast genau der Größe der Weltbevölkerung im Jahr 1950. Die Bewältigung der Zunahme der Weltbevölkerung wird somit zu einer entscheidenden Herausforderung in der Menschheitsgeschichte.

→ Erstelle aus diesen Informationen eine Schaugrafik. Interpretiere sie unter Bezugnahme auf die in diesem Kapitel dargestellten Inhalte.

Menschenrechte statt repressiver Familienplanung

Auf der Weltbevölkerungskonferenz in Kairo (1994) wurde eine neue Ära der Bevölkerungspolitik eingeleitet.

L *Seit Kairo 1994 gibt es keine ethische Grundlage mehr für Bevölkerungskontrolle im Sinne staatlich diktierter und kontrollierter Fruchtbarkeitsniveaus. Ethisch – und auf lange Sicht weitaus effektiver als staatliche Kontrollen – ist eine Politik, die Frauen und ihre Partner in die Lage versetzt, selbst zu bestimmen, ob und wann sie Kinder haben möchten. Das sollte auf eine Weise möglich sein, dass die Frauen gesund bleiben und die der Gleichbehandlung der Geschlechter in allen Bereichen des wirtschaftlichen und sozialen Lebens förderlich ist.*
(vgl. UNFPA Weltbevölkerungsbericht 2009, Kurzfassung, S. 37)

Bisher hatte man in den Entwicklungs- bzw. Schwellenländern versucht, über Anreize und Sanktionen den Kinderwunsch in Familien gering zu halten. In einigen Ländern wurden die Beihilfen für Kinder gekürzt oder es wurden Zuschläge zur Lohn- und Einkommenssteuer eingehoben, sobald in einer Familie eine gewisse Kinderanzahl überschritten wurde. Andere Länder bevorzugten kleine Familien bei der Vergabe von staatlichen Wohnungen oder begünstigten deren Kinder bei der Zulassung zu Schulen. Die chinesische Familienpolitik setzte mit repressiven Maßnahmen die Ein-Kind-Familie vor allem in den Städten durch; in Indien gab es lange Zeit Sterilisierungsprogramme als staatliche Familienplanungsmaßnahmen. Solche Maßnahmen sind – neben grundsätzlichen ethischen Bedenken – äußerst problematisch. Aufgrund der weitgehend fehlenden sozialen Sicherungssysteme (z. B. Alters- oder Arbeitslosenversicherung) in den Entwicklungs- und Schwellenländern galt nämlich eine hohe Kinderzahl in der Familie als wichtige Altersversorgung. Die arbeitenden Kinder hatten überdies das Familieneinkommen aufzubessern. Eine chinesische Journalistin berichtet über ein Gespräch in einem Spital:

Q *Viele der Frauen schienen schwach und verängstigt. Eine von ihnen saß am Boden, allein. Sie war zierlich, wirkte zerbrechlich und sehr hilflos. Ich erfuhr, dass sie ihr fünftes Kind abtreiben lassen muss. Mit Unbehagen fragte ich, warum sie nochmals schwanger geworden sei. „Ich wollte mich selbst beweisen", sagte sie müde. „Ich habe vier Mädchen geboren, und sie heißen Zhaodi (= einen Bruder erbitten), Pandi (= einen Bruder erwarten), Xiangdi (= an einen Bruder denken) und Sidi (= nach einem Bruder sich sehnen). Aber noch ist kein Bruder gekommen. Auf dem Land giltst du als minderwertig, wenn du keine Söhne bekommst. Ich möchte, dass mich die Menschen respektieren. Aber jetzt kann ich nicht mehr.*
(The Independent, 11. 9. 1991, S. 25; eigene Übersetzung)

Seit Kairo rücken die Staaten trotz der Bedeutung der globalen Bevölkerungszahlen und Wachstumsraten die Menschen und Menschenrechte ins Zentrum der politischen Überlegungen. Es sollen Bevölkerungsfragen mit der menschlichen Entwicklung, mit der Gleichbehandlung der Geschlechter und mit den Bedürfnissen und Rechten der einzelnen Personen verbunden werden. Man erkannte, dass die Investitionen in Bildung, Gesundheit und Gleichstellung der Geschlechter den Menschen zusätzliche Entwicklungsmöglichkeiten eröffnen. Dies fördert das Wirtschaftswachstum und stabilisiert auch die Bevölkerungszahlen.

L *Wenn Frauen und ihre Partner die Angebote der Familienplanung nutzen können, dann sinkt die Fruchtbarkeitsrate. Das zeigen demographische Forschungen seit vielen Jahrzehnten. Insbesondere in Verbindung mit einer besseren Bildung für Mädchen und mehr wirtschaftlichen Möglichkeiten für Frauen sind die Angebote und Hilfsmittel der Familienplanung sehr wirksame Methoden, um den Zeitpunkt der ersten Schwangerschaft hinaus zu zögern und die endgültige Familiengröße zu reduzieren.*
(UNFPA Weltbevölkerungsbericht 2009, Kurzfassung, S. 37, Bearb.d.A.)

So etwa geht die Zahl der Kinder pro Familie in den Hauptregionen (Kontinenten) der Erde ab den 1990er Jahren deutlich zurück. Die Prognosen sprechen davon, dass sich dieser Trend auch im 21. Jh. fortsetzen wird. Die in der nebenstehenden Grafik „(Prognostiziertes) Bevölkerungswachstum" erkennbare Zunahme der Bevölkerung ergibt sich aus der Alterung, d.h. dass die Menschen länger leben.

Das Altern – eine neue Herausforderung

Der Bevölkerungsanteil der Menschen, die älter als 65 Jahre sind, wird sich in den meisten Entwicklungsgebieten in den nächsten Jahrzehnten verdoppeln. Dies wird vor allem in Ländern, wo traditionellerweise die Familie die Altenpflege übernimmt, zu Problemen führen. Denn

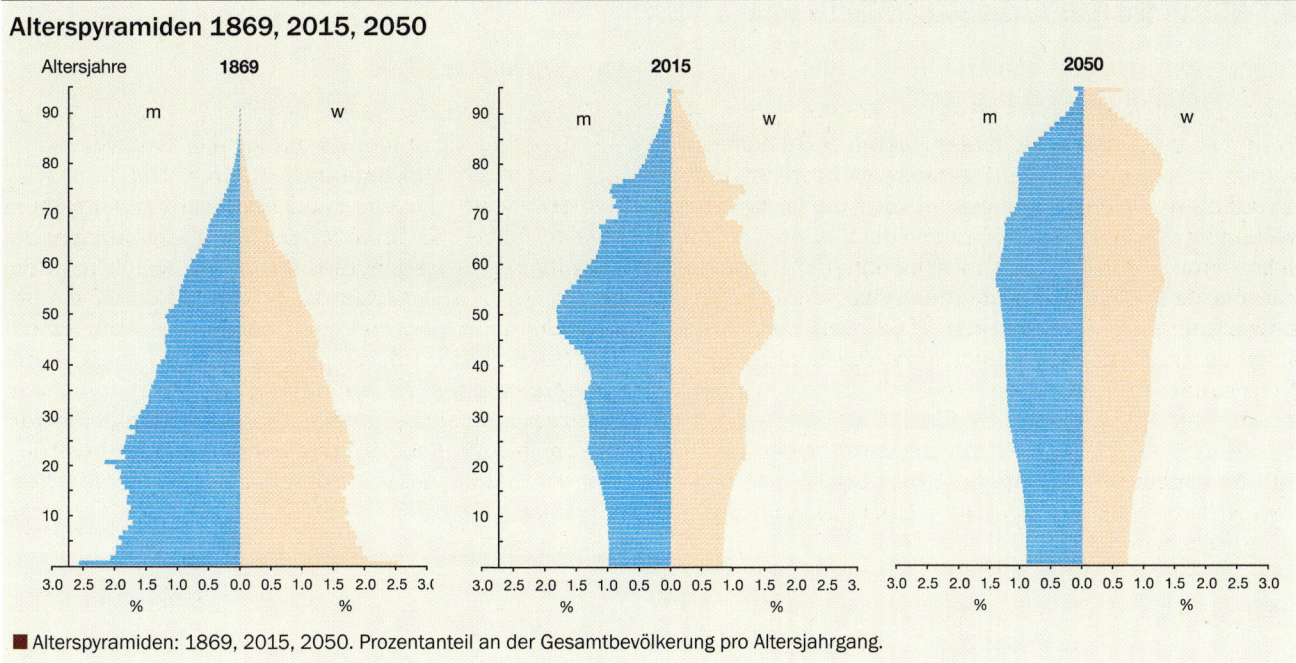

Alterspyramiden: 1869, 2015, 2050. Prozentanteil an der Gesamtbevölkerung pro Altersjahrgang.

die Familien werden aufgrund der abnehmenden Kinderzahl kleiner und durch diese Aufgaben überfordert. Ähnliche Probleme zeigen sich gegenwärtig bereits in den reichen Industriestaaten, so auch in Österreich. Doch ist die Einkommensfrage (z. B. Pensionssicherheit) in den Entwicklungsländern noch deutlich ungewisser als in den entwickelten Ländern. Besonders von Armut gefährdet werden alte Frauen (v. a. Witwen) und Kinderlose sein.

Bevölkerungsentwicklung in Österreich

In Österreich nahm die Bevölkerung seit Mitte des 18. Jh. bis zum Ende des 19. Jh. stark zu. Im letzten Drittel des 19. Jh. setzte ein deutlicher Rückgang der Kinderzahlen ein, die Sterblichkeit sank. Der Anteil der Kinder an der Bevölkerung ging zurück, jener der Menschen, die älter wurden, stieg: Die über 65-Jährigen machten 1869 nur 5,2 % an der Gesamtbevölkerung aus. Auch 1951 waren es erst 10,6 %, aber ihr Anteil hatte sich verdoppelt. Im Jahr 2007 ist ihr Anteil auf 17,0 % gestiegen. Dagegen sank der Anteil der bis 19-Jährigen im gleichen Zeitraum von 37,5 % (1869) auf 21,5 % (2007). Der Anteil der „aktiven" Bevölkerungsgruppe (15 – 59-jährig) liegt 2010 bei 62,1 %. Gegenwärtig (2010) liegt die durchschnittliche Kinderzahl pro Frau in Österreich bei 1,44 Kindern. Die Elterngeneration wird damit nur mehr zu etwa 60 % ersetzt. Ohne Zuwanderung würde die österreichische Bevölkerung bereits ab 2015 schrumpfen. Man prognostiziert einen Wanderungsgewinn (= mehr Zuwanderer/innen als Auswanderer/innen) von ca. 25 000 bis 30 000 Personen pro Jahr, sodass die Bevölkerungszahl in Österreich bis zum Jahr 2030 noch deutlich zunehmen wird (9,02 Mio.). Diese Veränderung hat langfristig schwerwiegende Auswirkungen auf die Zusammensetzung der Bevölkerung. Der Anteil der Bevölkerung im Alter über 60 Jahre wird sich von 23,1 % im Jahr 2010 auf 31 % im Jahr 2030 erhöhen, jener der unter 15-Jährigen wird hingegen von 14,8 % im Jahr 2010 auf 14,2 % im Jahr 2030 sinken.

Eine ähnliche Entwicklung ist auch anderen Industriestaaten zu beobachten. So kamen im Jahr 2001 in der EU auf 100 Menschen im Erwerbsalter (20–64 Jahre) 27 Menschen, die über 65 Jahre alt sind. Im Jahr 2050 werden es 53 Menschen sein. In weiterer Folge werden auch die Entwicklungsländer von der Bevölkerungsalterung betroffen sein.

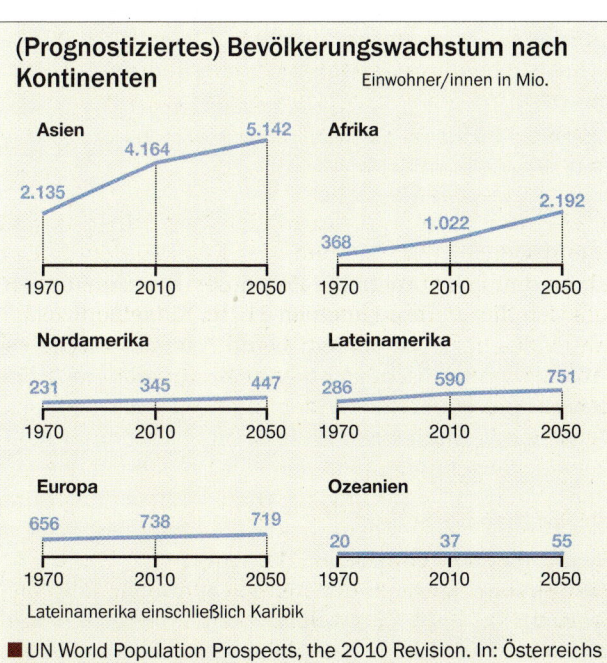

UN World Population Prospects, the 2010 Revision. In: Österreichs Wirtschaft im Überblick 2011/12, S. 8.

Fragen und Arbeitsaufträge

→ 1. Erörtert Probleme, die sich im Zusammenhang mit der Entwicklung der Weltbevölkerung abzeichnen. Setzt euch dabei speziell mit den Fragen der Familienplanung und der Alterung der Gesellschaft auseinander. Zieht dazu auch die dargestellten Alterspyramiden heran. Was lässt dies bspw. für die Bildungseinrichtungen oder für die Kinder- und Jugendpolitik erwarten?

6.5 NGOs – Für die Menschen und die Umwelt

NGOs – ein lästiger „bunter Haufen" – oder die „Avantgarde der Weltbürger"?

Die „Non-Governmental Organizations" – die Nichtregierungsorganisationen – werden von vielen Politikerinnen und Politikern immer noch als lästige und lautstarke Chaosgruppen bezeichnet. Sie würden die herkömmliche Politik und ihre (häufig bürgerfernen) politischen Entscheidungsgremien stören.

Neue Gruppen schlossen sich – verstärkt nach dem Zweiten Weltkrieg – auf freiwilliger Basis zusammen. Sie verlangten mehr Mitentscheidungsrechte von den politischen Entscheidungsträgern und forderten diese offensiv ein – z.B. in Form von Protestbewegungen. Mittlerweile werden NGOs aber immer öfter als „Hoffnungsträger" gesehen für eine stärkere Demokratisierung und eine bessere politische Problembearbeitung. Man bezeichnet sie nun mitunter auch als „Ombudsmänner der Gesellschaft" oder auch als „Anwälte der Natur". Doch ist Zurückhaltung angebracht: eine „Global Gouvernance" durch NGOs, also eine Steuerung der Weltpolitik durch NGOs ist demokratisch nicht legitimiert. NGOs sind zwar in demokratischen Systemen möglich und ihr Entstehen zeugt von funktionierenden pluralistischen Demokratien. Sie selbst aber sind nicht aus Wahlen demokratisch hervorgegangen.

NGOs – Abgrenzungen, Aufgaben, Ziele

> L Der Begriff „NGO" wurde das erste Mal von den Vereinten Nationen im Jahr 1949 gebraucht:
> ‚The Economic and Social Council may make suitable arrangements for consultation with non-governmental organizations which are concerned with matters within its competence'. (...)
> Unter den Begriff NGO sollten nur solche Organisationen gefasst werden,
> • die organisatorisch von Regierung bzw. Staat getrennt autonom handeln. D.h. sie verfügen weder über Regierungsämter noch über staatliche Durchsetzungsgewalt;
> • die keine privaten, gewinnorientierten Interessen verfolgen (non profit), sondern sich und ihre Mittel für öffentliche Angelegenheiten einsetzen. Sie sind also gemeinnützig;
> • die sich in den allermeisten Fällen als „zivilgesellschaftliche Organisationen" für universelle Anliegen engagieren. Sie klagen Gerechtigkeitsforderungen ein, streiten für Menschenrechte sowie für die Rechte zukünftiger Generationen und sie thematisieren globale Umwelt- und Überlebensinteressen;
> • die ihre Unterstützung in der Regel durch freiwillige Spenden und ehrenamtliche Mitarbeit gewinnen. Neben NGOs bestehen noch Varianten – wie z.B. GONGOS (Governmental organized non-governmental organizations) oder QANGO (Quasi non-governmental organizations). Das sind Organisationen, die zwar nicht zum Staatsapparat gehören. Sie sind aber mit ihm verbunden und von staatlicher Förderung abhängig. Somit werden sie teilweise vom Staat gelenkt.
>
> (Vereinfacht nach, Take, NGOs im Wandel, 2002, S. 37ff.)

Vom Beginn der NGOs

Als älteste NGO ist das „Rote Kreuz" zu nennen, die größte weltweit tätige Hilfsorganisation. In Europa entstanden vor allem ab den 1960er Jahren wichtige NGOs. Ihre Zielstellungen betreffen zum einen den Schutz und die Förderung der Menschenrechte, zum anderen die Bewahrung einer lebenswerten Umwelt. Das kommt letztlich wieder der Förderung menschlicher Lebensbedingungen zugute. Eine wesentliche Voraussetzung dafür, dass diese Organisationen wirksam werden können, ist ihre Arbeit auf globaler, weltumspannender Ebene und ihre internationale Vernetzung.

UN-Konferenz Wien 1993 in Wien

Bedeutsam in der weltweiten Menschenrechtsbewegung war die UN-Konferenz über Menschenrechte 1993 in Wien. Zu ihr waren Vertreter/innen von mehr als 1500 NGOs gekommen. Von Seiten der UNO betonte man dort die Beiträge der NGOs zum Schutz der Menschenrechte. U.a. wurde in der „Wiener Erklärung" durchgesetzt, dass Gewalt gegen Frauen in der Privatsphäre (z.B. Ehe) als Menschenrechtsverletzung anerkannt wird.

NGOs und Menschenrechte

Beinahe jeder, der zu den Begriffen „NGO" und „Menschenrechte" befragt wird, nennt „Amnesty International" als die wohl bekannteste nichtstaatliche Menschenrechtsorganisation.

> Q Sie können Ihre Zeitung an jedem x-beliebigen Tag aufschlagen und werden darin eine Meldung finden, dass jemand irgendwo auf der Welt gefangen genommen, gefoltert oder hingerichtet wurde, weil seine Ansichten oder Religion der Regierung nicht passten.
>
> (Benenson, Die vergessenen Gefangenen; in: The Observer, London, 28.5.1961; zit. nach: Engelmann/Fiechtner (Hg.), Aller Menschen Würde. Ein Lesebuch für Amnesty International, 2001)

Mit diesem Satz beginnt die Geschichte der Organisation Amnesty International, die sich diesen Namen offiziell im Jahr 1962 zugelegt hat. Seither tritt Amnesty International gegen den Missbrauch staatlicher Gewalt im Allgemeinen und gegen die Verletzung der Menschenrechte weltweit auf. Mit intensiver Aufklärungsarbeit, sorgfältigen Nachforschungen und genauer Dokumentation von Menschenrechtsverletzungen wurde Amnesty International zur am meisten anerkannten und einflussreichsten Menschenrechtsorganisation der Welt.
Die Sektion „Amnesty-Österreich" wurde im Jahr 1970 gegründet.
Für seine Tätigkeiten hat Amnesty International 1977 den Friedensnobelpreis und 1978 den UNO-Menschen-

rechtspreis erhalten. Die Organisation regte neben den vielen Aktivitäten gegen Folter und Todesstrafe z.B. auch die Schaffung des Hochkommissariats für Menschenrechte bei der UNO und des internationalen Strafgerichtshofes in Den Haag an.

Eine weitere wichtige Menschenrechtsorganisation wurde in der Folge der KSZE Schlussakte in Helsinki gegründet: Zunächst als „Helsinki Watch" (1978) und ab 1988 als Zusammenschluss mehrerer internationaler Menschenrechtsorganisationen als Human rights watch. Sie sah ihre Aufgabe zunächst in der Überprüfung der Einhaltung der Vereinbarungen der Schlussakte von Helsinki durch die Sowjetunion. In der Folge widmete sie sich v.a. der Verhinderung von geschlechtsbezogener Diskriminierung und sie tritt nach wie vor gegen den Einsatz von Kindersoldaten auf.

NGOs in der Umwelt- und Tierschutzpolitik

Eine der größten internationalen Naturschutzorganisationen ist der World Wide Fund for Nature. Seit seiner Gründung 1961 in der Schweiz setzt er sich ein, für die Erhaltung der biologischen Vielfalt der Erde; die nachhaltige Nutzung natürlicher Ressourcen; die Eindämmung von Umweltverschmutzung und schädlichem Konsumverhalten.
Man setzt beim WWF v. a. auf die Zusammenarbeit mit Regierungen, der Wirtschaft und der lokalen Bevölkerung. In Kooperation bemüht man sich um die Errichtung von Naturschutzgebieten für bedrohte Tiere, Pflanzen und Landschaften und ein nachhaltiges Wirtschaften.

Offensiver und unter Nutzung der Medien trägt Greenpeace seine Anliegen an die Weltöffentlichkeit. Die 1971 von Atomwaffengegner/innen und Friedensaktivisten in Kanada gegründete Organisation wurde vor allem durch spektakuläre Aktionen gegen den Walfang und gegen Kernwaffentests bekannt.
Greenpeace engagiert sich mittlerweile gegen die Überfischung der Weltmeere, die Zerstörung von Urwäldern und die globale Erwärmung.

GLOBAL 2000 ist eine österreichische Umweltschutzorganisation. Als aktiver Teil von Friends of the Earth International (FOEI) arbeitet GLOBAL 2000 seit 1982 zu brisanten gesellschaftlichen Themen und deckt mögliche Gefahren für Mensch und Umwelt auf. Im Zentrum stehen Themen wie Atomkraft, Klimawandel, Pestizid-Einsatz in der Landwirtschaft, Gentechnik und Ressourcenschonung. GLOBAL 2000 erzeugt mittels Lobbying, Aktionen und Informationsarbeit öffentlichen Druck und richtet sich dabei an Politik, Wirtschaft und Bevölkerung.

„Mobilization of Shame"

Ein wesentliches Druckmittel bei der Arbeit zahlreicher NGOs liegt in einer internationalen und öffentlichkeitswirksamen Kritik und oftmals Bloßstellung von Regierungen oder Wirtschaftsunternehmen. Man erwartet sich dadurch eine Umorientierung von deren Politik. Doch immer mehr NGOs neigen zur Ansicht, dass nachhaltige Lösungen von Umwelt- und Menschenrechtsproblemen nur in Kooperationen mit dem Staat und der Wirtschaft zu erreichen ist. Allerdings fürchten sie, dass das Interesse der Öffentlichkeit an den Themen der NGOs dann verloren geht, wenn sie keine spektakulären Aktionen mehr setzen.

Fragen und Arbeitsaufträge

→ 1. Bewerte ausgewählte NGOs in Bezug auf deren Bedeutung für die Menschenrechts- und Umweltpolitik.

■ 28. August 1995: Das Greenpeace Schiff „Rainbow Warrior II" protestiert gegen französische Kernwaffentests auf dem Mururoa Atoll im Südpazifik. Ebenfalls zu sehen ist ein französischer Militärhubschrauber. Rainbow Warrior ist bzw. war der Name dreier Greenpeace-Schiffe. Die Rainbow Warrior I wurde 1995 bei Protesten gegen französische Kernwaffentests versenkt.

6.6 Politik gegen weltweite Armut

Armut – weltweit

> Tag für Tag sterben auf unserem Planeten ungefähr 100 000 Menschen an Hunger oder an den unmittelbaren Folgen des Hungers. 826 Mio. Menschen sind gegenwärtig chronisch und schwer unterernährt (…). Alle zehn Sekunden verhungert auf der Erde ein Kind unter zehn Jahren [à 8 500 täglich!, Anm.d.A.].
>
> (Ziegler, Die neuen Herrscher der Welt, 2003, S. 13.)

> Im Jahr 2009 leben bis zu einer Milliarde Kinder der Welt in Armut!
>
> (UN-ESA: The Millennium Development Goals Report 2009)

Armut ist also nicht nur ein individuelles Problem. Armut ist eine globale, weltumspannende Herausforderung.

> Aber auch für die Länder der EU gilt: 1. Alleinzieherinnen sind mehr als andere von Armut betroffen und das in allen europäischen Ländern. 2. Familien mit mehreren Kindern sind in allen europäischen Ländern einem höheren Armutsrisiko ausgesetzt.
>
> (Soisson, Kinderarmut in den Nachbarländern, 2010, S. 205)

Nach Auffassung der Weltbank gilt eine Person als (absolut) arm, wenn dieser weniger als 1 US-Dollar pro Tag in der Kaufkraft des jeweiligen Landes zur Verfügung steht. Das betrifft gegenwärtig ca. 1,1 Mrd. Menschen. Wird diese Grenze bei 2 US-Dollar angenommen, so gelten ca. 2,7 Mrd. Menschen, also fast die Hälfte der Weltbevölkerung, als arm.

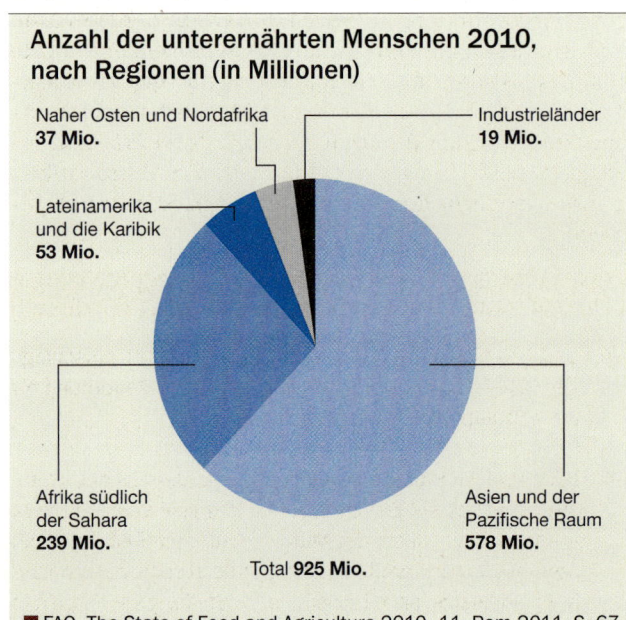

Anzahl der unterernährten Menschen 2010, nach Regionen (in Millionen)

- Naher Osten und Nordafrika: 37 Mio.
- Industrieländer: 19 Mio.
- Lateinamerika und die Karibik: 53 Mio.
- Afrika südlich der Sahara: 239 Mio.
- Asien und der Pazifische Raum: 578 Mio.
- Total: 925 Mio.

■ FAO, The State of Food and Agriculture 2010–11. Rom 2011, S. 67.

Diese Definition der Weltbank wird im Wesentlichen zur weltweiten Einschätzung der Armut unter besonderer Beachtung der Situation der Entwicklungsländer herangezogen. Für die Industrieländer der westlichen Welt wie bspw. der Staaten der Europäischen Union ist diese Einschätzung eher nicht angemessen. In der EU und somit auch in Österreich wird zunächst von „Armutsgefährdung" gesprochen. Armutsgefährdet sind Menschen, die weniger als 60 Prozent des durchschnittlichen (Median) Einkommens erzielen. Das sind in Österreich im Jahr 2010 ca. 1 Mio. Menschen (12,1 %). Darüber hinaus wird von „verfestigter" bzw. „akuter" Armut gesprochen: Menschen sind dann noch über die Armutsgefährdung hinaus in der alltäglichen Lebensführung beeinträchtigt, sie können z.B. die Wohnung nicht ausreichend warm halten, sich bei Bedarf keine neue Kleidung kaufen etc. (2010: ca. 355 000 Personen, 4 %).

UNO-Weltkonferenzen

Weltbank und internationaler Währungsfonds (IWF) haben 1999 die folgende Initiative gestartet: Armutsbekämpfung sollte zu einer Aufgabe von internationaler Zusammenarbeit gemacht werden. Ein Poverty Reduction Strategy Paper (PRSP) erstellte länderbezogene Analysen. Diese Berichte waren eine der Grundlagen für die Millennium Development Goals bei der Weltkonferenz der Vereinten Nationen im Jahr 2000 in New York. Das erste dieser „Jahrtausendziele" war die Halbierung der Armut bis 2015. Mittlerweile ist klar, dass dieses Ziel nicht erreicht werden kann (vgl.: The Millennium Development Goals Report, 2009). In den UNO-Weltkonferenzen zuvor – über Menschenrechte 1993 in Wien, zur Weltbevölkerung 1994 in Kairo, Weltfrauenkonferenz 1995 in Beijing – setzte sich zunehmend die Einsicht durch, dass zur Bekämpfung der weltweiten Armut eine gezielte Bevölkerungs- und Entwicklungspolitik notwendig sei.

Im Rahmen einer umfassenden Entwicklungspolitik sind Verbesserungen in folgenden Bereichen besonders zu beachten: 1. Verbesserung bei der reproduktiven Gesundheit, 2. bei der Bildung und 3. bei der Gleichstellung der Geschlechter. Diese Ziele sind ausdrücklich in Beziehung zu den Menschenrechten gestellt und am politischen Leitbild einer nachhaltigen Entwicklung orientiert.

Reproduktive Gesundheit

> (…) ist ein Zustand uneingeschränkten körperlichen, geistigen und sozialen Wohlbefindens (…) bei allen Aspekten, die mit den Fortpflanzungsorganen und ihren Funktionen und Prozessen verbunden sind. Das bedeutet, dass Menschen ein befriedigendes und ungefährliches Sexualleben haben können und dass sie die Fähigkeit zur Fortpflanzung und die freie Entscheidung darüber haben, ob, wann und wie oft sie hiervon Gebrauch machen wollen. Darin ein-

> geschlossen ist das Recht von Männern und Frauen, informiert zu werden und Zugang zu sichern, wirksamen, erschwinglichen und akzeptablen Familienplanungsmethoden ihrer Wahl zu haben.
>
> (Internationale Konferenz für Bevölkerungsentwicklung 1994 in Kairo, Aktionsprogramm, Abs. 7.2.; gekürzt, zit. nach: WBB 2004, S. 46)

Der Zugang zu Informationen über Familienplanung ist für arme Frauen beschwerlicher und oft beschämender als für wohlhabende. Dadurch liegt der Anteil der Frauen, die aktive Familienplanung betreiben, in den reichen Bevölkerungsgruppen eines Landes deutlich höher als in der armen Bevölkerung. Das Risiko, während der Schwangerschaft oder bei der Geburt eines Kindes zu sterben, ist für Frauen in den Entwicklungsländern weitaus höher als in den entwickelten Industrieländern:

> 1 zu 19 in Afrika
> 1 zu 132 in Asien
> 1 zu 188 in Lateinamerika
> 1 zu 2 976 in entwickelten Ländern
>
> (Bulletin der WHO 3/79, 2001, S. 182-193; zit. nach: WBB 2004, S. 42)

Immerhin hatten im Jahr 2003 zahlreiche Entwicklungsländer erste Schritte zur Verbesserung der reproduktiven Gesundheit gesetzt. Dazu gehören die Einstellung und Schulung von Personal, die Verbesserung der Qualität der Versorgung, die Einbeziehung von Gemeinden bei der Entwicklung von Programmen u. a. m.
Erste Erfolge sind bereits sichtbar: 60 % der verheirateten Paare in Entwicklungsländern nutzten im Jahr 2002 moderne Verhütungsmethoden, verglichen mit 10 % bis 15 % im Jahr 1960.

Nobelpreis gegen Armut

Der indische Wirtschaftswissenschafter Amartya Sen, der im Jahr 1998 den Nobelpreis für Wirtschaftswissenschaften erhielt, wies folgendes nach: Einkommen und Vermögen pro Einwohner/in reichen zur Kennzeichnung für Wohlergehen oder Armut in einem Land nicht aus. Vielmehr sind auch die Lebenserwartung (ausgedrückt durch Gesundheit, Ernährung und Hygiene) sowie der Bildungsgrad (Alphabetisierungsrate, Einschulungsrate) der Bevölkerung heranzuziehen.

Bildung der Armen

In fast allen Entwicklungsländern hängen Schulbesuch und Bildungsgrad der Kinder besonders stark mit dem Einkommen der Eltern zusammen. Eine allgemeine Grundbildung in nahezu allen Entwicklungsländern ist nur bei Wohlhabenden die Regel.

Die Gründe für den niedrigen Bildungsgrad der armen Menschen sind vielfältig:
- Für arme Kinder ist es meist aufwändiger, die nächstgelegene Schule zu erreichen. Schulen liegen häufiger in Städten und dort wiederum in wohlhabenderen Bezirken.
- Die Nachfrage nach Bildung hängt davon ab, ob der Familie der Nutzen von Bildung einsichtig gemacht werden kann.
- Kinder aus armen Familien werden eher zur Arbeit und zum Gelderwerb herangezogen.
- Mädchen besuchen aufgrund eines traditionellen Rollenverständnisses in der Regel weniger oft die Schule als gleichaltrige Burschen.

> Im Jahr 2000 verfügten rund 31 % der Frauen über keinerlei formale Bildung, verglichen mit 18 % der Männer.
>
> (Lutz, The World's Changing Human Capital Stock: Multi-State Population Projections by Educational Attainment; in: Population and Development Review 2/27, 2001, S. 323-340)

Kriege, Krisen und Konflikte im Inneren führen häufig dazu, dass das Schulwesen zusammenbricht und der Unterricht ausfällt. Um diese Probleme allmählich in den Griff zu bekommen, werden in Entwicklungsländern z. B. Nahrungsbeihilfen oder finanzielle Zuschüsse erst dann gewährt, wenn Eltern ihre Kinder in die Schule schicken.

Mehr Gleichberechtigung der Geschlechter – Stärkung von Frauen

Ein großer Teil der Arbeit, den Frauen vor allem innerhalb des Hauses bzw. der Familie leisten, fließt nicht in die volkswirtschaftliche Gesamtrechnung (BIP) ein, z. B. Erziehung der Kinder, Pflege von kranken Familienangehörigen etc. Diese „Unsichtbarkeit" trägt zur systematischen Ungleichbehandlung von Frauen bei. Daher ist es besonders wichtig, die wirtschaftlichen Leistungen von Frauen zu erkennen. Eine besondere Form der wirtschaftlichen Förderung von Frauen entwickelte der Ökonom Muhammed Yunus aus Bangladesch: Die von ihm (1974) gegründete GRAMEEN-(Bengali = Dorf) Bank vergibt Kleinstkredite „zur sozialen und wirtschaftlichen Entwicklung von unten". Es werden z. B. Kleinbäuerinnen und Kleinbauern oder Kleinhandwerkerinnen und Kleinhandwerker in Dörfern gefördert. 95 Prozent der Kreditnehmerinnen und Kreditnehmer sind Frauen. Dieses Konzept wurde zunächst in mehr als 60 Ländern erfolgreich zum Aufbau kleiner (land)wirtschaftlicher Strukturen angewendet. Yunus erhielt dafür im Jahr 2006 den Friedensnobelpreis. Leider haben gewinnorientierte Mikrobanken dieses Modell in den letzten Jahren in Misskredit gebracht.

Fragen und Arbeitsaufträge

→ 1. Arbeite die wesentlichen Zielstellungen der einschlägigen UNO-Weltkonferenzen hinsichtlich ihrer Bedeutung für die Armutsbekämpfung heraus.

→ 2. Zahlreiche Studien belegen, dass ein deutlicher Zusammenhang besteht zwischen dem Bildungsniveau der Eltern – und zwar vor allem der Mütter – und dem Bildungsgrad, den ihre Kinder erreichen. Begründe diesen Zusammenhang und setze ihn in Beziehung zur Stellung von Frauen in der Gesellschaft.

6.7 Projekt „Strategieentwicklung 2020" – Zur neuen Armut im reichen Österreich

In reichen Gesellschaften wird Armut dadurch gefördert, dass (Lohn-)Einkommen und Vermögen ungleich verteilt sind. Schätzungsweise gibt es in Österreich um die 30 000 Euromillionäre. Vermutlich besitzt weniger als ein halbes Prozent mehr als ein Drittel des gesamten Geldvermögens. Die obersten 10 Prozent haben einen Anteil von 54 Prozent am gesamten Geldvermögen der privaten Haushalte. Dieses liegt bei 440 Mrd. Euro. Über zwei Drittel der Haushalte besitzt kein nennenswertes Geldvermögen.

Zu diesem Ergebnis kommen die Expertinnen und Experten des Sozialberichts 2009/2010 des Sozialministeriums. Doch die Datenlage über Vermögen in Österreich ist nicht transparent. Anderseits gibt es recht genaue Angaben zur Armutssituation. Diese wird unter zwei Gesichtspunkten betrachtet: Man spricht von „Armutsgefährdung" und von „verfestigter Armut"(„akut arm"). Armutsgefährdet sind Menschen, die weniger als 60 Prozent des durchschnittlichen (Median) Einkommens erzielen. Das sind in Österreich im Jahr 2010 ca. 1 Mio. Menschen (12,1 %). Wer darüber hinaus noch in der alltäglichen Lebensführung beeinträchtigt ist , z. B. die Wohnung nicht ausreichend warm halten kann, sich bei Bedarf keine neue Kleidung kaufen kann etc., bei der/dem spricht man von „verfestigter Armut" bzw. diese Person wird als „akut arm" bezeichnet (2010: ca. 355 000 Personen, 4 %) (vgl. Kap. 6.6).

> *Zwischen 900 000 und 1,1 Mio. Personen in Österreich waren im Durchschnitt in den letzten Jahren von Armut gefährdet. Im Jahr 2010 waren 12,1 % (1 004 000 Personen) der österreichischen Bevölkerung armutsgefährdet; 4 % (ca. 355 000 Personen) galten als verfestigt bzw. akut arm.*
>
> (Vgl. EU-SILC 2010, Wien 2011, S. 36ff.)

> *Die Menschen leben in Substandardwohnungen und in schlechten Wohngegenden; sie sind mit der Zahlung der Miete oder von Krediten im Rückstand; sie haben Probleme beim Beheizen der Wohnung; sie können abgenutzte Kleidung nicht ausreichend durch neue ersetzen; ihre Freizeitmöglichkeiten sind eingeschränkt; sie können am gesellschaftlichen und kulturellen Leben (z. B. Einladungen, Besuch von Kino, Theater, Kauf von Büchern) kaum teilnehmen und können sich übliche Konsumgüter – z. B. Geschirrspüler – oft nicht leisten; Eltern und ihre Kinder fühlen sich oft hilflos und wertlos u. v. m.*
>
> (Nach: BM f. Arbeit und Soziales: Von Ausgrenzung bedroht 1993, S. 15; BM f. Soziale Sicherheit und Generationen: Bericht über die Soziale Lage, 2004, S. 227 f.)

Die Wissenschafter/innen betonen übereinstimmend mehrere Faktoren, welche gegenwärtig für das Abrutschen in die Armut besonders ausschlaggebend sind:

> *Erwerbslosigkeit: Die zunehmende längerfristige Erwerbslosigkeit zählt zu den Hauptursachen. Dabei sind jetzt soziale Gruppen betroffen, die früher vergleichsweise wenig armutsgefährdet waren, wie Facharbeiter oder Personen mit durchaus qualifizierter Ausbildung.*
>
> *Ein-Eltern-Haushalte: Vermehrte Betreuungsaufgaben und daher geringere Verdienstmöglichkeiten machen diese Gruppe mit 30 % zur am höchsten gefährdeten Gruppe. Rund 87 % der Erwachsenen in diesen Haushalten sind Frauen (Alleinerzieherinnen).*
>
> *Unzureichende Bildung: 21 % der Personen „mit höchstens Pflichtschulabschluss" sind armutsgefährdet.*
>
> *Nur ein Verdiener: In den Haushalten mit nur einem Verdiener ist die Armut(sgefährdung) um ein Vielfaches höher als in Haushalten, in denen ein zweiter Verdiener (z. B. die Frau) vorhanden ist.*
>
> *Mindestens drei Kinder: 20 % der Personen in Mehrpersonenhaushalten mit mindestens drei Kindern sind von Armut bedroht.*
>
> *Pensionistinnen: Auch allein lebende Frauen mit Pensionsbezug haben nach wie vor ein sehr hohes Armutsrisiko (29 %).*
>
> (Nach BMASK (2011): Armutsgefährdung und Lebensbedingungen in Österreich, Bearb.d.A., S. 50f.)

Fragen und Arbeitsaufträge

Arbeitet die Expertenaussagen aus den Sozialberichten aufmerksam durch. Fasst die wichtigsten Ergebnisse zusammen und beantwortet folgende Fragen:

- Auf wie viel Euro wird laut den Angaben des Sozialministeriums das Geldvermögen der obersten 10 Prozent der reichsten Österreicherinnen und Österreicher geschätzt?
- Wie viel Euro nimmt man an, dass die 0,5 Prozent der reichsten Österreicherinnen und Österreicher an Geldvermögen besitzen?
- Wie viel beträgt der Anteil der obersten 10 Prozent, wie viel jener der restlichen 90 Prozent am gesamten Geldvermögen?
- Recherchiert: Wie hoch ist das durchschnittliche Pro-Kopf-Einkommen (Medianwert) der Bevölkerung in Österreich?
- Was berechtigt dazu, (Lohn-)Einkommen ungleich hoch zu gestalten? Denkt dabei an berufliche Qualifikationen, Schwerarbeit etc.
- Wo seht ihr Bedenken gegenüber einer ungleichen (Lohn-)Einkommensgestaltung?

Projektvorschlag

Was tun gegen Armut? – „Strategieentwicklung 2020"

Armut in einer reichen Gesellschaft ist – wie erwähnt – vor allem auch ein Verteilungsproblem. Dieses lässt sich nicht allein durch individuelle Hilfen lösen. Die Bewältigung der Armutsfrage ist in erster Linie eine Aufgabe für die Politik. Im Jahr 2010 haben die Europäischen Regierungen eine neue Wachstumsstrategie: „Europa 2020" („smart, sustainable and inclusive growth") beschlossen. Der Schwerpunkt liegt auf der Verbesserung der sozialen Verhältnisse und auf Verringerung von Armut. Die Umsetzung kann national unterschiedlich erfolgen. Darüber hinaus macht die „Österreichische Armutskonferenz", ein Netzwerk von mehr als 20 Organisationen (z. B. Caritas, Diakonie, Gewerkschaft etc.), immer wieder Vorschläge zur Bekämpfung von Armut.

Im Folgenden seid ihr gefordert, im Sinne von „Europa 2020" Strategien zur Armutsbekämpfung zu entwickeln:

Als politische Maßnahmen im Kampf gegen die Armut und für die Verbesserung der sozialen Verhältnisse (d.h. mehr Teilhabe am gesellschaftlichen Leben) stehen folgende Strategien zur Diskussion:

- Verbesserung der Unterstützungsleistungen (z. B. Erhöhung des Arbeitslosengeldes – dzt. 55 % des Durchschnittsverdienstes des letzten Jahres).
- Erhöhung der „bedarfsorientierten Mindestsicherung" (BMS) (2010: 744 Euro für Alleinstehende bzw. 1 116 Euro für (Ehe)paare zwölf Mal im Jahr).
- Bedingungsloses Grundeinkommen für alle. Auf dieses soll es einen Rechtsanspruch für alle Staatsbürger/innen geben, unabhängig vom sonstigen Einkommen.
- Basislohn ohne Sozialstaat: Es gilt zunächst das Grundeinkommen für alle (siehe Punkt oben). Doch die sozialen Sicherungssysteme wie z. B. die Kranken- oder Pensionsversicherung werden privatisiert. D.h. die Lebensrisiken werden nicht mehr solidarisch über Sozialversicherungen von allen sondern von jedem allein (Privatversicherungen) getragen.
- Erhöhung der Mindestlöhne.
- Bessere Familienförderung.
- Bessere Vereinbarung von Familie und Beruf – u.a.m.
- Verbesserte schulische/berufliche Qualifikation.
- Höhere steuerliche Belastung von großen (!?) Vermögenswerten u.a.m.
- Was kann jede/r Einzelne aktiv zur Armutsbekämpfung beitragen?

Bildet Gruppen:

Wählt eine Strategie aus und informiert euch eingehend dazu. Erarbeitet ein Strategiepapier zur Armutsbekämpfung:
- 1. Festlegung der Ziele
- 2. Begründung der Strategie
- 3. Formulierung von Maßnahmen
- 4. Formulierung der möglichen Vorteile
- 5. Formulierung möglicher Nachteile
- 6. Vorgabe des Zeitrahmens

→ Informiere dich über die „Wiener Tafel" und ähnliche Organisationen in Österreich.

Schauspieler Erwin Steinhauer (M.) und Wiener Tafel-Obmann Martin Haiderer am Donnerstag, 1. Dezember 2011, am Suppentopf im Rahmen der Veranstaltung „Suppe mit Sinn" der Wiener Tafel in Wien.
VAPA-Foto: Roland Schlager

Basiswissen

Internationale Politik seit 1945

Entwicklung und Ende des „Kalten Krieges"

- Nach dem gemeinsamen Sieg über Hitler-Deutschland entwickelte sich rasch eine scharfe Rivalität zwischen der Sowjetunion und den USA, die als „Supermächte" die Weltpolitik beherrschten (Bipolarität).
- Die UdSSR betrieb in den von ihr besetzten Ländern eine Politik der Sowjetisierung mit der Errichtung von Volksdemokratien. Diese bestanden bis zum Wendejahr 1989.
- Die USA (Präsident Truman) setzten mit dem Marshallplan auf Wirtschaftshilfe, um das Vordringen des Kommunismus einzudämmen (Containmentpolitik).
- COMECON, NATO und Warschauer Pakt verfestigten die Blockbildung. Ständige Auf- und Nachrüstung sollte das (atomare) „Gleichgewicht des Schreckens" aufrechterhalten.
- Eine Reihe von Neutralen und „blockfreien" Staaten (u. a. Jugoslawien, Indien, Ägypten) versuchte, sich aus dem Ost-West-Konflikt herauszuhalten.
- 1990 wurde der Kalte Krieg beendet.

Die UNO, internationales Recht und der Vergleich politischer Systeme

- Das Völkerrecht enthält Regeln für die Beziehungen der Staaten untereinander. Das größte Problem des Völkerrechts ist seine Durchsetzbarkeit.
- Für die Ahndung von Völkerrechts- und Menschenrechtsverletzungen ist der Internationale Gerichtshof in Den Haag verantwortlich.
- Im Juni 1945 wurde die UNO in San Francisco gegründet. Die entscheidenden Kompetenzen kommen dem Sicherheitsrat zu. Gegenwärtig wird diskutiert, die fünf ständigen Mitglieder (ausgestattet mit Vetorecht) zu erweitern.
- Internationale Organisationen:
OECD: Förderung des wirtschaftlichen Wachstums und in der Koordination der Wirtschaftshilfe für die Entwicklungsländer.
WTO (Nachfolgeeinrichtung des GATT seit 1995): Bemühen um größtmögliche Liberalisierung des weltweiten Handels.
Die Weltbank war bis in die 1980er Jahre vorrangig bei der Finanzierung weltweiter Entwicklungshilfeprojekte engagiert. Mittlerweile unterstützt sie auch Gesundheits- und Bildungsprogramme sowie Programme zur Armutsbekämpfung und Projekte bezüglich des weltweiten Umweltschutzes und zur Schaffung von Arbeitsplätzen.
- Unterschiedliche Demokratiemodelle: In präsidentiellen Regierungssystemen kommt dem gewählten Präsidenten eine sehr große Machtfülle zu. In den USA ist er Staatsoberhaupt und Regierungschef, in Russland ist er der demokratischen Kontrolle durch die Staatsduma praktisch entzogen. Auch das politische System Frankreichs kennt einen starken Präsidenten, aber die Rechte und Kontrollmaßnahmen von Regierung und Parlament sind größer. Großbritannien ist ein Beispiel für eine parlamentarische Demokratie. Der Regierungschef stützt sich auf eine parlamentarische Mehrheit. Das politische System der VR China ist bestimmt von der Monopolstellung der Kommunistischen Partei und ihrem Einwirken auf alle wesentlichen Staatsorgane. So ist der Staatspräsident gleichzeitig auch Generalsekretär der Kommunistischen Partei.

Weltmächte seit 1945

- Die USA beanspruchen nach der Auflösung der Sowjetunion (1991) die alleinige Vorherrschaft in der Weltpolitik.
- Unter Bezugnahme auf die Bekämpfung des internationalen Terrorismus rechtfertigt die US-Regierung ihr häufig unilaterales Vorgehen.
- Ab 1985 versuchte der neue Generalsekretär M. Gorbatschow, die Wirtschaft zu reformieren (Perestroika) und die Gesellschaft offener zu gestalten (Glasnost).
- Im Jahr 1991 zerfiel die Sowjetunion.
- Seit 1978 hat sich China zunehmend mehr der liberalen Weltwirtschaft geöffnet. Durch das rasche Wirtschaftswachstum vor allem in den Städten nehmen die sozialen Ungleichheiten und Spannungen in China zu.
- Von China wird als der kommenden Weltmacht des 21. Jahrhunderts gesprochen.
- Aufgrund vielfach korrupter Politik und durch die verstärkte Liberalisierung der Weltwirtschaft kam es in zahlreichen lateinamerikanischen Staaten zu wirtschaftlichen Spannungen und sozialen Unruhen.
- Zunehmend mehr Regierungen in Lateinamerika fordern untereinander eine verstärkte Zusammenarbeit und eine stärkere Abgrenzung gegenüber den USA.

Das Ende kolonialer Herrschaft

- Der Prozess der Entkolonialisierung nach dem Zweiten Weltkrieg vollzog sich vor allem in Asien und Afrika und beendete die bisherige Weltmachtstellung der beiden Großmächte Großbritannien und Frankreich.
- Verschiedene Wege führten in Südostasien zur Unabhängigkeit (Philippinen, Burma, Indonesien, Vietnam).
- 1960, „das Jahr Afrikas": 17 afrikanische Staaten gewannen ihre Unabhängigkeit von europäischen Kolonialmächten.
- Im Jahr 1994 wurde das System der Apartheid in Südafrika beendet.

Konfliktfelder der Gegenwart

- Nach dem Ende des Kalten Krieges wurde die NATO (gegründet 1949) in den Jahren 1999, 2004 und 2009 durch eine Reihe von Staaten erweitert.
- Die OSZE wurde 1995 als Nachfolgeeinrichtung der KSZE gegründet.
- Nach dem Ausbruch der zweiten palästinensischen Intifada und den damit verbundenen zahlreichen Selbstmordanschlägen von Palästinensern in Israel einigte man sich zunächst auf einen Friedensfahrplan (Road Map: 2003). In dessen Folge räumte Israel seine Siedlungen im Gaza-Streifen. Dennoch ist eine Lösung des Konflikts nicht in Sicht (Krieg im Libanon 2006).
- Nach dem Sturz des Taliban-Regimes (2001) durch eine internationale Militärintervention im Auftrag der UNO bemüht man sich in Afghanistan seither mit Unterstützung der UNO um den Aufbau demokratischer Strukturen.
- Der Irak wurde im Jahr 2003 völkerrechtswidrig von einer „Koalition der Kriegswilligen" unter Führung der USA angegriffen und besiegt (2. Irakkrieg, 3. Golfkrieg). Die innere Lage im Irak konnte bisher nicht beruhigt werden. Trotzdem fanden Ende 2005 Parlamentswahlen statt.

- Im Kaukasus ist die russische Föderation mit massiven Unabhängigkeitsbestrebungen konfrontiert. Diese führten zu blutigen Auseinandersetzungen, z. B. in Tschetschenien.
- Zu Beginn des 21. Jh. bestehen auf dem Gebiet des ehemaligen Jugoslawien sieben neue Staaten: Slowenien, Kroatien, Bosnien-Herzogowina, Mazedonien, Serbien, Montenegro und der Kosovo.
- „Arabischer Frühling": In arabischen Ländern Nordafrikas und des Nahen Ostens kam es im Jahr 2011 zu Revolutionen gegen die autokratischen Regime.
- In allen Religionen bildeten sich fundamentalistische Strömungen heraus. Vor allem fundamentalistische muslimische Bewegungen bekämpfen die Verwestlichung in ihren Ländern.
- Mit der Zerstörung des WTC am 11. September 2001 rückte das Terrornetzwerk Al Qaida in das Zentrum der Weltöffentlichkeit.
- Die Weltbevölkerungskonferenz in Kairo (1994) leitete eine neue Ära der Bevölkerungspolitik ein: Die Menschenrechte, die Gleichberechtigung der Geschlechter, Bildung und Gesundheit der Menschen stehen nun im Zentrum der politischen Überlegungen.
- Nach dem Zusammenbruch der kommunistischen Zentralwirtschaft (1989) setzten sich in der Weltwirtschaft immer stärker die neoliberalen Wirtschaftsprinzipien der Liberalisierung und Deregulierung durch. Die Verteilung des durch die Globalisierung steigenden Reichtums ist allerdings sehr ungleich, sodass ohne wirksame sozialpolitische Maßnahmen die Gefahr sozialer Spannungen weltweit zunimmt.
- Mehrere UN-Weltkonferenzen betonen zur gezielten Bekämpfung der weltweiten Armut drei Bereiche: Bildung, reproduktive Gesundheit und Gleichstellung der Geschlechter.

Politische Herausforderungen der Gegenwart

- Der Fundamentalismus bietet ein geschlossenes Weltbild, das nicht am Denken der Aufklärung orientiert ist.
- Neben dem innerstaatlichen Terrorismus – wie z. B. der RAF in der BRD oder der IRA in Nordirland – macht sich seit den Anschlägen vom 11.9.2001 der transnationale Terrorismus, v.a. von Al Qaida in der westlichen Welt (z. B. USA) aber auch in islamischen Staaten (z. B. Pakistan, Afghanistan, Irak) durch Bombenanschläge bemerkbar. Der Krieg gegen den Terrorismus führte u.a. zum völkerrechtswidrigen 3. Golfkrieg gegen den Irak (2003) und zum Kampfeinsatz der NATO gegen aufständische Taliban in Afghanistan.
- Nach dem Zusammenbruch der kommunistischen Zentralwirtschaft und der Auflösung der Sowjetunion (1989-1991) setzten sich weltweit neoliberale Wirtschaftsvorstellungen durch: Rückzug des Staates als Unternehmer, Produktivitätssteigerung, Gewinnmaximierung, Abbau möglichst aller Handelsbeschränkungen und Rückbau des Sozialstaates. Durch diese Form des Wirtschaftens spalten sich die Gesellschaften verstärkt in eine Minderheit von Gewinnern und in eine Mehrheit von Verlierern. Dies könnte den sozialen Frieden und die Demokratie gefährden.
- Die Weltbevölkerung hat im Jahr 2011 die 7-Milliarden-Grenze überschritten. Die Probleme in der Entwicklung der Weltbevölkerung sind seit der Weltbevölkerungskonferenz in Kairo (1994) und der Weltfrauenkonferenz in Beijing (1995) mit der Gleichberechtigung der Geschlechter, vor allem mit der Gesundheit sowie mit der Bildung von Frauen verbunden. Bildung und wirtschaftliche Möglichkeiten für Frauen werden in der Familienplanung nun gegenüber staatlichen Kontrollen bevorzugt.
- NGOs sind meist große, international vernetzte Organisationen, wie Amnesty International, Greenpeace etc. Sie setzen sich weltweit für die Durchsetzung und Einhaltung der Menschenrechte und für die Erhaltung einer lebenswerten Umwelt ein. Dies wird auch von der UNO seit 1993 (UN-Konferenz in Wien) anerkannt.
- Die Armut ist ein weltweites Problem (bis zu einer Milliarde Kinder der Welt lebten 2009 in Armut). UNO-Weltkonferenzen bemühen sich um Verringerung der weltweiten Armut durch eine angemessene Entwicklungspolitik: UNO-Weltkonferenzen zur Durchsetzung der Menschenrechte (Wien 1993), zur Weltbevölkerungsentwicklung (Kairo 1994) und zur Frauenförderung (Beijing 1995) sowie Milleniumsgipfel 2000 zur Armutsbekämpfung in New York.

Zur Kennzeichnung für das Wohlergehen oder die Armut in einem Land werden neben dem Erwerbseinkommen und Vermögen zunehmend auch Gesundheit und Bildung herangezogen.

Grundbegriffe

Terrorismus/Terroristen Man versucht politische Ziele mit Gewalt durchzusetzen (z. B. RAF, IRA, Al Qaida). Terroristen sehen sich selbst als moralisch legitimierte Freiheitskämpfer für eine gerechtere Welt gegen eine unterdrückende Herrschaft. Von bestehenden politischen Systemen (Staaten) werden Terroristen als bedenkenlose Gewalttäter gesehen.

Fundamentalismus Der Begriff ist zu Beginn des 20. Jh. in den USA entstanden. Sein herausragendes Kennzeichen ist die irrtumlose Unfehlbarkeit von religiösen Grundüberzeugungen. Fundamentalisten finden sich in allen Religionen.

Globalisierung Darunter versteht man die weltumspannende Vernetzung von Wirtschaft und Politik. Eine wesentliche Grundlage dafür bieten die neuen Technologien in Telekommunikation und Mikroelektronik. Sie erlauben es, Daten in Sekundenbruchteilen („Echtzeit") weltweit (=global) auszutauschen, in riesigen Mengen zu speichern, in Sekunden zu verarbeiten und jederzeit verfügbar zu machen.

NGOs – Non governmental organizations Der Begriff wurde erstmals 1949 von der UNO gebraucht. NGOs handeln autonom, vom Staat getrennt. Sie verfolgen keine gewinnorientierten Interessen. Sie werden durch Spenden und ehrenamtliche Mitarbeit unterstützt.

Armut/Armutsbekämpfung Menschen gelten in der EU als armutsgefährdet, wenn das gewichtete Pro-Kopf-Einkommen eines Haushalts unter 60 % des durchschnittlichen Pro-Kopf-Einkommens liegt.

Nach Auffassung der Weltbank gilt eine Person als arm, wenn dieser weniger als 1 US-Dollar pro Tag in der Kaufkraft des jeweiligen Landes zur Verfügung steht.

Längsschnitt

Die Entwicklung der Menschenrechte

Tafelbild der Revolutionszeit, Die Erklärung der Menschen- und Bürgerrechte vom 26. August 1789.

Menschenrechte – Grundrechte

In einer Information der Vereinten Nationen über die Menschenrechte heißt es:

> Wer den Menschen ihre Rechte verweigert, schafft den Nährboden für politische und soziale Unruhen – für Krieg und Feindschaft zwischen Nationen und zwischen verschiedenen Bevölkerungsgruppen innerhalb eines Staates. Die Menschenrechte sind keineswegs ein abstraktes Thema für Philosophen und Juristen, sondern in ihnen geht es um das tägliche Leben jedes einzelnen Menschen, jedes Mannes, jeder Frau und jedes Kindes.

(Vereinte Nationen, Hauptabteilung Presse und Information: Die Menschenrechte. 50 Fragen und Antworten zu den Menschenrechten und ihrer Förderung durch die Vereinten Nationen, 1984, S. 3)

Ohne Menschenrechte können wir kein menschenwürdiges Leben führen. Sie sind ein Bestandteil der menschlichen Natur. Die Menschenrechte stehen jeder bzw. jedem Einzelnen zu, weil sie in ihrer bzw. seiner Menschenwürde wurzeln. Sie gelten als angeboren, unantastbar und unveräußerlich und dürfen vom Staat nicht genommen werden. Zu ihnen zählen vor allem das Recht auf Leben und körperliche Unversehrtheit, auf Gleichheit vor dem Gesetz, Meinungs- und Glaubensfreiheit, Schutz vor willkürlicher Verhaftung, Folter und Sklaverei sowie vor Diskriminierung und Verfolgung wegen ethnischer, religiöser und geschlechtlicher Zugehörigkeit.
Die Menschenrechte bilden die Voraussetzungen dafür, dass alle Menschen ihre geistigen Fähigkeiten und ihr Gewissen voll entfalten und nutzen.
Unter Grundrechten versteht man hingegen Menschen- und Bürgerrechte, die von der jeweiligen Verfassung eines Staates garantiert werden. Bürgerrechte – z. B. das besondere Wahlrecht in einem Staat – sind mit der jeweiligen Staatsangehörigkeit verbunden und gelten deshalb nicht so universal wie die Menschenrechte.

Die Entwicklung der Idee

Der Mensch ist ein soziales Wesen, das Beziehungen zu anderen pflegt. Es stellt sich daher die Frage nach den Rechten und Pflichten eines Individuums. Der Gedanke, dass der einzelne Mensch unantastbare Rechte habe, führte zur Ausbildung freiheitlicher Ordnungen. Zuerst geschah dies in England, Amerika und Frankreich, später auch in den meisten anderen europäischen Ländern. Diese Vorgänge können als Versuche gedeutet werden, die Idee der Menschenrechte zunächst für einige und dann für alle Bürgerinnen und Bürger zu verwirklichen. Von der ersten Formulierung der Idee der Menschenrechte bis zu ihrer Verwirklichung in entsprechenden politischen Ordnungen vergingen jedoch mehr als zwei Jahrtausende. Im Laufe der Geschichte sind auf die Frage nach den Rechten und Pflichten viele verschiedene Antworten gegeben worden.
Im **indischen Denken** werden zehn menschliche Freiheiten und Tugenden genannt: fünf soziale Freiheiten (Freiheit von Gewalt, von Not, von Ausbeutung, von Entehrung, von verfrühtem Tod und Krankheit), zu denen fünf Tugenden treten (Toleranz, Gemeinschaftsgefühl, Wissen, Freiheit des Gewissens und der Gedanken, Freiheit von Furcht). In diesen Ideen sind die natürlichen Ansprüche des Menschen an die Gesellschaft in Indien zu finden.
In **Europa** wurde die Idee der Menschenrechte zuerst von der griechisch-römischen Philosophenschule der Stoa ab dem 3. Jh. v. Chr. entwickelt. Für die stoischen Philosophen ist die ganze Welt von der göttlichen Macht der Vernunft durchdrungen. Dadurch besitzt jeder Mensch, ob arm oder reich, Sklave oder freier Bürger, eine unantastbare Würde und Anspruch auf Achtung. Doch konkrete soziale und politische Konsequenzen daraus wurden in der Antike noch nicht gezogen: Obwohl die Philosophen die Gleichheit der Menschen als vernunftbegabte Wesen anerkannten, billigten die meisten von ihnen die schärfste Form der sozialen Ungleichheit – die Sklaverei.
Das **christliche Naturrecht des Mittelalters** knüpft an die Gedanken der Stoa an. Die Menschen werden nun als gleich angesehen, weil sie alle Ebenbilder Gottes und zugleich Sünder sind. Für alle Menschen gilt das Naturrecht, das die höchsten Grundsätze des Rechts enthält. Der Kirchenlehrer Thomas von Aquin (1225–1274) unterscheidet:
– Das ewige Recht, das ist die Vernunft im Geiste Gottes, die das Weltall lenkt.
– Das Naturrecht, das durch die Teilnahme des Menschen am ewigen Recht entsteht. Zu dieser Teilnahme ist der Mensch durch seine Vernunft und sein Gewissen befähigt.
– Das positive Recht, das vom Menschen zur Regelung des menschlichen Zusammenlebens gesetzt wird und das nur gültig ist, wenn es dem Naturrecht nicht widerspricht.
– Das göttliche Recht, das von Gott unmittelbar für den Menschen gesetzt ist, z. B. die Zehn Gebote.
Für Thomas von Aquin gibt es das Recht des Menschen, den Gehorsam dann zu verweigern, wenn menschliche Gesetze dem Naturrecht oder dem göttlichen Recht widersprechen. Doch auch er nahm die Ungleichheit und Unfreiheit der Menschen in der sozialen Wirklichkeit als gottgegeben hin. Aus der Gleichheit vor Gott wurde nicht die rechtliche

oder gar die soziale Freiheit abgeleitet. Freiheit wurde in erster Linie als die innere Freiheit, den Willen Gottes zu tun, verstanden.

Eine weitere Quelle der modernen Menschenrechte liegt in der **ständischen Freiheitstradition des Mittelalters**. Im mittelalterlichen Feudalstaat war die Macht des Herrschers beschränkt: durch das überkommene Recht, durch Verpflichtungen aus dem Lehensverhältnis und oft durch Verträge mit den Ständen. Diese enthielten häufig die Zusicherung des Fürsten,
- in das Leben, die Freiheit und das Eigentum der Untertanen nur aufgrund eines Gerichtsurteils einzugreifen;
- keine neuen Abgaben oder Steuern ohne die Einwilligung der Stände zu erheben;
- keine Kriege ohne die Zustimmung der Stände zu beginnen.

Verletzte ein Fürst die herkömmlichen Rechte und Privilegien, musste er damit rechnen, dass seine Untertanen ihm den Gehorsam aufkündigten.

Das berühmteste Beispiel für eine mittelalterliche Freiheitsgarantie ist die Magna Charta Libertatum (1215).

Renaissance, Humanismus und Aufklärung führten zu einer Säkularisierung (= Verweltlichung) des Naturrechts. Es wurde nun wie schon in der Stoa aus der Vernunft begründet. Der Holländer Hugo Grotius (1583–1645) gilt als Schöpfer des modernen Völkerrechts. Er erklärte nämlich, dass durch die Vernunft gefundene Naturrecht würde auch gelten, wenn es keinen Gott gäbe. Der Mensch wird nun als autonome Persönlichkeit verstanden. Er muss daher die Freiheit haben, sein Leben und seine Umwelt in eigener Verantwortung nach der Vernunft zu gestalten.

Ihren ersten Höhepunkt erreichte die Wirkung des rationalistischen Naturrechts in den englischen Revolutionen des 17. Jahrhunderts. John Milton (1608–1674), Dichter und Sekretär Cromwells, forderte das Recht der Selbstbestimmung des Menschen in allen Lebensbereichen. Er bezeichnete die Gewissens- und Religionsfreiheit, das Recht auf Eigentum, die Freiheit der Rede und der Presse als Grundrechte des Menschen.

Diese Ideen wurden von John Locke (1632–1704) weiterentwickelt. In seinem politischen Hauptwerk „Two Treatises of Government" (1690) bezeichnete er das Recht jedes Menschen auf Leben, auf Freiheit und auf Eigentum als ewiges und unveränderliches Naturrecht. Damit wurde er nicht nur zum klassischen Vertreter der Menschenrechte, sondern auch zum Begründer des modernen Liberalismus. Die politische Bedeutung der Ideen Lockes war außerordentlich stark und reicht bis in die Gegenwart. Ihre Wirkung beruht auf der Annahme, dass der Mensch Rechte besitze, die naturgegeben sind. Der Staat sei überhaupt erst zu ihrer Wahrung eingerichtet. Damit setzte Locke dem Staat jene Grenzen, die im Liberalismus stark beachtet wurden: Der Staat ist dazu da, Leben, Freiheit und Eigentum der Bürger zu schützen. Er kann ihnen diese Rechte nicht nehmen, denn er hat sie ihnen nicht gegeben; sie bestanden schon, ehe er errichtet wurde. Verletzt er sie, so nimmt er seiner eigenen Existenz die Grundlage.

Auf dieser Basis erfolgte schließlich die politische Verwirklichung der grundlegenden Menschenrechte: zunächst in der Unabhängigkeitserklärung der USA von 1776 und dann in der französischen Erklärung der Rechte des Menschen und des Bürgers von 1789.

Diesen Beispielen folgten nach und nach immer mehr Staaten und verankerten in ihren Verfassungen die Grundrechte ihrer Bürgerinnen und Bürger. In Österreich geschah dies im Jahre 1867 mit dem Staatsgrundgesetz über die allgemeinen Rechte der Staatsbürgerinnen und Staatsbürger.

Im Laufe der Zeit setzte sich eine juristische Auffassung durch, die als **Rechtspositivismus** bezeichnet wird: Man versteht darunter die Ansicht, dass gültiges (positives) Recht nur das sei, was ein Staat zum Gesetz erhebt. Das bringt aber ein Problem mit sich:

L *Positives Recht ist auch dann gültig, wenn es gegen fundamentale Prinzipien der Gerechtigkeit verstößt.*

(Ucakar/Gschiegl, Das politische System Österreichs und die EU, 2010, S. 21)

Auch diktatorische Staaten berufen sich auf die „Rechtmäßigkeit" ihrer Gesetze. So waren anscheinend die Richter der nationalsozialistischen Volksgerichtshöfe überzeugt davon, „Recht" zu sprechen, obwohl ihre Rechtsprechung der Menschenwürde und den Menschenrechten völlig widersprachen. Dies bedeutet also, dass allein das positive Recht kein Garant für eine gerechte gesellschaftliche Ordnung ist.

Die Menschenrechte im Völkerrecht

Das Völkerrecht beruht auf der Souveränität der Einzelstaaten und beinhaltet vor allem die Regelung der Beziehungen zwischen den Staaten. Die Beschäftigung eines Staates mit dem Schicksal der Bürgerinnen und Bürger eines anderen wird im Normalfall als unzulässige Einmischung in die inneren Angelegenheiten betrachtet.

Ansätze der internationalen Politik, sich dennoch ganz allgemein des Schutzes der Menschen anzunehmen, zeigten sich schon im Sklavereiverbot des Wiener Kongresses (1815), in den Haager Friedenskonferenzen von 1899 und 1907 und in den Aktivitäten des Völkerbundes. Eine Wende brachten die Enthüllungen der deutschen Kriegsverbrechen und des Holocaust im Zweiten Weltkrieg. Erstmals urteilte ein internationales Gericht in den Nürnberger Prozessen (siehe S. 178) Verbrechen gegen die Menschlichkeit ab. Es bezog sich dabei auf allgemein geltendes Menschenrecht.

Die Vereinten Nationen

Schon in ihrer Gründungsurkunde, der UN-Charta, bekannten sich die Mitglieder der Vereinten Nationen im Jahr 1945 zum Schutz der Menschenrechte:

Q *Ziele und Grundsätze Artikel 1, Abs. 3: eine internationale Zusammenarbeit herbeizuführen, um internationale Probleme wirtschaftlicher, sozialer, kultureller und humanitärer Art zu lösen und die Achtung vor den Menschenrechten und Grundfreiheiten für alle ohne Unterschied der Rasse, des Geschlechts, der*

Längsschnitt

Sprache oder der Religion zu fördern und zu festigen.

(Bundesrepublik Deutschland: BGBl. 1973 II, S. 431)

1947 nahm eine Menschenrechtskommission ihre Tätigkeit auf und arbeitete einen umfassenden Katalog von 30 Artikeln der Menschenrechte aus. Dieser wurde am 10. Dezember 1948 als **Allgemeine Erklärung der Menschenrechte** einstimmig von der UN-Generalversammlung angenommen:

> (…) proklamiert die Generalversammlung diese Allgemeine Erklärung der Menschenrechte als das von allen Völkern und Nationen zu erreichende gemeinsame Ideal, damit jeder Einzelne und alle Organe der Gesellschaft sich diese Erklärung stets gegenwärtig halten und sich bemühen, durch Unterricht und Erziehung die Achtung dieser Rechte und Freiheiten zu fördern (…).
>
> *Artikel 1*
> Alle Menschen sind frei und gleich an Würde und Rechten geboren. Sie sind mit Vernunft und Gewissen begabt und sollen einander im Geiste der Brüderlichkeit begegnen.
>
> *Artikel 2*
> Jedermann hat Anspruch auf die in dieser Erklärung proklamierten Rechte und Freiheiten ohne irgendeine Unterscheidung, wie etwa nach Rasse, Farbe, Geschlecht, Sprache, Religion, politischer oder sonstiger Überzeugung, nationaler oder sozialer Herkunft, nach Vermögen, Geburt oder sonstigem Status. Weiter darf keine Unterscheidung gemacht werden aufgrund der politischen, rechtlichen oder internationalen Stellung des Landes oder Gebietes, dem eine Person angehört, ohne Rücksicht darauf, ob es unabhängig ist, unter Treuhandschaft steht, keine Selbstregierung besitzt oder irgendeiner anderen Beschränkung seiner Souveränität unterworfen ist.

(Bundeszentrale für politische Bildung: Menschenrechte, Dokumente und Deklarationen, 1995, S. 37–39)

Die Artikel 3 bis 21 betreffen die bürgerlichen und politischen Rechte, auf die alle Menschen Anspruch haben, wie z.B.:
– Recht auf Leben, Freiheit und Sicherheit der Person;
– Verbot der Sklaverei und der Leibeigenschaft;
– Verbot der Folter und grausamer, unmenschlicher oder erniedrigender Behandlung oder Strafe;
– Anerkennung als Rechtspersönlichkeit;
– Gleichheit vor dem Gesetz;
– wirksamen Rechtsschutz bei Menschenrechtsverletzungen;
– Schutz vor willkürlicher Verhaftung, Haft bzw. Ausweisung;
– Anspruch auf ein faires, öffentliches Gerichtsverfahren vor einem unabhängigen und unparteiischen Gericht;
– Annahme der Unschuld bis zum Nachweis einer Schuld;
– Schutz vor willkürlichen Eingriffen in die Privatsphäre, das Familienleben und das Heim sowie Anspruch auf das Briefgeheimnis;
– Anspruch auf Freizügigkeit und freie Wahl des Wohnsitzes;
– Asylrecht;
– Recht auf eine Staatsangehörigkeit;
– Recht auf Eheschließung und Gründung einer Familie;
– Recht auf Eigentum;
– Gedanken-, Gewissens- und Glaubensfreiheit;
– Freiheit der Meinungsbildung und Meinungsäußerung;
– Recht auf Versammlungs- und Vereinigungsfreiheit;
– Recht auf Teilnahme an der Regierung;
– gleichen Zugang zu öffentlichen Ämtern.

Die Artikel 22 bis 28 betreffen wirtschaftliche, soziale und kulturelle Rechte, wie z.B.:
– Recht auf soziale Sicherheit;
– Recht auf Arbeit sowie auf Bildung von Gewerkschaften und Mitgliedschaft in ihnen;
– Anspruch auf Erholung und Freizeit;
– Anspruch auf einen Lebensstandard, der Gesundheit und Wohlbefinden garantiert;
– Recht auf Bildung;
– Recht auf Teilnahme am kulturellen Leben der Gemeinschaft.

> *Artikel 28: Jeder Mensch hat Anspruch auf eine soziale und internationale Ordnung, in welcher die in der vorliegenden Erklärung angeführten Rechte und Freiheiten verwirklicht werden können.*

Auf der Grundlage der Allgemeinen Erklärung der Menschenrechte überwacht die Hohe Kommissarin bzw. der Hohe Kommissar für Menschenrechte (UNHCR) die weltweite Menschenrechtslage und fördert die Durchsetzung besserer internationaler Standards. Da die UNO-Deklaration von 1948 rechtlich unverbindlich ist, wurden später Teile des Menschenrechtskomplexes in mehreren internationalen Vertragswerken kodifiziert. Zu den wichtigsten gehören die Genfer Konventionen von 1949/51 („Rotkreuzabkommen" über den Schutz der Kriegsopfer bzw. der Flüchtlinge) und die Pakte über wirtschaftliche, soziale und kulturelle Rechte sowie über bürgerliche und politische Rechte von 1966 (seit 1976 in Kraft). Die Allgemeine Erklärung und die beiden Pakte werden als „Internationale Menschenrechtscharta" bezeichnet. In den Jahren 1993 und 1994 errichtete der Sicherheitsrat der Vereinten Nationen Tribunale zur Verfolgung von Kriegsverbrechen, Verbrechen gegen die Menschlichkeit und Völkermord im ehemaligen Jugoslawien (Internationales Tribunal für Verbrechen im früheren Jugoslawien mit Sitz in Den Haag) bzw. in Ruanda (Internationales Tribunal für Kriegsverbrechen in Ruanda mit Sitz in Arusha/Tansania). 1998 beschloss eine internationale Staatenkonferenz in Rom zur Verfolgung derselben Verbrechen, jedoch ohne räumliche und zeitliche Begrenzung, die Errichtung eines Internationalen Strafgerichtshofs mit Sitz in Den Haag, dessen Statut ab 2002 in Kraft trat.

Westliche Werte für die ganze Welt

Gegen die Durchsetzung der Menschenrechte, wie sie von der UNO verkündet wurden, wird immer wieder der Vorwurf des Eurozentrismus und des Kulturimperialismus erhoben:

> Q Verbirgt sich hinter dem Menschen, der in den Menschenrechtserklärungen angesprochen ist, nicht ein bestimmtes – „westliches" oder „aufklärerisches" – Menschenbild? Läuft der normative Universalismus daher nicht zuletzt auf die Globalisierung einer westlich geprägten Wertordnung hinaus?
>
> (Bielefeldt, Menschenrechte, 1997, S. 256)

Eine befriedigende Antwort auf diese Fragen wurde bis in die Gegenwart noch nicht gefunden. Es stellt sich vielmehr die Gegenfrage nach der Alternative zum menschenrechtlichen Universalismus. Auf diese Gegenfrage gibt es gleichfalls nur unbefriedigende Antworten.
Die stärksten Argumente für einen menschenrechtlichen Universalismus liegen nicht in der theoretischen, sondern in seiner praktischen Natur:

> Q In einer immer enger vernetzten Welt, in der durch die rapide anwachsenden technischen Möglichkeiten stets neue Gefährdungen menschlicher Würde und Freiheit entstehen, ist ein universaler Konsens über elementare Bedingungen menschenwürdigen Überlebens und Zusammenlebens faktisch unumgänglich geworden.
>
> (Bielefeldt, Menschenrechte, 1997, S. 256)

Europa

Angeregt von den Menschenrechtseinrichtungen der Vereinten Nationen wurden von den afrikanischen, amerikanischen und europäischen Ländern regionale Menschenrechtsabkommen geschlossen.
In Europa unterzeichneten die Mitglieder des Europarats, dessen Hauptaufgabe die Förderung der Menschenrechte in ganz Europa ist, im Jahre 1950 die Europäische Menschenrechtskonvention. Um die Einhaltung der Konvention zu gewährleisten, wurden die Europäische Menschenrechtskommission und der Europäische Gerichtshof für Menschenrechte eingerichtet. Beide wurden 1998 aufgelöst und durch den Ständigen Europäischen Gerichtshof für Menschenrechte in Straßburg abgelöst. Dieses Gericht kann von Einzelpersonen und NGOs nach Ausschöpfung der nationalen Rechtsmittel angerufen werden. Sein Urteil ist für die Mitgliedstaaten bindend und hat auch in Österreich in vielen Fällen eine Änderung der staatlichen Gesetzgebung nach sich gezogen.
In der Europäischen Union stehen seit den Römer Verträgen von 1957 besonders die vier Freiheiten des Waren-, Personen-, Dienstleistungs- und Kapitalverkehrs im Mittelpunkt. Seit dem Vertrag von Maastricht 1992 besteht für Bürgerinnen und Bürger aller Mitgliedstaaten die Unionsbürgerschaft, die ihnen das Wahlrecht bei europäischen und kommunalen Wahlen im gesamten Gebiet der EU einräumt. Darüber hinaus bezeichnet die EU die Europäische Menschenrechtskonvention ausdrücklich als Teil des gemeinsamen Rechtsbestands ihrer Mitgliedsländer. Eine Verletzung der Menschenrechte kann Sanktionen der EU zur Folge haben. Außerdem wird von allen Beitrittskandidaten zur EU die Einhaltung von Menschen- und Minderheitsrechten gefordert.

Menschenrechtsbewegungen

Durch das weltweite Engagement von Bürgerinnen und Bürgern für die Wahrung der Menschenrechte gewannen Nicht-Regierungsorganisationen (Non-governmental Organization = NGO) zunehmende Bedeutung (vgl. S. 234f.). Sie beobachten in den einzelnen Staaten die Umsetzung der Menschenrechtsvereinbarungen, machen Verletzungen publik, organisieren Proteste und drängen auf eine effektivere nationale und internationale Institutionalisierung von Menschenrechten. Um ihre Unabhängigkeit zu wahren, nehmen NGOs keine staatlichen Gelder an.
Zu den wichtigsten Organisationen in diesem Bereich gehören Amnesty International, Human Rights Watch (HRW), die Internationale Föderation für Menschenrechte (FIDH), die Internationale Helsinki-Föderation für Menschenrechte (IHF) und die Internationale Liga der Menschenrechte (ILHR). Die 1977 auf der Grundlage der KSZE-Schlussakte gegründete Menschenrechtsbewegung Charta 77 in der Tschechoslowakei und andere Initiativen zur Beobachtung des „Helsinki-Prozesses" im damaligen Ostblock hatten einen wesentlichen Anteil an der Entwicklung zur politischen Wende 1989.

■ Amnesty International demonstriert für die Schließung des Gefangenenlagers Guantanamo unter der Pariser Freiheitsstatue (Jänner 2007).

Fragen und Arbeitsaufträge

→ 1. Recherchiert und informiert euch über die Geschichte und die Arbeit verschiedener NGOs.

→ 2. Wer in eurer Klasse ist Mitglied einer Menschenrechtsgruppe? Welche Tätigkeiten werden dort verrichtet? In welcher Gruppe könntet ihr euch eventuell eine Mitarbeit vorstellen?

→ 3. Bringt in Erfahrung, welche Verletzungen der Menschenrechte Österreich in den letzten Jahren vorgeworfen wurden.

→ 4. Bildet Kleingruppen und recherchiert nach Staaten bzw. Regionen, in denen aktuell Menschenrechtsverletzungen stattfinden.

→ 5. Recherchiert über die Geschichte des Lagers Guantanamo und die momentane Situation dort.

7

1966 Gründung der liberalen Frauenbewegung in den USA
1968 Höhepunkt einer Welle von Jugendprotesten weltweit
1971–1993 Anschläge und Zerschlagung der RAF in der BRD
1972 Gründung der Autonomen Frauenbewegung (AUF) in Österreich
1979 Gleichbehandlungsgesetz: Gleichberechtigung der Frau auf dem Arbeitsmarkt in Österreich

Die Vielfalt der sozialen Welt

Die Welt ist in Bewegung, aber nicht aus den Fugen. – Auch nicht als Folge der 68er Bewegung. Die Wende zum 21. Jahrhundert ist von großen Veränderungen gekennzeichnet. Dabei lassen sich mehrere Tendenzen feststellen: Frauen-, Umwelt- und Anti-Atom-Bewegung sind im letzten Viertel des 20. Jahrhunderts zu machtvollen sozialen Bewegungen gewachsen.

Das Leben wird – vor allem für Frauen – selbstbestimmter, für Familien aber auch aufwändiger und komplizierter. Besonders Mütter drohen zu den Verliererinnen in unserer Gesellschaft zu werden.

Daneben machen jugendliche Lebenskultur und eine wachsende Zahl von Migrantinnen und Migranten die Straßen unserer Städte bunter und Europa auf lange Sicht farbiger. Eine gelingende Integration der Migrantinnen und Migranten bleibt eine wichtige, bislang aber oft unbefriedigend gelöste Aufgabe unserer Gesellschaft.

Diese ist mittels Smartphones, Facebook, Twitter und Co. zu einer Informations- und Kommunikationsgesellschaft geworden. In ihr spielen die Medien als „vierte Gewalt" im Staat eine zentrale Rolle – ob über die Berichterstattung oder als einflussreiche Globalplayer.

■ Woodstock 1969: Das legendäre Rock-Festival in der Nähe von New York zog 400 000 junge Leute an.

1982/83	Mächtige Friedensdemonstrationen in Österreich
1984	Proteste der Umweltschützer/innen in der Hainburger Au
1986	Erstmaliger Einzug der „Grün-Alternativen" in den Nationalrat
1997	Volksbegehren für Frauenförderung in Österreich
1986 und 2011	Atomare Supergaus in Tschernobyl (Sowjetunion/Ukraine) und Fukushima (Japan)
2011	Fremdenrechtspaket: „Rot-Weiß-Rot-Card"

In diesem Kapitel erhaltet ihr Informationen zu folgenden Fragen:

- Welche Gemeinsamkeiten und Zielstellungen die 1968er-Proteste auszeichneten.
- Welche Strategien die „zweite" Frauenbewegung zur weltweit angestrebten Verbesserung der Stellung der Frauen verfolgte.
- In welchen Bereichen die Frauenemanzipation in Österreich erfolgreich gewesen ist und wo Defizite zu vermerken sind.
- Welche vielfältigen Umweltbewegungen bestehen und welche ihre wichtigen Anliegen sind.
- Welches gewichtige Argumente von Gegnern und Befürwortern der friedlichen Nutzung der Kernenergie sind.
- Wie die Friedensbewegung ab 1960 an Bedeutung gewann und welche Ziele sie verfolgte.
- Wie sich das Bild von „Familie" sowie Partnerwahl und Partnerschaft in Österreich seit dem 19. Jh. entwickelt haben und wie sie sich gegenwärtig darstellen.
- Wie sich Migration und Asyl in Österreich seit dem Zweiten Weltkrieg entwickelten.
- Welche vielfältigen Rollen die Medien als „vierte Gewalt" im Staat spielen.

Dazu könnt ihr erfahren und erproben:

- Was unter „Oral History" zu verstehen ist und wie man diese Methode anwenden kann.
- Welchen Einfluss die Medien auf die Politik haben und umgekehrt.

Online-Ergänzungen
xj4au4

1. Die 1968er-Proteste

■ Symbolfiguren im Kampf gegen die kapitalistische Ordnung waren Che Guevara, der revolutionäre Freiheitskämpfer in Bolivien, Ho Chi Minh als Leitfigur des vietnamesischen Widerstandes gegen die USA und schließlich Mao Zedong. Er forderte im kommunistischen China die chinesischen Jugendlichen 1964 zur Proletarischen Kulturrevolution auf. Sie folgten seinem Ruf millionenfach als „Rote Garden" und versetzten die damalige kommunistische Führungsschicht in China in Angst und Schrecken.

Die 68er – ein alter Hut?

Tatsächlich. Diejenigen jungen Menschen, die die „68er-Bewegung" getragen haben, gehören heute schon zur Großelterngeneration. Die allermeisten von denen, die damals lautstark gegen das Establishment protestiert haben, sind heutzutage gut etabliert.

> Die 68erInnen waren antiautoritär. (...) Ihnen ging es zentral um eine Veränderung der gesellschaftlichen Beziehungen: der Beziehungen zwischen den Geschlechtern, zwischen Kindern und Eltern, zwischen Vorgesetzten und Untergebenen oder zwischen Studierenden und Professoren.
> (Ebbinghaus/van der Linden 2009, S. 13)

Viele Vorläufer und Ursachen

Das Jahr 1968 war letztlich der Höhepunkt einer Welle von Jugendprotesten, die in den 1960er-Jahren vor allem die westlichen Länder, aber auch Japan und Südkorea erfasst haben.
- Wichtige Ausgangspunkte waren die Proteste von Studierenden an US-amerikanischen Universitäten, v.a. in Berkely/Kalifornien. Dort protestierte man zunächst gegen die Rassentrennung und dann ab 1964 gegen den Vietnamkrieg. Die Hippie-(„Blumenkinder"-)Szene trat mit ihrer Parole „Make Love not War" gegen den Vietnamkrieg und eine prüde Sexualmoral auf. Unterstützt durch die Entwicklung der Antibabypille propagierte man die freie Liebe und den Drogenkonsum (LSD) zur „Öffnung blockierter Erfahrungswelten".
- In der Bundesrepublik Deutschland protestierte man bereits in den 1950er-Jahren gegen die Wiederbewaffnung und die Eingliederung in die NATO.
- Die Elterngeneration wurde aufgrund ihrer unzureichenden Beschäftigung mit ihrer zum Teil nationalsozialistischen Vergangenheit von der jungen Generation immer heftiger kritisiert.

Gemeinsamkeiten

Obwohl sich die Protestbewegungen in den einzelnen Ländern unterschieden haben, gibt es doch wichtige gemeinsame Merkmale:
- Fast in allen Staaten standen Studierende an der Spitze der Bewegung. Die Universität wurde von ihnen als Ort wahrgenommen, wo gesellschaftliche Veränderungen vorausgedacht werden sollten.
- Die allgemeine Zielstellung war: mehr gesellschaftliche Gleichstellung durch basisdemokratische Beteiligung. Manche strebten darüber hinaus einen grundlegenden gesellschaftlichen Wandel auf der Basis eines erneuerten Marxismus an.
- Es war eine „rock-revolution". Ihr „Markenzeichen" war eine neue Jugendkultur: Mit ihrer Musik des Beat und Rock, mit dem Tabubruch bisher üblicher Frisur- und Kleidungsvorschriften und mit ihrer freizügigen Sexualmoral, die man in Kommunen ausgelebt hat, provozierten sie die Erwachsenen. Jugendlichkeit wurde von nun an ein wichtiger Wert.
- Charakteristisch waren die Protestformen des zivilen Ungehorsams: Sit-ins, Teach-ins, Happenings u.a.m.

Vom Protest zum Terror in Deutschland

In der Bundesrepublik bildete sich ab 1967 die so genannte Außerparlamentarische Opposition (APO): Sie machte „Opposition" (Proteste, Demonstrationen) auf der Straße – und nicht im Parlament. Anlässlich einer Demonstration gegen den Schah von Persien in West-Berlin wurde der Student Benno Ohnesorg von einem Polizisten, der ein informeller Mitarbeiter des DDR-Staatssicherheitsdienstes war, erschossen (2. 6. 1967). Dies und das Attentat auf den charismatischen Studentenführer Rudi Dutschke (11.4.1968) verlieh der APO eine besondere Dynamik. Zahlreiche Straßenschlachten in West-Berlin und in großen Städten Deutschlands folgten unter dem Motto: „High sein, frei sein, Terror muss dabei sein".

Die Vielfalt der sozialen Welt

> *Innerhalb eines Jahres (...) radikalisierten sich junge Frauen und Männer sehr schnell, gaben sehr bald ihre „Bürgerlichkeit" auf, trennten sich von ihren sozialen Milieus, stellten ihre Berufswünsche um, schlossen sich Gruppen an und wurden kurzfristig „Berufsrevolutionäre".*
>
> (Rabehl, Zur archaischen Inszenierung linksradikaler Politik, 1998, S. 39)

Ab Herbst 1968 begann sich die APO zu zersplittern. Die Frauen kritisierten die Unterdrückung durch ihre männlichen Kollegen und zogen aus dem Sozialistischen Deutschen Studentenbund (SDS) aus. Der größte Teil der protestierenden Studierendenbewegung wandte sich in der Folge der SPD (Sozialdemokratische Partei Deutschlands) unter dem damaligen Kanzler Willy Brandt zu.

Ein sehr kleiner Teil der protestierenden Studierenden ging als Terroristinnen und Terroristen in den Untergrund. Die RAF (Rote-Armee-Fraktion, zunächst mit Andreas Baader, Ulrike Meinhof, Gudrun Ensslin und Jan C. Raspe) wurde gegründet. Ihr Ziel war es, die Gesellschaftsordnung der Bundesrepublik Deutschland zu zerstören. Sie wurde als „imperialistisches System" abgelehnt. „Macht kaputt, was euch kaputt macht." Diese Gruppe sollte in den nächsten Jahren immer wieder durch Attentate und Überfälle auf sich aufmerksam machen. Im Jahr 1972 wurden die führenden Köpfe der RAF schließlich verhaftet und verurteilt. Ulrike Meinhof starb 1976 im Gefängnis.

Doch die schlimmsten Terroranschläge verübte die „Zweite Generation" der RAF-Terroristen im Jahr 1977: Ermordung des Generalbundesanwaltes Buback, des Bankiers Ponto und des Arbeitgeberpräsidenten Schleyer. Diese galten als Vertreter des Systems, das sie stürzen wollten. Erst im Jahr 1993 galt die RAF als zerschlagen. Mehrere RAF-Mitglieder wurden zu lebenslangen Freiheitsstrafen verurteilt, sind mittlerweile aber aus der Haft entlassen.

■ Studentenunruhen 1968: Demonstration auf dem Kurfürstendamm anlässlich des Attentats auf Rudi Dutschke (am 11. April). Die Polizei setzte Wasserwerfer ein. Fotografie, 13. 4. 1968.

Und in Österreich ? – „Schluss mit der Wirklichkeit"

Im Vergleich zu Deutschland, Italien und Frankreich war die Situation in Österreich kaum revolutionär gestimmt. Aber es ging auch hier um die Frage: „Wie lange kann die Zweite Republik mit einer unbewältigten Vergangenheit leben?" (Paul Lendvai). Anlässlich einer Demonstration von Studierenden im Jahr 1965 gegen den Hochschulprofessor Borodajkewycz wegen dessen nationalsozialistischer und antisemitischer Äußerungen wurde Ernst Kirchweger, ein ehemaliger Widerstandskämpfer von einem rechtsextremen Studenten niedergeschlagen und dabei tödlich verletzt. Er war das bisher einzige innenpolitisch motivierte Todesopfer der Zweiten Republik. Die Ereignisse im Jahr 1968 selbst gestalteten sich dann in einer „heißen Viertelstunde" eher aktionistisch:

> *Der Wiener Aktionismus hat die Öffentlichkeit tief verstört. Die Veranstaltung „Kunst und Revolution" am 7. Juni 1968 im Neuen Institutsgebäude der Wiener Universität beleidigte die österreichischen politischen Symbole, verletzte alle Standards der zivilisierten Gesellschaft. In den theoretischen Texten tobte sich der Anarchismus als Zerstörungswut gegen alle Strukturen – Staat, Religion, Kunst – aus. „Österreicher, schmeißt die Würdenträger über die Rampen. (...) Weg mit dem Wahnsinn des Alltags! Schluss mit der Wirklichkeit."*
>
> (Hanisch, Der lange Schatten des Staates, 1994, S. 482)

Einige (langfristige) „Folgen"

Einige nicht unwesentliche Veränderungen in Schule und Gesellschaft können zumindest indirekt auf die 1968er Bewegung zurückgeführt werden: Zum Beispiel die Koedukation ab 1974 in allen öffentlichen Schulen; das Zivildienstgesetz (1974); das Schulunterrichtsgesetz von 1974 mit erstmaligen Mitbestimmungsrechten für Eltern- und Schülervertretern; die „Fristenlösung" (Schwangerschaftsabbruch innerhalb der ersten drei Monate) seit 1. 1. 1975.

Unterschiedliche Einschätzungen

40 Jahre danach sind die Einschätzungen widersprüchlich:

> *Die einen sehen in den Aktivisten von 1968 keine Neuerer sondern irrational Getriebene, welche die Krise mehrere Jahre lang verstärkten.*
> *Andere meinen, dass die Revolte einen Modernitätsschub, mehr Partizipation und eine Entprovinzialisierung der Gesellschaft bewirkte. Eine Engführung auf einen politischen Radikalismus gehe am Kern der Sache vorbei.*
>
> (Nach Aly (2008): Unser Kampf 1968, S. 207 ff u. Birke 2009, S. 209 f.)

Fragen und Arbeitsaufträge

→ 1. Fasse die wichtigsten Gemeinsamkeiten und Ziele der 68er-Proteste zusammen. Bewerte ihre historische Bedeutsamkeit.

2. Die „zweite" Frauenbewegung

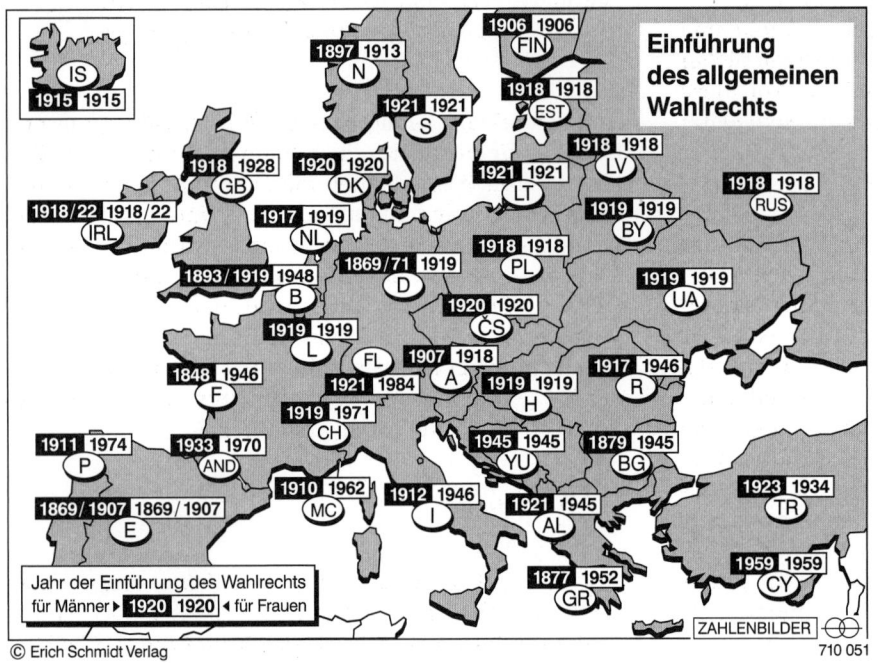

Frauen- und Männerwahlrecht in Europa.

Die Frauen fordern die Befreiung aus männlicher Bevormundung und aus wirtschaftlicher Abhängigkeit. In Diskussions- und Arbeitsgruppen streben sie politische Selbstorganisation an. Die Männer schließen sie aus ihren Diskussionsgruppen aus. Ihren Ausgang nahm die Neue Frauenbewegung von der Studentenbewegung in den USA in den 60er-Jahren des 20. Jahrhunderts.

> Wir, MÄNNER und FRAUEN, die wir uns hiermit als National Organization for Women konstituieren, glauben, dass die Zeit für eine neue Bewegung zur vollständig gleichberechtigten Partnerschaft der Geschlechter gekommen ist, als Teil einer weltweiten Revolution für Menschenrecht.
>
> (Zit. nach: Castells, Das Informationszeitalter II. Die Macht der Identität, 2002, S. 191)

Ein Aufbruch – Die „erste" Frauenbewegung

Ein wichtiges Ergebnis der ersten Frauenbewegung, die sich ab etwa 1870 organisierte, war die Erringung des Wahlrechts für Frauen. In Österreich war das im Jahr 1918 der Fall.

Der Feminismus als neue Bewegung

> Die Zuweisung der Geschlechterrollen ist universell, und auch ihre Folgen sind es. Darum muss auch der Feminisimus universell sein. In der westlichen Welt trat vor dreißig Jahren die Frauenbewegung erneut in die Arena.
>
> (Schwarzer, Der „kleine Unterschied" und seine großen Folgen, 2007, S. 9).

Die (zweite/neue) Frauenbewegung war eine der bedeutendsten sozialen und politischen Bewegungen der letzten Jahrzehnte. Ihr Motto war: Das „Private ist politisch". Als feministische Bewegung hatte sie vor allem die hierarchische (= der Mann ist gegenüber der Frau bevorrechtet) und als sexistisch bezeichnete Geschlechterordnung (das „Patriarchat") bekämpft.

> Sexismus ist Ausbeutung, Verstümmelung, Vernichtung, Beherrschung, Verfolgung von Frauen; die Verneinung des weiblichen Körpers, die Gewalt gegenüber dem Ich der Frau; die Kolonialisierung und Nutzung ihres Körpers, der Entzug der eigenen Sprache, die Einschränkung ihrer Bewegungsfreiheit, die Unterschlagung ihres Beitrages zur Geschichte der menschlichen Gattung.
>
> (Janssen-Jurreit, Sexismus. Über die Abtreibung der Frauenfrage, 1978, S. 127)

Mit dieser Erklärung von NOW (National Organization for Women) im Jahr 1966 wurde die liberale Frauenbewegung gegründet.

Vor allem die geschlechterhierarchische Arbeitsteilung wurde von feministischer Seite massiv kritisiert. Nach dieser bisherigen Auffassung ist die Frau für die Kindererziehung und die Arbeit im Haushalt zuständig, der Mann übt einen Beruf aus und verdient das Geld (= traditionelles Rollenbild). Auch die verbreitete häusliche Gewalt gegen Frauen wurde thematisiert. Zum Schutz gegen männliche Gewalt wurden z.B. Selbstverteidigungskurse eingerichtet, Frauenhäuser errichtet und psychologische Beratungsdienste für misshandelte Frauen aufgebaut.

Allmählich gelang es, auch die Gewerkschaften, die politischen Parteien und die Kirchen für Themen der Frauenbewegung zu gewinnen.

Von den „Women's Studies" zu den „Gender Studies"

Die neue Frauenbewegung regte in den 70er-Jahren nachdrücklich auch die Erforschung der Lebensverhältnisse von Frauen an. In den „Women's Studies" sollten besonders die bestehenden Benachteiligungen der Frauen v. a. von den Frauen selbst erforscht werden. In den folgenden Jahrzehnten setzte sich der englische Begriff „Gender" für das Verständnis der sozialen und kulturellen Aspekte des „Geschlechtes" durch („every person is gendered"). Der Begriff „Sex" blieb der biologischen Bezeichnung des Geschlechtes vorbehalten („every cell is sexed"). Die „Gender Studies", welche die „Women's Studies" ablösten, bemühen sich nun um eine umfassende Erforschung der politischen, rechtlichen, wirtschaftlichen und sozialen Bedeutung der Geschlechtszugehörigkeit für Frauen und Männer. „Gender Studies" sollen demnach bisher vernachlässigte, unterdrückte und nicht artikulierte Erfahrungen und Probleme v.a. aus weiblicher, aber auch aus männlicher Perspektive in die Forschung einbeziehen. Auf diese Weise soll die soziale Wirklichkeit beider Geschlechter erforscht werden.

Gender Mainstreaming als neuer Anlauf

Trotz all dieser Bemühungen hat sich die Situation der Frau in der Gesellschaft lange Zeit nicht zufriedenstellend gebessert. Auf der Grundlage der vierten UN-Weltfrauenkonferenz in Beiing (1995) haben sich die Regierungen der teilnehmenden Staaten verpflichtet, die Benachteiligungen von Frauen zu beseitigen. Die EU hat im Vertrag von Amsterdam (1997/1998) festgelegt, bei allen politischen Programmen und Maßnahmen zu beachten, welche Auswirkungen sie auf die Gleichstellung der Geschlechter haben – z.B. Stellenausschreibungen, Arbeitsplatzgestaltung. Diese Strategie wird als „Gender Mainstreaming" bezeichnet.

> *Mit dem Gender Mainstreaming soll ein umfassender und nachhaltiger Wandel der Geschlechterordnung erreicht werden. Bewirkt werden sollen strukturelle Veränderungen, die deutlich machen, dass Organisationen und Abläufe „vergeschlechtlicht" sind. Damit soll vom Defizitdenken der Frauen Abstand genommen und auch Änderungen bei den Männern angeregt bzw. gefördert werden.*
> (Lenz/Adler, Geschlechterverhältnisse, Bd. 1, 2010, S. 113)

Es wurde also erkannt, dass die Gleichstellung in der Gesellschaft nicht nur ein Frauenproblem ist. Gender Mainstreaming beinhaltet folgenden Auftrag an die Spitze von Einrichtungen bzw. von Unternehmen und an die darin beschäftigten Mitarbeiter/innen: Es sind die unterschiedlichen Interessen und Lebenssituationen von Frauen und Männern in der Gestaltung der Arbeitsabläufe, in der Kommunikation und in der Öffentlichkeitsarbeit von vornherein zu berücksichtigen. Damit soll das Ziel der Gleichstellung von Frauen und Männern besser verwirklicht werden.

Ein Blick zurück

> *Ein Blick zurück in die Geschichte zeigt, dass heute eine neue Generation von Mädchen und Frauen heranwächst. Sie besitzen Bildung, Selbstbewusstsein. Viele Errungenschaften der Frauenbewegung in den 70er Jahren werden als selbstverständlich angenommen. Sie sehen sich heute nicht (mehr) als passive Opfer der gesellschaftlichen Benachteiligungen. Diese positiven Entwicklungen bilden eine solide Basis dafür, dass sich Mädchen und junge Frauen heute vermehrt einmischen und Geschlechtergerechtigkeit einfordern. Doch kulturelle Revolutionen wie ein Wandel des Geschlechterverhältnisses und damit die „Umwälzung unserer Lebensformen" brauchen scheinbar länger als ein oder zwei Generationen.*
> (Kromer/Hatwanger, Geschlechtergerechtigkeit, 2008, S. 228)

Internationale Trendwende?

Seit einiger Zeit ist international wieder so etwas wie eine Trendwende spürbar. Einerseits hat sich ein Teil der Frauenbewegung vermehrter Innerlichkeit zugewandt. Andererseits hat man durch gesellschaftliche Stützungsmaßnahmen – zumindest in manchen europäischen Ländern – den Frauen eine bessere Verbindung von Mutterschaft und Beruf ermöglicht: z.B. Reduktion der Arbeitszeit während der ersten sieben Lebensjahre des Kindes; Gleichstellung der Frau im Berufsleben; Sicherungen für die berufliche Wiedereingliederung nach der Karenzzeit; vermehrtes Angebot an Kindergärten und ganztägigen Schulen etc. Von Politikerinnen ist die Forderung zu hören, Männer zu einem Karenzurlaub zu verpflichten.

■ Alice Schwarzer (Foto aus dem Jahr 2011), die Herausgeberin der Frauenzeitschrift „Emma" (seit 1984) wurde zur Leitfigur der zweiten Frauenbewegung in Deutschland und Österreich. Für die Zukunft stellte sie sich 1975 vor, „ich träume von dem Tag, da man nicht mehr von Männern und Frauen, sondern von Menschen redet. (...) Das Leben von weiblichen und männlichen Menschen (sollte nicht) nach Rollenzwang, sondern nach persönlich unterschiedlichen Bedürfnissen und Interessen verlaufen." (Zit. nach: Schwarzer, Der „kleine Unterschied" und seine großen Folgen, 2007, 3. Aufl. S. 178).

Fragen und Arbeitsaufträge

→ 1. Setzt euch mit den neuen Strategien von „Gender Studies" und Gender Mainstreaming auseinander und erörtert die angestrebten Fortschritte. Recherchiert dazu in den Medien und präsentiert ausgewählte Beispiele in der Klasse.

3. Frauenemanzipation in Österreich

Die Frauen sind mehrfach belastet

Frauen haben auch in Österreich den größten Anteil an den Lasten in unserer Gesellschaft zu tragen. Wenn berufstätige Frauen Kinder zu versorgen und einen Haushalt zu führen haben, dann sind sie doppelt und dreifach belastet. Die Hausarbeit zählt landläufig als Arbeit, die „bloß" von Frauen zu verrichten ist. Doch Volkswirtschafter/innen haben errechnet, dass es in Österreich etwa 22 Mrd. Euro jährlich kosten würde, würden diese Arbeiten nach dem Kollektivvertrag für Hausangestellte abgegolten. Hausarbeit – und übrigens auch die Kindererziehung – scheinen im Bruttosozialprodukt nicht auf.

In der Folge der zweiten Frauenbewegung haben auch die Frauen in Österreich endgültig begonnen, sich dagegen zur Wehr zu setzen.

AUF! – Die Anfänge in Österreich

Nachdem sich noch in den 1960er Jahren in zahlreichen Ländern Europas Frauengruppen organisiert haben, war es im Jahr 1971 auch in Österreich soweit:

L *7. Mai 1971. Mehr als 130 Frauenrechtler und -rechtlerinnen ziehen zum Muttertag mit Pfannen und Kochlöffeln über die Wiener Mariahilferstraße. Sie demonstrieren für die Gleichberechtigung und das Selbstbestimmungsrecht der Frauen, gegen das Abtreibungsverbot. Mit hörbarem Erstaunen registriert und kommentiert ein ORF-Reporter diese „Demonstration von Anhängern der Frauenemanzipation", mit der sich der Aufbruch der Frauenbewegung auch in Österreich ankündigt.*
(Geiger/Hacker, Donauwalzer – Damenwahl, 1989, S. 13)

Im Herbst 1972 erfolgte schließlich die Gründung der ersten Autonomen Frauenbewegung (AUF) in Österreich. Ihre Hauptthemen bildeten zunächst die Emanzipation der Frau, die Neubewertung der Aufgaben in der Familie und in der Kindererziehung und vor allem Aktionen zur Ermöglichung des straffreien Schwangerschaftsabbruchs. Dieser wurde 1975 mit der Einführung der „Fristenlösung" (Möglichkeit des straffreien Schwangerschaftsabbruchs innerhalb von 3 Monaten) erreicht.

Mit dem „Volksbegehren für Frauenförderung" (1997) haben die Frauen die Aufmerksamkeit auf ihre vielfältigen Benachteiligungen in Österreich gelenkt. Es verlangte, dass die Republik Österreich (Bund, Länder und Gemeinden) sich zum aktiven, umfassenden Abbau der Benachteiligungen von Frauen verpflichtet. Es wurden folgende gesetzliche Maßnahmen gefordert: gleicher Lohn für gleichwertige Arbeit, staatliche Bildungsmaßnahmen für Frauen, ganztägige qualifizierte Betreuungseinrichtungen für Kinder, Anspruch auf Teilzeitarbeit für Eltern bis zum Schuleintritt ihrer Kinder, sozialrechtliche Absicherung von Teilzeitarbeit und geringfügiger Beschäftigung u.v.a.m. Etwa 645 000 Frauen und Männer haben das Frauenvolksbegehren unterschrieben.

Das zeigt, dass es der Frauenbewegung gelungen ist, auch in Österreich auf breiter Basis Fuß zu fassen. „Halbe-halbe" lautete schließlich ein politischer Slogan: Nicht nur bei der Hausarbeit sondern auch bei allen politischen Mandaten sowie in allen Führungsgremien sollten Frauen und Männer zu gleichen Teilen vertreten sein.

„Gleicher Lohn für gleichwertige Arbeit"?

Die Gleichberechtigung der Frau auf dem Arbeitsmarkt wurde 1979 mit dem „Gleichbehandlungsgesetz" rechtlich verankert:

Q *Bei der Festsetzung des Entgelts darf niemand aufgrund des Geschlechtes diskriminiert werden.*
(Gleichbehandlungsgesetz, 1979, § 2)

Die Einkommenssituation der Frauen hat sich in den Achtzigerjahren zwar spürbar verbessert. Doch auch in den zehn Jahren nach dem Frauenrechtsvolksbegehren (1998-2008) wird

L *die ökonomische Stellung der Frauen von der Beharrlichkeit des traditionellen Rollenverhaltens von Frauen und Männern geprägt. Das Bruttojahreseinkommen der unselbständig beschäftigten Frauen ist im Schnitt um 39 % geringer als das der Männer. Der Einkommensunterschied ist etwa zur Hälfte die Folge einer geringeren Arbeitszeit der Frauen (Teilzeit), und zur weiteren Hälfte die Folge geringerer Stundenlöhne. Der Unterschied in den Stundenlöhnen von Frauen und Männern ist längerfristig stabil bei etwa zwanzig Prozent, in der Privatwirtschaft beträgt der „gender pay gap" sogar 25 Prozent. Etwa die Hälfte der Lohnunterschiede zwischen Frauen und Männern kann durch folgende Faktoren erklärt werden: unterschiedliche Bildungs- und Berufslaufbahn, Trennung der Geschlechter nach Berufen, geringere Berufserfahrung von Frauen, Familienstand. Wesentliche zusätzliche Faktoren sind die geringere regionale Mobilität der Frauen in Folge von Betreuungsarbeit im Haushalt, die häufigeren Erwerbsunterbrechungen (aufgrund der Geburten) sowie die kürzere Wochenarbeitszeit.*
((4.) Frauenbericht 2010, S. 467, gekürzt).

Frauen holen in der Bildung auf

Noch in den 1970er-Jahren lag der Anteil der Mädchen in den höheren Schulen weit abgeschlagen hinter den Burschen zurück. Seither hat sich auf dem Sektor der Mädchenbildung aber Entscheidendes getan:
Die Reifeprüfungsquote der Frauen (Anteil der Ma-

turantinnen am Altersjahrgang) hat sich von 1986/87 (25,4 %) innerhalb von 20 Jahren bis zum Jahr 2008/09 mit 46,3 % fast verdoppelt. D. h. fast jede zweite Frau im Abschlussalter (18-19jährige) hat die Reifeprüfung abgelegt. Jene der Männer ist im selben Zeitraum von 24,4 % nur auf knapp ein Drittel (33,2 %) gestiegen. Unter allen Maturantinnen und Maturanten im Schuljahr 2007/08 (39,9 % des Altersjahrganges) waren rund 60 % Frauen.

An den Universitäten haben die Frauen die Männer im Wintersemester 1999/2000 eingeholt und in der Folge überholt: Im Wintersemester 2007/08 waren 52,4 % der Studierenden weiblich. Auch in technischen und naturwissenschaftlichen Studienrichtungen holen die Frauen auf, liegen aber noch deutlich zurück.

Die verbesserten Bildungschancen der Frauen im Mittel- und Hochschulbereich dürfen nicht darüber hinwegtäuschen, dass ein beträchtlicher Prozentsatz der Frauen nach der Pflichtschule ohne Ausbildung bleibt (17,1 % der 25- bis 34-Jährigen), und dass sich fast die Hälfte aller Lehrabschlüsse auf bloß drei Berufe konzentriert (Einzelhandelskauffrau, Bürokauffrau, Friseurin). Im Sinne des Gender Mainstreaming (vgl. S. 251) sollten aber in der Schule und in der Jugendarbeit Themen wie Gewalt und Aggressivität, denen junge Männer verstärkt ausgesetzt sind, vermehrt Beachtung erfahren. Auch die Forderung nach der Einstellung von mehr männlichen Lehrkräften hat zum Ziel, den Burschen mehr positive Rollenvorbilder beim Bildungserwerb anzubieten.

Johanna Dohnal, 1939-2010; Frauenstaatssekretärin und später Ministerin, vor einem Plakat mit dem Slogan „Jeder zweite Abgeordnete ist eine Frau" (Fotografie, 1979).

In den 1980er- und 1990er-Jahren: der politische Durchbruch

Bereits 1979 wurde ein Staatssekretariat für allgemeine Frauenfragen im Bundeskanzleramt eingerichtet. Mit der Schaffung eines eigenen Frauenministeriums im Jahr 1990 gelang der politische Durchbruch. Es bedeutete dies bspw. Einspruchsrecht bei allen Ministerratsbeschlüssen, da diese einstimmig sein müssen. Es bedeutete ein eigenes Budget zur Frauenförderung. Es ermöglichte, in die Regierung sebstständig Frauenforderungen einzubringen – z. B. hinsichtlich Einstellungs- und Aufstiegschancen bei berufstätigen Frauen, hinsichtlich eigenständiger Kranken- und Altersabsicherung auch bei Hausfrauen. Bei den letzten Regierungsbildungen wurden die Frauenagenden allerdings häufig mit anderen Agenden, z. B. öffentlicher Dienst, in einem Ministerium zusammengefasst. Aber eine Demokratie bleibt unvollständig ohne Geschlechtergerechtigkeit in den politischen Gremien. Der Frauenanteil im Nationalrat liegt in den letzten Jahren um die 30 %. Bei den einzelnen Parlamentsfraktionen erreichen die Grünen 50 %, die anderen Parteien liegen deutlich darunter.

Fragen und Arbeitsaufträge

→ 1. Fasse die wesentlichen Bestrebungen der Frauenpolitik in Österreich zusammen und beurteile ihre Errungenschaften. Zeige auf, wo sich noch Defizite erkennen lassen.

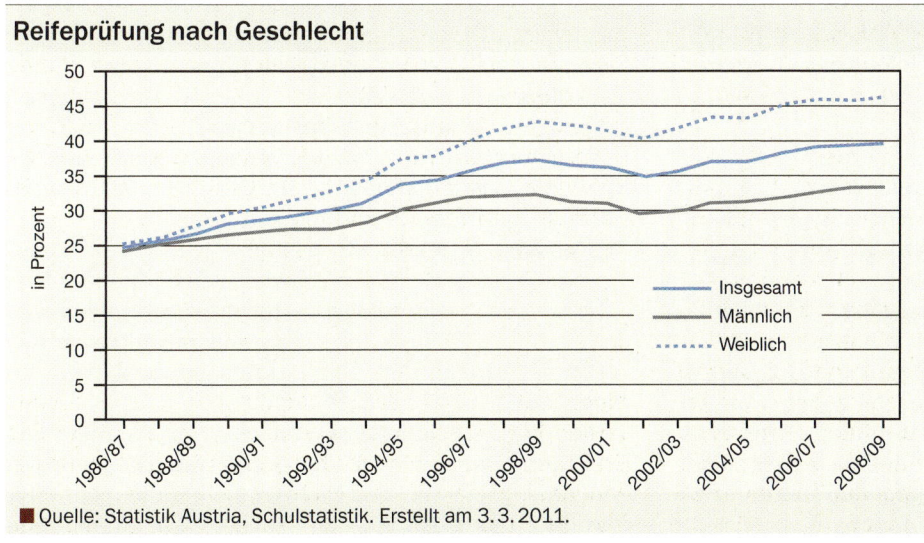

Reifeprüfung nach Geschlecht

Quelle: Statistik Austria, Schulstatistik. Erstellt am 3.3.2011.

4. Die Umweltbewegungen

> *Das vorrangige Ziel der Grünen Politik ist eine innere Revolution, das „Ergrünen des Ich."*
> (Kelly, Essays, 1994, S. 40)

Fortschritte und Ängste

Unsere Welt hat sich in den letzten Jahrzehnten nachhaltig geändert. Neue Technologien steigern die Produktivität und die Möglichkeiten zur Kommunikation. Gleichzeitig bekommen die Menschen immer mehr das Gefühl, dass sie diese komplexen Zusammenhänge nicht mehr durchschauen, sie nicht mehr kontrollieren können. Sie fürchten, die Bestimmung über ihr eigenes Leben, über ihre Umwelt, letztlich über das Schicksal der Erde zu verlieren.

Der Treibhauseffekt bedroht als tödliche Gefahr die gesamte Menschheit; der Regenwald brennt noch immer; giftige Chemikalien sind tief in die Nahrungsmittelkette eingedrungen; die Genmanipulation bleibt eine offene Wunde.

Vielfalt der Umweltbewegungen

Die Umweltbewegung wird als die umfassendste und einflussreichste Bewegung unserer Zeit bezeichnet. Sie hat sich im letzten Viertel des 20. Jahrhunderts v. a. in den USA und im mittleren und nördlichen Teil Europas etabliert. Sie äußert sich in mehreren Ausformungen. Überblick über die Vielfalt der Umweltbewegungen (Castells, Das Informationszeitalter II. Die Macht der Identität, 2002, S. 191):

Typus (Beispiel)	Identität	Gegner	Zielsetzung
Naturschutz	Naturliebhaber	Unkontrollierte Entwicklung	Wildnis
Schutz des eigenen Bereichs	Lokale Gemeinschaft	Umweltverschmutzer	Lebensqualität/ Gesundheit
Tiefenökologie (Earth First!, Ökofeminismus)	Das grüne Ich	Industrialismus, Technokratie und Patriarchalismus	Ökotopia
Rettung des Planeten	Internationalistische Öko-Kämpfer	Ungehemmte globale Entwicklung	Nachhaltigkeit
Grüne Politik (Die Grünen)	Engagierte Bürger	Politisches Establishment	Gegenmacht

■ Windräder auf einem Feld. Nauen, Brandenburg 2011.

– Der Naturschutz in seinen verschiedenen Formen stand am Anfang der Umweltbewegung. Die Errichtung von Reservaten und Nationalparks geht letztlich auf diese Idee der Erhaltung einer unberührten Natur zurück.
– Der eigene (Lebens-)Raum soll vor unerwünschter Nutzung geschützt werden. Als Gefahrenquellen, welche die eigene Lebensqualität und Gesundheit beeinträchtigen, werden z. B. gesehen: Der Bau von Autobahnen, Stromleitungen oder Flugplätzen, aber auch die Anlage von Giftmülldeponien und schließlich die Errichtung von Atomkraftwerken in der „näheren" Umgebung. Das Ziel, die eigene Lebenswelt zu erhalten, fördert am schnellsten das lokale (örtliche) umweltbezogene Handeln. Das geschieht in Form von Protestbewegungen gegen Umweltzerstörer und Umweltverschmutzer. Man fordert mehr Transparenz und Mitbestimmung bei der Entscheidung über die Flächennutzung und letztlich mehr staatliche (öffentliche) Kontrolle gegenüber Konzernen.
– „Tiefenökologen" fordern: „Die Erde zuerst!" Sie fühlen sich in ihrer extremen Form allein an die Gesetze der Natur gebunden. Man weiß sich dem Vorrang der Natur vor den menschlichen Einrichtungen verpflichtet. Vertreter/innen der Tiefenökologie engagieren sich zum Teil kompromisslos gegen die unkontrollierte Ausbeutung der Natur. Sie nehmen dabei das Risiko von Strafverfolgung und Gefängnis auf sich. Sie setzen sich u. a. für Tierbefreiung und artgerechte Tierhaltung ein und treten gegen Tierversuche auf. Die Ökofeministinnen sehen die Frauen als Opfer derselben patriarchalischen Männergewalt, die auch der Natur angetan wird. Frauenbefreiung verbinden sie mit der Wiederherstellung der Natur im Widerstand gegen Kapitalismus und Industrialismus.
– Greenpeace gehört als weltweit wirkende Ökobewegung zu den größten sozialen Bewegungen in der bisherigen Menschheitsgeschichte. Greenpeace hat weltweit die Umweltprobleme mit gewaltlosen Aktionen besonders medienwirksam bewusst gemacht (vgl. S. 234 f.).
– Die Grüne Politik fand zunächst im Rahmen von Bürgerinitiativen der 1970er-Jahre statt. Diese setzten sich besonders für den Frieden, gegen die Atomkraft und für die Erhaltung der Natur ein. Vor allem junge

Studierende und Menschen aus den gebildeten Mittelschichten wie beispielsweise Lehrerinnen und Lehrer, Journalistinnen und Journalisten, Künstlerinnen und Künstler schlossen sich zusammen. Entscheidungen wurden basisdemokratisch in Versammlungen abgestimmt. In Österreich schaffte die Grünbewegung als Partei der „Grün-Alternativen" im Jahr 1986 mit 5 Prozent erstmals den Einzug in den Nationalrat. Sie sind dort seither als Oppositionspartei (Die Grünen) vertreten. Mittlerweile sind sie auch in allen Landtagen, in Landesregierungen (z. B. Oberösterreich, Wien) sowie in zahlreichen Stadt- und Gemeindevertretungen aktiv.

Umweltgerechtigkeit – eine neue Herausforderung

An vielen Beispielen lässt sich zeigen, dass Armut eine wesentliche Ursache für Umweltzerstörung ist. Angefangen vom Niederbrennen der Wälder, über die Verschmutzung der Flüsse bis hin zur Schadstoffbelastung durch veraltete Industrieanlagen in Ländern der Dritten Welt. In diesen Ländern hatten daher Umweltgruppen Verbindungen zu Menschenrechtsgruppen, zu Frauenbewegungen und zu Bildungsinitiativen aufgebaut. Sie wollen eine gesellschaftliche Entwicklung fördern, welche die wirtschaftliche und technische Erneuerung mit einem gesunden, lebenswerten Leben verbinden kann. Das versteht man unter „Umweltgerechtigkeit".

Sustainability – Nachhaltige Entwicklung

Ein wichtiger Prozess in der Gegenwart, der durch die Umweltbewegungen angeregt wurde, ist jener der nachhaltigen Entwicklung: Als nachhaltig wird eine Entwicklung dann bezeichnet, wenn sie den Bedürfnissen der heutigen Generation entspricht, ohne die Entwicklungsmöglichkeiten künftiger Generationen zu gefährden.

Dabei geht es z. B. darum, Lebensmittel umweltschonend zu erzeugen oder erneuerbare Energiequellen zu nutzen. Über einen bundesweiten Generalverkehrsplan wäre das wachsende Verkehrsaufkommen umweltschonender zu regeln, Natur-, Tier- und Pflanzenschutz sowie Raumplanung und Landschaftspflege sind z. B. im Rahmen der „Alpenkonvention" nachdrücklich zu fördern. Nachhaltige Politik bemüht sich also um eine durchdachte umwelt- und ressourcenschonende Abstimmung von Wirtschafts-, Sozial- und Umweltpolitik. Die Generalversammlung der Vereinten Nationen hat den Zeitraum 2005 bis 2014 als die „Dekade der Erziehung für nachhaltige Entwicklung" (Education for Sustainable Development – UNDESD) bezeichnet.

Fragen und Arbeitsaufträge

→ 1. Fasst wichtige Anliegen der Umweltbewegungen zusammen und bewertet sie in der Klasse.

→ 2. Charakterisiere nachhaltige Konsumgewohnheiten bzw. nachhaltige Produktionsweisen.

■ Tausende Demonstrantinnen und Demonstranten verbrachten im Winter 1984 etliche Tage in der Hainburger Au. Die Regierung wollte in dieser Naturlandschaft ein Wasserkraftwerk errichten lassen. Die gewaltlosen Naturschützerinnen und Naturschützer setzten sich schließlich durch – der Bau wurde nicht begonnen! (Foto, 19. 12. 1984).

5. Anti-Atom-Protest und Friedensbewegung

Zuerst: „Atom für den Krieg"

Im August 1945 wurden von den USA zwei Atombomben auf Hiroshima und Nagasaki abgeworfen. Sie töteten Hunderttausende Menschen. Das führte zur Kapitulation Japans und brachte somit das Ende des Zweiten Weltkrieges.

Trotz der im Jahr 1945 gemachten Erfahrung mit der gigantischen Zerstörungskraft der Bomben setzte im Kalten Krieg ein beispielloser Rüstungswettlauf ein. Er gipfelte in 70 000 Atomsprengköpfen weltweit im Jahr 1986. 2012 schätzt man, dass auf der ganzen Welt noch ca. 20 000 Atomsprengköpfe lagern.

Erst dann: „Atom für den Frieden"

Nach dem Zweiten Weltkrieg begann man mit der zivilen Nutzung der Kernenergie. Man sah in ihr die Energie der Zukunft. 1954 ging in den USA der erste Reaktor ans Netz. UNO und EWG richteten besondere Unterorganisationen zur Kontrolle bzw. zur Förderung der Atomkraft ein: UNO 1956 – IAEO (Internationale Atomenergie Organisation; Kontrollinstanz für die Einhaltung internationaler Verträge zur friedlichen Nutzung der Kernenergie, mit Sitz in Wien); EWG 1957 – EURATOM (regelt die Verwendung und Förderung der Kernkraft innerhalb der EU).

Am 26. 4. 1986 kam es im AKW in Tschernobyl (Sowjetunion/Ukraine) im Rahmen einer Sicherheitsübung zur bis dahin schwersten Reaktorkatastrophe der Geschichte. Tausende Menschen fanden in der Folge der verheerenden Verstrahlung in der Ukraine und in Weißrussland den Tod. Die Krebsrate, v. a. bei Kindern, erhöhte sich um das Zehnfache. Das übrige Ost- und Zentraleuropa – einschließlich Ostösterreich – entging damals mit viel Glück einer atomaren Katastrophe.

Trendumkehr? Zwei Supergaus!

Schon bald führte die prinzipielle Skepsis gegenüber der Atomkraft zu Protesten. Das Problem der Zwischen- bzw. Endlagerung des Atommülls (Halbwertszeit des Plutoniums: 24 000 Jahre) konnte bislang nicht gelöst werden. In Deutschland nahmen die meist friedlichen Auseinandersetzungen z. B. um die Wiederaufbereitungsanlage in Wackersdorf in den 1970er-Jahren oder die Proteste gegen die CASTOR-Transporte (seit Mitte der 1990er-Jahre) nach Gorleben z. T. auch gewalttätige Ausmaße an. Die Österreicher/innen stimmten in der Volksabstimmung im Jahr 1978 mit knapper Mehrheit gegen die Inbetriebnahme des fertig gestellten Atomkraftwerkes in Zwentendorf.

Doch die AKWs in Tschechien, der Slowakei, in Slowenien oder in Bayern und in der Schweiz bleiben als Bedrohung bestehen.

Durch den Supergau in Tschernobyl wurden die Vorbehalte auch gegen die friedliche Nutzung der Atomenergie weiter verstärkt. Trotzdem plante man in den folgenden Jahren aufgrund des weltweit steigenden Energiebedarfs in den Industrieländern – z. B. in England, Frankreich oder Finnland – den weiteren Ausbau der Atomenergie. Seit einigen Jahren hat der ständig wachsende „Energiehunger" der Wohlstandsgesellschaften die Bedenken gegen die Kernenergie wieder zurück gedrängt. Die aufstrebenden Wirtschaften Chinas und Indiens benötigen mehr Strom als je zuvor. Sie setzen dabei auch auf Atomkraft.

Doch der Supergau in Fukushima (Japan) am 11./12.3.2011, „die schlimmste Katastrophe in Japan seit 1945", bestärkt jetzt die Atomskeptiker. Die IAEO möchte nun weltweit mit „Stresstests" die Sicherheit bestehender Kernkraftwerke überprüfen. Deutschland und die Schweiz haben sich darüber hinaus innerhalb der nächsten 20 Jahre den totalen Ausstieg aus der Atomenergie vorgenommen. Italien will nicht wieder in die Kernenergiegewinnung einsteigen. Andere Länder wie Frankreich oder Großbritannien sehen noch keine Lösung für den steigenden Energiebedarf und setzen weiterhin auf den Ausbau der Atomenergie.

Der Strom – nur aus der Steckdose?

Es geht bei den Auseinandersetzungen um den Ausstieg aus der Kernenergie aber nicht nur um die Verhinderung von Gefahren. Es geht um die Deckung des Energiebedarfs und um die Durchsetzung von nachhaltigem technischen Fortschritt: Wie können alternative Energien aus Sonne, Wasser, Wind und Biomasse erzeugt und besser genutzt werden? Viele Vertreter/innen der Industrie meinen, dass für den steigenden Energiebedarf die alternative Energieproduktion noch zu wenig ausgereift sei.

■ Kontra-Zwentendorfplakat im Vordergrund, im Hintergrund ein Plakat für das Kernkraftwerk (Fotografie 1978). Der damalige Bundeskanzler Kreisky drohte bei einem Nein zur Inbetriebnahme von Zwentendorf mit seinem Rücktritt.

Die Vielfalt der sozialen Welt

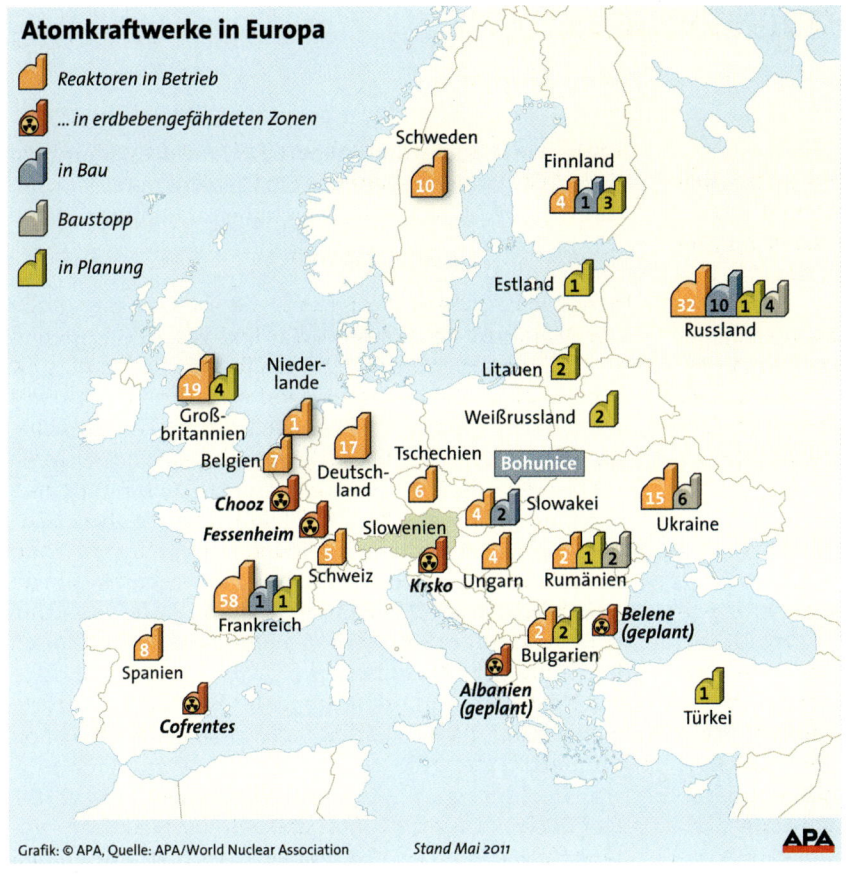

Atomkraftwerke in Europa. Stand Mai 2011.

„Die billigste Energie ist die, die man nicht braucht." Unter diesem Motto möchte die EU ihren Energieverbrauch bis 2020 um 20 Prozent verringern. Dazu sollen Gebäude besser isoliert werden, sparsamere E-Geräte und verbrauchsärmere Flugzeuge und Autos entwickelt werden. Die EU-Kommission müsste solche Ziele allerdings verbindlich festschreiben.

Anti-Atom- und Friedensbewegung

Schon in den 1950-er Jahren fanden in der Bundesrepublik Deutschland erste Proteste gegen die Wiederbewaffnung und den Plan statt, die deutsche Bundeswehr mit taktischen Atomwaffen auszurüsten. Aus der Widerstandsbewegung „Kampf dem Atomtod" ging die „Ostermarschbewegung" hervor. Sie gewann als Friedensbewegung ab 1960 an Bedeutung. Anfang der 1960-er Jahre – im Kalten Krieg – demonstrierten amerikanische und europäische Pazifisten für eine Abrüstung der USA, Großbritanniens, Frankreichs und der Sowjetunion. Mit den Protesten gegen den Vietnamkrieg begann sich die Friedensbewegung auf internationaler Basis zu etablieren. Allerdings wurde die Friedensbewegung zunächst verdächtigt, von der Sowjetunion unterstützt zu sein, sozusagen die „fünfte Kolonne Moskaus" zu bilden.

In den Jahren 1982 und 1983 gelang es der Friedensbewegung in Österreich, jeweils an die 100 000 Demonstrantinnen und Demonstranten gegen die atomare Aufrüstung und für Atomwaffenfreiheit zu mobilisieren. Das waren die bis dahin mächtigsten Kundgebungen in der Zweiten Republik.

Nach 1989 traten – besonders in Osteuropa und am Balkan – wieder „voratomare" Krisensituationen ein. In den Kriegen im zerfallenden Jugoslawien zwischen 1991 und 1999 konnte die Friedensbewegung letztlich kaum etwas dazu beitragen, die Konflikte zu beruhigen und auf diplomatischem Wege zu lösen.

Der britische Umweltschützer und politische Aktivist, George Monbiot, schreibt dazu:

> Auf einem derart hohen Zivilisationsniveau wie dem unserem kommen wir mit einer Öko-Schmalspur-Energieproduktion auf keinen grünen Zweig. Die Gewinnung von Sonnenenergie in Großbritannien etwa wäre hoffnungslos ineffizient. Windenergie in dicht besiedelten Gebieten ist weitgehend nutzlos. (...) Aber die primäre Energiequelle, auf die die meisten Volkswirtschaften zurückgreifen würden, wenn die AKWs wirklich abgeschaltet würden, wäre (...) fossiles Öl. (...) Es gibt keine idealen Lösungen. Jede Form der Energiegewinnung hat ihren Preis. (...)

(Der Standard, 23./24./25. April 2011, S. 34)

Viele Kernkraftgegner/innen allerdings vermuten hinter solchen und ähnlichen Einschätzungen die Konzerne, die am Geschäft mit der Atomenergie oder mit dem Erdöl verdienen.

Der durch den alternativen Nobelpreis ausgezeichnete Energieexperte Mycle Schneider hingegen meinte:

> Mit der Katastrophe von Fukushima ist „das Ende des Atomzeitalters angebrochen. Jetzt muss endlich intelligente Energiepolitik gemacht werden. Bisher wurde alles über die Produktion geregelt. (...) In der EU muss eine andere Energiepolitik gemacht werden."

(Der Standard, 17.3.2011, S. 7)

Fragen und Arbeitsaufträge

→ 1. Stelle die Argumente der Gegner/innen und der Befürworter/innen der friedlichen Nutzung der Kernenergie gegenüber. Analysiere und bewerte diese. Erläutere die von dir bevorzugte Auffassung.

→ 2. Analysiere die Zusammenhänge zwischen atomarer Aufrüstung und Friedensbewegung.

6. Die Entwicklung des Familienbildes

Die engen gefühlsmäßigen Beziehungen in einer Familie führen dazu, dass man sich grundsätzlich mit diesem Thema nicht unvoreingenommen beschäftigen kann. Die subjektiven Einschätzungen reichen daher von großer Wertschätzung bis zur kalten Verachtung.

> *Die Familie ist Quelle und Ursprung der gesamten menschlichen Gesellschaft. Der ergiebigste Quell des Guten und des Gemeinwohls.*
>
> (Papst Leo XIII, Rerum novarum, 1891)

> *Der bourgeoise Familienkern ist in unserem Jahrhundert zur endgültigen perfektionierten Form der Nichtbegegnungen geworden. Die Familie wird schwachsinnig.*
>
> (Cooper, Der Tod der Familie, 1972, S. 7)

> *Fragt man junge Menschen im Alter von 14-24 Jahren nach der Wichtigkeit verschiedener Lebensbereiche, so liegen die Familie und der Freundeskreis seit vielen Jahren an oberster Stelle. Diese sind für junge Menschen attraktive Lebensräume in einer komplexen Welt, denn sie bieten Überschaubarkeit und gefühlsbezogene Geborgenheit.*
>
> (Kromer, Die Wertewelt junger Menschen in Österreich, 2011, S. 184f.)

Familie – was ist das?

Doch die Familie gibt es nicht. Das zeigt heute die Vielfalt von familialen Lebensformen. Lange Zeit hat man in der Familienforschung angenommen, dass die Kernfamilie mit der biologischen Elternschaft – das Elternpaar mit den unmündigen Kindern – die grundlegende Familienform ist. Zwischendurch meinte man, dass die Zweier-Beziehung von Mutter und Kind die Grundeinheit von Familie bildet. Gegenwärtig nehmen aber Ein-Eltern-Familien als Vaterfamilie oder auch Stieffamilien mit dem leiblichen Vater zu. Außerdem muss die Mutter- oder Vaterschaft nicht biologisch begründet sein, wenn man etwa an Adoptiv- oder Pflegefamilien, oder an künstliche Befruchtung mit anonymen Samenspendern denkt. Wichtig ist die staatliche Anerkennung. Hier wird also die soziale Elternschaft grundlegend.

> *Von einer Familie kann aufgrund neuerer Forschungen immer erst dann gesprochen werden, wenn die biologische Elternschaft zur sozialen Elternschaft wird. Durch die Geburt eines Kindes entsteht noch keine Familie. Sie entsteht erst, wenn zumindest eine Person eine Elter-Position übernimmt. Familien werden also durch die Beziehung und die Verantwortungsübernahme von einer Elterngeneration gegenüber einem Kind hergestellt. Sie haben auf dieser Grundlage einen lebenslangen Bestand.*
>
> (Vereinfacht nach: Lenz/Adler, Geschlechterbeziehungen, Bd. 2, 2011, S. 143ff.)

Mittlerweile ist es auch möglich, dass das Elternpaar durch zwei Personen gleichen Geschlechts gebildet wird: Man spricht dabei von „Regenbogenfamilien". Wenn sich biologische und soziale Elternschaft nicht decken, dann spricht man von „fragmentierter Elternschaft".

Der Soziologe Ulrick Beck charakterisierte die gegenwärtige Lage pointiert:

> *Noch in den Sechzigerjahren besaßen Familie, Ehe und Beruf als Bündelung von Lebensplänen weitgehend Verbindlichkeit. Inzwischen sind Wahlmöglichkeiten – und Zwänge aufgebrochen. Es ist nicht mehr klar, ob man heiratet, wann man heiratet, ob man zusammenlebt und nicht heiratet, heiratet und nicht zusammenlebt, ob man das Kind innerhalb oder außerhalb der Familie empfängt oder aufzieht, mit dem, mit dem man zusammenlebt oder mit dem, den man liebt, der aber mit einer anderen zusammenlebt, vor oder nach einer Karriere oder mittendrin (...). Alle diesbezüglichen Planungen und Absprachen sind prinzipiell aufkündbar (...). Auf die viel diskutierte Frage, ob Ehe und Familie einer ausklingenden Epoche angehören, lässt sich mit einem klaren JEIN antworten.*
>
> (Beck, Risikogesellschaft. Auf dem Weg in eine andere Moderne, 1986, 163ff.)

Familiale Vielfalt in Österreich

Der 5. Österreichische Familienbericht (1999-2009) zeigt, dass sich auch in Österreich eine Vielfalt von Familienformen durchgesetzt hat. Das lange Zeit vorherrschende Leitbild der bürgerlichen Kernfamilie mit seiner geschlechtsspezifischen Rollenzuweisung verliert immer mehr seine Monopolstellung. Andere Formen des familialen Zusammenlebens gewinnen an Bedeu-

Kinderbetreuungsgeldbezieherinnen und -bezieher nach Geschlecht 2008 bis 2010

Bezieherinnen und Bezieher, Dezember

	Insgesamt	Frauen	Männer
2008	166.579	160.007	6.572
2009	155.605	148.282	7.323
2010	147.546	140.833	6.713

■ Bundesministerium für Wirtschaft, Familie und Jugend. Erstellt am: 18.08.2011.

tung: z. B. Alleinerzieher/innen-Familien, nicht eheliche Lebensgemeinschaften, Patchworkfamilien, Wochenendfamilien u. a. m.

2007 gab es in Österreich 2,3 Mio. Familien. Davon entfielen 2,0 Mio. auf Ehepaare und 300 000 auf Lebensgemeinschaften. Von den Paaren lebten 1 124 000 mit Kindern im gemeinsamen Haushalt. In weiteren 300 000 Familien mit Kindern gab es nur einen Elternteil – 258 000 alleinziehende Mütter und 44 000 alleinziehende Väter. Ihr Anteil an allen Familien mit Kindern macht 13 % aus. Die Ehe ist in Haushalten mit oder ohne Kinder nach wie vor bedeutsam, auch wenn sie etwas an Gewicht verloren hat (5. Familienbericht 2010, S. 12 f.).

Von der Heirat ...
„Auf 500 Liebschaften kommt eine Heirat"

Nicht der leichtfertige Lebenswandel seiner Zeitgenossen veranlasste Johann Nestroy („Freiheit in Krähwinkel") zu dieser Aussage. Es war vielmehr die außerordentliche Armut der breiten Massen. Heiraten war damals ein Luxus. Vermögenslosen war bis weit ins 19. Jh. die Heirat sogar meist verboten. Erst im 20. Jh. stieg die Zahl der Eheschließungen stetig an und erreichte um 1970 mit über 80 % einen Höchststand. Die Ehe wurde also zur Regel. Seither nimmt die Zahl der Eheschließungen wieder merklich ab. Im Jahr 2007 waren knapp 74 % der Paare verheiratet.

Das entspricht auch dem Trend in der westlichen Welt: Deutlich mehr Menschen leben heute in Paaren zusammen, jedoch ohne Trauschein. ...

über die Partnerwahl

In adeligen Kreisen vertrat man die Auffassung, dass es unschicklich, ein Zeichen von Geschmacklosigkeit, ja von vulgärer Bourgeoisie sei, seine Frau zu lieben. Die Familie war ein Zusammenleben-in-der-Gemeinschaft ohne intensive gefühlsmäßige Beziehungen. Demnach war die Liebe auch keine Voraussetzung für eine Heirat. Erst im Verlaufe der Ehe sollten gegenseitige Zuneigung und Wertschätzung wachsen. Die Partnerwahl erfolgte in der Regel nicht aus persönlichen Gefühlen der Partner. Dynastische Interessen überwogen im Adel, wirtschaftliche bei Kaufleuten aber auch in der bäuerlichen Bevölkerung. Die „Liebesheirat" war eine Forderung des aufstrebenden Bürgertums. Die selbstbestimmte, vom Gefühl beeinflusste Partnerwahl setzte sich allmählich dort durch, wo der Einzelne von seiner Herkunftsfamilie (ihrem Besitz, ihrem Stand) unabhängiger wurde. So stieg z. B. bei den Arbeiterinnen und Arbeitern die Heiratsrate, und es sank das Heiratsalter. Insgesamt schuf der Übergang zur individuellen Lohnempfängerschaft mehr Autonomie im Bereich der Partnerwahl. Heute ist sie – zumindest in unserem Kulturkreis – weitgehend abhängig vom Gefühl und selbstbestimmt.

... zur Partnerschaft

Die Stellung der Ehegatten war lange Zeit keineswegs gleichberechtigt. In den familienrechtlichen Vorschriften des „Allgemeinen Bürgerlichen Gesetzbuches" (ABGB) aus dem Jahre 1811 wird festgelegt:

> Q § 19: Der Mann ist das „Haupt der Familie". Die Gattin „erhält den Namen des Mannes und genießt die Rechte seines Standes".
> § 92: „Die Frau ist verbunden, dem Manne in seinem Wohnsitz zu folgen, ihm in der Haushaltung und Erwerbung nach Kräften bey zu stehen (...)".

Dieses bürgerlich-patriarchalische Familienmodell war an den oberen, vermögenden Ständen orientiert. Es ging bereits damals an der sozialen Wirklichkeit eines Großteils der Erwachsenen vorbei und bewirkte eine Verschlechterung der Situation der Frau.

Erst das Eherechtswirkungen-Gesetz von 1975 gestaltete die persönlichen Rechtswirkungen der Ehe nach dem Grundsatz der Gleichheit der Geschlechter und dem Partnerschaftsprinzip. Durch die Abschaffung der Vorrangstellung des Mannes in der Familie wurde zumindest de iure die Gleichberechtigung der beiden Ehepartner erreicht. De facto gibt es aber große Probleme in der Regel dann, wenn Kinder kommen: Meist erzieht die Frau die Kinder und besorgt den Haushalt, auch wenn sie berufstätig ist. Ist sie nicht berufstätig, bringt er das Geld nach Hause. Sie bleibt als „Nur-Hausfrau" finanziell von ihm abhängig.

Vor dem verflixten siebten Jahr – die Scheidung?

> L Die Scheidung stammt wahrscheinlich aus der selben Zeit wie die Ehe. Ich glaube dennoch, dass die Ehe einige Wochen älter ist.
> (Voltaire, Divorce)

Seit Mitte der Achtzigerjahre stieg in Österreich die Scheidungsrate von rund einem Drittel der geschlossenen Ehen auf 47,8 % im Jahr 2008. In den Städten ist die Scheidungshäufigkeit zwei- bis viermal so hoch wie in den ländlichen Gegenden. Frühehen und „Muss-Ehen" sind besonders scheidungsanfällig. Nicht im „verflixten siebten Jahr", sondern im zweiten bis vierten Ehejahr ist die Scheidungsrate am höchsten.

Scheidung bedeutet u. a. jährlich rund 16 000 Kinder und Jugendliche als Scheidungswaisen.

> L Allgemein Risikofaktoren für die Ehe sind u. a.: geringe Akzeptanz der Herkunftsfamilie, patriarchalische oder matriarchalische Machtstruktur, keine gemeinsame Gewinnorientierung, Kommunikationsprobleme, frühes Heiratsalter etc.
> (Nach: 5. Familienbericht, 2010, S. 84)

Fragen und Arbeitsaufträge

→ 1. Beurteile mögliche Vor- und Nachteile von gefühlsbezogener Partner/innenwahl unter den Aspekten von Selbstbestimmtheit und Wirtschaftlichkeit.

→ 2. Gegenwärtig wird bei der Definition von Familie der sozialen Elternschaft gegenüber der biologischen der Verzug eingeräumt. Begründe diese Auffassung anhand der Literaturstelle Lenz/Adler, 2011. Beziehe dazu Überlegungen zur künstlichen Befruchtung etc. mit ein.

Methode – Kompetenztraining

7. Oral History – Jugendliche Lebenswelten seit den 1960ern

Jugendkulturelle Trends

Wenn man nun in der zweiten Hälfte des ersten Jahrzehnts im 21. Jh. durch die Straßen (…) einer beliebigen europäischen großen Stadt geht, dann fällt einem zuerst bei allem erweiterten Normalitätsvorstellungen (die Abweichung von Normen ist selbst zur Normalität geworden) die jugendkulturelle Verschiedenheit, das Nebeneinander, die dauernde Renaissance von Stilformen und die vielen durchlässigen Mainstream-Kulturen für „Szene-Surfer" auf.
Und praktisch keine der alten Jugend(sub-)kulturen wie etwa die der Teds und Rockabilys aus den 50er Jahren, der Mods, Skinheads, Rocker und Hippies aus den 60er Jahren, der Anarcho- und Post Punks, der Autonomen, der Heavy Metal Szene aus den 70er Jahren sowie die Schwarze Szene der Gothics, der Dark Waves, der Death-, Trash- und Black-Metal aus den 80er Jahren sind vollends von der Bildfläche verschwunden. Hinzu kommt, dass alles, schon allein durch die vielen Imitationen und Revivals, immer mehr, immer variantenreicher, flexibler und gemixter wird. Die Jugendkulturen haben sich seit den 80er Jahren sprunghaft entwickelt – selbst Jugendliche kennen sich meistens nicht mehr aus.
Daneben wird die Hip Hop-Kultur als zusammengefasste Ausdrucksform von Rap, Graffiti, Breakdance und Djing als „aktuell größte jugendkulturelle Strömung" bezeichnet.

(Gekürzt und vereinfacht nach: Ferchhoff, Jugend und Jugendkulturen im 21. Jahrhundert, 2007, S. 181ff.; sowie Peschke, Hip Hop in Deutschland, 2010, S. 7 bzw. 55)

Aus der aktuellen österreichischen Jugendszene

Die Jugendforschung hat in Österreich in den letzten Jahren weniger die Lifestyles von Jugendlichen im Blick. Sie konzentrierte sich auf deren Einstellungen und Werte. Dabei konnte sie folgende Teilgruppen herausarbeiten:

Optimistinnen und Optimisten
Bei ihnen steht das persönliche Lebensglück im Vordergrund. Sie sind auf ihr eigenes Leben konzentriert. Politisch zeigen sie sich kaum interessiert und stimmen sowohl dem traditionellen als auch dem emanzipatorischen Rollenbild zu.
Egozentrikerinnen und Egozentriker
Sie orientieren sich vor allem an Freiheit und Lebenslust. Soziale Themen sind ihnen unwichtig. Sie sind im Durchschnitt 18 Jahre alt. Ihre politische Einstellung bleibt oberflächlich. Die Burschen weisen das traditionellste Rollenverständnis auf, die jungen Frauen sind moderner.
Skeptikerinnen und Skeptiker
Diese Gruppe (ca. 10 %) lehnt v. a. genussorientierte, aber auch soziale Einstellungen ab. Sie fühlen sich weniger ernst genommen und sind weniger selbstbestimmt. Sie wollen in der Politik vor allem einen „starken Mann".

Die Freizeitorientierten
Eine genussorientierte Lebenseinstellung ist für sie besonders wichtig. Sie lehnen Leistungsorientierung und eine materialistische Einstellung ab. Im Gegensatz zu den Egozentrikerinnen und Egozentrikern weisen sie die Übernahme von Verantwortung für ihr Umfeld nicht mehr zurück. Arbeit ist ihnen relativ unwichtig. Politisch wollen sie eine Regierung aus Expertinnen und Experten.
Idealistinnen und Idealisten
Sie streben sowohl Genuss, beruflichen Erfolg und soziale Verantwortung an. Beruf, Partnerschaft oder Familie sind ihnen noch nicht so wichtig. Sie erleben sich ernst genommen und selbstbestimmt. Als politisch Interessierte lehnen sie einen „starken Mann" deutlich ab.
Pragmatikerinnen und Pragmatiker
Sie streben ein ausgeglichenes Privatleben an. Aber ebenso wichtig ist ihnen auch Verantwortung für die soziale und natürliche Umwelt zu übernehmen. Junge Frauen sind in dieser Gruppe überdurchschnittlich häufig vertreten. Politisch sind sie mäßig interessiert. Sie bevorzugen eine Regierung aus Expertinnen und Experten.

(vereinfacht und zusammengefasst nach Kromer/Hartwanger, Jugendliche und ihre Werte, 2008, S. 265ff.)

Jugendforschung – selbst gemacht

Methode: Oral History

Nichts ist so spannend wie eine gute Erzählung von Zeitzeuginnen und Zeitzeugen. Die jungen Menschen sind z. B. im Allgemeinen höchst interessiert daran, was die Eltern und Großeltern erlebt haben als diese selbst jung waren. Erzählungen machen die jüngere Vergangenheit erst richtig lebendig. Deshalb sind diese Zugangsweisen bei Schülerinnen und Schülern so beliebt. Auf eine solche Weise könnte mit Hilfe der älteren Generationen erforscht werden, ob sie sich als Jugend in den 1960er Jahren tatsächlich als die „kritische Generation", als welche diese Jugend heute allgemein bezeichnet wird, erlebt haben. Sie könnten auf diese Weise erfahren, was die Bezeichnung „kritische Jugend" alles beinhaltet hat oder ob die Zeitzeuginnen und Zeitzeugen davon wenig oder etwa gar nicht betroffen waren.
Einen forscherischen Zugang zu solchen u.ä. zeitgeschichtlichen Fragestellungen bildet die Methode der „oral history". Das meint die Befragung von Zeitzeuginnen und Zeitzeugen:

Oral history is both a subject and a methodology, a way of finding out more by careful, thoughtful interviewing and listening.

(Ken Howarth, Oral History. 1999, S. 4)

Oral History – Jugendliche Lebenswelten seit den 60ern

Projektvorbereitung

Als historische Methode der Zeitgeschichteforschung hat sie besonderen Anforderungen zu entsprechen.

1. Zunächst ist es unumgänglich, sich als Forscherin oder Forscher umfassend auf das Interview mit Zeitzeuginnen und Zeitzeugen vorzubereiten. Das enttäuscht möglicherweise all jene, die meinen, es braucht keinen Aufwand an Literaturstudien. Voraussetzung sind also gründliche Informationen über den betreffenden Zeitabschnitt – z. B. über die Periode der 1960er oder 1970er Jahre. Dies ist notwendig, weil die Aussagen der interviewten Zeitzeuginnen und Zeitzeugen mit der Darstellung der damaligen Ereignisse in der Fachliteratur verknüpft und in den historischen Rahmen eingepasst werden müssen.
2. Geschichte wird durch Menschen, welche diese „selbst erlebt haben", lebendiger vermittelt als durch Schulbücher. Doch es besteht die Gefahr, dass solchen Erzählungen unhinterfragt mehr Autorität bzw. eine erhöhte Wahrheit zugesprochen wird. Die Interviewten werden nämlich in der Regel als Expertinnen und Experten für den von ihnen erlebten und berichteten Zeitabschnitt betrachtet. Daher ist es wichtig, den Wahrheitsgehalt in den Aussagen der Zeitzeuginnen und Zeitzeugen zu überprüfen. Das kann höchst aufwändig werden: Einerseits berichten diese davon, wie sie ein Ereignis erlebt haben. Sie berichten von ihrem persönlichen Umgang mit ihrer Geschichte. Da geht es dann nicht um „richtige" oder „falsche" Antworten. Es geht vielmehr um die Sichtweise, wie die Befragten ihre Geschichte erlebt haben. Daran ist zunächst nichts falsch. Anderseits können sie aufgrund der zeitlichen Distanz zu den damaligen Ereignissen Tatsachen durcheinander bringen, sie verwechseln oder Teile davon schlicht vergessen. Beachtet werden sollte auch, dass sich (eher ältere) Zeitzeuginnen und Zeitzeugen insofern irren können, als sie selbst erlebte Ereignisse mit Berichten darüber, die sie gelesen oder gehört haben, vermischen; manches Mal halten sie gar die Berichte darüber für selbst Erlebtes. Dabei geht es nicht um Wahrheit oder Lüge. Es sollte vielmehr herausgefunden werden, warum dieses oder jenes nicht anders erinnert oder erzählt wurde. Es kann sich natürlich aber auch um bewusste Täuschung handeln, wenn etwas absichtlich weggelassen oder anders dargestellt wird. Daher ist es wichtig, andere Quellen (Fotos, Zeitungen, Dokumente, andere Zeitzeuginnen und Zeitzeugen etc.) zum Vergleich und zur Kontrolle heranzuziehen.
3. Auch die Interviewsituation ist von Bedeutung. Sie zeichnet sich einerseits durch Respekt und Höflichkeit aus, andererseits soll sie von kritischer Distanz getragen sein: Wie wirkt diese Person auf mich? Beeindruckt oder vereinnahmt sie mich? Welche Vorurteile in positiver oder negativer Weise habe ich ihr gegenüber? Solche Gesichtspunkte sollten im Rahmen einer nachbereitenden Reflexion bearbeitet, notiert und im Rahmen der Auswertung beachtet werden.
4. Bei der Auswertung zur Entschlüsselung der Erzählungen sind schließlich folgende Leitfragen von Bedeutung.
   4.1 Welche Art der Aussagen machen die Befragten? (Behauptungen, Meinungen …)
   4.2 Machen sie Angaben darüber, was geschehen ist oder darüber, warum etwas passiert ist?
   4.3 Sind die Angaben bruchstückhaft, unzusammenhängend oder bemühen sich die Personen, eine zusammenhängende Geschichte zu erzählen?
   4.4 Versuchen die Personen sich oder ihre Handlungen zu rechtfertigen oder problematisieren sie diese?
   4.5 Gibt es Anhaltspunkte dafür, an denen man zumindest einige der erzählten Angaben unabhängig überprüfen kann?
   (Vgl. Stradling, Teaching 20th-Century European History; nach: Donnermair „… ich glaub nur dem, der selbst dabei war…" Über die Arbeit mit mündlichen Quellen im Geschichtsunterricht, 2006, S. 106 – 111, S. 110; Übersetzung d. A.)

Projektdurchführung

Erarbeitet mit Unterstützung eurer Lehrkraft und unter Beachtung der vorangehenden Ausführungen ein Projekt mittels Oral History zur Thematik:
Jugend zwischen den 1960er und 1980er Jahren in Österreich

Erarbeitet zunächst die nachfolgenden Punkte 1–4 sowie 11 im Klassenverband; die Punkte 5–10 recherchiert in den jeweiligen Teams.
1. Informiert euch inhaltlich umfassend über diese Zeitepoche und die damaligen jugendkulturellen Strömungen.
2. Erstellt einen Interviewleitfaden. Dieser gibt im Wesentlichen bloß Anstöße zur Erzählung. Die Erzählung soll möglichst frei und unbeeinflusst erfolgen können. Als Einstiegsfragen könnten empfohlen werden: „Als du dich richtig jung gefühlt hast – was fällt dir dazu ein (Musik, Politik, Arbeit, Freizeit, Schule, Freundin oder Freund, Familie etc.)"? oder: „Wenn du an deine Jugend in den 1960ern … denkst – was fällt dir dazu ein (Musik, Arbeit, Politik etc.)"?
3. Bereitet wichtige „Nachfragen" vor, um Sachverhalte besser abzuklären.
4. Überlegt euch eine abschließende Frage.
5. Organisiert entsprechende Aufnahmegeräte und überprüft sie auf ihre Tauglichkeit.
6. Überlegt euch die Auswahl und die Anzahl der zu interviewenden Personen. Vorschlag: Zweier-Teams interviewen je eine Person, wobei in Vierer-Teams eine gemeinsame Vorbereitung und Auswertung erfolgen sollte.
7. Notiert nach dem Interview eure Eindrücke.
8. Fertigt eine Niederschrift des Interviews als Grundlage für die Auswertung an.
9. Beachtet bei der Auswertung die Leitfragen 4.1 bis 4.5.
10. Fertigt einen Bericht über die erhobene Thematik an. Fasst die Aussagen der Fachliteratur zusammen und bezieht die Ergebnisse eurer Interviews mit ein.
11. Vergleicht die Ergebnisse innerhalb der Klasse.
12. Thematisiert die Problematik „Erinnern" – „Vergessen" auch im Psychologieunterricht.

8. Migration und Integration

Ante portas

> Die Dritte Welt klopft an die Pforten Europas, und sie kommt herein, auch wenn Europa sie nicht hereinlassen will. Das Problem ist nicht mehr, zu entscheiden (wie die Politiker zu glauben vorgeben), ob in Paris Schülerinnen mit dem Tschador herumlaufen dürfen oder wie viele Moscheen man in Rom errichten soll. Das Problem ist, dass Europa im nächsten Jahrtausend (...) ein „farbiger" Kontinent sein wird. Ob uns das passt oder nicht, spielt keine Rolle: Wenn es uns gefällt, umso besser; wenn nicht, wird es trotzdem so kommen.
>
> (Eco, Vier moralische Schriften, 1998, S. 99)

Die zahlreichen illegalen Grenzübertritte v. a. an den Ostgrenzen der EU, der steigende Druck von afrikanischen Auswanderungswilligen, die allnächtlich an den schwer zu kontrollierenden Küsten Italiens, Spaniens und Griechenlands landen, scheinen den Überlegungen Umberto Ecos Recht zu geben. Viele von ihnen sehen im „reichen" Europa bessere Chancen, ihren Lebensunterhalt zu verdienen. Sie kommen als Arbeitsmigrantinnen und Arbeitsmigranten. Viele flüchten aber auch vor politischer Verfolgung aus ihren meist totalitär regierten Heimatländern. In der Regel werden die Menschen von Schlepperbanden oder Verbrecherkartellen über die Grenzen geschleust. Die Grenzschutzagentur „Frontex" soll irreguläre Migrantinnen und Migranten an der EU-Außengrenze abweisen.

Begriffsklärung

In den Diskussionen um Integration, Migration und Asyl werden die Begriffe oft vermischt oder falsch gebraucht. Es sollte jedoch klar getrennt werden: Als Migrantinnen und Migranten werden Personen bezeichnet, die aus wirtschaftlichen oder familiären Gründen nach Österreich kommen. Asylwerberinnen und Asylwerber sind Personen, die in Österreich um Schutz ansuchen. Sie geben an, dass sie in ihrem Herkunftsland aus politischen, rassischen oder religiösen Gründen verfolgt werden. Sie haben nach der Genfer Flüchtlingskonvention von 1951 ein Anrecht auf Gewährung von Asyl.

Arbeitszuwanderung und Flucht – ein kurzer Rückblick

Im Jahr 1961 lebten in Österreich ca. 100 000 ausländische Staatsangehörige (1,4 % der Gesamtbevölkerung). Ab Mitte der 1960er- und die frühen 1970er-Jahren waren Zeiten der Hochkonjunktur und der Vollbeschäftigung. Damals waren die Wirtschaft und der Staat am

■ Mehr als fünf Millionen Menschen befanden sich innerhalb von 10 Jahren in Ex-Jugoslawien auf der Flucht – 1998 begann die Massenflucht der Kosovo-Albanerinnen und Kosovo-Albaner. Im Juni 1998 flohen rund 300 Kosovarinnen und Kosovaren zu Fuß aus der Stadt Junik in die albanische Region Padosh (Fotografie, 15. Juni 1998).

Die Vielfalt der sozialen Welt

■ Gegen das FPÖ-Volksbegehren „Österreich zuerst" gab es in Wien eine Großdemonstration, das so genannte Lichtermeer, an dem etwa 200 000 Menschen teilnahmen (Fotografie, 23. Jänner 1993).

Zuzug von ausländischen Arbeitskräften interessiert (Arbeitszuwanderung). Viele dieser Menschen haben sich in der Folge dann mit ihren Familien dauerhaft in Österreich niedergelassen. Das war in Österreich, wie in vielen europäischen Staaten, zunächst nicht vorgesehen: „Wir haben Arbeitskräfte gerufen und Menschen kamen" (Max Frisch 1965, S. 7). Die Zahl der Einwanderungswilligen lag in jenen Jahren bis 1987 bei etwa 20 000 Personen jährlich. Der Anteil der Menschen mit ausländischer Staatsangehörigkeit an der Gesamtbevölkerung stieg bis 1974 auf 4 %. Dieser Wert blieb bis Ende der 1980er Jahre konstant. Doch seit damals veränderte sich die Situation deutlich. Ein wesentlicher Grund waren zunächst die massenhaften Fluchtbewegungen, ausgelöst durch den Umbruch in Osteuropa (1989): Aufgrund der Kriege und ethnischen Säuberungen im zerfallenden Jugoslawien (Kroatien, Bosnien und Herzegowina, Kosovo) kam es zu einer Massenflucht aus diesen Balkanländern nach Westeuropa, darunter auch nach Österreich.
Der Anteil der Ausländerinnen und Ausländer in Österreich stieg Anfang der 1990er Jahre auf über 8 % an. Bis 1993 kamen ca. 330 000 Menschen mehr nach Österreich als abwanderten.

Allerdings kamen in den Jahrzehnten davor immer wieder große Flüchtlingsströme nach Österreich:
Nach dem Ende des Zweiten Weltkrieges fanden rund 350 000 Flüchtlinge und Vertriebene in Österreich eine bleibende Aufnahme und erhielten damit die Staatsbürgerschaft. 1956 flüchteten ca. 200 000 Menschen aus Ungarn, rund 20 000 von ihnen blieben dauerhaft. Nach der Niederschlagung des Prager Frühlings (1968) kamen rund 160 000 Flüchtlinge aus der Tschechoslowakei und 1981 flüchteten 35 000 Menschen aus Polen nach Österreich. Mehrere Tausend von ihnen blieben. Eine oft vergessene Gruppe von Migrantinnen und Migranten sind die jüdischen Flüchtlinge aus der Sowjetunion. Rund 250 000 Menschen dieser Gruppe wurden zwischen 1973 und 1989 durch Österreich in die USA oder nach Israel geschleust.

„Das Boot ist voll" (?)

So tönte es Anfang der neunziger Jahre panisch durch ganz Europa. Man war auf die massenhaften Fluchtbewegungen aus Ost- und Südeuropa nicht vorbereitet. Verständnislosigkeit und Ablehnung machten sich bemerkbar.
Die Zunahme der Arbeitslosigkeit führte zu verstärkten Vorbehalten in der Bevölkerung gegenüber ausländischen Arbeitskräften. In Österreich nahmen Ressentiments, manchmal sogar offene Gegnerschaft gegen Ausländerinnen und Ausländer zu, ob sie nun als Flüchtlinge oder als Arbeitssuchende kamen. Diese ungeklärte Situation gegenüber Ausländerinnen und Ausländern griff die FPÖ auf: Sie brachte ein Volksbegehren ein mit dem Titel „Österreich zuerst". Darin wurde eine rigorosere Politik gegenüber Ausländerinnen und Ausländern verlangt. Das wurde mit „Sicherheits"-Bedürfnissen der Österreicherinnen und Österreicher, aber auch der im Land lebenden Ausländerinnen und Ausländer (als Asylwerberin oder Asylwerber bzw. als Gastarbeiterin oder Gastarbeiter) begründet. Die übrigen Parteien und die Kirchen nahmen in breiter Front gegen dieses Volksbegehren Stellung. Der damalige Caritas-Präsident Schüller, ein in Ausländerfragen allseits anerkannter Experte, verwies auf die Diskussionswürdigkeit mancher Forderungen des Volksbegehrens. Das betraf etwa die Entspannung der Schulsituation für fremdsprachige Kinder oder eine wirkungsvollere Bekämpfung der organisierten Kriminalität. Das Volksbegehren hatten 1993 schließlich 416 531 Österreicherinnen und Österreicher unterschrieben. Gegen das Volksbegehren fanden in vielen Städten zahlreiche Aktionen statt. Den Höhepunkt bildete das „Lichtermeer" in der Wiener Innenstadt. Bei der bis dahin größten Demonstration in der Zweiten Republik demonstrierten mehr als 200 000 Menschen gegen Ausländerfeindlichkeit und warben für mehr Mitmenschlichkeit.

Fremde, kommt ihr nach Ö...

Bis in die 1980er Jahre war Österreich das Ziel von Arbeitsmigrantinnen und Arbeitsmigranten hauptsächlich aus Jugoslawien und der Türkei. In den 1990er Jahren hingegen war Österreich das Ziel von Flüchtlingen v.a. aus Bosnien und dem Kosovo. Seit dem Jahr 2000 kommt

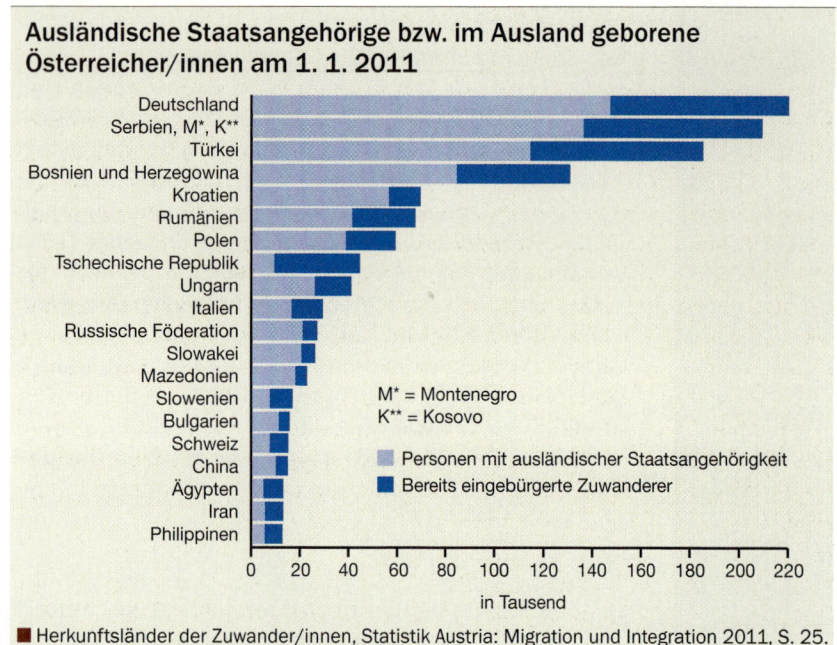

■ Herkunftsländer der Zuwander/innen, Statistik Austria: Migration und Integration 2011, S. 25.

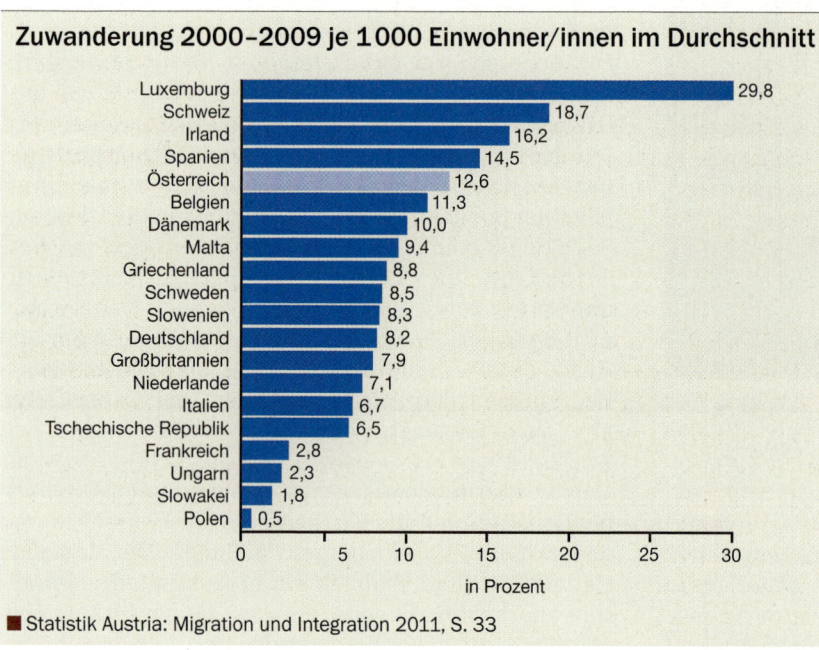

■ Statistik Austria: Migration und Integration 2011, S. 33

Verteilung der Zuwander/innen auf Bundesländer	
Österreich gesamt	11 %
Burgenland	5,7 %
Kärnten	7,0 %
Niederösterreich	6,9 %
Oberösterreich	8,1 %
Salzburg	12,8 %
Steiermark	6,9 %
Tirol	11,0 %
Vorarlberg	13,1 %
Wien	21,5 %

■ Statistik Austria: Migration und Integration 2011, S. 109.

die Mehrzahl der Zuwanderinnen und Zuwanderer als Arbeitsmigrantinnen und Arbeitsmigranten aus den EU-Staaten, vor allem aus Deutschland. Im Jahr 2010 lag der Anteil der ausländischen Wohnbevölkerung bei 895 000 Personen (10 % der Bevölkerung). Rund 1,5 Mio. Menschen mit Migrationshintergrund leben in Österreich (17,8 % der Gesamtbevölkerung). Von ihnen gehören rund 1,1 Mio. der „ersten Generation" an. D. h. sie selbst wurden im Ausland geboren und sind nach Österreich zugezogen. Die weiteren 400 000 Personen sind in Österreich geborene Nachkommen der Eltern mit ausländischem Geburtsort. Sie werden daher auch als „zweite Generation", deren Nachkommen als dritte bzw. vierte Generation bezeichnet.

Österreich befindet sich in der Zuwanderungsstatistik (s. linke Spalte) im europäischen Vergleich mit Irland und Spanien im obersten Bereich, hinter Luxemburg und der Schweiz.

Arbeitsmigration aus Österreich

Nicht übersehen sollte man auch, dass bereits in den 1950er-Jahren die Zahl der in Deutschland und in der Schweiz lebenden Österreicherinnen und Österreicher um rund 50 000 angestiegen ist. In der ersten Hälfte der 1970er-Jahre waren allein in Deutschland und der Schweiz etwa 120 000 Österreicherinnen und Österreicher beschäftigt. Auch in der Gegenwart pendeln Tausende Österreicherinnen und Österreicher – v. a. aus Vorarlberg –, die in Österreich wohnen, zur Arbeit in die Schweiz, nach Deutschland oder Liechtenstein aus.

Gesetze sollen Probleme lösen

– Seit dem Jahr 1990 versuchen die Bundesregierungen die Probleme der Zuwanderung durch Gesetze besser zu regeln. Das Ziel war, die unkontrollierte Zuwanderung zu steuern und zu verringern. Die Zuwanderung sollte sich in erster Linie an den Bedürfnissen der österreichischen Gesellschaft und ihrem Arbeitsmarkt ausrichten.

– Mit dem „Integrationspaket 1997" erhielten Migrantenjugendliche der zweiten Generation einen besseren Schutz vor Aufenthaltsverbot und Abschiebung. Doch eine Verbesserung des Beschäftigungsrechtes (z. B. Arbeitserlaubnis) für Ausländerinnen und Ausländer wurde damals kaum erreicht.

– Nach wie vor sind illegal beschäftigte Arbeitskräfte am Arbeitsmarkt: Sie verkaufen ihre Arbeitskraft billig, um überhaupt Geld verdienen zu können; Arbeitgeber zahlen für sie oft keine Lohnnebenkosten (z. B. Steuern und Sozialversicherungsbeiträge). Arbeitnehmervertretungen, wie die Gewerkschaft oder die Arbeiterkammer, befürchten, dass solche billigen Arbeitskräfte die „teureren" heimischen und legalen ausländischen Arbeitskräfte von den Arbeitsplätzen verdrängen. Wirtschaftsbetriebe wiederum befürchten die billige Konkurrenz. Wirksame Kontrollen in den Betrieben gegen illegale Beschäftigung von Ausländerinnen und Ausländern sind aufgrund von Personalmangel bei den Arbeitsinspektoraten und der Polizei kaum möglich.

- Mit dem „Fremdenrechtspaket" 2002 beschränkte man die Neuzuwanderung durch jährlich neu festzulegenden Quoten von Personen mit besonderen fachlichen Qualifikationen. Einfach qualifizierte Arbeitskräfte („Saisonarbeitskräfte") und „Pendlerbeschäftigte" erhalten nur eine begrenzte Aufenthaltsdauer. Sie erwerben kein Recht auf Niederlassung und Familiennachzug.

Für Asylwerberinnen und Asylwerber wurden drei „Erstaufnahmestellen" eingerichtet: In Traiskirchen (NÖ), Thalheim (OÖ) und am Flughafen Wien Schwechat. Dort soll binnen 20 Tagen geklärt werden, ob der Antrag auf Asyl zu Recht besteht oder nicht. Danach sollen Asylwerberinnen und Asylwerber, ebenso wie „andere Fremde", die Betreuung brauchen, in Quartiere übersiedeln, die von den Bundesländern zur Verfügung gestellt werden. Kommen sie aus sicheren Drittstaaten (wo die Genfer Flüchtlingskonvention erfüllt wird), werden sie dorthin zurück gebracht (Dublin 1-Regelung).

- Mit dem Fremdenrechtspaket 2011 wurde die Rot-Weiß-Rot-Card eingeführt. Sie löst die bisherige Quotenregelung durch ein Punktesystem für Arbeitskräfte-Zuwanderung ab. Das Ziel ist, besonders qualifizierte Zuwanderinnen und Zuwanderer – ca. 8 000 pro Jahr – als Fachkräfte in Mangelberufen zu gewinnen. Besonders kontroversiell wurde in der Öffentlichkeit die „Integrationsvereinbarung" diskutiert. Diese verpflichtet die Zuwanderinnen und Zuwanderer zum „Erwerb von Grundkenntnissen der deutschen Sprache". Seit 2011 müssen Zuwanderungswillige bereits vor ihrer Zuwanderung elementare Kenntnisse der deutschen Sprache beherrschen. Innerhalb von zwei Jahren müssen sie eine Sprachprüfung (Niveau A2 – z. B. Schreiben einfacher Briefe) positiv absolvieren, damit sie in Österreich bleiben dürfen.

Asylwerberinnen und Asylwerber haben fünf bis sieben Tage Anwesenheitspflicht in der Erstaufnahmestelle, um bei der Abklärung ihrer persönlichen Situation mitzuwirken. Auf diese Weise möchte man die Asylanträge in möglichst kurzer Zeit bearbeiten. In den Jahren davor mussten Flüchtlinge bisweilen mehrere Jahre auf einen Bescheid warten. Manche wurden dann abgeschoben, obwohl sie bereits gut integriert waren. Andere wiederum nutzten die unklaren gesetzlichen Bestimmungen, um negative Bescheide mit zahlreichen Einsprüchen zu bekämpfen. Mit der Einrichtung eines Bundesamtes für Asyl und Migration ab 2013 sollten die Asylverfahren endgültig vereinheitlicht und rasch erledigt werden.

Immer heftig diskutiert – Schulbildung, Einkommen, Kriminalität

Vor allem im Schulsystem sind bei ausländischen Schülerinnen und Schülern – besonders mit nicht deutscher Umgangssprache – große Unterschiede anzutreffen: Ihr Anteil ist an den Sonderschülern relativ hoch, an den höheren Schulen unterdurchschnittlich. Viele von ihnen setzen ihre Ausbildung nach der Pflichtschulzeit nicht fort.

Die ausländischen Staatsangehörigen verdienen im Durchschnitt zwischen 75 % und 85 % des durchschnittlichen Einkommens in Österreich. Ihr Armutsrisiko liegt mit 26 % weit über jenem der österreichischen Staatsbürgerinnen und Staatsbürger mit 12 %.

Zweifellos ist die Kriminalitätsbelastung in Österreich durch ausländische Staatsangehörige gestiegen. Allerdings ist der Anteil der Tatverdächtigen deutlich höher als jener der tatsächlich Verurteilten.

> *Jugendliche mit Migrationshintergrund, die selbst noch im Ausland geboren wurden (Erste Generation), berichten seltener davon, an Gruppenschlägereien teilgenommen oder Körperverletzungen verübt zu haben, als Jugendliche, die aus Zuwandererfamilien (deren Eltern wurden im Ausland, sie selbst in Österreich geboren; Zweite Generation) stammen. Möglicherweise wirkt sich die Akzeptanz von sogenannten „Gewalt legitimierenden Männlichkeitsnormen" durch Jugendliche mit Migrationshintergrund in der zweiten Generation auf die Bereitschaft aus, entsprechende Delikte zu berichten. Doch ist zu beachten, dass migrantische Jugendliche stärkeren Belastungsfaktoren ausgesetzt sind als ihre einheimischen Altersgenossen. So weisen Menschen mit Migrationshintergrund in fast allen Lebensbereichen, vor allem auf den Gebieten Bildung und Beschäftigung, deutlich schlechtere Chancen auf als die eingesessene Bevölkerung.*
>
> (Fuchs/Krucsay: Zählen und Verstehen: Jugenddelinquenz, erfahrungswissenschaftlich betrachtet. In: 6. Bericht zur Lage der Jugend in Österreich. Wien 2011, S. 363.)

Fragen und Arbeitsaufträge

→ 1. Erläutere die Begriffe „Migrantin und Migrant bzw. Asylwerberin und Asylwerber" und fasse die Entwicklung in Österreich seit 1945 zusammen.

→ 2. Vergleiche die wesentlichen Bestimmungen der österreichischen „Fremdenrechtspakete". Beurteile sie hinsichtlich ihrer Integrationsförderung.

→ 3. a. Analysiert die Verbindung von „Gewalt" und „Männlichkeitsnormen".
b. Analysiert die vorgegebene Darstellung von Jugendlichen mit Migrationshintergrund und selbst berichteter Kriminalitätsbelastung.
c. Erörtert die Bedeutung der genannten Belastungsfaktoren für möglicherweise vermehrtes abweichendes Verhalten von Jugendlichen mit Migrationshintergrund.

9. Die Medien

9.1 Die Entwicklung von Massenmedien

Die Macht der Medien

Smartphones, Facebook, Twitter & Co. erlauben es uns, praktisch jederzeit und überall Kontakte herzustellen und uns fast unbegrenzt Informationen zu beschaffen. Manche sprechen von einer „Medien-Revolution", die in ihren Folgen und Auswirkungen vergleichbar ist mit der Einführung des Buchdrucks im 15. Jahrhundert. Noch vor wenigen Jahrzehnten waren das Medienangebot und die Medienauswahl überschaubar: Es gab das Fernsehen mit ein bis zwei Programmen, Radio, Tageszeitungen, Bücher, einige Illustrierte und den Schallplattenspieler. Heute wird unser Leben von einer Vielzahl unterschiedlicher Medien bestimmt. Politik, Kultur, Werbung, Sport und Unterhaltung – täglich verbreiten Massenmedien eine Flut von Informationen. Sie kontrollieren die Mächtigen und machen selbst Politik. Daher werden die Medien neben Gesetzgebung, Verwaltung und Rechtsprechung häufig als „vierte Gewalt" im Staat bezeichnet.

Unter Medium (lat. „das Mittlere") versteht man jede Art von Übermittler zwischen Sender, dem Urheber oder Kommunikator, und dem Empfänger, dem Rezipienten. Als klassische Massenmedien werden Presse, Hörfunk und Fernsehen bezeichnet.

Neue digitale, vernetzte Technologien wie das Internet revolutionierten in den letzten 20 Jahren die Gesellschaft.

Massenmedien stellen Massenkommunikation her. Sie wenden sich über ein technisches Mittel an ein unbegrenztes, anonymes Publikum, das aus Millionen Einzelpersonen bestehen kann. Bei der Individualkommunikation handelt es sich um den Informationsaustausch zwischen einzelnen Personen (z. B. per Telefon oder E-Mail). Durch die technische Entwicklung sind die Grenzen zwischen Individual- und Massenkommunikation jedoch fließend geworden. Die Unterscheidung zwischen Anbieter und Nutzer verschwimmt immer mehr.

Die Pressefreiheit – ein Grundwert der Demokratie

Das amerikanische Forschungsinstitut „Freedom House" schätzt, dass nur einer von sechs Menschen auf der Welt in einem Staat lebt, in dem man die Presse als „frei" bezeichnen kann. Dabei gehören die Meinungs-, Informations- und Pressefreiheit zu den wichtigsten Werten unserer Gesellschaft. Sie wurde in einem längeren historischen Prozess im ausgehenden 18. Jahrhundert erkämpft. Totalitäre Staaten im 20. Jahrhundert beseitigten sie, in den demokratischen Staaten der Gegenwart ist dieses Recht in den Verfassungen verankert. Auch heute können Medien jedoch nicht immer und überall frei und unabhängig berichten. In allen diktatorischen Systemen bestimmen die Machthaber, was und worüber geschrieben und berichtet werden darf. Regierungskritische Journalistinnen und Journalisten werden verfolgt, eingeschüchtert, verhaftet oder sogar

■ Reporter ohne Grenzen halten eine Mahnwache, Berlin, Alexanderplatz 2009. Gedenken an die ermordete Natalja Chussainowna Estemirowa, eine russische Historikerin, Journalistin und Menschenrechtsaktivistin im früheren Kriegsgebiet Tschetschenien (Fotografie von Michael Körner, 23. August 2009).

ermordet. Die Medien dienen der politischen Propaganda, der Erhaltung und dem Ausbau der Macht der Regierenden.

Auch demokratische Regierungen versuchen, Medien zu beeinflussen und in ihrem Sinne zu manipulieren. Dies gilt besonders für Kriegszeiten. Als 1991 die USA und ihre Verbündeten im Namen der UNO zur Rückeroberung Kuwaits den Kampf gegen den Irak begannen („Zweiter Golfkrieg"), war eine freie Berichterstattung über die Kriegsereignisse vor Ort unmöglich: Es durften nur die von der US-Militärzensur freigegebenen Berichte und Bilder von den Fernsehstationen in alle Welt gesendet werden. Weder tote Soldaten noch zivile Opfer flimmerten über den Bildschirm. Offensichtlich wollten die USA eine Berichterstattung, wie sie im Vietnamkrieg praktiziert wurde, vermeiden. Dort hatten amerikanische Reporterinnen und Reporter über das Leiden und Sterben der eigenen und gegnerischen Soldaten sowie der Zivilbevölkerung aus nächster Nähe und mit brutaler Schonungslosigkeit berichtet. Das führte damals in den USA zu einem Meinungsumschwung über diesen Krieg und trug wesentlich zum Rückzug der US-Truppen aus Vietnam bei.

Besonders gefährlich ist die Lage für Journalistinnen und Journalisten und kritische Beobachterinnen und Beobachter immer dort, wo sich antidemokratische Machthaber bedroht fühlen. Dazu gehörten in den vergangenen Jahren China, der Iran und arabische und nordafrikanische Länder, in denen es Aufstände und Protestbewegungen gab. Zunehmend versuchen Machthaber auch mit Hilfe der neuen Medien Demokratiebewegungen zu stoppen. Insgesamt aber ist es durch den Siegeszug des Internets für autoritäre Regime schwieriger geworden, unabhängige Berichterstattung zu unterdrücken (vgl. dazu auch S. 276f.).

Funktionen der Massenmedien

In einer Demokratie werden den Medien drei wichtige Funktionen zugeordnet:
- Die Informationsfunktion: Medien sollen vollständig, sachlich und verständlich informieren. Ihre Nutzerinnen und Nutzer sollen so die wirtschaftlichen, sozialen und politischen Zusammenhänge begreifen und die demokratische Ordnung verstehen. Über die Handlungen und Absichten aller am politischen Prozess Beteiligten sollen Bürgerinnen und Bürger unterrichtet werden und sich auch selbst als Wählende oder Mitglieder einer Partei oder Bürgerinitiative aktiv daran beteiligen können. Die Information durch die Medien dient also der Meinungsbildung. Öffentlich-rechtliche Medien wie der ORF sind gesetzlich verpflichtet, mit ihrer Berichterstattung objektiv und unparteiisch zu informieren.
- Die Kontroll- und Kritikfunktion: In einer Demokratie fällt in erster Linie der Opposition die Kontroll- und Kritikfunktion der Regierenden zu. Diese wird aber unterstützt und ergänzt durch die Medien.
- Die Bildungs- und Unterhaltungsfunktion: Medien haben durch ihre Bildungs- und Unterhaltungsfunktion einen kulturellen Auftrag. Dieser wird jedoch, je nach Qualität der Inhalte, in unterschiedlichem Maß erfüllt.

Medien als Supergeschäft

Vor einigen Jahren prophezeiten Medienexpertinnen und Medienexperten: „Große Konzerne werden entweder Medienkonzerne oder gar keine mehr sein." Inzwischen hat sich diese Prognose erfüllt: Medienkonzerne gehören heute zu den einflussreichsten, weltweit agierenden Globalplayers. Medien beeinflussen nicht nur politische und wirtschaftliche Prozesse, sie sind selbst zu einem bedeutenden Wirtschaftsfaktor geworden. Über alle Ländergrenzen hinweg zeigt sich in den USA, in Japan und auch in Europa ein gemeinsamer Trend: Die Medienkonzentration, d.h. der Zusammenschluss der Medien im Eigentum weniger großer Konzerne. Diese Medienmultis besitzen nicht nur Zeitungen und Zeitschriften, Radio und TV-Stationen, sondern auch Satelliten. Sie sind teilweise Netzbetreiber und produzieren Software, Computerspiele oder Spielfilme. Sie erzielen gewaltige Umsätze, was ihnen zu wirtschaftlicher und politischer Macht verhilft. Wenn solche Multikonzerne Einzelpersonen wie dem ehemaligen italienischen Ministerpräsidenten Berlusconi oder dem australischen Medienmulti Rupert Murdoch gehören, gelangt viel Macht in die Hand Einzelner.

Das gesamte Umsatzvolumen der 50 weltweit größten Medienkonzerne betrug 2011 etwa 400 Milliarden Euro. Gegenüber 1997 bedeutet dies eine Steigerung von fast 150 %. Das wichtigste Unternehmen im Jahr 2011 war die ComCast, ein Medienkonzern, in dem der größte Kabelnetzbetreiber, der zweitgrößte Internetdienstanbieter und die drittgrößte Telefongesellschaft der USA zusammengeschlossen sind. ComCast erzielte einen Jahres-Umsatz von fast 42 Milliarden Euro (2011). An zweiter Stelle steht „The Disney Company" mit fast 29 Milliarden Euro. International bekannt wurde das Unternehmen schon vor Jahrzehnten mit der Produktion von Zeichentrickfilmen und Unterhaltungsfilmen. In jüngster Zeit war das Unternehmen mit den „Fluch-der-Karibik-Filmen" sehr erfolgreich. Zum Disney-Konzern gehören neben den Filmstudios noch das „ABC Network" mit einem der größten Fernsehsender der USA, verschiedene Kabelsender, z.B. Disney Channel, Radio- und TV-Vertriebe, Beteiligungen an Fernsehstationen in aller Welt und die „Walt-Disney-Parks und Resorts".

■ Die Veröffentlichung von Karikaturen des islamischen Propheten Mohammed in der dänischen Tageszeitung „Jyllands-Posten" 2005 rief in der islamischen Welt heftige Reaktionen hervor. Hintergrund ist das Verbot von bildlichen Darstellungen des Gesichts Mohammeds, welches unterschiedlich streng ausgelegt wird bzw. nicht unumstritten ist. In weiterer Folge kam es zu Demonstrationen, in mehreren Ländern zu gewalttätigen Auseinandersetzungen mit Todesopfern sowie weltweit zu Diskussionen über Religions-, Presse-, Kunst-, u. Meinungsfreiheit. Im Bild Mohammed-Karikaturen in diversen österreichischen Tageszeitungen wie z.B. „Der Standard", „Die Presse" und „Die Kleine Zeitung" (3. 2. 2006).

Fragen und Arbeitsaufträge

→ 1. Diskutiert in der Klasse über die „Macht der Medien". Erörtert dabei auch folgende Fragen:
  - Warum und wodurch wird die Pressefreiheit immer wieder eingeschränkt?
  - Welche drei wichtigen Funktionen sollten Medien erfüllen?
  - Welche Gefahren ergeben sich, wenn einzelne Personen Medienkonzerne beherrschen?

9.2 Die Medienwelt verändert sich

Die Digitalisierung und die Datenkompression haben in den letzten Jahrzehnten für eine enorme Steigerung der Produktion und Verbreitung von Medien gesorgt: Wir leben heute in einer Informations- und Kommunikationsgesellschaft.

Zu den Veränderungen gehört auch die Verschmelzung bisher getrennter Kommunikationstechniken. Man spricht auch von „Multimedia" und meint damit, dass Text, gesprochene Sprache, Video, Audio, Telekommunikation, Computertechnik und Unterhaltungselektronik integriert werden. Im privaten Bereich bezeichnet man mit Multimedia eine Entwicklung, bei der das Telefon, der Computer und das Fernsehen miteinander verbunden werden. Dieses Zusammenwachsen ist typisch für die „neuen Medien". Ein Beispiel dafür sind die Smartphones.

Auch bisher getrennte Bereiche in der Wirtschaft wachsen zusammen: Telefongesellschaften und Medienunternehmen, Computerindustrie und Unterhaltungselektronik. Neu ist, dass der Empfänger, der Konsument von Medien, unter Umständen auch zum Sender wird. Er kann in Game-Shows mitspielen oder bei einer Live-Übertragung eines Fußballspiels selbst bestimmen, aus welcher Kameraposition er das Geschehen auf dem Rasen verfolgen möchte. Neue Möglichkeiten eröffnen auch interaktive Angebote wie das Online-Videoportal YouTube. Dort können die Nutzerinnen und Nutzer zugleich auch Produzentinnen und Produzenten werden, indem sie die Auswahl von Film- und Fernsehausschnitten aktiv mitbestimmen oder selbstgedrehte Filme hochladen können.

Internet und Soziale Netzwerke – Web 2.0

Die Medienwelt völlig revolutioniert hat das Internet. Das Wort besteht aus den Teilen „inter" (lat. „zwischen") und dem Wortteil „net", welches für die Kurzform von „networking", also „vernetzen" steht. Internet bedeutet also die Vernetzung von Computernetzen. Das Internet gehört niemandem und umfasst sehr viele unterschiedliche Funktionen.

Als „Geburtsstunde" gilt das Jahr 1969, als in den USA vom Verteidigungsministerium das Projekt „Arpanet" geschaffen wurde. In diesem konnten nämlich erstmals vernetzte Computer Informationen austauschen. Ziel war in erster Linie, Wissenschaft und Forschung besser verbinden zu können. 1971 wurde E-Mail eingeführt, 1993 gab man das WWW (world wide web), das von Wissenschafterinnen und Wissenschaftern im CERN (Europäische Organisation für Kernforschung) in Genf entwickelt worden war, kostenlos für die Öffentlichkeit frei. Es ist das wichtigste Internet-Netzwerk-Service. Ohne komplizierte Befehle kann man sich per Mausklick durch das Netz bewegen. Damit wurde der Siegeszug des Internets ausgelöst. Weitere wichtige Meilensteine bedeuteten der Start der Suchmaschine Google 1998 und die Eröffnung des Online-Lexikons Wikipedia 2001.

Seit einigen Jahren erweitern eine Vielzahl von sozialen Netzwerken, auch Web 2.0 genannt, die Möglichkeiten der virtuellen Kontaktpflege. Das bekannteste ist das Unternehmen Facebook, übersetzt bedeutet der Begriff etwa „Studenten-Jahrbuch". Es wurde 2004 von Mark Zuckerberg in Kalifornien als Unternehmen gegründet. Man versteht darunter eine Website zum Erstellen und Betreiben sozialer Netzwerke. Jede Nutzerin bzw. jeder Nutzer stellt sich auf einer Profilseite vor, auf der auch Fotos und Videos hochgeladen werden können. Besucherinnen und Besucher können Nachrichten hinterlassen oder chatten. Die Funktionen und Applikationen sind inzwischen sehr groß geworden. Facebook wird durch Werbung finanziert. Heute kann man in über 80 Sprachen kommunizieren. Weltweit hat der Konzern etwa 700 Millionen Mitglieder (2011), davon sind sehr viele junge Menschen.

Eine ähnliche Erfolgsgeschichte hat auch „Twitter" vorzuweisen. Das Wort kommt aus dem Englischen und bedeutet so viel wie „zwitschern". Man versteht darunter eine Anwendung zum Mikroblogging. Dieses soziale Netzwerk existiert seit 2006 und wurde schnell international berühmt. Privatpersonen, Firmen und Institutionen können sich als Benutzer anmelden und Textnachrichten von maximal 140 Zeichen verbreiten. Diese werden allen, welche die Beiträge einer Autorin oder eines Autors abonniert haben („followers"), angezeigt. In Echtzeit können so Meinungen, Erfahrungen und Informationen ausgetauscht werden. Wie schnell sich daraus ein „globales Schneeballsystem" ergibt, zeigte sich beispielsweise im Mai 2011: Als der Pakistaner Sohaib Athar in seiner Nachbarschaft Schlacht-Geräusche vernahm, begann er seine Eindrücke zu twittern. Er ahnte nicht, dass er den Sturm der US-Spezialkräfte auf Osama bin Laden schilderte. Schon bald folgten 14 000 Nutzerinnen und Nutzer aus aller Welt seinen Nachrichten.

Chancen und Gefahren von Internet, Facebook, Twitter und Co

Die Entwicklung von Internet und sozialen Netzwerken führte zu einer Explosion der Informations-, Kommunikations- und Unterhaltungsmöglichkeiten. Ein großer Vorteil der Internet-Nutzung besteht darin, dass der private „User" ohne zeitliche Einschränkungen wie beispielsweise Öffnungszeiten Waren bestellen, Bankgeschäfte und Reisebuchungen vornehmen, E-Mails verschicken, über soziale Netzwerke Kontakte knüpfen kann und jederzeit Zugriff auf nahezu unbegrenzte Informationen hat. Notebooks, Tablets und Smartphones ermöglichen diese Anwendungen praktisch überall und jederzeit.

■ Twitter-Logo.

Die Vielfalt der sozialen Welt 7

■ Ägypterinnen und Ägypter protestieren in Kairo. Das Foto wurde am 25. 1. 2011 aufgenommen.

→ Erkläre mit Hilfe einer Fotoanalyse (vgl. dazu „Fotografien analysieren", S. 14 f.), warum man in Zusammenhang mit der ägyptischen Revolution auch von einer „Facebook"-Revolution spricht.

Revolutionär ist auch die Möglichkeit, als unabhängige Person das Web „mitzugestalten", indem man sich an Videoportalen, Blogs, Wikis, Online-Communities und sozialen Netzwerken beteiligt.

Die neuen Medien veränderten auch die Arbeitswelt: Arbeitsplätze werden von Büros in die Wohnungen der Arbeitnehmerinnen und Arbeitnehmer verlegt, wo Beschäftigte in Heimarbeit über Computer mit der Zentrale verbunden bleiben. Weltweit sind so viele Millionen Telearbeitsplätze geschaffen worden. Die weltweite Datenvernetzung führt zu Kostensenkungen bei den Dienstanbietern und zur Schaffung neuer Beschäftigungsmöglichkeiten. Mitglieder sozialer Netzwerke können auch politisch viel erreichen, indem sie sich zu Demonstrationen verabreden. Dies geschah beispielsweise 2011 in Deutschland zu Protesten gegen Atomkraft und in der arabischen Welt gegen antidemokratische Regierungen.

2009 fanden im Iran große Demonstrationen statt, 2011 kam es in nordafrikanischen und arabischen Ländern zu Aufständen und politischen Umwälzungen. Durch die Möglichkeit, mittels der neuen Medien innerhalb von wenigen Stunden Großdemonstrationen zu organisieren, waren Menschen der „Internet-Generation" maßgeblich daran beteiligt. Mit ihren Smartphones machten sie auch Videos und Fotos, die sie über soziale Netzwerke wie Facebook oder Twitter verbreiteten. So erfuhr die ganze Welt von Vorgängen, welche die Regierenden in ihrer Berichterstattung der Öffentlichkeit verschwiegen hätten. Die Umstürze in der arabischen Welt waren zwar keine „Facebook-Revolutionen", wie manche sie nannten, denn Menschen protestierten real, viele von ihnen wurden verwundet und getötet. Die sozialen Netzwerke aber wirkten als Verstärker und Beschleuniger dieser Prozesse.

Trotz der ungeheuren Möglichkeiten der digitalen Nutzung sehen manche den raschen Wandel des Mediensystems auch mit Skepsis und Besorgnis. Laut Umfragen empfinden viele Menschen, vor allem auch ältere, das Zeitalter der Telekommunikation als Bedrohung. Sie fühlen sich von der Medienflut überrollt. Einige Expertinnen und Experten befürchten das Entstehen einer „Zweiklassengesellschaft": Weltweit gibt es über 2 Milliarden Internetbenutzerinnen und Internetbenutzer (2011), im Jahr 2009 waren ca. 690 Millionen Computer online. Die globale Verteilung ist aber immer noch ungleich: Für Menschen aus Entwicklungsländern ist der Zugang zu neuen Medien aufgrund der geringen ökonomischen Möglichkeiten und wegen der teilweise mangelnden Infrastruktur erschwert möglich. Afrika hinkt bei den Nutzungsmöglichkeiten der digitalen Medien am weitesten hinterher. Das Internet verschärft also das Ungleichgewicht zwischen Industrienationen und

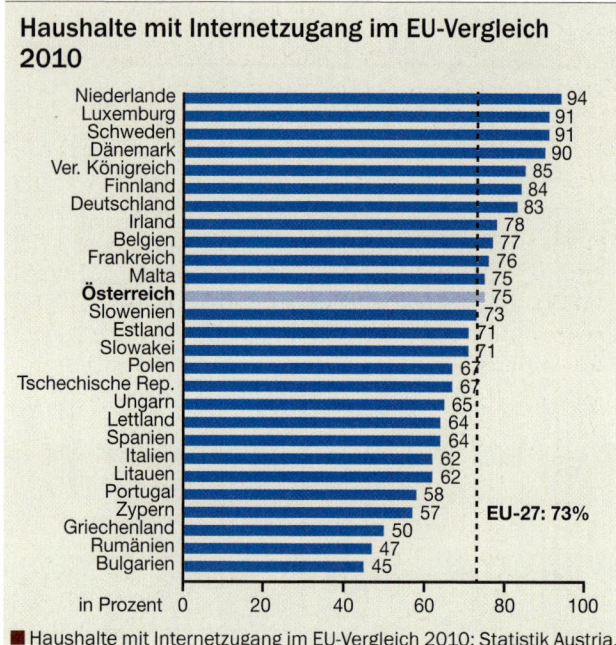

→ Betrachte das Diagramm genau und analysiere das geografische Gefälle innerhalb Europas.

Entwicklungsländern, man spricht auch von einem „Informationsreichtum" in den entwickelten und einer „Informationsarmut" in den weniger entwickelten Staaten. Manche sehen auch die Gefahr der sozialen Isolierung der Menschen vor den Geräten. Skeptikerinnen und Skeptiker weisen darauf hin, dass vermehrte Telearbeit bei bestimmten Berufsgruppen wie Verkaufs- und Bankangestellten und Sprachlehrkräften zu größerer Arbeitslosigkeit führen werde. Teleshopping begünstige unüberlegte Impulskäufe und führe so leichter in die „Schuldenfalle". Zu den Problemen, die mit der großen Nutzung des Internets entstanden sind, gehören die Verstöße gegen geltende Gesetze. Dazu gehören die Verbreitung rechtsradikalen Gedankenguts oder die Kinderpornografie. Der Gesetzgeber muss sich auch verstärkt mit Fragen des Datenschutzes und Urheberrechtes (beispielsweise des illegalen Downloadens von Musikstücken und Filmen) auseinandersetzen. Dass die virtuelle Welt keine bessere als die reale ist, mussten manche Nutzerinnen und Nutzer erfahren: Cyber-Mobbing, Datenklau und Betrügereien kommen häufig vor. Ohne Zweifel durchdringen digitale Medientechnologien immer stärker unseren Alltag. Sie eröffnen uns eine ungeheure Fülle an Möglichkeiten, bringen jedoch auch Gefahren mit sich. Expertinnen und Experten weisen darauf hin, dass eine sinn- und verantwortungsvolle Mediennutzung Wissen über Chancen und Risiken voraussetzt. Sie fordern daher eine bessere Aufklärung der Bevölkerung, eine verstärkte „Medienbildung". Medienkunde in Schulen soll bewirken, dass schon Kinder und Jugendliche mit dem komplexen Thema vertraut gemacht und so zu einem bewussten Umgang mit Medien befähigt werden.

In den folgenden Literaturstellen werden einige Chancen und Gefahren der „Internet-Revolution" thematisiert:

L Der wohl unheimlichste Schwarm des Internets hat seinen Ursprung in den USA; Anonymous ist eine nicht fassbare Armee ohne Befehlsstruktur, ohne Generalstab. Die Hacker kämpfen gegen Scientology, Neonazis, Tierquälerei, die Kriminalisierung der Enthüllungsplattform Wikileaks. Doch selbst wenn ihre Ziele oft ehrenwert sein mögen, die Methoden sind mitunter kriminell. Ihre beängstigend begabten Programmierer brechen auch in gut gehütete Datennetze ein, knacken (…) die Webseiten von Visa und Mastercard. Nachdem der Sony-Konzern (…) zwei der ihren vor Gericht gezerrt hatte, (…) wurden von einem Sony-Server in zwei Raubzügen die Daten von mehr als 100 Millionen Kunden gestohlen, darunter Kreditkartennummern (…). Die Spionage der Zukunft findet in sozialen Netzwerken statt.

(Barth u.a., Das Zeitalter des Schwarms, Spiegel, Nr. 22, 26.05.2011)

L Die virtuelle Welt wird zum Ersatz für die reale, was so weit führt, dass sogar die Befriedigung vitaler Bedürfnisse wie Essen und Schlaf vernachlässigt wird (…). Nach nächtelangem Surfen im web kommt man übermüdet zur Schule/Arbeit oder meldet sich gleich krank. Die Zahlen schwanken, doch geht man davon aus, dass als internetabhängig beschriebene Personen zwischen 30 und 40 Stunden je Woche im Internet verbringen. Zum Vergleich: Nichtsüchtige kommen auf ein wöchentliches Pensum zwischen 2 und 20 Stunden. Vielfältig sind die Reize, die die virtuelle Welt dem Abhängigen bietet: Er kann vor der Realität flüchten, mit seiner Identität experimentieren und sich in Rollenspielen gegen andere Spieler behaupten (was ihm in der wirklichen Welt vielleicht nicht so leicht gelingt). Zusätzlich wird sowohl der Spieltrieb als auch das Bedürfnis, sich mit anderen zu unterhalten, befriedigt. Machtansprüche können ausgelebt und die Sehnsucht kann gestillt werden, überall dabei zu sein, um ja nichts zu versäumen. Doch wehe, der PC streikt – Entzugserscheinungen wie schlechte Laune, Nervosität und Reizbarkeit, Schlafstörungen und Schweißausbrüche machen sich bemerkbar. Schätzungen zufolge gelten weltweit etwa fünf bis zehn Prozent der Netznutzer als internetabhängig. Das Problem einer wirksamen Therapie besteht darin, dass eine völlige Abstinenz vom Medium Computer und der Welt des Internets so gut wie nicht mehr möglich ist – zu sehr bestimmen diese Bereiche unsere Arbeits- und Lebenswelt. So muss in kleinen Schritten der bewusste Umgang mit dem krankmachenden Medium neu gelernt werden.

(Fiedler, Die Macht der Medien, Top Life Magazin 1/2009)

→ Beschreibe die im Artikel aufgeführten Ursachen und Auswirkungen von Internetsucht.

Die Vielfalt der sozialen Welt

L Wissen zu sammeln, zu sichten, zu ordnen, ist eine seit Langem bekannte Stärke des Netzes, die immer origineller genutzt wird. Auf Innocentive.com schildern Firmen technische Probleme, die sie selbst nicht bewältigen, und setzen bis zu eine Million US-Dollar auf die Lösung aus. Jede zweite Nuss wird von einem der rund 250 000 Mitglieder aus 200 Ländern geknackt.
Die englische Zeitung „Guardian" forderte 2009 ihre Leser zu einer ungewöhnlichen Recherche auf: Die Spesenquittungen der Parlamentsmitglieder waren komplett ins Netz gestellt worden, die Redakteure sahen sich überfordert. Nach 80 Stunden hatten mehr als 20 000 Helfer rund 170 000 Dokumente geflöht (überprüft) und mehrere Volksvertreter der absurden Steuerverschwendung überführt. Ein Politiker hatte eine Traktorrechnung abgerechnet, ein anderer seine Teppichreinigung (...) „Crowdsourcing" nennt sich das Prinzip: Das Quellenstudium durch eine anonyme Masse.

(Barth, u.a., Das Zeitalter des Schwarms, Spiegel, Nr. 22, 26.05.2011)

L Bilder und Videos von Saufgelagen, Anleitungen zu Trinkspielen oder zum Bau von Saufmaschinen betonen den angeblichen Spaßfaktor exzessiven Alkoholkonsums und verharmlosen die Suchtgefahr. Kinderpornografie im Netz ist nach den Erfahrungen von Experten ein Dauerproblem. Die Täter seien oft schwer zu ermitteln. Die meisten kinderpornografischen Fotos würden anonym und kostenlos über Downloadplattformen verbreitet (...). Online-Netzwerke und Videoplattformen spielen für Rechtsextreme eine immer wichtigere Rolle. Jugendschutz.net sichtete 6000 Profile, Videos und Kommentare (...). Um für neue Kampagnen, Materialien und Aufmärsche zu werben, nutzten die Rechtsextremen unter anderem Facebook, YouTube, eigene Blogs und Twitter. Jugendschutzfilter arbeiten den Experten zufolge oft nur mangelhaft und bewerten jede fünfte Webseite falsch.

(FOCUS-online, Jugendschutz: Verstöße im Internet nehmen zu, 31.5.2011)

L Facebook, Myspace und LinkedIn schränken die Rechte der Nutzer ein, räumen sich selbst aber weitreichende eigene ein, vor allem Daten an Dritte weiterzugeben. Zu welchem Zweck, sagen sie nicht. Bei Facebook zum Beispiel heißt es: „Du gibst uns eine nicht-exklusive, übertragbare, unterlizensierbare, unentgeltliche, weltweite Lizenz für die Nutzung jeglicher IP-Inhalte, die du auf oder in Zusammenhang mit Facebook postest." Unter IP-Inhalte ist das geistige Eigentum beispielsweise an Texten und Bildern gemeint. (...) Ein Netzwerk, das Informationsaustausch und Datenschutz in Einklang bringt, ist also noch nicht gefunden. Solange es solche Netzwerke nicht gibt, muss der Nutzer selbst aktiv werden. Um sein Profil vor ungewollten Einblicken abzuschotten, sollte er die Angabe der persönlichen Daten auf das unbedingt Notwendige beschränken und sein Profil nur für vertraute Personen sichtbar machen. Die Europäische Agentur für Internetsicherheit (Enisa) geht noch weiter. Sie empfiehlt, die Netzwerke nur unter Pseudonym zu nutzen und nur Freunden mitzuteilen, wer sich dahinter verbirgt. Außerdem ist es ratsam, die Netzwerke mit verschiedenen Profilen zu nutzen und dabei Berufliches und Privates streng zu trennen. Dass die großen amerikanischen Netzwerke beim Datenschutz am schlechtesten abschneiden, verwundert nicht. Denn Datenschutz spielt in den USA traditionell eine untergeordnete Rolle (...).

(Stiftung Warentest: Datenschutz bei Onlinenetzwerken, test 4/2010, S. 45.)

■ Am 25. Februar 2012 demonstrierten ungefähr 2000 Menschen vor dem Parlament in Wien für ein freies Internet und gegen ACTA (Anti-Counterfeiting Trade Agreement, dt. Anti-Produktpiraterie-Handelsabkommen). Zu sehen sind Fahnen der Anonymous-Bewegung und Guy-Fawkes-Masken. Fotografie des freien Fotografen und Journalisten Luca Faccio.

Fragen und Arbeitsaufträge

→ 1. Arbeite – auch unter Berücksichtigung der Literaturstellen – die in diesem Abschnitt besprochenen Chancen und Gefahren der neuen Medien heraus. Trage dazu Stichworte in dein Heft ein.

→ 2. Ergänze deine Aufzeichnungen durch weitere Recherchen im Internet zum Thema „Chancen und Gefahren". Diskutiert dann in der Klasse eure Ergebnisse und tauscht euch auch darüber aus, auf welche Art und mit welcher Häufigkeit jede/jeder von euch das Internet, die sozialen Netzwerke und das Handy nutzt.

9.3 Die Medienlandschaft in Österreich

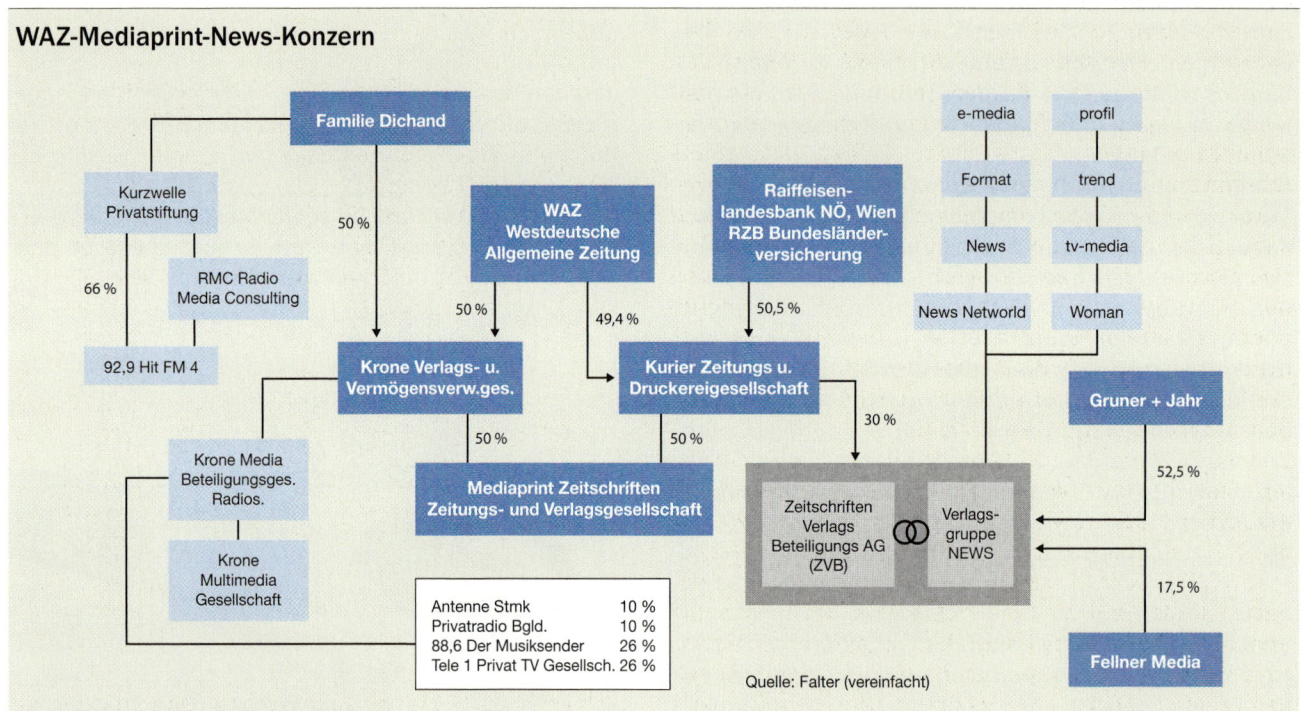

Österreich weist im Vergleich zu anderen Ländern eine hohe Medienkonzentration auf. Dies bedeutet, dass es eine Tendenz zu Fusionen und Zusammenschlüssen von Medien gibt. Zeitungen und Zeitschriften sind ebenso davon betroffen wie Radio und Fernsehen. Vor allem deutsche Großkonzerne (Westdeutsche Allgemeine Zeitung, Süddeutsche Zeitung, Gruner + Jahr etc.) engagieren sich direkt oder indirekt seit Jahren in Österreich. Die hohe Medienkonzentration und Verflechtung führt zu einem heißen Wettbewerb um Konsumentinnen und Konsumenten und Werbeträger. Kleinere Medienunternehmen haben im Vergleich zu den Mediengiganten geringe Wettbewerbschancen.

Printmedien

Die österreichische Pressegeschichte beginnt mit dem Jahr 1621. Damals erschienen die ersten Wochenzeitungen in Wien. Bis zur Revolution von 1848 wurden Zeitungen und Zeitschriften von den politischen Machthabern immer wieder zensuriert. Die Gründung der Tageszeitung „Die Presse" 1848 markiert in Österreich den Übergang zum modernen Pressewesen. Im Jahr 1900 erschien erstmals mit der „Österreichischen Kronen Zeitung" ein Boulevardblatt. Die Meinungs- und Pressefreiheit wurde nach der Errichtung des österreichischen Ständestaates (1934) und im Dritten Reich (bis 1945) massiv unterdrückt bzw. außer Kraft gesetzt. Nach dem Ende des Zweiten Weltkrieges war das Erscheinen von Printmedien an die Erlaubnis der Besatzungsmächte gebunden. Auch die sehr geschädigte Infrastruktur erschwerte zunächst den Wiederaufbau des österreichischen Pressewesens. 1946 erschienen aber bereits 36 Zeitungen, die sich jedoch wegen der großen Konkurrenz nicht alle halten konnten. Ein Teil der damaligen Printmedien waren Besatzungszeitungen (etwa die parteiunabhängigen „Salzburger Nachrichten"). Diese waren jedoch bis zum Abzug der Besatzungsmächte 1955 eingestellt oder in österreichischen Besitz übergegangen. Schon Ende April 1945 gründeten ÖVP, SPÖ und KPÖ gemeinsam das Dreiparteienblatt – das „Neue Österreich". Das Entstehen eines vielfältigen Marktes im kleinen Österreich führte aber bis in die 80er-Jahre immer wieder zu einem „Zeitungssterben". Neben Tages- und Boulevardzeitungen waren besonders Parteiblätter (z. B. die „Arbeiterzeitung") davon betroffen. Die traditionell hohe Konzentration im Bereich der Tageszeitungen wurde durch das Erscheinen von zwei Tageszeitungen, die zum Teil gratis abgegeben werden, nämlich „Heute" (seit 2004/05, es besteht eine verwandtschaftliche Nähe zur „Kronen Zeitung") und „Österreich" (seit 2006) etwas abgeschwächt.

Eine Erfolgsgeschichte startete die 1959 vom Journalisten Hans Dichand wieder gegründete „Neue Kronen Zeitung" seit Beginn der 70er-Jahre. Als „Kronen Zeitung" nimmt sie heute im österreichischen Tageszeitungen-Segment immer noch eine dominierende Stellung ein. Mit täglich bis zu 2,7 Millionen Leserinnen und Lesern (2010) ist sie – in Relation zu Auflage, Verbreitungsgebiet und Einwohnerzahl – eine der größten Tageszeitungen der Welt. Jahrzehntelang wurde sie geprägt von dem 2010 verstorbenen Hans Dichand. Sein Sohn Christoph Dichand ist seit 2003 Chefredakteur. Die „Kronen Zeitung" hat mit dem in Wien produzierten Hauptblatt und den Bundesländerausgaben einen Marktanteil von 38,2 %. Weniger Leserinnen und Leser hat die „Kronen Zeitung" in den westlichen Bundesländern. Dort können sich Zeitungen wie die „Salzburger Nachrichten", die „Tiroler Tageszeitung" und die „Vorarlberger Nachrichten" behaupten.

In den 80er-Jahren begannen sich ausländische Investoren, besonders aus der Bundesrepublik Deutschland, am österreichischen Printmarkt zu beteiligen. Großes Aufsehen erregte 1987 der Erwerb des Essener Verlages WAZ (Westdeutsche Allgemeine Zeitung) von 45 % der Anteile der „Kronen Zeitung". Ein Jahr später kaufte WAZ ebenfalls 45 % der damals zweitgrößten österreichischen Tageszeitung „Kurier". Das größte Printmedienunternehmen Österreichs entstand, als sich „Krone" und „Kurier" im selben Jahr zum Unternehmen „Mediaprint" zusammenschlossen. Es beteiligt sich noch an anderen Zeitschriften und Unternehmen und wickelt seit 1988 Vertrieb, Druck und Anzeigenwerbung für die beiden Tageszeitungen gemeinsam ab. Kritikerinnen und Kritiker dieser „Elefantenhochzeit" befürchten eine zu große Einfluss- und damit Manipulationsmöglichkeit der Öffentlichkeit.

Ebenso verflochten und konzentriert zeigt sich der österreichische Markt bei Magazinen und Wochenzeitungen. Die wichtigste Verlagsgruppe ist „News", welche die Nachrichten-Illustrierte „News" und die TV-Zeitschrift „TV-media", das auflagenstärkste Wochenmagazin, besitzt und die Nachrichtenmagazine „Format" und „e-Media" herausbringt. Inzwischen ging „News" eine wirtschaftliche Zusammenarbeit mit den Magazinen „profil" und „trend" aus dem Kurier-Konzern ein.

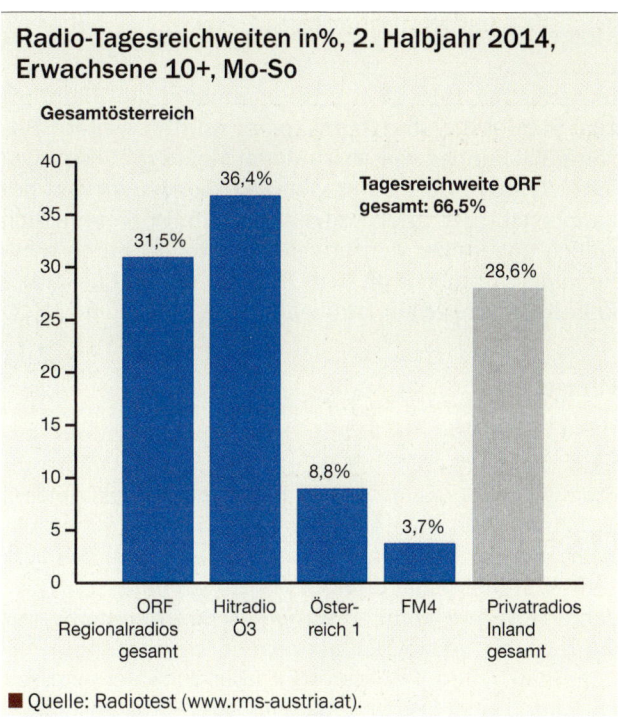

Quelle: Radiotest (www.rms-austria.at).

Tageszeitungen in Österreich

Titel	Druckauflage 2011	Reichweite in % 2011
Kronen Zeitung	931.559	38,2
Heute (GRATIS)	587.114	13,1
Kleine Zeitung	309.815	11,3
Österreich (z. T. GRATIS)		10,3
Kurier	206.629	8,1
OÖ Nachrichten	134.946	5,0
Der Standard	109.128	5,0
Tiroler Tageszeitung	104.800	3,9
Die Presse	95.757	3,7
Salzb.Nachrichten	87.953	3,4
Vorarlb. Nachrichten	68.518	2,4
Wirtschaftsblatt	32.433	0,9

■ Österreichische Auflagenkontrolle (ÖAK), Jahresschnitt 2011, Media-Analyse (MA) 2011.
Die Tageszeitung „Österreich" ist erst seit dem 2. Halbjahr 2011 ÖAK-Teilnehmer und konnte in der Jahresstatistik 2011 nicht berücksichtigt werden.

Rundfunk

Am 1. Oktober 1924 beginnt die Geschichte des österreichischen Rundfunks: Die RAVAG (Radio-Verkehrs-AG) ging erstmals auf Sendung. Während der Ersten Republik wurde der Rundfunk stark von der Regierung beeinflusst, während der nationalsozialistischen Herrschaft politisch „gleichgeschaltet". Nach 1945 errichteten die Alliierten in ihren Besatzungszonen jeweils eigene Sender ein. Erst 1954 kam es wieder zur Rückführung des Rundfunks zum Bund. Im selben Jahr wurde die „Österreichische Rundfunk Gesellschaft mbH" gegründet. 1964 fand das erste Volksbegehren in Österreich statt. 832 000 Personen unterzeichneten das so genannte Rundfunk-Volksbegehren. Es war von unabhängigen Zeitungen angeregt worden mit dem Ziel, den Einfluss der politischen Parteien im Hörfunk zurückzudrängen: Funktionen und Organe waren nämlich parteipolitisch, nach dem Proporz, vergeben worden. Die große Teilnahme am Rundfunk-Volksbegehren führte 1967 zu einem neuen Rundfunkgesetz, mit dem der Umbau des ORF zu einer modernen Rundfunkanstalt begann: Wichtig war die Veränderung eines Proporzrundfunks in eine der politischen Unabhängigkeit und der Meinungsvielfalt verpflichteten Anstalt. Auch die Organisation des ORF wurde neu strukturiert, an ihrer Spitze stand von nun an eine Generalintendantin oder ein Generalintendant mit großen Entscheidungsbefugnissen. In zwei Rundfunkgesetzen unter der Regierung Kreisky 1974 erfolgten weitere Reformen: Die „Gesellschaft m.b.H." wurde in eine öffentlich-rechtliche Anstalt (ORF) verwandelt. Ein Kuratorium aus 35 Mitgliedern, unter ihnen auch Vertreterinnen und Vertreter politischer Parteien, hatte nun große Entscheidungskompetenzen. Dies hatte zur Folge, dass die jeweiligen Regierungen über das Kuratorium einen großen Einfluss geltend machen konnten. In einem weiteren Gremium, der neu geschaffenen Hörer- und Seherverstretung, sollten die Wünsche des Publikums berücksichtigt werden.

Die Monopolstellung des ORF wurde erst 1993 – im Vergleich mit anderen europäischen Staaten sehr spät – durch ein Regionalradiogesetz gebrochen: Klagen beim Europäischen Gerichtshof in Straßburg hatten die Liberalisierung des Marktes erzwungen. Der Europäische Gerichtshof hatte nämlich entschieden, dass die Monopolstellung des ORF gegen den § 10 der Europäischen Menschenrechtskonvention, dem Recht auf freie

Meinungsäußerung, verstoße. Damit war der Weg für Privatradios frei. Mit einer Verzögerung von zwei Jahren erhielten 1995 zwei private Anbieter die Erlaubnis zum Sendestart, drei Jahre später durften weitere Privatradios bundesweit ausstrahlen. Heute gibt es in Österreich etwas über 50 private Radiosender; zu den bekanntesten zählt die „Antenne". Der ORF konnte sich jedoch gegenüber den privaten Anbietern durch neue Formate, vor allem mit dem Hitradio Ö3 und neun Lokalradioprogrammen, gut behaupten.

Fernsehen

Die Geschichte des österreichischen Fernsehens begann im Jahre 1955 mit dem Start eines Versuchsprogramms, regelmäßige Ausstrahlungen erfolgten ab dem 1. Jänner 1957. Schnell entwickelte sich das öffentlich-rechtliche Fernsehen mit seinen ORF-Programmen zum zentralen Massenmedium.

Jahrzehntelang konnten ausländische Programme nur in grenznahen Gebieten über Antenne empfangen werden. Inzwischen verfügen weit über 90 % der österreichischen Haushalte über Satellit- oder Kabelanschluss, wodurch sie durchschnittlich über 50 ausländische Programme konsumieren können.

Als eines der letzten europäischen Länder öffnete Österreich mit dem Privatfernsehgesetz 2001 den Markt für private Fernsehanbieter. Trotz der starken Konkurrenz von Privatsendern wie ATV, Puls4, RTL, SAT 1 und PRO 7 blieb der ORF Marktführer (37,8 %). Er finanziert sich zu 56 % aus Einnahmen aus Gebühren, zu 37 % aus Werbeeinnahmen. In den letzten Jahren musste der ORF aber einen Schwund von Werbegeldern hinnehmen. Zum Teil flossen diese nämlich zu Privatsendern, die österreichspezifische Nachrichten und Boulevard-Sendungen produzierten.

Das ORF-Gesetz von 2001 verwandelte die bis dahin öffentlich-rechtliche Anstalt in eine Stiftung öffentlichen Rechts. An ihrer Spitze steht ein Stiftungsrat, in dem keine politischen Mandatare mehr vertreten sein dürfen. Ein Publikumsrat vertritt ähnliche Anliegen wie die bisherige Hörer- und Sehervertretung, ebenso wurden die Möglichkeiten auf dem Werbemarkt eingegrenzt. Zwischen 2006 und 2011 erfolgte die schrittweise Umstellung vom traditionellen analogen Fernsehen auf das „Digitale Antennenfernsehen".

Zwar ist das Fernsehen immer noch das wichtigste audiovisuelle Medium, aber es gerät immer mehr unter Druck der neuen Medien. Junge Nutzerinnen und Nutzer in Österreich schauen zwar täglich ca. 100 Minuten fern, konsumieren ihre Lieblingssendungen aber vermehrt auch online. Diesem Umstand versuchen TV-Sender, wie auch der ORF, Rechnung zu tragen, indem sie Mediatheken und „On-demand"-Services anbieten. Auf diesen können Nutzerinnen und Nutzer Programme zeitunabhängig abrufen.

■ Eine Familie vor dem Fernseher 1951. Zu sehen ist der Telefunken Fernseh-Empfänger FE 8 S, einer der ersten deutschen Nachkriegsempfänger.

→ Beschreibe und analysiere das Bild oben und setze es mit derzeitigen Fernsehgewohnheiten in Beziehung.

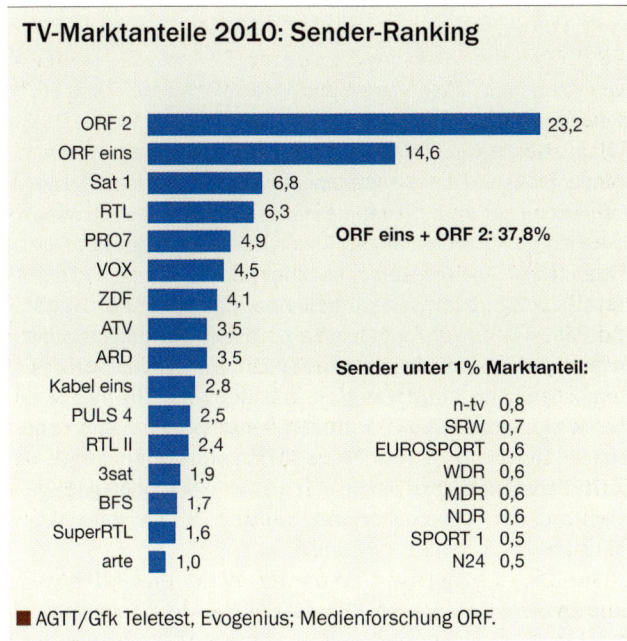

TV-Marktanteile 2010: Sender-Ranking

AGTT/Gfk Teletest, Evogenius; Medienforschung ORF.

Fragen und Arbeitsaufträge

→ 1. Erörtert die Probleme, die sich aus der hohen Medienkonzentration in Österreich ergeben können. Soll der Gesetzgeber regulierend eingreifen? Welche Vor- und Nachteile bringen Gratis-Tageszeitungen mit sich?

→ 2. Ein Projektvorschlag zur Beurteilung von Tageszeitungen: Besorgt euch eine Woche lang mehrere österreichische Tageszeitungen, untersucht und vergleicht sie. Haltet eure Ergebnisse stichwortartig auf Plakaten fest und stellt sie dann der Klasse vor.
Folgende Kriterien könntet ihr bei eurer Analyse berücksichtigen:
Herausgeber, Konzern- bzw. Verlagszugehörigkeit, politische Ausrichtung, Anzahl der Korrespondentinnen und Korrespondenten, Layout (Gestaltung des Drucks, der Schlagzeilen, Gestaltung und Anordnung der Beiträge, Bilder und Inserate), Sonderbeilagen, Textsorten (Leitartikel, Glossar, Reportage ...), inhaltliche Gewichtung und Verteilung der Beiträge, Stilebene der Beiträge, Gesamteindruck und Beurteilung ...

Die wichtigste Freizeitbeschäftigung der Österreicherinnen und Österreicher ist immer noch das Fernsehen, auch wenn der Konsum rückläufig ist: 2009 verbrachten die Menschen in Österreich durchschnittlich zwei Stunden täglich vor dem Fernseher. Besonders für junge Menschen wurde das Chatten, Bloggen und Spielen am PC immer attraktiver.

Die Nutzung der neuen Medien in Österreich

In Österreich begann das „Internet-Zeitalter" 1990, als zwischen Wien und dem Genfer Kernforschungszentrum CERN eine feste Standleitung installiert wurde. Seit damals nahm die Nutzung dieses Mediums einen enormen Aufschwung. 2010 verfügten 77 % der Österreicherinnen und Österreicher über einen Internet-Zugriff zu Hause, 83 % können Internet grundsätzlich nutzen. Jederzeit kommunizieren zu können, ist den meisten Menschen in Österreich sehr wichtig. Besonders beliebt bei Jugendlichen sind, wie in anderen Ländern auch, die sozialen Netzwerke. „Facebook" hat in Österreich bereits 2,5 Millionen Mitglieder (2011), 92 % der Österreicherinnen und Österreicher über 14 Jahren besitzen ein eigenes Handy.

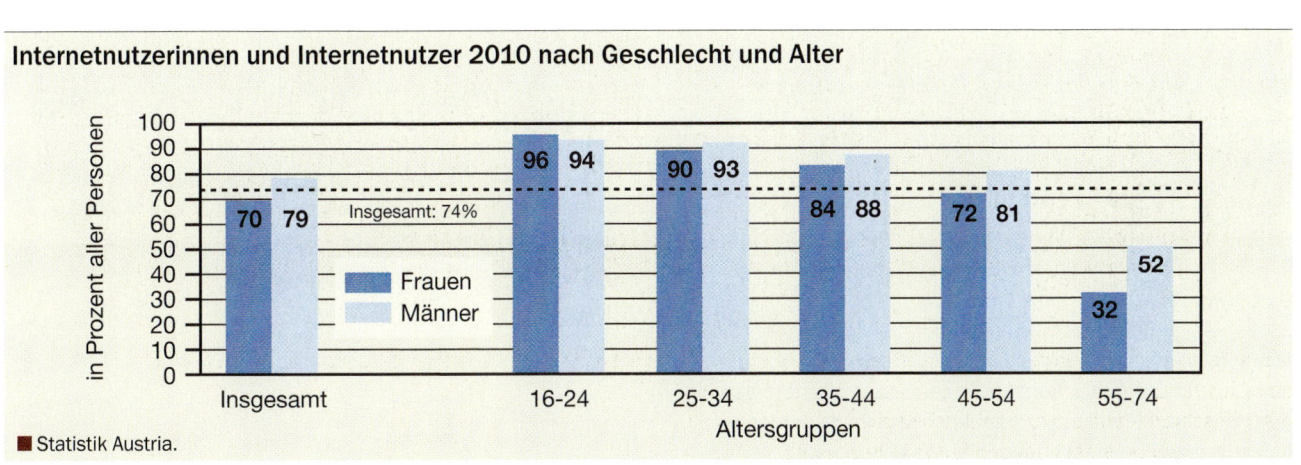

Internetnutzerinnen und Internetnutzer 2010 nach Geschlecht und Alter

Statistik Austria.

Politische Bildung – Kompetenztraining

9.4 Mediendemokratie

Medien und gesellschaftliche Umbrüche stehen oft in enger Wechselwirkung. Die Träger von neuen politischen und sozialen Ideen setzten im Laufe der Geschichte häufig ein neues Medium konsequent ein: In der Renaissance wurde die Malerei zum kritischen Medium, die Ideen der Französische Revolution wurden in ungezählten Flugblättern und Hunderten Zeitungen verbreitet. Die Nationalsozialisten setzten den Volksempfänger und die Kino-Wochenschauen für ihre verbrecherische Propaganda ein. In den 1960er Jahren profitierten die schwarzen Bürgerrechtlerinnen und Bürgerrechtler vom Fernsehen.

Schon lange leben wir in einer Mediendemokratie, d.h. was wir über Politik wissen, erfahren wir in erster Linie über Massenmedien. Diese haben in den letzten Jahrzehnten einen ungeheuer großen Einfluss auf die Politik gewonnen, man spricht von „Mediatisierung der Politik" oder gar von „Unterwerfung der Politik unter die Gesetzlichkeiten der Medien".

Unter Mediendemokratie versteht man, dass sich Politik immer mehr an den Wünschen und Vorgaben von Massenmedien orientiert. Oder anders ausgedrückt: Politik findet dann statt, wenn Medien darüber berichten. Das bedeutet beispielsweise, dass Politikerinnen und Politiker sich rechtzeitig an die Redaktion des ORF wenden müssen, um in die Hauptnachrichten (ZIB 1) zu kommen. Wer sich zu spät an Fernsehen oder Radio wendet, wird am nächsten Tag in Zeitungen und Zeitschriften nicht erwähnt. Ein anderes Kennzeichen von Mediendemokratie ist die Inszenierung von bestimmten Ereignissen, wie beispielsweise Wahlkampfauftritte. Ziel ist es, so vorteilhaft wie möglich in den Medien zu erscheinen. Gefährlich wird diese Entwicklung dann, wenn diese Inszenierungen die politischen Inhalte in den Hintergrund drängen.

Das Fernsehen war in den letzten Jahrzehnten das Medium, das in unserer Gesellschaft den meisten Einfluss auf unser politisches Bewusstsein ausübte. Man spricht daher auch von „Teledemokratie". Die wechselseitige Beeinflussung von Politik und Medien hängt mit der großen Bedeutung des Fernsehens zusammen. Sie hat die Politik, ihre Darstellung und Vermittlung stark verändert. Zunehmend bediente sich aber auch die Politik der Medien zur Selbstdarstellung und Themensetzung:

> Die Möglichkeiten, die vor allem die szenischen Medien Radio und Fernsehen eröffnen, Politik zu personalisieren, werden von Politikern gern zur erhöhten Selbstdarstellung benutzt, wobei viele insbesondere den Anschein erwecken, es stehe ihnen mehr positive Gestaltungsmacht zur Verfügung, als es der Wirklichkeit entspricht. Auf diese Weise werden immer wieder Erwartungen in das Leistungsvermögen der demokratischen Politiker enttäuscht.

(Saxner, zit. nach: Informationen zur Politischen Bildung 260, 1998, S. 52)

Eine Folge der Personalisierung, Inszenierung und Dramatisierung von Politik durch die Medien ist die Konzentration auf einige wenige Spitzenpolitikerinnen und Spitzenpolitiker und Themen, die für das Publikum als attraktiv eingeschätzt werden („agenda setting"). Personalfragen lassen Sachthemen in den Hintergrund rücken. Politikerinnen und Politiker müssen heute „telegen" sein, sie treten oft in Talkshows auf und lassen sich von persönlichen Image- und Medienfachleuten beraten. Medientermine dominieren ihren Terminkalender, Wahlkämpfe geraten zu Materialschlachten von Werbeagenturen. Medienprofis wie Italiens ehemaliger Ministerpräsident Silvio Berlusconi, der als Medienunternehmer das private Fernsehen in Italien dominiert, gelang es in politische Spitzenpositionen aufzusteigen. Die Fernsehkampagnen vor Wahlen in Medien, die sich in Berlusconis Besitz befinden, sind ein Beispiel dafür, dass private Fernsehanstalten die politische Meinungsbildung in ihrem Interesse manipulieren können. Die Medienlogik des Fernsehens bringt es mit sich, dass häufig politische Inhalte extrem verknappt werden. Die „KISS-Formel" („Keep It Short and Simple") führt dazu, dass beispielsweise aus einer halbstündigen Rede nur ein Ausschnitt von wenigen Sekunden gezeigt wird. Dadurch können leicht Verkürzungen und Manipulationen von politischen Inhalten entstehen.

In manchen Staaten, auch in Österreich, gibt es eine enge Verflechtung zwischen Politik und Medien. Diese besteht nicht nur wegen der politischen Inszenierungen. Politik beeinflusst die Medien auch über gezielte öffentliche Werbeeinschaltungen und teilweise direkte Zugriffe (vgl. Kapitel 9.3. „Die Medienlandschaft in Österreich", S. 272f.).

Zunehmend bedienen sich auch Politikerinnen und Politiker der neuen Medien und sozialer Netzwerke. Wie kein Politiker vor ihm nutzte US-Präsident Obama im Wahlkampf 2008 das Internet: Einen großen Teil seiner Wahlkampfspenden erhielt er auf diesem Weg, via Facebook und Twitter schuf er eine große Fangemeinde, die entscheidend zu seinem Sieg beitrug.

Die sozialen Netzwerke führen teilweise zu neuen Machtverhältnissen. Benjamin Mattausch schrieb 2011 in seinem Artikel „Arabische Revolutionen. Die Macht der Sozialen Medien":

> In den sozialen Medien werden netzartige Machtverhältnisse deutlich, die Herrschaftsregime aufbrechen und neue Formen der Partizipation und des Widerstandes ermöglichen. Wissen, was im social web via Text, Ton oder Bild vermittelt wird, kann eine Gegenöffentlichkeit schaffen (…). Während in den klassischen Medien (Print, Radio oder TV) ein einseitiges, hierarchisches Produzenten-Konsumentenverhältnis (…) besteht, produzieren Nutzer in den sozialen Medien ihr eigenes Wissen, das dezentral und global verbreitet, bewertet und diskutiert werden kann. Dadurch entsteht eine Pluralität von Informationen, die bisherigen medialen Machtbeziehungen werden aufgelöst. Hinzu kommt, dass aufgrund der anonymen Online-Identität (…) die sozioökonomische Lage, die politische Orientierung, die sexuelle Identität, die Herkunft oder die Religion in den Hintergrund treten.

(Mattausch, Arabische Revolutionen: Zeit-Online, 18.4.2011)

Natürlich aber ist auch der politische Missbrauch der sozialen Dienste möglich. In einem „Spiegel-Artikel" aus dem Jahr 2011:

> In Ägypten schaltete Mubarak (der damalige Staatspräsident) das Netz ab, was die Menschen erst recht aufbrachte. In Tunesien knackten regimetreue Hacker sämtliche Facebook-Passwörter der Bevölkerung, um Aufrührer herauszufiltern. In Syrien fluteten Nonsensnachrichten politische Twitter-Seiten, digitale Nebelbomben. Der Blogger Rami Nakhle musste in den Libanon fliehen, nachdem seine Tarnung aufgeflogen war. Aus dem Exil, aber immer noch digital vernetzt, schildert er nun der Welt, was in seiner Heimat passiert.
> Früher hatte die Zensur nur Redaktionen und Druckereien zu bewachen, heute müssen sie das ganze Volk belauschen. Das alte Katz- und- Maus-Spiel zwischen den Mächtigen und der Opposition geht in eine neue Runde.
>
> (Barth u. a., Das Zeitalter des Schwarms, Spiegel, Nr. 22, 26.05.2011.)

Fragen und Arbeitsaufträge

Inhalte untersuchen und interpretieren
- Lest den Text und die Literaturstellen in diesem Abschnitt durch und unterstreicht wichtige Stellen.
- Schlagt die Bedeutung von Wörtern und Begriffen nach, die ihr nicht versteht oder die unklar sind.
- Beantwortet dann folgende Fragen:
  - Was versteht man unter „Teledemokratie" und welche Folgen kann sie haben?
  - Welche Wirkung auf Bürgerinnen und Bürger kann eine übertriebene Selbstdarstellung von Politikerinnen und Politikern in den Medien erzielen?
  - Nennt Beispiele für den Einfluss der Medien auf die Politik.
  - Auf welche Weise versuchen Politikerinnen und Politiker die Medien für ihre Zwecke zu nutzen?
  - Welchen Einfluss auf politische Entwicklungen haben die „neuen Medien" auf die Politik? Nennt Beispiele aus der jüngsten Vergangenheit. Welche Chancen und Gefahren ergeben sich daraus?

Recherche

Verfolgt eine Woche lang die Fernseh-Berichterstattung zur österreichischen Innenpolitik. Gebt dann ein kurzes „statement", wie sich einzelne Politikerinnen und Politiker medial präsentieren.

Projektvorschlag

Führt eine Umfrage in der Klasse zum Thema „Wie und mit welchen Medien ich mich über Politik informiere" durch.

Erstellt zuerst in Kleingruppen einen Fragebogen zum Thema. Folgende Aspekte könnt ihr unter anderem bei euren Fragen berücksichtigen:
- Woher beziehst du grundsätzlich deine Informationen über Politik?
- Welche Medien nutzt du zur politischen Information?
- Für wie glaubwürdig hältst du diese?
- Welche Funktionen haben die neuen Medien bzw. sozialen Netzwerke für dich?

Einigt euch dann im Plenum auf die Fragen, die ihr stellen wollt.

Wertet die Fragebögen nach der Befragung gemeinsam aus und erstellt ein Diagramm über die wichtigsten Ergebnisse.

Das Foto zeigt US-Präsident Obama am 20. April 2011 mit Mark Zuckerberg, dem Gründer und Chef von Facebook. Der amerikanische Präsident besuchte die Zentrale des Internetgiganten in Kalifornien. Er warb dort mit einem Masseninterview live via Facebook für sein Sparprogramm.

Basiswissen

Die Vielfalt der sozialen Welt

Die 68er Proteste

- Wichtiger Vorläufer der 1968er Protestbewegung waren Proteste von Studentinnen und Studenten an US-amerikanischen Universitäten – v. a. gegen die Rassentrennung und den Vietnamkrieg. Das „Markenzeichen" der „rockrevolution" der 60er Jahre war eine neue Jugendkultur: die jungen Menschen provozierten die Erwachsenen mit Beat und Rock, mit dem Tabubruch bisher üblicher Frisur- und Kleidervorschriften und mit ihrer freizügigen Sexualmoral (Antibabypille).
- Die allgemeine Zielstellung der 1968er Proteste war: Mehr gesellschaftliche Gleichstellung durch basisdemokratische Beteiligung zu erreichen.
- Aus einem radikalen Teil der APO in Deutschland ging die RAF hervor. Nach zahlreichen Überfällen, Attentaten und Mordanschlägen ab 1972 auf bedeutende Vertreter des politischen und wirtschaftlichen Systems, das sie stürzen wollten, galt die RAF erst im Jahr 1993 endgültig als zerschlagen.
- In Österreich war die Situation weniger revolutionär. Anlässlich einer Studentendemonstration im Jahr 1965 gegen die Verbreitung neonazistischen Gedankengutes wurde in Wien ein Teilnehmer tödlich verletzt.
- Einige langfristige Folgen der 68er Bewegung in Österreich: Koedukation in allen öffentlichen Schulen ab 1974; Zivildienstgesetz (1974); erstmalige Mitbestimmungsrechte von Eltern- und Schülervertretern (Schulunterrichtsgesetz 1974); Einführung der „Fristenlösung" seit 1975.

Die „zweite" Frauenbewegung

- Die zweite Frauenbewegung fordert als eine der wichtigsten sozialen Bewegungen die Befreiung der Frauen aus männlicher Bevormundung und wirtschaftlicher Abhängigkeit.
- Mit Hilfe der Gender Studies soll die politische, rechtliche, wirtschaftliche und soziale Bedeutung der Geschlechtszugehörigkeit erforscht werden.
- Gender Mainstreaming bezeichnet eine Strategie, die bei allen politischen Programmen und Maßnahmen deren Auswirkungen auf die Gleichstellung der Geschlechter untersucht. Damit soll das Ziel der Gleichstellung von Frauen und Männern besser verwirklicht werden können.

Die Frauenemanzipation in Österreich

- 1972 erfolgte die Gründung der ersten Autonomen Frauenbewegung (AUF) in Österreich.
- 1975 wurde die „Fristenlösung" (straffreier Schwangerschaftsabbruch innerhalb der ersten drei Monate) eingeführt.
- 1979 wurde mit den „Gleichbehandlungsgesetz" die Gleichberechtigung der Frau auf dem Arbeitsmarkt rechtlich verankert.
- 1990 wurde erstmals ein eigenständiges Frauenministerium eingerichtet. Dies bedeutet u. a., ein eigenes Budget für Frauenförderung zur Verfügung zu haben. Allerdings wurden bei den letzten Regierungsbildungen die Frauenagenden mit anderen Agenden (z. B. Öffentlicher Dienst) zusammengefasst.
- Die Frauen holen in der Bildung auf und überholen z. T. die Männer: z. B. legte 2008 bereits nahezu jede zweite junge Frau ihres Altersjahrganges die Reifeprüfung ab; knapp 53 % der Studierenden an den Universitäten sind Frauen; in den technischen und naturwissenschaftlichen Studienrichtungen holen sie zwar auf, liegen aber noch deutlich zurück. Allerdings bleibt auch ein beträchtlicher Teil der jungen Frauen (ca. 17 %) nach der Pflichtschule ohne Ausbildung, und fast die Hälfte aller Lehrabschlüsse konzentriert sich bei den jungen Frauen nach wie vor auf drei Berufe.

Die Umweltbewegungen

- Die Umweltbewegungen äußern sich in einer Vielfalt von Ausformungen: z. B. von Naturschutz über Protestbewegungen gegen Umweltzerstörer und Umweltverschmutzer zur Erhaltung der eigenen Lebenswelt, Tiefenökologie, gewaltlosem internationalen Aktionismus bis zu Gründung von „Grünparteien" in einzelnen Staaten.
- Nachhaltige Politik soll im Blick auf künftige Generationen eine Umwelt- und rohstoffschonende Wirtschafts- und Sozialpolitik betreiben.
- „Umweltgerechtigkeit" bezeichnet eine gesellschaftliche Forderung, wirtschaftlichen und technischen Fortschritt mit einem gesunden, lebenswerten Leben zu verbinden.

Anti-Atom-Protest und Friedensbewegung

- Im August 1945 wurden von den USA zwei Atombomben auf Japan (Hiroshima und Nagasaki) abgeworfen. Das führte zur Kapitulation Japans.
- Das Problem der Zwischen- und Endlagerung des Atommülls (Halbwertszeit des Plutoniums: 24 000 Jahre) konnte bislang nicht gelöst werden.
- In Österreich stimmte die Bevölkerung 1978 mit knapper Mehrheit gegen die Inbetriebnahme des bereits fertig gestellten Atomkraftwerkes in Zwentendorf.
- Am 26. 4. 1986: Erster Supergau im AKW Tschernobyl (Ukraine/Sowjetunion) und am 11./12. 3. 2011 zweiter Supergau in Fukushima (Japan).
- Die Friedensbewegung („Ostermarschbewegung") protestierte auf internationaler Ebene gegen die atomare Aufrüstung im Kalten Krieg und forderte Atomwaffenfreiheit.

Die Entwicklung des Familienbildes

- Von einer Familie kann immer erst dann gesprochen werden, wenn die biologische zur sozialen Elternschaft wird.
- Die „Liebesheirat", die vom persönlichen Gefühl der Partnerinnen und Partner bestimmt wird, setzte sich erst im Laufe des 19. Jh. durch.
- Die Ehe war noch im 19. Jh. unter den heiratsfähigen Personen nicht die Regel. Um 1970 erreichte die Zahl der Eheschließungen einen Höchststand. Es heirateten über 80 % der Paare. Im Jahr 2007 waren es 74 %.
- Die Gleichberechtigung der Ehepartnerinnen und Ehepartner erfolgte in Österreich mit dem Eherechtswirkungen-Gesetz im Jahr 1975.
- Die Scheidungsrate liegt in Österreich bei etwa einem Drittel; in großen Städten beträgt sie 50 % und mehr. Jährlich sind davon ca. 16 000 Kinder betroffen.

Oral History

- Die Methode von „oral history" wird in der Zeitgeschichteforschung neben üblichen historischen Methoden (Film-, Dokumenten-, Zeitungsanalysen etc.) als besonders ergiebige Forschungsmethode geschätzt.
- Oral history verlangt eine systematische Vorgangsweise:
  - intensive vorangehende Literaturstudien;
  - sachgerechte Interviewführung;
  - inhaltlich umfassende und kritische Auswertung.

Migration und Integration

- Begriffsklärung: Als Migration wird eine Wanderbewegung von Menschen in andere Staaten bezeichnet. Migrantinnen und Migranten sind Personen, welche aus wirtschaftlichen oder familiären Gründen (nach Österreich) einwandern. Asylwerberinnen und Asylwerber sind Menschen, die in Österreich Schutz suchen vor politischer, rassischer oder religiöser Verfolgung in ihrem Herkunftsland.
- Der Anteil der Ausländerinnen und Ausländer in Österreich stieg von 1,4 % im Jahr 1961 über 4 % im Jahr 1974 auf über 8 % im Jahr 1990 an. Im Jahr 2010 betrug er schließlich 10 %.
- Der Umbruch in Osteuropa (1989), und das zerfallende Jugoslawien (1991–1996) führten zu einer Massenflucht aus diesen Ländern (Tschetschenien, Kroatien, Bosnien, Herzegowina, Kosovo)
- Das Ausländervolksbegehren der FPÖ im Jahr 1993 führte zu zahlreichen Protestaktionen – u.a. zum „Lichtermeer" in der Wiener Innenstadt.
- Mit Integrations- bzw. Fremdenrechtspaketen (u.a. 2002, 2011) versucht man die Zuwanderung zu kontrollieren und in gesetzlich geregelte Bahnen zu lenken.
- Im Rahmen des Fremdenrechtspakets von 2011 wurde die „Rot-Weiß-Rot Card" eingeführt. Damit wird die bisherige Quotenregelung durch ein Punktesystem für Arbeitskräfte-Zuwanderung abgelöst.
- Mit der Einrichtung eines Bundesamtes für Asyl und Migration (2013) sollen Asylmaßnahmen vereinheitlicht und rasch erledigt werden.

Medien

- Medien werden neben Gesetzgebung, Verwaltung und Rechtssprechung häufig als „vierte Gewalt" im Staat bezeichnet.
- Die „Medien-Revolution" mittels digitaler, vernetzter Technologien (Internet) revolutionierten in den letzten 20 Jahren die Gesellschaft. Sie wird in ihren Auswirkungen mit der Einführung des Buchdrucks im 15. Jh. verglichen.
- Die österreichische Mediengeschichte beginnt mit 1621 (Wochenzeitungen in Wien) und markiert 1848 mit der Gründung der Tageszeitung „Die Presse" den Übergang zum modernen Pressewesen. Sie erhält 1924 mit dem Beginn des österreichischen Rundfunks (RAVAG) eine neue Dimension, die 1955 bzw. 1957 um das Fernsehen erweitert wird. Im Jahr 1990 schließlich etablierte sich das „Internet-Zeitalter" in Österreich.
- Medienkonzerne gehören heute zu den einflussreichsten weltweit agierenden Globalplayers. Das Umsatzvolumen der 50 weltweit größten Medienkonzerne betrug 2011 etwa 400 Mrd. Euro – gegenüber 1997 bedeutet dies eine Steigerung um 150 Prozent.

Grundbegriffe

Asylwerber/in Eine Person, die in einem anderen Land um Asyl ansucht. Die jeweiligen Behörden überprüfen den Asylantrag, bei einem positiven Bescheid kann die Asylwerberin oder der Asylwerber im Land bleiben, ein negativer kann die Abschiebung zur Folge haben. Das Recht auf Asyl ist ein Menschenrecht; Menschen, die in ihren Ländern auf Grund der Herkunft, Religion, politische Überzeugung, Geschlecht verfolgt werden, haben das Recht um Asyl anzusuchen.

Feminismus Ein wichtiges Ziel der (ersten) Frauenbewegung war die Erlangung des Wahlrechts (wurde in Österreich 1918 eingeführt). Die zweite Frauenbewegung ab den 1960ern setzte sich auseinander mit dem „Selbstbestimmungsrecht der Frau über ihren Körper", der „Befreiung der weiblichen Sexualität", mit der ökonomischen Situation von Frauen (unbezahlte Arbeit für Familie und Gesellschaft, Unterbezahlung von Frauenarbeit). Ergebnisse u.a.: Reformen des Familien-u. Eherechts in vielen Ländern, „Fristenlösung", Quotenregelungen. Trotzdem findet Diskriminierung nach wie vor statt, ein Ansatz dies zu ändern, ist die so genannte „positive Diskriminierung".

Migration Im Bereich der Motive für Wanderung wird zwischen Push- u. Pull-Faktoren unterschieden. Pushfaktor (abstoßender Faktor): Krieg, Verfolgung, Armut, Hunger, Umweltkatastrophen, Globalisierung; Pullfaktor (anziehender Faktor): Arbeitskräftebedarf, höhere Löhne, Familienzusammenführung, Globalisierung.

Super-GAU Der Begriff geht zurück auf GAU (größter anzunehmender Unfall), mit „Super" wird angedeutet, dass die Folgen des GAU´s übertroffen werden. Beides bezieht sich auf die so genannten Auslegungsstörfälle eines Kernkraftwerks, das sind Unfälle für deren Beherrschung die Sicherheitssysteme noch ausgelegt sein müssten. Wenn jedoch Radioaktivität jenseits der festgelegten Grenzwerte freigesetzt wird, spricht man von einem Super-GAU: Fukushima (2011) und Tschernobyl (1986).

Personen und Begriffe

Adenauer, Konrad: 1876–1967; Jurist, deutscher Politiker; 1950–1966 Bundes-Vorsitzender der CDU; 1949–1963 Bundeskanzler.
Adler, Victor: 1852 (Prag) – 1918 (Wien); Sohn einer wohlhabenden jüdischen Kaufmannsfamilie. Er besuchte das Wiener Schottengymnasium, studierte anschließend Medizin und ließ sich in Wien als Armenarzt nieder. Adler war ursprünglich deutschnational eingestellt, schloss sich aber aufgrund antisemitischer Tendenzen bei den Großdeutschen der Arbeiterbewegung an. Vertreter des Austromarxismus.
Agglomeration: Ballungsräume; Verdichtung von Menschen, Wohngebäuden, Arbeitsstätten auf begrenztem Raum.
Al Qaida: Sammelbegriff für ein Netzwerk von islamistischen Terrororganisationen. Als zentrale Figur und Gründer gilt Osama Bin Laden.
Allende Gossens, Salvador: 1908–1973; chilenischer Politiker; ab 1943 Generalsekretär der Sozialistischen Partei und ab 1970 gewählter Staatspräsident Chiles. Allende begann umfassende soziale und wirtschaftliche Reformen, wurde jedoch 1973 durch die Armee in einem blutigen Putsch gestürzt und ermordet.
ANC (African National Congress): hervorgegangen aus dem 1912 gegründeten „South African Native National Congress", der den Widerstand gegen die Gesetze der Rassentrennung organisierte; 1960 nach Protesten und Unruhen verboten, 1990 wieder legalisiert; gewann 1994 62 % der Stimmen bei den ersten allgemeinen und freien Wahlen in Südafrika.
Apartheid: Bezeichnung für die von der weißen Regierung der Republik Südafrika bis 1992 praktizierte Politik der Rassentrennung zwischen der weißen und der schwarzen Bevölkerung; nach ersten Rassentrennungsgesetzen 1911 und 1913 wurde die Apartheid ab 1948 offizieller Bestandteil der Politik aller südafrikanischen Regierungen und durch eine Reihe von Gesetzen institutionalisiert.
Arafat, Jasir Mohammed: 1929–2004; politischer und militärischer Führer der Palästinenser. 1959 Mitbegründer der palästinensischen Kampforganisation Al Fatah, Vorsitzender der Palästinensischen Befreiungsorganisation (PLO, 1969–2004), erster gewählter Präsident der Palästinensischen Autonomiebehörde (PNA, 1993/1996–2004) sowie Friedensnobelpreisträger 1994.
Atlantik-Charta: gemeinsame Erklärung des amerikanischen Präsidenten Roosevelt und des britischen Premierministers Churchill am 14. August 1941; darin wurden u. a. das Selbstbestimmungsrecht der Völker, der freie und gleichberechtigte Zugang zu den Rohstoffen der Erde und ein kollektives Sicherheitssystem gefordert. Ihre Prinzipien gingen in die Grundsätze der „Charta der Vereinten Nationen" (26. Juni 1945) ein.
Attlee, Clement Richard, Earl: 1883–1967; britischer Politiker und Premierminister der ersten britischen Labourregierung (1945–1951) nach dem Zweiten Weltkrieg.
Austrofaschismus: autoritäres Herrschaftssystem in Österreich 1933/1934–1938, Ständestaat.

Badoglio, Pietro: 1871–1956; italienischer Marschall und Generalstabschef des Heeres; bis 1937 Vizekönig Äthiopiens, schied als Kriegsgegner 1940 aus der Armee aus und wurde nach Mussolinis Sturz bis 1944 Regierungschef; schloss 1943 einen Waffenstillstand mit den Alliierten.
Barroso, José Manuel: *1956; portugiesischer Politiker, Ministerpräsident von Portugal (2002–2004), Präsident der Europäischen Kommission (seit 2004).
Bashir, Omar: *1944; Berufsoffizier; übernahm nach einem Militärputsch 1989 die Macht im Sudan; seit 1993 mehrfach zum sudanesischen Staatspräsidenten gewählt.
Bauer, Otto: 1881–1938; Hauptvertreter des Austromarxismus, ging 1934 ins Exil.
Begin, Menachem: 1913 (Brest-Litowsk) – 1992; Rechtsanwalt, israelischer Politiker. Seit 1942 in Palästina; führte 1943–1948 die terroristische Untergrundbewegung Irgun Zwai Leumi; Ministerpräsident (1977–1983). Für seine Friedensbemühungen mit Ägypten erhielt er mit Sadat den Friedensnobelpreis 1978.
Beneš, Eduard: 1884–1948; tschechoslowakischer Politiker; 1918–1935 Außenminister, 1933–1938 bzw. 1945–1948 Staatspräsident der CSR. Er trat nach dem Münchener Abkommen zurück und übernahm 1940 in London die Exilregierung; neuerlicher Rücktritt 1948.
Bernaschek, Richard: 1888–18. 4. 1945 (KZ Mauthausen); Sozialdemokrat; Schutzbundführer in Oberösterreich. Löste am 12. 2. 1934 die Februarkämpfe in Linz aus.
Bin Laden, Osama: 1957–2011; aus Saudi-Arabien stammender Islamist; mutmaßliche Zentralfigur des Terrornetzwerks Al Qaida.
Böhm, Johann: 1886–1959; Bauarbeiter, Gewerkschafter, SPÖ-Politiker; 2. Präsident des Nationalrats (1945–1959); war 1945 einer der Gründer des ÖGB und bis 1959 dessen Präsident.
Brandt, Willy: 1913–1992; deutscher Journalist und Politiker (SPD); geboren als Herbert Ernst Karl Frahm, emigrierte 1933 zunächst nach Norwegen und dann nach Schweden; 1947 ließ er sich unter seinem Pseudonym „Willy Brandt" wieder in Deutschland einbürgern. U. a. Bürgermeister von Berlin (1957–1966), Außenminister (1966–1969), Bundeskanzler (1969–1974); 1971 erhielt er für seine Vertragspolitik mit dem kommunistischen Osten den Friedensnobelpreis.
Breschnew, Leonid: 1906–1982; sowjetischer Politiker; 1964 führend am Sturz Chruschtschows beteiligt; 1964–1982 Generalsekretär des Zentralkomitees der KPdSU.
Briand, Aristide: 1862–1932; französischer Politiker; mehrfach Ministerpräsident und Minister; bemühte sich 1925 als Außenminister um eine Politik des Ausgleichs mit Deutschland. Er erhielt dafür 1926 den Friedensnobelpreis. 1928 setzte Briand gemeinsam mit dem amerikanischen Außenminister Kellogg die völkerrechtliche Ächtung des Angriffskrieges durch.
Broda, Christian: 1916–1987; Rechtsanwalt und sozialistischer Justizminister (1960–1966, 1970–1983).
Budget: jährlicher Haushaltsplan des Staates, der die gesamten Einnahmen und Ausgaben auflistet.
Bush, George sen.: *1924; amerikanischer Politiker; 1975/76 Leitung der CIA; 1980–1988 Vizepräsident unter Ronald Reagan; 1988 zum 41. Präsidenten der USA gewählt.
Bush, George W.: *1946; Unternehmer, US-amerikanischer Politiker (Republikanische Partei); von 2001 bis 2008 Präsident der USA.

Care: Cooperative for American remittances to Europe bzw. ab 1958 Cooperative for American relief to everywhere; 1946 in den USA gegründete private Hilfsorganisation, die zunächst die Not leidende Bevölkerung im Nachkriegseuropa mit Hilfssendungen unterstützte, später dann weltweit tätig wurde.
Carter, Jimmy: *1924; Offizier, später Unternehmer; US-amerikanischer Politiker (Demokratische Partei), 1977 bis 1980 Präsident der USA; danach humanitäres Engagement, v. a. im Menschenrechtsbereich, und Tätigkeit als Vermittler in internationalen Konflikten. 2002 erhielt er den Friedensnobelpreis.
CASTOR: CAsk for Transport and STORage of Radioactive Materials.
Castro, Fidel: *1927; Rechtsanwalt, kubanischer Politiker; stürzte in einem Guerilla-Krieg (1956–1959) Präsident Batista; unter Ausschaltung seiner Gegner entwickelte Castro, der sich erst 1961 öffentlich zum Kommunismus bekannte, eine Diktatur nach kommunistischem Muster.
Chamberlain, Arthur Neville: 1869–1940; britischer Politiker; 1931–1937 Schatzkanzler, 1937–1940 Premierminister; Vertreter der britischen Appeasement-Politik, trat 1940 zurück.
Chamberlain, Houston Stewart: 1855–1927; der gebürtige Engländer und Schwiegersohn des Komponisten Richard Wagner war ein wesentlicher Vertreter der die „Germanen" verherrlichenden „Rassenlehre". Sein rassisch begründeter Antisemitismus übte großen Einfluss auf die Nationalsozialisten aus.
Chavez, Hugo: *1954; Berufsoffizier; Vorsitzender des Parteienbündnisses Patriotischer Pol (PP), das 1998 die Parlamentswahlen in Venezuela gewann; seit 1999 venezuelanischer Staatspräsident.
Chruschtschow, Nikita: 1894–1971; sowjetischer Politiker; 1953–1964 Generalsekretär des Zentralkomitees der KPdSU; leitete auf dem XX. Parteitag (1956) eine erste Entstalinisierung ein.
Churchill, Winston: 1874–1965; konservativer britischer Staatsmann; auch Schriftsteller (Nobelpreis für Literatur 1953); 1924–1929 Schatzkanzler. Seine Kritik an der Appeasement-Politik Chamberlains brachte ihn in Gegensatz zu seiner Partei. 1940–1945 Premier- und Verteidigungsminister einer großen Kriegskoalition. Churchill wurde zum Symbol des britischen Durchhaltewillens und war der maßgebliche Initiator der „Grand Alliance" mit den USA und der UdSSR. Sein Ziel, den sowjetischen Einfluss im Nachkriegseuropa zurückzudrängen, konnte er gegenüber Stalin und Roosevelt nicht durchsetzen. 1951–1955 erneut Premierminister.
CIA: Central Intelligence Agency; 1947 gegründete oberste Geheimdienstbehörde der USA.
Clausewitz, Carl von: 1780–1831; preußischer General und Kriegsphilosoph. Sein unvollendetes Werk „Vom Kriege" ist eine philosophische Abhandlung über das Wesen des Krieges. Darin wird „Taktik" als die Lehre vom Gebrauch der Streitkräfte im Gefecht und „Strategie" als die Lehre vom Gebrauch der Gefechte zum Zwecke des Krieges erörtert. Nach seiner Lehre ist das Militär der Politik untergeordnet.
Clinton, Bill (eigentlich William Jefferson Blythe Clinton): *1946; Jus-Professor, US-amerikanischer Politiker (Demokratische Partei); von 1993 bis 2000 Präsident der USA.

Demographie: bevölkerungswissenschaftliche Untersuchung und Beschreibung des Zustandes und der zahlenmäßigen Veränderung einer Gesellschaft.
Deng Xiaoping: 1904–1997; chinesischer Politiker, faktischer Nachfolger von Mao Zedong seit 1976; regierte die Volksrepublik China bis zu seinem Tod im Jahr 1997, ohne selbst formell höchste Staatsämter zu bekleiden.
Deutsch, Julius: 1884–1968; Gründer des Republikanischen Schutzbundes, Führer des sozialdemokratischen Widerstandes 1934, General republikanischer Truppen im Spanischen Bürgerkrieg.

Dissident: Bezeichnung für Personen, die von den vorherrschenden politischen und weltanschaulichen Meinungen abweichen; besonders verwendet für Angehörige der Bürgerrechtsbewegungen in der ehemaligen Sowjetunion und in den ehemaligen „Volksdemokratien".

Dollfuß, Engelbert: 1892–1934 (ermordet); 1932–1934 Bundeskanzler und Außenminister. Nach der Ausschaltung des Parlaments wandelte er die Republik in ein autoritäres Regierungssystem auf christlich-ständischer Grundlage um.

Dubček, Alexander: 1921–1992; tschechoslowakischer Politiker; 1968/69 erster Sekretär des ZK der tschechoslowakischen KP und führender Repräsentant einer Gruppe von Reformkommunisten; er verlor nach der Niederschlagung des „Prager Frühlings" (August 1968) alle Partei- und Staatsämter; arbeitete politisch isoliert in der staatlichen Forstverwaltung; nach dem Sturz der Kommunisten im November/Dezember 1989 zum Parlamentspräsidenten gewählt.

Dulles, John Foster: 1888–1959; 1953–1959 US-Außenminister (Republikaner) der Regierung Eisenhower; trat für eine Politik des „roll back" am Rande des Kriegsrisikos ein.

Eden, Robert Anthony: 1897–1977; britischer Politiker (Konservative Partei); bekleidete verschiedene Regierungsämter: Außenminister (1935–1938, 1951–1955), Kriegsminister (1940–1945), Premierminister (1955–1957).

Eichmann, Adolf: 1906–1962 (hingerichtet); SS-Obersturmbannführer, seit 1939 Leiter des Judenreferates im Reichssicherheitshauptamt; nach Kriegsende Flucht nach Argentinien, von wo ihn der israelische Geheimdienst nach Israel brachte; dort wurde er zum Tode verurteilt.

Eisenhower, Dwight David: 1890–1969; Republikaner, 34. Präsident der USA; leitete als Oberkommandierender der alliierten Streitkräfte die Invasionen Nordafrikas, Siziliens, Italiens (1943) und der Normandie (1944).

Faruk: 1920–1965; 1936–1952 König von Ägypten.

Figl, Leopold: 1902–1965; Politiker, christlichsoziale Partei, ÖVP, Agraringenieur, Direktor des Niederösterreichischen Bauernbundes (1934–1938), 1938–1943 als Gegner des Anschlusses Österreichs an das Deutsche Reich in verschiedenen Konzentrationslagern; 1945 gehörte er als Vizekanzler der Regierung Renner an. Figl war 1945 Mitbegründer der ÖVP (bis 1951 deren Obmann), Bundeskanzler (1945–1953), Außenminister (1953–1959), Präsident des Nationalrates (1959–1962) und Landeshauptmann von Niederösterreich (1945, 1962–1965).

Fink, Jodok: 1853–1929; christlichsozialer Politiker, Mitbegründer der Ersten Republik.

Fischer, Ernst: 1899–1972; Journalist und Schriftsteller, bis 1934 Sozialdemokrat, danach Kommunist; Staatssekretär für Volksaufklärung, Unterricht und Erziehung der Provisorischen Staatsregierung (1945); Mitglied des Zentralkomitees der KPÖ seit 1945 bis zu seinem Parteiausschluss 1969.

G7/G8: Gruppe der Sieben/Gruppe der Acht; die Gruppe der Regierungschefs der sieben führenden Industrienationen (Deutschland, Frankreich, Großbritannien, Italien, Japan, Kanada, USA) und Russlands (G8) treffen sich seit 1975 zum so genannten Weltwirtschaftsgipfel. Seit 1994 nimmt Russland ständig daran teil; offiziell wurde es im Jahr 1998 als achtes Mitglied aufgenommen. Seit 1977 kann auch der Präsident der Europäischen Kommission (EU) daran teilnehmen. Zunehmend werden bei diesen Gipfeltreffen auch weltpolitische Themen erörtert.

Gandhi, Mahatma: 1869–1948; seit 1915 Führer der indischen Unabhängigkeitsbewegung; vertrat gewaltlose Widerstandsformen bei der Durchsetzung politischer Ziele; versuchte nach dem Zweiten Weltkrieg die Einheit Indiens und das friedliche Zusammenleben von Hindus und Muslimen zu bewahren; 1948 von einem fanatischen Hindu ermordet.

Gandhi, Sonia: *1946; indische Politikerin; 1998 bis 2004 Vorsitzende der Kongresspartei; Abgeordnete und langjährige Oppositionsführerin im Indischen Nationalkongress (Parlament).

Gasperi, Alcide de: 1881–1954; italienischer Politiker (Democrazia Cristiana). 1944–1946 Ministerpräsident, 1951–1953 Außenminister. Er förderte die europ. Integrationsbestrebungen und den Eintritt Italiens in die NATO.

Gender Mainstreaming: die unterschiedlichen Voraussetzungen und Bedingungen für Frauen und Männer zu erkennen und eine geschlechtssensible Sichtweise in alle politischen Konzepte und Maßnahmen einzubringen. D. h. das bisherige „Sonderthema" Geschlecht („Gender", „soziales Geschlecht", im Unterschied zu „Sex", dem „biologischen Geschlecht") zum Hauptthema zu machen. Im Vertrag von Amsterdam wurde die Gleichstellung zu einer rechtlich verankerten Verpflichtung der EU. Artikel 2 des EG-Vertrages: „Die Gleichstellung von Männern und Frauen ist eine der Aufgaben der Europäischen Gemeinschaft."

Gestapo: Abkürzung für Geheime Staatspolizei, die politische Polizei im nationalsozialistischen Deutschland zwischen 1933 und 1945. Die Gestapo war ein zentrales Ausführungsorgan der nationalsozialistischen Herrschaft und als solches verantwortlich für den organisierten Terror in Deutschland und in den während des Zweiten Weltkrieges von Deutschland besetzten Gebieten.

Glasnost: russ. „Öffentlichkeit"; von M. Gorbatschow geprägtes Schlagwort; bezeichnet die Bestrebungen in der Sowjetunion, durch freie Medien, Information und Kritik Entscheidungen der politischen Führung durchschaubar und damit auch Mitsprache möglich zu machen. Darüber hinaus sollen Missstände und Defizite in Politik, Wirtschaft und Gesellschaft offen ausgesprochen, diskutiert und kritisiert werden.

Globocnik, Odilo: 1900–1945 (Selbstmord); 1938 Gauleiter von Wien; SS-Obergruppenführer; seit 1941 von Himmler mit der Planung und Durchführung der „Aktion Reinhard" beauftragt; 1943–1945 „Höherer SS- und Polizei-Führer" im adriatischen Küstenland; er beging nach seiner Verhaftung durch die Briten Selbstmord.

Goebbels, Joseph: 1897–1945; zuerst Propagandaleiter der NSDAP, nach der Machtübernahme Propaganda- und Kulturminister des Dritten Reiches.

Gorbatschow, Michail: *1931; sowjetischer Poltiker; 1985–1991 Generalsekretär des ZK der KPdSU; betrieb tief greifende Reformen in der Sowjetunion; nach dem Putsch im August 1991 zuerst Rücktritt als Generalsekretär und im Dezember 1991 auch als Staatspräsident der Sowjetunion.

Göring, Hermann: 1893–1946 (Selbstmord); führender Nationalsozialist und Reichsmarschall. Schloss sich 1922 der NSDAP an und übernahm die Führung der SA. Reichstagsabgeordneter ab 1928, Reichstags-Präsident ab 1932, ab 1933 wurde er preußischer Ministerpräsident, ab 1933 auch Reichsluftfahrtminister. Ab 1938 Generalfeldmarschall, 1939 von Hitler zu seinem Nachfolger bestimmt, 1940 zum Reichsmarschall ernannt. Göring war einer der Hauptverantwortlichen für den Einsatz ausländischer Arbeitskräfte zur Zwangsarbeit und für die Maßnahmen zur Vernichtung der Juden; in den Nürnberger Prozessen zum Tode verurteilt; dem Todesurteil entzog er sich durch Selbstmord.

Guantanamo Bay: US-amerikanischer Marinestützpunkt auf Kuba; seit 2002 Gefangenenlager für mutmaßliche Taliban und Al-Qaida-Kämpfer.

Guitiérrez, Lucio: *1957; Berufsoffizier; Politiker und Parteigründer; seit April 2005 Präsident von Ecuador.

GULAG: 1930–1955; Hauptverwaltung über die Straflager in der Sowjetunion; im Bereich des GULAG waren Millionen Menschen inhaftiert; nach Stalins Tod (1953) offiziell abgeschafft.

Gusenbauer, Alfred: *1960; Politikwissenschafter; Bundesrat (1991–1993); seit 1993 Abgeordneter zum Nationalrat; von 2000 bis 2008 Bundesparteiobmann der SPÖ; 2007–2008 Bundeskanzler.

Haider, Jörg: 1950–2008; Jurist; 1989–1991 Landeshauptmann von Kärnten, aufgrund einer Äußerung über die „ordentliche Beschäftigungspolitik im Dritten Reich" abgewählt; 1999 bis 2008 wieder Landeshauptmann; mehrmals Abgeordneter zum Nationalrat (zwischen 1979 und 1999); Obmann der FPÖ (1986–2000); Mitbegründer und Obmann des BZÖ (seit 2005).

Haile Selassie: 1892–1975; seit 1928 König (Negus) von Abessinien (Äthiopien), während der italienischen Okkupation (1936–1941) im britischen Exil; 1974 vom Militär abgesetzt.

Hanusch, Ferdinand: 1866–1923; Seidenweber, sozialdemokratischer Politiker, 1918–1920 Staatssekretär für soziale Fürsorge bzw. soziale Verwaltung. Er baute das Sozialministerium und eine Sozialgesetzgebung auf, die Vorbild für andere Staaten wurde. Auf ihn gehen Gesetze über Achtstundentag, Betriebsrat, Arbeiterurlaub, Kollektivvertrag und der Ausbau der Sozialversicherung zurück. Nach ihm ist das „Hanusch-Krankenhaus" (früher Rainer-Spital) in Wien benannt.

Hauser, Johann Nepomuk: 1866–1927; christlichsozialer Politiker, Prälat; 1908 Reichsratsabgeordneter; 1918–1919 Präsident der Provisorischen Nationalversammlung; 1920–1927 Abgeordneter zum Nationalrat; 1908–1927 Landeshauptmann von Oberösterreich. Trat für die Verständigung mit den Sozialdemokraten ein.

Havel, Václav: 1936–2011; tschechischer Dramatiker; führendes Mitglied der Bürgerrechtsbewegung Charta 77; 1969 Publikations- und Aufführungsverbot, mehrfach inhaftiert; nach der Revolution 1989 zum Staatspräsidenten der ČSFR gewählt.

Heß, Rudolf: 1894 (Alexandria in Ägypten) – 1987 (Selbstmord im Gefängnis Berlin-Spandau); führender Nationalsozialist; 1933 „Stellvertreter des Führers" in der NSDAP; ab 1933 Reichsminister ohne Geschäftsbereich; 1939 Ernennung zum zweiten Nachfolger Hitlers (nach Göring). Flog in nicht geklärter Mission 1941 nach Schottland und wurde dort interniert. Im Nürnberger Kriegsverbrecherprozess zu lebenslanger Haft verurteilt beging er im Alliierten Kriegsverbrechergefängnis in Berlin-Spandau 1987 Selbstmord.

Himmler, Heinrich: 1900–1945; führender Nationalsozialist, „Reichsführer SS" und „Chef der Deutschen Polizei"; seit 1943 Reichsinnenminister. Er baute die SS zu einer parteiinternen Polizeiorganisation aus und errichtete das System der Konzentrations- und Vernichtungslager. Himmler war auch zuständig für die brutale Umsiedlungs- und Germanisierungspolitik in O- und SO-Europa und wurde der entscheidende Organisator der millionenfachen Massenmorde an Juden („Endlösung der Judenfrage"). 1945 beging er in britischer Gefangenschaft Selbstmord.

Hippie, Hippieszene, Hippiebewegung: von den USA ausgehende Subkultur, hauptsächlich zusammengesetzt aus Studierenden und Exstudierenden; sie stellten traditionelle mittelständische Vorstellungen von Moral, Karriere und Bildung in Frage und flüchteten z. T. in eine romantisch verträumte Gegenkultur.

Hitler, Adolf: 1889–1945 (Selbstmord); nach erfolglosen Jahren in Wien Kriegsfreiwilliger im Ersten Weltkrieg; trat 1919 der Deutschen Arbeiterpartei bei und wurde bereits 1921 Vorsitzender der NSDAP. Nach dem gescheiterten Putsch (1923) schrieb er während seiner Haft die Programmschrift „Mein Kampf". 1933 Reichskanzler, 1934 Führer und Reichskanzler, seit 1942 auch oberster Gerichtsherr. Er beging einen Tag nach seiner Hochzeit gemeinsam mit seiner Frau Eva Braun am 30. 4. 1945 Selbstmord im Berliner Führerbunker.

Ho Chi Minh: 1890–1969; vietnamesischer Politiker; leitete seit 1941 den Unabhängigkeitskampf in Indochina gegen die französische Kolonialmacht; nach der Teilung Vietnams 1954 Staatspräsident von Nord-Vietnam und treibende Kraft der Vereinigung Vietnams unter kommunistischer Herrschaft.

Holocaust: griech. „Brandopfer"; aus dem Amerikanischen übernommene Bezeichnung für den Völkermord an den Juden.

Hoover, Herbert: 1874–1964; 1921–1928 Handelsminister und 1929–1933 Präsident der USA.

Höß, Rudolf: 1900–1947; Mitglied der NSDAP seit 1922; Kommandant des KZ Auschwitz-Birkenau; er wurde 1947 vom Volksgericht in Warschau zum Tode verurteilt und in Auschwitz gehängt.

Hu Jintao: *1942; chinesischer Politiker; seit 2003 Staatspräsident der Volksrepublik China.

Hull, Cordell: 1871–1955; US-Politiker (Demokratische Partei), 1933–1944 Außenminister. Er erhielt 1945 für die Vorbereitung der UNO den Friedensnobelpreis.

Hurdes, Felix: 1901–1974; Rechtsanwalt, Politiker (ÖVP); Unterrichtsminister (1945–1952), Präsident des Nationalrates (1953–1959).

Hussein, Saddam al-Takriti: 1937–2006; Staatschef des Irak (1979–2003).

ILO: International Labour Organization – internationale Arbeitsorganisation.

Indochina: Die im 19. Jh. von Frankreich in Südostasien unterworfenen und zu einer Union zusammengeschlossenen Kolonialgebiete.

Inflation: lat. Aufblähung; ständiger Anstieg des Preisniveaus, der am Preis verschiedener, für die Lebenshaltung wichtiger Güter bzw. Dienstleistungen gemessen wird.

Innitzer, Theodor: Kardinal (seit 1933); 1875 (Weipert/Böhmen) – 1955 (Wien); seit 1932 Erzbischof von Wien, war nach Anerkennung des Nationalsozialismus bald Wortführer der katholischen Kirche in Österreich gegen das nationalsozialistische Regime. Unterstützte den Austrofaschismus von Dollfuß und Schuschnigg.

Interamerikanische Entwicklungsbank (IADB): multilaterale Bank mit der Rechtsform einer Aktiengesellschaft, die Entwicklungshilfe bündelt. An der Bank sind auch europäische Länder beteiligt (z. B. Österreich und Deutschland), die meisten Mitgliedstaaten befinden sich allerdings in Lateinamerika und der Karibik.

Internationaler Währungsfonds: 1945 gegründete autonome Sonderorganisation der UNO; ursprünglich Förderung der internationalen Zusammenarbeit in der Währungspolitik (Stabilität der Währungen) und des Wirtschaftswachstums; seit den Achtzigerjahren verstärkt Kreditvergabe an Entwicklungsländer; wird wegen seiner strengen Auflagen heftig kritisiert.

Interpol: Kurzwort für die 1923 gegründete „Internationale kriminalpolizeiliche Organisation" mit Sitz in Paris. Sie untersützt die Verbrechensbekämpfung, die ein einzelner Mitgliedstaat auf seinem Gebiet nicht erfolgreich vornehmen kann (grenzüberschreitende Delikte, Flucht des Täters).

Intifada: Bezeichnung für palästinensische Aufstände gegen Israel, zunächst in den von Israel besetzten Gebieten.

IWF (Internationaler Währungsfonds; International Monetary Fund, IMF): 1944 zusammen mit der Weltbank in Bretton Woods (USA) gegründete internationale Organisation. Der IWF analysiert jedes Jahr in Zusammenarbeit mit den (zurzeit 184) Mitgliedstaaten die nationalen Wirtschaftsentwicklungen, untersucht steuer-, wechselkurs- und geldpolitische Maßnahmen der Mitgliedsländer und gibt Beurteilungen zu den Auswirkungen der nationalen Wirtschaftspolitik auf die Zahlungsbilanz des jeweiligen Staates ab.

Jaruzelski, Wojciech: *1923; polnischer General und Politiker; 1981 Ministerpräsident und Erster Sekretär des ZK der polnischen KP; verhängte im Dezember 1981 das Kriegsrecht und unterdrückte die unabhängige Gewerkschaftsbewegung „Solidarität"; 1989/1990 Staatspräsident.

Jelzin, Boris: 1931–2007; russischer Politiker; 1985–1987 KP-Chef von Moskau; forderte schnellere Realisierung der Reformen und geriet damit in Gegensatz zu Gorbatschow; trat aus der KPdSU aus; gewählter Präsident der Russischen Republik (1991–1999).

Jiang Zemin: *1926; chinesischer Politiker; 1989–2002 Generalsekretär der Kommunistischen Partei Chinas; 1993–2003 Staatspräsident der Volksrepublik China.

Johnson, Lyndon B.: 1908–1973; amerikanischer Politiker; Vizepräsident unter Kennedy; nach dessen Ermordung (1963) 36. Präsident der USA und bei den Wahlen 1964 gegen den Republikaner B. Goldwater mit großer Mehrheit bestätigt.

Jonas, Franz: 1899–1974; Schriftsetzer; seit den zwanziger Jahren in der Gewerkschaftsbewegung und der sozialdemokratischen Partei tätig; übte als Nachfolger Theodor Körners seit 1951 das Amt des Wiener Bürgermeisters aus und folgte danach (1965) Adolf Schärf im Amt des Bundespräsidenten bis zu seinem Ableben.

Kádár, János: 1912–1989; ungarischer Politiker; mehrere Funktionen in der KP und in der Regierung; Mitglied der Regierung Nagy während der Revolution 1956, bildete dann jedoch eine Gegenregierung und bat die Sowjetunion um militärische Intervention; 1988 Rücktritt aufgrund wachsender Kritik.

Kamitz, Reinhard: 1907–1993; Wirtschaftswissenschafter; ÖVP-Finanzminister (1952–1960), danach Präsident der Nationalbank (bis 1968).

Karzai, Hamid: *1957; Politikwissenschafter; Angehöriger der paschtunischen Bevölkerungsgruppe Afghanistans; in den 1980er-Jahren im Widerstand gegen die sowjetische Besatzung engagiert; seit 2001 Präsident der afghanischen Übergangsregierung; 2004 zum afghanischen Staatspräsidenten gewählt.

Keitel, Wilhelm: 1882–1946 (hingerichtet); seit 1935 Leiter des Wehrmachtsamtes, seit 1938 Chef des Oberkommandos der Wehrmacht; 1940 Generalfeldmarschall; er unterzeichnete am 8. Mai die bedingungslose deutsche Kapitulation und wurde im Nürnberger Kriegsverbrecherprozess zum Tod verurteilt.

Kelsen, Hans: 1881 (Prag) – 1973 (Berkeley/Kalifornien); Rechtsphilosoph und Staatsrechtslehrer. Schöpfer der österreichischen Bundesverfassung; entwickelte eine „Theorie des positiven Rechts". Kelsen verlor seine Professur in Köln nach der Machtergreifung der Nationalsozialisten 1933; er wurde an die Universität Genf berufen. 1940 emigrierte er in die USA.

Kennedy, John F.: 1917–1963; amerikanischer Politiker; 1947–1953 demokratischer Abgeordneter im Repräsentantenhaus; 1953–1961 Senator; ab 1961 35. Präsident der USA; 1963 unter bis heute nicht restlos geklärten Umständen ermordet.

KGB: „Komitee für Staatssicherheit"; sowjetischer Geheimdienst.

Khomeini, Ayatollah Ruhollah al-: 1902–1989; Philosophieprofessor, iranischer Schiitenführer. 1964 als Wortführer der schahfeindlichen Demonstrationen des Landes verwiesen, lebte in der Türkei, im Irak und in Frankreich im Exil. Nach dem Sturz des Schahs kehrte er 1979 in den Iran zurück und wirkte dort an der Errichtung der „Islamischen Republik" mit.

King, Martin Luther: 1929–1968; schwarzer amerikanischer Bürgerrechtler und Baptistenpfarrer; trat für gewaltlosen Widerstand und zivilen Ungehorsam als Mittel zur Durchsetzung politischer Ziele ein; erhielt 1964 als Wortführer einer friedlichen Rassenintegration den Friedensnobelpreis; 1968 ermordet.

Kirchschläger, Rudolf: 1915–2000; Richter; 1970–1974 (parteiloser) Außenminister der Kabinette Kreisky I und II; 1974–1986 Bundespräsident.

Klaus, Josef: 1910–2001; Rechtsanwalt und ÖVP-Politiker; Landeshauptmann von Salzburg (1949–1961); Finanzminister (1961–1963); ÖVP-Parteiobmann und Bundeskanzler (1964–1970).

Klima, Viktor: *1947; Manager; Bundesminister für öffentliche Wirtschaft und Verkehr (1992–1996), Bundesminister für Finanzen (1996/97), Bundeskanzler und Bundesparteivorsitzender der SPÖ (1997–2000).

Körner, Theodor: 1873–1957; aus adeliger Familie stammender Berufsoffizier (bis 1924); militärischer Berater des Schutzbundes (1924–1930) und sozialdemokratischer Politiker; Wiener Bürgermeister (1945–1951); folgt Karl Renner 1951 als erster vom Volk gewählter Bundespräsident (bis zu seinem Tod).

Kreisky, Bruno: 1911–1990; Diplomat; bereits seit den zwanziger Jahren sozialistischer Funktionär; Staatssekretär im Außenministerium (1953–1959); Außenminister (1959–1966); SPÖ-Parteivorsitzender (1967–1983); Bundeskanzler (1970–1983).

Lenin: 1870–1924; Deckname des russischen Revolutionärs Wladimir Iljitsch Uljanow. Er stammte aus einer kleinadeligen Familie und beschäftigte sich seit der Hinrichtung seines Bruders (wegen Vorbereitung eines Attentats auf Zar Alexander III.) mit revolutionären Ideen. Er wurde Anwalt in St. Petersburg, aber wegen seiner politischen Tätigkeit mehrmals verbannt. Seit 1903 leitete er die Partei der Bolschewiki, die im November 1917 die Macht in Russland übernahm.

Ley, Robert: 1890–1945; Mitglied der NSDAP seit 1925; SA-Obergruppenführer, Leiter der Deutschen Arbeitsfront (DAF) und Reichsorganisationsleiter der NSDAP; beging während des Nürnberger Kriegsverbrecherprozesses Selbstmord in der Zelle.

Locke, John: 1632–1704; englischer Philosoph, Begründer des Empirismus und damit wichtiger Vertreter der Aufklärung.

Loja Dschirga: große Versammlung; gesetzgebende Institution in Afghanistan.

Maathai, Wangari: 1940–2011; Naturwissenschafterin; kenianische Politikerin; stellvertretende kenianische Ministerin für Umweltschutz; 2004 erhielt sie den Friedensnobelpreis.
Macmillan, Harold, Earl of Stockton: 1894–1986; britischer Verleger und Politiker (Konservative Partei); Versorgungsminister (1940–1942), Staatssekretär für die Kolonien (1942), Wohnungsbauminister (1951–1954), Verteidigungsminister (1954–1955), Außenminister (1955), Schatzkanzler (1955–1957) und Premierminister (1957–1963).
Mandela, Nelson: 1918–2013; 1952 einer der ersten schwarzen Anwälte Südafrikas; seit 1944 bereits Mitglied des ANC und entschiedener Gegner der Apartheid; Generalsekretär des ANC; 1962 verhaftet und 1964 zu lebenslänglicher Verbannung verurteilt; 1990 aus der Haft entlassen; 1991 Präsident des ANC und von 1994 bis 1999 erster schwarzer Präsident Südafrikas.
Mao Zedong: 1893–1976; chinesischer Politiker; Mitbegründer der Volksrepublik China, in der er seit 1949 als Vorsitzender der Kommunistischen Partei Chinas herrschte. Er hatte von 1954 bis 1958 auch das Amt des Staatspräsidenten inne.
Marshall, George Catlett: 1880–1959; US-General und Politiker (Republikanische Partei); Außenminister (1947–1949).
Mazowiecki, Tadeusz: *1927; polnischer Politiker; seit 1980 Berater Walesas und der „Solidarität"; im August 1989 zum ersten nicht kommunistischen Ministerpräsidenten Polens seit dem Zweiten Weltkrieg gewählt.
McCarthy, Joseph: 1909–1957; amerikanischer Politiker; 1947–1954 Senator; leitete den Senatsausschuss zur Untersuchung „unamerikanischer Umtriebe"; diese Suche nach angeblichen Kommunisten in Verwaltung und öffentlichem Leben weitete sich zu einer viele Vorurteile mobilisierenden Verfolgungswelle aus.
Miklas, Wilhelm: 1872 (Krems) – 1956 (Wien); christlichsozialer Politiker, Bundespräsident 1928–1938. Da er es ablehnte, das Gesetz über den Anschluss Österreichs an das Deutsche Reich zu unterzeichnen, trat er am 13. 3. 1938 zurück.
Miliz: nur kurz ausgebildete Truppe, im Unterschied zum stehenden Heer.
Mohammad Zahir Shah: 1914–2007; Herrscher (Schah) von Afghanistan (1933–1973); eröffnete 2002 das Parlament (Loja Dschirga).
Molotow: russ. „molot" = Hammer; 1890–1986; seit 1906 Deckname von Wjatscheslaw Michailowitsch Skrjabin (1890–1986); sowjetischer Politiker und enger Mitarbeiter Stalins, Volkskommissar des Äußeren (1939–1946), Außenminister (1946–1949, 1953–1956). Im Zuge der Entstalinisierung unter Chruschtschow wurde er entmachtet und 1962 aus der KPdSU ausgeschlossen.
Montesqieu, Charles: 1689–1755; französischer Schriftsteller und Staatstheoretiker; als Gegner des Absolutismus entwickelte er die Lehre von der Gewaltentrennung.
Mubarak, Mohammed Hosni: *1929; ägyptischer Offizier und Politiker; 1975–1981 Vizepräsident, nach der Ermordung Sadats 1981 zum Staatspräsident gewählt.
Mussolini, Benito: 1883–1945; italienischer Politiker; Mitbegründer der faschistischen Partei Italiens 1921, ab 1922 Ministerpräsident. Er baute Italien zu einem faschistischen Staat aus und wurde 1945 von Widerstandskämpfern erschossen.

NAFTA (North American Free Trade Assoziation): seit 1994 bestehende Freihandelszone zwischen den USA, Kanada und Mexiko.
Nagy, Imre: 1896–1958; ungarischer kommunistischer Politiker; mehrere Partei- und Regierungsfunktionen; Kritik an den Stalinisten in der ungarischen KP; während der Revolution 1956 Ministerpräsident; nach Niederschlagung des Aufstandes trotz Zusicherung des freien Geleits verhaftet und 1958 nach einem Geheimprozess hingerichtet; am 16. Juni 1989 in einem Staatsakt zusammen mit anderen Verurteilten rehabilitiert.
Nasser, Gamal Abd el-: 1918–1970; ägyptischer Offizier und Politiker; Staatspräsident (1954–1970).
NATO (North Atlantic Treaty Organization): 1949 in Washington D.C. gegründetes Bündnis von ursprünglich zwölf Staaten (West-)Europas und Nordamerikas zu Zwecken der Zusammenarbeit auf politischem, wirtschaftlichem und militärischem Gebiet zur Friedenserhaltung und Krisenbewältigung in Zusammenarbeit mit den Vereinten Nationen (UN) und anderen Organisationen. Ursprünglich gegen den „Ostblock" gerichtet. Nach dessen Ende sind mehrere ehemalige Warschauer-Pakt-Staaten der NATO beigetreten. Sie hat zurzeit 26 Mitglieder.
Negus: abessinische Bezeichnung für König.
Nehru, Jawaharlal: 1889–1964; indischer Politiker. Stammte aus einer Brahmanenfamilie Kaschmirs und führte als solcher den Titel „Pandit"; Rechtsanwalt. Er war nach 1916 einer der engsten Mitarbeiter von Mahatma Gandhi, nahm an allen Widerstandskampagnen gegen die britische Herrschaft in Indien teil und war dafür öfter im Gefängnis. 1946 vom letzten britischen Vizekönig Lord Mountbatten mit der Bildung einer Übergangsregierung beauftragt, übernahm er nach der Teilung Indiens (1947) als Premierminister (bis 1964) die Führung der Indischen Union.

Nixon, Richard: 1913–1993; amerikanischer Politiker; 1968 zum 37. Präsidenten der USA gewählt; 1972 Wiederwahl; 1974 Rücktritt im Zuge der Watergate-Affäre, um seiner Amtsenthebung zuvorzukommen (erstmals in der Geschichte der USA).
Nkrumah, Kwame: 1909–1972; Politiker in Ghana; 1935–1945 Studium in den USA; 1947 Rückkehr nach Ghana und führendes Mitglied der Unabhängigkeitsbewegung; nach der Unabhängigkeit (1957) ab 1960 Staatspräsident mit großen Vollmachten; 1966 durch Militär gestürzt.
Nyerere, Julius: 1922–1999; Politiker in Tansania; 1949–1952 Studium in Edinburgh; führte 1961 Tanganjika in die Unabhängigkeit; 1962–1985 Staatspräsident (seit 1964 durch die Vereinigung von Tanganjika und Sansibar von Tansania); trat außenpolitisch für die Blockfreiheit ein und forderte eine neue Weltwirtschaftsordnung.

OECD: Organization for Economic Cooperation and Development; 1960 gegründete Organisation der westlichen Industrieländer zur Koordinierung ihrer Wirtschaftspolitik.
Olah, Franz: 1910–2009; Gewerkschafter und SPÖ-Politiker; ÖGB-Präsident (1959–1963); Innenminister (1963/64); 1964 aus der SPÖ ausgeschlossen, gründete die „Demokratische Fortschrittliche Partei" (1964), die aber bedeutungslos blieb. 1969 wurde O. wegen Veruntreuung von Gewerkschaftsgeldern zu einem Jahr Kerker verurteilt.
Opportunist/in: Jemand, der sich - weil es gerade nützlich ist - schnell und bedenkenlos der jeweiligen Lage anpasst.
OSZE: Organisation für Sicherheit und Zusammenarbeit in Europa, seit 1994 Nachfolgeorganisation der KSZE.

Pahlevi, Mohammad Reza: 1919–1980; von 1941 bis 1978 Schah von Persien (Iran).
Palach, Jan: gest. 1969; tschechischer Student; verbrannte sich 1969 auf dem Wenzelsplatz in Prag aus Protest gegen die Invasion der Warschauer-Pakt-Truppen (August 1969); die kommunistische Regierung wollte die Erinnerung an ihn auslöschen und ließ ihn heimlich unter falschem Namen auf einem Dorffriedhof begraben; nach der Revolution 1989 posthum geehrt.
Pandemie: Ausbreitung einer Krankheit (Seuche) über mehrere Länder bzw. über einen Großraum.
Paschtunen: Volk in Zentral- und Südasien; herrschende Bevölkerungsgruppe in Afghanistan.
Pazifismus: Grundhaltung, welche eine bedingungslose Friedensbereitschaft fordert und jede Gewaltanwendung scharf ablehnt.
Perestroika: russ. „Umbau"; Schlagwort für die von M. Gorbatschow eingeleitete Umgestaltung des politischen, wirtschaftlichen und gesellschaftlichen Aufbaus der Sowjetunion.
Pius XI. (Ambrogio Damiano Achille Ratti): 1857–1939; Papst 1922–1939. Verfasste mehrere Sozialenzykliken, darunter „Quadragesimo Anno" (1931); unterzeichnete Lateranverträge (1929) mit Benito Mussolini. Als ausgesprochener Gegner des Kommunismus unterstützte Pius XI. das Regime des Diktators Francisco Franco während des spanischen Bürgerkrieges. Bis 1938 unterhielt der Papst freundliche Beziehungen zur Regierung Mussolinis, wendete sich danach aber gegen die Regierungen Italiens und Deutschlands und veröffentlichte Anklageschriften gegen Antisemitismus und Krieg.
Pol Pot: 1928–1998; kommunistischer Guerillaführer (Kambodscha); Chef der „Roten Khmer", die Kambodscha von 1975 bis 1978 beherrschten. Errichtete eine Schreckensherrschaft; mehr als anderthalb Millionen Menschen wurden von den Roten Khmer ermordet, teils weil sie als Regimegegner, teils weil sie als Intellektuelle galten, die Pol Pot für unerwünscht hielt.
Prawda: russ. „Wahrheit"; seit 1918 in Moskau herausgegebene Tageszeitung der KPdSU; nach dem Putsch im August 1991 sagten sich die Redakteure von der KPdSU los; am 14. März 1992 eingestellt.
Putin, Wladimir Wladimirowitsch: *1952; Jurist; KGB-Offizier; 1999 russischer Ministerpräsident; seit 2000 (mit Unterbrechungen) russ. Staatspräsident.
Putsch: Mit Putsch bezeichnet man den Umsturz in einem Staat (häufig von Teilen des Militärs durchgeführt). Manchmal wird „Putsch" auch für einen Aufstand innerhalb einer Organisation verwendet.

Raab, Julius: 1891–1964; Bauingenieur; Abgeordneter zum Nationalrat (1927–1934); niederösterreichischer Heimwehrführer, 1938 Handels- und Verkehrsminister; Mitbegründer und Präsident der Bundeswirtschaftskammer (1946–1953, 1961–1964), 1945 Mitbegründer der Österreichischen Volkspartei. ÖVP-Bundesparteiobmann (1952–1960), Bundeskanzler (1953–1961).
Rabin, Yitzhak: 1922–1995 (ermordet); israelischer Offizier und Politiker. Im Unabhängigkeitskrieg Brigadekommandeur, Generalstabschef (1964–1967), Botschafter in den USA (1968–1973), Ministerpräsident (1974–1977), Verteidigungsminister (1984–1990), Vorsitzender der Arbeiterpartei sowie erneut Ministerpräsident und Verteidigungsminister (1992–1995).
Reagan, Ronald: 1911–2004; amerikanischer Schauspieler und Politiker; 1967–1975 Gouverneur von Kalifornien; 1980 zum 40. Präsidenten der USA gewählt; 1984 Wiederwahl.

Rechtsmittelbelehrung: die (zumeist) schriftliche Belehrung über die Anfechtungsmöglichkeiten einer behördlichen Entscheidung mit einem Rechtsmittel (= Berufung, Beschwerde).

Rehor, Grete: 1910–1987; Gewerkschafterin und ÖVP-Politikerin; Abgeordnete zum Nationalrat (1949–1970); erste Ministerin der Zweiten Republik (für soziale Verwaltung; 1966–1970).

Renner, Karl: 1870 (Untertannowitz/Mähren) – 1950 (Wien); sozialdemokratischer Politiker und (gemäßigter) Vertreter des Austromarxismus. Staatskanzler (1918–1920), 1919 unterzeichnete er den Staatsvertrag von Saint-Germain. Erster Präsident des Nationalrates (1930–1933); 1945 (entscheidender) Mitbegründer der Zweiten Republik und wieder Staatskanzler; Bundespräsident (1945–1950).

Ribbentrop, Joachim von: 1893–1946 (hingerichtet); deutscher Diplomat und Politiker (NSDAP). 1934 zum Beauftragten für Abrüstungsfragen ernannt; 1936–1938 Botschafter in London; 1938–1945 Außenminister; im Nürnberger Hauptkriegsverbrecherprozess 1946 zum Tode verurteilt.

Riess-Passer, Susanne: *1961; Juristin; ab 1987 Pressemitarbeiterin der FPÖ; Mitglied des Bundesrats (1991–1998), Abgeordnete zum Nationalrat (1999/2000); Bundesparteiobfrau der FPÖ, Vizekanzlerin und Bundesministerin für öffentliche Leistung und Sport (2000–2002).

Roosevelt, Franklin D.: 1882–1945; 1933–1945 Präsident der USA.

Rosenberg, Alfred: 1893–1946; Mitglied der NSDAP seit 1920; Hauptschriftleiter des „Völkischen Beobachters" (seit 1923); „Beauftragter des Führers für die Überwachung der gesamten geistigen und weltanschaulichen Schulung und Erziehung der NSDAP" seit 1934 und ab 1941 Reichsminister für die besetzten Ostgebiete. Er wurde im Nürnberger Kriegsverbrecherprozess zum Tode verurteilt.

Rote Khmer: kommunistisch orientierte politische Bewegung in Kambodscha; errichtete 1975/76 eine Schreckensherrschaft; 1979 durch eine von Vietnam militärisch unterstützte Gruppe gestürzt.

Rousseau, Jean-Jacques: 1712–1778; französischer Schriftsteller, Staatstheoretiker und Philosoph Schweizer Herkunft.

Sacharow, Andrej: 1921–1989; sowjetischer Atomphysiker, Dissident und Friedensnobelpreisträger 1975.

Sadat, Mohammed Anwar as-: 1918–1981 (ermordet); ägyptischer Offizier und Politiker; 1970–1981 Staatspräsident; für die Aussöhnung mit Israel erhielt er zusammen mit dem israelischen Ministerpräsidenten M. Begin den Friedensnobelpreis 1978.

Saint-Germain-en-Laye: ehemaliger Vorort von Paris (heute Teil der Stadt), in dem nach dem Ersten Weltkrieg Österreich den Friedensvertrag unterzeichnete.

Schärf, Adolf: 1890–1965; Rechtsanwalt, Politiker (SPÖ); war u. a. Vizekanzler (1945–1957) und Bundespräsident (1957–1965).

Schmidt, Heide: *1948; Juristin; Generalsekretärin der FPÖ (1988–1990), Abgeordnete zum Nationalrat (1990–1999) zuerst der FPÖ, ab 1993 des Liberalen Forums, dessen Mitbegründerin sie war.

Schuschnigg, Kurt: 1897 (Riva/Gardasee) – 1977 (Mutters/Tirol); 1932–1934 Justiz- und Unterrichtsminister, 1934–1938 Bundeskanzler (zugleich Außen-, Verteidigungs- und Unterrichtsminister sowie Führer der Vaterländischen Front).

Schüssel, Wolfgang: *1945; Jurist; Generalsekretär des Österreichischen Wirtschaftsbundes (1975–1991); seit 1979 immer wieder Abgeordneter zum Nationalrat; Bundesminister für wirtschaftliche Angelegenheiten (1989–1995); seit 1995 ÖVP-Bundesparteiobmann; Vizekanzler und Außenminister (1995–2000), 2000 bis 2006 Bundeskanzler.

SDI: Strategic Defense Initiative; von US-Präsident Reagan 1983 initiiertes Rüstungsprogramm, durch eine Art Schutzschild im Weltall Bevölkerung und Territorium der USA vollständig vor Raketenangriffen zu schützen.

SEATO: South East Asia Treaty Organization, Südostasiatischer Sicherheitsvertrag. 1954 abgeschlossenes Verteidigungsbündnis zwischen Australien, Frankreich, Großbritannien, Neuseeland, Pakistan, den Philippinen, Thailand und den USA mit Sitz in Bangkok. Nach der kommunistischen Machtübernahme in Kambodscha, Laos und Südvietnam löste sich die SEATO 1977 offiziell auf.

Seipel, Ignaz: 1876 (Wien) – 1932 (Pernitz/NÖ); kath. Priester, Professor für Moraltheologie, Obmann der Christlichsozialen Partei (1921–1929), Bundeskanzler (1922–1924, 1926–1929), 1930 Außenminister.

Seyß-Inquart, Arthur: 1892 (Stannern/Iglau)–1946 (Nürnberg, hingerichtet); Nationalsozialist, 1938 Innenminister, darauf Bundeskanzler, 1940–1945 „Reichskommissar für die besetzten niederländischen Gebiete" (u. a. verantwortlich für die Judendeportationen). 1946 verurteilte ihn das internationale Militärtribunal in Nürnberg als einen der Hauptkriegsverbrecher zum Tode.

Sharon, Ariel: *1928; israelischer Militär und Politiker, Ministerpräsident von Israel (2001–2006).

Shoah: hebräisch „(große) Katastrophe"; dieser Begriff wird in der neueren Literatur anstelle von Holocaust für den Völkermord an den Juden verwendet.

Silva, Luiz Ináchio Lula da: *1945; Metallarbeiter; Gewerkschafter; 1980 Mitbegründer der Arbeiterpartei Pardido dos Trabalhadores; 1986 als Abgeordneter in die Verfassungsgebende Versammlung Brasiliens gewählt; 2003–2011 Staatspräsident von Brasilien.

Sinowatz, Fred: 1929–2008; Landesbeamter; Unterrichtsminister (1971–1983); Vizekanzler (1981–1983); SPÖ-Parteiobmann und Bundeskanzler (1983–1986); wird 1992 wegen falscher Zeugenaussage zu einer Geldstrafe verurteilt.

Slánský, Rudolf: 1901–1952; tschechoslowakischer Politiker; 1944–1951 Generalsekretär der KP; 1952 in einem von antisemitischen Tendenzen geprägten Schauprozess wegen zionistischer und titoistischer Umtriebe mit zehn Mitangeklagten zum Tode verurteilt und hingerichtet.

Solschenizyn, Alexander: 1918–2008; russischer Schriftsteller; 1945–1953 in Straflagern; sein literarisch-dokumentarischer Bericht darüber „Der Archipel GULAG" führte 1974 zur Ausweisung und Ausbürgerung; 1970 Nobelpreis für Literatur; wichtige Romane u. a. „Der erste Kreis der Hölle", „Krebsstation".

Sozialdarwinismus: nach Charles Darwin benannte Gesellschaftstheorie aus der 2. Hälfte des 19. Jh. Sie übertrug die Lehre Darwins von der natürlichen Auslese (Selektion) bzw. Anpassung auf die menschliche Gesellschaft. Nach dieser Theorie sind die Menschen von Natur aus ungleich; sie diente als Rechtfertigung für gesellschaftliche Ungleichheiten und Ungerechtigkeiten sowie den Rassismus.

Speer, Albert: 1905–1981; Architekt; seit 1937 Generalbauinspekteur für Berlin. 1942–1945 Reichsminister für Bewaffnung und Munition. Im Nürnberger Kriegsverbrecherprozess zu 20 Jahren Haft verurteilt und 1966 entlassen.

Staatssicherheitsdienst: 1950 offiziell als Ministerium für Staatssicherheit gegründete politische Geheimpolizei der DDR; enge Verbindung mit der Führung der SED.

Stalin, Josef: eigentl. J. Dschugaschwili; 1879–1953; sowjetischer Politiker; ab 1922 Generalsekretär der ZK der KPdSU; nach Lenins Tod (1924) schrittweise Ausschaltung aller Konkurrenten („Säuberungen", Schauprozesse); bis 1953 uneingeschränkter Diktator.

START I: Strategic Arms Reduction Talks (Verhandlungen zur Reduzierung strategischer Waffen); seit 1985 in Genf geführt.

START II: im Juni 1992 von Georg Bush sen. und Boris Jelzin unterzeichnet, hat u. a. die Vernichtung aller landgestützten Interkontinentalraketen mit Mehrfachsprengköpfen zum Ziel.

Steger, Norbert: *1944; Rechtsanwalt; FPÖ-Bundesparteiobmann (1980–1986); Vizekanzler und Bundesminister für Handel, Gewerbe und Industrie (1983–1987); Abgeordneter zum Nationalrat (1979–1986).

Steidle, Richard: 1881–1940 (KZ Buchenwald); Rechtsanwalt und Politiker (christlichsozial, Heimwehr); Bundesführer der österreichischen Heimatschutzverbände.

Suharto, Hadji Mohammed: 1921–2008; Berufsoffizier; regierte Java, Indonesien von 1967 bis 1988 als Staatspräsident diktatorisch.

Sukarnoputri, Megawati: *1947; indonesische Politikerin; Vorsitzende der Partei PDI-P („kämpferische demokratische Partei Indonesiens"); Staatspräsidentin von Indonesien (2001–2004).

Suprematie: Vorherrschaft, Vorrang, Obergewalt, Oberhoheit.

Suu Kyi, Aung San: Bürgerrechtskämpferin in Birma (Myanmar); 1991 Friedensnobelpreis.

Taliban: militante Islamisten; Sunniten; kontrollierten von 1995 bis 2001 Afghanistan.

Tito, Josip, eigentlich Josip Broz: 1892–1980; jugoslawischer Politiker, Staatspräsident von Jugoslawien, der nach dem Zweiten Weltkrieg einen von der UdSSR unabhängigen kommunistischen Staat schuf und zu einem Wortführer der blockfreien Staaten wurde.

TOBIN-TAX (Tobin-Steuer): Devisenumsatzsteuer auf internationale Geldströme mit hochspekulativem Charakter.

Trotzki: 1879–1940; Deckname des russischen Revolutionärs Leo Bronstein. Er war führender Organisator der Oktoberrevolution, wurde danach „Volkskommissar des Äußeren" (= Außenminister) und war im Bürgerkrieg Oberbefehlshaber der Roten Armee. Nach dem Tod Lenins verdrängte ihn Stalin aus allen politischen Funktionen. Er wurde in der Emigration in Mexiko vom sowjetischen Geheimdienst ermordet.

Truman, Harry: 1884–1972; amerikanischer Politiker; von April 1945 (als Vizepräsident Nachfolger von F. D. Roosevelt) bis 1952 33. Präsident der USA; in seine Amtszeit fallen Truman-Doktrin, Marshallplan und der Beginn des „Kalten Krieges"; er versuchte die weitere sowjetische Expansion zu verhindern.

Tschiang Kai-shek: 1887–1975; chinesischer Politiker und Militär; ab 1928 Präsident; floh nach der Kapitulation im Bürgerkrieg gegen Maos „Rote Armee" mit seinen Anhängern nach Taiwan; dort Staatspräsident ab 1950.

Ulbricht, Walter: 1893–1973; deutscher Kommunist (seit 1919 in der KPD) und Politiker in der DDR; kam Ende April 1945 mit einer Gruppe aus Moskau nach Deutschland und war führend am Aufbau der SED in der sowjetischen Besatzungszone beteiligt; 1950–1971 Generalsekretär bzw. Erster Sekretär der SED; 1960–1973 Vorsitzender des Staatsrates.

UN (United Nations; Vereinte Nationen): 1945 gegründete internationale Organisation; Sitz: New York; UN-Büros befinden sich in Genf und Wien. Primäres Ziel der UNO ist die Wahrung des Weltfriedens. Organe sind die Generalversammlung, der Sicherheitsrat, der Wirtschafts- und

Sozialrat, der Internationale Gerichtshof und das Sekretariat, das Verwaltungsorgan der Vereinten Nationen.
UNHCR: United Nations High Commissioner for Refugees; hoher Flüchtlingskommissar, 1951 als Teil der UNO eingerichtet.
Urbanisierung: Zunahme der städtischen Bevölkerung an der Gesamtbevölkerung.
USA Patriot Act: US-Bundesgesetz, das 2001 vom Kongress beschlossen wurde und die Bürgerrechte in mehrfacher Hinsicht einschränkt.

Vietcong: Bezeichnung für die in Südvietnam gegen die Regierung in Saigon kämpfende kommunistisch geführte Nationale Befreiungsfront.
Viktor Emmanuel III.: 1869–1947; italienischer König 1900–1944/46; ernannte Mussolini 1922 zum Ministerpräsidenten, war 1943 an seinem Sturz beteiligt und musste selbst zuerst 1944, endgültig 1946 zugunsten seines Sohnes abdanken.
Visegrád-Staaten: Bezeichnung für die osteuropäischen Teilnehmerstaaten Ungarn, Polen und Tschechoslowakei an einer Konferenz in der ungarischen Stadt Visegrád am 15. Februar 1991, auf der eine engere Kooperation in Fragen der Politik, Wirtschaft und Kultur vereinbart wurde.
Vranitzky, Franz: *1937; Bankfachmann; sozialistischer Finanzminister (1984–1986); SPÖ-Parteivorsitzender und Bundeskanzler (1986–1997).

Waldheim, Kurt: 1918–2007; Diplomat; parteiloser Außenminister der ÖVP-Alleinregierung (1968–1970); 1971 als parteiloser ÖVP-Kandidat dem wieder kandidierenden Bundespräsidenten Franz Jonas im Wahlkampf unterlegen; Generalsekretär der UNO (1972–1982); Bundespräsident (1986–1992).
Walesa, Lech: *1943; polnischer Gewerkschafter und Politiker; 1980 Streikführer der Werftarbeiter in Danzig und Vorsitzender der neu gegründeten unabhängigen Gewerkschaft „Solidarität"; in den Achtzigerjahren mehrfach verhaftet; 1983 Friedensnobelpreis; 1990 erster frei gewählter Staatspräsident Polens seit über 50 Jahren.
Weltbank: Sitz der Weltbank ist Washington. Sie wurde 1944 in Bretton Woods (USA) gegründet, um Staaten nach Ende des Zweiten Weltkrieges Kredithilfe zu Zwecken des Wiederaufbaus und der wirtschaftlichen Entwicklung zu gewähren. Heute soll sie den wirtschaftlichen und sozialen Fortschritt ihrer ökonomisch weniger entwickelten Mitgliedstaaten fördern. Präsident der Weltbank ist seit Juli 2012 Jim Yong Kim.
Wilson, Woodrow: 1856–1924; 1913–1921 Präsident der USA.
WTO (World Trade Organization): 1994 in Marrakesch (Marokko) als Dachorganisation für internationale Handelsbeziehungen gegründet. Sitz: Genf (Schweiz). Mitgliedstaaten: 146 Vertragsstaaten und die Europäischen Gemeinschaften (EG).

Zigeuner: aus dem alttürkischen Wort „tschigan" (= arme Leute, Habenichts) leitete sich in den europäischen Sprachen das Wort „Tsigan", im Deutschen „Zigeuner", ab. Erst seit etwa 1980 setzte sich für diese Volksgruppe langsam die Bezeichnung „Roma und Sinti" durch.
Zogu I., Achmed: 1895–1961; albanischer König 1928–1939; ging nach der Annexion Albaniens durch Italien ins Exil.

Quellen- und Literaturverzeichnis

Adenauer, Konrad: Erinnerungen 1945–1953. Stuttgart 1965.
Altrichter, Helmut/Haumann, Heiko: Die Sowjetunion. 2 Bde. München 1987.
Aly, Götz: Unser Kampf 1968 – ein irritierter Blick zurück. Frankfurt/Main 2008.
Angermann, Erich: Die Vereinigten Staaten von Amerika seit 1917. München 1987.
Ansprenger, Franz: Kolonisierung und Entkolonisierung in Afrika. Stuttgart 1979.
ATTAC-Österreich: Gründungseklaration, September 2000, online auf: www.attac.at.

Bailer-Galanda, Brigitte: Das sogenannte Lachout-„Dokument". In: Amoklauf gegen die Wirklichkeit. NS-Verbrechen und „revisionistische" Geschichtsschreibung, hg. v. Dokumentationsarchiv des österreichischen Widerstandes. Bundesministerium für Unterricht und Kunst 1992.
Bauer, Fritz: Widerstand gegen die Staatsgewalt. Dokumente der Jahrtausende. Frankfurt am Main 1965.
Beck, Ulrich (Hg.): Politik der Globalisierung. Frankfurt 1998.
Beck, Ulrich: Risikogesellschaft. Auf dem Weg in eine andere Moderne. München 1986.
Ben Jelloun, Tahar: Arabischer Frühling. Vom Wiedererlangen der arabischen Würde. Lizenzausgabe für die Bundeszentrale für politische Bildung, Bonn 2011.
Benz, Wolfgang: Geschichte des Dritten Reiches. München 2000.
Berchtold, K. (Hg.): Österreichische Parteiprogramme 1868-1967, zitiert nach: Stationen 3, S. 131.

Bevölkerungsfonds der Vereinten Nationen (UNFPA): Weltbevölkerungsbericht 2004. Kairo plus zehn: Bevölkerung, reproduktive Gesundheit und der weltweite Kampf gegen die Armut. New York 2004.
Bevölkerungsfonds der Vereinten Nationen (UNFPA): Eine Welt im Wandel: Frauen, Bevölkerung und Klima. New York 2009.
Bielefeldt, Heiner: Menschenrechte - universaler Normkonsens oder eurozentrischer Kulturimperialismus? In: Brocker, Manfred und Heino Heinrich Nau (Hg.): Ethnozentrismus. Möglichkeiten und Grenzen des interkulturellen Dialogs Darmstadt 1997, S. 256-268.
Birke, Peter: Eine (un-)vollendete Geschichte? Die 1968er Jahre als „kulturelle Revolte" und „Modernisierungsschub". In: Ebbinghaus, Angelika/Henninger, Max/van der Linden, Marcel (Hg.): 1968. Ein Blick auf die Protestbewegungen 40 Jahre danach aus globaler Perspektive. ITH Tagungsberichte 43. Wien 2009, S. S. 205-217.
Blaich, Fritz: Der Schwarze Freitag. Inflation und Wirtschaftskrise. Karlsruhe 1990.
BM für Arbeit, Soziales und Konsumentenschutz (Hg.): Armutsgefährdung und Lebensbedingungen in Österreich. Ergebnisse aus EU-SILC 2009. Wien. (Sozialpolitische Studienreihe Bd. 5).
BM für Wirtschaft, Familie und Jugend (Hg.): 5. Österreichischer Familienbericht – auf einen Blick. Wien 2010.
Bundesgesetzblatt für die Bundesrepublik Deutschland, Teil II. Bonn 1973.
Bundesgesetzblätter für die Republik Österreich.
Bundeskanzleramt, Bundesministerium für Frauen und öffentlichen Dienst (Hg.): (4.) Frauenbericht 2010. Bericht betreffend die Situation von Frauen in Österreich im Zeitraum von 1998 bis 2008.
BM für Finanzen, Bundesfinanzgesetz 2012. Anlage IV: Personalplan, S.151, online auf: http://www.bka.gv.at/DocView.axd?CobId=46253 (3.5.2012).
Bundeszentrale für Politische Bildung (Hg.): Informationen zur Politischen Bildung 260. Massenmedien. Bonn 1998.
Bundeszentrale für Politische Bildung (Hg.): Menschenrechte - Dokumentationen und Deklarationen. Bonn 1995.
Bundesverfassungsgesetz in der Fassung von 1929.

Calic, Marie Janine: Geschichte Jugoslawiens im 20. Jahrhundert. München 2010.
Castells, Manuel: Das Informationszeitalter II. Die Macht der Identität. Opladen 2002.
Castells, Manuel: Der Aufstieg der Netzwerkgesellschaft. Band 1. Opladen 2001.
Collins, Larry/Lapierre, Dominique: Um Mitternacht die Freiheit. München 1976.
Conze, Werner: Nationalsozialismus 1919–1933. Stuttgart 1979.
Conze, Werner: Nationalsozialismus 1934–1945. Stuttgart 1984.
Cooper, David: Der Tod der Familie. Ein Plädoyer für eine radikale Veränderung. Hamburg 1972.
Courtois, Stéphane u.a.: Das Schwarzbuch des Kommunismus – Unterdrückung, Verbrechen und Terror. München 1998.
Craig, Gordon A.: Geschichte Europas 1815–1980. Vom Wiener Kongress bis zur Gegenwart. Übers. v. Marianne Hopmann. München 1996.

Dachs, Herbert/Fassmann, Heinz (Hg.): Politische Bildung. Grundlagen – Zugänge – Materialien. Wien 2002.
Dehlinger, A.: Systematische Übersicht über 76 Jg. RGBl. (1867–1942). Stuttgart 1943.
Der Standard, 30. Juli 2005.
Der Standard, 31. Mai 2007.
Der Standard, 17. März 2011.
Der Standard, 23./24./25.April 2011.
Der Standard, 13. Juni 2011.
Deutscher Bundestag: Fragen an die deutsche Geschichte. Berlin 1983.
Die Pariser Völkerbundakte vom 14. Februar 1919. Franz. und engl. Text mit deutschen Übersetzungen. Berlin 1919.
Die Presse, 11. Juni 2011.
Dokumente der deutschen Politik, Bd. 2. Berlin 1938.
Domes, Jürgen: Die Ära Mao Tse-tung. Innenpolitik in der Volksrepublik China. Stuttgart 1971.

Ebbinghaus, Angelika/van der Linden, Marcel: 1968 – ein Blick auf die Protestbewegungen 40 Jahre danach. In: Ebbinghaus, Angelika/Henninger, Max/van der Linden, Marcel (Hg.): 1968. Ein Blick auf die Protestbewegungen 40 Jahre danach aus globaler Perspektive. ITH Tagungsberichte 43. Wien 2009, S. 7-20.
Eco, Umberto: Vier moralische Schriften. München 1998.
EG-Kommission, Freigabe der historischen Archive der EG, 1983.
Engelmann, Reiner /Fiechtner, Urs M. (Hg.): aller menschen würde. Ein Lesebuch, amnesty international gewidmet. Frankfurt/Main 2001.
Ètienne, Bruno: Fundamentalismus oder: Saddam und die Fackel des Islam. In: Die neue Welt-Unordnung. Der Standard, Sonderdruck. Wien 1991.
EU-SILC (Community Statistics on Income an Living Conditions) 2010, Wien 2011, online auf: www.statistik.at.

Fähnders, Walter/Karrenbrock, Helga/Rector, Martin (Hg.): Sammlung proletarisch-revolutionärer Erzählungen. Darmstadt 1977.
Ferchhoff, Wilfried: Jugend und Jugendkulturen im 21. Jahrhundert. Wiesbaden 2007.
Fetscher, Iring: Joseph Goebbels im Berliner Sportpalast 1943: „Wollt ihr den totalen Krieg?" Hamburg 1998.
Fischer, Sebastian/Wittrock, Phillipp: Schwachstellen der EU: Was in Europa besser werden muss. Spiegel-online: www.spiegel.de (16.5.2011).
Focus Online, 31. Mai 2011.
Frank, Leonhard: Links, wo das Herz ist. Berlin 1963.
Frankfurter Allgemeine Zeitung, 27. August 1980.
Frankfurter Allgemeine Zeitung, 11. Juni 2004.
Frankfurter Rundschau, 11. Dezember 1991.
Frass, Otto: Quellenbuch zur österreichischen Geschichte. Bd. 4. Wien 1967.
Friedrich-Ebert-Stiftung: Auf dem Weg in eine globale nachhaltige Informationsgesellschaft – eine europäische Perspektive. Jahrbuch Arbeit und Technik. Bonn 1999.
Frindthe, Wolfgang/Haußecker, Nicole (Hg.): Inszenierter Terrorismus. Wiesbaden 2010.

Gasteyger, Curt: Europa zwischen Spaltung und Einigung 1945–1990. Eine Darstellung und Dokumentation über das Europa der Nachkriegszeit. Köln 1990.
Geiger, Brigitte/Hacker, Hanna: Donauwalzer – Damenwahl. Frauenbewegte Zusammenhänge in Österreich. Wien 1989.
Gerlich, Peter/Müller, Wolfgang C.: Grundzüge des politischen Systems Österreichs. Materialien und Texte zur politischen Bildung, Bd. 4. Wien 1988.
Gorbatschow, Michail: Perestroika. München 1987.
Göhring, Walter/Stadlmann, Friederike: Aufbruch aus dem Nichts. Entstehung und Geschichte der 2. Republik Österreich. Wien o. J.
Görlich, Ernst Joseph: Grundzüge der Geschichte der Habsburgermonarchie und Österreichs. Darmstadt 1988.
Graml, Hermann: Reichskristallnacht: Antisemitismus und Judenverfolgung im Dritten Reich. München 1988.
Grube, Frank/Richter, Gerhard: Alltag im Dritten Reich. Hamburg 1982.
Guggenbühl, Gottfried (Hg.): Quellen zur Allgemeinen Geschichte, Bd. IV: Quellen zur Geschichte der Neuesten Zeit. Zürich 1969.

Hanisch, Ernst: Der lange Schatten des Staates. Österreichische Gesellschaftsgeschichte im 20. Jahrhundert. Wien 1994.
Hemminger, H. (Hg.): Fundamentalismus in der verweltlichten Kultur. Stuttgart 1991.
Hitler, Adolf: Mein Kampf. München 1939.
Hillebrandt, Frank: Begriff und Praxis des Terrorismus. Eine praxistheoretische Annäherung. In: Kron, Thomas/Reddig, Melanie (Hg.): Analysen des transnationalen Terrorismus. Wiesbaden 2007.
Hobsbawm, Eric: Globalisierung, Demokratie und Terrorismus. München 2009.
Hofer, Walther: Der Nationalsozialismus. Frankfurt am Main 1957.
Hofer, Walther: Die Entfesselung des Zweiten Weltkrieges. Eine Studie über die internationalen Beziehungen im Sommer 1939. Frankfurt am Main 1964.
Horn, Hannelore: Außenpolitik und internationale Beziehungen. In: Hartwich, Hans-Hermann (Hg.): Politik im 20. Jahrhundert. Braunschweig 1976.
Höß, Rudolf: Autobiographische Aufzeichnungen. München 1963.
Howarth, Ken: Oral History. Glouctershire 1999.
Huber, Karl-Heinz: Jugend unterm Hakenkreuz. Frankfurt am Main 1982.
Hugh, Thomas: Der Spanische Bürgerkrieg. Berlin 1962.

IMAS International, Abschied von Wählern und Milieus, Nr.2, 2011, S.2, online auf: www.imas.at (16.4.2012).

Jaegermann, Judith: Meine Erinnerungen. 1985.
Jagschitz, Gerhard: Der österreichische Widerstand gegen das nationalsozialistische Regime 1938–1945. In: Schneck, Peter/Srentenovic, Karl (Hg.): Zeitgeschichte als Auftrag politischer Bildung. Lehren aus der Vergangenheit. Wien 1978, S. 67 ff. (= Pädagogik der Gegenwart 408).
Jakir, Peter: Kindheit in Gefangenschaft. Frankfurt am Main 1972.
Janssen-Jurreit, Marie-Louise: Sexismus. Über die Abtreibung der Frauenfrage. München 1978.
Jochum, Manfred: Die erste Republik in Dokumenten und Bildern. 1983.
Johnson, Lyndon B.: Meine Jahre im Weißen Haus. München 1972.
Judt, Tony: Geschichte Europas von 1945 bis zur Gegenwart. Frankfurt/Main 2010.

Kelek, Necla: „Lassen Sie uns über Freiheit sprechen". Rede anlässlich der Verleihung des Freiheitspreises 2010 der Friedrich-Naumann-Stiftung. Frankfurt 2010.

Kelly, Petra K.: Thinking Green! Essays on Environmentalism, Feminism, and Nonviolence. Berkeley 1994.
Kelsen, Hans: Vom Wesen und Wert der Demokratie. Tübingen, 2. überarbeitete u. erweiterte Auflage 1929.
Klement, Robert: Zeitstrom einer Epoche. Energie- und Zeitgeschichte von 1945 bis zur Gegenwart. Wien 1989.
Klusacek, Christine / Stimmer, Kurt (Hg.): Dokumentation zur österreichischen Zeitgeschichte (1928-1938). Wien, München 1982.
Korherr, Richard: Die neue Weltstadt. In: Süddeutsche Monatshefte, Jg. XXVII, Berlin 1929/30, S. 391–410.
Kößler, Gottfried: Vernichtungskrieg. Verbrechen der Wehrmacht 1941–1944. Frankfurt am Main 1997.
Kreisky, Bruno: Im Strom der Politik. Erfahrungen eines Europäers. Berlin, Wien 1991.
Kromer, Ingrid: Die Wertewelt junger Menschen In Österreich. In: 6. Bericht zur Lage der Jugend in Österreich. Jugend aus Sicht der Wissenschaft (Teil A) und Jugendarbeit (B). Wien 2011, S. 183 – 197.
Kühnl, Reinhard: Faschismus. Zur Problematik eines politischen Begriffes. München 1972.
Kromer, Ingrid/Hatwagner, Katharina: Die vielfältige Jugend-Generation. In: Friesl/Kromer/Polak (Hg.): Lieben, Leisten, Hoffen. Die Wertewelt junger Menschen in Österreich. Wien 2008 S. 261-273.
Kromer, Ingrid/Hatwagner, Katharina: Geschlechtergerechtigkeit. In: Friesl, Christian/Kromer, Ingrid/Polak, Regina (Hg): Lieben, Leisten, Hoffen. Die Wertewelt junger Menschen in Österreich. Wien 2008, S. 214–228.

Lachmann, Günther: Tödliche Toleranz. München 2005.
Lautemann, Wolfgang/Schlenke, Manfred: Geschichte in Quellen. Band 7: Die Welt seit 1945. München 1978.
Le Monde diplomatique, Jänner 2003.
Lenin, Wladimir Iljitsch: Werke. 45 Bde. Herausgegeben von Institut f. Marxismus-Leninismus beim ZK d. KPdSU. Berlin 1988.
Lenz, Karl/Adler, Marina: Geschlechterverhältnisse. Bd. I. Weinheim, München 2010.
Lenz, Karl/Adler, Marina: Geschlechterbeziehungen. Bd. 2. Weinheim, München 2011.
Ley, Robert: Soldaten der Arbeit. München 1938.
Link, Werner: Die Neuordnung der Weltpolitik. Grundprobleme globaler Politik an der Schwelle zum 21. Jahrhundert. München 2001.
Loch, Werner/Hoffmann, Alfons: Die deutsche Nachkriegsgeschichte. Limburg 1982 (= Geschichte in Unterrichtsmodellen, Bd. 9).
Loth, Wilfried: Was war der Kalte Krieg? Annäherungen an ein unbewältigtes Erbe. In: Praxis Geschichte 5/1991.
Löw, Raimund: Revolution von oben oder Verwaltung des Zufalls. In: Hauer, Ernest/Reithmayr, Franz (Hg.): Raus aus der Sackgasse. Ein Lesebuch zur Wende im Osten. Wien 1990, S. 29–36.
Luna, Giovanni de: Mussolini. Reinbek bei Hamburg 1978.
Lutz, W./Goujon, A.: 2001: „The World's Changing Human Capital Stock: Multi-State Population Projections by Educational Attainment". In: Population and Development Review 2/27, S. 323–340.

Machetzki, Ruediger/Weggel, Oskar: Die Volksrepublik China. In: Informationen zur politischen Bildung (Bundeszentrale für Politische Bildung), (1983), S.1-48.
Malina, Peter/Spann, Gustav: 1938/1988. Vom Umgang mit unserer Vergangenheit. Wien 1988.
Martin, H./Schumann, H.: Die Globalisierungsfalle. Der Angriff auf Demokratie und Wohlstand. Reinbek bei Hamburg 1996.
Meyer, Hermann: Weltgeschichte im Aufriss III. Frankfurt am Main 1961.
Münchner Neueste Nachrichten, 25. Juli 1940.

Neugebauer, Wolfgang: Widerstand und Opposition, in: Emmerich Talos u.a (Hg.), NS-Herrschaft in Österreich, Wien 2000, S. 187-212.
Neugebauer, Wolfgang: Zwischen Kollaboration und Widerstand, in: 1938-1988, S. 27–30, Wien 1988.

Österreichische Angestelltenzeitung 1931, Nr. 279, zit. nach: Erna Appelt (1985 Von Ladenmädchen, Schreibfräulein und Gouvernanten. Die weiblichen Angestellten Wiens zwischen 1900 und 1934. Wien, S. 86

Pelinka, Anton: Das politische System Österreichs. In: Dusek, Peter/Pelinka, Anton/Weinzierl, Erika: Zeitgeschichte im Aufriss. Wien 1981, S. 279–321.
Pelinka, Anton: Die Studentenbewegung der sechziger Jahre in Österreich. In: Forum Politische Bildung (Hg.): Wendepunkte und Kontinuitäten. Zäsuren der demokratischen Entwicklung in der österreichischen Geschichte. Innsbruck, Wien 1998.
Peukert, Detlef: „Wir leben provisorisch, die Krise nimmt kein Ende." Die Erfahrungen der Weltwirtschaftskrise 1929 bis 1933. In: Jahrhundertwende. Der Aufbruch in die Moderne 1880–1930. Hg. v. August Nitschke et al. Reinbek bei Hamburg 1990.

Plasser, Fritz/Ulram, Peter A.: Wahlkampf und Wählerentscheidung 1983: Die Analyse einer „kritischen Wahl". In: Österreichische Zeitschrift für Politikwissenschaften 83/3, Wien, S. 277–292.
Politkovskaja, Anna: Russisches Tagebuch, übers. von Hannelore Umbreit u. Alfred Frank, Vorwort, Köln 2007.
Praxis Geschichte, Film – Geschichte – Unterricht, 52/1992.
Praxis Politik, Entwicklungspolitik - Schwerpunkt Afrika, 1/2010.

Rabehl, Bernd: Zur archaischen Inszenierung linksradikaler Politik. In: Kraushaar, Wolfgang: Frankfurter Schule und Studentenbewegung. Von der Flaschenpost zum Molotowcocktail, 1946 bis 1995. Bd. 3. Hamburg 1998, S. 34–64.
Rathkolb, Oliver: Die paradoxe Republik. Österreich 1945-2010, Aktualisierte Neuausgabe. Innsbruck,Wien 2011.
Rauchsteiner, Manfried: Spätherbst 1956. Die Neutralität auf dem Prüfstand. Wien 1981.
Reden an die deutsche Frau, Reichsparteig, Nürnberg, 8. September 1934.
Rerum Novarum 1891, Text auf der Internetseite der Katholisch-Theologischen Fakultät der Universität Innsbruck, online auf: http://www.uibk.ac.at/theol/leseraum/texte/320.html (19.10.2011).
Rothermund, Dietmar: 15. August 1947. Das Ende kolonialer Herrschaft. München 1998.

Sagmeister, T.: Mein Mann wird ein Heiliger, 1991.
Sandgruber, Roman: Ökonomie und Politik. Österreichische Wirtschaftsgeschichte vom Mittelalter bis zur Gegenwart. Wien 1995.
Schausberger, Norbert: Der Griff nach Österreich. Der Anschluss. Wien-München 1978.
Schausberger, Norbert: Österreich. Der Weg der Republik 1918–1980. Graz, Wien 1980.
Schicho, Walter: Selbstbestimmte Entwicklung – vorenthalten und verspielt. Afrika. In: Konrad, Helmut/Stromberger, Monika, Die Welt im 20. Jh. nach 1945. Wien 2010.
Schmid, Heinz Dieter (Hg.): Fragen an die Geschichte, Bd. 4. Frankfurt am Main 1988.
Schmid, Hans-Dieter/Schneider, Gerhard/Sommer, Wilhelm (Hg): Juden unterm Hakenkreuz. Dokumente und Berichte zur Verfolgung und Vernichtung der Juden durch die Nationalsozialisten 1933 bis 1945. 2 Bde. Düsseldorf 1983.
Scholl, Inge: Die Weiße Rose. Frankfurt am Main 1993.
Schönbrunn, Günter: Weltkriege und Revolutionen 1914–1945. Geschichte in Quellen, Bd. 5. München 1961.
Schuschnigg, Kurt: Ein Requiem in Rot-Weiß-Rot. Zürich 1949.
Schwarzer, Alice: Der „kleine Unterschied" und seine großen Folgen. Frauen über sich. Beginn einer Befreiung. 3. Aufl. Frankfurt/Main 2007.
Soisson, Robert: Kinderarmut in den Nachbarländern. In: Jörg Fischer/Roland Merten (Hg.): Armut und soziale Ausgrenzung von Kindern und Jugendlichen. Baltmannsweiler 2010, S. 197-209.
Speer, Albert: Erinnerungen. Frankfurt am Main 1969.
Spence, Jonathan D.: Das Tor des himmlischen Friedens. Die Chinesen und ihre Revolution. München 1985.
Spiegel Online, 10. Juli 2009.
Spiegel, Nr. 22, 26. Mai 2011.
Spiegel, Tilly: Frauen und Mädchen im österreichischen Widerstand. Wien 1967.
Sprungk, Carina: „Sicherheit, Wohlfahrt und Mitgestaltung in der EU", Bundeszentrale für politische Bildung zum Thema „Was ist Europa", 18. November 2009, online auf: www.bpb.de.
Steininger, Rolf: 12. November 1918 bis 13. März 1938: Stationen auf dem Weg zum „Anschluß", in: Gehler, Michael/Steininger, Rolf (Hg.), Österreich im 20. Jahrhundert, Bd. 1, S. 99-151.
Steininger, Rolf: 15. Mai 1955: Der Staatsvertrag, in: Gehler, Michael/Steininger, Rolf (Hg.), Österreich im 20. Jahrhundert. Bd 2, Wien, Köln, Weimar 1997, S. 242-254.
Steininger, Rolf: Die Südtirolfrage 1945-1992, in: Gehler, Michael/Steininger, Rolf (Hg.), Österreich im 20. Jahrhundert, Bd. 2, S. 455-514.
Stelling, Rüdiger: Die „Salami-Taktik". In: Praxis Geschichte 2, 1991, S. 46 ff.
Steube, Helmut: Kalt war dieser Krieg nicht überall. Das Beispiel Angola. In: Praxis Geschichte 5/1991, S. 32 ff.
Stiefel, Der Arbeitsmarkt in Österreich in der Zwischenkriegszeit. Studia Germanica et Austriaca 2/2002, S. 4 f.
Stiftung Warentest, 25.3. 2010, online auf: http://www.test.de (30.7.2011).
Stradling, Bob: Teaching 20th-Century European History; nach: Donnermeir, Christa: „… ich glaub nur dem, der selbst dabei war…". Über die Arbeit mit mündlichen Quellen im Geschichtsunterricht. Wien 2006, S. 106 -111, S. 110.
Szwajger, Adina Blady: Die Erinnerung verlässt mich nie. 1993.

Take, Ingo: NGOs im Wandel. Von der Graswurzel auf das diplomatische Parkett [Diss.]. Wiesbaden 2002.

Tálos, Emmerich/Hanisch, Ernst/Neugebauer, Wolfgang/Sieder, Reinhard (Hg.): NS-Herrschaft in Österreich. Wien 2000.
Tálos, Emmerich/Stromberger, Christian: Zäsuren in der österreichischen Verhandlungsdemokratie. In: Karlhofer, Ferdinand/Tálos, Emmerich (Hg.): Sozialpartnerschaft. Österreichische und Europäische Perspektiven. Wien 2005 (= Politik und Zeitgeschichte 2), S. 106–108.
Tenbrock, R. H./Kluxen, K./Stier, H. E. (Hg.): Zeiten und Menschen. Geschichtliches Unterrichtswerk, Oberstufe, Ausgabe G, Bd. 2. Paderborn 1970.
The Independent, 11. September 1991.
The Millenium Development Goals Report 2009. UN-Department of Economic and Social Affairs (ESA) (July 2009).
Thiede, W.: Fundamentalistischer Bibelglaube im Licht reformatischen Selbstverständnisses. In: Hemminger, H. (Hg.): Fundamentalismus in der verweltlichten Kultur. Stuttgart 1991, S. 131–162.
Tibi, B.: Krieg der Zivilisationen. Politik und Religion zwischen Vernunft und Fundamentalismus. München 2001.
Tobler, Hans Werner: Zwischen Beharrung und Aufbruch. Lateinamerika. In: Konrad, Helmut/Stromberger, Monika (Hg.): Die Welt im 20. Jh. nach 1945. Wien 2010, S. 310-336.
Top Life Magazin 1/2009, online.
Treue, Wilhelm: Deutschland in der Weltwirtschaftskrise in Augenzeugenberichten. München 1976.

Ucakar, Karl/ Gschiegl. Stefan: Das politische System Österreichs und die EU. Wien 2010.
UNFPA Weltbevölkerungsbericht 2009. Eine Welt im Wandel: Frauen, Bevölkerung und Klima.

Vereinte Nationen, Hauptabteilung Presse und Information: Die Menschenrechte. 50 Fragen und Antworten zu den Menschenrechten und ihrer Förderung durch die Vereinten Nationen, 1984.
Vierteljahreshefte für Zeitgeschichte, München 1960, S.30
Völkischer Beobachter, 13. September 1936.
Völkischer Beobachter, 16. März 1939.

Wendt, Reinhardt: Vom Kolonialismus zur Globalisierung. Paderborn 2007.
Wiener Zeitung in Zusammenarbeit mit dem Bundeskanzleramt (Hg.), Eine Verfassung für Europa. Die neuen Spielregeln für ein friedliches Miteinander, Wien, o.J., S.20f.
Withalm, Hermann: Aufzeichnungen. Graz, Wien, Köln 1974.
Wodak, Ruth/Cillia, Rudolf de: Sprache und Antisemitismus. Ausstellungskatalog. Wien 1988.
Wullschleger, Max (Hg.): Schweizer Freiwillige in Spanien. Basel, 1938.
Wynn, Neil A.: Die 1960er Jahre. In: Die Vereinigten Staaten von Amerika. Frankfurt am Main 1984, S. 405–428.

Zeit Online, 18. April 2011.
Zeit-Punkte. Gehorsam bis zum Mord? Hamburg 3/1995.
Zentner, Kurt: Illustrierte Geschichte des Dritten Reiches. München 1965.
Ziegler, Jean: Die neuen Herrscher der Welt und ihre globalen Widersacher. München 2003.
Zimmermann, Karl: Die geistigen Grundlagen des Nationalsozialismus. Leipzig 1933.

Bildquellennachweis

U1: © Peter Turnley/CORBIS; S. 6: akg-images; S. 7: akg-images; S. 8: öbv, Wien; S. 9: akg-images; S. 10: bpk; S. 11: öbv, Wien; öbv, Wien; S. 12: Bibliotheque Nationale, Paris, France / Archives Charmet / The Bridgeman Art Library; S. 13: bpk; S. 14: Friedrich / Interfoto / picturedesk.com; S. 15: SZ Photo / SZ Photo / picturedesk.com; S. 16: akg-images; S. 17: Sammlung Rauch / Interfoto / picturedesk.com; S. 18: VGA/picturedesk.com; TV-yesterday / Interfoto / picturedesk.com; S. 19: akg-images; akg-images; S. 20: akg-images; S. 21: akg-images; S. 22: Library of Congress Everett Collection / Everett Collection / picturedesk.com; S. 23: Life Magazine, Time Warner Inc., New York; S. 25: akg-images; akg-images; akg-images; S. 26: öbv, Wien; S. 27: akg-images; S. 28: akg-images; S. 29: akg-images; S. 30: Govorkov, V., Moskau; S. 31: SZ Photo / SZ Photo / picturedesk.com; akg-images; S. 33: akg-images; IAM / akg; Scherl / SZ-Photo / picturedesk.com; S. 36: Österr. Nationalbibliothek / picturedesk.com; S. 37: Österr. Nationalbibliothek / picturedesk.com; S. 38: öbv, Wien; S. 39: ÖNB / picturedesk.com; Ernst Kutzner; S. 40: Karl Thomas / Allover / picturedesk.com; S. 43: Rübelt, Lothar / Österr. Nationalbibliothek / picturedesk.com; Geldmuseum der OeNB; Geldmuseum der OeNB; S. 44: ÖNB / Hilscher / picturedesk.com; Hilscher, Albert / Österr. Nationalbibliothek / picturedesk.com; S. 45: Imagno / picturedesk.com; S. 46: Österr. Nationalbibliothek / picturedesk.com; S. 47: Österr. Nationalbibliothek / picturedesk.com; Österr. Nationalbibliothek / picturedesk.com; S. 48: Scherl / SZ-Photo / picturedesk.com; S. 49: Österr. Nationalbibliothek / Hilscher, Albert / Österr. Nationalbibliothek / picturedesk.com; S. 50: Kostas Koufogiorgos / toonpool.com; Kostas Koufogiorgos / toonpool.com; S. 51: Heinrich Schwarze-Blanke / toonpool; Harm Bengen / toonpool; Ernst Mattiello / toonpool; Julian PENA-PAI / toonpool; S. 52: Wienbibliothek im Rathaus; S. 53: ullstein bild / Ullstein Bild / picturedesk.com; S. 54: Österr. Nationalbibliothek / picturedesk.com; Hilscher, Albert / Österr. Nationalbibliothek / picturedesk.com; S. 55: öbv, Wien; S. 58: ullstein bild / Ullstein Bild / picturedesk.com; S. 59: ullstein bild / Ullstein Bild / picturedesk.com; S. 60: akg-images; S. 61: Pulfer / Interfoto / picturedesk.com; S. 62: SZ Photo / SZ Photo / picturedesk.com; Scherl / SZ-Photo / picturedesk.com; S. 63: ullstein - ullstein bild / Ullstein Bild / picturedesk.com; S. 64: Pulfer / Interfoto / picturedesk.com; awkz / Interfoto / picturedesk.com; S. 65: Scherl / SZ-Photo / picturedesk.com; TV-yesterday / Interfoto / picturedesk.com; S. 66: Scherl / SZ-Photo / picturedesk.com; akg-images; S. 67: akg-images; S. 69: akg-images; S. 70: Scherl / SZ-Photo / picturedesk.com; S. 71: akg-images; S. 73: akg-images; akg-images; S. 74: akg-images; S. 75: Bildarchiv Hansmann / Interfoto / picturedesk.com; S. 77: 91050 / United Archives / picturedesk.com; S. 78: akg-images; Sammlung Rauch / Interfoto / picturedesk.com; S. 79: bpk / Karel Novák; S. 80: öbv, Wien; S. 81: akg-images; S. 82: öbv, Wien; bpk; S. 83: akg-images; S. 84: Scherl / SZ-Photo / picturedesk.com; S. 85: Science Photo Library / picturedesk.com; ullstein - ADN-Bildarchiv / Ullstein Bild / picturedesk.com; S. 86: akg-images; S. 68: SZ Photo / Scherl / picturedesk.com; S. 87: S.M. / SZ-Photo / picturedesk.com; ullstein - ullstein bild / Ullstein Bild / picturedesk.com; S. 88: akg-images; S. 89: United Archives / picturedesk.com; S. 90: Teutopress / SZ-Photo / picturedesk.com; akg-images / RIA Nowosti; akg-images; S. 91: akg-images / Michael Teller; S. 92: öbv, Wien; S. 94: Repro / Brandstätter RudolfPressebildagentur / picturedesk.com; S. 95: awkz / Interfoto / picturedesk.com; S. 98: Imagno / picturedesk.com; S. 99: Imagno / picturedesk.com; S. 100: Christian M. Kreuziger / picturedesk.com; S. 101: Blaha, Franz / Österr. Nationalbibliothek / picturedesk.com; öbv, Wien; S. 102: ÖNB / S. 103: Makart, August / Österr. Nationalbibliothek / picturedesk.com; S. 104: Hilscher, Albert / Österr. Nationalbibliothek / picturedesk.com; S. 105: United States Information Servic / Österr. Nationalbibliothek / picturedesk.com; S. 106: Anonym / Imagno / picturedesk.com; S. 107: Erich Lessing / Imagno / picturedesk.com; Österr. Nationalbibliothek / picturedesk.com; S. 108: Robert Jaeger / APA / picturedesk.com; S. 109: ATV / Interfoto / picturedesk.com; S. 110: Kern, Fritz / Österr. Nationalbibliothek / picturedesk.com; Wienbibliothek im Rathaus; S. 112: VGA / picturedesk.com; S. 113: Imagno / picturedesk.com; S. 114: Sammlung des Landes Niederösterreich©Manfred Deix; © Erich Sokol Privatstiftung, Mödling; S. 115: VBK Wien 2012; S. 116: Votava; S. 119: ATTILA KISBENEDEK / AFP / picturedesk.com; S. 124: ROBERT JAEGER / APA / picturedesk.com; S. 134: Wirtschaftskammer Österreich; Landwirtschaftskammer Österreich; Industriellenvereinigung; Arbeiterkammer; Österreichischer Gewerkschaftsbund; S. 139: Christian MUELLER / Müller Christian / picturedesk.com; S. 141: HERBERT NEUBAUER / APA / picturedesk.com; S. 142: ROLAND SCHLAGER / APA / picturedesk.com; Michel Debor Heidi / Verlagsgruppe News / picturedesk.com; S. 143: Hans Leitner / First Look / picturedesk.com; S. 146: Radek Pietruszka / EPA / picturedesk.com; S. 147: Radek Pietruszka / EPA / picturedesk.com; S. 149: Caro / picturedesk.com; S. 151: picturedesk.com; öbv, Wien; S. 154: öbv, Wien; S. 155: Xinhua / Eyevine / picturedesk.com; S. 156: OTS/picturedesk.com; S. 159: © Perkus - iStockphoto.com; S. 164: Seth Mccallister / AFP / picturedesk.com; S. 165: Seth Mccallister / AFP / picturedesk.com; S. 166: Copyright (c) Mary Evans Picture Library 2008 / Mary Evans / picturedesk.com; S. 167: Pulfer / Interfoto / picturedesk.com; S. 168: akg-images; S. 169: 91050 / United Archives / picturedesk.com; S. 170: BPK, Berlin; interfoto / picturedesk.com; S. 171: akg-images; S. 173: First Look / picturedesk.com; S. 174: öbv, Wien; TopFoto / picturedesk.com; S. 175: Everett Collection / picturedesk.com; S. 177: MICHAEL REYNOLDS / EPA / picturedesk.com; S. 178: akg-images; S. 181: ullstein bild - AP / Ullstein Bild / picturedesk.com; narvikk/iStockphoto.com; S. 182: Korotayev Artyom / Itar Tass / picturedesk.com; S. 183: INDIAN PRESIDENT HOUSE / EPA / picturedesk.com; S. 184: General / TopFoto / picturedesk.com; S. 186: LUIS ACOSTA / AFP / picturedesk.com; David AKE / AFP / picturedesk.com; S. 187: DOUG KANTER / AFP / picturedesk.com; STEPHEN GROSS / Eyevine / picturedesk.com; S. 189: Jupp Wolter (Künstler), Haus der Geschichte, Bonn; Horst Haitzinger /CCC,www.c5.net; S. 190: ullstein bild - AP / Ullstein Bild / picturedesk.com; S. 191: öbv, Wien; S. 192: Klett-Archiv, Stuttgart; S. 193: ullstein bild - AP / Ullstein Bild / picturedesk.com; S. 194: picturedesk.com; S. 195: XINHUA / Action Press / picturedesk.com; S. 196: MEV-Verlag, Augsburg; S. 197: Leo La Valle / EPA / picturedesk.com; MEV-Verlag, Augsburg; S. 198: Antonio Lacerda / EPA / picturedesk.com; S. 199: MAURICIO LIMA / AFP / picturedesk.com; S. 200: Scherl / SZ-Photo / picturedesk.com; S. 201: picture-alliance / dpa / picturedesk.com; NYEIN CHAN NAING / EPA / picturedesk.com; öbv, Wien; S. 202: öbv, Wien; ullstein - AP / Ullstein Bild / picturedesk.com; ullstein bild - AP / Ullstein Bild / picturedesk.com; öbv, Wien; S. 204: öbv, Wien; ullstein bild / Ullstein Bild / picturedesk.com; S. 205: ELMOND JIYANE / EPA / picturedesk.com; SZ Photo / SZ-Photo / picturedesk.com; S. 206: ALEXANDER JOE / AFP / picturedesk.com; S. 207: ASHRAF SHAZLY / AFP / picturedesk.com; APA-Grafik / picturedesk.com; S. 210: öbv, Wien; S. 211: OSCE/Mikhail Evstafiev; S. 212: United Archives / picturedesk.com; S. 213: öbv, Wien; S. 214: Nick Danziger / Contact Press Images / picturedesk.com; S. 215: Shane T. Mccoy / EPA / picturedesk.com; S. 216: Abedin Taherkenareh / EPA / picturedesk.com; BEHROUZ MEHRI / AFP / picturedesk.com; S. 217: öbv, Wien; S. 218: Sergei Chirikov / EPA / picturedesk.com; S. 219: M. Schmitt / APA-Grafik / picturedesk.com; S. 220: FEHIM DEMIR / EPA / picturedesk.com; S. 221: APA-Grafik / picturedesk.com; S. 222: APA-Grafik / picturedesk.com; S. 223: XINHUA / Action Press / picturedesk.com; S. 225: David McNew/Getty Images; S. 226: Jim Sulley / AFP / picturedesk.com; S. 227: KARIM SAHIB / AFP / picturedesk.com; S. 231: XINHUA / Action Press / picturedesk.com; S. 234: Österreichisches Rotes Kreuz; Amnesty International; S. 235: Human Rights Watch; World Wide Fund For Nature; Greenpeace; GREENPEACE / EPA / picturedesk.com; Global 2000; S. 239: ROLAND SCHLAGER / APA / picturedesk.com; S. 242: akg-images / Erich Lessing; S. 245: VISUAL / Action Press / picturedesk.com; S. 246: Friedrich / Interfoto / picturedesk.com; S. 247: Friedrich / Interfoto / picturedesk.com; S. 248: Gamma / picturedesk.com; akg-images; akg-images; S. 249: Schinkel / Interfoto / picturedesk.com; S. 250: Klett-Archiv, Stuttgart; S. 251: FUTURE IMAGE / Action Press / picturedesk.com; S. 253: VGA /picturedesk.com; S. 254: Caro / picturedesk.com; S. 255: Erwin Schuh / picturedesk.com; S. 256: Imagno / picturedesk.com; S. 257: APA-Grafik / picturedesk.com; S. 262: Louisa Gouliamaki / EPA / picturedesk.com; S. 263: KURT KEINRATH / APA / picturedesk.com; S. 266: KÖRNER,MICHAEL / Action Press / picturedesk.com; S. 267: REPRO: HANS KLAUS TECHT / APA / picturedesk.com; S. 268: mauritius images / age; S. 269: KHALED EL FIQI / EPA / picturedesk.com; S. 271: Luca Faccio / picturedesk.com; S. 274: TV-yesterday / Interfoto / picturedesk.com; S. 277: PETER DASILVA / EPA / picturedesk.com;